# Verhandlungen

des

# Dreiunddreißigsten
# Deutschen Juristentags
(Heidelberg)

Herausgegeben

von

dem Schriftführer-Amt der ständigen Deputation.

Berlin und Leipzig 1925.

Walter de Gruyter & Co.

vormals G. J. Göschen'sche Verlagshandlung — J. Guttentag, Verlagsbuchhandlung — Georg Reimer — Karl J. Trübner — Veit & Comp.

# Verhandlungen

des

# Dreiunddreißigsten Deutschen Juristentags

(Heidelberg)

Herausgegeben

von

dem Schriftführer-Amt der ständigen Deputation.

Berlin und Leipzig 1925

Walter de Gruyter & Co.

vormals G. J. Göschen'sche Verlagshandlung — J. Guttentag, Verlagsbuchhandlung — Georg Reimer — Karl J. Trübner — Veit & Comp.

# Inhaltsverzeichnis.

# Erste Plenarversammlung
## des dreiunddreißigsten deutschen Juristentags

am

Donnerstag, dem 11. September 1924,

im

großen Saale der Stadthalle zu Heidelberg.

Geh. Justizrat Prof. Dr. **Rießer-Berlin** eröffnet die Versammlung im Auftrage der Ständigen Deputation und schlägt vor, zum Vorsitzenden des Juristentags Herrn Geh. Justizrat Professor D. Dr. **Kahl-Berlin** zu wählen. Die Versammlung beschließt durch Zuruf in diesem Sinne.

Geh. Justizrat Prof. Dr. **Kahl** übernimmt den Vorsitz mit folgender Ansprache:

Hochansehnliche Versammlung, hochverehrte Kollegen! Sie haben durch freundliche Zurufe mich zum zweiten Male zum Präsidenten des Deutschen Juristentags gewählt. Ich sage Ihnen für diese hohe Auszeichnung aus aufrichtigstem Herzen meinen besten Dank und nehme die Wahl an. Freilich könnte zweifelhaft sein, ob Sie mit dieser Wahl sich nicht mindestens mit dem Geiste der Abbauverordnung in Widerspruch stellen, da ich mir erlaubt habe, das dort festgesetzte Befähigungsalter um einige Jahre zu überschreiten; aber es geht auf Ihre Verantwortung. Prof. Brunner würde, wenn er noch lebte, wenigstens von einer „culpa in eligendo" sprechen. Soweit meine Verantwortung in Frage kommt, verspreche ich Ihnen, die Geschäfte des Juristentags zu fördern und, soweit es mir nur möglich, die Verhandlungen mit voller Unparteilichkeit zu leiten und in allen Stücken die Würde der Vertretung des deutschen Juristenstandes zu wahren. Ich allein kann das nicht und bitte um Ihre freundliche Mitwirkung.

Daß drei Jahre vergehen mußten seit dem Bamberger Juristentag, ehe wir zu dieser neuen Tagung zusammentreten konnten, war in dieser Zeit der Gegenstand eines peinlichen Verantwortungsbewußtseins für die Ständige Deputation, das uns noch in den ersten

Septembertagen des vergangenen Jahres nötigte, damals den Berliner Juristentag wieder abzusagen. Aber um so mehr freue ich mich, feststellen zu können, daß unsere damals einmütig ausgesprochene Erwartung auf die Mitarbeit und Teilnahme der deutschen Juristen sich in so schöner und glänzender Weise erfüllt hat. Ich begrüße alle Erschienenen und sage ihnen Dank für ihr Erscheinen, allen auf das Herzlichste.

Ich muß sagen, daß die Schwierigkeit für den Juristentag und die neuen Aufgaben, die ihm obliegen, nur durch das Zusammenwirken aller Kräfte gelöst und überwunden werden können. Ich werde im Verlaufe dieser und der folgenden Sitzungen noch öfter ein Dankeswort zu sprechen haben; es ist mir aber ein Herzensbedürfnis, schon gleich zu Anfang, in den allerersten Minuten unseres Zusammenseins, dem Lande und der Stadt zu danken, in der wir tagen können; das ist gewiß mit eine Bürgschaft für ein gutes Gelingen. Ich danke schon jetzt dem Badener Land und der Stadt Heidelberg und darf hier wohl aus der Seele aller sprechen, wenn ich betone, daß, als der Ort dieser Versammlung bekannt wurde, dieser Umstand überall die größte Freude und Befriedigung ausgelöst hat. Ich wünsche hiernach, indem ich das Amt antrete, daß auch der 33. Juristentag, gleich allen seinen Vorgängern, einen harmonischen und fruchtbringenden Verlauf nehmen möge.

Meine Damen und Herren! Meine erste Aufgabe nach der Bestellung als Vorsitzender ist die Vervollständigung des Präsidiums. Nach § 7 unserer jetzt noch geltenden Satzungen hat der gewählte Präsident zwei bis vier Stellvertreter und vier Schriftführer zu benennen. Kraft dieser meiner Vollmacht und im Einverständnis mit der Ständigen Deputation erlaube ich mir, als Stellvertreter zu berufen:

1. Herrn Handelsgerichtspräsident Dr. **Engel-Wien**,
2. Herrn Oberlandesgerichtspräsident Dr. **Bernauer-Karlsruhe**,
3. den Prorektor der Heidelberger Universität, Herrn Professor Dr. **Anschütz**,
4. Herrn Rechtsanwalt Dr. **Hachenburg-Mannheim**.

Ich setze Ihr Einverständnis, das ja schon teilweise gewonnen ist, voraus, und bitte Sie alle, Ihre Plätze zu meiner Rechten und zu meiner Linken einnehmen zu wollen. Ich ersuche ferner den Schriftführer der Ständigen Deputation, Herrn Geh. Justizrat Dr. Heinitz-Berlin, zu meiner Unterstützung sich hier einfinden und seinen

Platz einnehmen zu wollen. Für das nicht unwichtige Amt der Schriftführer habe ich ebenfalls das Recht und die Pflicht, noch einige Herren zu ernennen. Ich möchte Ihnen in allererster Linie den schon auf früheren Juristentagen bewährten Rechtsanwalt Dr. Ernst Wolff-Berlin vorschlagen. Es sind mir außerdem noch einige Herren aus Heidelberg benannt worden, die ich zwar persönlich noch nicht die Ehre habe zu kennen, die ich aber bitte, meinem Rufe Folge leisten zu wollen; es sind dies die Herren Rechtsanwalt Dr. Moufang jr. und die beiden Herren Referendare Fuhr und — ich muß deutlich sein — Kuhr.

Ich kann nunmehr in aller Form den 33. Deutschen Juristentag für eröffnet erklären. Meine Damen und Herren! Es sind große, schwierige und wichtige Probleme, die den Gegenstand unserer Tagesordnung bilden. Es ist noch nicht die Aufgabe der ersten Plenarsitzung, materielle Beschlüsse über die Verhandlungsgegenstände zu fassen. Vielmehr ist die Hauptaufgabe, die Arbeit dadurch erst in die Wege zu leiten, daß die Verhandlungsgegenstände den zuständigen Abteilungen überwiesen werden. Dazu wird heute noch eine Beschlußfassung über die geschäftsordnungsmäßige Behandlung der von dem 32. Deutschen Juristentag im Grundsatze beschlossenen und der Ständigen Deputation zur Vorbereitung übergebenen Statutenänderung treten. Vor der Sitzung ist noch ein Antrag überreicht worden, der noch rasch heute in der Plenarsitzung zur Erledigung kommen kann.

Bevor wir aber in diesen geschäftlichen Teil der Tagesordnung eintreten, habe ich die Ehre und die Pflicht, noch eine Reihe von Solennitäten zu erfüllen, und in erster Linie der Freude und der Genugtuung darüber Ausdruck zu geben, daß die Versammlung die Ehre hat, eine Reihe von hoch angesehenen Herren und Juristen aus der Stadt, aus Reichs- und Staatsämtern hier zu begrüßen. Ich habe die Ehre, namentlich in dieser Versammlung willkommen heißen zu dürfen: das Oberhaupt der Stadt, den Herrn Oberbürgermeister Prof. Dr. Walz, den badischen Herrn Justizminister Trunk und den Herrn Unterrichtsminister Prof. Dr. Hellpach; dann, wie schon erwähnt, den Herrn Oberlandesgerichtspräsidenten Dr. Bernauer; ferner noch aus dem Badener Land und dieser Stadt meinen hochverehrten Herrn Nachbar zur Linken, den Prorektor der Universität, Se. Magnifizenz Geh. Rat Prof. Dr. Anschütz, und Se. Spektabilität den Dekan der juristischen Fakultät, Herrn Geh. Rat Prof. Dr. Heinsheimer; weiterhin als Vertreter des Reichs-Justizministeriums den Herrn Staatssekretär Dr. Joël, als Vertreter des Herrn Reichsministers des Innern Herrn Ministerialrat Lammers, als Vertreter des Herrn Reichsfinanzministers Herrn Ministerialdirektor Prof. Dr. Popitz. Es haben weiter von Landesjustizverwaltungen uns die Ehre erwiesen, einen Vertreter zu entsenden, das preußische Justizministerium Herrn Staatssekretär Fritze. Aus Bayern erschien zu unserer Freude Herr Justizminister Gürtner, aus Sachsen die Herren Ministerialräte Dr. Schreiber und Dr. Schröder, aus Württemberg Herr Justizminister Dr. Beyerle, aus Hessen Herr Justizminister Dr. von Brentano, der Chef der Hamburger Justizverwaltung, Senator Dr. Nöldecke, endlich von Bremen der Vorsitzende der Justizsektion des Senats, Senator Hobelmann. Zuletzt begrüße ich die Herren aus Österreich und der Tschechoslovakei. Im Auftrage der österreichischen Regierung ist erschienen Herr Ministerialrat Dr. Kadecka und aus der Tschechoslowakei die Herren Senator Prof. Dr. Mayr-Harting-Prag und Rechtsanwalt Dr. Karl Fuchs-Prag.

Einige der genannten Herren haben den Wunsch ihrerseits ein Wort des Grußes an den Juristentag zu richten. Ich darf bemerken, daß noch eine ganze Anzahl von Vereinen, der Richterbund, der Anwaltverein, der Verein der Staatsanwaltschaftsbeamten usw., die freundliche Absicht hatten, den Juristentag hier zu begrüßen. Wir haben den Herren für ihre Absicht herzlichst gedankt, und ich danke ihnen nochmals öffentlich. Wir haben sie gebeten, davon Abstand zu nehmen, aus Gründen der Sparsamkeit und der Menschlichkeit. Ich werde mir erlauben, die angemeldeten Herren zu nennen, und ich ersuche demgemäß, zunächst das Wort zu ergreifen, das Oberhaupt der Stadt, Herrn Oberbürgermeister Prof. Dr. Walz.

Oberbürgermeister Prof. Dr. Walz: Als Vertreter der Bürgerschaft Heidelbergs entbiete ich dem 33. Juristentag und den Gästen, die in seiner Mitte erschienen sind, vom Reich und den Ländern Deutschlands, nicht zum wenigsten den Gästen aus Österreich im Namen der Stadt, in deren Mauern sie sich versammelt haben und in deren Hause sie tagen, den herzlichsten Willkommensgruß.

Heidelberg gehört zu den wenigen Städten, die schon zum zweitenmal zum Orte der Tagung des Juristentages bestimmt worden sind, und wir in Heidelberg wissen diese Ehre voll und ganz zu würdigen. Als vor 55 Jahren der 8. Deutsche Juristentag sich in unseren Mauern versammelte, da glich unser Vaterland einem schönen Garten, in dem alles sprießte und Knospen hervorsprangen, hoffnungsvoll eine glückliche Zukunft verheißend. Und alles Volk sehnte sich nach dem Ziele, das uns damals als Jünglingen und Knaben vorschwebte, nach der deutschen Einheit und der deutschen Größe. Alles strebte nach diesem Ziel; darauf richteten sich allein unsere Gedanken, und Sie können mir glauben, daß damals in der Stadt Heidelberg, in der kleinen Stadt, in der der 8. Juristentag versammelt war, alles vereinigt war in dem Gedanken: werden wir das erleben, was wir erhoffen? Kein Mensch glaubte oder ahnte damals, daß kaum 12 Monate danach der Traum zur Erfüllung ward. Der 8. Juristentag erschien uns damals als das Symbol deutscher Einheitsbestrebung, und voll froher Hoffnung hat das ganze Volk damals den Tag begrüßt, der das Leben der Stadt voll und ganz erfüllte. Heute ist es anders geworden. Die deutsche Einheit, die wir damals errungen, sie ist uns geblieben. Aber unsere Macht und Größe, sie sind zerschlagen. Deshalb können Sie es verstehen, wenn heute in die Stimmung, die wir Ihnen entgegenbringen, ein Ton der Wehmut mit einklingt, ein Ton des Schmerzes über das, was wir verloren haben. Dieser wehmutsvolle Ton darf mitklingen, er darf aber nicht unser Gefühl bestimmen, mit dem wir Sie begrüßen. Er tut es auch nicht. Noch jetzt ist uns ein Schimmer der Hoffnung geblieben, den geben wir nicht auf; denn außer der deutschen Einheit sind uns noch andere kostbare Güter erhalten geblieben im deutschen Leben. Dazu gehört vor allem das deutsche Recht, das Sie pflegen und das Sie weiterbauen wollen. Was das deutsche Recht für unser Vaterland bedeutet, das zu sagen, ist nicht meine Sache. Ich spreche nur namens der Gemeinde und möchte Ihnen sagen, was das für die Gemeinde bedeutet. Man sagt oft, das Recht sei nicht berufen, Geschichte zu machen, es habe nur das zu ordnen, was andere Mächte ins Leben gerufen haben. Es hat sich zu bescheiden, es hat nachzukommen, es muß ausgleichen, ordnen, aufbauen. Ich will über die Berechtigung dieses Satzes hier nicht mit Ihnen streiten. Jedenfalls für die Gemeinden und für die kleinsten Kreise des Staates gilt er nicht. Das haben wir in Deutschland wiederholt erfahren, vor 120 Jahren die Städte in Norddeutschland, die wußten, was das schaffende Recht für sie bedeutete. Auch wir hier in Baden können davon erzählen, was das Recht uns bedeutet hat und was es uns geschaffen hat. Hier ist das Recht der Geschichte und der Entwicklung bahnbrechend vorausgegangen und hat, vorausblickend in die Zukunft, die Form geschaffen, die wir brauchten, um unsere Entfaltung zu fördern. Deshalb sind wir Ihnen dankbar in der Gemeinde, Ihnen, die mithelfen an der Fortbildung des deutschen Rechtes. Deshalb werden Sie es auch verstehen, wenn ich sage: wir bringen in der Gemeinde Ihrer Arbeit und Ihrer Tätigkeit die lebhafteste Teilnahme entgegen, und wir freuen uns, wenn Sie nach diesen Tagen mit Befriedigung zurückblicken können auf das, was Sie geschaffen haben. Ich wünsche Ihnen eine erfreuliche Arbeit; aber Sie werden es verstehen, wenn ich auch vergnügte und frohe Tage wünsche. In diesem Sinne herzlich willkommen in Heidelberg.

Prof. Dr. Kahl: Bevor ich dem folgenden Redner das Wort erteile, darf ich eine kurze Zwischenbemerkung einschalten. Ich bitte, keinen Anstoß daran zu nehmen, daß ich auf die Freude verzichte, Ihnen einzeln zu antworten, sondern mir vorbehalte, erst am Schlusse der Reden meinen Dank gemeinsam auszusprechen; damit entspreche ich einem Wunsche der Ständigen Deputation. Zunächst hat das Wort der badische Justizminister Trunk.

Justizminister Trunk: Hochansehnliche Versammlung! Mit Ihrer 33. Tagung sind Sie zum dritten Male im Lande Baden eingekehrt. Das Land Baden ist Ihnen dafür dankbar und stolz darauf, daß es Ihnen zu dieser Tagung zum zweiten Male sein Alt-Heidelberg zur Verfügung stellen kann. Gestatten Sie zunächst einen herzlichen Gruß und ein herzliches Willkommen seitens der badischen Staatsregierung, in deren ausdrücklichem Auftrage ich Sie begrüße. Dieser Begrüßung füge ich innigen Gruß und herzliches Willkommen seitens der badischen Justizverwaltung, die zu vertreten ich die Ehre habe, an. Gestatten Sie beizufügen die Wünsche der badischen Justizverwaltung Ihnen gegenüber, Grüße, einmütige Grüße und einmütiges Willkommen der badischen Juristen aller Stände und Berufe. Ich habe noch den besonderen Auftrag, diesem Gruß Badens anzufügen den herzlichen Gruß vonseiten der Vertreter der Justizverwaltungen Preußens, Bayerns, Sachsens, Württembergs, Hessens, Thüringens, Hamburgs und Bremens. Diese vereinen sich alle mit der badischen Justizverwaltung nicht nur im Gruß, sondern auch in innigem Wunsche für fruchtbare Arbeit durch Sie bei dieser Ihrer Tagung. Der Herr Oberbürgermeister der Stadt Heidelberg nahm bereits Bezug auf den Juristentag vom Jahre 1869. Als Sie damals zum ersten Male hier waren, harrte das deutsche Volk der Erfüllung seiner Wünsche in völkischer und nationaler Hinsicht, damals die nahe Erfüllung nicht ahnend; da hat das badische Volk als ein treuer Hüter am Oberrhein, als eine sichere und zuverlässige Südwestmark treu zum Gedanken des sich einigenden Reiches gestanden. Sehr geehrte Versammlung! Als 1908 in der badischen Landeshauptstadt getagt wurde, als Deutschland stark und blühend war, da hat Baden auch treu zu diesem starken, blühenden Reiche, zu seinem Volke gehalten. In der Zwischenzeit sind die guten Tage des deutschen Volkes dahin gegangen. Es ist richtig: Deutschlands Stärke, Deutschlands Blüte sind innerhalb des letzten Jahrzehnts verblichen, trotz der deutschen Opferleistungen. Aber geblieben ist, wie auch der Herr Vorredner sagte, das Reich und seine Einheit, und man darf Ihnen gegenüber wohl anerkennen: daß dem heute so ist, daran hat die deutsche Juristenwelt ein gutes Maß von Verdienst, insbesondere auch der deutsche Juristentag, die Juristen, die in einer machtvollen Organisation sich vereinigt haben, zur Erhaltung und Förderung des deutschen Rechtes im geeinten deutschen Vaterlande.

Sehr verehrte Versammlung! Ich darf wohl auch in dieser Hinsicht noch etwas sagen zum Lobe meines Heimatlandes, das Sie so gern aufgesucht haben; ich will's nicht lediglich zum Lobe sagen, sondern zum erheblichen Teil auch als Gelöbnis Ihnen, dem deutschen Juristentag gegenüber: Baden ist zum Reich gestanden nicht nur zur Zeit des Harrens und Sehnens der deutschen Völker auf Einigung, es ist nicht nur Hüter und Wächter hier unten geworden, 1908, zur Zeit der Blüte und Stärke des Deutschen Reiches; nicht nur damals ist es treu gewesen, als auch der Oberrhein nicht mehr Deutschlands Grenze, sondern Deutschlands Strom gewesen ist. Sehr verehrte Versammlung! Der Oberrhein ist wieder Deutschlands Grenze. Baden aber kann von sich rühmen, daß es auch in der Zeit der Staatsumwälzung, der Reichs- und Staatenumbildung eine eigentliche Erschütterung nicht erlitten hat. Das Land Baden ist Willens — und glaubt durch sein ganzes Verhalten in der Vergangenheit diesen Willen betätigen zu können —, auch weiterhin Hüter zu sein am Oberrhein, eine sichere, treue Südwestmark, und dazu festes Uferland für die Brücken von Völkerversöhnung und Völkerverbindung zum Heile Europas. In diesem Sinne ist insbesondere der Gruß von Badens Regierung und der badischen Justizverwaltung gleichzeitig ein Gruß an Gleichgesinnte, die wir als solche in Ihnen achten und lieben. Ich darf dem aber wohl noch beifügen: wenn Sie von Heidelberg wieder fortgegangen sein werden, wenn Sie das badische Land wieder verlassen haben, denken Sie an das badische Land so, wie ich glaubte, das badische Land und Volk Ihnen charakterisieren zu dürfen, und hoffen Sie mit mir, und Sie können dazu manches tun, helfen Sie auch mit, wo immer Sie können, daß dieses Baden bleiben kann das Baden, das es 1869, 1908 und in den letzten 10 Jahren und in der Gegenwart des Jahres 1924 war und ist und mit vollem Verständnis für die Dinge sein will.

Sie sind hier zusammengekommen, nicht als eine Organisation zur Vertretung von Standesinteressen, Sie sind die Vereinigung der deutschen Juristen aller Stände und Berufe, die Juristen der Gesetzgebung und Verwaltung, die der Rechtswissenschaft und der Rechtsanwendung und neben dem unabhängigen Richter der freie Rechtsanwalt. Zweck und Ziel sind für Sie außerordentlich hohe, und ich darf sie wohl meinerseits dahin bezeichnen, daß sie Dienst an der deutschen Volksgemeinschaft, am Reich, Dienst für das gesamte Deutschtum sind. Zweck und Ziel Ihrer Gemeinschaft sind die Erhaltung und die Förderung des Rechts, eines überaus hohen Volks- und Staatsgutes, und das verarmte, mühsam um Leben und Wiederaufstieg in seinen inneren Verhältnissen, schwer um Ausgleich und Ordnung ringende, zu Zehnten an das Ausland verpflichtete deutsche Volk, es kann Minderungen, Kränkungen oder Stillstand im Recht weniger ertragen in der Gegenwart und für die Zukunft als je einmal in seiner Vergangenheit. In diesem Sinne ist der von mir überbrachte Gruß an Sie gleichzeitig Ausdruck ganz besonderer Wertschätzung für Sie und der Ausdruck starker Hoffnungen auf Sie und auf Ihre Arbeit. Der letzten Jahre Ereignisse brachten dem deutschen Volke eine Wirtschafts- und Lebenskatastrophe, deren Ausmaße so groß, deren Auswirkungen so weit und tiefgehend sind, daß Rechtsgestaltungen und Rechtsanwendungen vielfach versagen müssen. Weite Volkskreise zweifeln am Recht. Wir sind auf allen Rechtsgebieten vor gewaltige Probleme gestellt. Gewaltig groß sind deshalb Verpflichtungen und Verantwortung. Das deutsche Volk wird nicht nur Gruß und Wertschätzung haben, es wird Deutschlands Juristen auch Dank wissen, wenn sie ohne Unterschied in Stand, Weltanschauung oder Partei, in der ganzen Stärke ihres erprobten Könnens und Wollens zusammenstehen, um dem deutschen Volke zu helfen. Zusammenstehen nicht als eine Geste, nein, als in der Volksgemeinschaft fest gewurzelte, in allen Schichten des Volkes verzweigte und mit ihnen verwachsene, darauf stolze, lebensfrische und lebensschaffende

Glieder des leidenden und ringenden deutschen Volkes der Gegenwart. So, verehrte Damen und Herren, begrüße ich Ihre Arbeit, und ich füge diesem Gruße bei den herzlichen Wunsch, daß es in Alt-Heidelberg und im Badener Lande in diesen Tagen Ihnen auch vergönnt sein möge, reichliche Erinnerungen wieder aufzufrischen an vergangene Tage, reichlich auch Erholung zu finden neben der Arbeit. Ihre Arbeit sei fruchtbringend, fruchtbringend für Deutschland und für das Deutschtum.

Staatssekretär Joël-Berlin: Hochgeehrte Damen und Herren! Ich habe die Ehre, namens der Reichsjustizverwaltung den deutschen Juristentag zu begrüßen und ihm einen segensreichen Erfolg seiner Tagung zu wünschen. Ich begrüße insbesondere auch die deutschen Juristen aus Österreich und aus der Tschechoslowakei; ihr Erscheinen beweist uns, daß die politischen Schlagbäume, die zwischen deutschen Landen errichtet sind, uns nicht hindern, gemeinsam kulturelle Bestrebungen, wie in der Vergangenheit, so auch in der Gegenwart zu pflegen. Eines Mannes möchte ich in diesem Augenblicke besonders gedenken, der in unserem Kreise nicht mehr weilt und der dem Reiche, der Verwaltung der Justiz im Reiche besonders nahe gestanden hat; auf badischem Boden ist er gestanden, auf badischem Boden hat er sich zu dem entwickelt, was er geworden. Seit wenigen Tagen ist Düringer nicht mehr unter uns. Es war mir nicht vergönnt, an seiner Bestattung teilzunehmen und namens der Reichsjustizverwaltung ihm zu danken für das, was er dem Reiche in einem Menschenalter geleistet hat. Der Staatsminister Düringer hat lange Jahre als ein hochgeehrtes Mitglied dem Reichsgericht angehört; er hat dann als badischer Justizminister die Beziehungen seines Heimatlandes zum Reiche aufs beste gepflegt und er hat schließlich als Parlamentarier im deutschen Reichstage mit aller Macht sich bestrebt, die Interessen der Justiz zu pflegen; sein scharfer Geist befähigte ihn zu scharfer Kritik, und wir im Reichsjustizministerium haben bei der Vertretung von Gesetzesvorlagen diese Kritik oft gespürt. Sie entsprang aber einer großen, innigen Herzensgüte, menschlichem Wohlwollen und vornehmer Denkungsart, und so war Düringer uns ein beredter Helfer am Bau des Rechts. Ich wollte es mir nicht versagen, an dieser Stelle zu versichern, daß sein Andenken immerdar bei uns in Ehren stehen wird.

Meine Damen und Herren, der Unterschied in den Zeitverhältnissen zwischen der letzten und der heutigen Heidelberger Tagung ist von meinem Herrn Vorredner gebührend gewürdigt worden. Damals der Aufstieg zu einer ungeahnten Fülle der Macht unseres Reiches, heute die Erkenntnis, daß wir einen Niedergang sondergleichen erlitten haben, und doch, meine Herren und Damen, wenn wir nur einige Jahre unsere Gedanken zurückwandern lassen auf die Tagung von Bamberg, 1921, und auf die heutige Tagung und abwägen, wie die Zeitverhältnisse, insbesondere unter dem Gesichtswinkel des Rechts, sich geändert haben, so haben wir, glaube ich, allen Anlaß, dankbar zu sein und weiter zu hoffen. 1921 stand die Sanktionspolitik unserer Feinde auf der Tagesordnung des deutschen Juristentags, und der deutsche Juristentag hat damals einen flammenden Protest gegen diesen frechen Rechtsbruch vor aller Welt erhoben. Heute stehen wir am Ende der Londoner Tagung; der Londoner Pakt liegt als ein innerdeutsches Gesetz vor uns. So schwer er wirtschaftlich auf uns lastet und lasten wird, so kränkend wir die Beeinträchtigung unserer Hoheitsrechte in diesem Pakt sicherlich empfinden, das eine ist doch ohne Zweifel erkennbar: zum erstenmal wieder entschließt sich die feindliche Welt, mit uns wirkliche Verträge zu schließen, die rohe Gewalt abzulösen durch den Übergang zum Recht in den Beziehungen Deutschlands zu dem bis dahin feindlichen Ausland. Besonders hervorstechend ist an diesem Londoner Pakt für uns Juristen der Schiedsgerichtsgedanke, und ich möchte nur darauf hinweisen, daß aus dieser Entwicklung des Schiedsgerichtsgedankens sich noch ungeahnte Entwicklungsmöglichkeiten in der Anwendung und Entwicklung unseres Rechtes ergeben werden. Ich muß besonders darauf hinweisen, daß der heranwachsenden Juristenwelt Aufgaben gestellt werden, die weit über das hinausgehen, was die gegenwärtige Generation zu leisten hat. Es wird nötig sein, daß unsere heranwachsenden Juristen ganz anders als die ältere Generation das fremde Recht, das französische, aber insbesondere das englische und amerikanische Recht studieren und kennen lernen und daß sie ganz andere Sprachkenntnisse gewinnen. Denn es gilt auf diesem Gebiete oft, einen zähen Kampf zu bestehen, um jeden Punkt zu werben und die deutschen Interessen auf diese Weise gegenüber dem Auslande zu fördern. Meine Damen und Herren, insoweit hat sich die außenpolitische Lage gegenüber der Tagung in Bamberg geändert. Geändert haben sich aber auch die innerdeutschen Verhältnisse sehr wesentlich seit jener Zeit. Bitte, wollen Sie bedenken, daß wir uns in Bamberg mitten in jener unseligen Entwicklungsphase befanden, daß kurz nach Bamberg die furchtbare Periode der Inflation eingesetzt hat, die unsere Wirtschaft auf den Kopf stellte und damit auch das Recht schwer erschütterte. Und heute, meine Herren, über diese Zeit einer herabgleitenden Währung sind wir so gut wie endgültig hinüber. Wir stehen im Begriff, uns wieder eine Goldwährung zu schaffen, die uns die Sicherheit für die Entwicklung der deutschen Wirtschaft zu geben bestimmt ist. Aber die Nachwirkungen, die uns die furchtbare Nachkriegszeit durch die Entartung aller wirtschaftlichen, politischen und ethischen Gesichtspunkte in unserem Vaterlande hinterlassen hat, die Nachwirkungen besonders auf dem Rechtsgebiet, sie dauern noch an. Der verehrte Präsident, Herr Geh. Rat Kahl, hat in seinem Begrüßungsartikel in der Deutschen Juristenzeitung sehr mit Recht gerade auf diese traurigen Erscheinungen der Entwicklung unserer Gesetzgebung in den letzten Jahren hingewiesen. Wie wir eine Inflation auf dem Gebiete der Währung gehabt haben, so haben wir auch eine Inflation auf dem Gebiete der Gesetzgebung gehabt. Das Charakteristische dieser Gesetzgebungsinflation bestand darin, daß eine sprunghafte Gelegenheitsgesetzgebung einsetzte, unfertig in der Form und auch teilweise unfertig im Inhalt. Meine Damen und Herren, glauben Sie nicht, daß wir uns in der Verwaltung des Reiches über die Bedenken dieser Zustände getäuscht haben. Aber, bitte, zeigen Sie das Verständnis, wie es Herr Geh. Rat Kahl in seinem Artikel zeigt, auch Ihrerseits in der Beurteilung der Lage der Gesetzgebung. Das waren keine normalen Zeiten, in denen der Gesetzgeber wohl überlegend, nach allen Richtungen abwägend Gesetze schaffen konnte; sondern das waren Zeiten, in denen jeder Tag ein neues Gebot zu schleunigem Handeln in sich schloß.

Das war ein rechter Notstand, in dem sich damals der Gesetzgeber befunden hat. Aus diesem Notstand heraus wurde ein Notrecht geboren, und als solches wollen Sie das Recht, das geschaffen ist, betrachten. Es ist, insbesondere vom Standpunkt der Justizgesetzgebung aus betrachtet, sehr bedenklich, eine derartige Gesetzgebung einzuleiten und auszuüben. Sie verlangt an Technik und Durchdenken der gesetzgeberischen Gedanken vielleicht weit mehr als die Gesetzgebung auf dem Gebiete der Verwaltung. Daß gerade die Justizgesetzgebung auch in den Strudel dieser Notgesetzgebung hineingerissen wurde, ist um vieles bedenklicher.

Meine Damen und Herren, ich glaube, den Punkten der Tagesordnung, die Sie aufgestellt haben, einen bestimmten Gedanken entnehmen zu sollen, nämlich: der Juristentag hält die Zeit für gekommen, um die Methoden aufzuweisen, die zum Abbau und zur Eingliederung des von mir gekennzeichneten Juristennotrechts in eine dauernde methodische Gesetzgebung nötig sind. Von diesem Standpunkt aus haben Sie die Frage zur Erörterung gestellt, wie die Mietsgesetzgebung endgültig zu regeln ist, aber auch wie die Zivilprozeßordnung endgültig sich mit den großen deutschen Grundprinzipien abzufinden hat. Aber auch die weitere Frage der Schaffung eines Reichsgesetzes über den Ausnahmezustand (Art. 48) bedeutet einen solchen Abbau des Notrechts; auch das war ein Notrecht, durch das tief eingreifendes materielles Recht geschaffen wurde, und zwar nicht nur auf dem eigentlichen politischen Gebiet; das ist gerade eine Frage, die auch für das Reichsministerium des Innern und die Verfassungsressorts von besonderem Interesse sein wird. Aber mit dem Abbauen des Notrechts kann sich die Tätigkeit der Gesetzgebung in der Folge nicht erschöpfen. Unsere gärende Zeit stellt jeden Tag neue Probleme zur Erörterung und zwingt den Gesetzgeber immer von neuem, zu diesen Fragen, die bisher im Hintergrunde standen, Stellung zu nehmen.

Ich darf mit einem Wort darauf hinweisen: die Kreditnot beherrscht unsere Landwirtschaft und unsere Industrie; sie zwingt, neue, vereinfachte Formen für die Kreditbeschaffung zu gewähren. Auch nach dieser Richtung zeigt ein Thema des Juristentags, daß er diese Frage als spruchreif behandeln wird. Auch das BGB. wird auf die Dauer vor dieser Frage nicht halt machen können.

Unter den Themen, die hier aufgestellt sind, befindet sich auch die Frage, inwieweit eine Neugestaltung des ehelichen Güterrechts stattzufinden habe. Ich stelle an die Seite dieses Themas die Frage, wie die Rechtsverhältnisse der unehelich Geborenen zu regeln sind. Ich darf bemerken, daß ein diesbezüglicher Entwurf dem Reichsjustizministerium schon seit einiger Zeit vorliegt; aber es war bisher nicht möglich, bei der Fülle der außenpolitischen Geschäfte, daß das Kabinett sich damit befaßte; dieser Gesetzentwurf muß indes in absehbarer Zeit an den Reichsrat und an den Reichstag gelangen.

Noch ein weiteres Thema von allgemeinem Interesse: das Auslieferungsgesetz. Der Krieg hat alle Verträge zwischen uns und den anderen Kulturnationen zerrissen, darunter auch die Auslieferungsverträge. Es hat sich ein unrühmlicher und unnatürlicher Zustand ergeben, daß wir auf Auslieferungen von gegenseitiger Wirkung angewiesen sind. Es ist an der Zeit, daß das Auslieferungsrecht endgültig geregelt wird, daß Normativbestimmungen geschaffen werden, auf Grund deren die einzelnen Staaten zu verhandeln haben, und das Auslieferungsgesetz wird unzweifelhaft dazu übergehen, daß die Entscheidung der Frage, ob und unter welchen Umständen auszuliefern ist, in die Hand des Richters kommt und den Verwaltungsbehörden entzogen wird. Noch ein großes Problem, das uns und unser Nachbarland Österreich gemeinsam angeht, ist die Schaffung eines neuen einheitlichen Strafgesetzbuchs. Meine Damen und Herren, die Ungunst der Zeit hat es verhindert, daß dieses Gesetz, das eigentlich auf Grund der Beratungen der großen Strafrechtskommission im Jahre 1913 fertig vorlag, an die parlamentarischen Körperschaften gelangen konnte. Sie haben wohl den Tageszeitungen entnommen, daß das Kabinett inzwischen sich mit der Beratung des neuen Entwurfs eines Strafgesetzbuchs befaßt hat und in kürzester Zeit zu Ende kommen wird. Ich begrüße dies ganz besonders im Hinblick auf unsere kulturelle Gemeinschaft mit Österreich. Wenn uns ein einheitliches Strafgesetzbuch beschieden sein sollte, so wird es auf die Dauer ein festes Glied in kultureller Beziehung zwischen den beiden Bruderstaaten sein.

Diese kurzen Andeutungen über das, was den deutschen Gesetzgeber in der Folge beschäftigen wird, zeigen Ihnen, daß schwere politische Kämpfe zur Durchsetzung der Gesetze sich als notwendig erweisen werden. Die Fülle von wirtschaftlichen, sozialen und ethischen Problemen, die zu bewältigen sein werden, bringen es naturgemäß mit sich, daß die politischen Gegensätze bei der Verabschiedung solcher Gesetzentwürfe zunächst aufeinanderstoßen. Um so mehr ist es für die Reichsjustizverwaltung notwendig, daß sie sich in ihrer Arbeit auf die Mithilfe und den Rat großer Fachverbände stützen kann, in deren Mitgliederkreisen eine tiefe Kenntnis des jetzt geltenden Rechts und eine reiche Lebenserfahrung sich verkörpern.

Meine Damen und Herren, der Deutsche Juristentag war stets der vornehmste und kompetenteste Mitarbeiter und Berater für den Reichsgesetzgeber; möge das in aller Zukunft so bleiben! Wir werden uns freuen, diese Mitarbeit, insbesondere auch bei der Behandlung der von mir genannten Gesetzesvorschläge, empfangen zu dürfen. Schärfen Sie dem Reichsgesetzgeber das Gewissen bei der Behandlung seiner schweren Aufgabe! Es gilt, die Bedürfnisse einer neuen Zeit in Einklang zu bringen mit dem geltenden Recht und mit einem neuen Recht; das ist eine schwere und mühevolle, aber dankbare Aufgabe, und wir werden Ihnen zu besonderem Danke verbunden sein, wenn Sie uns helfen, diese große Aufgabe zum Wohle unseres Vaterlandes zu lösen.

Min.-Direktor Prof. Dr. Popitz: Meine Damen und Herren! Wenn ich als Vertreter des Herrn Reichsministers der Finanzen hier spreche, so füge ich den Begrüßungsworten, die Ihnen von den obersten Justizbehörden der Länder und des Reiches zugerufen worden sind, noch einige Sätze hinzu. Ich fühle mich dazu bewogen durch das besondere Interesse, das der deutsche Juristentag in seiner diesjährigen Tagung einem jungen, aber für Reich und Länder besonders wichtigen Rechtsgebiet entgegenbringt. Die deutsche Rechtswissenschaft beschränkt sich ja nicht, wie manche Außenstehende immer glauben, auf diejenigen Dinge, die sich vor den Gerichten, vornehmlich vor den Zivil- und Strafgerichten, abspielen; es ist vielmehr für die richtige Erfassung des Begriffes des Rechtsstaats von besonderer Bedeutung, sich ständig vor Augen zu halten, daß auch die in der Verwaltung Tätigen des Instruments der Rechtsbehandlung und der Schulung des juristischen Denkens nicht entraten können. Das gilt in besonderem Maße von denen, die in der Finanzverwaltung tätig sind und die sich mit dem Steuerrecht beschäftigen; ist doch gerade das Steuerrecht ein Gebiet von ganz besonders mannigfachen rechtlichen Normen und von den verschiedensten Rechtsdisziplinen, von privatrechtlichen, politisch-rechtlichen und strafrechtlichen Normen, den das Recht der Steuergesetze beherrschenden verwaltungsrechtlichen Normen, von den einfachsten Fragen bis zu den schwierigsten Normen und selbst bis zu völkerrechtlichen Sätzen. Ist doch das Steuerrecht ein besonders sichtbares Zeichen dafür, wie das öffentliche Recht beherrscht sein muß von zwei Grundgedanken: von dem Gedanken des Rechtes als der Waffe des Staates, um seinen Aufgaben gerecht zu werden, und von dem Gedanken des Rechtsschutzes. Sie haben dafür die sichtbaren Zeichen in der Reichsabgabenordnung, dem ersten großen, öffentlichen Reichsgesetz. Sie sehen ein Zeichen dafür in der Finanzgerichtsbarkeit, die ihre oberste Stütze in einem Reichsfinanzgericht findet, und ist doch endlich das Steuerrecht ein Gebiet, wo, wie sonst nirgends, die Wirtschaft befruchtend in Betracht kommt. Ich kann wohl aussprechen, daß in diesem Zusammenhange auch ein Einfluß ausgeübt wird auf andere Rechtsgebiete, sowie für die Bildung von Rechtsbegriffen, die von allgemeiner Bedeutung sein können. Meine Damen und Herren, von diesem Gesichtspunkte aus scheint es mir ein Zeichen besonders klarer Erkenntnis der Entwicklung, die unser Recht nimmt, wenn der deutsche Juristentag und wenn die Leitung des deutschen Juristentags diesem Gebiete ein besonderes Interesse zugewandt hat und auf die

Tagesordnung der diesjährigen Tagung Themen von steuerrechtlicher Bedeutung gesetzt hat. Bewahren Sie auch das Steuerrecht vor jener von dem Herrn Vorredner gekennzeichneten Gelegenheitsgesetzgebung und helfen Sie uns mit, das unvermeidliche Notrecht gerade auf diesem Gebiete zu überführen in ein endgültiges Recht, das für die Wirtschaft und die Begriffsbildung auf juristischem Gebiete als etwas überhaupt zu ersehnendes sich darstellen muß. Dann, meine Damen und Herren, bewahren Sie auch diejenigen, die als Juristen in unserer Finanzverwaltung tätig sind, vor der Isolierung eines Spezialistentums. Meine Damen und Herren, ich gestatte mir, im Namen der 3000 Juristen, die in der Reichsfinanzverwaltung tätig sind, Ihnen unseren Dank auszusprechen, daß Sie uns diesbezüglich Ihr Interesse zuwenden, und begrüße namens meines Herrn Ministers mit besonderer Genugtuung die 33. Tagung des deutschen Juristentags.

Prorektor Geh. Rat Prof. Dr. Anschütz: Als Vertreter der Universität Heidelberg heiße ich Sie in der Stadt unserer Hochschule herzlich willkommen. So bedauerlich es ist, daß der Leiter unserer Universität verhindert ist, zu erscheinen, so ist doch dieser Umstand auf der anderen Seite für mich persönlich erfreulich, deshalb, weil er mir ermöglicht, als Jurist dem deutschen Juristentag einige begrüßende Worte sagen zu dürfen. Die Tatsache meiner Zugehörigkeit zur juristischen Fakultät habe ich nur berührt, ohne weiter von ihr Gebrauch zu machen. Ich möchte davon Abstand nehmen, eine weitere Fachrede hier zu halten oder in spezifisch juristischer Beziehung Ausführungen zu machen. Nur einige wenige herzliche Worte möchte ich Ihnen, meine Damen und Herren, sagen und zur Wahl Heidelbergs als Ort Ihrer Tagung nicht nur uns beglückwünschen, sondern auch Sie; denn Sie haben damit, wie ich glaube, einen guten, richtigen Beschluß gefaßt, einen Beschluß, den Sie nicht bereuen werden. Heidelberg! Meine Damen und Herren, wenn ich diesen lieben, teuren Namen ausspreche, so muß ich offen bekennen, daß ich hier einer gewissen Gruppe von Vorstellungen, die sich mit dem Namen Heidelberg verbinden, recht fern stehe. Diese landläufigen Vorstellungen von Singen und Trinken, von geschwungenen Humpen und sich kreuzenden Schlägern sind nicht Zeichen des wahren und besten Heidelbergs. Wenn ich Sie hier als eine juristische Versammlung, die berufen ist, geistige Arbeit zu tun, willkommen heiße, so denke ich an das eben angedeutete Heidelberg nicht, auch nicht an das Heidelberg des liebenswürdigen Dichters, den man schätzen kann, ohne ihn zu überschätzen. Ich denke an das Heidelberg Goethes und Mariannes, Hölderlins, an das Heidelberg der Romantiker. Ich denke an das Heidelberg, das eine Arbeitsstätte für viele große Geister, Denker, Dichter gewesen ist. In dieser Stadt des Geistes, der reinen Geistigkeit, dieser vielfach geweihten Stätte andächtiger Geistesarbeit heiße ich Sie willkommen mit dem Wunsche, daß der Genius des Ortes, der genius loci von Heidelberg, Ihre geistigen Arbeiten begleite. Lassen Sie sich aber sagen, daß dieser genius loci auch aus der Landschaft kommt. Wem es vergönnt gewesen ist, hier zu lehren und zu lernen oder sonst zu wirken, hat erfahren, daß die Landschaft von Heidelberg nicht nur eine liebliche Umrahmung, daß sie nicht nur ein ästhetisches Genußmittel, sondern daß die Landschaft von Heidelberg immer gewesen ist, was sie auch heute noch ist, ein unerschöpflicher Nährboden auf allen Gebieten geistigen Schaffens. So geht denn mein Wunsch dahin, daß die beiden Mächte, Geist und Natur, schutzbringend walten möchten über dieser Versammlung, daß Sie Ihre Aufgabe erfüllen im Sinne der großen Ideen, der diese Organisationen dienen, zum Heil und Segen des deutschen Rechts, seiner Erforschung, Verwirklichung und Fortentwicklung.

Geheimrat Prof. Dr. Heinsheimer: Meine Damen und Herren! Einen Gruß — und ich will gleich hinzufügen, einen kurzen Gruß, der aber um so herzlicher ist und aus dem Gefühl voller Gemeinschaftlichkeit erwächst — soll ich im Namen der Heidelberger juristischen Fakultät dem 33. Juristentag und allen seinen Teilnehmern entbieten. In ganz besonderer Weise begrüßen wir diejenigen unter Ihnen, und das sind gewiß sehr zahlreiche, die hier in Heidelberg Studierende unserer Fakultät gewesen sind, und die hohen Semester unter Ihnen, die hier studiert haben zu einer Zeit, als wir, die jetzt das Katheder einnehmen, noch nicht unter den akademischen Lehrern waren, werden in diesen Tagen frohe Erinnerungen aus jugendlicher Zeit aufsteigen sehen und werden gern neue Kraft und neue Anregung schöpfen aus diesen Erinnerungen, die hier von neuem lebendig werden. Lassen Sie uns den Wunsch daran knüpfen, daß die freundlichen Beziehungen, die Sie aus jenen Jugendtagen im Herzen zu Ihren alten Heidelberger Lehrern tragen, zu gewissen Teilen auch auf uns, die heute lebende Generation, sich übertragen mögen. Dem Juristentag wünsche ich von Herzen, daß das, was wir Heidelberger juristische Tradition nennen und was unser Freund und Kollege Ernst Heymann uns in so wunderbarer Weise in seinem Artikel in der Deutschen Juristenzeitung dargelegt hat, daß diese Tradition heute wieder lebendig werden möge in Heidelberg, wie es vor 55 Jahren unter dem Präsidium Bluntschlis gewesen ist. Diese Tradition ist ja aufs innigste verbunden durch das, was man den Geist des Juristentags nennen kann, was seit den Uranfängen des Juristentags seine Aufgaben und seine Ideen waren, denen er treu bleiben muß, wenn er seine Ursprünge nicht verleugnen will. Der Juristentag ist von der ganzen deutschen Juristenwelt geschaffen, nicht um zur geltenden Rechtsanwendung Grundsätze auszuarbeiten, sondern um ihrer Überzeugung eine Sprache zu geben, der Überzeugung von einem höheren Rechte als dem gegenwärtigen positiven Recht, das immer von neuem nachgeprüft werden muß, das immer von neuem zu höherer Vollkommenheit hinaufgeführt werden muß. Und wenn man die Heidelberger Tradition, die schon seit über einem Säkulum sich treu geblieben ist, festhält, dann wird man diesen Gedanken, daß das Recht sich nicht erschöpft in der positiven Gesetzgebung des Tages, sondern daß das geltende Gesetz stets nachgeprüft werden muß auf seinen inneren Gerechtigkeitsgeist, daß der Jurist nicht nur ein Gesetzesanwender, sondern auch ein Rechtsverbesserer sein muß, in unserer Fakultät immer lebendig durchgeführt wissen. Die große Reihe, die von Thibaut zu Ernst Immanuel Bekker, zu der europäischen und doch so deutschen Gestalt Mittermaiers führt, die Heidelberger Staatsrechtsschule, die von Robert von Mohl über Bluntschli, den Präsidenten des 8. deutschen Juristentags, zu Georg Meyer und Georg Jellinek geführt hat, sie war gerade von diesem Geiste erfüllt. Eine wesentliche Aufgabe des akademischen Lehrers ist es gerade, in dem jungen Juristen die Denkweise und Überzeugung heranzubilden, aus der der Geist entsteht, der sich in dem Juristentag ein Organ geschaffen hat. Dieser Geist möge vereinigt mit den Aufgaben, welche die Ständige Deputation gestellt hat, reiche Früchte in diesen Tagen tragen. Das ist unser herzlicher Wunsch, mit dem ich Sie nochmals aufs herzlichste begrüße.

Ministerialrat Dr. Kadecka: Meine verehrten Damen und Herren! Es gereicht mir zur besonderen Ehre, dem 33. Deutschen Juristentag die Grüße der österreichischen Regierung zu überbringen und in ihrem Namen der Zuversicht und dem Wunsche Ausdruck geben zu können, daß die diesjährige Heidelberger Tagung dieser ältesten und vornehmsten Juristenvereinigung sich würdig ihren Vorgängern anreiht, zu Nutz und Frommen der deutschen und österreichischen Gesetzgebung und Rechtswissenschaft. Die Aufgabe des deutschen Juristentags, an der Fortbildung des Rechts als eine Art Vorparlament mitzuwirken, ist seit seinem Bestehen niemals umfangreicher und schwieriger gewesen als in der Gegenwart. Nicht allein weil die welthistorischen Ereignisse der letzten zehn Jahre, sondern weil staatsrechtliche Umwälzungen und tiefgehende Erschütterungen des Wirtschaftslebens die Gesetzgebung vor Probleme gestellt haben, von denen sich noch wenige Jahre vorher kaum jemand etwas hat träumen lassen. Der Stoff ist nicht nur in die Breite gewachsen, sondern auch in die Tiefe. Je mehr früher altehrwürdige Überlieferung und Überzeugung auf manchen Gebieten des gesellschaftlichen Zusammenlebens die staatliche Sanktion entbehrlich zu machen geeignet waren, desto bedeutsamer wird jetzt die Aufgabe der Gesetzgebung. Das Zusammenleben der Menschen muß in weiterem Umfange und immer eingehender von Staats wegen geregelt werden. Die Rechtsordnung wird immer mehr eine allgemeine Lebensordnung. Bei Lösung der zahllosen Fragen wird der deutsche Juristentag den Gesetzgeber zu unterstützen und zu beraten haben, separans aequum ab iniquo, licitum ab illicito discernens. Von allen Aufgaben, die dem Juristentag gestellt werden können, ist es eine, die uns Österreichern besonders nahegeht und am Herzen liegt: jene Aufgabe, die schon im Jahre 1860 bei der Gründung gestellt worden ist. Es ist der Zweck, wie damals gesagt, der Forderung nach einheitlichen Rechtsnormen, nach einheitlicher Rechtsentwicklung immer größere Anerkennung zu verschaffen; das ist dasselbe, was wir heute mit einem anderen Ausdruck „Rechtsangleichung“ bezeichnen. Ihr streben wir Österreicher zu, nicht allein um ihrer Vorteile willen, sondern auch, weil wir darin einen Ausdruck unserer kulturellen Zusammengehörigkeit mit dem Deutschen Reiche erblicken. Ein mächtiges Organ dieser geistigen Zusammengehörigkeit ist, wie Josef Unger einmal sagte, der deutsche Juristentag. Er schafft reichen Stoff zur Bildung gemeinsamen Rechts. Auf dem deutschen Juristentag fühlen wir Österreicher uns nicht nur als Juristen mit Juristen, sondern auch als Deutsche mit Deutschen. Das Bewußtwerden dieses geistigen Zusammenhanges ist nicht minder wichtig als die fachmännische Zusammenarbeit des Juristentages. Zwölf Jahre sind verflossen, seitdem diese Worte niedergeschrieben worden sind; aber der Geist der aus den Worten Ungers spricht, ist auch heute noch so lebendig wie damals und wird leben bis in die fernste Zukunft. Dieses Versprechen sei der Gruß Österreichs an den 33. Deutschen Juristentag.

Senator Prof. Dr. Mayr-Harting-Prag: Als wir zu Pfingsten des vorigen Jahres den ersten deutschen Juristentag in der Tschechoslowakei veranstalteten, da war es uns vor allem eine große Freude, liebwerten Gästen aus dem Deutschen Reich und anderen deutschen Juristenverbänden herzlichste Sympathie ausdrücken zu können. Ihre Teilnahme war uns ein wertvolles Unterpfand der Einheit des deutschen Geistes, dem die politischen Grenzen in Zukunft keinen Eintrag tun können. Im Gefühl dieser Untrennbarkeit und dieser unzerreißbaren Geistesgemeinschaft sind wir als Vertreter der deutschen Juristen der Tschechoslowakei und als Vertreter der juristischen Fakultät der ältesten deutschen Universität in Prag hierher geeilt, um uns trotz aller Ungunst der Zeit an dem allzeit sprudelnden Quell der deutschen Rechtswissenschaft zu laben. Sollte es uns gelingen, Ihren bedeutsamen Beratungen auch unsererseits ein bescheidenes Lichtlein aufsetzen zu können, so werden wir glücklich sein, nicht nur als Empfangende, sondern auch als Gebende mitgearbeitet zu haben am Fortschritt von Recht und Gerechtigkeit. Ich gebe mich dem Wunsche und der Hoffnung hin, daß Sie das Leid und den Schmerz, der über Ihr herrliches Reich, über das ganze deutsche Volk hereingebrochen ist, überwinden mögen, und nicht nur wir, die das Schicksal gebeugt hat, sondern auch jene, die heute die Macht haben, mögen zur Erkenntnis gelangen, daß nur der Sieg von Recht und Gerechtigkeit das Glück der Völker und des Friedens gewährleistet. Kein Institut ist hierzu berufener und geeigneter als gerade der deutsche Juristentag, der nicht nur zu allen Zeiten die Kapazitäten der deutschen Rechtswissenschaft in seinen Reihen zu vereinen wußte, sondern der es auch stets verstanden hat, Theorie und Praxis des deutschen Rechtes mit allen Mitteln zu beeinflussen, fortzubauen und vorbildlich zu wirken auf allen Gebieten des Rechtes überhaupt. Diese Tagung, der anzugehören uns vergönnt ist, möge daher würdig ihren Vorgängern folgen, und möge sie weitere wertvolle Bausteine zur Förderung deutscher Wissenschaft liefern. Keine Intriguen der Feinde und keine Not der Zeit vermochte unser Rechtsempfinden ins Wanken bringen. Möge diese Tagung fruchtbringend wirken, insbesondere auch auf das Rechtsleben des Alltags, möge sie Zeugnis ablegen von der ungebrochenen Kraft deutschen Geistes und deutscher Geistesgemeinschaft; möge sie uns Kraft und Zuversicht verleihen für den unermüdlichen Kampf um eine bessere Zukunft, soweit die deutsche Zunge reicht. Dies wünsche ich Ihnen, wenn Sie Ihr Vaterland groß und mächtig sehen wollen, und uns, die wir, nur durch politische Grenzen getrennt, Deutsche sein und bleiben wollen, heute und immerdar!

Geheimrat Prof. Dr Kahl: Hochansehnliche Versammlung, hochverehrte Herren Redner! Indem ich mich anschicke, Ihre Begrüßungen zu erwidern, darf ich wohl, ohne damit irgendwie eine Rangordnung aufrichten zu wollen, die verehrten Herren Redner in mehrere Gruppen teilen: die amtlichen Vertreter von Staats- und Reichsbehörden, die Vertreter der Rechtswissenschaft, des Deutschtums im Ausland und der lieben Stadt, in der wir tagen. Der gemeinsame Grundton, der durch alle diese Reden hindurchging, war der einer wohlwollenden Anerkennung für den Deutschen Juristentag, einer freundlichen Teilnahme an seinen Bestrebungen, freundlicher Wünsche für seine Zukunft. Dafür danke ich Ihnen gemeinsam auf das herzlichste. Worte der Anerkennung darf der Deutsche Juristentag in aller Bescheidenheit wohl annehmen; denn er hat in den 64 Jahren seines Bestehens, wenn auch oft unter schweren Zeitverhältnissen, aber immer in Treue an der Rechtseinheit gearbeitet. Er hat in zahlreichen Bänden seiner Verhandlungen überaus schätzbares rechtswissenschaftliches Material für das Verständnis des ganzen deutschen Rechtes und seiner Entwicklung niedergelegt. Er hat auch durch seine Beschlüsse vielfach entscheidenden und — ich füge hinzu — guten Einfluß auf den Gang der Reichsgesetzgebung ausgeübt.

Worte der Teilnahme bedarf der Juristentag nicht, um seine Lebensmöglichkeit zu sichern, wenn auch er — darüber täuschen wir uns nicht — unter der Not der Zeit gelitten hat. Seine Mitgliederzahl ist zwar herabgegangen; aber die Teilnahme, die ihm auch hier wieder aus Zentren des öffentlichen Lebens entgegengetragen wird, berechtigt ihn zu der Erwartung, daß ihm neues Blut zuströmen und daß ihm auch die Teilnahme weitester Kreise der deutschen Juristen wieder zugeführt werden und erhalten bleiben wird.

Und endlich, freundliche Wünsche für die Zukunft, die nimmt er besonders dankbar entgegen; denn seine Aufgabe ist riesengroß gewachsen, und das ist nicht nur begründet in der Erweiterung seiner Aufgaben, wovon der Vertreter des Herrn Finanzministers sprach, sondern auch in dem Übergang auf das ganze Gebiet des öffentlichen Rechts, für das gegenständlich der Juristentag eine Grenze seines Arbeitsgebietes heute nicht mehr ziehen kann. Dann kommt auch, wie bereits von dem Herrn Vertreter des Reichsjustizministeriums erwähnt wurde, ein innerliches Moment in Frage: der Juristentag steht heute nicht mehr einer von einem einheitlichen Zeitgeist geleiteten Rechtsentwicklung, sondern vielfach einer sprunghaften, auch von zersetzenden Einflüssen der Politik nicht mehr ganz frei zu haltenden Rechtsentwicklung gegenüber. Das ist seine erhöhte Aufgabe; da handelt es sich darum, aus der Flachheit der Erscheinungen das Bleibende zu gewinnen und festzuhalten und da, wo zersetzende Elemente sich einfinden, wenn ich so sagen darf, um so mehr den reinen Rechtsgedanken davon zu befreien, herauszuarbeiten und zu erhalten; das ist unsere Pflicht.

Darf ich, meine verehrten Kollegen, darüber hinaus mich noch mit ein paar Äußerungen und Dankesworten an die einzelnen Gruppen wenden und danken für die Begrüßung, so wende ich mich zunächst mit dankbarem Gegengruß an die Vertreter von Reich, Staat und Justiz. Ich kann natürlich nicht die ganze Fülle von Gedanken, die Sie in Ihren freundlichen Ansprachen aufgerollt haben, in den bescheidenen Kreis meiner Erwiderung hereinziehen; aber einige Anklänge möchte ich mir doch gestatten in meine Worte zu verflechten. Meine Herren von Staat und Justiz, Ihre Anwesenheit ist uns nicht bloß eine Ehre und eine Freude, sondern zugleich eine Beruhigung und eine Stärkung; denn die deutschen Juristen haben schwere Sorgen auf dem Herzen. Wir wissen ganz genau, daß Sie, meine Herren aus allen Justizverwaltungen, diese Sorgen nicht nur kennen, sondern daß Sie sie auch teilen. Und sie sind ja in ihrem Kernpunkt vorhin zum Ausdruck gebracht worden. Es war die Rede davon, daß weite Volkskreise zweifeln am Recht und anderen Dingen. Ja, meine verehrten Damen und Herren, wir wissen, daß Sie diese Sorge teilen; aber es wäre unnatürlich, von meinem Standpunkt als Leiter dieser Versammlung würde ich es als eine Pflichtwidrigkeit betrachten, wenn nicht auch ich diese Sorge mit aller Offenheit ausspräche. Ja, sie laufen darauf hinaus: weite Volkskreise zweifeln am Recht. Ich glaube, der badische Herr Justizminister hat dies Wort geprägt. Das ist der Kernpunkt, und darauf geht alles hinaus, auf die ernste und nicht wegzuleugnende Tatsache, daß das Vertrauen weitester Kreise des deutschen Volkes in das Recht und zum Recht als solchem erschüttert ist. Ich verbreite mich nicht näher über die leichtfertigen Anwürfe, durch die es erst recht erschüttert wird, die leichtfertigen, verallgemeinernden Anwürfe gegen unsere Justiz, im engeren Sinne gegen den deutschen Richterstand, die wir mit aller Entschiedenheit zurückweisen. Jeder von uns sollte sich Mühe geben, soweit sein Einfluß reicht, diese Irrtümer zu korrigieren und zu widerlegen. Ich möchte hier aussprechen: wir akademischen Rechtslehrer müssen uns vor allem zur Pflicht machen, Richter zu erziehen, die ganz und gar erfüllt sind vom Geiste der Gerechtigkeit, von sozialem Geist. Aber der deutsche Richterstand behält unser Vertrauen, der in schwerster Zeit in Pflichttreue und unvergleichlicher Charakterstärke seines heiligen Amtes am Rechte gewaltet hat. Hier also suche ich nicht die letzte Quelle der Verzweiflung am Recht. Die letzte und Hauptursache des klaffenden Risses zwischen dem Rechtsglauben und zwischen dem Volksbewußtsein oder — ich darf vielleicht so sagen, — sogar dem Volksgewissen, die liegen doch in dem Gesetze. Ich will dies nicht näher illustrieren an Gesetzen, die aus der Zeit der Not geboren sind, deren Charakter der Vertreter des Reichsjustizministeriums als Notgesetze bezeichnet hat. Ich will es nicht illustrieren im einzelnen, ich will auch hier keine Vorwürfe erheben und keine bestimmte Verantwortlichkeit zuschieben; denn die Hauptverantwortlichkeit trifft doch letzten Endes den Gesetzgeber selbst, und der ist hier nicht vertreten. An ihn kann ich mich nicht wenden; an ihn würde ich mich nicht wenden, selbst wenn er hier vertreten wäre. Es handelt sich im letzten Grunde um die Verantwortlichkeit des Gesetzgebers, und davon spreche ich nicht weiter. Aber an die Justizverwaltungen sowohl des Reiches wie der Länder wende ich mich mit einer, wie ich sagen kann, aus der Tiefe des deutschen Juristenstandes geborenen Bitte, nämlich der Bitte, daß sie, womöglich schon in den vorbereitenden Stadien der Gesetzgebung, Fühlung mit den jeweils beteiligten Juristenkreisen suchen und halten mögen. Ich muß mit Dank anerkennen, daß das bisher schon vielfach geschehen ist. Aber dieser klaffende Riß war der Anlaß für die Schaffung der juristischen Arbeitsgemeinschaft für Gesetzgebungsfragen, an deren Spitze ich stehe und deren Vertrauen zu genießen ich die Ehre habe. Da sind wir denn inne geworden, daß eine solche unmittelbare Beziehung eines der stärksten und kräftigsten Momente ist für die Zurückgewinnung des Volksglaubens an die materielle Gerechtigkeit im Recht. Diesen Glauben zurückzugewinnen, darauf kommt es doch schließlich an. Wir Juristen, das glaube ich versichern zu können, sind bereit, an unserer Stelle zu tun, was möglich ist, um den Riß zwischen

Recht und Volksbewußtsein zu schließen. Wir bitten Sie, daß Sie uns, wie Sie uns vorhin eigentlich versprochen haben, die Hand dazu reichen und sich nicht zu stark belästigt fühlen, wenn wir an Ihren Ministerstuhl klopfen. Wir tun das jetzt öfters; denn es ist ja nicht mehr notwendig, Frack und weiße Weste anzuziehen, um in eine Ministerstube gelangen zu können. Aber wir haben in der Tat das tiefe Bewußtsein, daß nur auf diesem Wege der engeren Fühlung das alte Vertrauen zum Recht zurückgewonnen werden kann.

Aus tiefem Herzen kommenden Dank spreche ich weiterhin meinen beiden verehrten Kollegen von der Universität und Fakultät Heidelberg aus. Meine verehrten Freunde, Sie haben uns durch diesen Ihren Gruß eine große Ehre erwiesen. Wir haben uns gefreut, daß zufällig der Prorektor ein Jurist ist. Er selbst hat freilich erklärt, daß er darauf kein entscheidendes Gewicht legt. Ich möchte ihm aber sagen, daß sein Wunsch, der genius loci möge uns ergreifen, nicht erst in Erfüllung zu gehen braucht, sondern daß dieser Wunsch sich in wenigen Stunden von selbst erfüllt hat. Meine Herren Kollegen, daß ich berufen sein darf, bei dieser feierlichen Gelegenheit die alte Ruperto-Carola und die Heidelberger Fakultät zu begrüßen, ist mir eine ganz besondere und, ich darf sagen, zunächst persönliche Freude. Wie ich mit manchen unter ihren heimgegangenen Größen der Wissenschaft in treuer Freundschaft verbunden sein durfte, so bin ich glücklich, auch unter den Lebenden treue und dauernde Freunde zu besitzen, gewonnen teils aus langjähriger Berufsgemeinschaft in derselben Fakultät, teils in gemeinsamer Arbeit in Deutschlands schwerster Zeit, bei dem Wiederaufbau der deutschen Verfassung, teils aus gemeinsamer wissenschaftlicher Arbeit. Daß ich heute vor Ihren Augen des Amtes walten darf, das beim ersten Heidelberger Juristentag in der Aula Ihrer Universität in den Händen eines Bluntschli lag, das ist mir ein Stolz.

Ohne die fortwährend fließenden Ströme der Rechtswissenschaft könnte der deutsche Juristentag seine Aufgabe überhaupt gar nicht lösen. Von Anfang an war der deutsche Juristentag angewiesen auf die enge organische Verbindung der in der täglichen Praxis tätigen Juristen auf der einen und der schöpferischen Theorie auf der anderen Seite. Ich erspare es mir, die geistige Höhe und den Charakter der Heidelberger Universität und speziell der juristischen Fakultät jetzt des näheren hier klarzulegen. Es ist schon gestreift, daß der Berliner Kollege Ernst Heymann in der Deutschen Juristenzeitung sie gefeiert und gewürdigt hat. Ich möchte nur darauf hinweisen, daß unter den dort genannten Namen sich viele befinden, die durch Gutachten oder Berichterstattung ganz außerordentlich reiche Befruchtung dem deutschen Juristentag zugeführt haben, wofür ich Ihnen noch einmal an dieser Stelle danke. Alles zusammenfassend: mir ist das schöne Vorrecht zugefallen, in dieser feierlichen Stunde der Heidelberger Universität und der Heidelberger juristischen Fakultät die Verehrung, Bewunderung und Dankbarkeit des gesamten deutschen Juristenstandes aussprechen zu dürfen, was ich hiermit aus vollstem Herzen tue.

Die Herren aus Österreich und der Tschechoslowakei begrüßen wir als deutsche Brüder schlechthin, und wir danken ihnen, daß sie zu uns gekommen sind. Ich danke zunächst dem Herrn Ministerialrat Kadecka, der namens der österreichischen Regierung uns einen Gruß gebracht hat. Ich darf daran erinnern, daß die Deutschösterreicher und die Reichsdeutschen von Anfang an zusammengehört haben und den ganzen Lauf unserer Geschichte gemeinschaftlich zurücklegten.

Keine politischen Katastrophen haben vermocht, dieses Band zu zerreißen; denn es ist ein innerliches Band, das auch durch eine rechtliche Einheit gekennzeichnet sein soll. Wann dies alles zu einer praktischen Verwirklichung kommen wird, das steht bei der Geschichte. Eines kann ich sagen: wir warten in Geduld, in der Geduld, die das Zeichen des einsichtigen, ruhigen Politikers ist. Wir warten in Geduld des Tages, an dem es heißen wird: ein Reich und damit ein Recht!

Unsere Freunde aus der Tschechoslowakei haben uns einen Gegenbesuch gemacht. Wie bereits erwähnt, hatten wir Deutsche eine Einladung zu dem ersten Deutschen Juristentag in der Tschechoslowakei zu Pfingsten vorigen Jahres; vier unserer Vertreter konnten daran teilnehmen, und bei ihrer Rückkunft konnten sie nicht genug erzählen von der gastlichen Aufnahme, von kollegialem, herzlichem Verkehr, von ihrer Beteiligung an der geistigen Arbeit des dortigen Juristentages. Und nun sind Sie zu uns gekommen, und wir begrüßen Sie ganz besonders herzlich; seien Sie willkommen! Wir danken Ihnen tausendmal für alles, was Sie im Kampfe um das Deutschtum auf fremder Erde tun. Wir bitten Sie: halten Sie aus! Wir versichern Sie unseres Glaubens, daß deutsches Recht nicht zugrunde geht aller Orten, und wenn die Welt voll Teufel wär', es wird sich zu seiner Stunde durchsetzen! Wir bitten Sie, daß Sie auch Ihrerseits mitnehmen den Glauben, daß wir Ihnen hier vom Reich aus immerdar in allen Kämpfen in deutscher Treue verbunden bleiben.

Und endlich wende ich mich noch an den Vertreter und das Oberhaupt der lieben Stadt, in der wir tagen. Hochverehrter Herr Oberbürgermeister! Sie haben uns zuerst begrüßt; ich tue es zuletzt, und zwar, ohne irgend einen Vorgänger beleidigen zu wollen. Weshalb? weil ich ausspreche: das Beste kommt zuletzt! Das Beste, sage ich mit voller Überzeugung. Was wäre denn der ganze Wanderweg des Juristentags ohne eine Heimat? Und diese Heimat haben wir hier gefunden, so schön, wie es nur möglich sein kann, an einem Orte, an dem, wie schon erwähnt, der genius loci alles vereinigt, um einem den Aufenthalt lieb zu machen. Verehrter Herr Oberbürgermeister, Sie sind der Vorsitzende des Ortsausschusses; ich danke schon jetzt von dieser Stelle aus dem Ortsausschuß, und möchte bemerken, daß das nicht der einzige Dank sein wird; Sie werden noch häufig durch meine Danksagungen belästigt werden. Aber ich muß schon jetzt dem Ortsausschuß danken für die trefflichen Vorbereitungen, die er zu dieser Tagung getroffen hat. Einem Ortsausschuß anzugehören, ist nicht immer ein reiner Genuß; das weiß ich aus Erfahrung. Um so dankbarer sind wir Ihnen. Sie haben nicht nur unseren Veranstaltungen einen so würdigen und bequemen Rahmen zu geben gewußt, Sie haben auch andere Genüsse für Leib und Seele, für Erholung und Erheiterung und für die Pflege der Freundschaft dargeboten und noch mehr in Aussicht gestellt; Sie haben, wie es scheint, kraft hoher und weiter Beziehungen sogar auch eine Verständigung mit Jupiter Pluvius zustande gebracht, mit einem Wort: Sie haben Raum geschaffen auch für die Freude. Und den Sonnenstrahl der Freude, den wollen wir nicht missen, auch nicht und gerade erst recht nicht in unserer Arbeit missen. Wir wollen auch ferner uns freuen können und bei unserem Hiersein auch lachen können aus innerstem Herzen. Freude, das ist bei öffentlichen Veranstaltungen der Ausdruck des guten, deutschen, nationalen Gewissens und der trotz allem ungebrochenen und nie zu brechenden deutschen Kraft. Und dieser Gedanke führt mich noch zu einem allerletzten, was ich Ihnen heute hier auszusprechen als tiefes Herzensbedürfnis empfinde. Die Geschichte Heidelbergs stellt sich heute vor dem geistigen Auge dar wie ein wundervolles Symbol dunkler deutscher Gegenwart, leuchtender deutscher Zukunft. Fürchten Sie nicht etwa, daß ich zurückgreifen will in die Geschichte der Stadt, daß ich aufmarschieren lasse alle jenen dunklen Gestalten des 17. Jahrhunderts, Tilly, die Reiter Melacs und die Mordbrenner Ludwigs XIV. Nur eins will ich sagen: Heidelberg, einst zerstört, verbrannt, geknechtet, vergewaltigt, verarmt, ist wieder emporgestiegen zu der Stadt, die wir gestern abend auf Anregung des Redners begeistert besungen haben, der Stadt, an Ehren reich, der keine andere am Neckar und am Rheine gleicht! Wodurch ist das geschehen? Durch die Arbeit und den Opfersinn ihrer Bürger, durch die Weisheit und Kraft ihrer Regierung, der Landesherren Badens, der späteren Regierung, ihrer örtlichen Regierung, geschehen endlich durch den Zauber und den Willen deutscher Treue. Hier liegt das Symbol, das Sinnbild; dem möge nachfolgen — denn das sind die einzigen Mittel und Wege des Wiederaufstiegs — das deutsche Vaterland. Und mit diesem Segenswunsche möchte ich die Begrüßung in Rede und Gegenrede als abgeschlossen erklären.

Ich darf noch mitteilen: es ist beim Deutschen Juristentag folgendes Telegramm des Herrn Reichspräsidenten aus Freudenstadt eingetroffen:

„Dem 33. Deutschen Juristentag sende ich meine herzlichsten Grüße. Die zur Erörterung gelangenden Verhandlungsgegenstände zeigen auch diesmal, daß die deutschen Juristen das Rüstzeug ihres tiefen Wissens und ihrer reichen Erfahrung zur Lösung der vielen und schweren Aufgaben widmen, die uns die neue Zeit mit ihren neuen politischen und wirtschaftlichen Verhältnissen gestellt hat. In aufrichtiger Würdigung dieser dankenswerten, fruchtbringenden Mitarbeit und in der Hoffnung, daß Ihre Beratungen die deutsche Rechtswissenschaft und Rechtspflege weiter fördern mögen, wünsche ich der diesjährigen Tagung in dem schönen Heidelberg, meiner Vaterstadt, von Herzen besten Verlauf. Reichspräsident Ebert."

Ich nehme an, daß ich im Namen des Juristentags mich ermächtigt fühlen darf, dem Herrn Reichspräsidenten den Dank und Gruß des Deutschen Juristentags telegraphisch auszusprechen.

Ich möchte weiter nicht unerwähnt lassen und herzlich danken den Spendern verschiedener Festgaben, wie Herrn Dr. Otto Liebmann für die Festnummer der Deutschen Juristenzeitung, der badischen Rechtspraxis, für die inhaltsreiche Festgabe der Stadt mit dem schönen einleitenden Artikel des Herrn Oberbürgermeisters und den interessanten Ausführungen des Herrn Prof. Heinsheimer über den Juristentag von 1869, dem Verlage Walter de Gruyter & Co. für seine Festgabe, und auch den verschiedenen Tageszeitungen erlaube ich mir, summarisch den besten Dank auszusprechen.

Nun noch ein letztes Wort: der Bamberger Juristentag hatte die Herren von Gierke, von Olshausen, Enneccerus und Schmidlin zu Ehrenmitgliedern ernannt. Von ihnen sind noch am Leben die Herren Staatsminister Schmidlin und Geheimrat Enneccerus. Sie haben es sich leider versagen müssen, an der Tagung teilzunehmen. Ich halte mich für ermächtigt, den beiden Ehrenmitgliedern des Juristentags Verehrung und fortdauernde Dankbarkeit zu entbieten.

Von Ehrenmitgliedern sind inzwischen heimgegangen die Herren von Gierke und von Olshausen, deren ich bei der Tagung der Pfingstdeputation zu Blankenburg in Thüringen in diesem Jahre mit einem längeren Nachruf gedacht habe. Ebenso gedacht haben wir des inzwischen ebenfalls heimgegangenen, uns allen bekannten Ernst Zitelmann, eines Juristen ersten Ranges, eines treuen Mitarbeiters unseres Juristentages. Aber ich habe aus der jüngsten Totenliste noch zwei zu erwähnen. Ich erwähne zunächst Otto Meyer. Mein Herz treibt mich, seiner zu gedenken. Er hat nicht eben sehr nahe Beziehungen zum Deutschen Juristentag gehalten; das lag nicht in seiner Natur. Wo aber deutsche Juristen versammelt sind, können sie unmöglich des langjährigen glorreichen Vertreters deutscher Rechtswissenschaft in Straßburg vergessen, können sie nicht vergessen des Meisters der deutschen Verwaltungsrechtswissenschaft und des liebenswerten Menschen. Er ist in Baden-Baden, also hier in diesem Lande, in dem wir weilen, verstorben, und ich darf wohl aussprechen, daß auch wir jederzeit ihm ein ehrendes, dankbares Gedächtnis widmen werden. Noch eines Toten ist zu gedenken. Herr Staatssekretär Joël hat seiner vom Standpunkt der Reichsjustizverwaltung und der Reichsgesetzgebung aus schon dankend erwähnt. Das kann mich jedoch nicht der Pflicht entheben, auch im Namen des deutschen Juristentags noch ein Wort zu sagen; denn wir stehen noch heute, sozusagen, an einem offenen Grabe. Düringer ist am 3. September d. J. an einem unerwartet rasch fortgeschrittenen Herzleiden verstorben. Am vorigen Sonnabend, den 6. September, standen wir an seinem Grabe auf dem Waldfriedhof bei Berlin. Im Namen der Ständigen Deputation habe ich dort im Verein mit den Freunden Rießer, Heinitz und Flechtheim einen Kranz niedergelegt mit den Worten: dem unbestechlichen Richter, dem unbeugsamen Diener von Recht und Gerechtigkeit, dem unvergeßlichen und in den Tod getreuen, heißgeliebten Freunde. Düringer war, das wurde schon betont, als badischer Justizminister und oberster Richter ein treuer Sohn und ein gefeierter Sohn des Badener Heimatlandes. In seiner Heimat, aus seiner Heimat soll ihm der Deutsche Juristentag den letzten dankbaren Gruß nachrufen. Er war seit 1912 — seit Wien — Mitglied der Ständigen Deputation, und ich kann wohl sagen, ununterbrochen hat er in seiner edlen starken Persönlichkeit, mit seiner reichen Sachkenntnis den Aufgaben des Deutschen Juristentags gedient. Wir vermissen ihn heute schmerzlich. Er war als Berichterstatter der 1. Abteilung aufgestellt. Wir werden ihn noch oft schmerzlich vermissen. Wir werden dem hochverehrten Freunde ein treues Andenken bewahren, und ich halte mich für beauftragt, der trauernden Witwe, der Frau Staatsminister Düringer, unsere Teilnahme telegraphisch auszusprechen.

Sie haben sich bereits zu Ehren dieses und der anderen Hingeschiedenen von Ihren Sitzen erhoben. Ich danke Ihnen.

Verehrte Anwesende, wir treten damit in die kurzen sachlichen Aufgaben dieser unserer ersten Plenarsitzung ein. Ich nehme die Statutenänderungsfrage, die wohl im Augenblick erledigt ist, voraus. Der Bamberger Juristentag hatte die Ständige Deputation mit Vorlegung des Entwurfs eines neuen Statuts beauftragt und die Mitglieder des Deutschen Juristentages aufgefordert, etwaige Wünsche und Anträge innerhalb 3 Monaten an die Ständige Deputation zu senden. Der Entwurf liegt vor. Abgesehen von der Abänderung der Arbeitsgebiete enthält der Entwurf keinerlei grundsätzliche Neuerungen, sondern nur auf grund von gemachten Erfahrungen einige Veränderungen. Der gedruckte Entwurf ist in Ihren Händen. Wir sind nicht der Ansicht, daß es zweckmäßig sein würde, diesen Entwurf in der heutigen Sitzung der Beratung und Beschlußfassung zu unterstellen. Wir unterbreiten den Antrag, eine Kommission von acht Mitgliedern, die nicht der Ständigen Deputation angehören, zu bestellen, und bitten, als 9. Mitglied den Referenten, Herrn Geheimrat Prof. Dr. Kipp, hinzuziehen zu wollen. Diese Kommission möge sich beraten und einen Berichterstatter wählen, der am Sonnabend in der 2. Plenarsitzung kurz das Ergebnis der Beratung vorträgt. Wir hoffen, daß kein Widerspruch gegen diesen Vorschlag der Ständigen Deputation erfolgt; in diesem Falle würde ich um Vorschläge aus der Versammlung bitten, und zwar hinsichtlich der Aufstellung und Benennung von acht Mitgliedern. Ist vielleicht einer der Herren so gütig, derartige Vorschläge zu machen?

Prof. Graf Dohna-Heidelberg: Ich möchte mir erlauben, folgende Herren vorzuschlagen:

Geheimrat Prof. Dr. Anschütz, Heidelberg,
Prof. Dr. Geiler, Heidelberg,
Dr. Janitz, München,
Rechtsanwalt Prinz, Berlin,
Reichsgerichtsrat Rosenberg, Leipzig,
Geh. Finanzrat Springer, Berlin,
Oberlandesgerichtsrat Prof. Dr. Swoboda, Graz,
Senatspräsident Prof. Wieruszowski, Köln.

Der Vorsitzende stellte durch Befragen fest, daß gegen diesen Vorschlag Widerspruch nicht erhoben wurde, und ersuchte die Kommission, unter der Leitung des Herrn Geheimrat Kipp zusammenzutreten.

Auf Vorschlag des Vorsitzenden wurden sodann drei Abteilungen gebildet, denen die einzelnen Beratungsgegenstände, wie folgt, überwiesen wurden:

I. Öffentlich-rechtliche Abteilung:

1. Zulässigkeit und Form von Verfassungsänderungen ohne Änderung der Verfassungsurkunde. Berichterstatter: Prof. Dr. Graf zu Dohna-Heidelberg und Prof. Dr. Triepel-Berlin.
2. Wie ist das im Artikel 48 Abs. 5 der Reichsverfassung vorgesehene Reichsgesetz über den Ausnahmezustand zu gestalten? Berichterstatter: Geheimrat Prof. Dr. Piloty-Würzburg und Gerichtsassessor Dr. Richard Grau-Berlin.
3. Wie ist unter Berücksichtigung der gegenwärtigen wirtschaftlichen Verhältnisse und der Verordnung vom 4. Januar 1924 die Beteiligung der Laien an der Strafrechtspflege zu regeln? Berichterstatter: Prof. Dr. Gleispach-Wien, Landgerichtspräsident Schlimm-Mannheim und Prof. Dr. Eberhard Schmidt-Breslau.

II. Bürgerlich-rechtliche Abteilung:

1. Welche Richtlinien sind für die zukünftige Gestaltung des Wohnungsmietrechts aufzustellen? Berichterstatter: Amtsgerichtsrat Prof. Dr. Ruth-Frankfurt a. M. und Hofrat Privatdozent Dr. Klang-Wien.
2. Welche Richtlinien sind für die zukünftige Gestaltung des ehelichen Güterrechts aufzustellen? Berichterstatter: Geh.

Justizrat Prof. Dr. Kipp-Berlin, Senatspräsident Prof. Dr. Wieruszowski-Köln und Fräulein Rechtsanwalt Dr. Marie Munk-Berlin.

3. Welche Stellung soll die zukünftige Zivilprozeßordnung gegenüber den Fragen der Unmittelbarkeit, der Mündlichkeit und der Eventualmaxime einnehmen? Berichterstatter: Handelsgerichtspräsident Dr. Engel-Wien und Rechtsanwalt Dr. Ernst Wolff-Berlin.

III. Steuer- und wirtschaftliche Abteilung:

1. Empfehlen sich Änderungen der Gesetzgebung zur Erleichterung der Kapitalbeschaffung durch Aktiengesellschaften? Berichterstatter: Rechtsanwalt Dr. Hachenburg-Mannheim und Prof. Dr. Flechtheim-Berlin.
2. Welche Grundsätze empfehlen sich für das internationale Vertragsrecht zur Vermeidung internationaler Doppelbesteuerung bei Einzelpersonen und Körperschaften, insbesondere bei gewerblichen Betrieben? Berichterstatter: Ministerialrat Dr. Dorn-Berlin.
3. Ist es erwünscht, das Einkommen aus Gewerbebetrieb nach gleichmäßigen Grundsätzen zu besteuern, ohne Rücksicht auf die Rechtsform, in der das Gewerbe betrieben wird? Welche Wege rechtlicher Ausgestaltung bieten sich für eine solche Besteuerung? Berichterstatter: Senatspräsident am Reichsfinanzhof Becker-München und Rechtsanwalt Dr. Lion-Berlin.

Der Vorsitzende teilt mit, daß folgender Antrag eingegangen sei:

1. Der Juristentag soll wieder jährlich zusammentreten.
2. Aus vaterländischen Gründen soll die nächste Tagung im besetzten Gebiet abgehalten werden.

Auf Vorschlag des Vorsitzenden wurde dieser Antrag der Ständigen Deputation überwiesen.

Der Vorsitzende berief sodann:

1. die Versammlung der Vertrauensmänner, denen die Feststellung der der Plenarversammlung vorzuschlagenden Liste der Mitglieder der Ständigen Deputation obliegt, auf Samstag, den 13. September, vormittags 10 Uhr,
2. die zweite Plenarversammlung auf Samstag, den 13. Sept., vormittags 11 Uhr.

Um 1 Uhr nachmittags wurde die erste Plenarversammlung geschlossen.

# Erste Sitzung der ersten Abteilung
## (für öffentliches Recht)

am

Donnerstag, den 11. September 1924.

Auf Vorschlag des Geh. Justizrats Dr. Triepel-Berlin wählte die Versammlung zum Vorsitzenden der I. Abteilung Herrn Kammergerichtspräsidenten i. R. Dr. von Staff-Berlin, der den Vorsitz übernahm und als Stellvertreter des Vorsitzenden die Herren Staatssekretär i. R. Dr. Mügel-Berlin, Oberreichsanwalt Ebermayer-Leipzig und Senatspräsident Dr. Drabert-Düsseldorf, als Schriftführer Herrn Prof. Dr. Dochow-Heidelberg und die Referendare Fuchs, Hennemann und Hahn (Heidelberg) benannte. Die Versammlung stimmte diesen Vorschlägen zu.

Sodann wurde in die Verhandlung über das Thema:

Zulässigkeit und Form von Verfassungsänderungen ohne Änderung der Verfassungsurkunde

eingetreten.

Der erste Berichterstatter, Prof. Dr. Graf zu Dohna-Heidelberg, begründete die von ihm aufgestellten, wie folgt lautenden Leitsätze:

1. Verfassungsändernd im weiteren Sinne ist jedes Gesetz, dessen Inhalt mit dem Inhalt der Verfassungsurkunde im Widerspruch steht.

Der Erlaß solcher Gesetze ohne gleichzeitige Änderung der Verfassungsurkunde ist zulässig, soweit dieselben die Geltung verfassungsrechtlicher Grundsätze bloß ihrem sachlichen Umfange nach beschränken, unzulässig, soweit sie deren seitherige Geltung ganz oder teilweise aufheben.

2. Verfassungsändernde Gesetze, welche ohne gleichzeitige Abänderung der Verfassungsurkunde ergehen, sollten in allen Fällen — sei es im Text, sei es in der Verkündungsformel — zum Ausdruck bringen, daß der Widerspruch mit der Verfassung von den gesetzgebenden Organen gewußt und gewollt worden ist.

3. Dem Artikel 76 der Reichsverfassung sollte ein Zusatz beigefügt werden des Inhalts:

> Erhebt eine ein Drittel übersteigende Minderheit des Reichstags gegen ein in der Beratung befindliches Gesetz Einspruch mit der Begründung, daß dieses Gesetz der Verfassung widerstreite, so hat der Reichspräsident vor der Verkündung die Entscheidung des Staatsgerichtshofs einzuholen

mit nachstehenden Ausführungen:

Nach gutem altem Brauch stecke ich zunächst das Untersuchungsfeld ab und scheide solche am Wege liegende Probleme aus, die von dem mir gestellten Thema nicht umfaßt werden. Dahin gehören einmal die Streitfragen, welche sich an die Auslegung des Art. 76 RV. anknüpfen. Bekanntlich ist hier die Fassung namentlich des Abs. 1 Satz 3 keine ganz eindeutige, so daß Zweifel darüber bestehen, welches Stimmenverhältnis der Reichsrat aufweisen muß, wenn gegen eine intendierte Verfassungsänderung Einspruch erhoben oder der Volksentscheid angerufen werden soll. Solche Zweifel auszuräumen liegt jenseits meiner Aufgabe. Sie setzt die Formen verfassungsändernder Reichsgesetze als feststehend voraus und fragt nach der Zulässigkeit ihrer Umgehung. Auszuscheiden ist sodann die Frage nach etwaigen Grenzen, die der verfassungsändernden Kompetenz des Reiches gezogen wären. Sie hat in den Anfängen unserer Reichseinheit sonderlich nach der Richtung eine gewisse Rolle gespielt, ob es dem Reiche gestattet sein solle, auf dem Wege der Verfassungsänderung seine eigene Kompetenz schrankenlos zu erweitern. Ich hätte wohl kaum zu befürchten, daß die uneingeschränkte Bejahung dieser Frage heute noch und angesichts der neuen Reichsverfassung auf Widerspruch stoßen würde. Aber ich würde die mir gesetzten Schranken überschreiten. Und das gleiche gilt endlich von der viel umstrittenen Frage des richterlichen Prüfungsrechts. Es wird sich weiterhin Gelegenheit bieten, in einer ganz bestimmten Verbindung auf die Kontroverse zurückzukommen, deren inniger Konnex mit dem hier zu behandelnden Thema ja ohne weiteres einleuchtet. Methodisch aber muß die Frage, welche Formen für Gesetze bestimmten Inhalts vorgeschrieben sind, von der anderen, wer über der Einhaltung dieser Formen zu wachen berufen ist, getrennt gehalten werden.

I. Unmittelbar in die zur Diskussion gestellte Materie hinein führt nun aber die Frage, was unter einer Verfassungsänderung zu verstehen sei. Von ihrer Beantwortung werden wir auszugehen haben.

Man unterscheidet Verfassungsänderungen im materiellen und im formellen Sinne. Und da nun das unzweifelhafte Charakteristikum der zweiten Gruppe in einer Abänderung des Verfassungstextes zu erkennen ist, so erhellt aus der gewählten Fragestellung unmittelbar, daß der Sinn des Ausdrucks „Verfassungsänderung" hier nur auf materiellem Gebiete liegen kann. Wird ja doch gerade danach gefragt, ob materielle Verfassungsänderungen notwendig zugleich solche auch der Form nach sein müssen.

Diese Frage läßt sich nun aber einheitlich gar nicht beantworten, weil materiellen Verfassungsänderungen eine sehr verschiedene Bedeutung innewohnen kann. Wir verstehen darunter im weitesten Sinne alle solche Gesetze, deren Inhalt zu dem Inhalt der Verfassungsurkunde im Widerspruch steht, mit demselben nicht verträglich ist. Nur mit verfassungsändernden Gesetzen haben wir es hier zu tun, da nur der Legislative die formale Kompetenz der Verfassungsänderung zukommt. In wie starkem Maße tatsächlich die Verfassung eines Staates durch das Schwergewicht der politischen Kräfte und im Wege der praktischen Handhabung Verschiebungen erfahren kann, darüber haben uns in lebendiger Schilderung Laband und Jellinek belehrt. Aber solche Verfassungswandlungen stellen gerade nicht eigentlich juristische Phänomene dar, Akte bewußter und gewollter Rechtsumbildung; sondern es sind das Ergebnisse der politischen Entwicklungsgeschichte eines Volkes, und sie erhalten ihre juristische Bedeutung nur auf dem Umweg über die politische Kultur, in deren breitem, in dauerndem Flusse begriffenen Strome unser gesamtes Verfassungsleben eingebettet liegt. Sie üben auf jeden „Nichtnurjuristen" unzweifelhaft die stärkere Anziehungskraft aus, müssen aber gleichwohl aus unserer heutigen formaljuristischen Betrachtungsweise ausscheiden.

Vergleichsobjekte sind also die Verfassungsurkunde auf der einen, irgendwelches Reichsgesetz auf der andern Seite; das tertium comparationis bildet die Vereinbarkeit ihres Inhalts. Dabei kommt gar nichts darauf an, ob der gerade in Frage stehende Gesetzeswille wirklich die Grundlagen des Staatswesens berührt, zu deren Festlegung die Verfassung ihrer Idee nach berufen ist. Auch dort, wo die Verfassungsurkunde dieser Idee nicht entspricht, wo sie Gegenstände des materiellen Verfassungsrechts ergänzenden Reichsgesetzen überlassen hat, wie das etwa hinsichtlich der näheren Gestaltung des Wahlrechts, hinsichtlich des Verfahrens beim Volksentscheid und Volksbegehren und in mancherlei anderen Beziehungen geschehen ist, oder aber wo sie umgekehrt Sätze aufgenommen hat, die einen so hohen Rang an sich nicht beanspruchen sollten, wie etwa den, daß der Reichstag alljährlich ausgerechnet am ersten Mittwoch des November zusammentreten muß, oder daß den Reichstagsabgeordneten ein Zeugnisverweigerungsrecht zusteht, auch hier entscheidet überall nicht irgend ein noch so unanfechtbarer theoretischer Grundsatz, sondern einzig und allein das geschriebene Recht. „Verfassung" im Sinne des Art. 76 wie auch im Sinne unserer augenblicklichen Erörterungen ist der Inhalt der Verfassungsurkunde. Daß bei ihrer Auslegung hier wie sonst nicht der Buchstabe, sondern der Geist, „vis ac potestas", zu ermitteln ist, steht zu der eben getroffenen Feststellung nicht im Widerspruch und wird später noch unsere besondere Aufmerksamkeit beanspruchen.

Wenn ich nun sagte, daß Verfassungsänderungen eine sehr verschiedene Bedeutung inne wohnen könne, so mag es mir gestattet sein, den Gegensatz, den ich dabei im Auge habe und dem ich gerade in unserem Zusammenhang eine gewichtige Bedeutung beimesse, zunächst einmal an zwei historischen Beispielen zu illustrieren, und dann erst eine theoretische Formulierung zu versuchen. Art. 24 der alten RV. hatte die Legislaturperiode des Reichstags auf 3 Jahre festgelegt. Ein Gesetz vom 21. Juli 1870 verlängerte die Legislaturperiode des am 31. August 1867 gewählten Reichstags mit Rücksicht auf den im Gange befindlichen Krieg bis zu dessen Abschluß. Durch Gesetz vom 19. März 1888 wurde späterhin die Legislaturperiode des Reichstags ganz allgemein auf 5 Jahre bemessen. Hier ist nun von vorn herein klar, daß nur das zweite dieser Gesetze, dieses aber auch notwendig mit einer Abänderung der Verfassungsurkunde zu verbinden war. Denn nur dieses zweite Gesetz hob die Geltung des Art. 24 der RV. für die Zukunft auf und gab ihm einen anderen Inhalt, während das Gesetz von 1870 dessen fortdauernde Geltung gar nicht berührte, sondern ihn nur für einen Einzelfall außer Anwendung setzte. Mit Verfassungsänderungen in dem vorher bezeichneten weitesten Sinne, mit Gesetzen also, deren Inhalt zu dem Inhalt der RV. in Widerspruch steht, haben wir es beide Male zu tun; eine formelle Verfassungsänderung aber konnte nur in einem dieser Fälle überhaupt in Frage kommen. Damit ist der Nachweis erbracht, daß das Erfordernis gleichzeitiger Veränderung der Verfassungsurkunde nicht für alle Gesetze bestehen kann, die sich zu dem Inhalt derselben in Widerspruch setzen. Es handelt sich nur noch darum, die Grenze zu ziehen.

Der Gegensatz, auf den es ankommt, liegt nicht, wie man aus

den angeführten Beispielen vielleicht entnehmen könnte, in der vorübergehenden Natur des einen, dem dauernden Charakter des andern. Freilich werden Gesetze, die nur auf vorübergehende Zeitumstände zugeschnitten sind — man denke etwa an das Gesetz zum Schutze der Republik —, gut tun, den Wortlaut der Verfassungsurkunde unberührt zu lassen, da allzu häufig wiederholte Änderungen ihrer Autorität und Solennität Abbruch tun. Das gleiche kann aber auch von solchen Gesetzen gelten, welche dauernde Einrichtungen schaffen, die mit dem Wortlaut der Verfassung nicht vereinbar sind. Die sattsam bekannte Frankensteinsche Klausel, welche den Ertrag gewisser Verbrauchsabgaben den Einzelstaaten zur Verfügung stellte, war sachlich unverträglich mit Art. 70 der alten RV., welcher diese Erträge in erster Linie zur Bestreitung der gemeinschaftlichen Ausgaben bestimmt hatte. Gleichwohl ging die Absicht des Reichstags nicht dahin, den in Art. 70 niedergelegten Grundsatz außer Kraft zu setzen; soweit nicht die bezüglichen Verbrauchssteuergesetze gegensätzliche Bestimmungen trafen, sollte derselbe nach wie vor Geltung haben. Eine formelle Verfassungsänderung konnte also auch hier gar nicht in Frage kommen.

In seinem auf der diesjährigen Tagung der Staatsrechtslehrer erstatteten Referat über die Diktaturbefugnisse des Reichspräsidenten hat Carl Schmitt in eingehender Weise den Unterschied erläutert, der zwischen Akten besteht, welche gesetzliche Bestimmungen außer Kraft setzen, und solchen, die sie im Einzelfall durchbrechen. „Wer eine rechtliche Bestimmung verletzt — so heißt es da —, hebt sie nicht auf und setzt sie nicht außer Kraft. Ebensowenig aber tut es derjenige, der befugterweise eine Ausnahme macht. Die Ausnahme setzt sogar die unveränderte Geltung der Norm voraus, von der sie abweicht. Es gehört zum Begriff der Ausnahme, daß sie eingreift, ohne aufzuheben, und abweicht, ohne außer Kraft zu setzen." Genau in diesem Sinne ist auch unsere Unterscheidung gemeint, die sich vielleicht am kürzesten und prägnantesten durch die Gegenüberstellung von „Verfassungsänderungen" und „Verfassungsdurchbrechungen" verdeutlichen läßt. Wer also die in den angezogenen Fällen gewählte Form des Verfahrens mißbilligt, muß solche „Verfassungsdurchbrechungen" überhaupt für unzulässig erklären. Auf diesen Standpunkt hat sich soeben wieder im neuesten Heft der DJZ. mit starkem Nachdruck Hugo Preuß gestellt und sich dabei eben auf Schmitt als seinen Gewährsmann berufen. Indessen möchte ich glauben, daß hier ein Mißverständnis obwaltet. Nur soweit solche Verfassungsdurchbrechungen sich als „Maßnahmen" im Sinne des Art. 48 ausweisen, spricht Schmitt dem Reichstag die Kompetenz zu ihrer Vornahme ab. Den Gegensatz zur „Maßnahme“ aber findet er in Akten der Staatsgewalt, die beherrscht sind von „Rechtsidee und Rechtsförmigkeit“. Das ist etwas ganz anderes als der Gegensatz von Regel und Ausnahme. Wenn auf der einen Seite, wie Schmitt zuzugeben sich gezwungen sieht, auch generellen Anordnungen der Charakter von „Maßnahmen“ zukommen kann, so kann auf der andern doch wohl keine Rede davon sein, daß jede gesetzliche Ausnahmebestimmung diesen Charakter trüge. Und es kann dabei auf die Konformität oder den Widerspruch mit der Verfassung gewiß nicht ankommen.

Gesetzespolitisch würde ich es nun aber für sehr mißlich und für ein schweres Hemmnis der Legislative halten, wenn Durchbrechungen der Verfassung in dem hier gemeinten Sinne schlechterdings verboten wären. Sie können unter Umständen sachlich durchaus indiziert sein. Manchmal bleibt gar kein anderer Weg übrig. Es braucht nur auf Art. 85 Abs. 2 verwiesen zu werden: „Der Haushaltsplan wird vor Beginn des Rechnungsjahres durch Gesetz festgestellt.“ Wir wissen alle, daß diese Vorschrift häufig Unmögliches verlangt. Das Etatsgesetz wird eben einfach nicht rechtzeitig fertig. Eine spätere Verabschiedung wäre nach der strengen Ansicht nur im Wege Rechtsbruchs möglich; jeder legale Weg wäre verschlossen. Denn grundsätzlich soll ja doch an der Bestimmung nicht gerüttelt werden. — Unter fluchwürdigem Druck der Feindmächte haben wir uns gezwungen gesehen, Ausnahmegerichte zur Aburteilung der sog. Kriegsverbrechen zu erstellen. Nur ungern erwähne ich den beschämenden Vorgang. Hätte wirklich die Verfassungsurkunde seine Spur verewigen sollen? — Ich verkenne nicht, daß die Befugnis, ohne formelle Änderung der Verfassung von ihrem Inhalt abzuweichen, die Scheu vor solcher Gesetzgebung mindert. Verbieten möchte ich sie nicht. Für unzulässig aber halte ich dieses Verfahren dort, wo ein in der Verfassung niedergelegter Grundsatz tatsächlich und dauernd außer Kraft gesetzt werden soll. Das Gesetz, betr. die Stellvertretung des Reichskanzlers, vom 17. März 1878 hätte in der damals gewählten Form nicht erlassen werden dürfen; und noch viel weniger das Gesetz vom 9. Juni 1871, betr. die Vereinigung von Elsaß und Lothringen mit dem Reich.

Seit Einführung der neuen Verfassung scheint die Praxis nach dieser Richtung einwandfrei verfahren zu sein. Wenn sogar das Gesetz vom 27. Oktober 1922, welches die Amtsdauer des gegenwärtigen Reichspräsidenten bis zum 30. Juni 25 erstreckt, in der Form der Verfassungsänderung ergangen ist, so erklärt sich das aus dem transitorischen Charakter des ganzen hier in Betracht kommenden Art. 180 RV. Und nicht anders steht es mit den Zusätzen zu Art. 167, welche die Abstimmung in Oberschlesien regeln.

In der ersten der Ihnen vorgelegten Thesen bin ich bemüht gewesen, den wesentlichen Inhalt des bisher vorgetragenen auf eine möglichst knappe und doch zugleich verständliche Formel zu bringen. Daß sie nach beiden Seiten zu wünschen übrig läßt, bin ich der letzte zu verkennen, und dankbar begrüße ich jeden Verbesserungsvorschlag. Die Hauptsache aber scheint mir, daß wir uns auf das Prinzip selber einigen, und dieses hoffe ich durch meine erläuternden Ausführungen genügend klargestellt zu haben. Zur Aufnahme in die Verfassungsurkunde eignet es sich doch wohl kaum. Dessen aber scheint es mir auch nicht zu bedürfen. Wird es als richtig erkannt und erhält es die Sanktion dieser hohen Versammlung, so ist nicht recht ersichtlich, weshalb sich unsere legislative Praxis nicht auch ohne formalen Zwang an die Beobachtung desselben gebunden halten sollte.

II. Daß verfassungsändernde Gesetze auch dann, wenn sie den Wortlaut der Verfassung unberührt lassen, nur unter Einhaltung der für Verfassungsänderungen vorgesehenen Stimmverhältnisse rite zu stande kommen, bedarf nicht erst ausdrücklicher Betonung. Nur darüber läßt sich streiten, ob und wie die Beobachtung dieser Vorschrift nach außen hin in die Erscheinung treten sollte. Ich halte es mit Thoma, der vor zwei Jahren in einem den deutschen Staatsrechtslehrern erstatteten Bericht über das richterliche Prüfungsrecht die Frage gestreift hat, im Interesse möglichster Rechtsvergewisserung für unverzichtbar, daß ein entsprechender Hinweis entweder in den Gesetzestext selber oder zum mindesten in die Verkündungsformel Aufnahme findet. Unsere reichsrechtliche Praxis kennt ein solches Verfahren nicht. Ein einziges Mal — bei Publikation des oben bereits zitierten Gesetzes vom 21. Juli 70 — ist die Verkündung „nach erfolgter verfassungsmäßiger Zustimmung des Bundesrats und des Reichstages“ geschehen. Nur aus dem sonstigen Fehlen des Wortes „verfassungsmäßig“ läßt sich erkennen, daß die Aufnahme desselben dem Zwecke der Verlautbarung der Beobachtung der im damaligen Art. 78 enthaltenen qualifizierten Erfordernisse dient. An und für sich besagt das Wort gar nichts, da die Zustimmung des Bundesrats und des Reichstags zu allen Gesetzen ein verfassungsmäßiges Erfordernis bildete. Will man also dem zur Zeit herrschenden fühlbaren Mißstande abhelfen, so wird man eine deutlichere Floskel wählen müssen, wofür die bayrische Praxis ein brauchbares Vorbild liefert. Dort bildet es, wie Seydel hervorhebt, eine wohlbegründete Gepflogenheit, in die Eingangsformel verfassungsändernder Gesetze die Worte einzuschalten: „unter Beobachtung der in Titel .... der Verfassungsurkunde vorgeschriebenen Formen“. Der gleiche Zweck wird, vielleicht noch sicherer, dadurch erreicht, daß in dem Gesetzestext selber die Tatsache seiner Abweichung vom Inhalt der Verfassung zum Ausdruck kommt.

Eine ausdrückliche Bestimmung über die Form der Behandlung verfassungsändernder Gesetze findet sich in der Verfassungsurkunde des deutsch-österreichischen Bruderstaats. Ihr Artikel 44 lautet: „Verfassungsgesetze oder in einfachen Gesetzen enthaltene Verfassungsbestimmungen können vom Nationalrat nur in Anwesenheit von mindestens der Hälfte der Mitglieder und mit einer Mehrheit von zwei Dritteln der abgegebenen Stimmen beschlossen werden; sie sind als solche (‚Verfassungsgesetz‘, ‚Verfassungsbestimmung‘) ausdrücklich zu bezeichnen.“ Zu begrüßen ist daran die Festlegung der Publizität der Tatsache, daß ein Gesetz unter den verstärkten Garantien eines Verfassungsgesetzes zustande gekommen und daher der verstärkten Garantien eines solchen teilhaftig geworden ist. Bedenklich scheint mir, daß nicht eigentlich der Inhalt des Gesetzes über das Erfordernis des Quorum, sondern umgekehrt die qualifizierte Beschlußfassung über den Charakter des Gesetzes entscheidet, so daß der Gesetzgeber es, wie Kelsens Kommentar ausdrücklich hervorhebt, in der Hand hat, jedes Gesetz in dieser Art zu qualifizieren. „Im Falle einer Meinungsverschiedenheit im Nationalrat entscheidet die einfache Majorität.“ Der Bundespräsident hat hinterher zwar die Möglichkeit, ein Gesetz deshalb zu beanstanden, weil es als Verfassungsgesetz hätte erlassen werden müssen, während es als einfaches erlassen worden ist, nicht aber aus dem umkehrten Grunde. Das Wort „Verfassung“ bezeichnet danach nichts anderes, als das Erfordernis qualifizierter Stimmenmehrheit. Das aber widerspricht seiner überkommenen Bedeutung. Es ist bekannt und heute auch wohl anerkannt, daß auch unsere Reichsverfassung an zwei Stellen (Artt. 18 und 82) den Fehler begeht, den Ausdruck „verfassungsänderndes Reichsgesetz“ zur Bezeichnung solcher mit der Verfassung in vollem Einklang stehender Gesetze zu verwenden, zu deren Erlaß es einer qualifizierten Mehrheit von Stimmen bedarf. Ich habe mir schon bei der Beratung des Art. 18 im Schoße der Nationalversammlung erlaubt, diesen Mißbrauch zu rügen, ohne aber damit Erfolg zu haben.

Wieder habe ich in meiner zweiten These lediglich das Prinzip formuliert, zu welchem ich mir Ihre Zustimmung erbitte. Wieder halte ich seine Aufnahme in die Verfassungsurkunde nicht für erforderlich. Die Möglichkeit, die Forderung zu erfüllen, besteht ohnehin. Haben die zuständigen Instanzen nicht den Willen, sie zu erfüllen, so hat auch ein die Verfassung änderndes Gesetz wenig Aussicht auf Annahme. Und schließlich kann es doch nur darauf ankommen, den Treuhändern unseres Verfassungsrechts den richtigen und einwandfreien Weg zu weisen, nicht aber die Staatsmaschine mit Gewichten zu beschweren, die ihre Funktions- und Leistungsfähigkeit viel eher zu hemmen als zu fördern geeignet sind. Freilich haben wir es des öfteren erlebt, daß die Staatspraxis den einmütig erhobenen Forderungen der Doktrin Rechnung zu tragen sich beharrlich geweigert hat. Ich brauche nur an den willkürlichen Gebrauch bei Verkündung von Staatsverträgen, die in den Bereich der Gesetzgebung einschlagen, zu erinnern. Aber dann ist es immer noch besser, diese Formvorschriften bestehen nur in der Theorie, als daß sie sich zu verfassungsrechtlichen Normen verdichten, deren Ignorierung alsbald die Gefahr der Nichtigkeit formwidrig ergangener staatlicher Hoheitsakte heraufbeschwört. Es bildet ein nobile officium der Funktionäre der Staatsgewalt, auch ohne formale Bindung die als begründet und angemessenen eingesehenen Forderungen der staatsrechtlichen Doktrin gewissenhaft zu beobachten.

Ehe ich zum dritten und wichtigsten Leitsatz übergehe, sei die Frage gestreift, wie es mit der Abänderung eines solchen aus der Verfassungsurkunde nicht erkennbaren verfassungsändernden Gesetzes steht. Hier besteht die bekannte Kontroverse, ob dazu ein einfaches Gesetz genüge oder ob auch dieses wieder unter Beobachtung des qualifizierten Stimmenverhältnisses ergehen müsse. Ich meine, daß hier die ratio eine zuverlässige Lösung an die Hand gibt. Um die gerissene Lücke wieder zu schließen, also die Verfassung in ihrem alten Umfange wieder herzustellen, oder auch um die spezielle Materie, die man vielleicht als verfassungsrechtlich exemt bezeichnen könnte, in anderer Art zu lösen, dazu genügt ein einfaches Gesetz; wird jedoch die Verfassung in ihrem seitherigen Bestande weitergehend alteriert, als es durch das zuerst erlassene Gesetz geschah, wird jenes Gesetz inhaltlich erweitert oder werden seine Grenzen verschoben, so bedarf es der Einhaltung der Formen der Verfassungsänderung. Die Verfassung gleicht in so einem Falle einer Quadermauer, in welche Bresche gelegt ist. Die Bresche ist — sagen wir einmal — mit Ziegelsteinen ausgefüllt. Wird später dafür anderes

Material gewählt oder gar die Quadermauer wieder aufgeführt, so bleibt ihr seitheriger Bestand unberührt. Das Gegenteil ist der Fall, wenn die Durchbruchsstelle erweitert oder ihre Umrisse verschoben werden. Das GVG., welches an die Stelle des Reichsoberhandelsgerichts das Reichsgericht setzte, durfte also nicht, wie es tatsächlich geschehen ist, als einfaches Gesetz erlassen werden — es sei denn, daß man die Kompetenz zur Einsetzung von Reichsgerichten als in derjenigen zur Ordnung der Gerichtsverfassung und diese wieder als in der Kompetenz zur Regelung des gerichtlichen Verfahrens eingeschlossen ansieht, wonach es sich dann von vorn herein um Angelegenheiten der einfachen Gesetzgebung gehandelt hätte.

III. Doktrin und Praxis stehen im wesentlichen geschlossen auf dem Standpunkt, daß zwar zur Vornahme einer Verfassungsänderung das qualifizierte Stimmenverhältnis gehört, daß aber die Frage, ob eine Verfassungsänderung vorliegt, von der einfachen Mehrheit der Stimmen entschieden wird. Bedenken gegen dieses Verfahren sind freilich des öfteren erhoben worden. Ich halte diese Bedenken für durchschlagend und eine Abkehr von der bisherigen Übung für dringend geboten. Dabei bestimmen mich zwei Gründe, ein politischer und ein logischer. Der erste liegt in der meist ausschließlich betonten Möglichkeit einer Überstimmung der Minderheit durch die einfache Mehrheit des Parlaments. Wenn es der ein Drittel überragenden Minderheit zustehen soll, eine Verfassungsänderung hintanzuhalten, so darf ihr dieses Recht nicht dadurch geschmälert werden, daß die einfache Mehrheit bindend beschließt, es liege keine Verfassungsänderung vor. Man kann natürlich einwenden, vor solcher Vergewaltigung biete die Gewissenhaftigkeit der Volksvertreter ausreichenden Schutz; aber wer dieses Vertrauen nicht teilt, braucht durchaus nicht an den Fall böswilliger Schmälerung verfassungsmäßig verbriefter Rechte zu denken. Die Frage kann auch zweifelhaft sein. Und das führt unmittelbar auf den zweiten Gesichtspunkt hin, den ich vorzugsweise betonen möchte.

Der Reichstag hat die Funktion, Gesetze zu beschließen, das will sagen: zu bestimmen, was hinkünftig rechtens sein soll; seine Aufgabe ist es nicht, darüber zu entscheiden, was rechtens ist. Das eine ist eine politische Frage und ihrer Art nach geeignet, per majora entschieden zu werden; das andere ist eine juristische Frage und sollte von vorn herein unter die Garantie des Richterspruchs gestellt und der Gefahr parteipolitischer Behandlung entrückt sein. Sie richtig zu beantworten kann unter Umständen starkes Kopfzerbrechen verursachen, und Fälle, in denen gerade unter Juristen ein Meinungsstreit darüber geführt worden ist, haben sich in der kurzen Zeit seit Erlaß der neuen Reichsverfassung schon wiederholt zugetragen. Der letzte Fall betraf das jüngst verabschiedete Eisenbahngesetz und haftet uns allen noch im Gedächtnis. Des weiteren erinnere ich an das Gesetz über die Reichsfinanzverwaltung, dem Erich Kaufmann, an das Gesetz betr. die Aufhebung der Militärgerichtsbarkeit, dem Gustav Radbruch, an das Landessteuergesetz, dem Heinrich Triepel die Verfassungsmäßigkeit bestritten hat, womit die Liste noch lange nicht geschlossen ist. Umgekehrt wird das unter Einhaltung der in Art. 76 vorgesehenen Erschwerungen, also formal unzweifelhaft einwandfrei ergangene Gesetze zum Schutze der Republik von allen denjenigen als mit der Verfassung im Einklang befindlich angesehen, welche den darin vorgesehenen Staatsgerichtshof nicht als Ausnahmegericht, sondern als Sondergericht ansprechen.

Es handelt sich in solchen Fällen um echte Verfassungsstreitigkeiten innerhalb des Reiches, für welche nun freilich in der Reichsverfassung eine Schlichtungsstelle nicht vorgesehen ist, während die Länder in gleichgelagerten Fällen nach der heute wohl schon als herrschend zu bezeichnenden Auslegung des Art. 19 den Staatsgerichtshof anrufen dürfen. Mein Vorschlag geht nun dahin, diese selbe Instanz auch in dem hier supponierten Streitfall für zuständig zu erklären. Es bedeutet das eine beträchtliche Verstärkung des Schutzes, den die RV. in Art. 72 schon jetzt der Minderheit des Reichstags durch die Vorschrift gewährt, daß die Verkündung eines Reichsgesetzes einen Aufschub um zwei Monate erleidet, wenn ein Drittel des Reichstags es verlangt.

Hier ist nun die Stelle, an der sich unser Problem mit demjenigen des richterlichen Prüfungsrechts auf das engste verflicht. Mit gutem Grunde hat Thoma in seinem schon erwähnten Referat die Entscheidung für oder wider für abhängig erklärt von dem Ergebnis einer Nachprüfung desjenigen Maßes von Bürgschaften, das die Verfassung selber gegen Verfassungsverletzungen gewährt. Und es ist bemerkenswert, daß ein meiner dritten These ganz ähnlicher Vorschlag im Schoße des Verfassungsausschusses ausdrücklich als Ersatz für das dem Richter im allgemeinen zu versagende Prüfungsrecht gedacht gewesen ist. Dieser Antrag Ablaß wollte dem Staatsgerichtshof die Funktion zuweisen, ein bereits in Rechtskraft erwachsenes Gesetz auf ein von 100 Mitgliedern des Reichstags unterstütztes Begehren hin auf seine Verfassungsmäßigkeit nachzuprüfen. Von ihm unterscheidet sich mein Vorschlag nur dadurch, daß er eine solche Prüfung bereits im Stadium der

Beratung des Gesetzes ermöglichen will. Diese Art der Regelung hätte vor jener den Vorzug voraus, die gewünschte und heilsame Kautel zu gewähren, ohne doch der Unverbrüchlichkeit des einmal verkündeten Gesetzes Eintrag zu tun. Gewiß bleibt auch dann noch theoretisch die Möglichkeit bestehen, daß der Widerspruch mit der Verfassung im Stadium der Beratung unbemerkt geblieben. Indessen wiegt dieses Bedenken wahrlich nicht schwer genug. Denn Verstöße, die dem politisch geschärften Auge der Reichsregierung, des Reichsrats und des Reichstags gleichmäßig entgangen sind, können von so bedeutsamer Art nicht sein, daß ihre nachträgliche Remedur als unverzichtbar gelten müßte. Ich sollte also meinen, daß die Gewährung eines solchen Einspruchsrechts der Minderheit in Verbindung mit der in These II vorgesehenen Publizität der Formgenügsamkeit eines materiell verfassungswidrigen Gesetzes geeignet sein müßte, die Hauptbedenken gegen die Versagung eines nachträglichen Prüfungsrechts aus dem Wege zu räumen.

Dazu noch ein kurzes Wort: so lange an dem bisherigen Prinzip festgehalten wird, daß materielle Verfassungsänderungen ohne Änderung der Verfassungsurkunde zulässig sind, was ich befürworte, und daß der Widerspruch mit der Verfassung nach außen gar nicht in die Erscheinung zu treten braucht, was ich widerrate, verbietet sich solche Nachprüfung, was häufig übersehen zu werden scheint, von selbst. Denn es gibt schlechterdings keinen Inhalt, den ein Reichsgesetz von formellen Rechts wegen nicht haben dürfte. Ist es mit dem Inhalt der Verfassung unverträglich, so hängt seine Verfassungsmäßigkeit wiederum ausschließlich ab von dem Verhältnis der Stimmenzahl für und gegen das Gesetz. Dieser Tatbestand aber entzieht sich als Internum des Parlaments, wie auch Preuß im Verfassungsausschuß anerkannt hat, jeglicher Kontrolle durch einen Außenstehenden. In diesem entscheidenden Punkt also wird sich schon der das Gesetz ausfertigende Reichspräsident auf die Zuverlässigkeit und Gewissenhaftigkeit des Reichstagspräsidiums verlassen müssen, wird dann aber auch seinerseits ein gleiches Maß von Vertrauen auf seiten des das Gesetz anwendenden Richters in Anspruch nehmen dürfen. — Sobald umgekehrt irgend welche Form der Publizität der Abweichung eines Gesetzes von der Verfassung vorgesehen ist, besteht naturgemäß die Möglichkeit, Gesetze, die sich äußerlich in dieser Art nicht kennzeichnen, auf ihre Übereinstimmung mit der Verfassung zu prüfen. Dafür aber scheint es mir, wie gesagt, am Bedürfnis zu fehlen.

Im einzelnen bleibt zu der dritten These das folgende zu bemerken. Nur die Minderheit des Parlaments bedarf solchen Schutzes, weil die Mehrheit das Gesetz schon als einfaches zu Fall bringt; und nur die ein Drittel übersteigende Minderheit bedarf desselben, weil eine noch geringere Minorität das Gesetz auch als verfassungsänderndes nicht hindern könnte. Der Fall, daß eine Gruppe des Parlaments das Gesetz zwar ablehnt, aber seine Verfassungsmäßigkeit nicht in Zweifel zieht, so daß sich für seine Annahme die Zweidrittelmehrheit nicht finden würde, und trotzdem der Einspruch ohne die erforderliche Unterstützung bleibt, darf als allzu akademisch füglich außer Ansatz bleiben. Und wenn endlich nur der Minderheit des Reichs tags, nicht auch der entsprechenden des Reichs rats, das Einspruchsrecht gewährt wird, so rechtfertigt sich das wohl hinlänglich aus der ungleichen Verteilung der Gesetzgebungskompetenzen auf die beiden Körperschaften, sowie aus der Erwägung, daß eine Minderheit des Reichsrats kaum zu befürchten hätte, daß ihre Bedenken ungehört verhallen, außerdem aber jederzeit in der Lage ist, innerhalb des Reichstags für ihre Auffassung zu werben.

Daß der Reichspräsident angesichts eines die Verfassungsmäßigkeit negierenden Votums des Staatsgerichtshofs die Verkündung des Gesetzes unterlassen muß, versteht sich ohne weiteres, ergibt sich außerdem zwingend aus Art. 70 RV., wonach er nur die verfassungsmäßig zustande gekommenen Gesetze verkünden soll und darf. Die Besetzung des Gerichtshofs würde dieselbe sein müssen wie bei Verfassungsstreitigkeiten im Sinne von Art. 19, sich also nach § 18 Ziffer 1, das Verfahren würde sich nach §§ 20 ff des Gesetzes vom 9. Juli 1921 zu richten haben. Daß es aber der Staatsgerichtshof sein soll, der die hier in Frage kommenden Streitigkeiten schlichtet, wird durch die Analogie zum Art. 19 und die Natur derselben ausreichend begründet. Zur Entscheidung darüber, ob eine gesetzliche Bestimmung mit der Verfassung verträglich ist oder nicht, bedarf es einer so vollkommenen Beherrschung nicht nur des Buchstabens dieser Verfassung, sondern vor allem auch der in ihr beschlossenen Leitgedanken, bedarf es weiter einer nur aus fortgesetzter Gewöhnung zu gewinnenden Geläufigkeit in der Anwendung der besonderen dabei zu befolgenden, zwar niemals parteipolitisch, wohl aber in weitem Maße rechtspolitisch orientierten Auslegungsmethoden, daß diese Gattung der Justiz aus dem Gesichtskreis unserer ordentlichen Gerichte einigermaßen herausfällt. Es sind letzten Endes keine anderen Gründe als die, welche zur Einfügung besonderer Gerichtskörper in den Organismus unserer Verwaltungsbehörden geführt haben, die auch für die Errichtung eines Staatsgerichtshofs zur

Schlichtung von Verfassungsstreitigkeiten bestimmend gewesen sind. Dann aber erscheint es geboten, diese Art Streitigkeiten möglichst vollzählig dem Staatsgerichtshof zuzuleiten. Warum statt dessen in Ausführung des Art. 13 RV. — wo es sich doch um ganz ähnliche Fragen dreht — das RG. für zuständig erklärt worden ist, entzieht sich meiner Kenntnis.

In seinem gedankenreichen Beitrag zur Festschrift für Laband hat seinerzeit Triepel in besonderer Anwendung auf die Gestaltung der Kompetenzfrage innerhalb eines föderativen Staatsgebildes die mannigfachen Gesichtspunkte dargelegt, welche die Ermittelung und Fortentwicklung der in der Verfassung unausgesprochen niedergelegten Gedanken diesseits der Grenzen eigentlicher Verfassungsänderung beherrschen. Die Schrift war an der alten RV. orientiert und verträgt angesichts der neuen RV. in einer ganz bestimmten Richtung eine Ergänzung. Sie betrifft die sog. Bedarfsgesetzgebung des Reiches. Ich habe von jeher auf dem Standpunkt gestanden, daß Art. 9 RV. eine Einschränkung der Gesetzgebungskompetenz des Reiches gegenüber den Artt. 7 und 8 mehr vortäuscht als in Wahrheit vornimmt, da Gesetze, für welche kein Bedürfnis besteht, auch dort nicht erlassen zu werden pflegen, wo ein formales Hindernis nicht vorliegt. Es ist aber ganz sicher, übrigens vom Verfassungsausschuß ausdrücklich anerkannt, daß die Frage, ob ein Bedürfnis für den Erlaß einheitlicher Vorschriften vorhanden ist, ausschließlich zur Disposition der Legislative steht, und deshalb niemals die Rüge einer Verfassungsverletzung auf die Behauptung gestützt werden kann, daß ein Bedürfnis zu reichsrechtlicher Regelung der Materie nicht nachgewiesen sei. Hierbei handelt es sich in keinem Sinne mehr um eine Frage der Gesetzesauslegung, sondern ausschließlich um ein Problem der Gesetzgebungspolitik, zu deren Entscheidung nicht ein wie immer geartetes Gericht, sondern einzig und allein das Parlament berufen ist.

Indessen hieße es die dem Berichterstatter gezogenen Grenzen überschreiten, wenn ich mich weiter in Einzelfragen der Durchführung der aufgestellten Prinzipien vertiefen wollte. Wenn es mir gelungen sein sollte, Richtlinien aufzuweisen, deren Einhaltung die unentbehrliche Stetigkeit und Sicherheit unseres Verfassungslebens verbürgt, so dürfte im allgemeinen der Zweck erreicht sein, dem dieses Referat dienen sollte und den ich von vorne herein vorzüglich in der Gewinnung derartiger Richtlinien für Gesetzgebung und Gesetzesanwendung erblicken zu sollen geglaubt habe.

# Leitsätze
## des Mitberichterstatters Justizminister a. D. Dr. Düringer-Karlsruhe.

1. Verfassungsändernd ist jedes Gesetz, dessen Inhalt mit dem Inhalt der Verfassungsurkunde in Widerspruch steht. Der Erlaß solcher Gesetze ohne gleichzeitige Änderung der Verfassungsurkunde ist zulässig, wenn er nach Maßgabe des Art. 76 der Verfassung erfolgt.

2. Verfassungsändernde Gesetze, welche ohne gleichzeitige Änderung der Verfassungsurkunde ergehen, sollten in allen Fällen, sei es im Text, sei es in der Verkündigungsformel, zum Ausdruck bringen, daß der Widerspruch von den gesetzgebenden Organen gewußt oder gewollt worden ist.

3. Die Gerichte sind berechtigt und verpflichtet, die Verfassungsmäßigkeit der Gesetze selbständig nachzuprüfen.

4. Es empfiehlt sich die Schaffung eines besonderen Senats des Staatsgerichtshofes, welcher auf Anrufen des Reichstags, des Reichsrats oder der Reichsregierung die strittig gewordene Frage, ob ein Gesetzesvorschlag oder ein Gesetz verfassungsändernd ist oder nicht, endgültig zu entscheiden hat. Das Nähere bestimmt ein Reichsgesetz.

In Anknüpfung an diese Leitsätze und an den Vortrag des Herrn Prof. Dr. Graf zu Dohna führte der anstelle Düringers als zweiter Berichterstatter eingetretene Prof. Dr. Triepel-Berlin folgendes aus:

Den zweiten Bericht über die staatsrechtliche Frage zu erstatten, die uns heute beschäftigt, schicke ich mich an mit schwerem Herzen und in einem Gefühle tiefer Trauer. An der Stelle, die ich einnehme, hatte ein anderer stehen sollen. Ein Mann, der zur Behandlung unseres Themas in besonderem Maße geeignet war, weil er außer umfassenden Kenntnissen und hervorragendem Scharfsinn über eine amtliche und parlamentarische Erfahrung verfügte, die unserer Beratung ohne Zweifel gar sehr zugute gekommen wäre. Das Schicksal hat es verhindert, daß der Herr Staatsminister Dr. Düringer die Leitsätze, die er noch kurz vor seinem schmerzvollen Ende in der ihm eigenen Klarheit des Gedankens ausgearbeitet hatte, persönlich vor Ihnen verteidigte. Es ist mir eine wehmütige Genugtuung, daß er mich als denjenigen bezeichnet hat, von dem er wünsche, er möge seine Thesen auf dem Juristentage statt seiner vortragen; er war der Überzeugung, daß ich seinen Grundanschauungen, wenigstens in den wesentlichsten Beziehungen, nahe stehe.

So gern ich nun den Wunsch des von mir hochverehrten Verstorbenen erfülle, so befinde ich mich doch dabei in einer nicht ganz einfachen Lage. Gewiß stehe ich in bezug auf unser Thema grundsätzlich auf demselben Boden, auf dem Herr Düringer offensichtlich seine Vorschläge aufgebaut hat. Allein ich kann mich mit diesen nicht in allen Einzelheiten einverstanden erklären. Die Ehrlichkeit verlangt, daß ich zum Ausdrucke bringe, worin ich von ihnen abweiche. Ich glaube, daß ich die Gebote der Pietät nicht verletze, ja, daß ich sogar im Sinne des Verstorbenen handele, wenn ich mich kritisch nicht nur zu den Anträgen des Herrn Vorredners, sondern auch zu denen des Herrn Düringer äußere, und wenn ich die Ihnen vorgelegten Düringerschen Leitsätze durch eigene Vorschläge ergänze oder auch ändere. Dabei werde ich mich freilich auf das äußerste Maß dessen beschränken, was ich verantworten zu können glaube. Meine Anträge liegen Ihnen gedruckt bereits vor.

Dazu noch ein weiteres persönliches Wort. Die Aufforderung, die Rolle des Mitberichterstatters zu übernehmen, ist mir erst ganz vor kurzem zugegangen, noch dazu während ich mich auf einer Reise befand, die mich in rascher Folge von Ort zu Ort geführt hat. Es ist keine Übertreibung, wenn ich Ihnen sage, daß ich nur ein paar Stunden erübrigen konnte, um mich für meine Aufgabe vorzubereiten. Sie dürfen also von mir keinen so durchgearbeiteten Vortrag erwarten, wie Sie ihn soeben vom ersten Herrn Berichterstatter dargeboten erhalten haben. Und ich muß auch schon jetzt um Ihre Nachsicht bitten, wenn ich vielleicht Ihre Geduld einige Minuten länger in Anspruch nehme, als es sonst geschehen wäre; denn erfahrungsgemäß sprechen schlecht vorbereitete Redner nicht so knapp, wie es gut vorbereitete zu tun vermögen.

1.

Wenn ich nun sogleich einige Worte der Kritik äußern darf, die sich sowohl auf die Leitsätze des Herrn G r a f e n z u D o h n a, als auf die des Herrn Düringer beziehen, so betreffen sie Äußerlichkeiten. Hätte ich mich mit dem ersten Herrn Referenten vor der Verhandlung etwas gründlicher über die Fassung der Leitsätze aussprechen können, so hätten wir uns vermutlich über diese rein formellen Dinge rasch geeinigt. Da eine längere Aussprache nicht möglich war, muß ich jene Äußerlichkeiten hier zur Sprache bringen; ich bitte, meine Beanstandungen nicht als Splitterrichterei anzusehen. Es handelt sich um zweierlei. In den Thesen wird, abgesehen von den Schlußsätzen, überall von „Verfassung", „Verfassungsänderung", „Verfassungsmäßigkeit" usw. gesprochen, ohne daß erkennbar ist, ob sich diese Wendungen nur auf die Reichsverfassung oder auch auf die Landesverfassungen beziehen sollen. Daß das erste zutrifft, ergibt sich zwar aus dem Zusammenhange und aus den Vorschlägen am Schlusse. Aber es sollte doch deutlicher gesagt werden, zumal ja die Frage, die uns gestellt worden, so formuliert ist, daß sie auf Verfassungsänderungen sowohl in den Ländern wie im Reiche gemünzt sein könnte. Im übrigen bin ich durchaus der Meinung, daß es sich der Einfachheit halber empfiehlt, unsere Beratung und Beschlußfassung auf das Reichsstaatsrecht zu beschränken, obwohl es an sich sehr nützlich sein möchte, die Frage auch unter Berücksichtigung des Landesrechtes zu behandeln. — Das andere, was ich an den Leitsätzen auszusetzen habe, ist, daß sie zwischen dem, was sie für geltendes Recht erklären, und dem, was sie als wünschenswert bezeichnen wollen, nicht deutlich genug unterscheiden. Auch gibt es zu Mißverständnissen Anlaß, wenn — in den gleichlautenden Ziffern 2 — das Wort „sollte" verwendet wird. Man weiß nicht, ob damit ein Wunsch ausgedrückt werden soll, den die Gesetzesverfertiger schon nach geltendem Rechte erfüllen könnten, und ob ihnen zum Vorwurfe gemacht wird, daß sie es nicht tun, oder ob man verlangt, daß ihnen ein bestimmtes Verhalten durch einen Verfassungszusatz oder durch ein besonderes Gesetz zur Pflicht gemacht werde. Ich meine, daß wir bei der Redaktion unserer Beschlüsse zwischen der lex lata und der lex ferenda möglichst klar unterscheiden sollten.

Nach dem Rechte, das zurzeit für die Abänderungen der Reichsverfassung gilt, sind, wie ich glaube, Verfassungsänderungen ohne vorherige oder gleichzeitige Änderung des Textes der Verfassungsurkunde — sogenannte „stillschweigende Verfassungsänderungen" — zulässig. Es ist dies freilich nicht ganz unzweifelhaft. Der Wortlaut des Art. 76, der von Beschlüssen des Reichstags „auf Abänderung der Verfassung" redet, spricht eher für die gegenteilige

Ansicht. Zwar scheint eine andere Bestimmung, der Art. 18, stillschweigende Verfassungsänderungen anerkennen zu wollen. Er fordert für Umgestaltungen des Gebietsbestandes der Länder und für die Neubildung von Ländern innerhalb des Reichs ein „verfassungsänderndes Reichsgesetz"; er kann hierunter nur ein Gesetz verstehen, das, ohne den Text der Verfassung zu ändern, in den Formen der Verfassungsänderung ergeht, weil die Verfassung über den Gebietsbestand der Länder innerhalb des Reichs überhaupt keine Vorschriften enthält. Aber eben deshalb beweist die Stelle nichts für die Fälle, in denen die Verfassung ohne Änderung ihres Textes durch Gesetze in der Form des Art. 76 wirklich dem Inhalte nach „geändert" werden soll. Eine Anerkennung der stillschweigenden Verfassungsänderung ist also aus der Verfassung nicht herauszulesen, und eine Vermutung möchte eher gegen als für die Zulässigkeit sprechen. Allein wenn man bedenkt, daß eine konstante Praxis zur Zeit der Bismarckschen Reichsverfassung das System der stillschweigenden Verfassungsänderungen durchgesetzt hatte, und zwar in den beiden Fällen, die der erste Herr Berichterstatter in Leitsatz 1, Satz 2 unterscheiden möchte, — wenn man bedenkt, daß die Verfasser der Weimarer Konstitution, obgleich sie Gelegenheit gehabt hätten, von diesem System abzurücken, es nicht oder jedenfalls nicht deutlich genug getan haben, — wenn man bedenkt, daß sich unter der Herrschaft der neuen Verfassung der Brauch beinahe ausnahmslos an die ehemalige Praxis angeschlossen und damit fast schon die Kraft eines Gewohnheitsrechtes gewonnen hat, so dürfte es doch gewagt sein, diesen Brauch, mag man ihn zweckmäßig oder verkehrt finden, als Bruch der Verfassung zu bezeichnen. Gewiß stellt der Art. 76 dem Reichstage keinen Freibrief aus, der ihm erlaubte, sich der Formen des Art. 76 zu jeder beliebigen Abweichung von der Verfassung zu bedienen. Man hat mit Recht gesagt, es würde ein Mißbrauch jener Formen, also eine Verletzung der Verfassung sein, wenn sich der Reichstag, ohne den Verfassungstext zu ändern, für einen einzelnen Fall durch eigenen Beschluß selber auflösen, oder wenn er den Reichspräsidenten unter Umgehung des in Art. 43 geregelten Verfahrens durch einen in der Form des Art. 76 erfolgenden Beschluß absetzen wollte. Ebenso wäre es in meinen Augen nichts anderes als ein Staatsstreich, wenn der Reichstag gelegentlich die Anrufung des Volksentscheids gegen einen seiner Gesetzesbeschlüsse ausschließen würde, auch wenn er dazu die Form des Art. 76 zu Hilfe nähme. Aber es besteht eben, wie kürzlich Carl Schmitt einleuchtend auseinandergesetzt hat, ein Unterschied zwischen dem Mißbrauche, der die Form des verfassungsändernden Gesetzes benutzt, um eine verfassungswidrige „Maßnahme“ durchzusetzen, und dem Brauche, der ohne Änderung des Verfassungstextes, aber in den Formen der Verfassungsänderung neue Rechtssätze schafft, die von der Verfassung abweichen. Ich möchte also annehmen, daß die These des Herrn Düringer unter 1, Satz 2, so weit sie die lex lata im Auge hat, den bestehenden Rechtszustand richtig wiedergibt, und daß die These des Herrn Grafen zu Dohna unter 1, Abs. 2, falls sie das geltende Recht darstellen will, in ihrem mißbilligenden Teile unrichtig ist.

Aber die Hauptfrage ist ja, ob es in Zukunft bei jenem Brauche sein Bewenden haben soll, ob also die angeführten Leitsätze de lege ferenda zu billigen sind. Und hier bin ich nun in die Notwendigkeit versetzt, sowohl dem Herrn Grafen Dohna, wie dem verewigten Herrn Düringer entgegenzutreten.

2.

Die erste These des Herrn Düringer will offenbar — der Wortlaut läßt darüber wohl keinen Zweifel — die stillschweigenden Verfassungsänderungen in vollem Umfange auch weiterhin gestatten. Offen gesagt, bin ich über diese Stellungnahme erstaunt. Denn ich verrate kein Geheimnis, wenn ich erzähle, daß gerade Düringer die Anregung gegeben hat, die uns beschäftigende Frage auf die Tagesordnung des jetzigen Juristentags zu setzen, und ich hatte immer geglaubt, daß er nicht bloß an dem bisher beliebten Verfahren bei der Beschlußfassung über verfassungsändernde Gesetze und an den Mängeln bei ihrer Verkündung, sondern daß er an der Einrichtung der stillschweigenden Verfassungsänderungen selbst Anstoß nehme. Ich muß bekennen, daß ich in diesem Punkte radikaler denke als er, und daß ich daher auch radikaler vorgehen möchte. In meinen Augen ist die ganze Einrichtung ein großer Mißstand, dem man entgegentreten sollte. Schon aus äußeren Gründen. Es ist vom Übel, wenn die Urkunde über die Grundlagen des Verfassungsstandes eines Staates das Verfassungsrecht nicht mehr so wiedergibt, wie es gilt, — wenn der Verfassungstext unrichtig, wenn er lückenhaft wird. Im Jahre 1906, also mehr als ein Menschenalter nach dem Erlasse der Bismarckschen Reichsverfassung, rügte Georg Jellinek, dessen Namen zu nennen wir an dieser Stelle besondere Veranlassung haben, die „unglaubliche Systemlosigkeit“ bezüglich der Verfassungsänderungen, die zur Folge habe, daß niemand mehr aus dem Texte der Verfassung ein auch nur einigermaßen zutreffendes Bild von den Grundlagen des Reichs erhalten könne. Was würde er sagen, wenn er es erlebt hätte, daß wir uns schon fünf Jahre nach dem Erlasse der neuen Verfassung in bezug auf diese ungefähr in derselben Lage befinden, wie damals gegenüber der alten Verfassungsurkunde? Nach Art. 148 der Reichsverfassung soll jedem Schüler bei Beendigung der Schulpflicht ein Abdruck der Reichsverfassung in die Hand gelegt werden. Es wird bald die Zeit kommen, da man dem Schüler außer der Verfassung noch einen Kommentar wird schenken müssen, der ihm angibt, an wie vielen Stellen der Text der Verfassungsurkunde falsch oder unvollständig geworden ist. Aber die sozusagen formalen Mißstände, die das Verfahren der stillschweigenden Verfassungsänderungen mit sich bringt, sind nicht das ärgste. Viel bedenklicher sind andere Folgen und Begleiterscheinungen. Ich komme auf diese sogleich zu sprechen.

Herr Graf zu Dohna ist nach seinem ersten Leitsatze den stillschweigenden Verfassungsänderungen weit weniger günstig gesinnt als Herr Düringer. Aber er macht dem System doch noch weitgehende Zugeständnisse. Er will unterschieden sehen zwischen solchen Gesetzen, die die Geltung verfassungsrechtlicher Grundsätze „bloß ihrem sachlichen Umfange nach beschränken“, und solchen Gesetzen, die die „seitherige Geltung solcher Grundsätze ganz oder teilweise aufheben“. Die erste Art soll zulässig, die zweite unzulässig sein.

Ich finde zunächst den Gegensatz, den der Herr Berichterstatter im Auge hat, nicht ganz glücklich formuliert. Was er meint, hat er uns ja deutlich auseinandergesetzt. Es besteht ein Unterschied zwischen einem Gesetze, das an die Stelle einer in der Verfassung vorgeschriebenen dreijährigen Legislaturperiode fortan eine fünfjährige setzt, und einem Gesetze, das die verfassungsmäßige Dauer der Legislaturperiode für einen einzelnen Reichstag, etwa während eines Kriegs, verlängert. Das erste Gesetz setzt an Stelle der bisher geltenden Verfassungsregel eine neue, das zweite läßt die Regel als solche unangetastet, stellt nur neben sie eine Ausnahme für einen individuell besonders gelagerten Fall. Ich will die Frage offen lassen, ob sich alle stillschweigenden Verfassungsänderungen restlos unter die beiden hier aufgestellten Kategorien aufteilen lassen. Ich mache auch nur im Vorübergehen darauf aufmerksam, daß es manchmal eine recht schwierige Auslegung des Gesetzes erfordert, um festzustellen, ob ein Gesetz in dem einen oder in dem andern Sinne gemeint ist. Namentlich bei Erweiterungen der

Reichskompetenzen ist es oft nicht leicht zu sehen, ob das Gesetz durch die von ihm getroffene neue Einrichtung nur einen gelegentlichen, die gemeingültige Zuständigkeitsverteilung nicht antastenden Einbruch in das Vorbehaltsgebiet der Länder vornehmen, oder ob es unter Verschiebung der bisherigen Kompetenzgrenzen dem Reiche dauernd ein neues Zuständigkeitsgebiet erschließen will. Aber das alles bleibe dahingestellt. Jedenfalls meine ich: würde sich die Versammlung entschließen, den von dem Herrn Grafen zu Dohna gezeigten Weg zu betreten, so sollte sie den von ihm angedeuteten Gegensatz etwas anders ausdrücken. Ich würde für diesen Fall vorschlagen, an Stelle der Worte: „ihrem sachlichen Umfange nach" zu sagen: „für einen einzelnen Tatbestand", und an Stelle der Worte „seitherigen Geltung" — die „seitherige" Geltung kann man ja doch wohl ohnedies nicht aufheben — die Worte „allgemeine Geltung" zu setzen. Überdies möchte ich empfehlen, die Zulässigkeit stillschweigender Verfassungsänderungen, wenn man sie überhaupt in dem vom Herrn Berichterstatter bezeichneten Umfange anerkennen will, ausdrücklich an die Voraussetzung zu binden, daß die betreffenden Gesetze nach Maßgabe des Art. 76 erlassen werden. Der Herr Berichterstatter hat uns zwar gesagt, er habe einen entsprechenden Passus nur deshalb weggelassen, weil er seinen Inhalt für selbstverständlich halte. Indessen ich glaube, daß der sachlichen Genauigkeit halber der Passus in die Formel unseres Beschlusses aufgenommen werden müßte.

Herr Graf zu Dohna will nun die Entscheidung über Zulässigkeit oder Unzulässigkeit einer stillschweigenden Verfassungsänderung davon abhängig machen, ob diese dem ersten oder dem zweiten Typus entspricht. Unstatthaft wäre also nur ein Verfahren, das, ohne den Verfassungstext abzuändern, eine Regel der Verfassung durch eine andere Regel ersetzt. Man nehme etwa an, daß ein Gesetz eine Norm über die Beschlußfähigkeit des Reichstags aufstellen würde, ohne formell den Art. 22 der Verfassung, der die Beschlußfähigkeit durch die Geschäftsordnung des Reichstags geregelt wissen will, außer Kraft zu setzen. Das wäre unerlaubt und unwirksam, selbst wenn das Gesetz in den Formen des Art. 76 erginge. Aber ein Gesetz, das im Widerspruche zu Art. 136 den Besitz eines neu geschaffenen Amtes an die Voraussetzung eines bestimmten Religionsbekenntnisses binden würde, wäre — vorausgesetzt daß die Form des Art. 76 gewahrt würde — gültig, auch wenn es den Art. 136 gar nicht einmal erwähnte; denn dessen „Regel" als solche würde dabei nicht aus der Welt geschafft. Es ist klar, daß diese Unterscheidung eine große praktische Bedeutung besitzt. Nach der herrschenden Meinung, deren Richtigkeit ich unterstellen will, kann ein Gesetz, das die Verfassung inhaltlich, aber nicht formell ändert, unbeschadet der Tatsache, daß es selber in den für Verfassungsänderungen vorgesehenen Formen erlassen worden ist, durch einfaches Gesetz, d. h. ohne Beachtung dieser Formen geändert oder beseitigt werden. Eine „formelle" Verfassungsänderung ist dagegen nur wieder durch Anwendung der Form der Verfassungsänderung beiseite zu schaffen. Soweit man also stillschweigende Verfassungsänderungen zuläßt, erleichtert man es dem Gesetzgeber, sein Geschöpf wieder umzubringen oder zu verstümmeln. Gelegentlich mag das, wie ich zugeben muß, nicht nur unschädlich, sondern sogar ein Vorteil sein. Und vielleicht beruht die Vorliebe für die stillschweigenden Verfassungsänderungen zum Teil auf dieser Erwägung.

Ich kann es nun aber nicht über mich gewinnen, dem ersten Herrn Berichterstatter auf seinem Wege zu folgen. Im Grunde enthält seine These eine Billigung der herrschenden Praxis. Wie ist man denn seit 1919 verfahren? Soweit ich in diesem Augenblicke das Material übersehen kann, enthalten fast alle Gesetze der letzten Jahre, die als stillschweigende Verfassungsänderungen zu gelten haben — und ihre Zahl ist nicht gering — nur solche Abweichungen von der Verfassung, die den Verfassungsgrundsatz, mit dem sie sich in Widerspruch setzen, in seinem Fortbestande als Grundsatz nicht in Frage stellen wollen. Dagegen haben die Gesetze, die einen Verfassungsgrundsatz schlechthin und für die Dauer zu beseitigen oder abzuändern beabsichtigten, in aller Regel eine formelle Abänderung des Textes der Verfassung vorgenommen; man vergleiche den früheren und den jetzigen Wortlaut der Artikel 61, 168, 178. Nach der Formel des Herrn Grafen zu Dohna wäre das erste ebenso korrekt und billigenswert wie das zweite. Ich vermag das nicht zuzugeben. Gewiß — ich stimme der Forderung zu, daß eine Verfassungsänderung, die eine Regel der Verfassung als Regel für die Zukunft abschaffen oder beeinträchtigen will, ihren Ausdruck durch eine Änderung der Verfassungsurkunde finden muß. Immerhin dünkt mich, wenn ich die Dinge näher erwäge, Mißachtung dieser Forderung nicht das allerschlimmste zu sein. Es liegt darin wenigstens nichts Unaufrichtiges; und — wenn man die vorhin erwähnte, im Einzelfalle vielleicht beabsichtigte, praktische Folge des Verfahrens außer Ansatz läßt — so kann man es allenfalls für gleichgültig erklären, ob man ein „Amendment" zur Verfassung in ihren Text hinein oder in ein besonderes Gesetz daneben schreibt. Viel schlimmer sind aber in meinen Augen gerade die, sozusagen heimlichen, unauffälligen Umbiegungen und Durchlöcherungen der Verfassungsgrundsätze durch Gesetze, die nach Wortlaut und Sinn zwar die Regel der Verfassung als solche schonen, aber für einzelne Tatbestände das Gegenteil von dem bestimmen, was die Verfassung verlangt. Obwohl man hier das Gesicht wahrt, indem man das Gesetz mit den für Verfassungsänderungen notwendigen Mehrheiten beschließen läßt, so liegt doch in dem Verfahren etwas Unehrliches und Widerspruchsvolles. Man will den Grundsatz als Grundsatz aufrecht erhalten. Aber man glaubt, daß er aus bewegenden Gründen in einem bestimmten Falle außer acht gelassen werden müsse. Sind die Gründe wirklich triftig, so zeigt sich eben, daß die Regel nicht in ihrer Allgemeinheit aufrechtzuerhalten ist. Und ist dies der Fall, so muß man die Folgerung ziehen, daß man in der Verfassung selbst zum Ausdruck bringt, inwieweit die Regel aufhören solle, eine Regel zu sein. Das hat seine Bedeutung namentlich für die Grundrechte. Es geht z. B. auf die Dauer nicht an, daß man den Grundsatz von der Unverletzlichkeit wohlerworbener Rechte der Beamten alle paar Monate durch stillschweigende Verfassungsänderung in dieser oder jener Beziehung durchbricht, immer natürlich mit der tönenden Versicherung, der Grundsatz als solcher bleibe dabei unangetastet. Bei solcher Methode geht der Glaube an die Unverbrüchlichkeit der Verfassung schließlich verloren. Denn dem Durchschnittsbürger leuchtet es nicht ein, daß man die Verfassung, unter der er die Verfassungsurkunde versteht, mißachten darf, wenn man nur die Möglichkeit findet, für den entsprechenden Beschluß im Reichstage ein paar Dutzend Stimmen mehr als gewöhnlich aufzubringen.

Daher bin ich der Ansicht: wenn es sich, was namentlich in einer Übergangsperiode wie der heutigen vorkommen kann, nicht vermeiden läßt, für besondere Tatbestände eine Regel der Verfassung zu durchbrechen, so muß man den Mut aufbringen, sich für dieses Vorgehen durch Abänderung oder Ergänzung der Verfassungsurkunde freie Bahn zu schaffen. Der Text der Verfassung muß dann eben so umgestaltet werden, daß das, was bisher nicht geschehen durfte, jetzt geschehen darf. Der Herr Berichterstatter meinte, das sei praktisch oft nicht möglich. Er wies auf den Art. 85 der Verfassung hin; es sei nicht zu verlangen, daß man diesen Artikel jedesmal ändere, wenn es nicht gelinge, den Haushaltsplan vor Beginn des Rechnungsjahres festzustellen. Allein das Beispiel ist doch wohl nicht glücklich gewählt.

Wenn der Reichstag den Etat nicht rechtzeitig zustande bringt, so läuft das zwar einer Forderung der Verfassung zuwider. Aber darum ist das verspätet erlassene Haushaltsgesetz als solches nicht verfassungswidrig; es bedarf auch nicht, um gültig zu sein, der Form des Art. 76. Daß mein Wunsch in Wahrheit sehr wohl durchführbar ist, wird durch die Tatsache bewiesen, daß er von sehr angesehenen Schriftstellern, die auch für die Praxis des Verfassungslebens Verständnis besitzen, seit langen Jahren geteilt wird. Schon zur Zeit der Bismarckschen Verfassung haben Männer wie Laband, Hänel, Seydel, Jellinek und andere die stillschweigende Verfassungsänderung als „inkorrekt" oder „juristisch unangemessen" erklärt, wenn sie sie nicht sogar, wie Beseler oder Zachariae oder Roenne, geradezu als verfassungswidrig und nichtig angesehen haben. In bezug auf das heutige Recht hat sich namentlich Preuß gegen den jetzigen Brauch, gegenüber welchem „der Bruch mehr ehre als die Befolgung", ausgesprochen. Vor allem aber wird die praktische Durchführbarkeit meines Vorschlags durch das Beispiel auswärtiger Staaten dargetan. Sowohl in den Vereinigten Staaten, wie in der Schweizer Eidgenossenschaft — in beiden Staaten sind freilich stillschweigende Verfassungsänderungen schon durch die umständlichen Formen der Verfassungsänderung als solcher so gut wie ausgeschlossen — ändert man jedesmal den Text der Verfassungsurkunde ab oder fügt ihm eine Ergänzung zu, wenn man Raum für eine Durchbrechung eines Verfassungsgrundsatzes, z. B. für eine Erweiterung der Bundeskompetenzen, gewinnen will. Man sehe sich einmal die schweizerische Bundesverfassung an. Sie ist durchzogen von Einschiebseln, von Artikeln „bis" und „ter" in denen die Zuständigkeiten der Eidgenossenschaft ausdrücklich erweitert worden sind. Und zwar finden wir in diesen Einschiebseln nicht nur allgemeine Klauseln, wie etwa in Art. 24 ter: „Die Gesetzgebung über die Schiffahrt ist Bundessache", sondern auch sehr spezialisierende Normen, wie z. B. in Art. 32 bis, wo der Bund für befugt erklärt wird, „im Wege der Gesetzgebung" Vorschriften über die Fabrikation und den Verkauf gebrannter Wasser zu erlassen, und wo für den Inhalt des Gesetzes, das man hierdurch ermöglichen will, eine ganze Anzahl von Einzelheiten genau festgelegt werden. In der Tschechoslowakei, um noch ein Beispiel zu geben, bestimmt das Einführungsgesetz zur Verfassungsurkunde ausdrücklich, daß Gesetze, die der Verfassungsurkunde widersprechen, ungültig seien, und daß diese Urkunde nur durch solche Gesetze abgeändert oder ergänzt werden könne, die als

Verfassungsgesetze bezeichnet sind. Ja, die Geschichte unserer eigenen Verfassungsurkunde zeigt, daß das, was ich fordere, praktisch zu verwirklichen ist. Als sich für die Volksabstimmung in Oberschlesien der Erlaß von Normen notwendig machte, die in einigen Beziehungen von dem Inhalte des Art. 18 der Verfassung abwichen, hat man sich nicht mit einer „stillschweigenden" Verfassungsänderung begnügt, sondern hat die Verfassungsurkunde durch einen sehr langatmigen Zusatz zu Art. 167 ergänzt.

Ich weiß nun genau, was mir manche von Ihnen einwenden werden. Sie werden sagen: welches Bild wird unsere Verfassungsurkunde bei dem vorgeschlagenen Verfahren in einigen Jahren bieten? Wird sie nicht aussehen wie ein unregelmäßig gespickter Hase, oder wie ein Kirschkuchen, von dem eine naschende Hand eine Anzahl Früchte ohne Rücksicht auf Symmetrie entfernt hat? Ich weiß nicht, ob dies ästhetische Bedenken so schwer wiegen kann, daß es die sachlichen Bedenken gegenüber den Mißständen des jetzigen Systems in den Hintergrund drängt. Verfassungen sind nicht immer nach Schönheitsrücksichten aufgebaut und brauchen es nicht zu sein; man sehe sich unsere alte Reichsverfassung an, wo große Grundsätze mit technischen Einzelheiten, Dauerregeln mit Übergangsbestimmungen in buntem Gemenge lagen. Eine Verfassungsurkunde wird durch Einführung vereinzelter Sonder- oder Ausnahmesätze nicht mehr verunziert als durch die üblichen Übergangsvorschriften; man kann später bei einer Generalredaktion das eine ebenso gut entfernen wie das andere. Übrigens kann man es ja, wenn man den Urtext schonen will, so machen wie die Amerikaner, die ihre „Amendments" der Verfassung niemals ein-, sondern immer angefügt haben. Aber das alles ist im Grunde Nebensache. Die Hauptsache ist: es soll eben am Verfassungsrechte nicht dauernd und nicht leichtherzig herumgeflickt werden! Eine Verfassungsänderung soll etwas ganz Seltenes, soll ein Ausnahmefall, soll ein Markstein in der Verfassungsentwicklung sein. Und es gibt — außer der Anordnung höherer Beschlußfähigkeitsziffern oder höherer Mehrheiten und anderen Erschwerungen — kein besseres Mittel, Verfassungsänderungen seltener zu machen, als daß man den Gesetzgeber zwingt, die Verfassungsänderung an der Verfassungsurkunde selber kenntlich zu machen. Denn man kann nicht sagen: die beiden Zweidrittelmehrheiten, die der Art. 76 verlangt, sind doch immer das wichtigste; ob man „stillschweigende" Verfassungsänderungen gestattet oder ob man nur ausdrückliche zuläßt, die nötigen Mehrheiten finden sich im einen Falle eben so leicht oder eben so schwer zusammen wie im andern. Nein, der Gesetzgeber überlegt es sich doch zweimal und dreimal, ehe er an den Text einer Verfassungsurkunde rührt. Bei dem jetzigen System, bei dem der Reichstag die Verfassung ohne viele Umstände, sozusagen zwischen Fisch und Braten, durchlöchern kann, macht er allmählich nicht mehr viel Aufhebens davon. Ein Unternehmen, das anderwärts eine gewaltige, das ganze Volk aufrührende Staatsaktion bedeutet, wird hier zu einer unbedeutenden Kleinigkeit degradiert. Man gewöhnt sich an Verfassungsänderungen. Und man denkt auch wohl gelegentlich: die Leute merken die Geschichte nicht, oder wenn doch, so wächst bald Gras darüber; die Verfassung zeigt ja keine Spuren von dem, was geschehen ist. Das tötet dann unter Umständen geradezu das Schamgefühl. Es ist wohl klar, daß die Mitglieder eines Parlaments leicht bei der Hand sein werden, sich persönliche Vergünstigungen über das Maß der ihnen in der Verfassung zugestandenen hinaus zu sichern, wenn sie das tun können, ohne die einschlagenden Artikel der geschriebenen Verfassung anzutasten.

Man ist viel zu rasch geneigt, Fragen, wie die heute behandelte mit Maßstäben zu messen, die für die Zeit der ehemaligen Reichsverfassung am Platze waren. Man denkt zu wenig daran, daß sich die verfassungsrechtliche Gesamtlage von Grund auf geändert hat. Die alte Verfassung beschränkte sich im Wesentlichen darauf, das Verhältnis zwischen Reich und Einzelstaaten zu regeln. Die Rechtsstellung des Staatsbürgers spielte in ihr kaum eine Rolle; die Verfassung enthielt keine „Grundrechte" des Einzelnen. Daraus erklärte es sich, daß die einzige Erschwerung, die es für Verfassungsänderungen gab, in der Anordnung eines besonderen Stimmenverhältnisses im Bundesrate bestand, d. h. in der Körperschaft, in der sich die Einzelstaaten gegen übertriebene Machtgelüste des Reichs schützen konnten. Im Reichstage bedurfte es für Verfassungsänderungen keiner erhöhten Majorität. So gab es zwischen Verfassungs- und einfachen Gesetzen kaum einen Unterschied. Heute enthält die Reichsverfassung zu einem großen Teile Gewährleistungen der Freiheit des Bürgers, und da diese Freiheit in einem demokratisch-parlamentarischen Staate vielleicht mehr bedroht ist als in jedem anderen, so besteht ein großes allgemeines Interesse daran, daß Verfassungsänderungen nicht auf die leichte Achsel genommen werden. Die Amerikaner und die Schweizer sind dieser Gefahr begegnet. Wir sollten ihnen darin folgen.

Nach alledem beantrage ich, den Satz, der sich an die Definition der verfassungsändernden Gesetze in den beiden Leitsätzen anschließt, wie folgt, zu fassen:

„Der Erlaß solcher Gesetze ohne gleichzeitige Änderung der Verfassungsurkunde ist nach geltendem Reichsstaatsrechte und herrschender Praxis zulässig, wenn er in Gemäßheit des Artikels 76 der Verfassung erfolgt, sollte aber in Zukunft niemals ohne vorherige oder gleichzeitige Änderung der Verfassungsurkunde erfolgen dürfen."

3.

Ich gebe mich zwar der Hoffnung hin, daß Sie, meine Herren, die von mir vorgeschlagene These zum Beschluß erheben werden. Allein ich bin nicht optimistisch genug, zu glauben, daß dieser Beschluß auf die gesetzgebenden Faktoren des Reichs einen entscheidenden Eindruck machen wird. Deshalb muß selbst bei Annahme meines Vorschlags, erst recht aber, wenn Sie dem Vorschlage des ersten Herrn Berichterstatters folgen, durch einen weiteren Beschluß der Versuch gemacht werden, die Schäden des herrschenden Systems wenigstens zu mildern. Diesem Zwecke dienen die von den Herren Graf zu Dohna und Düringer unter Ziffer 2 aufgestellten Leitsätze. Beide haben den gleichen Wortlaut (denn daß es in der Düringerschen These „gewußt oder gewollt" statt „gewußt und gewollt" heißt, beruht doch wohl auf einem Schreib- oder Druckfehler). Ich eigne mir diese Leitsätze dem Inhalte nach an; von meinem Standpunkte aus gesehen, stellen sie natürlich nur eine Mindestforderung dar. Ihr Sinn ist dieser: erläßt der Reichstag ein Gesetz, das sich mit der Verfassung in Widerspruch setzt, so muß er sich dieses Widerspruchs bewußt sein; er muß die Verfassung ändern wollen. Es versteht sich nicht immer von selbst, daß er den Willen hierzu hat, auch wenn er das Gesetz mit der qualifizierten Mehrheit des Art. 76 beschließt. Es kann auf einem Zufall beruhen, daß sich die beiden Zweidrittelmehrheiten des Art. 76 zusammenfinden; man erhebt vielleicht in der Eile einen Antrag zum Beschlusse, ohne sich klar zu machen, daß er der Verfassung zuwiderläuft. Vielleicht stellt sich auch der Widerspruch zur Verfassung erst später heraus. Wäre der Reichstag darauf gestoßen worden, daß es sich um eine Verfassungsänderung handele, so hätte er möglicherweise anders entschieden, oder es wäre die qualifizierte Mehrheit nicht erreicht worden. Selbst wenn sich nun später mit Gewißheit feststellen läßt, daß man in der Übereilung etwas beschlossen hat, was bei sorgfältiger Überlegung nicht zum Gesetze geworden wäre, so ist das Gesetz doch unzweifelhaft gültig, vorausgesetzt nur, daß die Form des Art. 76 tatsächlich gewahrt worden ist. Das sollte in Zukunft unmöglich sein, und es wird unmöglich gemacht, wenn der Text des Gesetzes oder auch die vom Reichstage mitzubeschließende Verkündungsformel einen Hinweis auf das Vorliegen einer Verfassungsänderung enthält. Der Hinweis ist aber auch nötig für die, die das Gesetz zu befolgen, und für die, die es anzuwenden haben. Man kann ihnen nicht zumuten, daß sie sich auf eigne Faust erst vergewissern müssen, ob die Verfassungsänderung in den notwendigen Formen vorgenommen worden ist, — was noch dazu nicht immer leicht, manchmal ganz unmöglich ist. Gerade deshalb möchte ich den Leitsatz in der Fassung etwas verändert sehen. Einmal würde ich vorziehen, statt „sollten" zu sagen: „müssen". Ferner meine ich, daß das „Wissen und Wollen" der Verfassungsänderung in einer ganz augenfälligen Weise zum Ausdrucke kommen muß. Das geschieht aber am besten, wenn das Gesetz — nicht bloß der Reichstagspräsident bei der Feststellung des Abstimmungsergebnisses! — ausdrücklich sagt, das Gesetz sei in den Formen der Verfassungsänderung beschlossen worden. Wer im Reichstage für einen so formulierten Text stimmt, der „weiß und will" dann in der Tat, daß eine Verfassungsänderung zustandekommt. Ich schlage also vor, den Schlußsatz der These so zu fassen: Das Gesetz muß sagen, „daß die der Verfassung zuwiderlaufenden Sätze nach Maßgabe des Artikels 76 der Verfassung beschlossen worden sind". Mit dieser Formulierung wird zugleich erreicht, daß sich das „Wissen und Wollen" und die Feststellung dieser Tatsache auf die einzelnen Sätze, also auf die Artikel und Paragraphen des Gesetzes bezieht, deren Inhalt eine Verfassungsänderung darstellt. In der kürzlich erschienenen „Gemeinsamen Geschäftsordnung der Reichsministerien. Besonderer Teil" wird schon jetzt für die Fassung der Gesetzentwürfe verlangt, es solle in der Eingangsformel solcher Gesetze, die eine Verfassungsänderung enthalten, ausgedrückt werden, daß die besonderen Vorschriften für verfassungsändernde Beschlüsse beachtet seien, etwa durch den Zusatz: „nachdem festgestellt ist, daß die Erfordernisse verfassungsändernder Gesetzgebung für die §§ . . . . . . erfüllt sind." Wenn es zweifelhaft sei, ob eine Verfassungsänderung vorliege, könne hinter dem Worte „nachdem“ der Zwischensatz „zur Vermeidung von Zweifeln“ eingefügt werden (§ 31). Aber abgesehen davon, daß von dieser Vorschrift nur die Gesetzentwürfe der Regierung, nicht die aus anderer Initiative stammenden Entwürfe betroffen werden, und daß ferner die Möglichkeit besteht, daß verfassungsändernde Teile eines Gesetzes erst durch den Reichstag eingefügt werden, so genügt eine Geschäftsordnung der Reichsministerien nicht, um die Absicht zu erreichen, die unsere Leitsätze verfolgen. Deren Inhalt muß Bestandteil des Verfassungsrechts selber werden. Ist das geschehen, so darf ein Gesetz, das jene Formel nicht enthält, nicht als verfassungsändernd betrachtet werden, und seine der Verfassung zuwiderlaufenden Bestandteile sind ungültig.

4.

Mit dem dritten der von ihm aufgestellten Leitsätze hat der verewigte Düringer eine Lanze für das richterliche Prüfungsrecht, für die Freiheit des Richters eingelegt, die Verfassungsmäßigkeit der Gesetze selbständig nachzuprüfen. Ich weiß nun sehr wohl, daß ich in ein Wespennest greife, wenn ich mich auch meinerseits zum Anwalte dieses Gedankens mache. Denn ich sehe in diesem Saale einige sehr energische Gegner des richterlichen Prüfungsrechts und bin auf ihren lebhaften Widerspruch gefaßt. Da muß ich nun allerdings darauf hinweisen, daß für den Juristentag in dieser Frage so etwas wie eine res judicata vorliegt. Er hat sich vor drei Jahren in Bamberg ausdrücklich für die Existenz des richterlichen Prüfungsrechts ausgesprochen, und ich rechne es mir ein wenig als Verdienst an, daß ich es gewesen bin, der diesen Beschluß provoziert und — nebenbei bemerkt ohne jede Schwierigkeit — durchgesetzt hat. Übrigens geht die Gegnerschaft gegen das richterliche Prüfungsrecht, wenigstens in der Literatur, soweit ich sehe, nicht so sehr gegen die Anerkennung des Rechts de lege ferenda, als gegen seine Anerkennung im geltenden Rechte. Ich habe deshalb nichts dagegen, wenn Sie den Inhalt der These nicht als eine Feststellung des Rechts, das ist, sondern als eine Forderung an den Gesetzgeber auffassen wollen. Selbst hierbei möchte ich aber den Widersachern noch eine Brücke bauen. Die Feinde des Prüfungsrechts hegen ja meist die Besorgnis, die Anerkennung dieses Rechts werde zu Rechtsunsicherheit und Rechtszersplitterung führen. Wenn man, sagen sie, jedem Richter, gleichviel welcher Ordnung, die Freiheit gibt, jedes Reichsgesetz auf seine Übereinstimmung mit der Verfassung zu untersuchen, so läuft man Gefahr, daß dasselbe Gesetz hier als verfassungsmäßig anerkannt, dort als verfassungswidrig beiseite geschoben wird. Ich habe diesen Grund niemals für durchschlagend angesehen. Denn abgesehen davon, daß die Entscheidung der Frage nach der Verfassungsmäßigkeit eines Reichsgesetzes doch in der Mehrzahl der Fälle im Instanzenzuge an das Reichsgericht gebracht werden kann, so ist in meinen Augen eine zwiespältige Rechtsprechung über die Gültigkeit eines Gesetzes kein schlimmerer Mißstand als eine zwiespältige Judikatur über die Auslegung eines Gesetzes, wogegen bekanntlich noch kein Kraut gewachsen ist. Und es ist doch auch zu beachten, daß derselbe angebliche Übelstand durch eine zwiespältige Judikatur über die Gültigkeit von Verordnungen entstehen kann, was gleichwohl noch keinen vernünftigen Juristen veranlaßt hat, das richterliche Prüfungsrecht in bezug auf Verordnungen auszuschließen. Immerhin, ich gebe zu, daß jener Einwand für manche bestechend ist. Darum habe ich mir die Freiheit genommen, die These des Herrn Düringer durch einen Zusatz zu ergänzen, der die endgültige Entscheidung über die Verfassungsmäßigkeit von Reichsgesetzen einem höchsten Gerichtshofe des Reichs in die Hand legt. Mein Zusatz lautet: „Es empfiehlt sich indessen, die endgültige Entscheidung über die Verfassungsmäßigkeit von Reichsgesetzen einem besonderen Senate des Staatsgerichtshofs zu übertragen. Das Nähere hätte ein Reichsgesetz zu bestimmen." Dieses Reichsgesetz wird insbesondere eine Regelung der Frage vorzunehmen haben, von welcher Seite der Antrag auf Prüfung der Verfassungsmäßigkeit ausgehen kann. Um Ihre Geduld nicht über Gebühr in Anspruch zu nehmen, möchte ich mich hierüber nicht näher auslassen, namentlich nicht über die Möglichkeiten sprechen, die sich hier etwa zu einer Nachahmung des in Österreich oder in der Tschechoslowakei geltenden Rechts bieten könnten.

5.

Mit den Leitsätzen 3 (Graf zu Dohna) und 4 (Düringer), die im Grundgedanken, wenn auch nicht in der Form miteinander verwandt sind, kommen wir zu dem interessantesten Teile des ganzen Problems, freilich auch dem schwierigsten. Man könnte darüber einen eigenen, langen Vortrag halten. Es handelt sich um den Versuch, einen Streit, der sich zwischen den gesetzgebenden Faktoren selber über die Frage der Verfassungsmäßigkeit von Reichsgesetzen erhebt, dem gerichtlichen Austrage zuzuführen. Bei Lichte besehen, haben wir es hier mit einem Ausschnitte aus einem viel umfassenderen Problem zu tun, mit dem Problem, ob es sich nicht empfiehlt, den Art. 19 der Reichsverfassung, der sich bisher nur auf Verfassungsstreitigkeiten der Länder und auf öffentlich-rechtliche Streitigkeiten zwischen den Ländern oder zwischen dem Reiche und den Ländern bezieht, auf „Verfassungsstreitigkeiten" zwischen den Organen des Reiches selbst auszudehnen. Man könnte deshalb erwägen, ob man nicht die Gelegenheit benutzen sollte, durch Annahme einer entsprechenden Resolution diese ganze Frage ins Rollen zu bringen, und es ist mir noch gestern abend von einem Freunde nahegelegt worden, ich möge einen Vorstoß nach dieser Richtung hin unternehmen. Ich will indessen auf den Gedanken, so verlockend er für mich ist, nicht eingehen, einmal weil ich mich, soviel es mir möglich ist, an die Düringerschen Leitsätze anlehnen möchte, aber auch aus dem sachlichen Grunde, daß es doch wohl zu weit über unser Thema hinausführen würde, wenn wir die ganze Frage der „Verfassungsstreitigkeiten innerhalb des Reichs" in unsere Erörterung einbeziehen wollten. Beschränken wir uns also auf das Teilproblem.

Von den hierzu seitens der Herren Graf zu Dohna und Düringer aufgestellten Thesen gefällt mir, offen herausgesagt, der Form nach die eine so wenig wie die andere; indes scheint mir sachlich der Vorschlag des Herrn Grafen zu Dohna eine brauchbare Grundlage zu bieten, auf der sich aufbauen läßt.

Der Leitsatz des Herrn G r a f e n z u D o h n a beschränkt sich darauf — wie ich glaube, mit Recht — eine richterliche Entscheidung über die Verfassungsmäßigkeit eines Reichsgesetzes pendente processu legislationis vorzuschlagen. Er will einer „ein Drittel" übersteigenden Minderheit des Reichstags das Recht geben, gegen ein „in der Beratung befindliches" Gesetz „Einspruch" zu erheben, weil das Gesetz der Verfassung widerstreite. Geschieht dies, so soll der Reichspräsident verpflichtet sein, vor der Verkündung die Entscheidung des Staatsgerichtshofs einzuholen. Ich frage zunächst: w e l c h e s Drittel „des Reichstags" ist hier gemeint? Ein Drittel der gesetzlichen Mitgliederzahl? Oder ein Drittel der an der Beschlußfassung beteiligten Mitglieder? Oder ein Drittel der zur Beschlußfassung über eine Verfassungsänderung geforderten Zahl von Anwesenden? Darüber müßte doch Klarheit geschaffen werden. Ich meine, es würde in der Konsequenz des im Art. 76 der Verfassung ausgesprochenen Gedankens liegen, wenn man derjenigen Minderheit das Widerspruchsrecht einräumte, die in der Lage wäre, das Zustandekommen des Gesetzes zu verhindern, falls seine Eigenschaft als Verfassungsänderung feststände. Es müßte also genügen, aber auch erforderlich sein, daß der Widerspruch von mehr als einem Drittel der Anwesenden bei Anwesenheit von mindestens zwei Dritteln der gesetzlichen Mitgliederzahl ausginge. Ferner: was ist mit den Worten „in der Beratung befindlich" gemeint? An welches Stadium der Beratung denkt der Herr Berichterstatter? Soll der Widerspruch in jedem Augenblicke der Beratung erhoben werden dürfen? Auch nach der Schlußabstimmung? Oder nur vor der Schlußabstimmung? Oder umgekehrt nur nach der Schlußabstimmung? Wenn aber, wie es fast scheint, der Sinn sein sollte: schon vor der Schlußabstimmung, so müßte ja eine Entscheidung des Staatsgerichtshofs herbeigeführt werden, sobald nur die Verfassungswidrigkeit des Gesetzes als Begründung für einen erhobenen Widerspruch angeführt wird, obwohl die Mehrheit gar nicht bestreitet, daß die Verfassungswidrigkeit vorliegt. In der jetzigen Fassung würde also der Vorschlag, wenn er Gesetz werden sollte, eine für die Minderheit oft sehr willkommene Handhabe bieten, die Weiterberatung eines Gesetzes aufzuhalten; es würde — was überhaupt bei der ganzen Angelegenheit nicht außer Augen gelassen werden darf! — ein Obstruktionsmittel ersten Ranges geschaffen. Endlich: der Staatsgerichtshof soll entscheiden, ob sich ein noch nicht verkündigtes Gesetz im Einklange mit der Verfassung befindet oder nicht. Wenn der Gerichtshof diese Frage verneint, so darf — das ist offenbar die Meinung, sollte übrigens ausdrücklich ausgesprochen werden — der Reichspräsident das Gesetz nicht verkünden, wenn es nicht in den Formen des Art. 76 beschlossen worden ist. Vortrefflich! Aber nach der Formulierung des Leitsatzes muß der Staatsgerichtshof angerufen werden, wenn überhaupt nur „während der Beratung" die Minderheit einmal den Widerspruch mit der genannten Begründung erhoben hat, obwohl schließlich das Gesetz in der im Art. 76 verlangten Form zustande gekommen ist. Das wäre natürlich vollkommen sinnlos. In allen diesen Dingen müssen wir uns also wohl um eine deutlichere Fassung der These bemühen.

Der Leitsatz des Herrn Düringer bezieht sich auf zwei Möglichkeiten: es kann Streit entstehen darüber, ob ein Gesetzesvorschlag, und darüber, ob ein beschlossenes Gesetz verfassungsändernd ist oder nicht. Beide Fälle sollen gleichmäßig behandelt werden.

Die Frage nach der Verfassungsmäßigkeit des Inhalts eines Gesetzesvorschlags soll nach Düringer von einem besonderen Senate des Staatsgerichtshofs entschieden werden, wenn es der Reichstag, der Reichsrat oder die Reichsregierung verlangt. Nun kann man sich allerdings vorstellen, daß Reichsrat und Reichsregierung über die Verfassungsmäßigkeit eines Gesetzentwurfs in Streit geraten und den Wunsch haben, die Differenz durch den Staatsgerichtshof erledigen zu lassen. Man kann sich auch denken, daß die Reichsregierung einen solchen Wunsch gegenüber einem Gesetzentwurfe hegt, der aus der Initiative des Reichstags hervorgegangen ist. Aber es leuchtet weniger leicht ein, daß sich der Reichstag, d. h. die Mehrheit des Reichstags, bewogen fühlen könnte, den Staatsgerichtshof anzurufen, wenn eine Minderheit die Verfassungswidrigkeit eines Gesetzentwurfs behauptet, oder wenn die Regierung diese Behauptung in bezug auf einen Initiativantrag aufstellt. Ich glaube nicht, daß sich die Reichstagsmehrheit, wenn etwa über die Verfassungsmäßigkeit des vor kurzem beschlossenen Reichsbahngesetzes während der Beratung eine ernsthafte Meinungsverschiedenheit entstanden wäre, hätte bereit finden lassen, die Verhandlung bis zu einer Entscheidung des Staatsgerichtshofs auszusetzen. Sie hätte ohne Zweifel von dem „Rechte des Stärkeren" Gebrauch gemacht! Aber das mag dahingestellt bleiben. Die Hauptsache ist, daß bei dem Vorschlage gerade **der** Teil zu kurz kommt, der den meisten Schutz verdient, und das ist die **Minderheit** in Reichstag und Reichsrat!

Dasselbe Verfahren, wie gegenüber verfassungsmäßig bedenklichen Gesetzentwürfen, will die Düringersche These auch gegenüber dem **fertigen Gesetze** angewendet wissen. Also auch hier Klagerecht des Reichstags, des Reichsrats oder der Reichsregierung. Indessen ich meine, daß hier erst recht höchstens der Reichsrat, aber kaum jemals die Reichstagsmehrheit oder die Reichsregierung ein Interesse bekunden könnte, die Verfassungs**widrigkeit** eines Reichsgesetzes festgestellt zu sehen. Die Reichsregierung könnte allerdings sehr wohl daran interessiert sein, die Verfassungs**mäßigkeit** eines Reichsgesetzes authentisch deklarieren zu lassen. Aber wenn Sie den von mir zur dritten Düringerschen These über das richterliche Prüfungsrecht gestellten Antrag annehmen, so haben Sie bereits einen Weg eröffnet, auf dem sich jenes Interesse befriedigen läßt.

So komme ich also zu dem Vorschlage, Sie wollen sich auf eine Regelung der Frage beschränken, in welcher Weise ein Streit über die Verfassungsmäßigkeit eines **Gesetzentwurfs** ausgetragen werden soll. Das ist in der Tat für unsere Beschlußfassung das Wichtigste. Es unterliegt für mich keinem Zweifel, daß wir hier eine Ergänzung der Reichsverfassung dringend brauchen. Die Möglichkeit muß geschaffen werden, über die Verfassungsmäßigkeit oder Verfassungswidrigkeit eines Gesetzes schon vor seiner Verkündung in einer für alle bindenden Weise Klarheit zu schaffen. Und ich bin, wie Graf zu Dohna und Düringer, der Ansicht, daß es die Aufgabe des Staatsgerichtshofs sein sollte, die Streitigkeiten über jene Frage zu schlichten. Dabei gehe ich von der Voraussetzung aus, daß der Staatsgerichtshof erst nach der Schlußabstimmung über das Gesetz angerufen werden kann. Nicht nur, weil sich sonst für Obstruktionsversuche eine allzu bequeme Pforte öffnen könnte, sondern vor allem, weil sich über die Verfassungsmäßigkeit einer einzelnen Gesetzesbestimmung häufig nur dann entscheiden läßt, wenn man sie mit den anderen Klauseln des Gesetzes in Zusammenhang bringt; das läßt sich natürlich erst dann vornehmen, wenn das Gesetz im ganzen feststeht. Und so bleibt nur noch übrig, die Subjekte zu bestimmen, denen das Recht eingeräumt werden soll, den Staatsgerichthof in Bewegung zu setzen. Ich denke, es sind ihrer drei, deren Interesse hier zu wahren ist. Es ist der Reichspräsident, der sich vor der Ausfertigung des Gesetzes vergewissern muß, ob das Gesetz ein verfassungsänderndes ist oder nicht. Es ist der Reichsrat, seine Mehrheit und seine Minderheit. Und es ist die Minderheit des Reichstags, in dem bereits vorhin festgestellten Umfange.

Mein Vorschlag geht also dahin, die These 4 des Herrn Düringer und die These 3 des Herrn Grafen zu Dohna durch die folgende zu ersetzen:

Artikel 76 der Verfassung ist, wie folgt, zu ergänzen:

„Der Reichspräsident kann die Verkündung eines Reichsgesetzes aussetzen, um eine Entscheidung des Staatsgerichtshofs darüber einzuholen, ob ein Reichsgesetz, das nicht nach Maßgabe des Art. 76 beschlossen worden ist, der Verfassung widerspricht. Er muß die Verkündung aussetzen und die Entscheidung des Staatsgerichtshofs einholen, wenn dies im Reichstage binnen einer Woche nach der Schlußabstimmung über das Gesetz bei Anwesenheit von mindestens zwei Dritteln der gesetzlichen Mitgliederzahl von mehr als einem Drittel der Anwesenden, oder wenn es innerhalb derselben Frist von mehr als einem Drittel der Stimmen des Reichsrats verlangt wird.

Hat der Staatsgerichtshof entschieden, daß das Gesetz der Verfassung widerstreitet, so darf es der Reichspräsident nicht verkünden."

Mögen Sie nun, meine Herren, diesen Vorschlag annehmen oder einen der beiden anderen, in jedem Falle werden Sie, wie ich glaube, dem Fortschritte eine Gasse gebahnt haben. Wir alle haben ja wohl den dringenden Wunsch, an unserm Teile daran mitzuwirken, daß sich der Rechtsstaat so vollkommen ausgestalte wie nur möglich. Es wäre aber geradezu ein Triumph der Idee des Rechtsstaats, wenn es gelänge, seine Einrichtungen auch in den Prozeß der Rechtsentstehung hineinzubauen!

In der an die Vorträge der Berichterstatter sich anschließenden Diskussion betonte Justizrat Dr. Görres-Berlin die Notwendigkeit, nur solche Beschlüsse zu fassen, welche auch praktisch ausführbar seien; das sei aber nicht der Fall, wenn man mit der Entscheidung darüber, ob ein Gesetz verfassungsändernd sei oder nicht, den Staatsgerichtshof befassen wolle; denn häufig müßten derartige Gesetze in allerkürzester Zeit geschaffen werden. Die ganze Frage sei zur Entscheidung weder politisch noch juristisch reif.

Senatspräsident am Reichsgericht, Dr. Lobe-Leipzig, wies darauf hin, daß das Reichsgericht in ständiger Übung das Recht in Anspruch nehme, die Verfassungsmäßigkeit erlassener Gesetze nachzuprüfen; zweifelhaft könne sein, ob auch Gesetze, die gegen programmatische Verheißungen der Verfassung verstießen, als verfassungsändernd anzusehen seien. Der Redner glaubte, die letztere Frage bejahen zu sollen.

Staatssekretär i. R. Dr. Mügel-Berlin spricht sich ebenfalls für das richterliche Prüfungsrecht bezgl. der Verfassungsmäßigkeit eines erlassenen Gesetzes aus und fordert, daß bei solchen Gesetzen im Eingang ihr verfassungsändernder Charakter zum Ausdruck gebracht werde.

Prof. Dr. Nawiasky-München hob hervor, daß das Thema nach seiner Fassung sich auch auf Änderungen der Landesverfassungen erstrecke, und machte nähere Ausführungen über die bezüglichen in Bayern geltenden Bestimmungen. Redner stellte einen Antrag, der später unter IV angenommen wurde.

Geh. Justizrat Prof. Dr. Anschütz-Heidelberg machte geltend, daß die Frage der Zulässigkeit richterlicher Nachprüfung hinsichtlich der Verfassungsmäßigkeit eines Gesetzes zwar mit dem Thema zusammenhänge, aber von ihm nicht umfaßt werde; er erhob daher Widerspruch dagegen, daß diese Frage zum Gegenstand einer Abstimmung und Beschlußfassung gemacht werde.

Nachdem Geheimrat Prof. Dr. Triepel erklärt hatte, daß er der Anregung, die von ihm übernommene These 3 der Düringerschen Leitsätze zurückzuziehen, aus Pietätsgründen nicht folgen könne, wurde darüber abgestimmt, ob die Frage der Zulässigkeit richterlicher Nachprüfung hinsichtlich der Verfassungsmäßigkeit der Gesetze zum Gegenstand einer Beschlußfassung gemacht werden solle. Die Mehrheit der Abteilung sprach sich für die Absetzung dieser Frage aus. Hierauf begründete Staatssekretär i. R. Dr. Mügel seine Auffassung, daß durch das Ergebnis der Abstimmung die Versammlung nicht gehindert werde, die Einstellung zu der Frage des richterlichen Nachprüfungsrechts als Motiv bei den übrigen Abstimmungen zu berücksichtigen. Ohne Widerspruch der Versammlung stellte der Vorsitzende fest, daß die von Dr. Mügel geäußerte Ansicht zutreffe.

Wegen vorgerückter Zeit wurde nunmehr die Versammlung geschlossen.

# Zweite Sitzung der ersten Abteilung

am

Freitag, dem 12. September 1924.

Die beiden Berichterstatter hatten inzwischen, einer Anregung des Vorsitzenden folgend, gemeinsame Leitsätze aufgestellt, die klar zum Ausdruck brachten, inwieweit die Berichterstatter in ihren Ansichten übereinstimmten oder von einander abwichen.

Nachdem Prof. Dr. Graf zu Dohna die Bedeutung der gemeinsamen Leitsätze erläutert hatte, begründete Prof. Dr. Jellinek-Kiel einen von ihm schriftlich eingereichten Antrag, den er jedoch später wegen vorgerückter Zeit zurückzog.

Gerichtsassessor Dr. Grau-Berlin wies auf die Möglichkeit hin, daß, wenn die Anrufung des Staatsgerichtshofs zum Beschluß erhoben werde, dies einer Minderheit die Möglichkeit eröffnen würde, durch die Anrufung das Inkrafttreten eines Gesetzes auf längere Zeit zu verhindern.

Prof. Dr. Sinzheimer-Frankfurt a. M. begründete zwei von ihm eingereichte Anträge, deren einen er jedoch später zurückzog.

Geh. Justizrat Schelcher-Dresden beschäftigte sich in seinen Ausführungen mit Zusätzen, die zu Art. 76 RV. zu machen seien. Schriftlich gestellte Anträge hierzu zog er demnächst zurück.

Nach kurzen Bemerkungen der Herren Oberverwaltungsgerichtspräsident v. Nostiz-Dresden, Staatssekretär Dr. Mügel, Prof. Dr. Jellinek und Prof. Dr. Sinzheimer erteilte der Vorsitzende dem Berichterstatter, Prof. Dr. Graf zu Dohna, das Schlußwort. Seinen Ausführungen schloß sich der Mitberichterstatter, Geheimrat Prof. Dr. Triepel, an.

Hierauf wurde zur Abstimmung geschritten, deren Ergebnis die Annahme folgender Leitsätze war:

I. Verfassungsändernd im weiteren Sinne ist jedes Gesetz, dessen Inhalt mit dem Inhalt der Verfassungsurkunde im Widerspruch steht.

Der Erlaß solcher Gesetze sollte in Zukunft niemals ohne vorherige oder gleichzeitige Änderung der Verfassungsurkunde erfolgen dürfen.

II. Es ist zu verlangen, daß verfassungsändernde Gesetze, welche ohne gleichzeitige Änderung der Verfassungsurkunde ergehen, sei es im Text, sei es in der Verkündungsformel, zum Ausdruck bringen, daß die der Verfassung zuwiderlaufenden Gesetze nach Maßgabe des Art. 76 der Reichsverfassung beschlossen worden sind.

III. Artikel 76 RV. sollte einen Zusatz erhalten, welcher die Möglichkeit vorsieht, vor Verkündung eines Gesetzes über seine Vereinbarkeit mit der Verfassung eine Entscheidung des Staatsgerichtshofs herbeizuführen.

IV. In dem Artikel 19 RV. ist zwischen den Worten: „über Verfassungsstreitigkeiten" und „innerhalb eines Landes" einzufügen: „innerhalb des Reiches".

V. Die Abänderung oder Aufhebung eines verfassungsändernden Gesetzes bedarf der Erfüllung der erschwerenden Voraussetzungen einer Verfassungsänderung nur, wenn dies im Gesetz ausdrücklich bestimmt ist oder das Gesetz als „Verfassungsgesetz" bezeichnet ist.

Nachdem zu Vertrauensmännern für die Wahl der zukünftigen Ständigen Deputation die Herren Geh. Justizrat Prof. Dr. Anschütz-Heidelberg, Prof. Dr. Dochow-Heidelberg, Oberreichsanwalt Dr. Ebermayer-Leipzig, Justizrat Dr. Görres-Berlin, Staatssekretär a. D. Heinrici-Berlin, Staatssekretär i. R. Dr. Mügel-Berlin, Präsident des Sächsischen Oberverwaltungsgerichts von Nostitz-Dresden, Privatdozent Dr. Richter-Leipzig, Kammergerichtspräsident i. R. Dr. von Staff-Berlin, Geh. Justizrat Prof. Dr. Triepel-Berlin gewählt worden waren, ging die Versammlung zur Beratung des zweiten Themas über:

**Wie ist das im Art. 48 Abs. 5 der Reichsverfassung vorgesehene Reichsgesetz über den Ausnahmezustand zu gestalten?**

Die Berichterstatter, Geheimrat Prof. Dr. R. Piloty-Würzburg und Gerichtsassessor Dr. Richard Grau-Berlin, legten die folgenden gemeinschaftlichen Leitsätze vor:

## I. Grundlagen.

1. Der Erlaß des im Artikel 48 der Reichsverfassung angekündigten Reichsgesetzes kann ohne schwere Gefahren für den Bestand der verfassungsmäßigen Rechtsordnung nicht weiter verzögert werden.

Gesetze, die nur ein Teilgebiet des Ausnahmerechts regeln, etwa nach Art des früheren Schutzhaftgesetzes, auch wenn sie von sachlichem Werte sind, bergen die Gefahr, die notwendige allgemeine Regelung auf unabsehbare Zeit zu verschieben, und sollten deshalb unterbleiben.

2. Im Zusammenhange mit dem Ausführungsgesetz sind folgende Verfassungsänderungen erforderlich:

a) Bei Anordnung der Auflösung des Reichstags während des erklärten Ausnahmezustandes (vergl. unten I, 4) ist der Reichspräsident an die Zustimmung des Reichsrats zu binden.

b) Dem Reichspräsidenten ist die Übertragung seiner Befugnis zum Erlaß von Verordnungen praeter und contra legem an Landesregierungen und gesetzlich zu bezeichnende Stellen zu gestatten. Die Landesregierungen sind bei entsprechender Übertragung ihrer Verordnungsbefugnisse an die Genehmigung des Reichspräsidenten zu binden.

c) Ein abschließender Katalog der verfassungsmäßigen Vorbehaltsgebiete ist durch Verfassungsgesetz festzustellen (vergl. unten II, 2).

d) Die Einführung eines Notverordnungsrechts ist geboten (vergl. unten I, 5).

3. Eine Änderung des Artikels 48 der Reichsverfassung im Sinne einer Verlegung des Schwerpunkts der Diktaturgewalt vom Reichspräsidenten auf die Landesregierungen ist abzulehnen, weil sie die Rechtseinheit beeinträchtigen, den Bestand der Reichsorganisation dauernden Gefahren aussetzen und die Zusammenfassung der Kräfte hindern würde. Dagegen erscheint — formell unabhängig vom Ausführungsgesetze — eine reichsgesetzliche Erweiterung der ordentlichen Zuständigkeit der Landespolizei gegenüber den Freiheitsrechten des einzelnen durch die Zeitverhältnisse geboten.

4. Die allgemeine Ersetzung des bestehenden Systems der außerordentlichen Einzelmaßnahmen durch das Institut des Ausnahmezustandes empfiehlt sich nicht; denn sie würde dem Ausnahmerecht diejenige Anpassungsfähigkeit nehmen, die es in einer zur Unruhe neigen-

den Zeit und unter den verwickelten sozialen und wirtschaftlichen Verhältnissen der Gegenwart braucht.

Das Gesetz wird aber die formelle Erklärung des Ausnahmezustands als Ankündigung der schärfsten Maßnahmen der Diktatur: der Einrichtung außerordentlicher Gerichte, der Androhung von Todes- oder Zuchthausstrafe, des Einschreitens mit der bewaffneten Macht und der Einsetzung eines Reichsdiktaturkommissars — anzuordnen haben.

5. Folgende Ausgestaltung des einzuführenden Notverordnungsrechts wird empfohlen:

> Das Verordnungsrecht steht dem Reichspräsidenten zu, der an die Zustimmung des Reichsrats und des Ständigen Ausschusses des Reichstags gebunden ist. Es besteht nur, wenn der Reichstag nicht versammelt und Eile geboten ist. Der an den Reichsrat gelangende Entwurf ist zu veröffentlichen. Die Verordnungen sind dem Reichstag bei seinem nächsten Zusammentritt zur Genehmigung vorzulegen und unverzüglich durch Verkündung außer Kraft zu setzen, wenn der Reichstag die Genehmigung ausdrücklich versagt oder binnen eines Monats seit seinem Zusammentritt nicht erteilt hat. Notverordnungen können auch auf verfassungsmäßigen Vorbehaltsgebieten ergehen (vergl. unten II, 2).

## II. Voraussetzungen und Umfang der Diktatur.

1. Die Erklärung des Ausnahmezustandes als unerläßliche Ankündigung schärfster Maßnahmen der Diktatur (vergl. oben I, 4) ist an die folgenden besonderen Voraussetzungen: Krieg, Kriegsgefahr, Aufstand, unmittelbar drohende Aufstandsgefahr zu knüpfen.

2. Das Ausführungsgesetz wird davon auszugehen und auszusprechen haben, daß die Reichsverfassung, abgesehen von den im Artikel 48 aufgezählten grundrechtlichen Verfassungsbestimmungen, für die Diktaturgewalt unantastbar ist.

Im übrigen ist die Diktatur an das geltende Recht nicht gebunden. Ausgenommen sind das Ausführungsgesetz und die sonstigen verfassungsmäßigen Vorbehaltgesetze, wie z. B. Wehrgesetz (Artikel 133), Wahlgesetz (Artikel 125), Gebietsgesetz (Artikel 18), Stellvertretungsgesetz (Artikel 51), Staatsgerichtshofsgesetz (Artikel 108), Reichswirtschaftsratsgesetz (Artikel 165). Der abschließende Katalog der Vorbehaltsgebiete ist durch Verfassungsgesetz festzustellen.

3. Die Diktatur hat sich in ihrer gesamten Tätigkeit an die ihr gesetzte besondere Aufgabe zu halten und ist nicht befugt, außerhalb derselben in die ordentliche Staatstätigkeit einzugreifen. Sie ist verantwortlich dafür, daß jede einzelne Maßnahme dem Diktaturzweck dient.

4. Grundrechtssuspensionen dürfen nur im Verordnungswege angeordnet werden. Diejenigen Stellen, denen zur Wiederherstellung der öffentlichen Sicherheit und Ordnung außerhalb der normalen Zuständigkeitsordnung die Befugnis zu Eingriffen in Grundrechte durch die Diktatur eingeräumt werden soll, sind vom Diktator oder von einer durch ihn zu bestimmenden Stelle zu bezeichnen.

5. Die Form der Bekanntmachung von Diktaturmaßnahmen ist gesetzlich zu regeln. Dabei ist dem Diktator der durch die besondere Eigenart der Diktatur gebotene Spielraum zu lassen.

6. Diktaturmaßnahmen sind in ihrer zeitlichen Geltung — außer für Kriegszeiten — auf drei Monate (Zusatz des Mitberichterstatters: Maßnahmen der Landesregierungen auf zwei Wochen) zu beschränken, falls sie nicht unter Genehmigung des Reichstags — Maßnahmen der Landesregierungen unter Genehmigung des Reichspräsidenten — um höchstens drei Monate verlängert werden. Jede fernere Verlängerung ist auf höchstens weitere drei Monate zu begrenzen.

## III. Reich und Länder.

Die Regelung des Verhältnisses zwischen Reich und Ländern im Ausnahmerecht wird so gestaltet werden müssen, daß Reibungen vermieden werden und insbesondere einerseits unter Wahrung der Einheitlichkeit der Diktatur der Ausübung unmittelbarer Verwaltungstätigkeit des Reiches auf Gebieten der Landesverwaltung enge gesetzliche Grenzen gezogen, andererseits Eingriffe der Landesregierungen in die Diktatur des Reichspräsidenten verhindert werden.

Folgende Regelungen werden empfohlen:

1. Verwaltungsmaßnahmen der Diktatur auf einem sonst der Landesverwaltung zugehörigen Gebiet sind durch Landesorgane zu treffen. Auszunehmen sind: Maßnahmen, die der Reichspräsident persönlich anordnet, und Maßnahmen, die im Ausnahmezustand (vergl.

oben I, 4) von einem Reichsdiktaturkommissar oder innerhalb der diesem zur Verfügung stehenden Organisation getroffen werden.

2. Eine Landesregierung kann zwar durch die Diktatur zu bestimmten Handlungen angehalten oder an der Ausübung bestimmter Tätigkeit gehindert werden; sie darf aber in ihrem Fortbestand als oberstes Landesorgan und insbesondere in der Vertretung des Landes gegenüber dem Reiche (Reichstag, Reichsrat, Reichsregierung, Reichsstaatsgerichtshof) nicht beeinträchtigt werden.

Die Tätigkeit des Landtags darf nicht unterbunden werden.

## IV. Kontrollen, Entschädigung und Kosten.

1. Sämtliche Diktaturverwaltungsmaßnahmen sind der Rechtskontrolle durch einen Verwaltungsrechtssenat, der im Reichsgericht in besonderer Zusammensetzung zu bilden und dessen Verfahren der besonderen Aufgabe anzupassen ist, zu unterwerfen. Das Klagerecht ist jedem zu gewähren, der geltend macht, durch eine Diktaturmaßnahme rechtswidrig beeinträchtigt worden zu sein.

2. Die Rechtsprechung über die Rechtsgültigkeit gesetzgebungsmäßiger Diktaturmaßnahmen wird ausschließlich dem Reichsstaatsgerichtshof zuzuteilen sein.

Sämtliche Gerichte, einschließlich der Verwaltungsgerichte, vor denen die Rechtsgültigkeit einer solchen Diktaturanordnung streitig wird, sind zu verpflichten, den alle Gerichte bindenden Vorentscheid des Reichsstaatsgerichtshofs über die Rechtsgültigkeit der Anordnung einzuholen.

3. Die dem Ermessen Spielraum lassenden Rechtsbegriffe der Diktatur, wie z. B. „erhebliche Störung oder Gefährdung der öffentlichen Sicherheit und Ordnung", „nötige" Maßnahmen, sind von richterlicher Nachprüfung auszuschließen, soweit es sich nicht um die Frage handelt, ob eine zur Erreichung des Diktaturzwecks absolut ungeeignete Maßnahme vorliegt.

4. Für die Zeit zwischen zwei Legislaturperioden und nach der Auflösung des Reichstags bis zum Wiederzusammentritt sind dem Ständigen Ausschuß des Reichstags die Befugnisse des Reichstags zur politischen Kontrolle über die Diktatur einzuräumen.

5. Die Aufsicht über die Diktaturtätigkeit der Landesregierungen ist dahin näher zu regeln, daß

a) Diktaturmaßnahmen des Reichspräsidenten sämtlichen Diktaturmaßnahmen der Landesregierungen mit denselben Wirkungen vorgehen, als ob es sich um das Verhältnis von Reichsrecht zu Landesrecht handelte;

b) der Reichspräsident eine Entscheidung des Reichsstaatsgerichtshofs bezw. des zu 1 genannten Verwaltungsrechtssenats des Reichsgerichts über die Rechtmäßigkeit einer Diktaturmaßnahme der Landesregierung herbeiführen kann.

6. Sämtliche im Dienste der Diktatur tätigen Beamten sind auch hinsichtlich ihrer Diktaturtätigkeit dem für sie zuständigen Disziplinarverfahren zu unterwerfen. Andere im Diktaturdienst verwendete Personen sind der Reichsdisziplinargewalt zu unterstellen.

7. Eine allgemeine Entschädigungspflicht nach Billigkeit für unmittelbare Schäden, die unbeteilige Dritte durch rechtmäßige oder ohne Verschulden unrechtmäßige Ausübung der Diktatur erleiden, ist vorzusehen.

8. Die Kosten der Diktatur einschließlich der zu leistenden Entschädigungen werden vom Reiche zu tragen sein, mit Ausnahme derjenigen Kosten und Entschädigungslasten, die aus Maßnahmen auf Grund des Artikels 48 Absatz 4 erwachsen und die den Ländern aufzuerlegen sein werden.

Zunächst erstattete Geheimrat Prof. Dr. Piloty zur Begründung dieser Leitsätze folgenden Bericht:

Die Zeit drängt so sehr, daß ich mein Referat auf das Wesentliche beschränken muß. Die beiden Referenten haben sich, wie Sie sehen, zu nahezu völlig gemeinsamen Leitsätzen geeinigt. Dies wird die Verhandlungen wesentlich vereinfachen. Auch bringen wir eine gemeinsame Resolution in Vorschlag, die, wenn sie angenommen wird, sowohl eine Beschlußfassung über die Leitsätze im ganzen und einzelnen überflüssig machen als auch eine Diskussion erübrigen wird.

Das uns gestellte Thema ist ein rein politisches. Wir werden uns deshalb mit dem Geist eines idealen Parlamentes zu erfüllen haben.

Zunächst gilt es eine Abgrenzung des Themas.

Art. 48 umfaßt zweierlei ganz verschiedene Dinge, in Abs. I die Reichsexekution, in Abs. II bis IV das Ausnahmerecht. Auf beides kann sich ein Ausführungsgesetz nach Abs. V erstrecken. Wir schalten aber die Reichsexekution in unseren Vorschlägen aus und beschränken uns auf das Ausnahmerecht. Wohl bestehen zwischen beiden Zusammenhänge, namentlich politische, indem aus dem tatsächlichen Verhältnis des Ausnahmezustandes erfahrungsgemäß eine Reichsexekution entspringen kann. Dennoch sind beide Fälle juristisch scharf zu trennen. In der Reichsexekution stehen sich Reich und Land als Parteien gegnerisch gegenüber; im Ausnahmerecht haben Reich und Länder in erhöhtem Maße und in besonderer Weise zusammenzuarbeiten gegen die für beide störenden Elemente. Ein Ausführungsgesetz zu Abs. I (Reichsexekution) wird wenig zu bestimmen haben. Eher käme eine Verfassungsänderung etwa mit dem Zusatz in Frage, daß zum Beschluß des Reichspräsidenten über die Reichsexekution die Zustimmung des Reichsrats für erforderlich erklärt würde. Ich würde das befürworten. Doch will ich mich auf diese Feststellung beschränken, ohne sie hier näher zu begründen. Denn die ganze Frage soll hier ausscheiden.

Zum Ausnahmerecht seien folgende begrenzende Bemerkungen vorausgeschickt. Wir scheiden hier selbstverständlich aus Vorschläge über die Gestaltung eines Staatsnotrechtes. Ein solches läßt sich normativ nicht gestalten, es liegt immer jenseits der geschriebenen Verfassung. Wenn etwa der von Aufrührern gefangen gehaltene rechtmäßige Reichspräsident nicht imstande ist, zu seinen Befehlen die Zustimmung des Reichskanzlers zu erhalten, wohl aber etwa dem ihm ergebenen rechtmäßigen Reichswehrminister einen Befehl zu erteilen, so kann er dies kraft Staatsnotrecht tun.

Weiter schalten wir hier das nach Art. 105 RV. zu erlassende Reichsgesetz über Kriegs- und Standgerichte aus. Es steht auf einem besonderen Blatt.

Endlich haben wir nicht etwa Vorschriften vorzuschlagen für einen Usurpator, einen unrechtmäßigen Diktator. Ein solcher würde, wenn er zur Macht gelangte, vielleicht versucht sein, von sich aus ein Reichsgesetz nach Art. 48 Abs. V zu erlassen; es würde anders ausfallen, als wir es erstreben. Wir wollen dem nicht vorarbeiten, sondern vorbeugen. Das Reichsgesetz auf Grund des Art. 48 Abs. V kann nur für eine verfassungsmäßige Diktatur in Frage kommen.

Diese Betrachtung führt zu der Frage, ob es zweckmäßig sei, schon jetzt an ein solches Reichsgesetz heranzutreten. Wir sind gewarnt worden, so kürzlich in der Deutschen Juristenzeitung durch Thoma und auch von andren Seiten. Ich bin der Meinung, trotz dieser Mahnungen zur Vorsicht, es empfehle sich der baldige Erlaß eines solchen Gesetzes; denn unser Verfassungsleben krankt an diesem Punkte in einer den Reichsbau gefährdenden Weise. Wir befinden uns infolge der Rechtsunsicherheit über das Ausnahmerecht in einer chronischen Verfassungskrise. Diese muß durch Klärung des Rechtes beseitigt werden. Die bestehenden auswärtigen und wirtschaftlichen Schwierigkeiten, mit denen das Reich zu kämpfen hat, ändern nichts an der Dringlichkeit der Baureparatur. Wenn Hypothekgläubiger (Ausland) und Mieter (wirtschaftliche Mächte) mit dem Reiche in Streit sind, erweisen sich Baureparaturen erst recht als unaufschiebbar. Ich zweifle auch nicht, daß bei den maßgebenden Gesetzgebungsorganen und selbst bei den politischen Parteien das nötige Maß von Besonnenheit walten wird, um bald das heilbringende Werk des Ausführungsgesetzes zustande zu bringen und die etwa dieses Werk störenden Elemente zu überwinden. Daher unser Leitsatz I, 1.

Das Ausführungsgesetz selbst wird keine Verfassungsänderung, sondern nur eine Ausführung der Grundsätze der Abs. II—IV zu bringen haben. Ein gewöhnliches Gesetz, wie es das Ausführungsgesetz sein soll, kann die Verfassungsurkunde nicht ändern; das gilt wie von allen anderen, so auch von diesem Ausführungsgesetz. Die RV. sieht, wie Preuß (DJZ. v. 1. Sept. 1924) richtig zeigt, in Art. 18 sogar ein „verfassungsänderndes" Gesetz vor, das trotz der erschwerenden Formen doch keine Verfassungsänderung im technischen Sinne, sondern nur ein erschwertes Ausführungsgesetz ist. Wo die Verfassung Gesetze zur Ausführung ihrer Grundsätze, wie vielfach, vorsieht, da dürfen durch diese gewöhnlichen Gesetze die betr. Grundsätze der Verfassungsurkunde selbst nicht geändert, sondern eben nur ausgeführt werden. Nun erschienen uns aber bei Ausarbeitung unserer Leitsätze für ein Ausführungsgesetz einige Bestimmungen und Sätze der Reichsverfassung als der Änderung und Ergänzung bedürftig. Für diese ganz wenigen und ganz bestimmt zu bezeichnenden Fälle schlagen wir in I, 2 der Leitsätze einige Verfassungsänderungen ausdrücklich vor. Dies erachten wir nicht als ein „gefährliches Hinüberfluten" über die Grenzen der Aufgabe des Ausführungsgesetzes, sondern als eine ganz bestimmt begrenzte Ergänzung dieser Aufgabe, die nicht schaden, sondern nur nützen kann. Auf diese Vorschläge hier begründend näher einzugehen, würde zu weit führen. Nur in aller Kürze sei gesagt:

1. Wenn im Ausnahmerecht der Reichspräsident den Reichstag auflöst, entledigt er sich für lange Zeit seines verfassungsmäßigen Kontrollorgans. Das ist unter Umständen gefährlich und doch nicht zu

vermeiden. Eine Garantieerhöhung würde es sein und zugleich eine festere Zusammenschließung des Reichswillens würde es bedeuten, wenn in diesem Falle der Reichspräsident zur Auflösung des Reichstags der Zustimmung des Reichsrats bedürfte. Dies setzt allerdings den jetzt nicht notwendigen, aber vorzusehenden ausdrücklich erklärten Ausnahmezustand voraus. Hier bedarf es einer Verfassungsänderung (Leitsätze I, 2 a).

2. Die Reichsverfassung sieht nicht vor, daß der Reichspräsident sein Ausnahmeverordnungsrecht übertragen darf. Solches Übertragungsrecht ist aber in bestimmten Grenzen unentbehrlich. Daß die Landesregierungen bei entsprechender Übertragung ihres Ausnahmeverordnungrechtes an die Genehmigung des Reichspräsidenten zu binden sind, entspricht dem dringenden Einheitsbedürfnis. Beide Anordnungen erfordern eine Verfassungsänderung (Leitsätze I, 2 b).

3. Die Reichsverfassung kennt außer ihren Zuständigkeitskatalogen in Art. 6 ff. eine große Anzahl von Vorbehaltsgebieten, in denen auf zu erlassende Reichsgesetze verwiesen ist. Ein Teil dieser Vorbehaltsgebiete, wie Stellvertretungsgesetz, Gebietsgesetz, Wahlgesetz u. a. m., ist sachlich so beschaffen, daß es sich empfiehlt, dieselben auch den Diktaturorganen gegenüber als unantastbar zu erklären. Dies müßte durch einen Katalog geschehen, den ein verfassungsänderndes Gesetz als ausschließend zu bestimmen hätte (Leitsätze I, 2 c und II, 2). Jedenfalls wäre in diesen Katalog das Ausführungsgesetz selbst aufzunehmen.

4. Die Reichsverfassung kennt kein Notverordnungsrecht. Dieser Mangel hat vielfach dazu geführt, daß der Reichspräsident Notverordnungen unter Bezugnahme auf Art. 48 Abs. II erlassen hat, wie Steuerverordnungen, Devisenverordnungen usw., wobei der Begriff der „Maßnahmen zur Herstellung der Sicherheit und Ordnung“ zu Hilfe genommen wurde, obgleich er im Sinne des Art. 48 nur höchstens sehr mittelbar gegeben war. Hierdurch entsteht möglicherweise ein Mißbrauch des Ausnahmerechtes, der zu vermeiden ist, wenn das Notverordnungsrecht in bestimmten Grenzen dem Reichspräsidenten allgemein gegeben wird. Dazu bedarf es einer Verfassungsänderung. (Leitsätze I, 2 d und I, 5).

Es mag sein, daß sich über diese Vorschläge hinaus im Zusammenhang mit dem Ausführungsgesetz noch die eine oder andere Verfassungsänderung empfiehlt, z. B. etwa eine Aufhebung oder Änderung des Art. 9 der RV. Man wird dabei in der Begrenzung vorsichtig sein und eine allgemeine Verfassungsrevision vermeiden müssen und auch unschwer vermeiden können. Die genannten Änderungen aber erscheinen als nicht nur ungefährlich, sondern als unvermeidlich.

Noch einige wenige allgemeine und grundsätzliche Erwägungen und Feststellungen erscheinen geboten.

1. Die Reichsverfassung hat entgegen dem früheren Recht es unterlassen, das Institut des erklärten Ausnahmezustandes in ihre „Grundsätze" aufzunehmen, und begnügt sich mit dem System der außerordentlichen Einzelmaßnahmen und Außerkraftsetzungen. Dies hat Vorzüge und Nachteile. Ein Vorzug ist die „freie Hand", die damit dem Diktator jederzeit gegeben ist. Ein Nachteil ist die Erschwerung der Kontrolle und der Verzicht auf eine allgemeine, unter Umständen an sich schon wirksame Vorbeugung. Das ältere System des erklärten Ausnahmezustandes hat sich bewährt. In bestimmter Begrenzung empfiehlt sich seine Wiedereinführung. Eine vorherige Ankündigung der „schärfsten Maßnahmen" wird die Diktatur nicht schwächen, eher ihre Wirkung straffen und die Kontrolle und zeitliche Begrenzung bestimmter gestalten lassen. Dies erstreben unsere Leitsätze I, 4 und II, 1.

2. Eine Kontroverse, die sich bei Auslegung des Art. 48 Abs. II und IV in Praxis und Theorie als verhängnisvoll und die Rechtssicherheit empfindlich erschütternd eingestellt hat, bedarf dringend der Lösung. Diese Lösung kann nur der Gesetzgeber bringen. Es handelt sich darum, ob nach Art. 48 Abs. II der Diktator bei seinen „Maßnahmen" grundsätzlich an die Bestimmungen der Verfassung gebunden bleibt oder nicht. Die Meinung der Theorie war bisher überwiegend für diese Bindung. Die Praxis hat sich daran nicht immer gehalten, und auch die Theorie ist durch das Vorbringen der Referenten der Staatsrechtlertagung im April 1924 zu Jena, namentlich durch die Ausführungen C. Schmitt's, erschüttert worden (vergl. Veröffentlichungen der Vereinigung der deutschen Staatsrechtslehrer. Heft 1. Berlin u. Leipzig, 1924, bei W. de Gruyter u. Co., S. 63 ff.) Ohne hier auf diese Kontroverse einzugehen, stelle ich fest, daß wir beiden Referenten in unseren Leitsätzen von grundsätzlichen Unantastbarkeit der Reichsverfassung ausgehen. (Vgl. Leitsätze II, 2.) Hierzu bemerke ich nur dies gegen Thoma (DJZ. v. 1. September 1924). Einige Bestimmungen der Reichsverfassung, wie namentlich Art. 14, 57, 105, scheinen nicht nur durch Maßnahmen der Praxis wiederholt angetastet worden zu sein, sondern es hat sogar den Anschein, als könne eine Reichsdiktatur ohne solche Antastungen überhaupt ihren

Zweck nicht erfüllen. Hier handelt es sich um eine Auslegungsdifferenz. Art. 14, 57 und 105 sind so zu verstehen, als stünde in ihnen ausdrücklich geschrieben „unter Vorbehalt der Maßnahmen aus Art. 48 Abs. II". Solche Auslegung ist nicht „willkürlich" oder ein „circulus vitiosus" oder gar eine „Erschleichung", sondern sie ist einfach vernünftig und jedenfalls weniger gewaltsam, als wenn man, wie Schmitt tut, dem Art. 48 ein „Minimum von Organisation" eininterpretiert, das unantastbar sein soll, während alles andere freigegeben wird, wobei dann Schmitt in dieses Minimum auch noch die Gegenzeichnung des Reichskanzlers hineininterpretiert, die gar nicht im Art. 48, sondern im Art. 50 steht. Auf nähere Auseinandersetzung über diese Kontroverse muß hier verzichtet werden.

Das Ausführungsgesetz muß hier Stellung nehmen, um seine Normen folgerichtig aufbauen zu können. Entweder muß es, wie hier geschieht, von der grundsätzlichen Unantastbarkeit der RV. ausgehen, und es müssen nebenher die nötigen Verfassungsänderungen vorgenommen werden, oder es geht mit Schmitt von einer beschränkten Antastbarkeit aus. Dann müssen aber diese Beschränkungen bestimmt bezeichnet werden. Ob dann die Diktatur noch eine „kommissarische" oder schon eine „souveräne" ist, bleibe dahingestellt. Wir haben uns für die erste Alternative entschieden und empfehlen dem Gesetzgeber den gleichen Standpunkt.

Nach diesen allgemeinen Wegbereitungen wäre nun der Aufbau der Normen des Ausführungsgesetzes im einzelnen zu vollziehen und zu begründen. Ich überlasse das einzelne völlig den Darlegungen des in den Gegenstand besonders eingearbeiteten Herrn Mitberichterstatters, um Wiederholungen möglichst zu vermeiden.

Die allgemeine Linie dieser Einzelnormen aber lassen Sie mich in Kürze noch skizzieren. Es sind drei Motive, die in solchem Ausführungsgesetz zu harmonischem Einklang zu bringen sind. Alle drei und ihr Einklang ergeben sich aus dem Interesse des Reiches an einer starken und wirksamen Ausnahmegewalt und an einer rechtsstaatlichen und bundesstaatlichen Ordnung derselben.

1. Die starke und wirksame Ausnahmegewalt, welche fähig sein soll, jedem Ansturm auf Sicherheit und Ordnung im Reiche gewachsen zu sein und den Zustand der Sicherheit und Ordnung, falls er gestört ist, baldmöglichst wiederherzustellen, erfordert ein hohes Maß von Ausnahmebefugnissen der Exekutive und ein zeitweiliges Zurücktreten der Legislative wie auch der normalerweise geschonten Freiheits- und

sonstigen Rechte des einzelnen. Die bestehenden Gesetze, das „geltende Recht" mit Ausnahme des Verfassungsrechtes, binden den Diktator nicht. Er hat „gesetzgebungsmäßiges" Eigenanordnungsrecht, und zwar in Form der Verordnung wie der Verfügung und Einzelmaßnahme tatsächlichen Handelns; er verfügt über die bewaffnete Macht, über den Willen der Landesregierungen, Reichs- und Landesorgane, über den Willen der einzelnen und ihrer Vereinigungen, wie es eben für den Diktaturzweck nötig ist, aber auch n u r im Rahmen dieses Zweckes. In diesem Rahmen hat er auch eine Ausnahmegerichtsgewalt nach Maßgabe des Art. 105. Über all dies sagen das Nähere die Leitsätze II, 2 Abs. II, 3, auch III, 2, IV, 3.

2. Die rechtsstaatliche Ordnung, über welche die Diktatur nicht hinausgestellt, in die sie vielmehr hineingestellt ist, macht sich an der Diktatur in mehrfachen Formen und Richtungen geltend. Sie soll die Diktatur nirgends in ihrer Kraft und Wirksamkeit unterbinden oder lähmen; aber sie soll sie an ihrer Aufgabe, ihrem Zweck und ihrer immer nur vorübergehenden Wirksamkeit festhalten. Das Verantwortlichkeitsprinzip, welches auch sie grundsätzlich beherrscht, fordert besondere Formen. So ist sie von Eingriffen in die Verfassung selbst und die verfassungsmäßigen Vorbehaltsgebiete ausgeschlossen (Leitsätze II, 2 Abs. I und II); so muß sie ferner den Ausnahmezustand ausdrücklich erklären, wenn schärfste Maßnahmen angekündigt werden sollen, und sie ist dabei an bestimmte besondere Voraussetzungen gebunden (Leitsätze II, 1); so darf sie nie über ihre besondere Aufgabe hinaus in die ordentliche Staatstätigkeit eingreifen und ist dafür verantwortlich (Leitsätze II, 3); so dürfen Grundrechtssuspensionen der zulässigen Art nur im Verordnungswege angeordnet werden und müssen außerordentliche Hilfsorgane bestimmt bezeichnet und bekannt gemacht werden (Leitsätze II, 4); die Bekanntgabeform ist gesetzlich zu regeln (Leitsätze II, 5); alle Maßnahmen sind zeitlich zu beschränken (Leitsätze II, 6). Außer den politischen Kontrollen, welche die RV. in Art. 48 Abs. III und IV selbst vorsieht (vgl. Leitsätze IV, 4), sind Rechtskontrollen der Verwaltungs- und Staatsgerichtsbarkeit vorzusehen (Letisätze IV, 1, 2 und 3). Entschädigungspflicht und Kostendeckung sind zu regeln (Leitsätze IV, 7 und 8). Das gesamte Diktaturpersonal steht im öffentlichen Dienst und deshalb unter Disziplinargewalt (Leitsätze IV, 6). Über alle diese Einzelheiten rechtsstaatlicher Beschränkungen und Kontrollen wird der Herr Mitberichterstatter ausführlicher berichten.

3. Das dritte Motiv, die gegebene bundesstaatliche Ordnung, welches auch im Ausführungsgesetz zu berücksichtigen ist, bedarf noch einer näheren Bestimmung. Es ist davon auszugehen, daß es dem Sinne der Reichsverfassung, welche das Grundverhältnis von Reich und Ländern ordnet, nicht entsprechen würde, im Art. 48 eine Gelegenheit zu schaffen, um dieses Verhältnis durch Ausübung diktatorischer Gewalt zu ändern. Weder darf der Reichspräsident unter dem Titel der Sicherheit und Ordnung über die Länder hinweg zum Einheitsstaate schreiten, noch dürfen etwa diese gegen die Ordnung der Reichsverfassung das gegebene Verfassungsverhältnis irgendwie lockern, umgestalten und etwa in einen Bund ad libitum umwandeln. Das Verhältnis zwischen Reich und Ländern ist im Ausnahmerecht schlechthin „unantastbar". Auch für die Ausübung der Befugnisse des Reichspräsidenten und der Landesregierungen im Ausnahmerecht bleibt dies der Leitgedanke. Vor allem ginge es deshalb nicht an, den Schwerpunkt der Diktatur vom Reich in die Länder zu verlegen, wie dies in der bayerischen Denkschrift vom 5. Januar 1924 bekanntlich erstrebt wird (Leitsätze I, 3). Die Länder sind und bleiben auch im Ausnahmezustand weder souveräne Staaten noch bloße Provinzialverbände des Reiches, sondern — Länder. Als solche haben sie das von der Reichsverfassung ihnen zuerkannte Maß von „Eigenstaatlichkeit", nicht mehr und auch nicht weniger. Daran kann auch durch „Maßnahmen" aus Art. 48 nicht gerüttelt werden. Ihre Regierungen sind auch im Ausnahmezustand Landesregierungen und betätigen sich in ihren Maßnahmen nach Art. 48 Abs. IV der RV. als solche und nicht, wie vielfach angenommen wird, als Organe des Reiches. Landesregierungen können Aufträge und Ermächtigungen von Reichswegen erhalten; Reichsorgane sind sie nie. Sie sind deshalb auch im Verhältnis zum Reichspräsidenten und seinen Reichsorganen im Bereich des Ausnahmerechtes nicht als untergebene Stellen zu behandeln, sondern deren Befehls- und Aufsichtsrecht in besonderer Weise untergeordnet. Dies bringen die Leitsätze in den Eingangsworten bei III und in III, 1 und 2, näher zum Ausdruck. Daß die Maßnahmen des Reichspräsidenten denjenigen der Landesregierungen vorgehen (Leitsätze IV, 5), ist eine unabweisliche Folge des allgemeinen Verhältnisses zwischen beiden und ergibt sich auch aus Art. 48 Abs. IV. Im Streitfalle muß eine Rechtsinstanz des Reiches durch den Reichspräsidenten angerufen werden können. Im Falle einer Pflichtverletzung der Landesregierung findet das Verfahren nach Art. 48 Abs. I (Reichsexekution) statt.

Sodann erhielt der Mitberichterstatter, Gerichtsassessor Dr. Grau, das Wort. Er führte folgendes aus:

I.

1. Das Reichsgesetz, dessen Ausgestaltung Gegenstand unserer Beratung ist, wird im Abs. 5 des Art. 48 RV. mit dem Satze angekündigt: „Das Nähere bestimmt ein Reichsgesetz."

Der Gesetzgeber wird Klarheit darüber zu gewinnen haben, welche Befugnisse ihm gegenüber der bereits bestehenden und in unmittelbarer Geltung befindlichen Verfassungsregelung zustehen. Freilich bleibt die Möglichkeit, das Gesetz — selbst wenn es keine ausdrückliche Abänderung des Verfassungstextes bringt — in verfassungsändernder Form ergehen zu lassen. Aber, abgesehen von der Aufbringung der erforderlichen Mehrheit, interessiert gerade die Vorfrage, in welchen Fällen das Zustandekommen des Gesetzes vom Vorliegen der Verfassungsänderungsvoraussetzungen abhängig ist.

Es fragt sich, ob das Gesetz im Rahmen seiner verfassungsmäßigen Aufgabe bleibt, wenn es bisher nicht vorhandene Beschränkungen des jetzt so weit gefaßten Umfangs der Diktaturgewalt bringt.

Gegen solche Möglichkeit der Beschränkung ließe sich anführen, daß bereits jetzt eine unmittelbar wirksame Diktatur mit bestimmtem Machtumfang vorhanden ist. Allein die Einschränkung einer auf einer allgemeinen Aufgabeform beruhenden Gewalt durch späteres Spezialgesetz ist keineswegs etwas Besonderes. Vielmehr ist es durchaus typisch für das öffentliche Recht des Verfassungsstaats, daß die nähere Regelung des Spezialgesetzes einen Machtkomplex, den eine allgemeine Aufgabenorm weit abgesteckt hat, in die engeren Grenzen besonderer Erlaubnisnormen einzwängt. Es braucht nur an das Schicksal der Polizei in den letzten 60 Jahren erinnert werden, deren Machtfülle durch die in diesem Zeitraum ergangene Spezialgesetzgebung eine erhebliche Einbuße erlitten hat.

Wenn sich die Nationalversammlung entschlossen hat, die knappe Regelung des Art. 48 RV. sofort in unmittelbare Geltung treten zu lassen, so ist das geschehen unter wiederholter Betonung der Erwartung späterer — und zwar sehr baldiger — gesetzlicher Einschränkungen der Diktaturmacht und des obwaltenden Drucks der Verhältnisse [1]).

[1]) Sten. Bericht der Nat.-Vers. S. 1304, 1335.

Übrigens ist durch die Verfassung nicht nur der Machtumfang, sondern auch das Verfahren der Diktatur umrissen. Wollte man also aus der unmittelbaren Geltung des Art. 48 Schlüsse ziehen, so bliebe für das künftige Gesetz schließlich gar kein Feld zulässiger Betätigung.

Nun ist dem künftigen Gesetzgeber im Abs. 5 des Art. 48 nur verstattet, das „Nähere" zu regeln. Er kann also nicht etwas anderes schaffen, als im Art. 48 gegeben ist. Alles was er anordnet, muß zu dem Verfassungsartikel im Verhältnis des Näheren zum Weiteren, des Besonderen zum Allgemeinen stehen. Hier setzt eine Schwierigkeit der praktischen Arbeit an dem Gesetze ein: nach welchen Grundsätzen ist es auszumachen, wo die nähere Regelung aufhört und die Neuregelung beginnt? Wer entscheidet darüber, ob die Grenze gewahrt ist?

Die ganze Frage wird nur zu lösen sein unter Zuhilfenahme der Hilfsvorstellung vom pflichtmäßigen Ermessen des Gesetzgebers, über die gerade auf dem vorigen Deutschen Juristentage Triepel gesprochen hat [1]).

Der Abs. 5 im Art. 48 ist nicht bloßes Programm, nicht unverbindlicher Gesetzesinhalt. Fehlte er, so könnte eine nähere Regelung der Diktatur auf dem Wege des einfachen Gesetzes nicht erfolgen. Ein solches würde den Diktator ebenso wie unzählige andere Gesetze nicht binden. Die Möglichkeit zu einer bindenden Regelung gewinnt das künftige Gesetz erst aus der Verweisung im Abs. 5. Es ist damit zwischen Verfassung und künftigem Gesetzgeber ein Verhältnis geschaffen, das vielleicht nicht in jeder Beziehung als echte Delegation anzusehen ist, aber ganz gewiß einer Delegation sehr ähnlich sieht.

Während erst neuerdings von der Ausübung eines pflichtmäßigen Ermessens des delegierenden Gesetzgebers gesprochen wird, ist uns das pflichtmäßige Ermessen des Delegatars bei Ausübung seiner Delegation vertrauter. Ebenso wie die Verwaltungsbehörde als Trägerin einer Delegation sich bei der von ihr zu treffenden Regelung auf dem Gebiete der Ermessensfreiheit bewegt, hat der Gesetzgeber in erster Linie nach pflichtmäßigem gesetzgeberischen Ermessen die ihm erteilte Delegation auszuüben. Freilich ist durch deren Inhalt dem Ermessen eine äußerste Schranke gezogen, über die es nicht hinaus darf. Hier, wo eine nähere Regelung geschaffen werden soll, also eine Ausgestaltung von Grundsätzen, ist die Grenze dort zu ziehen, wo es sich um Grundsätze des von der Verfassung geschaffenen Ausnahmerechts handelt, im Gegensatz zu Einzelheiten, die in den Art. 48

[1]) Verhandlungen des 32. Juristentages S. 17 ff.

um seiner unmittelbaren Wirksamkeit willen aufgenommen werden mußten.

Wie sich das pflichtmäßige Ermessen des Gesetzgebers innerhalb der durch die Grundsätze des Diktaturrechtes der Verfassung gebildeten rechtlichen Schranken bewegen darf, läßt sich im einzelnen nicht festlegen. Aus der dem Gesetzgeber gestellten Aufgabe: einer auf das Allgemeinste beschränkten Regelung die zu dauernder Anwendung erforderliche Konkretisierung zu geben und die notwendigen Kontrollen einzufügen — kann aber geschlossen werden, daß sowohl Beschränkung wie Erweiterung der bisherigen Befugnisse des Diktators ohne Verfassungsänderung zulässig sind, wenn sie aus sachlichen Gründen dienlich erscheinen, um vorhandene Lücken des Diktaturrechtes auszufüllen und die praktische Verwirklichung grundsätzlicher Gedanken der Verfassungsregelung in erhöhtem Maße zu gewährleisten.

Bei solcher Betonung des pflichtmäßigen Ermessens des Gesetzgebers ließen sich die in den vorgelegten Leitsätzen (vergl. I 2) als Verfassungsänderungen bezeichneten Bestimmungen — mit Ausnahme des Notverordnungsrechtes —, theoretisch betrachtet, auch im Wege der einfachen Ausführungsgesetzgebung treffen. Aber aus praktischen Gründen muß auch von einem solchen theoretischen Standpunkt aus praktisch die Innehaltung der Formen der Verfassungsänderung, wenn das politisch möglich ist, gefordert werden. Nur so läßt es sich vermeiden, daß die Praxis später durch Anzweiflung der Verfassungsmäßigkeit einzelner Gesetzesbestimmungen gehemmt wird.

Bei jeder richterlichen Nachprüfung der Verfassungsmäßigkeit einzelner Sätze des Ausführungsgesetzes wird nicht vergessen werden dürfen, daß die Reichsverfassung von vornherein damit gerechnet hat, daß ein späterer Gesetzgeber noch einmal die Hand an das Diktaturrecht zu legen hat. Die Reichsverfassung hat damit dem gesetzgeberischen Takt der Zukunft ein Vertrauen entgegengebracht, das nicht durch engherzige Gegenüberstellung von Verfassung und Gesetz in seiner Wirkung beeinträchtigt werden darf. Es ist ganz anormal und nur durch die Verhältnisse des Augenblicks zu erklären, daß der Verfassungsgeber sich überhaupt zu einer sofortigen Regelung der Diktatur entschlossen und nicht die Abgrenzung ihres Machtumfangs und ihres Verfahrens dem künftigen Gesetz überlassen hat. Man denke nur daran, daß gewissermaßen durch einen Zufall in zweiter Lesung, im letzten Moment, das ganze Recht der Landesregierung, nämlich der Abs. 4, in den Art. 48 hineingelangt ist[1]). Das Obwalten solcher Zufälligkeit innerhalb der Verfassungsregelung der Diktatur legt nahe in dem künftigen Gesetzgeber den Vertrauensmann der Verfassung zu erblicken, der die Aufgabe hat, das Diktaturrecht der Verfassung im Rahmen der grundsätzlichen Regelung fortzuentwickeln.

2. Die 5 Jahre seit Inkrafttreten der Reichsverfassung haben zu viele und zu inhaltsreiche Erfahrungen auf dem Diktaturgebiete, zu starke politische Reaktionen gegen die Reichseinheit betonende Gestaltungen der Verfassung gebracht, als daß der Gesetzgeber, bevor er an sein Werk herangeht, sich nicht fragen müßte, ob eine Änderung der Verfassungsregelung durch gesammelte Erfahrungen oder geänderte Auffassungen geboten ist.

Es soll nicht schon jetzt auf die in den Leitsätzen geforderten Bestimmungen eingegangen werden, bei deren Einführung von uns die Einhaltung der Formen verfassungsändernder Gesetzgebung empfohlen wird (vergl. Leitsätze I 2). Soweit diese Vorschläge grundsätzliche Fragen betreffen: nämlich den Katalog der Vorbehaltsgebiete und das Notverordnungsrecht — werde ich auf sie zurückkommen. Die mehr technischen Fragen einer Beschränkung des Reichspräsidenten in seiner Befugnis zur Auflösung des Reichstags während schärfster Wirksamkeit der Diktatur und einer näheren Ordnung der Übertragung der Verordnungsbefugnisse des Diktators möchte ich übergehen, weil die für sie ins Gewicht fallenden Gründe der Darlegung kaum bedürfen.

3. Wenden wir uns zunächst zu der Forderung völliger Umgestaltung des geltenden Ausnahmerechts im Sinne einer Verlegung des Schwerpunkts der Diktatur vom Reichspräsidenten auf die Landesregierung, die die bayerische Regierung in ihrer der Reichsregierung überreichten Denkschrift[2]) erhoben hat.

Es sei abgesehen von dem hier nicht weiter interessierenden Prinzipalantrag, in dem die bayerische Regierung ein Reservatrecht Bayerns auf dem Gebiet der Diktatur beansprucht. In einem Eventualantrag bringt die Denkschrift einen in gesetzesreifer Form ausgearbeiteten neuen Art. 48, der die Landesregierungen zu den maßgebenden, man kann fast sagen, alleinigen Trägern der Diktatur macht.

Dem Reichspräsidenten bleibt eine Diktaturgewalt nur für den Fall, daß die Landesregierung pflichtwidrig von ihren Befugnissen

---

[1]) Sten. Ber. der Nat.-Vers. S. 1328, 1335 D, 1336 A. Abänderungsantrag Nr. 442 der Drucks.

[2]) Drucksache Nr. 5 Tagung 1924 des Reichsrats.

keinen Gebrauch macht. Selbst dann muß er den Reichsrat hören und darf nicht einmal selbständig vorgehen, sondern hat an die pflichtwidrig untätig gebliebene Landesregierung mit Anweisungen heranzutreten, die von dieser zu vollziehen sind. Erst wenn die Landesregierung auch den Vollzug pflichtwidrig unterläßt, darf der Reichspräsident selbst eingreifen.

Ferner unterliegt nach dem bayerischen Vorschlag die Diktatur der Landesregierung nur der Kontrolle des Landtags, der allein berechtigt sein soll, die Außerkraftsetzung einer getroffenen Maßnahme zu verlangen.

Ich glaube nicht, daß der bayerische Vorschlag in seiner jetzigen Gestalt eine anzunehmende Lösung darstellt.

Das ganze Reichsrecht würde nur gelten unter der Voraussetzung, daß es allen Landesregierungen gefällt. Fehlte es an dieser wichtigen Bedingung, so würden diese auf dem Wege der Diktaturmaßnahme ihrem Unmut tatkräftigen Ausdruck verleihen können. Das Reich müßte solchem Treiben machtlos zusehen.

Das Reichsheer ferner, das seiner Organisation und seinem Umfang nach in erster Linie zur Aufrechterhaltung der Sicherheit im Innern bestimmt ist, würde zur Erfüllung dieser Aufgabe nicht mehr dem Reich bezw. dem Oberbefehlshaber, dem Reichspräsidenten, zur Verfügung stehen, sondern der Landesregierung. Unmöglich könnte das Reichsheer von jeder Landesregierung ihren innerpolitischen Zielen dienstbar gemacht werden, ohne schwersten Gefahren für militärische Disziplin und Verwendbarkeit des Heeres in der Hand des Reiches.

Dabei könnten, wo es sich um allgemeine Gefahren handelt, die Auffassungen mehrerer beteiligter Landesregierungen voneinander in solchem Maße abweichen, daß statt einer einheitlichen Aktion ein lähmendes Gegeneinanderspiel der staatlichen Kräfte einsetzen würde. Denn auf eine natürliche Übereinstimmung der politischen Einstellung der Landesregierungen, wie sie die Bismarcksche Verfassung voraussetzen durfte, kann heute nicht mehr gerechnet werden, da es an einem Faktor fehlt, der die Innenpolitik — und zwar gerade in Diktaturfragen — so uniformiert, wie die gemeinsamen monarchischen Interessen im monarchischen Bundesstaat.

Der bayerische Vorschlag soll nicht bis in alle bedenklichen Konsequenzen verfolgt werden. Das Angeführte mag genügen, um zu zeigen, daß eine Änderung des Art. 48 in der Richtung einer Überantwortung der Diktaturgewalt an die Landesregierungen unter den gegenwärtigen Verhältnissen nicht angängig ist.

Nun freilich haben sich die örtlichen, das Reichsinteresse nicht berührenden Gefahren, denen mit den Machtmitteln der ordentlichen Polizei nicht beizukommen ist, in ungeahntem Maße vermehrt. Die politische Verhetzung läßt es an Worten nicht genügen und verwendet sichtbare Ausschreitungen als Kampfmittel. Sie ist eine hauptsächliche, aber nicht die alleinige Gefahrenquelle. Ihr zur Seite stehen Arbeitslosigkeit und Arbeitsscheu, die Bettelei und Landstreichen in einer hauptsächlich für das flache Land bedrohlichen Weise haben anwachsen lassen. Nimmt man die gesunkene Moral, die geradezu verschwundene Achtung vor dem Gesetz hinzu, so sind die Komponenten der immer mehr anwachsenden örtlichen Sicherheitsgefahren gegeben.

Die ordentliche Landespolizei — offenbar die berufene Stelle zur Abwehr solcher Gefahren — ist, so lange es noch nicht zur strafbaren Handlung, also zu unwiderbringlichem Schaden gekommen ist, recht machtlos. Der Landesgesetzgeber kann diesem Mißstand nicht abhelfen, weil die Beschränkung der Polizeimacht auf den reichsrechtlichen Grundrechten des Einzelnen, wie z. B. der Freizügigkeit, Auswanderungsfreiheit, Versammlungsfreiheit usw. beruht.

Denkt man an diese für unsere Verhältnisse allzu starke Beengung der Landespolizei durch das Reichsrecht, so kann das bayerische Bedürfnis nach einer Ausdehnung der Landeskompetenz auf dem Gebiete der öffentlichen Sicherheit nicht von der Hand gewiesen werden. Nur kann hier geholfen werden, ohne daß man die ultima ratio, den Art. 48, aus der Hand des Reiches gibt. Diese besondere Verfassungsbestimmung ist in ihrer ganzen Schärfe nicht geeignet, dauernd wiederkehrenden, beschränkteren Gefahren gegenüber verwandt zu werden. Solche zu bekämpfen kann auf die Dauer nicht Aufgabe des Diktators sein, sondern das kommt der ordentlichen Polizei zu. Leidet sie unter der umfassenden Grundrechtsfreiheit, die die Reichsverfassung gewährt hat, Not, dann muß ihr auf dem Wege der Reichsgesetzgebung — erforderlichenfalls einer die Grundrechtsfreiheiten einschränkenden verfassungsändernden Gesetzgebung — geholfen werden. Ein Ansatz zu dieser Entwicklung ist in der Verfassung selbst im Art. 123 vorhanden, wenn dort der Landespolizei gestattet wird, Versammlungen unter freiem Himmel bei unmittelbarer Gefahr für die öffentliche Sicherheit zu verbieten, ferner im Reichsgesetz zum Schutz der Republik. Aber man hat sich bei diesem Gesetze, seiner Gelegenheitsnatur entsprechend auf einzelne Gefahrenkreise beschränkt, während das neue „Reichsgesetz zur inneren Befriedung", an das hier gedacht ist, seine Aufgabe weiter fassen und auch die Rechtskontrolle bis zur Gründung des Reichsverwaltungsgerichts den Landesverwaltungsgerichten wird überlassen müssen.

Bei der Ablehnung einer Änderung des Art. 48 im Sinne einer Stärkung der diktatorischen Macht der Landesregierung wird keineswegs verkannt, daß die bisherige Praxis des Reichs zu untragbaren Beeinträchtigungen einzelner Länder geführt hat. Daß darin Wandel geschaffen werden sollte, darüber kann kaum gestritten werden. Nur stehen die in den Rahmen einer Ausführungsgesetzgebung sehr wohl hinein passenden Sicherungen der Landesselbständigkeit auf einem völlig anderen Brett wie eine Verfassungsänderung, die zu Trägern der Diktatur an erster Stelle die Landesregierungen macht. Um gewisse kleinere Länder, denen gegenüber die Reichsgewalt rücksichtsloser zu verfahren pflegt, zu schützen, braucht man nicht andere Länder in die Lage zu bringen, die Reichsgewalt schachmatt zu setzen.

4. Wesentlich technischer Natur ist die Frage, ob sich das von der Reichsverfassung angenommene System der Diktatur bewährt hat, oder ob es ratsam erscheint zu einem anderen überzugehen. Das gegenwärtige ist dadurch gekennzeichnet, daß jede einzelne Maßnahme rechtlich selbständig ist und ein bestimmter an eine formelle Erklärung ein für allemal geknüpfter und gesetzlich festgelegter Komplex von Rechtsfolgen nicht vorhanden ist. Hier liegt der Unterschied zum Recht des Ausnahmezustands. Ist dort der Ausnahmezustand einmal erklärt, so tritt ipso jure ein im Gesetz festgelegter stattlicher Apparat von Rechtsfolgen ein. Andererseits fehlt jede Diktaturgewalt, so lange ein Ausnahmezustand nicht angeordnet ist.

Das gegenwärtige System ist also dem Ausnahmezustand an Elastizität bei weitem überlegen, bringt aber auch die Nachteile dieses Vorteils. Gerade weil es elastisch ist, ist es in dauernder Anwendung. Man greift ungleich leichter zu der harmlos scheinenden Einzelmaßnahme als zum schweren Geschütz eines starren Ausnahmezustands.

Ein völliges Aufgeben des neuen Systems empfiehlt sich nicht. Es entspricht politisch so erregten und in jeder Hinsicht sicherheitsbedürftigen Zeiten, wie es die gegenwärtigen sind, daß die zur Bekämpfung außergewöhnlicher Gefahren bestimmte Gewalt dauernd bereit steht. Diese Bereitschaft ist aber nur bei einem auf die Einzelmaßnahme aufgebauten Ausnahmerecht vorhanden.

Es kommt hinzu, daß in wirtschaftlich und sozial verwickelten Verhältnissen, wie sie uns vertraut geworden sind, an die Anpassungsfähigkeit der Ausnahmegewalt andere Anforderungen zu stellen sind, als der mit allgemeinen Typen arbeitende Ausnahmezustand befriedigen kann. Schon im Kriege trat die Verordnungsgewalt des § 9 b mit Wucherbekämpfung, sozialpolitischen Bestimmungen und vielem andern mehr in ihrer Handhabung aus dem Rahmen eines Ausnahmezustandes heraus. Derartige Einzelmaßnahmen, die damals unter dem Schutz des in Permanenz erklärten Ausnahmezustand getroffen wurden, sind unter dem Druck der Nachkriegsverhältnisse noch weit bedeutsamer geworden.

Nun gibt es eine mittlere Linie. Ohne mit dem Recht der außerordentlichen Einzelmaßnahmen zu brechen, kann aus dem Kreis möglicher Maßnahmen ein engerer Komplex schärfster Ausnahmemaßnahmen herausgeschält werden, der nur nach einer selbst von erschwerten materiellen Voraussetzungen abhängigen formellen Ausnahmezustandserklärung herbeigeführt werden darf. Die Erklärung des Ausnahmezustands bildet dann den sichtbaren Übergang zur Geltung des Ausnahmerechts. Sie gibt dem Bürger Nachricht über das, was ihm in der Folgezeit bevorstehen kann und entfernt damit die jetzt regelmäßig bestehende allgemeine Ungewißheit, ob man unter Ausnahmerecht lebt oder nicht; gleichzeitig bildet sie das oft nicht unwirksame Warnungssignal für die Störer. So ist die Einführung einer Ausnahmezustandserklärung als notwendiger Voraussetzung schärfster Maßnahmen der Diktatur ein erwünschter Ausbau, der für den Einzelnen allzu undurchsichtigen Aktionsbefugnisse des Diktators.

Unzweckmäßig wäre es aber, die in Betracht kommenden Maßnahmen als ipso jure eintretende Rechtsfolgen an die Erklärung anzuschließen; denn möglicherweise ist gar nicht die Gesamtheit der von der Erklärung bedingten schärfsten Maßnahmen im Einzelfall erforderlich, sondern nur ein Teil von ihnen.

5. Die Kehrseite der Elastizität des geltenden Ausnahmerechts ist bisher in erschreckendem Maße hervorgetreten. Verordnungen bedeutsamsten Inhalts sind erlassen worden, bei denen man sich vergebens fragen mußte, worin die schwere Gefährdung der öffentlichen Sicherheit erblickt werde und wie in aller Welt durch die Verordnung eine Wiederherstellung der öffentlichen Sicherheit bewirkt werden solle. Auf Grund des Art. 48 wurden Steuern erhoben und auf Goldmark aufgewertet, der Devisenverkehr geregelt, Devisen erfaßt und manche

andere Aufgabe des ordentlichen Gesetzgebers in die Hand genommen. Daß solche Bedenkenlosigkeit im Gebrauch der Diktaturgewalt Gefahren — weit über den Einzelfall hinaus — heraufbeschwört, ist sicher. Man braucht nicht einmal an Revolutionäre zu denken, für die der Art. 48 ein um so besseres Werkzeug wird, je mehr die legalen Gewalten die Grenzen seiner Anwendung hinausgerückt haben. Auch innerhalb des äußerlich ordentlich funktionierenden Verfassungsstaates muß die dauernde Anwendung der außerordentlichen Befugnisse jenseits des Gebietes eigentlichen Sicherheitsschutzes zu einer Unterhöhlung der rechtstatsächlichen Geltung der Verfassung führen. Mag auch der Art. 48 formell der Verfassungsorganisation einverleibt sein; materiell steht er doch im Gegensatz zu der ordentlichen Organisation. Der nicht staatsrechtlich Geschulte — und dazu gehört auch ein großer Teil der Politiker — hält auf die Dauer verfassungsmäßige Ausnahmemaßnahmen und Verfassungsbruch nicht auseinander. Er sieht den tatsächlichen Gegensatz zur verfassungsmäßigen Normalregelung und entnimmt der häufigen Wiederkehr der Ausnahmemaßnahmen die Überzeugung, daß die Verfassung tatsächlich nicht in Geltung stehe und daher rechtlich alles erlaubt sei. Auch der Jurist kann auf die Dauer bei der sich immer mehr zum Begriff verflüchtigenden Unterscheidung keine Beruhigung finden.

Kommt noch hinzu, daß die Gewöhnung an Diktaturverordnungen die Länder ihres Mitwirkungsrechts bei der Reichsgesetzgebung beraubt, dann sind Gründe genug vorhanden zum Wunsche, daß es mit der bisherigen Praxis ein für allemal vorbei sein möge, und der Art. 48 nur dem eng begrenzten Zwecke, dem er von der Verfassung gewidmet ist, dienen möge.

Es ist das fehlende Notverordnungsrecht, das man auf dem unglückseligen Wege des Art. 48 zu ersetzen versucht hat. Der Zusammenhang dieser Fragen hat seinen klaren politischen Ausdruck gefunden, als die sozialdemokratische Partei ihre Zustimmung zum Ermächtigungsgesetz vom 8. Dezember 1923 damit begründete, sonst werde auf Grund des Art. 48 regiert werden, und dem ziehe sie ein Ermächtigungsgesetz vor[1]). Überhaupt sind die zahlreichen Ermächtigungsgesetze der beste Beweis dafür, wie stark die Kräfte sind, die auf ein Notverordnungsrecht hindrängen.

Allerdings würde das Notverordnungsrecht einen Triumphbogen

---

[1]) Vgl. die Rede des Abg. Scheidemann in der Sitzung vom 5. Dezember 1923, Sten. Ber. S. 12299, 12300 A, B.

auf der Siegesstraße der Verordnung, die mehr und mehr das formelle Gesetz verdrängt hat, bedeuten. Das Notverordnungsrecht ist sicherlich ein Zugeständnis gegenüber der bedauerlichen Erscheinung, daß der Reichstag wieder und wieder sich der ihm bei der Gesetzgebung obliegenden Verantwortung versagt hat.

Man mag anführen, daß bei dem gesteigerten Gesetzgebungsbedarf das Plenum des Reichstags den Anforderungen, die an seine Arbeitsfähigkeit gestellt werden, nicht mehr genügen kann. Aber die tiefere Ursache dafür, daß das Notverordnungsrecht zu einer politischen Notwendigkeit geworden ist, liegt anderwärts. Es ist die Scheu der Parteien vor jeder aktiven Mitarbeit, die sie belasten könnte, die Neigung, alles der Regierung zu überlassen, was wichtigen Kreisen anrüchig erscheint. Diese Einstellung ist die Mutter der Ermächtigungsgesetze, sie entspricht der allgemeinen Erscheinung unserer Zeit, in der die Flucht aus dem Staat in die Partei oder Wirtschaftsgemeinschaft mehr oder weniger Leitmotiv der individuellen politischen Stellungnahme geworden ist. Es nützt wenig, die Parteien zu beschimpfen, von „parlamentarischer Feigheit", „Parteiegoismus" und ähnlichem zu reden. Richtiger als mit vergeblicher Kraftanstrengung gegen den zeitbedingten Gang der Entwicklung anzukämpfen, dürfte es sein, dem Bedürfnis nach einer dauernd wirksamen umfassenden Verordnungsgewalt ein verfassungsmäßiges Ventil zu öffnen.

Diese Einsicht sollte auch bei der Gestaltung des Notverordnungsrechts zu Rate gezogen werden. Man wird sich damit abfinden müssen, daß wichtige Gesetzgebungsakte auf dem Wege der Notverordnung ins Leben treten werden. So sind z. B. in Preußen, wo es ja ein verfassungsmäßiges Notverordnungsrecht gibt, die Regelungen des Beamtenabbaus und der Hauszinssteuer auf dem Wege der Notverordnung erfolgt [1]).

Die entscheidende Frage der Gestaltung des Verordnungsrechts dürfte dahin gehen, wer an ihm zu beteiligen ist.

Über die Notwendigkeit dem Reichsrat eine aktive Mitwirkung zu gewähren, wird kaum Uneinigkeit bestehen. Die Länder können an ihrem Mitwirkungsrecht bei der Reichsgesetzgebung nicht deshalb beeinträchtigt werden, weil der Reichstag auf sein Mitarbeiten kein gleiches Gewicht legt. Dabei gehört es zu den in der Politik mächtigen alogischen Momenten, daß der Reichstag gerade wegen der Beteiligung

---

[1]) VOen vom 8. Februar 1924 (Preuß. Ges.-Samml. S. 73) und vom 1. April 1924 (Preuß. Ges.-Samml. S. 191.)

des Reichsrats Gewicht darauf legen wird, selbst — etwa durch seinen ständigen Ausschuß — mittätig zu sein.

Meinungsverschiedenheiten werden erst bei der Frage einsetzen, ob die Reichsregierung oder der Reichspräsident, der selbstverständlich die Mitwirkung der Regierung braucht, zum Verordnungsgewaltigen gemacht werden soll.

Notverordnungsrecht und Diktatur werden in Zukunft nebeneinander bestehen. Das Diktaturrecht hat die Verfassung dem Reichspräsidenten und nicht der Reichsregierung allein anvertraut. Richtig ist, daß die Reichsregierung auf die Ausübung der Diktatur einen bestimmenden Einfluß übt. Aber das gilt nur, soweit es zur positiven Tätigkeit kommt. Wo sich der Reichspräsident dem Tätigwerden überhaupt mit einem glatten Nein widersetzt, da ist seine Inhaberschaft der Diktaturgewalt, wenn auch nicht in der Öffentlichkeit, so doch hinter der Szene von größter Bedeutung.

Durch ein Notverordnungsrecht an dem der Reichspräsident nicht beteiligt ist, würde seiner Stellung als Diktator der innere Halt entzogen. Die Regierung könnte sich in Fällen, in denen sie auf eine Abweisung bei dem Reichspräsidenten bereits gestoßen ist oder mit einer solchen rechnen muß, auf den Weg der Notverordnung begeben, um den Reichspräsidenten zu umgehen. Die Folge wäre, daß die Person des Reichspräsidenten nicht etwa dem Parteistreit entzogen, sondern geradezu in den Mittelpunkt politischer Auseinandersetzungen gerückt werden würde. Ein Notverordnungsrecht ohne den Reichspräsidenten führt also zu unglücklichen und vermeidbaren Disharmonien zwischen Diktatur und Notverordnungsrecht. Schon diese besonderen Gründe — abgesehen von dem allgemeinen Bedürfnis nach einer starken Präsidialgewalt — sprechen für die Innehabung des Notverordnungsrechts durch den Reichspräsidenten.

Eine nachträgliche Billigung der Notverordnung durch den Reichstag, wobei grundsätzlich die Einzelberatung ausgeschlossen ist und das Parlament sich schlüssig macht, ob es zu dem Ganzen Ja oder Nein sagt, wird möglich sein, und sollte auf keinen Fall fehlen.

Außerdem bedarf es eines Schutzes der Minorität des Reichstages, die nicht durch das Umgehen des formellen Gesetzgebungsweges mundtot gemacht werden darf. Es darf deshalb dem Reichstage nicht frei stehen, die Notverordnung zu den Akten zu legen, bis etwa eine in sich uneinige Majorität einen Kompromiß gefunden hat, und solange die Genehmigung in der Schwebe zu lassen. Ist der Reichstag wieder zusammengetreten, so muß innerhalb einer kurzen Frist die Genehmigung vorliegen, wenn sie nicht als verweigert gelten soll.

Es bliebe zu bedenken, ob man das Notverordnungsrecht von vornherein nur auf bestimmte Zeit als verfassungsmäßige Einrichtung einführen sollte. Allein die Bestimmung einer zeitlichen Grenze hat viel Willkürliches an sich, und wenn erst einmal in Zukunft das Notverordnungsrecht innerlich überlebt sein wird, — hoffentlich recht bald — so wird es auch ohne formelle zeitliche Grenze tatsächlich außer Geltung kommen.

Noch auf ein Erfordernis sollte man Wert legen, nämlich eine rechtzeitige Veröffentlichung der Notverordnungsentwürfe. Gehört es doch zu den schärfsten Bedenken, die die Verordnungspraxis gegen sich hat, daß eine öffentliche Diskussion durch das Geheimnis des Entwurfes ferngehalten wird.

Das bisher Erörterte diente dem Zwecke, die Grundlagen des künftigen Diktaturrechtes zu umreißen und damit die Ausgangspunkte für die nun zu besprechenden Einzelregelungen des im Artikel 48 angekündigten Gesetzes zu gewinnen.

Aus diesen Grundlagen (wie sie auch unter I der Leitsätze zu finden sind) hebe ich hervor: die Ablehnung einer Änderung des Art. 48 im Sinne einer Verlegung des Schwergewichts der Diktatur auf die Landesregierungen; das Erfordernis zweier Ventile, die der Diktatur strenge Beschränkung auf ihre Aufgabe der Bekämpfung tiefgreifender Sicherheitsgefahren erleichtern sollen. Als diese Ventile sind gedacht: das „Reichsgesetz zur inneren Befriedung“, das die Kompetenz der Landesverwaltung gegenüber örtlichen Gefahren erweitert und damit unnötiger Verwendung des Art. 48 Abs. 4 vorbeugt, und das Notverordnungsrecht, das Gesetzgebungsakte außerhalb des Weges der formellen Gesetzgebung auch ohne Ermächtigungsgesetz und ohne Mißbrauch des Art. 48 ermöglicht.

## II.

1. Für die Frage, ob eine Diktaturtätigkeit einsetzt, läßt Art. 48 dem Ermessen des Diktators weitesten Spielraum. Dabei ist eine richterliche Nachprüfung des Ermessens — darüber sind sich alle einig — ausgeschlossen.

Mag eine solche Ermessensfreiheit auch nicht unbedenklich sein; die Verfassung hat sie dem Diktator gewährt und würde das künftige

Gesetz sie ihm nehmen, so wäre seine Stellung völlig geändert. Eine dauernd bereitstehende Gewalt, die jeden Augenblick auch auf zunächst noch schwach einsetzende Sicherheitsgefahren reagieren kann, würde zu einer eng gebundenen staatlichen Kompetenz mit bescheidener eigener Initiative. Ein politischer Faktor von eminenter Bedeutung wäre durch eine Begrenzung der allgemeinen Diktatorvoraussetzungen zu einer Exekutivgewalt minderen Ranges degradiert.

Von dieser Frage unabhängig ist der bereits erwähnte Vorschlag, gewisse schärfste Maßnahmen aus der allgemeinen Ermessensfreiheit auszunehmen und besonderen Voraussetzungen zu unterwerfen.

Auch das Diktaturrecht kennt den aus dem Polizeirecht bekannten Grundsatz der Verhältnismäßigkeit. Gerade einer Gesetzgebung, die im Sinne rechtsstaatlicher Ausgestaltung das „Nähere" regelt, wird es entsprechen, diesen Grundsatz zu konkretisieren und hierbei gewisse besonders schwere Maßnahmen aus dem allgemeinen Machtbereich der Diktatur herauszuschälen, um sie an engere Voraussetzungen zu binden.

2. Zahlreiche Einzelbestimmungen des künftigen Gesetzes werden sich mit dem Umfang der Diktaturgewalt zu befassen haben.

Es sei nur erinnert an das wichtige Gebiet des Verhältnisses der Diktatur zur Justiz, das eingehender Regelung bedarf. Bisher ist die Befugnis des Diktators auf dem Gebiete des materiellen Strafrechts geradezu ohne Grenzen. Dazu kommt Verfassung und Verfahren der außerordentlichen Gerichte, die der ausführlichen Regelung im Gesetz selbst bedürfen. Sind doch nach Ansicht vieler jene Standgerichte formell zu Recht eingesetzt worden, in denen drei über zwanzig Jahre alte Angehörige der kämpfenden Truppe in summarischem Verfahren ein Urteil zu fällen hatten, das nur auf Tod oder Freispruch lauten durfte und in 24 Stunden zu vollstrecken war [1]).

Diese wichtigen, von dem sonstigen Zusammenhang des Gesetzes aber unabhängigen Fragen, sollen, wie Herr Geheimrat Piloty bereits erwähnt hat, nicht behandelt werden. Es stehen daher nicht so sehr die positiven Bestimmungen über den Machtumfang der Diktatur zur Erörterung, als die negativen, machtverneinenden.

Nicht durchweg ist die Aufgabe des künftigen Gesetzes eine rechtsschöpferische. Das kommt gerade bei der Bestimmung des Umfanges der Diktaturgewalt, die nicht länger der in sich völlig gespaltenen Wissenschaft und Praxis überlassen werden kann, zum Ausdruck.

---

[1]) Vgl. Verordnung vom 19. 3. 1920 (RGBl. S. 467) § 5.

Das Gesetz muß über die Grenzen der Macht des Diktators eine Klarheit schaffen, die in Zukunft alle mit politischen Momenten stark durchsetzten Diskussionen über Rechtmäßigkeit oder Unrechtmäßigkeit von Diktaturmaßnahmen auf ein Mindestmaß zurückführt.

Die vornehmste Frage ist die Stellung des Diktators zur Reichsverfassung. Bis vor kurzem schien es allgemein gebilligt, daß die Verfassung — mit Ausnahme der suspendierbaren Grundrechte — für den Diktator unantastbar sei.

Dem entspricht auch die Praxis der Diktatur; nur mildert sie tatsächlich ihre Beschränkung im Wege der Auslegung der Gesetzesvorbehalte der Reichsverfassung, indem sie annimmt, daß eine Verordnung des Diktators ein Gesetz im Sinne der Reichsverfassung oder zum mindesten ihrer Grundrechte sei. Dieser — vom Reichsgericht gebilligte [1]) — Ausgangspunkt gestattet der Diktatur eine weite Betätigung innerhalb der Grenzen der Reichsverfassung, die aber als schlechthin bindend für den Diktator angesehen wird. Es wird auf diese Auffassung der in der Reichsverfassung vorkommenden Gesetzesvorbehalte noch zurückzukommen sein.

Neuerdings ist gegenüber der Annahme der Unantastbarkeit der Verfassung die Ansicht vertreten worden, bei der Grundrechtssuspension handle es sich um völlige Beseitigung der betreffenden Bestimmungen, solche sei dem Diktator nur bezüglich der im Art. 48 aufgezählten Grundrechte gestattet, eine Verfassungsdurchbrechung aber sei ihm auch anderwärts erlaubt. Auch derjenige, der diese Ansicht eingehend begründet hat, Carl Schmitt [2]), will von einem Dauerzustand dieser Art nichts wissen. Er spricht von einem Provisorium und will dem künftigen Gesetz die Macht zugestehen, die Unantastbarkeit der Verfassung, die nach ihm jetzt noch fehlt, in Zukunft zu statuieren [3]).

Zu Auseinandersetzungen de lege lata über die Unantastbarkeit der Reichsverfassung durch die Diktatur ist hier nicht der Ort. Auch die Bemerkung, daß meine frühere Beweisführung zugunsten der Unantastbarkeit mir nicht widerlegt erscheint, geschieht nur, weil von einem andern Standpunkt aus m. E. Bedenken bestehen müssen, die Unantastbarkeit erst durch das Ausführungsgesetz als ein Novum einzuführen.

Die Unantastbarkeit der Verfassung ist ein grundsätzlicher Punkt

---

[1]) RGStr. Bd. 56 S. 161 ff.

[2]) In seinem Referat über: Die Diktatur des Reichspräsidenten. Veröffentlichungen der Vereinigung Deutscher Staatsrechtslehrer. Heft 1, Berlin und Leipzig 1924.

[3]) a. a. O. S. 82 ff.

des Diktaturrechts, der kaum im Wege „näherer Regelung“ zur Wirksamkeit gebracht werden kann. Deshalb ist es recht bedenklich, daraus daß die bisherige Regelung einen provisorischen Charakter trage, abzuleiten, daß das Ausführungsgesetz in eine so grundsätzliche Frage des Diktaturrechts wie die Bindung des Diktators an die Verfassung eingreifen kann.

Die Forderung, daß im künftigen Gesetz, sei es in Abänderung des bisherigen Zustandes, sei es, wie ich glaube, rein deklaratorisch, die Verfassung für unantastbar erklärt werde wird prima facie rechtspolitisch annehmbar erscheinen. Aber es bleibt die Bindung des Diktators auf den verfassungsmäßigen Vorbehaltsgebieten zu bedenken, die als ein Teil der Unantastbarkeitsfrage von dieser nicht zu trennen ist.

Gewisse Aufgaben und Gebiete der Gesetzgebung sind dem Verfassungsgeber aus sicherlich sehr verschiedenen Gründen so wichtig erschienen, daß er sie in der Verfassung unter einen besonderen Vorbehalt genommen hat. Dabei ist zwischen den organisatorischen und den Grundrechtsvorbehalten der Verfassung zu unterscheiden. In zahlreichen Organisationspunkten hat die Verfassung nur das Fundament einer Regelung geschaffen und von vornherein eine weitere Ausführungsgesetzgebung angekündigt, wie z. B. bei der Gründung des Staatsgerichtshofes. In anderen Fällen ist dem Gesetzgeber vorbehalten, in Zukunft Organisationsänderungen im Reiche vorzunehmen, so im Art. 18 hinsichtlich der Gebietsfragen, oder bestimmte Hoheitsakte auszuüben, z. B. die Kriegserklärung zu beschließen oder eine Amnestie zu gewähren. Bei diesen organisatorischen Vorbehalten künftiger Gesetzgebung ergibt regelmäßig eine Auslegung der Verfassungsbestimmung, daß die Verfassung mit dem Vorbehalt das f o r m e l l e  G e s e t z meint, was nicht immer ausschließt, daß dieses seinen Auftrag nur mittelbar erfüllt, in dem es nämlich aus sachlichen Gründen eine Verordnungsdelegation schafft. Aber mit dem Vorbehalt des formellen Gesetzes ist die neben dem formellen Weg der Gesetzgebung der Urorganisation der Verfassung einverleibte Diktaturgewalt, die nicht formelle Gesetzgebung im Sinne der Verfassung ist, ausgeschlossen.

Während dieser Ausschluß der Diktatur vom Vorbehaltsgebiet bei den organisatorischen Verfassungsvorschriften regelmäßig schon durch die Auslegung der Einzelbestimmung festgestellt werden kann, bedarf es bei den grundrechtlichen Vorbehalten eines allgemeinen Standpunktes. Im Grundrechtshauptteil der Reichsverfassung findet sich sehr verschiedenartiger Rechtsstoff. Nur eine gewisse Minderheit von

Bestimmungen enthält materielle Grundrechte in einem historisch-juristischen Sinne. Diese enthalten manche Einschränkungen des Gesetzgebers, die aber in diesem Zusammenhange nicht interessieren. Der Kern des materiellen Grundrechts der Reichsverfassung ist, wie Otto Mayer und Anschütz das gelehrt haben, der Schutz des Einzelnen vor der Verwaltung, der Vorbehalt des Gesetzes im Sinne der gesetzmäßigen Verwaltung [1]).

Schon der Art. 48 erweist, daß eine Diktaturmaßnahme, auch wenn sie äußerlich als Gesetzgebungsakt auftritt, kein Gesetz im Sinne solchen Grundrechtsvorbehalts ist. Denn Artikel 48 gestattet gerade die Suspension bestimmter Grundrechte, um dem Diktator zu ermöglichen, sich nach der Suspension auf diesen Gebieten, wie das vorbehaltene Gesetz zu betätigen, nicht aber auch auf den andern [2]).

Das trifft nur auf die einzelne Diktaturmaßnahme zu. Der Art. 48, auf den schließlich jede Maßnahme zurückgeht, selbst ist ein formelles Gesetz. Er aber enthält nur eine allgemeine Aufgabenorm; eine solche genügt, wenn sie auch formelles Gesetz ist, ihrem Inhalte nach nicht, um den modernen Grundrechtsvorbehalt auszufüllen. Der Vorbehalt hätte in einem Verfassungsstaat, in dem letzten Endes jede Gewalt eine ihr vom Gesetz gestellte Aufgabe vorweisen kann, keinen Sinn, wenn er nicht mehr als die selbstverständlich vorhandene allgemeine Aufgabenorm, nämlich eine spezialgesetzliche Erlaubnisnorm verlangte.

Der auf Grund einer allgemeinen Aufgabenorm handelnde und durch seine Maßnahmen keine Gesetze im Grundrechtssinne erzeugende Diktator ist also durch die Verfassung von einer Betätigung auf den Vorbehaltsgebieten ausgeschlossen.

Er kann, wenn die Verfassung für ihn unantastbar ist, durch Diktaturverordnung keine Umorganisation des Staatsgerichtshofs vornehmen, keinen Krieg erklären, keine Steuern ausschreiben, keine Eingriffe in die Handels- und Gewerbefreiheit oder in die Vertragsfreiheit vornehmen und manches andere nicht anordnen, was dem Gesetz vorbehalten ist.

---

[1]) Otto Mayer: Deutsches Verwaltungsrecht. 1. Aufl. Bd. I S. 75 Anm. 11, 2. Aufl. Bd. I S. 71 ff. Arch. f. öff. Recht Bd. 18 S. 101, Anschütz Komm. zur Preuß Verf. S. 97. Komm. zur ReichsVerf S. 185.

[2]) vgl. Jacobi: Die Diktatur des Reichspräsidenten. Veröffentlichungen der Vereinigungen der Deutschen Staatsrechtslehrer Heft 1. S. 110 und die Anm. 1 Angeführten. Zur näheren Begründung meines Standpunkts vgl.: Grau: Die Diktaturgewalt S. 58 ff., S. 66 ff.

Hier nun trennen sich zunächst die Wege derjenigen, die bereits jetzt die Verfassung als unantastbar ansehen und derer, die dies erst als Ziel der zukünftigen Gesetzgebung bezeichnen. Ist die Verfassung bereits jetzt unantastbar, dann muß das künftige Gesetz von dem Ausschluß des Diktators von den Vorbehaltsgebieten ausnahmslos ausgehen. Handelt es sich erst um die Einführung der Unantastbarkeit, dann kann man Ausnahmen machen und dem Diktator etwa gestatten, in dieser oder jener Beziehung sich auch auf Vorbehaltsgebieten zu betätigen.

Aber man wird auch in dieser Hinsicht aus rechtspolitischen Gründen im Ergebnis übereinkommen können. Es ist nicht zu verkennen, daß sich die Schöpfer der Verfassung der großen Bedeutung jeder einzelnen Verfassungsvorschrift für die Machtbeschränkung gerade der Diktatur nicht bewußt geworden sind und bei ihrer parlamentarischen Arbeit auch kaum bewußt werden konnten. Die Folge ist, daß die Bewegungsfreiheit des Diktators bei der häufig auf Zufällen beruhenden Aufnahme von Grundrechten in starkem Maße von diesen Zufälligkeiten abhängig geworden ist. So kann der Diktator, der auf dem Gebiete des Strafrechts und selbst auf dem ihn wenig berührenden Zivilrechtsgebiete mit nahezu unbegrenzter Machtvollkommenheit waltet, nicht einmal zeitweilig einen Bürger, ohne ihn gerade zu verhaften, an der Auswanderung verhindern, oder in seiner Gewerbefreiheit beschränken.

Daher ist eine planvolle Durchsicht der Reichsverfassung notwendig, um durch Festlegung im Gesetz, diejenigen Vorbehaltsgebiete zu katalogisieren, in die der Diktator soll eingreifen können. Bei der Aufstellung des Katalogs wird zu bedenken sein, daß die Einführung eines Notverordnungsrechts eine starke Entlastung des Bedürfnisses nach Diktaturmaßnahmen bedeutet. Hat die Notverordnung, wie vorzusehen sein wird, die Möglichkeit einer Betätigung auf zahlreichen Vorbehaltsgebieten, so ist ein weitreichender Ausschluß des Diktators von Eingriffen in bedeutsame Interessenkreise des Bürgers viel eher erträglich, als bisher, weil das Notverordnungsrecht eine eilige Regelung, wo sie gebraucht wird, ermöglicht.

Die Aufstellung eines solchen Katalogs bringt, wenn man für das geltende Recht von der Unantastbarkeit der Verfassung ausgeht, eine Erweiterung der Rechte des Diktators mit sich; würde doch seine Stellung gegenüber einzelnen Verfassungsbestimmungen eine freiere werden. Um nun der späteren Praxis gefährliche Diskussionen fernzuhalten, wird es empfehlenswert sein, den Katalog in den Formen verfassungsändernder Gesetzgebung in Kraft zu setzen. Notwendig freilich wäre die Innehaltung dieser Formen m. E. nicht. Denn es handelt sich nur um die durch Einzelbestimmungen zu bewirkende Ausfüllung einer Lücke der bisherigen Verfassungsregelung und eine Ergänzung ihres Grundsatzes der Unantastbarkeit, der als solcher auch fernerhin aufrecht erhalten bleibt. Das liegt im Rahmen der „näheren Regelung"; diese kann, wo sachliche Gründe es erfordern, in Einzelheiten vom allgemeinen Prinzip abweichen und es so ergänzen, ohne mit ihm zu brechen.

Werden aber bei Aufstellung des Kataloges die Formen der Verfassungsänderung eingehalten, so ist damit auch denjenigen geholfen, die de lege lata das Prinzip der Unantastbarkeit der Verfassung nicht anerkennen; denn es wäre für die Zukunft jeder Zweifel ausgeschaltet, ob von solchem Standpunkte aus die Einführung des Grundsatzes der Unantastbarkeit nicht ein verfassungsänderndes Gesetz erfordern würde.

3. Das frühere Ausnahmerecht kannte den Übergang der gesamten „vollziehenden Gewalt" auf den Militärbefehlshaber. Das geltende Recht hat uns von diesem in der praktischen Verwendung höchst zweifelhaftem Begriff befreit. Nicht mehr der Übergang der vollziehenden Gewalt wird dem Diktator zugestanden, sondern jede einzelne Maßnahme muß nötig sein zur Wiederherstellung der öffentlichen Sicherheit und Ordnung.

Hierin liegt ein erheblicher Unterschied. Wer erst einmal die vollziehende Gewalt als Ganzes in die Hand bekommt, könnte im einzelnen auch Maßnahmen treffen, die der Vollziehung angehören, ohne zur Wiederherstellung von Sicherheit und Ordnung nötig zu sein. Insofern gewährleistet das neue System den Fortbestand einer sachkundigen und an das Gesetz gebundenen Verwaltung. Zu einer Änderung dieses grundlegenden System-Punktes ist das künftige Gesetz ohne Verfassungsänderung nicht berechtigt.

Wäre aber selbst eine solche Kompetenz vorhanden, so bliebe es doch im Sinne rechtsstaatlicher Entwicklung verfehlt, den offenbaren Vorteil preiszugeben. Die Erinnerung an den Ausnahmezustand während des Krieges sollte hier Lehrmeisterin sein. Nichts hat größere Schwierigkeiten gemacht, nichts mehr Anstoß erregt als Fälle, in denen ein Generalkommando auf Gebieten regierte, die mit dem Schutz der Sicherheit nichts mehr zu tun hatten. Gerade solches Übergreifen beeinträchtigt durch den natürlichen Gegendruck, den es erzeugt, die

Autorität der außerordentlichen Gewalt dort, wo sie stabilisiert sein sollte wie ein rocher de bronce.

4. Es sei noch die Frage der Erstreckung der Grundrechtssuspension berührt.

Hat die Suspension ein völliges Verschwinden der suspendierten Bestimmungen aus dem geltenden Rechte zur Folge oder wird nur der Diktator und seine Gehilfen von rechtlichen Schranken befreit?

Man vergegenwärtige sich die Konsequenzen, die es haben würde, einen allgemeinen Fortfall der suspendierten Bestimmungen aus dem geltenden Rechte anzunehmen. Die Landesgesetzgebung könnte sich danach auf Gebieten betätigen, die das betreffende Grundrecht dem Reichsgesetze vorbehält, der Richter dürfte in einem schwebenden Prozesse die suspendierte Grundrechtsbestimmung nicht beachten. Wenn also etwa die Rechtsgültigkeit der dritten Steuernotverordnung neuerdings angegriffen werden sollte, so könnte man dem Reichspräsidenten anheimstellen, ob er nicht für den Tag der Revisionsverhandlung den Art. 153 RV. für den Umkreis des Reichsgerichtsgebäudes suspendieren wolle, um einer die Rechtsungültigkeit bejahenden Entscheidung vorzubeugen. Daß derartige Folgen der Suspension zu unsinnig wären, um Rechtens sein zu können, wird kaum jemand bestreiten.

Will man sich nicht der m. E. zutreffenden Ansicht anschließen, daß nur der Diktator und die von ihm berufenen Helfer durch die Suspension ipso jure von Rechtsschranken befreit werden, so müßte man zu einer anderen Einschränkung des Kreises der befreiten Stellen gelangen, wobei eine gewisse Willkür nicht fehlen könnte. Würde man z. B. alle mit der Sicherheit und Ordnung befaßten Verwaltungsbehörden, als natürliche Helfer der Diktatur, in den Kreis einbeziehen, so erhielte etwa die Sittenpolizei durch die Suspension erhöhte Befugnisse, was nicht gerade mit dem Zweck der Suspension im Zusammenhang stehen würde. Aber die gegenwärtige Rechtslage mag dahingestellt bleiben. Denn auch, wer meint, daß die Suspension gegenwärtig etwa jede mit der öffentlichen Sicherheit befaßte Verwaltungsbehörde als natürliche Helferin der Diktatur von Rechtsschranken befreie, wird zugeben, daß der Begriff der mit Ordnung und Sicherheit befaßten Behörden nicht von der leuchtenden Klarheit ist, die am Platze wäre.

Es würde deshalb von jedem Standpunkte aus zu begrüßen sein, wenn das Gesetz dem Diktator zur Pflicht machte, bei einer Suspension diejenigen Stellen ausdrücklich zu bezeichnen, die neben ihm jenseits des Rahmens der sonst bestehenden gesetzlichen Bestimmungen Grundrechtseingriffe vornehmen dürfen.

Dabei ist nicht daran gedacht, daß der Diktator persönlich jede Stelle benennen muß. Er wird dieses Recht anderen übertragen können, etwa der Landesregierung oder bestimmten Behörden.

Wenn eine solche gesetzliche Regelung geschaffen ist, dann kann der soeben berührte Zweifel, ob die Helfer des Diktators berufen werden müssen, oder ob es neben den berufenen auch natürliche Helfer gibt, auf sich beruhen bleiben.

5. Auf die Notwendigkeit, gesetzliche Bestimmungen über die Verkündung von Diktaturmaßnahmen zu treffen, sei hier nur hingewiesen, ohne bei diesem Punkte zu verweilen.

6. Handelte es sich bisher um Fragen, die schon dem geltenden Rechte angehörten, so ist der Vorschlag, auf den nun zu kommen ist, gegenüber dem bisherigen Zustand etwas formell völlig Neues.

Er betrifft die Einführung fester Fristen für die Geltung von Diktaturmaßnahmen des Reichspräsidenten und der Landesregierungen, wie sie schon der römischen Diktatur bekannt waren, von der es in den Digesten heißt: Hunc magistratum, quoniam summam potestatem habetat, non erat fas ultra sextum mensem retineri.[1])

Eine Abweichung von Grundsätzen der Verfassung, also eine verfassungsändernde Regelung, ist dabei nicht in Anregung gebracht. Auch nach geltendem Recht sollen Diktaturmaßnahmen nichts Endgültiges sein. So hebt Abs. 2 des Art. 48 hervor, daß die Grundrechtssuspension nur vorübergehend erfolgen dürfe, und so werden darüber hinaus im Abs. 4 der Landesregierung ausdrücklich nur einstweilige Maßnahmen gestattet. Aus dem Rahmen der Grundsätze des Art. 48 tritt also eine zeitliche Beschränkung der Geltung der Diktaturmaßnahmen nicht heraus. Sie steht in der Macht des Ausführungsgesetzgebers, auch ohne Verfassungsänderung. Nur die gesetzespolitische Zweckmäßigkeit ist zu erwägen.

Unter diesem Gesichtspunkt möchte ich unterscheiden zwischen der Zeitbeschränkung des Reichspräsidenten und der Landesregierung.

Beim Reichspräsidenten muß verhindert werden, daß seine Diktatur zum Ersatz des ordentlichen Gesetzes wird. Das bedeutet nicht nur einen Mißbrauch und eine Umgehung der Verfassung, son-

---

[1]) l. 2 § 18 D. 1, 2.

dern solcher Gesetzesersatz hat auch inhaltliche Nachteile. Es gibt Verordnungen des Reichspräsidenten, die jahrelang in Kraft waren. Ich erinnere an die Verordnung vom 10. November 1920 (RGBl. S. 1865) über Stillegung lebenswichtiger Betriebe. Solche Verordnungen haben ihre ungewohnte Zähigkeit insbesondere dem Umstande zu verdanken, daß ihre Existenz dem Gesetzgeber von der Erledigung unangenehmer Aufgaben befreit. Man sagt sich: Hier ist ja eine Regelung vorhanden, mag sie auch recht schlecht sein, jedenfalls ist es nicht so dringend an die peinliche Frage heranzugehen. Derartiges läßt sich nicht beweisen; aber wenn man bedenkt, daß der Reichstag geradezu unter öffentlichem Aussprechen solcher Gesichtspunkte, die soeben erwähnte Verordnung vom 10. November 1920 in einer Aussprache gebilligt hat [1]), dann zeigt das, wie natürlich derartige Gedanken dem parlamentarischen Leben sind.

Es hat im übrigen Aufsehen erregt, als vor kurzer Zeit ein Schreiben des Chefs der Heeresleitung veröffentlicht wurde, durch das er die ihm übertragenen außerordentlichen Befugnisse gewissermaßen selbst in die Hände des Reichspräsidenten zurücklegte. Man hatte das Gefühl, daß diese doch sicherlich verabredete Geste dazu dienen sollte, den Schluß der überflüssig gewordenen Ausnahmemaßnahmen vor Kreisen zu rechtfertigen, die ihre Aufrechterhaltung aus politischen Gründen wünschten, und denen zuliebe man an eine einfache Außerkraftsetzung nicht herangehen wollte. Derartige überlebte Ausnahmemaßnahmen werden durch eine zeitliche Begrenzung schmerzloser beseitigt.

Dabei ist nun freilich vorzusehen, daß eine Verlängerung auf Antrag des Reichspräsidenten vom Reichstage beschlossen werden kann. Solche Verlängerung kann erforderlich sein, um langwährender Unruhen oder sonstiger sich hinziehender Gefahren Herr zu werden. Für den Krieg, für den die zeitliche Grenze nicht paßt, wird die ganze Bestimmung nicht anzuwenden sein.

Bei einer Zeitbeschränkung der Maßnahmen der Landesregierung kommt außer den erwähnten Gründen in Betracht, daß die Macht der Landesregierung nicht dazu führen darf, dauernde Änderungen des Reichsrechts herbeizuführen.

Der Art. 48 Abs. 4 hat den Landesregierungen eine Notgewalt gegeben, aber er hat nicht den Ländern ein Recht gegenüber der Reichsgewalt zuwenden wollen.

---

[1]) Sten. Ber. des Reichstags 1920 S. 1284 ff.

Das wird besonders an den Verhältnissen Preußens deutlich. Schließlich ist es eine nicht wegzuleugnende Tatsache, daß das ganze Recht des Abs. 4 für den größten Bundesstaat Preußen, praktisch überhaupt nicht vorhanden ist. Der Fall wird außergewöhnlich sein, daß eine Gefahr so plötzlich hereinbricht, daß ihr nur im Beratungssaale des preußischen Staatsministeriums gesteuert werden kann und der Weg schräg über die Wilhelmstraße in das gegenüberliegende Diensthaus des Reichspräsidenten schon ein unersetzbarer Zeitverlust wäre. In der Tat hat bisher die preußische Regierung von den Befugnissen des Abs. 4 kaum selbständigen Gebrauch gemacht. Das sollten die Länder bedenken, die die Machtgewalt des Abs. 4 als ein verfassungsmäßiges Recht der Landesregierung gegenüber der Reichsgewalt in Anspruch nehmen.

Nur die Tatsache der örtlichen Entfernung ermöglicht den übrigen Landesregierungen die Ausübung von Diktaturbefugnissen.

Auch der Gesichtspunkt der Einheit der Diktatur spricht für Beschränkung der Landesregierungsmaßnahmen auf kürzere Frist. Es hat sich gezeigt, daß ein Außerkraftsetzungsverlangen des Reichspräsidenten eine zu schneidige Waffe ist, um praktische Bedeutung gegenüber größeren Ländern zu gewinnen. Man hat sich selbst in krassen Fällen auf das Verhandeln und auf den Abschluß von Vereinbarungen eingelassen und auf diese Weise die Einheit der Diktatur ebenso wie die Rechtseinheit des Reiches gefährdet.

Tritt anstelle des rauhen Außerkraftsetzungsverlangens der ganz unpersönliche von niemandem zu verübelnde Fristablauf, so sind die unnötigen politischen Auseinandersetzungen zwischen dem Reich und einzelnen Ländern vermieden. Zugleich ist der berechtigte Unwillen Preußens beigelegt, darüber, daß auf dem illegalen Wege des Abs. 4 und der anschließenden Vereinbarung andere Länder einen weit größeren Einfluß auf die Reichsgesetzgebung üben, als das ohnehin in Gesetzgebungsfragen so übel bedachte Preußen.

Sind dies die Gründe, die für eine zeitliche Beschränkung der Maßnahmen der Landesregierung sprechen, so muß die zeitliche Grenze aufs äußerste beschränkt werden.

In diesem Punkte besteht zwischen Herrn Geheimrat Piloty und mir eine Meinungsverschiedenheit. Während er den Maßnahmen der Landesregierung weiteren Spielraum lassen will und damit der tatsächlichen Entwicklung der insbesondere von der bayerischen Staatsregierung geschaffenen Verhältnisse Rechnung trägt, glaube ich für meinen Vorschlag engster zeitlicher Begrenzung der Landesdiktatur, deren Maßnahmen höchstens 14 tägige Geltungsdauer haben sollen, nicht nur auf das berechtigte Verlangen Preußens nach einer in der Dynamik der Reichsverfassung sich verwirklichenden Gleichberechtigung mit den andern Ländern hinweisen zu können. Vielmehr scheint mir auch bereits in der Reichsverfassung der Gedanke Ausdruck gefunden zu haben, daß die Diktaturanordnungen der Landesregierung Maßnahmen von beschränktester Dauer zu sein haben, die auch gegenüber den ja selbst wieder vorläufigen Maßnahmen des Reichspräsidenten eine Art von summariissimum darstellen. Nur Maßnahmen der Landesregierung, nicht auch solche des Reichspräsidenten, werden ausdrücklich als einstweilig bezeichnet. Dabei erhält das „einstweilig" seine nähere Bestimmung noch dadurch, daß nur bei „Gefahren im Verzuge" einstweilige Maßnahmen getroffen werden sollen. Im Abs. 4 des Art. 48 entspricht also der Voraussetzung einer Gefahr im Verzuge die Hervorhebung zeitlicher Beschränkung der Maßnahmen; das kann nur bedeuten, daß die Landesregierung als Hilfsorgan eingreifen soll: vorläufig und solange Gefahr im Verzuge ist, d. h. bis das Hauptorgan *seine* Maßnahmen treffen kann.

Bleibt die Durchführung dieses wichtigen Gedankens der Reichsverfassung auch weiterhin nur durch das Außerkraftsetzungsverlangen (Abs. 3 des Art. 48) gewährleistet, so mangelt ihm die praktische Wirksamkeit.

Als der Abgeordnete v. Delbrück den Antrag auf Einführung des Abs. 4 in der Nationalversammlung begründete, meinte er, grundsätzlich behalte der Reichspräsident allein die Ausnahmebefugnisse, ihm sei jede Anordnung der Landesregierung anzuzeigen und er entscheide entweder: „Du hebst die Verfügung auf! oder er sagt: Ich bin damit einverstanden"[1]). Die Tatsachen haben gelehrt, daß diese Betrachtung des Außerkraftsetzungsmechanismus irrtümlich war, weil die tatsächliche politische Kräfteverteilung dem Reichspräsidenten den energischen Delbrückischen Befehl: „Du hebst die Verfügung auf" ohne die Gefahr eines Bürgerkrieges gar nicht gestattet.

Der grundsätzliche Gedanke der Reichsverfassung muß daher in anderer Weise wirksam gemacht werden. Es bleibt nur das Reibungen vorbeugende Mittel des Fristablaufs, bei dem die Frist, wenn sie der Idee der Gefahr im Verzuge auch nur im entferntesten

---

[1]) Sten. Ber. d. Nat. Vers. S. 1335 A, 1336 B.

angepaßt wird, mit 14 Tagen schon reichlich bemessen ist. Die vorgesehene Möglichkeit einer Bestätigung der Landesregierungsmaßnahmen durch den Reichspräsidenten wird es ermöglichen, wo Reich und Landesregierung übereinstimmen, die Maßnahme länger aufrecht zu erhalten. Es ist dabei in dem Vorschlage von einem Antrage der Landesregierung auf Bestätigung abgesehen, um jeden Schritt zu vermeiden, der als Demütigung aufgefaßt werden könnte.

Bei Einführung der zeitlichen Beschränkung der Diktatur des Reichspräsidenten und der Landesregierung ist Mißbrauch insofern möglich, als der Diktator unmittelbar nach dem automatischen Außerkrafttreten seiner ursprünglichen Maßnahme eine gleichartige wegen angeblich neuer Gefahren treffen könnte. Glaubt man, mit solchen Mißbräuchen rechnen zu müssen, so könnte ihnen entgegengewirkt werden durch ein in das Gesetz aufzunehmendes Verbot, innerhalb eines bestimmten Zeitraumes nach dem Außerkrafttreten einer Diktaturanordnung ohne Zustimmung des Reichstags eine gleichartige zu erlassen.

## III.

Auf allen Gebieten der Gesetzgebung verlangt gegenwärtig der Gegensatz zwischen Reich und Ländern seine Berücksichtigung. Auf keinem wohl mehr, als auf dem, das uns beschäftigt. Verfolgt man die Geschichte der Konflikte innerhalb des Reichs seit 1919, so könnte man fast sagen, die Gegensätzlichkeit ist auf dem Gebiete des Diktaturrechts, wenn auch nicht entstanden, so doch erst eigentlich zum öffentlichen Bewußtsein und Ausdruck gelangt.

Schon zuvor habe ich mich zu einem Grundsatze bekannt, den ich auch jetzt an die Spitze der Erörterung über das Verhältnis zwischen Reich und Länder stellen möchte; es ist der Grundsatz der Einheitlichkeit der Diktatur. Soll eine starke Gewalt zur Abwehr der schwersten inneren Gefahren tätig sein, so bedarf sie vor allem der Einheit in Leitung und Ausführung. Die Einheitlichkeit ist aber nicht gewahrt, wenn sich das Reich als Bittender an ungefähr 20 Landesregierungen wenden muß, die in den verschiedensten politischen Farben schillern und sich zur selben Gefahr wahrscheinlich verschieden einstellen würden.

Dem Grundsatz der Einheitlichkeit der Diktatur ist der Satz gegenüber zu stellen, daß die Diktatur nicht die Aufgabe der Vereinheitlichung hat. Es dürfte liebenswürdigere Vorkämpfer der Reichseinheit geben, als die Diktatur des Reichspräsidenten; und eine Institution, die um gemeinsamer Not willen geschaffen ist, darf nicht zur Verschiebung der Machtsphäre zwischen Reich und Ländern mißbraucht werden.

Den Ländern ist zuzustimmen, wenn sie sich derartige Taten verbitten.

1. Seit den Diktaturverordnungen des Reichspräsidenten, die auf den Erzbergermord folgten, führt Bayern den Kampf um den Grundsatz landeseigener Vollziehung der Diktatur. Der Reichspräsident soll sich auf die Festlegung allgemeiner Regelungen beschränken. Alles was zum Verwaltungsgebiete gehört, soll Landesbehörden überlassen bleiben.

Wo irgend die Zwecke der Diktatur sich verwirklichen lassen ohne Übernahme der Vollziehung auf das Reich, da ist kein Anlaß gegeben, durch das Medium der Diktatur die Segnungen des Unitarismus zu verbreiten. Anders, wo die Diktatur die ganze Spannkraft braucht, wo Gewalt gegen Gewalt steht und deshalb alle Zügel fest in einer Hand liegen müssen. In derartigen Lagen geht die Einheit der Diktatur allen übrigen Rücksichten vor. Die Einheit ist aber nur gewahrt, wenn der oberste Träger der Diktatur mit der Vollziehung seiner Richtlinien die ihm genehme und ergebene Person beauftragen kann. In solchen Sonderfällen ist also die unmittelbare Vollziehung durch das Reich zuzulassen.

Die Übertragung der Vollziehung an einen Reichsdiktaturkommissar wäre als eine der schärfsten Maßnahmen, als Fall des eigentlichen Ausnahmezustandes, zu betrachten, und damit unter die besonderen Voraussetzungen eines solchen zu stellen.

Außer den Reichsdiktaturkommissaren wird dem Reichspräsidenten persönlich die Befugnis zu Verwaltungsmaßnahmen belassen werden müssen. Dabei würde es bedenklich sein, auch ihn an die engen Voraussetzungen, unter denen der eigentliche Ausnahmezustand verkündet werden kann, zu binden. Er muß die Möglichkeit haben, wenn eine Landesbehörde seine allgemeine Anordnung nicht vollzieht oder von vornherein mit Widerstand seitens des Landes zu rechnen ist, seiner Maßnahme Geltung zu verschaffen. Das erfordert schon die gleichmäßige Behandlung der Länder, und es ist auch überflüssig, aus jedem kleinen Konflikt eine große politische Auseinandersetzung entstehen zu lassen. Die friedliche Lösung ist, daß das Gesetz bei persönlichen Anordnungen des Reichspräsidenten den Eingriff seiner Diktatur in die Landesverwaltung gestattet; ist doch auch die von dieser Seite drohende

Eingriffsgefahr gering; denn der Reichspräsident kann persönlich nur das allerdringendste an Verwaltungsmaßnahmen, etwa einmal ein Zeitungsverbot anordnen.

Nebenbei sei erwähnt, daß der Reichspräsident, abgesehen vom Reichsheere, über keine Exekutivorgane des Reiches auf dem Gebiete der innern Verwaltung verfügt. Wenn eine Spannung mit dem Lande besteht, wird er sich zur Durchführung seiner unmittelbaren Verwaltungseingriffe lieber des Militärs als der Landespolizei bedienen, denn diese würde mit wenig Freude ihrer Gehorsamspflicht nachkommen. Daher mag in dem Gesetze noch eine besondere Bestimmung am Platze sein, daß ein Einsatz von Teilen des Reichsheeres auf Anordnung des Reichspräsidenten zu einem bestimmten Verwaltungszweck an die besonderen Voraussetzungen des engeren Ausnahmezustandes nicht gebunden ist. Um ein harmloses Beispiel zu wählen: es muß dem Reichspräsidenten jederzeit möglich sein, die Wilhelmstraße in Berlin mit Militär absperren zu lassen.

2. Ein ferneres Problem des Verhältnisses zwischen Reich und Ländern liegt in der Unterscheidung zwischen Reichsexekution des Abs. 1 und Diktatur der folgenden Absätze des Art. 48. Wäre es richtig, daß auch die Reichsexekution ebenso wie die Diktatur nur in der Hand des Reichspräsidenten liegt, wie es nach dem Wortlaut des Abs. 1 scheinen könnte, dann wäre die Unterscheidung von keiner großen Bedeutung. Aber eine unbeschränkte Machtfülle des Reichspräsidenten auf dem Gebiete der Reichsexekution würde mit der Entscheidungsgewalt des Reichsstaatsgerichtshofs nach Art. 19 nicht zusammen passen. Ob es zutreffend ist, daß jeder Exekution ein Urteil des Staatsgerichtshofes vorangegangen sein muß, oder ob vielleicht bei Gefahr im Verzuge eine Art einstweiliger Verfügung des Reichspräsidenten trotz Art. 19 neben dem Gerichtsverfahren denkbar bleibt, soll hier nicht erörtert werden. Jedenfalls gebietet die übermächtige Stellung, die, wie Triepel betont hat [1]), nach dem Sinne des Art. 19 dem Staatsgerichtshof grundsätzlich vor jeder Exekution zukommt und im Gegensatz dazu das Fehlen jeder richterlichen Entscheidung vor dem Einschreiten der Diktatur ein Auseinanderhalten von Exekution und Diktatur.

Ein sicherer Schutz gegen Vertauschung von Reichsexekution und Diktatur wird kaum zu finden sein, weil man die Motive des Diktators nicht nachprüfen kann. Er mag angeblich gegen Gefahren im

[1]) Triepel: Streitigkeiten zwischen Reich und Ländern. (Aus der Festgabe für Kahl) S. 61 ff.

Lande zu Felde ziehen und es in Wirklichkeit auf einen Zwang gegen das Land selbst abgesehen haben.

Aber in gewissem Umfange muß das Land durch das künftige Gesetz eine Sicherung vor unrechtmäßiger Kompetenzüberschreitung der Diktatur erlangen. Ein solcher Schutz kann wirksam werden, wenn er den höchsten Organen zuteil wird. Sind Landesregierung und Landtag vor dem Diktator durch das Gesetz wenigstens einigermaßen sichergestellt, dann fehlt die hauptsächliche Handhabe, um dem Lande als solchem den Reichswillen aufzuzwingen.

Jede Einsetzung eines Reichsdiktaturkommissars muß die Zuständigkeit der Landesregierung beschränken. Aber man hat sich mit der Beschränkung nicht immer begnügt. Durch eine angebliche Diktaturmaßnahme ist bereits eine Landesregierung an jeder Amtsübung überhaupt behindert worden. Damit war das Land politisch wehrlos. Es konnte nicht einmal mehr seine verfassungsmäßigen Rechte innerhalb des Reichs wahrnehmen. Denn der vom Reichspräsidenten abhängige Diktaturkommissar oder dessen Beauftragte können unmöglich im Reichsrat das Votum des Landes abgeben oder das Land im Reichstage oder vor dem Staatsgerichtshof vertreten.

Der Landesregierung muß deshalb bei jeder Diktaturausübung des Reichs ein Mindestmaß staatlicher Macht verbleiben. Dazu gehört aber nicht nur die persönliche Freiheit der Mitglieder der Landesregierung, sondern die Beherrschung eines Apparates, der die Regierung instand setzt, das Land wirklich zu vertreten. Ihr müssen also die persönlichen und sachlichen Hilfsmittel, die in Ministerien und sonstigen Behörden vorhanden sind, in einem Maße zur Verfügung stehen, das eine zweckentsprechende Arbeit gestattet.

Mit dem Landtag nun vollends hat die Reichsdiktatur überhaupt nichts zu tun. Die verfassungsrechtliche Frage, inwieweit der Art. 17 RV. und die von der Verfassung gewährleisteteten parlamentarischen Rechte die Landtagstätigkeit vor Diktatureingriffen sicher stellen, kann dahingestellt bleiben, wenn das neue Gesetz jedenfalls für die Zukunft jede Beeinträchtigung der parlamentarischen Tätigkeit der Landtage verbietet.

## IV.

Als eine dem Bürger und dem Bestande der Verfassungsorganisation gleich gefährliche Gewalt bedarf die Diktatur einer sicher wirkenden und umfassenden Kontrolle.

Gerade auf diesem Gebiete bringt der Art. 48 in der Enge einer dem Verfassungstexte einverleibten Bestimmung unverhältnismäßig wenig. Geregelt ist dort lediglich die politische Kontrolle über Reichspräsidenten und Landesregierung, die durch Mitteilungspflicht und Möglichkeit eines Außerkraftsetzungsverlangens umgrenzt ist.

Jede Festsetzung einer unmittelbaren Rechtskontrolle fehlt bisher. Wo sie der Diktator in einzelnen Verordnungen vorgesehen hat, geschah es freiwillig und mit der Möglichkeit, die selbst geschaffene Bindung jederzeit zu durchbrechen.

Die Kontrolle über die verwaltungsmäßigen und über die gesetzgebungsmäßigen Maßnahmen der Diktatur wird verschieden zu gestalten sein. Wenden wir uns zunächst der ersten zu.

1. Mit Rücksicht auf den Fortfall des Schutzhaftgesetzes ist das Bedürfnis nach einer wirksamen Verwaltungskontrolle besonders stark.

Dabei ist von vornherein zu betonen: der Rechtsschutz des einzelnen darf nirgends dazu führen, der Diktaturgewalt in den Arm zu fallen. Suspensiveffekt darf also ein Rechtsmittel nicht haben. Aber indem dieser Vorbehalt gemacht ist, steht die Möglichkeit umfassender rechtlicher Nachprüfung der einzelnen Diktaturmaßnahmen offen.

Der Begriff der Diktaturverwaltungsmaßnahmen, gegen die sich die Verwaltungsklage richten soll, ist kein feststehender. In rechtlicher Beziehung stehen sich bisher sämtliche Maßnahmen der Diktatur gleich und nur nach äußeren Merkmalen kann zwischen verwaltungsmäßigem und gesetzmäßigem unterschieden werden, eine Unterscheidung, die sich auf die Art der Veröffentlichung der Maßnahme und auf ihre äußere Einkleidung bezieht. Diese Merkmale werden auch in Zukunft den Ausgangspunkt der Unterscheidung bilden müssen.

Die Voraussetzungen der Klage werden nicht dahin zu beschränken sein, daß ein subjektives Recht des einzelnen verletzt sein muß. Man ist durch die Verwaltungsrechtsgesetze, die diese Beschränkung der Aktivlegitimation eingeführt haben, zu einer recht unfruchtbaren Rechtsprechung der Verwaltungsgerichte darüber gelangt, in welchen Fällen ein subjektives Recht vorliege.

Es liegt im öffentlichen Vorteil, den Zugang zur Verwaltungsrechtskontrolle über die Diktatur durch derartige formale Vorfragen nicht zu beeinträchtigen. Diese Verwaltungsrechtsprechung wird es in der Regel mit grundsätzlichen Fragen von allgemeiner Bedeutung zu tun haben, deren Klärung durch das gerichtliche Urteil im Interesse der Anpassung der Diktatur an den Rechtsstaat liegt.

Daher ist das Klagerecht nur davon abhängig zu machen, daß der Betroffene durch Diktaturmaßnahmen rechtswidrig beeinträchtigt worden ist. Damit ist dem einzelnen, wenn er nur irgend wirtschaftlich oder in seiner persönlichen Stellung unter einer Diktaturmaßnahme tatsächlich zu leiden hat, die Möglichkeit gegeben, ihre Rechtmäßigkeit nachprüfen zu lassen. Gewiß nimmt bei so weiter Umgrenzung die Klage schon den Charakter einer Popularklage an; sicherlich werden aus politischen Gründen Klagen erhoben werden. Aber das ist kein Nachteil; kann es doch dem Staate gleichgültig sein, aus welchen Gründen der einzelne die Maschinerie der Rechtskontrolle in Bewegung setzt.

Es bleibt schließlich die Frage nach dem Verwaltungsgericht, das Träger der Rechtskontrolle sein soll. Das Reichsverwaltungsgericht besteht noch nicht. Ob es als selbständiges Gericht gegründet oder dem Reichsgericht angegliedert wird, steht noch dahin. Ein unmittelbar durchführbarer Vorschlag könnte dahin gehen, den Staatsgerichtshof zum Schutze der Republik zum Kontrollorgan zu machen. Allein dieser Gerichtshof ist eine nur temporäre Erscheinung und über dies wegen seiner Entstehung wenig beliebt. Es bleibt deshalb der Vorschlag eines im Reichsgericht zu bildenden Verwaltungsrechtssenats. Mit Rücksicht darauf, daß die Mitglieder des Reichsgerichts nicht in der Verwaltungspraxis stehen, wird es notwendig sein, in starkem Maße Beisitzer, die dieser Voraussetzung genügen, neben Mitgliedern des Reichsgerichts heranzuziehen. Die Rechtsprechung des Gerichts wird nicht darunter leiden, wenn auf diese Weise politische und verwaltungstechnische Erfahrungen neben dem juristischen Moment bei der Rechtskontrolle mitwirken. Eine verschiedenartige Zusammensetzung des Gerichts schwächt im übrigen die Bedenklichkeit ab, die es hätte, das Staatsoberhaupt selbst unter die Kontrolle eines Kreises durch Kollegialität und Anschauung zusammengehöriger Personen zu stellen, die, wenn auch gewohnt ausschließlich vom Gedanken des Rechtes geleitet zu sein, doch immer Menschen bleiben.

Das Verfahren des Senats kann hier nicht näher erörtert werden. Es sei nur darauf hingewiesen, daß in dringenden Fällen einstweilige Anordnungen gegenüber der Diktatur zugelassen werden müssen, wenn man nicht will, daß die Rechtskontrolle regelmäßig zu spät kommt.

2. Der Gedanke, dem Einzelnen auch das Recht zu geben, gegenüber *gesetzgebungsmäßigen Akten* der Diktatur eine unmittelbare Rechtskontrolle zu veranlassen, wird nicht durchführbar sein. Es läge darin, wenn auch nicht rechtlich, so doch tatsächlich, eine schwere

Hemmung der Handlungsfreiheit der Diktatur. Wenn auf jede Verordnung hin, die der Diktator erläßt, unzählige Popularklagen auf Ungültigkeitserklärung der Verordnung von allen möglichen Seiten angestrengt werden, so ist das geeignet, die Autorität der Gesetzgebungsmaßnahme aufs schwerste zu erschüttern.

Die unmittelbare Kontrolle über gesetzgebungsmäßige Akte der Kontrolle wird also abgesehen von der Möglichkeit der Anklage des Reichspräsidenten nicht zu verwirklichen sein.

Um so wirksamer muß die mittelbare Kontrolle dieser Maßnahmen gestaltet werden. Läßt man es beim gegenwärtigen Zustand, daß in jedem Gerichtsverfahren incidenter über die Gültigkeit gesetzgebungsmäßiger Akte der Diktatur entschieden wird, so kann von einer einheitlichen Rechtsprechung nicht die Rede sein. Reichsgericht, bayerisches Oberstes Landesgericht, Reichsfinanzhof, preußisches Oberverwaltungsgericht und viele andere höchste Gerichtshöfe könnten über ein und dieselbe Verordnung höchst verschieden urteilen. Dabei wäre vielleicht der Entscheidung des Einzelrechtsstreits gedient. Aber der Gesichtspunkt der Kontrolle der Diktatur, die doch nur eine einheitliche sein kann, wäre völlig verschwunden. Mag daher der gegenwärtige Zustand für die Prüfung der Verfassungsmäßigkeit von Gesetzen und der Rechtmäßigkeit delegierter Verordnungen noch allenfalls erträglich sein; für die Diktaturverordnungen, die einer notwendig der Kontrolle bedürftigen Gewalt entstammen, ist er unerträglich. Hinzu kommt die Verschiedenheit der Kontrollen über die verschiedenen Diktatoren. Es geht nicht an, daß etwa die bayerische Staatsregierung in Diktatursachen tatsächlich mächtiger ist als der Reichspräsident, weil das bayerische Oberste Landesgericht eine Verordnung der Staatsregierung für gültig erklärt, deren Ebenbild von seiten des Reichspräsidenten das Reichsgericht die Anerkennung versagt.

Eine Vereinheitlichung der Rechtsprechung über Diktaturverordnungen ist deshalb notwendig. Diese wird nur auf dem Wege des Vorentscheids durch ein bestimmtes höchstes Reichsgericht über die Rechtsgültigkeit der Diktaturverordnung zu erreichen sein. Da es sich um einen Staatsrechtsentscheid im eigentlichen Sinne handelt, so ist für das Vorentscheidsverfahren der Reichsstaatsgerichtshof das geeignete Gericht. Kein Land kann sich beklagen, daß hier seiner Landesregierung durch die Kontrolle des Reichsstaatsgerichtshofes, die ja auch Maßnahmen der Landesregierungen erfassen wird, zu nahe getreten sei. Aufgabe des Gerichtshofes im Vorentscheidsverfahren ist die Wahrung der Reichsverfassung, also einer Norm, über die Reichsgerichte entscheiden müssen, solange es überhaupt noch Reichsgerichte gibt.

Mag sein, daß ein Vorentscheidsverfahren, wie es hier geplant ist, auch für die Nachprüfung der Verfassungsmäßigkeit von Reichsgesetzen und sonstigen Verordnungen einen Weg weist. Naheliegende Analogien des ausländischen Rechts kämen in Betracht; doch liegen derartige Zukunftshoffnungen außerhalb des Gebietes unseres heutigen Themas.

Zuzugeben ist, daß der Vorentscheid bei den mit besonderer Beschleunigung urteilenden außerordentlichen Gerichten der Diktatur nicht am Platze sein wird. Aber man wird sich voraussichtlich entschließen, eine Nachprüfung des außerordentlichen Verfahrens im ordentlichen zuzulassen. Innerhalb dieses Nachverfahrens würde der Vorentscheid auch dort seine Stelle finden.

3. Bei aller Rechtskontrolle der Diktatur kann nur eine Prüfung der Rechtmäßigkeit nicht auch der Zweckmäßigkeit in Frage kommen. Ferner ist auszuschließen die Nachprüfbarkeit der zahlreichen Rechtsbegriffe des Diktaturrechts, die dem Ermessen Spielraum geben, wie z. B. „erhebliche Störung der öffentlichen Sicherheit und Ordnung", „nötige" Maßnahmen. Auch derartige Fragen können Gegenstand eines Gerichtsverfahrens sein, und es wäre unrichtig dem Richter die Fähigkeit abzusprechen, sie zu beurteilen. Aber hat der Richter in dieser Beziehung ein Nachprüfungsrecht, dann stellt man in Wirklichkeit sein Ermessen an die Stelle des diktatorischen. Damit wäre die Entscheidung dem politischen Organ, das nach seiner Stellung zu ihr berufen und geeignet ist, praktisch genommen.

Außerdem wäre der Diktator genötigt, in dem Gerichtsverfahren gegenüber dem Einzelnen die Gründe aufzudecken, die seine Handlungen erforderlich gemacht haben und damit vielleicht zu wahrende Geheimnisse preiszugeben. Eine derartige Beleuchtung des politischen Hintergrundes paßt in den Einzelrechtsstreit nicht hinein.

Von dem Ausschluß richterlicher Nachprüfung der Ermessensbegriffe ist auszunehmen, daß der Richter offenbarem Mißbrauch der Diktatur muß entgegen treten können. Würde man ihm diese Befugnis unbeschränkt geben, so könnte der Richter auf diesem Umweg seine Ermessensprüfung zu einer allgemeinen machen. Deshalb ist es nur möglich, den Fall zur richterlichen Nachprüfung zu stellen, in dem der Mißbrauch eine rechtlich greifbare Form gewonnen hat. Das liegt vor, wenn eine Maßnahme erlassen ist, die unter keinen Umständen dem Diktaturzweck dienlich sein kann.

4. Die politischen Kontrollen über Reichspräsidenten und Landesregierung haben bereits in der Verfassung ihre ausführliche Regelung erfahren. Nur in Einzelheiten bedarf es eines Nachtrags, so z. B. einer ausdrücklichen Festlegung der Pflicht der Landesregierung zur Anzeige der von ihr getroffenen Maßnahmen und einer Beschränkung des Kreises der anzeigepflichtigen Maßnahmen, die sich bereits jetzt in der Praxis des Reichspräsidenten und der Landesregierungen ohne gesetzliche Grundlage in der Weise durchgesetzt hat, daß nur von gesetzgebungsmäßigen Maßnahmen Mitteilung gemacht wird.

Wichtiger ist die Frage, wer an Stelle des Reichstags die politische Kontrolle führt, solange kein Reichstag vorhanden ist, also zwischen zwei Wahlperioden und nach der Auflösung. Das Bedürfnis nach einer Kontrolle ist gerade während solcher Zeit mächtig; denn in ihr besteht am ehesten die Möglichkeit eines Staatsstreichs oder einer Gewaltherrschaft von seiten eines machtlüsternen Reichspräsidenten, dem ein ihm ergebener im Widerspruch zur früheren Reichstagsmehrheit stehender Reichskanzler zur Seite stehen kann. Für solche Zeiten muß auf den Ersatz des Reichstages, den ständigen Ausschuß zur Ausübung der Kontrolle zurückgegriffen werden. Darin wird eine Neuerung des Gesetzes liegen. Nach dem Wortlaut des Art. 35 dient der ständige Ausschuß „zur Wahrung der Rechte der Volksvertretung gegenüber der Reichsregierung". Unter Reichsregierung kann hier der Reichspräsident und ganz gewiß die Landesregierung nicht verstanden werden; im übrigen bedeutet auch die Diktaturkontrolle keine bloße Wahrung der Rechte der Volksvertretung, sondern eine Zuständigkeit des Reichstags innerhalb der Reichsorganisation, die in erster Linie um des Staatsganzen willen vorhanden ist.

Aber zur Einführung der Kontrolle des ständigen Ausschusses bedarf es keiner Verfassungsänderung. Es kann nicht als Grundsatz der Reichsverfassung gelten, daß, solange ein Reichstag nicht vorhanden ist, eben niemand die Kontrolle ausüben dürfe. Vielmehr rechnet Art. 48 mit dem Vorhandensein des Reichstags, dem von jeder Maßnahme „unverzüglich" Kenntnis zu geben ist.

Daß ein Reichstag fehlt, wird gar nicht in Betracht gezogen. Es gilt also in dem bisher noch roh zusammengefügten Kontrollapparat die während des Fehlens eines Reichstags bestehende Lücke auszufüllen.

Damit aber befindet man sich inmitten der Aufgabe des Ausführungsgesetzes.

5. Eine ausführliche Regelung bedarf die bisher wenig klare Stellung der Landesregierung.

Von der m. E. zutreffenden Auffassung, daß die auf Grund der Reichsverfassung tätige, Reichsrecht schaffende Landesregierung als Träger der Diktatur materiell Reichsorgan sei, gelangt man zur Forderung, daß sie der Disziplin des Reiches unterliegen muß, weil es nicht angeht, daß sich jemand, der im Namen des Reiches Reichsbefugnisse ausübt, der obrigkeitlichen Einwirkung des Reiches entzieht.

Aber es kommt für die gesetzgeberische Frage auf diese Lehrmeinung wenig an. Denn auch wer sie ablehnt, wird sagen müssen: wendet die Landesregierung bei ihrer Diktatur die Reichsverfassung in einer sonst bei Ausführung der Reichsgesetze unerhörten Freiheit an, so muß eine scharfe Reichsaufsicht sie überwachen. Die allgemeine Aufsicht könnte bei der Schwäche ihrer Befugnisse dieser Aufgabe nicht gerecht werden, und sie ist auch durch die Sonderbestimmungen des Abs. 3 im Art. 48 ausgeschaltet. Andererseits darf die Rechtsansicht, daß die Landesregierung bei ihrer Diktatur als Reichsorgan handelt, nie darüber hinwegtäuschen, daß sie außerdem oberstes Landesorgan ist. Das ist eine Tatsache, auf deren große politische Bedeutung das künftige Gesetz Rücksicht nehmen muß.

a) Die vornehmste Frage dieses Zusammenhanges betrifft das Verhältnis von Diktaturmaßnahmen des Reichspräsidenten zu entgegenlaufenden der Landesregierung. Die Verfassung sagt, der Reichspräsident könne die Außerkraftsetzung einer Diktaturmaßnahme der Landesregierung verlangen. Daraus ließe sich herleiten, dies Verlangen sei das äußerste, eine eigene Außerkraftsetzung stehe dem Reichspräsidenten nicht zu.

Gegenüber diesem Schlusse aus dem Texte der Reichsverfassung ist geltend zu machen, daß bei Verweigerung der Außerkraftsetzung eine Ersatzvornahme durch den Reichspräsidenten angängig ist. Dies wäre als Mittel einer gegen das Land gerichteten Reichsexekution aufzufassen, weil nämlich das Land die reichsrechtliche Pflicht hat, von sich aus eine Landesregierung zu beseitigen, die als notwendiges Reichsorgan einem Außerkraftsetzungsverlangen ungehorsam gewesen ist. Pflicht des Landes ist dabei nicht: dem Außerkraftsetzungsverlangen zu gehorchen; das hat das Reichsorgan zu tun. Die durch Reichsexekution erzwingbare Pflicht des Landes geht vielmehr dahin, das von ihm dem Reiche aufgezwungene Reichsorgan, wenn es rechtsbrüchig wird, entweder zum Rechtsgehorsam zurückzubringen oder zu beseitigen [1]).

Meist wird aber durch eine solche Weigerung der Landesregierung Sicherheit und Ordnung gefährdet sein, so daß die Voraussetzungen der Diktatur des Reichspräsidenten herbeigeführt sind. Dann ist die Außerkraftsetzung im Wege einer besonderen Diktaturmaßnahme des Reichspräsidenten möglich, denn er ist nach der Verfassung das ordentliche Diktaturorgan, dessen Auffassungen über die Erfordernisse der Sicherheit und Ordnung die maßgebenden sind. Wenn er also im Widerstand der Landesregierung gegen ihn eine öffentliche Sicherheitsgefahr sieht, so muß eine Diktaturmaßnahme, die er gegen diese Gefahr trifft, entscheidend sein. Aber die gegenwärtige Rechtslage mag auf sich beruhen bleiben. — Solange man es ablehnt, die Reichsverfassung im Sinne einer Verlegung des Schwergewichts der Diktatur auf die Landesregierung zu ändern, muß der Gedanke, daß der Reichspräsident der ordentliche Diktaturgewaltige ist, dahin näher ausgeführt werden, daß seine Maßnahmen widersprechenden der Landesregierung vorgehen.

Gesetzestechnisch wird man — ohne hierdurch die Tatsache zu verleugnen, daß die Diktaturmaßnahmen der Landesregierung die Rechtswirkungen von Reichsrecht haben, — die Rechtslage mit der Fiktion kennzeichnen können, daß Maßnahmen des Reichspräsidenten sich zu entgegengesetzten der Landesregierung verhalten sollen, wie Reichsrecht zu Landesrecht.

b) Häufig werden Streitigkeiten über Diktaturmaßnahmen, bei denen die Ansichten über die Rechtsgültigkeit geteilt sind, auch auf gerichtlichem Wege ausgetragen werden können. Von welchem Gericht gegenwärtig eine derartige Meinungsverschiedenheit zwischen dem Reichspräsidenten und der Landesregierung entschieden werden kann, ist nicht geklärt.

Deshalb wird das neue Recht eine Zuständigkeit des Staatsgerichtshofs zur gerichtlichen Austragung eines Konflikts zwischen Reichspräsident und Landesregierung begründen müssen.

---

[1]) Diese Bundespflicht des Landes hatte ich bei meiner früheren Annahme (vgl. Diktaturgewalt S. 143 ff. und S. 157 ff.), daß ein an die Landesregierung gerichtetes Außerkraftsetzungsverlangen der rechtlichen Sanktion entbehre, nicht erkannt. Die Meinung, daß nur eine solche von den Pflichten der Landesregierung zu unterscheidende Pflicht des Landes selbst die Anwendung des Art. 48 Abs. 1 rechtfertigt, muß ich auch gegenüber den Kritiken von Preuß: Ztschr. f. Politik 1923 S. 111, und Thoma „J. W. 1924 S. 1494, aufrechterhalten.

Ein subjektives Anklageverfahren gegen die Landesregierung wegen rechtswidriger Ausübung der Diktatur ließe sich von dem mir richtig scheinenden Standpunkte aus, daß die Staatsregierung als Reichsorgan ihre Diktaturbefugnisse wahrnimmt, konstruktiv damit rechtfertigen, daß sie als Reichsorgan einer Dienststrafgewalt des Reichs unterliegen muß. Aber eine Aburteilung der Landesregierung durch den Reichsstaatsgerichtshof könnte nicht zur Entfernung der Landesregierung aus ihrem Amte führen, weil die Amtsenthebung der Landesregierung Landessache bleiben muß. Andererseits würde es nicht erträglich sein, wenn eine vom Reichsstaatsgerichtshofe in einem Anklageverfahren als Rechtsbrecher gebrandmarkte Landesregierung in ihrem Amte bliebe. Daher wird auch das künftige Gesetz von jeder Disziplinarstrafgewalt über die Landesregierung abzusehen haben.

6. Dagegen ist klarzustellen, daß alle übrigen Organe der Diktatur wegen ihrer Diktaturtätigkeit einer Disziplinargewalt zu unterwerfen sind. Soweit es sich um Beamte handelt, mag es bei der sonst zuständigen Disziplinargewalt bewenden. Werden Nichtbeamte im Diktaturdienst verwandt, so kommt, da die ganze Diktatur eine Reichsgewalt ist, nur das Reichsdisziplinarverfahren in Betracht.

7. Die finanziellen Fragen bedürfen einer gesetzlichen Regelung. Den Grundsätzen, nach denen heute Entschädigungen gewährt werden können, mangelt, da sie den verschiedensten Gesetzen entstammen, die Einheitlichkeit, sowohl was die materielle Regelung als was das Verfahren betrifft.

Auf das Verfahren möchte ich hier nicht eingehen, es wird als ein Billigkeitsverfahren nicht vor die ordentlichen Gerichte passen.

Materiell kann nur solchen Personen ein Anspruch zustehen, die nicht selbst Störer sind. Aber naheliegende Gründe psychologischer und finanzieller Art verbieten es, den Kreis der zu ersetzenden Schäden auf mittelbare Schäden zu erstrecken. Das Gesetz wird, wie es das Tumultschädengesetz auch getan hat, den unmittelbaren Schaden allein berücksichtigen dürfen.

Um nicht finanzielle Lasten zu schaffen, die über das Tragbare hinausgehen, wird der Ersatzanspruch als bloßer Billigkeitsanspruch zu gestalten sein.

8. Ersatzpflichtig muß, da die Diktatur eine Reichsgewalt ist, grundsätzlich das Reich sein. Nur wo die Landesregierung auf Grund des Art. 48 Abs. 4 eingeschritten ist, sollte das Land für ersätzpflichtig erklärt werden. In diesen Fällen liegt ja die Diktaturausübung in

erster Linie im Interesse des Landes, für das Gefahr im Verzuge obgewaltet hat. Im übrigen entspricht es dem gesunden Grundsatze, daß jeder gutzumachen hat, was er selbst anrichtet, wenn in einem Falle, in dem das Reich zunächst ohne Einfluß auf das Diktaturvorgehen ist, die Kosten dem Lande zur Last fallen. Hinter einer solchen Regelung ist natürlich auch der Wunsch zu suchen, die Landesregierungen möchten sich veranlaßt sehen, nur dann tätig zu werden, wenn es wirklich notwendig ist; denn die finanziellen Gesichtspunkte werden bei der Diktatur in Zukunft sehr viel größere Bedeutung haben, als während der Inflationszeit. Dieselben Grundsätze über die finanzielle Verteilung der Lasten müssen auf die eigentlichen Kosten der Diktatur Anwendung finden, weil hier dieselben Gründe für dasselbe Ergebnis sprechen.

Wie Sie aus der Erörterung der Kostenfrage entnehmen werden, bin ich am Schluß. Nur die Hinzufügung sei gestattet, daß Einzelheiten, wie das Abhängigmachen der Diktaturmaßnahmen vom Fristablauf und die Kostenverteilung zwischen Reich und Land für die angemessene Zurückhaltung der Diktatur gegenüber dem Wirkungsfeld des Gesetzes und für den Diktaturausgleich zwischen Reich und Ländern von entscheidender Bedeutung sein werden. Insbesondere wenn zu diesem kleineren Mittel die beiden großen Ventile hinzutreten: das Notverordnungsrecht für dringende Aufgaben der Reichsgesetzgebung und das „Reichsgesetz zur inneren Befriedung" für die der Landespolizei obliegende Bekämpfung örtlicher Gefahren.

Von einer Diskussion über das Thema und die Leitsätze der Berichterstatter wurde mit Rücksicht auf die vorgeschrittene Zeit abgesehen. Dagegen legte Herr Professor Dr. Nawiasky-München die nachstehenden von ihm aufgestellten Leitsätze vor, deren Aufnahme in den Sitzungsbericht der Vorsitzende mit Zustimmung der Versammlung zusagte:

I. Die Befugnisse des Reichspräsidenten (RPr.) sind folgendermaßen zu regeln.

1. Gliederung der Befugnisse und Voraussetzungen für die einzelnen Arten:

a) Erlassung von Verordnungen mit Gesetzeskraft im Rahmen der Reichsverfassung (RV.) ohne weitere Voraussetzungen als in Art. 48 II selbst bestimmt. Ergänzend auch im Falle des Notstandes.

b) Erklärung des Ausnahmezustandes ohne weitere Voraussetzungen als in Art. 48 II selbst bestimmt. Bestimmte Form. Wirkung: aa) Scharfe Erhöhung der Strafen auf gewisse Delikte von Gesetzes wegen; bb) Einsetzung von Standgerichten, deren Zuständigkeit, Verfassung und Verfahren genau geregelt.

c) Aufhebung der Grundrechte, und zwar aller sieben oder einzelner von ihnen. Voraussetzung: Erklärung des Ausnahmezustandes. Bestimmte Form. Wirkung: aa) Zulässigkeit von Verordnungen mit Gesetzeskraft auch auf Gebiet der betreffenden Grundrechte durch den RPr. bb) Zulässigkeit ergänzender Verordnungen durch die Landesregierungen (L.-Reg.) unter gesetzlicher Regelung der Strafen gegen Zuwiderhandlungen. cc) Genau bestimmte Machterweiterungen der Verwaltungsbehörden unter Regelung des Rechtsschutzes, beispw. bei Aufhebung vor Art. 114, Erweiterung der Frist des Art. 114 II auf acht Tage, Zulässigkeit der Schutzhaft, von Art. 115 Haussuchungen ohne Beschränkungen, von Art. 117 weitgehende Eingriffe in das Post-, Telegraphen- und Fernsprechgeheimnis, von Art. 118 Einführung der Zeitungs-, Anschlags-, Theaterzensur u. dergl. usw.

d) Übertragung der vollziehenden Gewalt an besondere Zivilorgane (Zivildiktatur) für das ganze Reich oder einzelne Teile. Voraussetzung: Erklärung des Ausnahmezustandes und Aufhebung der Grundrechte, ferner am besten Beschränkung auf die Fälle des Krieges, der Kriegsgefahr, des Aufruhrs und der Aufruhrgefahr, evtl. andere ähnliche Fälle. Wirkung: Unterordnung der Reichs-, Landes-, Gemeindeorgane, ausgenommen der Rechtspflegetätigkeit. Rechtsverordnungsgewalt der Zivilkommissare, soweit sonst RPr. zuständig war.

e) Übertragung der vollziehenden Gewalt an den Reichswehrminister mit Weiterübertragungsbefugnis an bestimmte Militärbefehlshaber oder unmittelbar an solche (Militärdiktatur) für das ganze Reich oder einzelne Teile. Voraussetzung und Wirkung wie zu d. Den Militärbefehlshabern ist stets ein Zivilkommissar mit bestimmten Zustimmungsrechten beizuordnen.

2. Kontrollen der Maßnahmen.

a) Vor allen Maßnahmen unter 1 a bis e ist, wenn möglich, der Reichsrat (RR.) zu hören, sonst Mitteilung an ihn behufs Antragstellung auf Änderung oder Aufhebung. Eventuell Recht des RR., Aufhebung zu verlangen.

b) Reichstag (RT.) kann Aufhebung der Maßnahmen des RPr. unter 1 a bis e, nicht dagegen der Einzelmaßnahmen der Unterorgane verlangen. Die gleichen Rechte hat der ständige Ausschuß nach Art. 35 II.

c) Der richterlichen Prüfung unterliegt nicht: aa) die Erheblichkeit der Störung oder Gefährdung der öffentlichen Sicherheit und Ordnung; bb) die Notwendigkeit der Maßnahmen.

3. Dauer der Anordnungen.

Bis zur Aufhebung durch den RPr. oder Reichsgesetz. Zu ersterem ist der RPr. verpflichtet, sobald der Anlaß fortgefallen ist oder der RT., eventuell RR. es verlangt. Damit verlieren alle noch nicht abgeschlossenen oder rechtskräftigen Anordnungen und Verfügungen ihre rechtliche Geltung.

4. Schutz der Landesverfassungen.

Im Falle der Übertragung der vollziehenden Gewalt an Reichsorgane (Z. 1, d und e) kann abgesehen von der Befehlserteilung an die Landesverwaltungsorgane das Landesverfassungsrecht nur durchbrochen werden durch Suspendierung von Beschlüssen der obersten Landesorgane (einschließlich der Landesvolksvertretung), die gegen die öffentliche Sicherheit und Ordnung verstoßen, durch Suspendierung von Polizeibeamten und Untersagung der Betätigung auf polizeilichem Gebiet an andere Landesorgane.

II. Die Befugnisse der **Landesregierungen** (LReg.) sind folgendermaßen zu regeln:

1. Gliederung und Voraussetzungen für die einzelnen Arten:

a) Vorläufige Verordnungen mit Gesetzeskraft im Rahmen der RV. entsprechend I 1 a.

b) Erklärung des Ausnahmezustandes mit Wirkungen wie I 1 b.

c) Aufhebung von Grundrechten der RV. unter Voraussetzungen und mit Wirkungen entsprechend I 1 c.

d) Zusammenfassung der politischen Gewalt bei bestimmten Landesorganen (Landeszivildiktatur). Voraussetzung wie I 1 d. Wirkung: Unterordnung der Landesverwaltungs- und Gemeindeorgane, ferner der Reichsbehörden auf polizeilichem Gebiet ohne Einwirkung auf den inneren Dienst, ausgenommen Rechtspflegetätigkeit, Rechtsverordnungsgewalt wie Reichszivilkommissare.

e) Unberührt bleibt das Landesrecht, soweit es über Art. 48 hinausgeht.

2. Kontrolle:

a) Sofortige Anzeige von II 1 a bis d — nicht e — an RPr., der RReg., RR., RT. verständigt.

b) RPr. kann Maßnahmen bestätigen, selbst Anordnungen treffen, die darüber hinausgehen, oder Aufhebung der einzelnen Maßnahmen unter II 1a bis d verlangen. In jedem Falle Mitwirkung des RR. wie I 2a.

c) RT. hat Befugnisse wie im Fall I 2b.

d) RReg. hat Aufsicht nach Art. 15.

e) Ausnahmen von der richterlichen Prüfung wie I 2c, dazu Gefahr im Verzug.

f) Reichsgericht nach Art. 13 II, Staatsgerichtshof nach Art. 15 III und 19 I.

3. Dauer der Anordnungen:

Bis zur Aufhebung durch LReg., durch abweichende Regelung des RPr. oder durch Reichsgesetz. Verpflichtung der LReg. zur Aufhebung, falls Anlaß entfallen, RPr., RT. oder eventl. RR. verlangt. Wirkung der Aufhebung wie bei I 3.

Sodann faßte die Abteilung folgenden Beschluß:

„Die Darlegungen der Berichterstatter ergeben die Möglichkeit, das politisch schwierige Problem des Art. 48 RV. in einer rechtlichen Form zu lösen, die einen angemessenen Diktaturausgleich zwischen Reich und Ländern schafft, der außerordentlichen Gewalt den notwendigen Machtumfang beläßt und den rechtsstaatlichen Erfordernissen genügt."

Nach der Mittagspause übernahm Oberreichsanwalt Dr. Ebermayer den Vorsitz und erteilte den Berichterstattern für das dritte Thema:

> „Wie ist unter Berücksichtigung der gegenwärtigen wirtschaftlichen Verhältnisse und der Verordnung vom 4. Januar 1924 die Beteiligung der Laien an der Strafrechtspflege zweckmäßig zu gestalten?"

das Wort.

Der erste Berichterstatter, Professor Dr. Gleispach-Wien, legte nachstehende Leitsätze vor:

1. Laien sind zur Rechtsprechung in Strafsachen nur als Schöffen beizuziehen. Das Geschworenengericht ist abzuschaffen.

2. Das Schöffengericht ist auf schwere Strafsachen zu beschränken. Die Beiziehung von Schöffen kann auch bei schweren Sachen unterbleiben, wenn der Angeklagte ein chronisch Krimineller ist und die Beteiligten keinen Einspruch erheben.

3. Das Schöffengericht soll grundsätzlich aus der gleichen Zahl von Berufsrichtern und Laienrichtern bestehen.

4. Das Schöffengericht entscheidet die Beweisfrage endgültig. Über die nur wegen der Strafbemessung zuzulassende Berufung entscheidet gleichfalls ein Schöffengericht.

5. Die VO. vom 4. Januar 1924 wird in der Hauptsache gebilligt; der einseitige Einfluß des Anklägers auf die Zusammensetzung des Schöffengerichtes, die Zulassung der vollen Berufung und die Zusammensetzung der Berufungsgerichte werden jedoch abgelehnt.

Der Berichterstatter begründete diese Leitsätze, wie folgt:

Die Aufgabe der Berichterstatter über unseren Gegenstand ist schwierig und undankbar. Das zeigt sich m. E. schon darin, daß entgegen der bestehenden Übung drei Berichterstatter berufen worden sind. Die Abteilung soll das aber nicht zu entgelten haben, m. a. W. ich ziehe aus der Dreizahl für mich die Folgerung, möglichst kurz zu sprechen. Schwierig und undankbar nenne ich die Aufgabe deshalb, weil wir nicht aus dem Vollen schöpfen dürfen, nicht die große Frage der Laienbeteiligung überhaupt zu erörtern haben, wie das der Deutsche Juristentag seiner Zeit getan hat in Zeiten des Aufstiegs und Glanzes. Wir haben vielmehr nur in dem engen Rahmen, den die Not der Staatsfinanzen zieht, und mit Rücksicht auf die überdies erst einige Monate umfassenden Erfahrungen mit dem neuen Recht die Frage zu prüfen, wie Laien am zweckmäßigsten an der Rechtsprechung in Strafsachen zu beteiligen seien. Also eine kritische, im strengsten Sinn des Wortes realpolitische Erörterung der Vdg. vom 4. Januar 1924, soweit sie die Laienbeteiligung betrifft. Die verfassungsrechtliche Frage, ob die Vdg. die Befugnisse der Regierung formell oder sachlich überschritten habe, scheidet ebenso aus, wie alles, was in der Vdg. enthalten ist, aber sich nicht gerade auf die Laienbeteiligung bezieht. In dem österreichischen Theoretiker mußte sich hier der Zweifel regen, ob er der gestellten Aufgabe gerecht werden könne. Der Theoretiker muß in der Tat ein Urteil darüber ablehnen, welche Summen der Staat für die Laienbeteiligung aufzuwenden vermag; überdies führen solche Betrachtungen in Einzelheiten, die keine wissenschaftlichen Probleme sind. Ob man etwa 3 oder 4 oder 5 Richter einen Senat bilden lassen soll, darüber läßt sich wissenschaftlich nichts ausmachen, ich lasse darum alle diese Einzelheiten beiseite und beschränke mich auf die Grundsätze. Der Österreicher wiederum verfügt nicht über eigene Erfahrungen mit der Vdg. vom Jänner 1924. Aber da kommt mir der Umstand zu gute, daß in Österreich schon vor Jahren Änderungen der Gerichtsverfassung durchgeführt worden sind, die, wenn auch nicht so weitreichend wie die deutsche Vdg., ihr doch in der Hauptsache gleichen. Während ich den gegenwärtigen Stand des deutschen Rechtes in diesem Kreise sicherlich schlechthin als bekannt voraussetzen darf, erlauben Sie mir also, den Werdegang zum jetzt geltenden österreichischen mit ein paar kurzen Strichen zu zeichnen. Bis 1918 hatten wir für alle Übertretungen — höchstens mit 6 Monaten Freiheitsstrafe bedrohte strafbare Handlungen — Einzelrichter beim Bezirksgericht und volle Berufung gegen die Urteile der Einzelrichter, über die ein mit vier Berufsrichtern besetzter Senat der Gerichtshöfe erster Instanz entscheidet; dann für die politischen Verbrechen und Vergehen, für die durch den Inhalt eines Druckwerkes verübten Verbrechen und Vergehen, also wesentlich für alle Preßinhaltsdelikte und endlich für alle schweren Verbrechen Geschwornengerichte, wobei ein Verbrechen dann als schwer galt, wenn die angedrohte Strafe mehr als fünf Jahre Kerker betrug; für den Rest der Verbrechen und Vergehen mit vier Berufsrichtern besetzte Senate. Die Urteile aller dieser Kollegialgerichte waren nur wegen Nichtigkeit mit der Nichtigkeitsbeschwerde (Revision) beim Obersten Gerichtshof und wegen der Strafbemessung innerhalb gewisser Grenzen mit Berufung beim Oberlandesgericht anfechtbar. Auch über die Berufung entscheidet ein nur aus Berufsrichtern gebildeter Senat. Der heute bestehende Rechtszustand, der im wesentlichen auf den Strafprozeßnovellen von 1918 und 1920 beruht, ist auf dem Gebiet der Übertretungen derselbe wie früher. Das Geschworenengericht, in seinem Bestand und den Grundzügen nach auch in seinem Wirkungsbereich leider durch die Bundesverfassung festgelegt, ist insofern eingeschränkt worden, als ein Verbrechen nur mehr dann als schwer gilt, wenn die angedrohte Strafe zehn (früher fünf) Jahre übersteigt. Nach wie vor „bewährt" es sich als sicheres Schutzmittel gegen die Verfolgung politischer Verbrechen, insbesondere politischer Verhetzung auch schlimmster Sorte, als Freibrief für Zügellosigkeiten der Presse, selbst pornographischer Art, als Lotteriespiel bei Anklagen wegen gemeiner Verbrechen. Für alle Verbrechen und Vergehen aber, die nicht vor das Geschworenengericht gehören, — und das ist die große Mehrzahl, — ist seit 1920 ein Schöffengericht zuständig, das mit 2 Berufsrichtern und 2 Schöffen besetzt ist. Das Rechtsmittelsystem ist unberührt geblieben. Daß sich diese Neuerungen — also grundsätzlich breite Laiengerichtsbarkeit für alle mittleren Strafsachen in der Form des Schöffengerichts und Zurückdrängen des Geschworenengerichts durch das Schöffengericht — bewährt haben, darin sind sich ungefähr alle berufenen Urteiler einig. Aber das Bild unsres Rechtszustandes ist erst dann vollständig, wenn wir noch des vereinfachten Verfahrens wegen Verbrechen und Vergehen gedenken, das 1919 als Notmaßregel zunächst für zwei Jahre eingeführt, gegenwärtig bis zum Ende des laufenden Jahres in Kraft steht, aber sicherlich auch über diesen Zeitpunkt hinaus aufrecht erhalten werden wird. Das vereinfachte Verfahren kann vom Staatsanwalt bei allen Verbrechen und Vergehen beantragt werden, die nicht vor das Geschwornengericht gehören und auch nicht mit einer fünf Jahre übersteigenden Freiheitsstrafe bedroht sind, wenn eine Strafe von höchstens einem Jahr als ausreichend erscheint. Vom Standpunkt der Gerichtsverfassung aus betrachtet bedeutet das vereinfachte Verfahren die Ausschaltung des Laienelementes und des Kollegialgerichtes, denn im vereinfachten Verfahren spricht ein Berufsrichter des Gerichtshofes als Einzelrichter das Urteil. Sein Urteil ist aber (gleich den Urteilen in Übertretungssachen) mit voller Berufung anfechtbar, über die der Gerichtshof selbst in der Besetzung von vier Berufsrichtern entscheidet. Vom vereinfachten Verfahren wird umfassender Gebrauch gemacht, es tritt in 75—80 % aller der Strafsachen ein, in denen es nur überhaupt (ohne Rücksicht auf diein concreto zu verhängende Strafe) zulässig ist. Die Anfechtung der Urteile der Einzelrichter im vereinfachten Verfahren überhaupt und die erfolgreiche Anfechtung sind keineswegs häufiger, als in den Fällen des ordentlichen Verfahrens, die zum Vergleich herangezogen werden können. Wer mit dem Berichterstatter grundsätzlich für den Einzelrichter in weitem Rahmen eintritt, wird in den angeführten Tatsachen eine erfreuliche Bestätigung seiner Ansicht durch die Erfahrung finden. Daß das vereinfachte Verfahren die Aufgabe befriedigend löse, die durch das Gebot der Sparsamkeit gestellt ist, wird bei uns wohl allgemein zugegeben. Im übrigen sind die Gegner in der Minderheit. Von unseren großen politischen Parteien zählen zu den Gegnern die Sozialdemokraten, die freilich durch ihr Programm dazu gehalten sind. Der Vorschlag, bei der Verlängerung der Wirksamkeit des vereinfachten Verfahrens über das laufende Jahr hinaus die

Strafbefugnis des Einzelrichters einzuschränken, etwa auf sechs Monate herabzusetzen, hat manche Aussicht, verwirklicht zu werden[1]).

Ich halte die eben mitgeteilten Erfahrungen in Österreich für bedeutsam; ich bin mir freilich auch darüber klar, daß sie mein Urteil über unsre Fragen und insbesondere meine Einstellung zur Verordnung der Reichsregierung vom Jänner 24 nicht unbeeinflußt gelassen haben. Ganz kürzlich habe ich in einer der den Beratungsgegenständen unsres Juristentages gewidmeten Erörterung gelesen, in ganz Deutschland gäbe es heute keinen verständigen Menschen, der an der Notwendigkeit der Laienbeteiligung in Strafsachen zweifle. Mag dem so sein! Mögen wir uns neuerlich daran erinnern, daß uns nicht das „Ob", sondern nur das „Wie?" zu beschäftigen habe — wir kommen doch nicht um die grundsätzliche Frage herum, weil die Beurteilung des „Wie" sehr wesentlich davon abhängt, ob wir die Laien als ein notwendiges Übel oder als eine für sich gute Einrichtung betrachten. Hier schafft eine Betrachtung der Aufgaben Klarheit, die der Richter zu bewältigen hat, der zu einem Urteil kommen will. Es sind ihrer bekanntlich vier: Feststellung der Tatsachen, rechtliche Würdigung, Bemessung der Strafe, Anwendung des Prozeßrechtes. Die erste der vier Aufgaben ist eine besondere, fachliche, sie kann nach wissenschaftlicher Methode gelehrt und geübt werden, aber sie ist keine juristische Aufgabe und unsre Richter werden in die zur Tatsachenfeststellung erforderlichen Wissenszweige und ihre Anwendung weder eingeführt, noch auf ihre Eignung zu dieser Aufgabe geprüft. Freilich sind die Tatsachen im Hinblick auf die Tatbestände des Strafgesetzes zu sichten und zu prüfen, in diesem Sinn ist es richtig, zu sagen, daß der Richter nicht bloß festzustellen, sondern zu gestalten habe und den Gesichtspunkt der Gestaltung beherrscht er dank seiner juristischen Ausbildung als Fachmann. Im übrigen jedoch, also der Hauptsache nach, tritt er an seine erste Aufgabe nicht weniger als Laie heran, denn der Laienrichter, und die Übung, die er allmählich erlangt, kann zur Fehlerquelle der Routine und Abstumpfung der Aufmerksamkeit werden, während der Laienrichter mit besonders angespannter Aufmerksamkeit an seine Tätigkeit herangeht. Für die zweite Aufgabe der rechtlichen Beurteilung bringt der Berufsrichter das ganze Rüstzeug seiner juristischen Ausbildung mit, der Laienrichter wenigstens der Regel nach — nichts oder doch anscheinend nichts. Daß aber auch

[1]) Die Geltungsdauer der Vorschriften über das vereinfachte Verfahren ist seither bis 31. 12. 1026 verlängert, die Strafbefugnis auf sechs Monate herabgesetzt worden: StPNov. vom 20. 12. 1924.

die gediegenste rein juristische Ausbildung genüge, um Rechtsfragen richtig zu lösen, ist doch ein Irrtum, der immer mehr erkannt wird. Ich sehe wenigstens einen der wichtigsten Fortschritte der letzten Jahrzehnte in unsrer Wissenschaft darin, daß wir die Schwierigkeiten und Kompliziertheit so mancher alten Probleme klarer erkannt und einzusehen gelernt haben, sie seien allgemein ohne die Berufung auf soziale Werturteile nicht zu lösen und sie könnten daher auch auf Grund der besten Gesetze vom Richter im einzelnen Fall nur durch dieses Hilfsmittel gelöst werden. Dem Berufsrichter kann die Abgeschlossenheit in seinem Beruf den Blick für das Richtige trüben, der Laienrichter steht mehr im Leben, bringt aber freilich nur die in seinem zumeist auch engen Lebenskreis herrschenden Werturteile mit. Von der dritten Aufgabe des Richters kann ich nicht sprechen, ohne ein wenigstens für meine eigenen Ohren schon altes Lied anzustimmen, das ist die überragende, immer noch stark unterschätzte Bedeutung der Strafzumessung. Halten wir uns doch vor Augen, daß schon heute dem Gericht fast die ganze Skala der Leiden, die wir überhaupt strafend zufügen, nach seinem Ermessen zur Verfügung steht, wenn es den Angeklagten schuldig findet! Der Fehlgriff bei der Art oder dem Ausmaß der Strafe wiegt da nicht mehr leichter, als der bei der Entscheidung über die Schuld. Auch bei der Strafbemessung handelt es sich um eine ganz besondere, fachliche Aufgabe, aber die übliche juristische Ausbildung bietet nur einen sehr kleinen Teil der Grundlagen, sie gut zu lösen. Zu diesen Grundlagen gehören gediegene Kenntnisse in der Kriminalpsychologie, Kriminalstatistik, Gefängniskunde und Kriminalpolitik. Einzelne unsrer Richter eignen sich solche Kenntnisse an, der großen Mehrheit fehlen sie. So wie bei früher Gesagtem bin ich wohl auch hier vor dem Mißverständnis geschützt, Vorwürfe gegen unsre Richter zu erheben. Nicht an ihnen liegt der Fehler, sondern an unseren Vorschriften über den Bildungsgang der Juristen und auch an unseren Einrichtungen. Diese Erkenntnis darf aber die andere nicht verdunkeln, daß der Berufsrichter an die so schwierige und wichtige Aufgabe der Strafbemessung zum großen Teil als Laie herantritt und der Mangel an Fachwissen durch die verderbliche Schablone und gegenwärtig unter dem Einfluß der Übel unserer Zeit auch durch Lethargie ersetzt wird. Der Laienrichter ist von der Schablone, den überlieferten „Taxen“ nicht belastet; er kann auch wertvolle Erfahrungen über die Aufnahme von Strafurteilen in verschiedenen Kreisen der Bevölkerung mitbringen. Meinen Eindrücken nach hat die Einführung der Schöffengerichte in Österreich zu einer stärkeren Differenzierung der verhängten Strafen geführt, zu einer schärferen Erfassung der chronisch Kriminellen wenigstens im Anfang und das halte ich für eine der erfreulichsten Erscheinungen, die auch auf die Strafbemessung durch den Einzelrichter einwirken kann. Denn der Einzelrichter wird ja doch den entsprechenden Anschluß an die von den Kollegialgerichten verhängten Strafen herstellen müssen. Für die vierte Aufgabe, die Handhabung des Verfahrensrechtes, bringt der Berufsrichter das erforderliche formale Wissen mit. Aber sie soll doch nur der Erreichung des Verfahrenszweckes dienen. So steht sie hauptsächlich mit den Aufgaben eins und drei im engsten Zusammenhang. Dem allem steht nun gegenüber, daß die Laiengerichtsbarkeit eine kostspielige Einrichtung ist, also heute nicht in großem Umfang angewendet werden darf.

Aus dem Gesagten folgt m. E. zwingend das, was ich in meinen Leitsätzen 1—3 zusammengefaßt habe. Es hieße dem an die Spitze gestellten Versprechen untreu werden, wenn ich die Ableitung noch im einzelnen durchführen wollte, ich halte das auch nicht mehr für notwendig. Die Vorzüge der Laien können sich nur dann entfalten, wenn sie im engsten Verein mit den Berufsrichtern arbeiten. Daher ist das unselige Geschworenengericht mit seiner unnatürlichen Teilung der Aufgaben zu beseitigen. Im Schöffengericht gebührt keiner der beiden Arten von Richtern das Übergewicht. Die Gleichzahl führt zu dem richtigen Ergebnis, daß kein Angeklagter nur mit den Stimmen der einen Art von Richtern verurteilt werden kann. Dem Gebot der Sparsamkeit trägt die Beschränkung des Schöffengerichts auf schwere Sachen Rechnung; aber für sich allein wohl nicht in genügendem Umfang. Darum füge ich zur Zuständigkeit des Einzelrichters noch schwere Sachen, sofern die Schwere durch die chronische Kriminalität des Angeklagten bedingt ist. Denn bei solchen Sachen ist die Laienbeteiligung wegen des sehr wichtigen Vertrauens der Bevölkerung in die Strafrechtspflege sicherlich nicht notwendig; wird sie auch nicht vom Angeklagten selbst gefordert, so kann um der bedeutenden Ersparnis willen unbedenklich auf sie verzichtet werden.

Von grundsätzlicher Bedeutung ist schließlich noch die Einrichtung der Rechtsmittel gegen die Urteile der Laiengerichte. Ich bin ein Gegner der vollen Berufung, weil ich in jeder Anfechtbarkeit der Entscheidung der Beweisfrage einen Widerspruch mit den unsere Verfahrensordnungen beherrschenden Grundsätzen der freien Beweiswürdigung und der Unmittelbarkeit und den Lehren der subjektiven

Kriminalpsychologie sehe. Wenn ich auch weiß, bei der bestehenden Strömung in Deutschland mit meiner Gegnerschaft gegen die volle Berufung auf einem ziemlich verlorenen Posten zu stehen, so muß ich doch meine Überzeugung auch bei dieser Gelegenheit um so mehr vertreten, als gerade beim Laiengericht zu den allgemeinen Gründen gegen eine zweite Instanz in der Beweisfrage noch der gewichtige hinzukommt, daß es unmöglich ist, ohne innere Widersprüche eine zweite Instanz solcher Besetzung zu schaffen, die eine wesentlich höhere Gewähr für die richtige Entscheidung bietet. Selbstverständlich soll die Rüge wegen Gesetzesverletzung (Revision) zulässig sein, ferner lasse ich die Berufung wegen der Strafbemessung innerhalb gewisser Schranken schon um deswegen zu, damit eine gewisse Einheitlichkeit der Beurteilung gewahrt werde. Diesem Rechtsmittel steht der Grundsatz der Unmittelbarkeit nicht entgegen, weil das hier wichtigste Beweismittel, der Angeklagte selbst, der 2. Instanz ebenso vorgestellt werden kann und muß, wie der ersten. Daß in der Berufungsinstanz die Laienrichter ebenso beteiligt sein sollen, wie in der ersten, bedarf nach dem früher Ausgeführten keiner Begründung. (S. Leitsatz 4.)

Nunmehr zur Vdg. vom 4. Januar 1924! Wenn sie das Geschworenengericht beseitigt, als herrschenden Gerichtstypus das Schöffengericht eingeführt, für die leichter zu entscheidenden Strafsachen aber den Einzelrichter berufen hat, so sehe ich darin die Hauptsache ihres Inhaltes (soweit eben unser Gegenstand in Betracht kommt) und diesen Grundzügen ist durchaus zuzustimmen. Vor allem ist es ein großes Verdienst der Verordnung, ist es eine den Bedürfnissen der Rechtspflege entsprungene mutige Tat gewesen, das Geschworenengericht abzuschaffen, diese Spottgeburt einer unaufrichtigen Demokratie, die mit Rechtssicherheit unverträglich ist. Ich darf dieses harte Urteil über eine sogenannte liberale Errungenschaft ungescheut aussprechen, weil ich das Geschworenengericht seit dem Beginn meiner lehramtlichen und schriftstellerischen Tätigkeit bekämpfe. Der Österreicher in mir kann sich des Neides kaum erwehren, daß Sie des Geschworenengerichtes bereits ledig geworden sind, während es in Österreich durch die Verfassung geschützt, wenn auch hoffentlich nicht verewigt ist. Über die Abgrenzung der Zuständigkeit des Einzelrichters werde ich nach dem eingangs Gesagten nicht sprechen. Wichtig aber ist mir, daß die Vdg. sich auch dann mit dem Einzelrichter begnügt, wenn die strafbare Handlung nur wegen Rückfalles Verbrechen ist (§ 26 Absatz 1 GVG.). Hier liegt ein Keim für die richtige Entwicklung der Gerichtsverfassung vor, gleichviel, ob er bewußt oder unbewußt geschaffen wurde. Denn diese Entwicklung muß ganz gleichlaufend mit der im Strafrecht, die Bahn verfolgen, die rein objektiven Grundlagen, die äußere Schwere der Tat, zu Gunsten der subjektiven, der Person des Angeklagten entnommenen Umstände zurüzustellen. In der Schaffung des Jugendgerichts hat diese Richtung bekanntlich einen ersten großen Erfolg aufzuweisen. In dem eben besprochenen Inhalt des § 26 kann man übrigens auch einen, wenn auch noch sehr bescheidenen Ertrag der sehr dankenswerten Erörterungen über ein Sonderverfahren gegen chronisch Kriminelle sehen.

Der Gegner der vollen Berufung muß das Rechtsmittelsystem der Vdg. verwerfen. Es entbehrt überdies der Folgerichtigkeit. Warum versagt man die volle Berufung gegen die Urteile des sogenannten Geschworenengerichtes, das ja nichts anderes als ein übergroßes Schöffengericht ist, gegen Urteile, die genau so zustande kommen und auch begründet werden müssen, wie die anderen schöffengerichtlichen Urteile? Das Rechtsmittelsystem des neuen Rechtes ergibt folgendes Bild: Auf der ersten Stufe führt die Berufung vom Einzelrichter zum Laiengericht mit überwiegender Laienbeteiligung, auf der zweiten Stufe vom Laiengericht mit in der Regel überwiegender Laienbeteiligung zum Laiengericht mit überwiegender Beteiligung der Berufsrichter (§ 76 GVG.), auf der dritten Stufe — starkes Überwiegen der Laienrichter in der ersten Instanz — sind die Urteile unanfechtbar, soweit es sich um die Lösung der Beweisfrage handelt. Ich habe vergeblich versucht, in diesem Aufbau einen leitenden Gedanken zu finden. Bei meinem grundsätzlichen Standpunkte kann ich es nicht als meine Aufgabe betrachten, hier Verbesserungsvorschläge zu machen. Wenn ich den Einfluß des Staatsanwaltes auf die Besetzung des Schöffengerichts (§ 29 Absatz 2 GVG.) besonders tadle, so bedarf es nach den fast einmütigen Ausführungen der Kritik der Vdg. keiner weiteren Begründung mehr, zumal der Einfluß sich mittelbar auch auf die Gestaltung des Rechtsmittelverfahrens erstreckt. Obwohl ich damit mein Gebiet überschreite, möchte ich doch die Möglichkeit der Ausschaltung des Reichsgerichtes als Revisionsinstanz besonders tadeln. Schließlich ist das Erfordernis der $^{2}/_{3}$ Mehrheit auch für die Entscheidung der Straffrage als ungerechtfertigt und zu einer gerade jetzt sehr bedenklichen Milde führend abzulehnen. Darauf hat kürzlich v. Hippel sehr zutreffend hingewiesen.

Damit bin ich am Ende meiner kurzen kritischen Bemerkungen

zur Vdg. angelangt und will meinen Bericht mit einer allgemeinen Betrachtung schließen. Das Schöffengericht von heute ist kein ideales Gericht, das Ideal ist ein nur mit Fachleuten besetztes Gericht. Man müßte die Ausbildung der Berufsrichter auf alle Zweige der sogen. strafrechtlichen Hilfswissenschaften ausdehnen und die Auswahl der Richter, die nicht Berufsrichter sind, so gestalten, daß sie die für jede Sache erforderlichen Fachleute auf die Richterbank führt. Aber gegenwärtig ist nicht die Zeit für solche Reformpläne, gegenwärtig ist das bestehende Schöffengericht noch das beste, nur darf man darüber nicht vergessen, daß die Notwendigkeit von durch blinden Zufall gekürten Richtern nicht gerade ein Anzeichen sehr hoher Kultur ist. Gegen einen bedeutenden Wirkungskreis des Einzelrichters wird vielfach geltend gemacht, er sei dann zu großer Verantwortung, zu heftigen Angriffen ausgesetzt. Wer aber heute eine Aufgabe im öffentlichen Leben erfüllen will, muß diese, wenn auch sicher schwere Last auf sich nehmen. Ich möchte glauben, daß die Richter dazu bereit sind, aber das dürfen sie verlangen, daß sie gegen Angriffe geschützt werden, daß man überhaupt die Strafrechtspflege stärke, statt sie fortwährend zu schwächen und durch eine endlose Reihe von Amnestien und Begnadigungen fast schon zum Gegenstand des Spottes der Verbrecher mache. Letzten Endes liegt der Ausweg aus all den Schwierigkeiten, Mißständen und Leiden auch der Strafrechtspflege nicht in einzelnen Bestimmungen der Gerichtsverfassung und es ist wahrlich nicht von überragender Bedeutung, ob über Anklagen wegen des Deliktes a oder b das Schöffengericht oder ein Einzelrichter entscheidet. Man sollte doch nicht ganz vergessen, daß die Berufsrichter so gut wie die Schöffen Kinder des deutschen Volkes sind. Die Schwierigkeiten von heute, die maßlosen Angriffe und das manchmal geradezu pathologische, oft übrigens nur vorgetäuschte Mißtrauen, sie stammen alle von der schweren Erkrankung her, die das deutsche Volk infolge äußerer Einflüsse durchzumachen hat. Zu der Gesundung der großen Mutter unser aller nach besten Kräften mitzuarbeiten, scheint mir die erste Aufgabe jedes einzelnen.

Prof. Dr. Eberhard Schmidt-Breslau begründete die von ihm aufgestellten Leitsätze:

1. Es ist zu billigen, daß die VO. vom 4. Januar 1924 die Beteiligung der Laien an der Strafrechtspflege in den Gerichten

der ersten Instanz und der Berufungsinstanz durchgängig im Sinne der Schöffengerichtsverfassung geregelt hat.

2. Der Wert der Schöffengerichtsverfassung ist sachlich zu heben durch Beseitigung des Systems der sporadischen Heranziehung der Schöffen.

3. Es ist dafür Sorge zu tragen, daß die Auswahl der Schöffen nicht unter politischen Gesichtspunkten erfolgt.

4. Die VO. vom 4. Januar 1924 hat dem Einzelrichter ein übertrieben weites Wirkungsfeld eingeräumt; dieses muß baldmöglichst auf die Aburteilung von Übertretungen und Bagatellvergehen eingeschränkt werden,

mit folgenden Ausführungen:

Das strafprozeßrechtliche Thema, das auf der diesjährigen Tagung des Deutschen Juristentages erörtert werden soll, gehört, wie man ohne Übertreibung sagen darf, zu den am meisten und am leidenschaftlichsten diskutierten Themen des gesamten Strafprozeßrechtes überhaupt. Wenn sich die Ständige Deputation dennoch entschlossen hat, es heute abermals zur Diskussion stellen zu lassen, so kann dabei die Meinung unmöglich die gewesen sein, daß hier der ganze unendliche Streit um die Laienbeteiligung an der Strafrechtspflege wieder einmal durchgesprochen werden solle; für eine so weitschichtige Debatte hätte ich das Referat nimmermehr übernommen. Vielmehr glaube ich, in dem von der Ständigen Deputation formulierten Thema zwei Leitgedanken zu finden, die für Referat und Diskussion als Wegweiser dienen sollen:

erstens die Berücksichtigung der gegenwärtigen wirtschaftlichen Verhältnisse in ihrem Einfluß auf die Ausgestaltung der Laienbeteiligung an der Strafrechtspflege;

zweitens die Berücksichtigung der positiven Regelung von Gerichtsorganisation und Strafverfahren, wie sie in der VO. vom 4. Januar 1924 enthalten ist.

Zu beiden Punkten sei einleitend ein kurzes Wort gestattet:

Was die gegenwärtigen wirtschaftlichen Verhältnisse betrifft, so steht mir nicht dasjenige statistische Material zur Verfügung, welches nötig wäre, um in exakter Weise angeben zu können, für wieviel Schöffen und Geschworene Reich und Länder jährlich die nötigen finanziellen Mittel aufzubringen vermögen. Ich bezweifle übrigens, daß bei den beträchtlichen Schwankungen der wirtschaftlichen Verhältnisse jetzt schon befriedigendes Material hierfür vorhanden ist. Demgemäß aber werde ich die wirtschaftlichen Gesichtspunkte nur approximativ und ganz im allgemeinen heranzuziehen imstande sein. Ich fasse das Thema wohl richtig auf, wenn ich seinen Hinweis auf die wirtschaftlichen Verhältnisse lediglich als eine Warnung vor legislativen Vorschlägen betrachte, die von vornherein erkennen lassen, daß ihre Verwirklichung eine besondere Anspannung der finanziellen Kraft des Reiches und der Länder bedinge.

Was dann den zweiten Punkt — die Berücksichtigung der Januarverordnung — angeht, so sind die Zweifel für den Referenten schon größer. Das Problem der Laienbeteiligung ist ja bekanntlich aufs engste verkettet mit einer Reihe anderer das Strafverfahren betreffenden Grundprobleme. Namentlich die Stellungnahme zu der so heiß umstrittenen Berufung ist ja geradezu Voraussetzung für die Begründung von Vorschlägen in einer ganzen Reihe von Einzelfragen bei der Laienbeteiligung. Mit der Berufung aber hängt wieder die Ausgestaltung des Vorverfahrens zusammen, so daß auch die hierauf bezüglichen Fragen mittelbar in unser Thema hineinspielen. Es wird Ihnen bekannt sein, welch überaus heftige Gegnerschaft die Januarverordnung wegen ihrer Stellungnahme zu diesen Fragen gefunden hat. Im Rahmen meines heutigen Referates kann ich es aber unmöglich unternehmen, auch diese, das Verfahren betreffenden Vorfragen anzuschneiden. Hinsichtlich dieser Dinge, namentlich also bezüglich der Berufung, muß ich die Januarverordnung als fait accompli hinnehmen. Gegenstand meiner Kritik kann sie nur insoweit sein, als Grundsätzliches zur Frage der Laienbeteiligung selbst zu sagen ist.

Mit dieser Maßgabe möchte ich nunmehr an die Erörterung des Themas selbst herangehen.

Alles, was über die Beteiligung der Laien an der Strafrechtspflege in richterlicher Funktion bisher gesagt worden ist, läßt sich auf zwei Generalnenner bringen. Entweder nämlich dreht sich die Debatte um die Frage, ob und inwieweit der Laie trotz seiner Rechtsunkenntnis geeignet und in der Lage ist, als Richter an der Aburteilung von Straffällen teilzunehmen. Oder aber die Diskussion beschäftigt sich mit dem Problem, ob und inwieweit die Heranziehung der Laien als Richter in Strafsachen notwendig ist, um die Strafrechtspflege volkstümlich zu machen, ihr das Vertrauen des Volkes zu gewinnen und zu erhalten.

Eignungsfrage und Vertrauensfrage sind also die beiden Pole des Problems der Laienbeteiligung überhaupt. Nichts ist gefährlicher, als eine einseitige Betrachtung des Laienproblems unter einem dieser beiden Gesichtspunkte. Die Debatte geht häufig deswegen so völlig ins Uferlose, weil die Einen, namentlich die Berufsjuristen, ausschließlich die Eignungsfrage aufwerfen und hier rasch zu der Binsenweisheit kommen, daß der Jurist zur Handhabung des Rechts allein geeignet sei, daß der Laie hier vor unmöglichen Aufgaben stehe, während die Anderen, namentlich die Politiker, sich auf die Vertrauensfrage versteifen und dem in Aktenmauern gefangenen Berufsjuristen das Vertrauen versagen, daß ihm allein eine den Lebensinteressen des Volkes adäquate Rechtsprechung möglich wäre. So redet man häufig und erregt aneinander vorbei.

Auf den rechten Weg führt nur eine Vereinigung beider Gesichtspunkte, die in eigenartiger Weise ineinander greifen. Über das Ob der Laienbeteiligung entscheidet eine Untersuchung der Vertrauensfrage, sofern nur feststeht, daß positiver Schaden von jeglicher Laienbeteiligung schlechthin nicht zu erwarten ist. Handelt es sich dann um die Ausgestaltung der Laienmitwirkung, also das Wie und Inwieweit, so liefert die maßgeblichen Entscheidungen eine Untersuchung der Eignungsfrage, während der Vertrauensfrage hier nur eine regulierende Funktion zukommt.

Die Januarverordnung hat gerade hinsichtlich der Laienbeteiligung einen neuen Abschnitt in der Geschichte unserer Strafgerichte eingeleitet; ihre wichtigsten Neuerungen, von der Beseitigung des Schwurgerichts bis zur Verwendung des Einzelrichters, werden uns im wesentlichen unter dem Gesichtspunkt der Eignungsfrage zu interessieren haben, sofern man hinter den Rechtssätzen der Verordnung auch noch etwas anderes als bloße Rücksicht auf die Finanznöte unserer Zeit suchen darf. Die Vertrauensfrage ist von den Verfassern der Januarverordnung selbstverständlich mit einem glatten Ja beantwortet, die Laienbeteiligung also grundsätzlich beibehalten worden.

Hierüber ist in heutiger Zeit kein Wort der Kritik zu verlieren. Mir ist auch keine Äußerung in der Literatur zu Gesicht gekommen, die gegen diese grundsätzliche Stellungnahme der Januarverordnung Widerspruch erhoben hätte.

Die eigentlichen Schwierigkeiten beginnen für den Gesetzgeber und den Kritiker erst bei der Frage nach der Form der Laienbeteiligung. Schwurgerichts- oder Schöffengerichtsverfassung oder beides?

Die Januarverordnung hat hier bekanntlich den kühnen Schritt gewagt und, soweit sie Laien zur Strafrechtspflege heranzieht, dies durchweg in der Form der Schöffengerichtsverfassung getan. Wie gesagt, eine kühne Tat! Und ich glaube, wir Juristen haben allen Grund, den Verfassern der VO. für dieses Wagnis dankbar zu sein. Nach all der ewigen Resignation „ohne Schwurgerichte keine Strafprozeßreform" endlich ein erlösender Schritt und eine Befreiung der Juristen aus einer Lage, die Kohlrausch (DStrafr.Z. 1920, S. 141) ganz richtig als „beschämend" bezeichnet hatte. Wenn zunächst das Entsetzen über die Tat der Januarverordnung groß gewesen ist, so hat dies doch wohl weit weniger der Tatsache gegolten, daß die Schwurgerichte beseitigt worden sind, als der ganz anderen Tatsache, daß man diesen ehrwürdigen Veteranen des Liberalismus nur ein Begräbnis zweiter Klasse bewilligt hat, indem man sie ohne parlamentarischen Sang und Klang still in einer Verordnung zu Grabe trug. Ob das juristisch und politisch richtig war, bleibe dahingestellt. Betrachte ich die sachliche Stellungnahme der VO. kritisch, so hat diese Formfrage auszuscheiden. Ich könnte aber in Versuchung geraten, nunmehr tief in die erwähnte Eignungsfrage einzudringen, also zu untersuchen, inwieweit die Laienbeteiligung in der Form der Schwurgerichtsverfassung sich bewährt oder nicht bewährt habe, ob und inwieweit Laien den ihnen im Schwurgericht gestellten Aufgaben gewachsen seien und was sich gegebenenfalls zur Verbesserung der Schwurgerichte und ihres Verfahrens hätte tun lassen. Ich glaube indessen, mit den Verfassern der Verordnung über alles das hinweggehen zu können; denn im Hinblick auf die Form der Laienbeteiligung ist für mich de lege ferenda *ein* Gesichtspunkt schlechthin maßgeblich, der abseits von den *erwähnten* Eignungsfragen liegt; es ist der Gesichtspunkt, daß das Schwurgericht den Aufgaben, die das Zukunftsstrafrecht an die Strafrechtspflege stellen muß, niemals hätte gewachsen sein können. Hierzu noch ein paar Worte der Begründung. Die Eigentümlichkeit des Schwurgerichts besteht in der scharfen Trennung der Schuld- und Straffrage und der hierauf basierenden Arbeitsteilung zwischen Geschworenenbank und Richterbank. Viel ist darüber geklagt, viel zur Überwindung der daraus resultierenden Schwierigkeiten vorgeschlagen worden. Und doch: jene Trennung und jene Arbeitsteilung selbst läßt sich nicht beseitigen, will man nicht das Schwurgericht selbst auflösen; denn mit einer Beseitigung jener Momente würde man das Charakteristische des Schwurgerichts vernichten, um dessentwillen es ja stets gefordert und gelobt worden ist. Mit dieser Arbeitsteilung hätte also das Schwurgericht auch in Zukunft an die Lösung der im Strafrecht der Entwürfe enthaltenen Aufgaben herangehen müssen. Nun hat man sogar schon bezüglich des Strafrechts von 1871 die Trennung von Schuld- und Straffrage als unzuträglich empfunden; denn die Gesichtspunkte, die für die Schuld maßgebend sind, sollten es auch schon de lege criminali lata für die Strafe sein[1]). Immerhin war der Zustand noch so eben gerade erträglich, weil ja das Strafrecht von 1871 die Straffolgen im wesentlichen nach der Tat bemessen läßt. Wenn aber für die Festsetzung der strafrechtlichen Unrechtsfolgen die Persönlichkeit des Täters maßgebend sein, jede Nuancierung in der Schuld sich in diesen Unrechtsfolgen, seien sie Strafen, seien sie Sicherungs- oder Besserungsmittel, widerspiegeln wird, dann ist im selben Augenblick jede Trennung von Schuld- und Straffrage ein Unding, und eine auf ihr beruhende Arbeitsteilung zwischen Geschworenen- und Richterbank wäre unerträglich, weil mit dem Geiste eines solchen Strafrechts schlechterdings nicht vereinbar. Nur der Richter oder das Richterkollegium kann in der zukünftigen Strafrechtspflege eine dem Gesetz entsprechende Unrechtsfolge bemessen, dem auch bezüglich der Schuld des Täters die entscheidenden Überlegungen obliegen. Keine noch so vortrefflich eingerichtete Fragestellung könnte diese Einheit in Schuldurteil und Straffestsetzung ersetzen.

Indem die Januarverordnung das Schwurgericht beseitigt hat, hat sie dem materiellen Strafrecht den besten Dienst erwiesen und eine erhebliche Gefahr vom Strafrecht der Zukunft abgewendet, die in demselben Augenblick heraufzog, wo man sich entschloß, die Strafprozeßreform vor der Strafrechtsreform in Angriff zu nehmen. Oft war davor gewarnt worden. Einer dieser Warner, Staatsrat Dr. Meyer in München, hatte dabei mit vollem Recht auch auf das Problem der Laienbeteiligung hingewiesen und erklärt: „Die Durchführung des neuen Strafrechts führt, wenn man nach rein sachlichen Gründen geht und von politischen Erwägungen absieht, folgerichtig zur Durchführung der schöffengerichtlichen Organisation“[2]).

---

[1]) Vgl. statt vieler Wachenfeld Reform des Strafproz. 1906 S. 22; Kisch, Unsere Gerichte und ihre Reform 1908 S. 152.

[2]) DStrafr. Z 1920 S. 137.

Ich weiß nicht, ob die Verfasser der Januarverordnung an diese Fragen gedacht haben; jedenfalls haben sie mit der Beseitigung des Schwurgerichts sachlich das Richtige getroffen, und sie haben für ihre Stellungnahme einen völlig unpolitischen, sachlich absolut durchschlagenden Grund auf ihrer Seite.

Bei der Erörterung über die Art der Durchführung der Schöffengerichtsverfassung ist es zunächst erforderlich, die Persönlichkeit des Schöffen selbst ins Auge zu fassen; denn das Werturteil über seine Leistungsfähigkeit, das sich hierbei ergibt, ist naturgemäß bestimmend für die kritische Stellungnahme zu den Bestimmungen der Verordnung vom 4. Januar 1924 und für eventuelle eigene Vorschläge, soweit die Verordnung nicht gutgeheißen werden kann.

Ich beabsichtige nun nicht, die ganze Frage der Leistungsfähigkeit der Schöffen hier in extenso zu erörtern. Aus den schier uferlosen Debatten über diesen Punkt hat sich mir aber e i n Gesichtspunkt als grundlegend wichtig ergeben, der m. E. viel zu wenig beachtet wird und den ich deshalb hier absichtlich in den Vordergrund meiner Betrachtungen rücken möchte: Es ist das Gelegenheitsrichtertum des Schöffen. Die Hauptschwächen und -mängel, die dem Schöffen nachgesagt werden, sind, wie mir scheint, auf dieses Gelegenheitsrichtertum zurückzuführen. So namentlich das Hauptbedenken, das vornehmlich von Anhängern des Schwurgerichts gegen die Schöffen ins Feld geführt wird, daß nämlich der Laie in unmittelbarer Zusammenarbeit mit dem Berufsrichter sich gar zu leicht der Autorität des letzteren unterordne, was natürlich bedeute, daß die Rechtsprechung in diesen Gerichtskörpern in Wahrheit eine berufsrichterliche sei und daß der Schöffe nicht viel mehr als eine Statisten- und Jasagerrolle spiele [1]).

Mit dem Gelegenheitsrichtertum hängt ferner die oft gerügte Unfähigkeit der Laienrichter zusammen, „einer längeren Verhandlung ununterbrochen mit der gebotenen gespannten Aufmerksamkeit von Anfang bis zu Ende zu folgen“ [2]). Sehr interessant hat ferner in jüngster Zeit eine psychologische Betrachtung Engelhards [3]) gezeigt, daß auch das vielgepriesene R e c h t s g e f ü h l des Laien, das in seiner Unverfälschtheit den Formalismus des dem Dämon der Routine

---

[1]) v. Gordon Kulturparlament Heft 5/6 S. 66; Wachenfeld a. a. O. S. 39.
[2]) v. Pfister bei Mittermaier-Liepmann I S. 658.
[3]) Zeitschr. f. d. ges. Strafrechtsw. **44** S. 57 ff.

verfallenen Berufsrichters ausgleichend korrigieren soll, gerade wegen seines Gelegenheitsrichtertums nur Schein sei; der Laie habe bestenfalls als sittlicher Mensch eine allgemeine Disposition, Rechtsgefühle zu entwickeln; daß ihm das aber in concreto gelinge, dazu gehöre intensive, fortgesetzte Übung, die aber eben gerade dem Gelegenheitsrichter fehle. Endlich wird der Gelegenheitsrichter in Strafsachen auch bei der Strafbemessung eine unsichere Rolle spielen, da er mangels Übung nicht imstande ist, „den ihm gerade vorliegenden Fall mit ähnlich liegenden zu vergleichen und danach die Strafe auszumessen; er wird sich," wie Aschrott[1]) zutreffend bemerkt, „leicht von Sentiments leiten lassen." — Ich betone hier eine Reihe anerkannter Mängel des Laienrichters; man hat aus ihnen entgegengesetzte Konsequenzen gezogen, indem die Einen für Beseitigung des Laienelements überhaupt eingetreten sind, die Anderen die Beseitigung der Schöffengerichtsverfassung zugunsten der Schwurgerichtsverfassung verlangten, wo jedenfalls das autoritäre Übergewicht des Berufsrichters fehlt und die anderen Fehler zwar keineswegs ausgeschaltet werden, aber bei dem unkontrollierbaren Zustandekommen des Geschworenenorakels jedenfalls nicht sichtbar zu Tage liegen.

Aber die Vertreter beider Ansichten schütten das Kind mit dem Bade aus. Der richtige Weg ist der, unter Festhaltung der Schöffengerichtsverfassung ihren Hauptfehler, das Gelegenheitsrichtertum der Schöffen, zu beseitigen. In dieser Richtung müssen alle positiven Vorschläge laufen, wenn man beabsichtigt, den Laien zu einer Prozeßfigur zu machen, deren Wert nicht nur in ihrer Existenz, sondern auch in ihrem positiven Wirken zu sehen ist. An Vorschlägen hat es nicht gefehlt. Ich erwähne aus der jüngsten Literatur nur v. Gordon, Wachenfeld und Engelhard. Aber von solchen, auch mehr gelegentlichen, Stimmen abgesehen, ist die ganze Frage in der Reformbewegung stiefmütterlich behandelt worden. Das gilt namentlich auch von der Reformkommission, die sich in der 42. und 46. Sitzung im Jahre 1904 zwar etwas eingehender mit dem Problem befaßt, die ständige Heranziehung der Laienrichter zum Schöffendienst aber einstimmig abgelehnt hat. Damit ist diese wichtige Angelegenheit für die praktische Durchführung der Strafprozeßreform, wie alle seitdem aufgestellten Entwürfe zeigen, erledigt gewesen. Aber ein näheres Eingehen auf die Gründe für das Verhalten der Kommission wird

---

[1]) Reform S. 59.

zeigen, daß bisher jedenfalls nichts Stichhaltiges gegen das Prinzip der Ständigkeit des Schöffendienstes gesagt worden ist. Was führte denn zur Ablehnung dieses Gedankens?

Zunächst: wegen Mangels an geeigneten Schöffen sei die Ständigkeit nicht durchführbar. Indessen hier ist offenbar ein Rechenfehler unterlaufen. Es liegt doch auf der Hand, daß numerisch der Schöffenbedarf sehr viel geringer sein wird, wenn die Heranziehung ständig erfolgt, als bei dem heutigen System. Man hat ja auch, gerade um Schöffen zu sparen, empfohlen, den einzelnen Schöffen zu weit mehr als 5 Sitzungen heranzuziehen. Daß aber nicht die hinreichende Anzahl von Männern und Frauen vorhanden sei, die einen ständigen Schöffendienst leisten könnten, ist in der Kommission nicht im geringsten bewiesen worden, und ich vermag dieser Behauptung so lange nicht zu glauben, als in den Kammern für Handelssachen, den Kreis- und Bezirksausschüssen, den Kaufmanns- und Gewerbegerichten, den zahlreichen Selbstverwaltungskörpern nichtbeamtete Personen in ständigem Dienste tätig sind.

Ferner: „Eine dauernde Heranziehung sei nur bei ökonomisch gut gestellten Personen möglich." Man müsse sich also bei der Schöffenauswahl auf die wohlhabenden Kreise beschränken, und damit würde — selbstverständlich — das Vertrauen in die Rechtspflege erschüttert werden. Ich will das Problem der Schöffenauswahl hier noch nicht erörtern; aber wenn den Schöffen Tagegelder gezahlt werden, so ist nicht einzusehen, warum nicht auch unbemittelte Bevölkerungskreise einen ständigen Schöffendienst sollten versehen können. Über diese Tagegelder haben Oetker und Nagler erst jüngst bewegliche Klage geführt[1]). Es läßt sich mancherlei dawider und auch dafür sagen. Wenn sie nun aber gezahlt werden — und es wird sicherlich dabei bleiben —, dann lohnt sich die Ausgabe vom Standpunkt des staatlichen Nutzens aus weit mehr bei ständigem als bei Gelegenheitsdienst der Schöffen.

Endlich: Bei ständigem Schöffendienst seien Beeinflussungen durch die Angeschuldigten zu befürchten. Diesen Gesichtspunkt nehme ich ernst. Indessen: Soll über ihn die Beseitigung des Gelegenheitsrichtertums zu Falle kommen, so müßten zunächst einmal die Erfahrungen der anderen Rechtsprechungskörper, die den ständigen Laien-

[1]) Gerichtssaal Bd. 90.

richterdienst haben, herangezogen werden. Nun habe ich bezüglich ihrer begründete Klagen dieser Art nicht gehört. Jedenfalls hat sich die Reformkommission um entsprechende Feststellungen nicht bemüht; im Gegenteil: man ist im allgemeinen des Lobes voll gerade über jene erwähnten Gerichte, und kein geringerer als Gneist hat auf dem 22. Deutschen Juristentage auf die Verwaltungsgerichte als Vorbilder hingewiesen, um an ihnen die Überlegenheit der Schöffengerichtsverfassung über die Schwurgerichtsverfassung aufzuzeigen. Gneist hätte das nicht getan, wenn mit den Verwaltungsgerichten schlechte Erfahrungen in jener Beziehung gemacht worden wären. Das alles aber läßt auch den dritten Grund der Reformkommission gegen den ständigen Schöffendienst als nicht stichhaltig erscheinen.

In der Kommission wurde nun nach Ablehnung des ständigen Schöffendienstes noch über die Frage beraten, ob nicht eine Heranziehung der Schöffen zu zehn Sitzungstagen — ein Aschrottscher Vorschlag — in Frage kommen könnte. Die hiergegen geltend gemachten Gründe interessieren hier ebenfalls, da sie sich erst recht auch gegen den ständigen Schöffendienst richten müßten, falls sie stichhaltig wären. Aber auch hier vermag ich der Kommission nicht zu folgen. Wenn es dort erstens hieß, es bestehe kein Bedürfnis nach häufigerer Heranziehung der Schöffen, so ist dieser Einwand wohl ohne weiteres durch alles das entkräftet, was ich über die anerkannten schädlichen Wirkungen des Gelegenheitsrichtertums gesagt habe. Wichtiger ist der

zweite Einwand: Es sei nicht erforderlich und nicht einmal wünschenswert, daß die Schöffen Routine in der Rechtsprechung erlangten; „sie sollten vor allen Dingen mit offenem Kopfe den gelehrten Richter bei der Würdigung tatsächlicher Verhältnisse unterstützen; hierin würden sie aber durch eine etwas häufigere Heranziehung eine erheblich größere Übung nicht erlangen." Das letztere halte ich mit Wachenfeld, Engelhard und anderen einfach für falsch. Die Würdigung tatsächlicher Verhältnisse setzt auch im Strafprozeß Erfahrungen voraus. Freie Beweiswürdigung ist kein Kinderspiel. Erfahrungen aber vermittelt nur häufige Übung; darüber ist doch wohl kein Wort weiter zu verlieren. Daß aber gerade der Laienrichter bei ständiger Heranziehung nicht in den Fehler einer gegen das Individuelle des Einzelfalles blinden Routine verfallen wird, dafür bürgt m. E. die Tatsache, daß er ja doch nur an den Hauptverhandlungen teilnimmt, dem ganzen Bürogetriebe des Gerichtes aber ferne bleibt und an den Tagen, wo der gelehrte Richter hinter Aktenmauern sitzt, seinem Berufe nachgeht, der ihn mit der sogenannten freien Welt in Fühlung hält. So erledigt sich, wie ich überzeugt bin, auch dieser zweite Einwand.

Schließlich noch ein drittes Bedenken: „Man müsse berücksichtigen, daß die zum Schöffenamte geeigneten Personen vielfach noch zu anderen öffentlichen Ämtern herangezogen würden. In den Kreisen dieser Personen herrsche heute schon Klage über die drückende Pflicht zur Übernahme von Ämtern. Wollte man verhüten, daß die Schöffen ihr Amt ungern ausüben, so werde man ihnen im Falle einer häufigeren Heranziehung jedenfalls eine Geldentschädigung gewähren müssen." Um gleich das letzte zu erledigen: Die Geldentschädigung wird bereits gezahlt. Im übrigen: Über die Frage, ob die mit der ständigen Heranziehung in einem größeren Zeitraum verbundene Last schlechthin als untragbar zu bezeichnen ist, kann nur ein Organ im Reiche entscheiden: Der Reichstag. Für die Reformkommission hätte dieser Gesichtspunkt ausscheiden müssen; denn einmal ist gar nicht ersichtlich, auf was für Material sie sich gestützt hat; daß es irgendwie sorgfältig gesammelt worden sei, bezweifle ich. Vor allem aber: Es handelt sich ja hier um eine Frage der Willensentschließung. Will das „Volk", d. h. also der Reichstag, persönliche Lasten übernehmen, um eine sachlich wertvolle Beteiligung der Laien an der Strafrechtspflege zu erhalten, oder will es das nicht? Darüber muß es sich schlüssig werden. Ich könnte mir wohl vorstellen, daß das Volk sich ablehnend entscheidet; man erlebt es ja heute so oft, daß laut und herrisch nach Rechten gerufen wird, daß aber nach Pflichten, nach wirklicher Mitarbeit die Nachfrage erheblich geringer ist. Vielleicht aber wird auch die Einsicht lebendig, daß das Volk nur dann, wenn es zu wirklicher, nützlicher Mitarbeit an der Strafrechtspflege bereit ist, ein Recht in Anspruch nehmen darf, fortgesetzt über die Leistungen des Berufsrichterstandes zu Gericht zu sitzen. Sehr gut hat einmal v. Hippel[1]) bemerkt: „Das Schöffen- und Geschworenenamt ist kein Vergnügen für eine nach Rechten schreiende Masse. Es ist eine ernste, verantwortungsvolle Pflicht, die gerade auch im Interesse der bitter nötigen Erziehung unseres Volkes zur Pflichterfüllung als solche empfunden werden soll. Will das Volk Laienrichter, so muß es auch die daraus erwachsene Last tragen. Daß diese größer wird als bisher, ist selbstverständliche Notwendigkeit." Damit erledigt sich aber zugleich ein in der Reform-

---

[1]) Zeitschr. f. d. ges. Strafrechtsw. Bd. 41 S. 20.

kommission später einmal betonter Gesichtspunkt: in die Verwaltungs-, Kaufmanns- und Gewerbegerichte gingen die Laien gern, weil sie dort ihr eigenes Interesse verfolgen und ihr Ansehen unter den Berufsgenossen steigern könnten; an der Strafrechtspflege dagegen hätten die Schöffen nur ein abstraktes Interesse. Nun, das persönliche Interesse und Vergnügen der Schöffen ist mir vollkommen gleichgültig; es handelt sich um das Interesse des Ganzen, und da haben derartige Gesichtspunkte völlig zu schweigen.

Nach allem darf ich kurz zusammenfassen:

Die gegen die ständige Heranziehung der Schöffen erhobenen Einwände sind durchweg nicht stichhaltig. Dagegen verspricht die ständige Heranziehung sehr erhebliche Vorteile: Sparung von Schöffenmaterial; Steigerung der Leistungsfähigkeit und Brauchbarkeit des Schöffen; Bewirkung größerer Sicherheit des Schöffen neben dem gelehrten Berufsrichter; eine Einarbeitung des Schöffen in die wichtigsten Fragen der Strafrechtspraxis, was namentlich für eine nach dem zukünftigen Strafrecht zu übende Strafrechtspflege von größter Bedeutung ist.

Ich würde es daher mit größter Freude begrüßen, wenn sich der Juristentag gegen das bisherige System der sporadischen Heranziehung der Schöffen aussprechen und dem Gesetzgeber empfehlen würde, für den einzelnen Schöffen einen ständigen Schöffendienst für 2 oder 3 Jahre einzuführen. Auch bei dem System des ständigen Schöffendienstes kann auf Ereignisse oder Zeiten, die für das Berufs- und persönliche Leben des einzelnen Schöffen wichtig sind, gebührende Rücksicht genommen werden: auf die Ernte- oder Jagdzeit, auf den Erholungsurlaub, auf Messen, Märkte oder die Zeiten der großen Inventurverkäufe; denn man wird selbstverständlich bei einem Amtsgericht, das — sagen wir — 40 Schöffengerichtssitzungen im Jahre abhält, nicht mit 2 Schöffen auskommen wollen, sondern vielleicht 6 Schöffen in Bereitschaft halten, von denen 4 (2 Paare) zu je 20 Sitzungen herangezogen werden, während die übrigen 2 als Ersatzschöffen Verwendung finden. Nach dem jetzigen Modus hätte dasselbe Gericht einen Bedarf an mindestens 16 Schöffen, von denen dann jeder an 5 Sitzungstagen Dienst machen müßte; in 2 Jahren würde sich dann der doppelte Bedarf, also ein Bedarf an 32 Schöffen herausstellen, während bei einem 2jährigen ständigen Schöffendienst eine wesentliche Erhöhung der Zahl nicht zu erfolgen brauchte, schlimmstenfalls für eine größere Zahl von Ersatzschöffen gesorgt werden müßte.

Die Verfasser der Verordnung vom 4. Januar sind an der Einführung eines ständigen Schöffendienstes vorübergegangen. Sie haben in dieser Hinsicht eine Gelegenheit verpaßt. Einer Unterlassungssünde aber haben sie sich schuldig gemacht bei den Bestimmungen über die Auswahl der Schöffen. Hier ist nur das formale Verfahren geregelt worden, während materielle Normen über die Schöffenqualifikation — von den üblichen Unfähigkeitsgründen abgesehen — fehlen. Und auch die Verfahrensvorschriften sind bedenklich. So scheinen mir hier nach 2 Richtungen Verbesserungen unumgänglich nötig zu sein. Mag der Schöffendienst, wie ich es fordere, ständig sein, mögen die Schöffen nur sporadisch herangezogen werden, es muß, soweit das im Gesetz möglich ist, Vorsorge dafür getroffen werden, daß ein für die Rechtsprechung brauchbares Laienrichtertum in den Gerichtssälen tätig wird. Schon jetzt hat das Laienelement, indem es von der Januarverordnung auch in die Berufungsinstanz zugelassen ist, eine größere Aufgabe zu erfüllen als früher. Darum darf sich das Gesetz materiell nicht begnügen mit Bestimmungen, wie sie in den §§ 32 bis 34 GVG. enthalten sind. Vielmehr bedarf es fester Grundsätze für die Auswahl der Schöffen aus den in die Urlisten aufgenommenen Personen.

Die Entwürfe von 1919, 1922 und 1923 hatten dem zu entsprechen versucht. Nach dem Entwurf von 1919 sollte für die Auswahl einer Person zum Schöffenamte nur maßgebend sein, daß von ihr eine unparteiische und gewissenhafte Ausübung des Richteramts zu erwarten ist. Dieselbe Norm enthalten die Entwürfe von 1922 und 1923, nur fügt der letztere hinzu, daß auch eine „mit dem richtigen Verständnis" erfolgende Ausübung des Richteramts zu erwarten sein müsse. Alle drei Entwürfe enthalten daneben ein Verbot an den Wahlausschuß, bestimmte Rücksichten politischer Art bei der Auswahl walten zu lassen. Nach E. 1919 darf kein Unterschied nach der Zugehörigkeit zu bestimmten Berufs- oder Bevölkerungskreisen gemacht werden; E 1922 hat das Verbot auf Unterschiede nach Bevölkerungskreisen beschränkt. Mit Recht ist beiden Bestimmungen entgegengehalten worden, daß das Wichtigste fehle: nämlich das Verbot, nach der Parteizugehörigkeit Unterschiede zu machen. Das muß unbedingt in die Norm über die Auswahl mit hinein. Natürlich verhehle ich mir nicht, daß mit derartigen Bestimmungen, die dem pflichtmäßigen Ermessen der Auswählenden noch einen sehr weiten Spielraum lassen, kein sicheres Bollwerk gegen Unfähigkeit und Parteilichkeit der Laienrichter geschaffen ist. Trotzdem sollte das Gesetz diese Normen enthalten, und dem Wahlausschuß müßten sie in feierlicher Form kundgetan werden, um ihn an den Grundsatz zu erinnern, daß Rechtsprechung mit Politik nichts zu tun habe. Außerdem aber — und das ist das praktisch wichtigere — müßte der Wahlmodus so zugeschnitten sein, daß mit einiger Sicherheit auf die Befolgung jener Grundsätze gerechnet werden kann. Die Auswahl der Schöffen wird gerade auch bei ständigem Schöffendienst durch einen gemischten Ausschuß erfolgen müssen, in dem der Amtsrichter, die Staatsverwaltung und die Bevölkerung selbst zu Worte kommen. Nur den Richter wählen zu lassen, wie Wachenfeld es vorgeschlagen hat, verbietet m. E. die Rücksicht auf jene vorhin erörterte Vertrauensfrage. Noch weniger diskutabel erscheint mir der Vorschlag des E 1922, dem Amtsrichter in dem Ausschuß nur den Vorsitz ohne Stimmrecht zu übertragen, die Wahl also nur von den Vertrauenspersonen vornehmen zu lassen. Die Verordnung vom 4. Jan. geht den richtigen Weg, indem sie wie bisher den gesamten Ausschuß, einschließlich des Amtsrichters und des Verwaltungsbeamten, wählen läßt. Natürlich wird das Wahlergebnis von den Vertrauenspersonen wesentlich bestimmt werden, und es kann gar nicht zweifelhaft sein, daß damit selbst bei bestem Willen der Vertrauenspersonen politische Gesichtspunkte im einseitigen Interesse einer Partei wirksam werden. Es muß aber darauf hingewirkt werden, daß die Laienrichter wirklich Vertrauenspersonen möglichst weiter Schichten der Bevölkerung sind. Dafür gibt es m. E. nur folgenden Weg. Wenn man, wie es jetzt geschieht und woran wohl in absehbarer Zeit kaum etwas geändert werden wird, die Vertrauenspersonen von ihren Wahlverbänden nach den Grundsätzen der Verhältniswahl wählen läßt, dann ist es ganz selbstverständlich, daß der Wahlausschuß genau so wie der die Vertrauenspersonen entsendende Wahlverband politischen Charakter hat, in seiner Gesamtheit also nicht vom Vertrauen der gesamten Bevölkerung getragen ist. Dann fragt es sich, wie bei der Schöffenwahl selbst dieser politische Einschlag paralysiert werden kann. M. E. nur dadurch, daß der Ausschuß *einstimmig* die Schöffen wählen muß. So hat es der E 1922 ganz richtig vorgeschlagen. Nach meiner Auffassung gibt es keinen anderen Weg, um einen aus Verhältniswahlen hervorgegangenen Wahlausschuß zu einer unpolitischen Wahl zu zwingen. Ich sehe in diesem

Vorschlag um so weniger etwas Bedenkliches, als das von mir vorgeschlagene System des ständigen Schöffendienstes nur kleinere Wahlen nötig macht. Immerhin muß Vorsorge getroffen werden für den Fall, daß eine Einigung nicht zustande kommt. Der E 1922 hat hier einen m. E. durchaus gangbaren Weg vorgeschlagen. Er bestimmt: „Soweit keine Einigung zustande kommt, entscheidet das Los. Für die Auslosung kann jede Vertrauensperson so viel Personen vorschlagen, als mangels einer Einigung noch an der gemäß § 42 erforderlichen Zahl von Haupt- und Hilfsschöffen fehlen. Das Los zieht der Amtsrichter.“ Allerdings bildet dann, wie Engelhard[1]) richtig gesagt hat, der Zufall das Gegengewicht gegen den politischen Grundcharakter des Ausschusses. Darin aber möchte ich Engelhard nicht ohne weiteres zustimmen, daß sich die erwähnte Bestimmung so auswirken dürfte, daß die einzelnen Parteien des Ausschusses, um das Risiko der Auslosung zu vermeiden, sich auf eine Liste einigen, die dem Gedanken der Verhältniswahl entspricht. Ich glaube doch, daß die Sache auch anders laufen kann und wird, daß es in den in Betracht kommenden Kommunalverbänden Personen gibt, die allgemeines Ansehen und Vertrauen genießen, so daß politische Gesichtspunkte ausscheiden können. Besonders bei der relativ kleinen Zahl von Schöffen, die bei ständigem Schöffendienst nötig sein werden, hoffe ich doch, daß wirkliche Vertrauenswahlen möglich sein werden. Um übrigens den Fall der Auslosung möglichst selten zu machen, wäre es ratsam, nach dem Vorgange neuer Entwürfe zu Fakultätsstatuten zu bestimmen, daß Widerspruch nur einer einzigen Stimme unbeachtlich sei. Das ist ein wirksames Mittel gegen schikanöse Quertreibereien.

Ich bedaure, wie gesagt, daß die Januarverordnung keinerlei Anstrengungen gemacht hat, gegen politische Einflüsse auf die Rechtsprechung anzukämpfen. Das muß durch entsprechende materielle und formelle Vorschriften, wie ich sie vorzuschlagen mir erlaubte, baldigst nachgeholt werden.

Was die sonstigen Vorschriften über die Schöffenwahl betrifft, so möchte ich in Kürze nur noch auf zwei Punkte hinweisen:

Die Ziffer 1 des § 33 GVG., wonach Personen unter 30 Jahren zum Amte eines Schöffen nicht berufen werden s o l l e n, gehört m. E. als Ziffer 4 in den § 32, damit Personen unter 30 Jahren als zum Schöffenamte unfähig zu gelten haben.

---

[1]) Zeitschr. f. d. ges. Strafrechtsw. **44** S. 66.

Ferner muß die Wahl der Landgerichtsschöffen umgeändert werden. Die Januarverordnung gewährt den Landgerichtspräsidenten keinerlei Mitwirkung bei der Auswahl der Landgerichtsschöffen. Das ist mit Recht wohl allseitig getadelt worden. Auch ich halte es für richtig, daß der Ausschuß beim Amtsgericht dem Landgericht die für dieses erforderlichen Schöffen nur vorschlägt, daß die Auswahl selbst aber dem Landgericht überlassen bleibt. Abermalige Zuziehung eines Ausschusses mit Vertrauenspersonen der Kommunalverbände erübrigt sich, da diese ja bei dem Vorschlage zu Worte gekommen sind. Ich glaube aber noch einen Schritt weitergehen zu müssen. Die Landgerichtsschöffen müssen sowohl als Berufungsschöffen wie als Schwurgerichtsmitglieder — falls man die Zwittergestalt des heutigen Schwurgerichtes beibehält — qualifizierte Schöffen sein. Darum würde ich es für das Richtige halten, wenn dem Landgericht nur solche Personen als Schöffen oder Geschworene vorgeschlagen werden dürften, welche schon am Amtsgerichte einen längeren Schöffendienst hinter sich haben. Wird ständiger Schöffendienst eingeführt, so würde die Absolvierung einer Schöffendienstperiode beim Amtsgericht zum landgerichtlichen Schöffendienst qualifizieren. Bleibt es bei der unbefriedigenden sporadischen Heranziehung der Schöffen, so müßte verlangt werden, daß mindestens 15 Schöffensitzungen beim Amtsgericht Voraussetzung für landgerichtlichen Schöffendienst sind. Durch Übergangsvorschriften müßte dafür gesorgt werden, daß dieses System sich allmählich einspielen kann.

Es ist mir bekannt, daß gegen Vorschläge dieser Art Bedenken erhoben worden sind, und zwar namentlich wiederum in der Reformkommission. Hier war der Antrag gestellt worden, eine Bestimmung zu bilden, wonach Landgerichtsschöffen zuvor Amtsgerichtsschöffen gewesen sein müßten. Die Debatte führte zur Zurückziehung des Antrages, aber die Gründe dafür waren seltsam: Es gehe nicht an, so hieß es zunächst, daß zwei Klassen von Schöffen gebildet würden. Ich kann das nur dahin verstehen, daß Rücksichtnahme auf die persönliche Empfindlichkeit der Schöffen ausschlaggebend sein soll in einer Frage von sachlichem Interesse. Das letztere besteht darin, daß ein Berufungsgericht und ein zur Aburteilung von Kapitalverbrechen dienendes Gericht ein besonders qualifiziertes Richterpersonal erfordern. Dem Berufsrichter gegenüber hat man sich (mit Recht) keineswegs gescheut, hier graduelle Unterschiede zu machen; an die höheren Gerichte werden in aller Regel ausgewählte Richterpersönlichkeiten berufen.

Dadurch gewinnen aber auch die höheren Instanzen im Rechtszuge an Ansehen und Vertrauen. Soll der Schöffe auch bei den landgerichtlichen Spruchkörpern nicht bloß durch seine Gegenwart, sondern auch durch sein (natürlich immer beschränktes) Können glänzen, dann ist im sachlichen Interesse der Rechtsprechung dieser Spruchkörper wenigstens das eine zu verlangen, daß die hier beschäftigten Schöffen nicht völlige Neulinge in criminalibus und in processualibus seien. Mehr ist ja bei dem Laienrichter leider nicht zu erlangen. Eine Qualifikationsprüfung anderer Art kommt natürlich nicht in Betracht, abgesehen davon, daß es dem Amtsrichter vielleicht manchmal möglich sein wird, ganz unfähige Personen von der Aufnahme in die Vorschlagsliste auszuschließen. Aber es ist doch immerhin besser, wenigstens von diesem einen kleinen Mittel zur Hebung der landgerichtlichen Schöffenqualität Gebrauch zu machen, als gar nichts zu versuchen und mit der Reformkommission völlig zu resignieren. Wenn die Roformkommission schließlich geglaubt hat, daß es an einem hinreichenden Schöffenmaterial dieser Art für die Berufungsgerichte fehlen werde, so vermag ich das ohne genaue Zahlenbelege nicht einzusehen. Nach einer Übergangszeit wird das nötige Schöffenmaterial ganz sicher vorhanden sein.

Ich möchte damit meine Ausführungen über die Schöffenauswahl schließen, ohne in weitere Einzelheiten des Verfahrens einzugehen. Zusammenfassend möchte ich also folgende Vorstellungen an den Gesetzgeber richten:

Bestimmungen über die persönliche Qualität der Laienrichter unter besonderer Betonung der Notwendigkeit einer unpolitischen, unparteiischen Rechtspflege müssen im Gerichtsverfassungsgesetz enthalten sein. Landgerichtsschöffe darf nur werden, wer als Amtsgerichtsschöffe bereits ausgiebigen Dienst getan hat. Durch einen entsprechend eingerichteten Wahlmodus im amtsgerichtlichen Wahlausschuß muß darauf hingewirkt werden, daß politische Rücksichten bei der Schöffenwahl tunlichst ausscheiden. Auf die Wahl der Landgerichtsschöffen muß das Landgericht Einfluß haben.

Ich habe nunmehr noch die Frage zu erörtern, wie die Mitwirkung der Laien in den einzelnen Spruchkörpern der Gerichte zu erfolgen hat und in welchem Verhältnis namentlich das Laienelement numerisch zu den Berufsrichtern zu stehen hat. Hier ist es zunächst erforderlich, gewisse Grundsätze zu gewinnen mit Rücksicht auf Zweck,

Bedeutung und Leistungsfähigkeit des Laienelements. Erst dann hat es Sinn, zu dem Permutations- und Variationsspiel Stellung zu nehmen, als welches die mannigfache Mischung von Berufs- und Laienrichtern in den Reformentwürfen und in den privaten Vorschlägen zum Aufbau unserer Strafgerichte sich darstellt.

Der Grundsatz, die Schöffen in der Hauptverhandlung das Richteramt im vollen Umfange und mit gleichem Stimmrechte wie die Amtsrichter ausüben zu lassen, ist von der Januarverordnung mit Recht nicht berührt worden und wird auch weiterhin in Geltung zu bleiben haben.

In anderer Hinsicht fordert dagegen die Januarverordnung scharfe Kritik heraus: nämlich hinsichtlich der Art, wie sie die Zuständigkeit der mit Laien besetzten Kollegialgerichte im Verhältnis zur Zuständigkeit des Einzelrichters regelt. Soweit ich sehen kann, finden diese Bestimmungen einhellig Ablehnung. Und dies mit Recht. Die Zuziehung von Schöffen muß, wenn die Laienbeteiligung überhaupt die Regel sein soll — und sie muß es im Interesse des so nötigen Volksvertrauens sein —, die Zuziehung von Schöffen, sage ich, muß in allen wichtigen Strafsachen erfolgen. Aschrott[1]) sah seinerzeit schon in dem Einzelrichter der Reformkommission, der nur Übertretungen abzuurteilen hatte, gegenüber dem Prinzip der Laienbeteiligung eine Ausnahme „von großer Bedeutung", und er fragte sich, wie diese Ausnahme mit dem den Schöffen und ihrer Tätigkeit von der Reform-Kommission gespendeten Lob verträglich sei. Nun glaube ich allerdings auch, daß man die Übertretungen dem Einzelrichter zur Aburteilung überlassen soll. Man darf auch einige vorsichtig auszuwählende Bagatellvergehen hinzufügen, z. B. die Fälle der §§ 247, 248 a, 264 a StGB.; aber eine Zuständigkeit wie sie heute der Amtsrichter als Einzelrichter unbedingt nach § 25 Ziffer 1 und Ziffer 2 a und b hat, ist schon als eine ungeheure Übertreibung anzusehen; daß diese Zuständigkeit dann noch auf Grund eines, keinem Rechtsmittel unterliegenden Antrages der Staatsanwaltschaft auf alle Vergehen schlechthin und eine ganze Anzahl von Verbrechen erstreckt werden kann, ist einfach ein Unding. Dieser Rechtszustand darf nicht bleiben; er bedeutet unter Ersparnisrücksichten nicht Vermeidung des Justizbankerotts, sondern er ist bereits Justizbankerott. Dem Amtsrichter wird eine

[1]) Reform S. 54.*

übergroße Verantwortung aufgebürdet, die, wie mir von sehr zuständiger und kundiger Seite gesagt worden ist, als überaus peinlich empfunden wird. Das Prinzip der Laienbeteiligung ist durch diese überspannte Zuständigkeit des Einzelrichters nicht durch eine Ausnahme durchbrochen, sondern für das Gros der Straffälle preisgegeben. Dieser Standpunkt der Verordnung vom 4. Januar ist um so weniger zu verstehen, als der Wert der Schöffen durch ihre Heranziehung zu den Berufungsgerichten doch eine ausdrückliche und vielsagende Anerkennung gefunden hat. Und es ist auch nicht begreiflich, wie die Verordnung, die doch gerade das Vertrauen der Bevölkerung zur Strafrechtspflege durch Schaffung der Berufung und Heranziehung von Schöffen zur Berufungsinstanz steigern will, gewissermaßen im gleichen Atem durch Einführung einer weitausgedehnten reinen Berufsrichterrechtsprechung dem so empfindlichen Volksvertrauen entgegenarbeiten kann. Nur mit dem Hinweis auf die Notwendigkeit zu sparen läßt sich eine solche Maßnahme nicht rechtfertigen. Baldigste Beseitigung dieses unhaltbaren Zustandes ist dringend zu fordern.

Ich komme zu der Frage: Wie ist grundsätzlich in den Spruchkörpern das zahlenmäßige Verhältnis der Schöffen zu den Berufsrichtern zu gestalten?

In dieser Beziehung muß m. E. grundsätzlich ein Unterschied zwischen der Besetzung eines erstinstanzlichen Spruchkörpers und der eines Berufungsgerichts gemacht werden.

Für die Besetzung erstinstanzlicher Gerichte läßt sich zunächst mit Rücksicht auf die Entscheidung der Schuld- und der Straffrage ein bestimmtes Prinzip für das Maß der Laienbeteiligung gewinnen. In der Schuld- und Straffrage bedarf es für eine dem Angeklagten nachteilige Entscheidung einer Zweidrittelmajorität. Da es, wenn die Laienbeteiligung mehr als bloß kontrollierende Anwesenheit sein soll, nötig ist, daß die Laien in diesen entscheidenden Fragen mit maßgebend sind, so muß die Zahl der Schöffen so bestimmt sein, daß ohne die Stimme wenigstens eines Schöffen ein Ja in der Schuldfrage, eine nachteilige Entscheidung in der Straffrage nicht zustande kommen kann. Diesem Grundsatz ist in der Verordnung vom 4. Januar durchweg genügt worden, mit ihm ist aber offensichtlich nur das Mindestmaß der Laienbeteiligung bezeichnet; es fragt sich also weiter, nach welchen Gesichtspunkten eine Maximalgrenze für die Beteiligung der Laien zu normieren ist.

Hier gehen die Ansichten bekanntlich stark auseinander. In der Reformkommission[1]) war die Ansicht vertreten worden, daß die Schöffen im Verhältnis zu den Berufsrichtern stets in der Überzahl sein müßten, damit gerade die Schöffen in Fragen, für deren Entscheidung einfache Mehrheit der Stimmen genüge, von den Berufsrichtern nicht überstimmt werden könnten. In der Literatur begegnet mitunter derselbe Gesichtspunkt. M. E. ist die Ansicht der Reformkommission jedenfalls heute nicht mehr haltbar, nachdem nunmehr die Januarverordnung auch für nachteilige Entscheidungen in der Straffrage die Zweidrittelmajorität eingeführt hat. Es sind vornehmlich die prozessualen Entscheidungen, in denen einfache Stimmenmehrheit entscheidet, und hier gebührt m. E. den Berufsrichtern geradezu der Vorrang, so daß jedenfalls die Möglichkeit einer Majorisierung der Schöffen ganz unbedenklich ist. Gegen die Ansicht der Reformkommission sprechen aber noch andere Gründe:

Der Laie wird — diese ketzerische Ansicht wage ich allerdings zu bekennen — im Verhältnis zum Berufsrichter stets der minderwertvolle Mitarbeiter auf der Richterbank sein. Wenn ich trotzdem für entscheidende Mitwirkung des Laien in Schuld- und Straffrage eingetreten bin, so gab dazu der Gedanke, daß andernfalls das Vertrauen des Volkes zur Strafrechtspflege verloren gehen würde, hinreichenden Grund. Die Notwendigkeit, das Vertrauen des Volkes zu gewinnen und zu erhalten, verlangt aber nicht, daß in den Strafgerichten geradezu das Schwergewicht auf das Laienelement gelegt werde. Ganz mit Recht hat Aschrott[2]) sich hiergegen scharf ausgesprochen. Das Verhältnis der Laien zu den Berufsrichtern muß daher m. E. so ausbalanziert werden, daß dem Richterstand die Möglichkeit, in juristischen Fragen sich durchzusetzen, gegeben ist. Das besagt nicht, daß der Berufsrichter stets in der Mehrzahl sein müsse, aber die Berufsrichter dürfen im Kollegialgericht den Laien gegenüber nicht zur quantité négligeable werden. Es ist natürlich sehr schwierig, an Hand bestimmter Verhältniszahlen zu sagen, wann dies der Fall ist. Nicht ohne weiteres bedeutet zahlenmäßige Überlegenheit ausschlaggebendes Schwergewicht. So darf z. B. im sogenannten kleinen Schöffengericht die Verbindung von einem Richter mit zwei Schöffen, die sich ja praktisch gar nicht vermeiden läßt, ruhig verwendet werden. Die

[1]) Protokolle I S. 404.
[2]) Reform S. 58.*

Erfahrungen lehren, daß bei *dieser* Kombination die Gefahr einer Unterdrückung des richterlichen Elements durch die Laien nicht besteht. Wohl aber besteht diese Gefahr m. E. bei dem heutigen „Schwurgericht". Nach der mathematischen Verhältnislehre ist zwar die Kombination von 3 Richtern mit 6 Schöffen dasselbe wie die von einem Richter mit zwei Schöffen. Aber mathematische Gesetze regieren nicht das persönliche Zusammenwirken in Kollegialgerichten. Hier spielen psychologische Imponderabilien eine große Rolle, und ich glaube, daß das Verhältnis 3 : 6 im Schwurgericht sachlich etwas wesentlich anderes ist als das Verhältnis 1 : 2 im kleinen Schöffengericht. Hier ist die Gefahr einer Majorisierung der Berufsrichter aus anderen als rein sachlichen Gründen nicht von der Hand zu weisen, zumal in diesen Schwurgerichten schon in Rücksicht auf ihre von der Verordnung wohl bewußt herbeigeführte Zwitterstellung in der Strafgerichtsorganisation die Tradition aus der Zeit der Trennung von Richter- und Geschworenenbank zunächst noch fortleben wird.

Ich fasse zusammen: für die Laienbeteiligung in der ersten Instanz hat der Grundsatz zu herrschen, daß ohne Mitwirkung wenigstens *eines* Laien weder ein Schuldigspruch noch eine nachteilige Entscheidung in der Straffrage möglich ist, daß aber anderseits das Laienelement infolge zahlenmäßigen Übergewichts über den Berufsrichter nicht von vornherein die herrschende Rolle im Kollegialgericht erlangt.

In der *Berufungsinstanz* ist die Laienbeteiligung zunächst einmal genau dem gleichen Grundsatz zu unterstellen. Daneben aber spielen noch andere Gesichtspunkte mit. Jedes Berufungsgericht muß im Verhältnis zum erstinstanzlichen Gericht als das bessere erscheinen, d. h. *im Hinblick auf seine Besetzung* die Gewähr einer zuverlässigeren Entscheidung geben. Eine Verbesserung der Besetzung aber wird nicht dadurch erzielt, daß einseitig das Laienelement verstärkt wird. Damit würde eine Berufungsinstanz geschaffen werden, die den eigenartigen Schwierigkeiten einer Berufungsverhandlung, namentlich der in der Regel eintretenden Verschlechterung der Erkenntnisquellen, nicht das richtige Verständnis entgegenbringen würde und auch für eine Nachprüfung der Rechtsfragen nicht *mehr*, sondern *weniger* geeignet wäre als die Vorinstanz. Am ärgsten waren diese Gesichtspunkte von der Reformkommission vernachlässigt worden, deren Vorschläge für die Einrichtung der Berufungsgerichte fast durchweg auf eine Verstärkung des Laienelements gegenüber der Vorinstanz hinausliefen. Ich würde es für das Richtige halten, wenn in den Berufungsgerichten der Berufsrichter dem Laienrichter stets zahlenmäßig überlegen ist; selbstverständlich muß der Einfluß des Laienelements in Schuld- und Straffrage genau der gleiche sein wie in der ersten Instanz.

Von diesen allgemeinen Grundsätzen ausgehend möchte ich zum Schluß den Aufbau der Strafgerichtsorganisation nach der Januarverordnung einer kritischen Prüfung unterziehen. Wie ich schon eingangs erwähnte, muß ich dabei die Einführung der Berufung als ein zunächst unabänderliches fait accompli hinnehmen, also die Frage untersuchen, wie unter Voraussetzung der Berufung mit Rücksicht auf unsere soeben gewonnenen Grundsätze aus Berufs- und Laienrichtern die Gerichte erster und zweiter Instanz zu bilden sind.

Daß bei Einführung zweier Tatsachen-Instanzen das Gros aller Straffälle zur erstinstanzlichen Aburteilung den Amtsgerichten überwiesen werden muß, das halte ich mit Goldschmidt, Aschrott, den Entwürfen von 1919 und 1923 und der Januarverordnung für eine ganz ausgemachte Sache. Man kommt sonst zu den praktisch kaum durchführbaren, verwickelten Organisationsverhältnissen, wie sie uns in den Beschlüssen der Strafprozeßkommission und dem Entwurfe von 1909 entgegentreten. Dennoch glaube ich in mehrfacher Beziehung die Januarverordnung ablehnen zu müssen.

Was zunächst die erstinstanzlichen Spruchkörper betrifft, so habe ich meinen Widerspruch gegen die Verwendung des Einzelrichters in der Januarverordnung schon angemeldet. Das Gros der Straffälle darf nicht ihm, muß vielmehr dem von der VO. sogenannten kleinen Schöffengericht zufallen, das mit einem Richter und 2 Schöffen eine meinen vorhin entwickelten Grundsätzen entsprechende Besetzung gefunden hat.

Die Verfasser der VO. haben neben diesem Gericht, das im wesentlichen die Zuständigkeit der Strafkammer geerbt hat, das Bedürfnis nach einem sogen. großen Schöffengericht empfunden, das sich durch Zuziehung eines zweiten Amtsrichters vom kleinen Schöffengericht unterscheidet. Ich halte das Zusammenarbeiten von Schöffen mit einer Zweizahl von Richtern, obwohl eine Zusammensetzung dieser Art in der Literatur vielfach gebilligt worden ist, für ungesund, und zwar unter zwiefachem Gesichtspunkt:

einmal kann bei dieser Kombination die Lage der Schöffen unerfreulich,

andererseits die der Richter unmöglich werden.

Bei Dissens der Richter in rein juristischen Fragen läßt sich eine Stimmenmehrheit unter ihnen nicht erzielen, die Schöffen haben dann also gegebenenfalls, sofern sie einig sind, zu entscheiden. Das ist nicht sehr erfreulich. Man kann diese Situation keineswegs zu derjenigen in Parallele setzen, in der sich die Geschworenen alten Stils nach Anhörung des Plädoyers von Staatsanwalt und Verteidiger befunden haben. Gewiß auch hier traten den Geschworenen oft entgegengesetzte Rechtsauffassungen juristisch geschulter Männer entgegen. Aber ihre Situation war psychologisch eine ganz andere als die von Schöffen, die im Beratungszimmer einem Dissens zweier Berufsrichter gegenüberstehen; denn die Geschworenen hörten die Vorträge des Anklägers und Verteidigers von vornherein unter dem Gesichtspunkte von Parteireden an. Im Kollegium mit zwei dissentierenden Richtern aber erscheinen den Laien die entgegengesetzten Rechtsauffassungen als zwei gleich mögliche Beurteilungsmaßstäbe. Das Gefühl der Unsicherheit wird beim gewissenhaften Schöffen, der sich seiner juristischen Unzulänglichkeit bewußt bleibt, dazu führen, daß er sich im Sinne eines non liquet entscheidet und demgemäß pro reo stimmt. Das ist für den Angeklagten kein Unglück; die Milde der Rechtsprechung wird nicht leiden. Die Interessen einer gerechten Rechtsprechung sind aber damit keineswegs gewahrt. Man sollte m. E. Laienrichter nur mit einer ungeraden Zahl von Berufsrichtern zusammenarbeiten lassen, damit sich unter den letzteren bei Kontroversen in juristischen Fragen eine Mehrheit bilden kann.

Ganz unüberwindlich sind aber m. E. de lege lata die Schwierigkeiten, die sich bei einem Dissens der beiden Richter hinsichtlich der Urteilsgründe ergeben. Gemäß § 275 I S. 1 StPO. n. F. müssen die beiden Amtsrichter das begründende Urteil unterschreiben, also nicht nur den Tenor, sondern auch die Gründe mit ihrer Unterschrift decken. In der alten Strafkammer konnte über die Gründe abgestimmt werden; dem von der Mehrheit überstimmten Richter konnte die Gewährung seiner Unterschrift zugemutet werden. Wie die Situation im großen Amtsgericht sein wird, wenn sich die beiden Richter mit ihren gegensätzlichen Ansichten gegenüberstehen, ist mir nicht ganz klar. Ein erfahrener Breslauer Landgerichtsdirektor meinte, er könne nur hoffen, daß solch ein Fall nicht eintrete, und bei der Auswahl der Richterpersönlichkeiten müsse eben vorsichtig zu Werke gegangen werden.

Das sogenannte große Schöffengericht vermag ich nach alledem nicht für eine glückliche Erfindung zu halten. M. E. kann man nicht umhin, das Schöffengericht in einer Besetzung mit einem Richter und zwei Schöffen als das Hauptgericht erster Instanz anzusprechen. Bedarf der Amtsrichter in schwierigen Sachen einer Unterstützung durch einen Juristen, so bleibt m. E. nichts anderes übrig, als ihm einen „Flügeladjutanten" (Kronecker) in Gestalt eines Assessors beizugeben, dem durch das GVG. eine Teilnahme an der Beratung, natürlich ohne Stimme, gestattet werden müßte. Selbstverständlich muß der Richter selbst entscheiden, ob eine solche Hilfskraft nötig ist. Völlig unverständlich ist mir der Standpunkt der VO., wonach die Zuziehung des zweiten Amtsrichters, die Beantwortung der Frage also, ob ein Amtsrichter allein mit dem Falle fertig werden könne, von einer Entschließung der Staatsanwaltschaft abhängt.

Nun ist für die sogen. Kapitalverbrechen das kleine Schöffengericht nicht die geeignete erste Instanz. Die VO. hat uns hier das sogen. Schwurgericht beschert, das in Wahrheit ein „ganz großes" Schöffengericht ist. Daß ich diesem Gericht gerade wegen seiner Zusammensetzung unsympathisch gegenüberstehe, habe ich schon gesagt. 3 Richter und 6 Schöffen gewährleisten kein glückliches kollegiales Zusammenarbeiten. Ich würde es für eine weit günstigere Lösung halten, wenn neben dem kleinen, vorhin erwähnten Schöffengericht ein großes Schöffengericht in einer Besetzung mit 3 Richtern und 2 Schöffen gebildet würde. Dieses Gericht würde an dem Sitze eines größeren Amtsgerichts mit Zuständigkeit für eine Mehrzahl von Amtsgerichtsbezirken einzurichten sein. Seine Zuständigkeit müßte die Schwurgerichtssachen und solche ehemalige Strafkammersachen umfassen, bei denen in der Regel die Tat- und Rechtsfrage komplizierter liegt. Unter der Voraussetzung einer Berufungsmöglichkeit kann ich nichts Bedenkliches darin finden, diesem Gericht auch die Kapitalsachen zu übertragen. Das jetzige Schwurgericht erscheint mir als ein mißgebildeter Fremdkörper in unserer Gerichtsorganisation. Es will, wie der Wegfall der Berufung gegenüber seinen Urteilen einerseits, das starke Überwiegen des Laienelements über den Berufsrichter anderseits zeigt, doch noch so etwas wie das alte Schwurgericht sein, ist es dann aber doch wieder nicht wegen des kollegialischen Zusammenwirkens von Berufs- und Laienrichtern. Hier ist mit Halbheiten und mit ein bischen Angst vor der eigenen Courage operiert worden. Ein einheitlicher Aufbau unserer Strafgerichtsorganisation nach den Prinzipien der Schöffengerichtsverfassung erfordert m. E. Beseitigung dieses Schwurgerichts und Schaffung eines großen Schöffengerichts; dieses muß so besetzt sein, daß es beim Amtsgericht gebildet werden kann und daß über ihm eine Berufungsinstanz konstruierbar ist. In dem von mir vorgeschlagenen Gericht mit 3 Berufs- und 2 Laienrichtern ist eine solche Instanz m. E. geschaffen.

Will man über diesen Gerichten eine wirklich besser besetzte Berufungsinstanz einrichten, so können die Wege, wie sie die VO. vom 4. Januar einschlägt, nur teilweise empfohlen werden. Nur insofern billige ich die VO., als sie die Berufung gegen die Urteile des mit 1 Richter und 2 Schöffen besetzten kleinen Schöffengerichts an eine mit 3 Richtern und 2 Schöffen besetzte Berufungsinstanz, die sogen. Große Strafkammer gehen läßt. Hier haben wir eine zweckmäßige Verstärkung des richterlichen Elements und eine entscheidende, ihrem Können und Zweck entsprechende Mitwirkung der Laien.

Eine gleiche Besetzung ist aber m. E. auch für das Berufungsgericht zu fordern, an das die Berufungen gegen die Urteile des Einzelrichters gehen. Ich könnte mich allenfalls damit abfinden, daß man in der Berufungsinstanz bei den zur Zuständigkeit des Einzelrichters gehörenden Sachen die Laien fortläßt. Natürlich nur, wenn jene Zuständigkeit auf die Übertretungen beschränkt ist. Das von der VO. eingeführte Berufungsgericht muß ich aber unter allen Umständen ablehnen, da es sich in seiner Besetzung mit 1 Richter und 2 Schöffen im Vergleich zum Einzelrichter nicht als ein den Ansprüchen einer Berufungsinstanz gerecht werdendes, *besseres* Gericht darstellt. Die große Strafkammer der VO. müßte mithin für alle Straffälle mit Ausnahme der Schwurgerichtssachen die Berufungsinstanz sein.

Schwieriger ist die Bildung einer Berufungsinstanz gegenüber den Urteilen meines großen Schöffengerichtes (drei Richter und zwei Schöffen). In Betracht käme m. E. nur eine beim Landgericht zu bildende Berufungsinstanz mit 5 Richtern und 3 Schöffen; sie würde den Laien wieder den ihnen gebührenden Anteil am Zustandekommen des Berufungsurteils gewähren, zugleich eine Verstärkung des richterlichen Elements bringen und somit sich als echte Berufungsinstanz erweisen.

Die VO. hat gegenüber den Urteilen ihres Schwurgerichts die Berufung versagt. Ein Grund ist mir nicht recht ersichtlich. Ich halte die Stellungnahme, nachdem nun einmal der Schritt zur Berufung getan ist, für nicht gerechtfertigt. Aber freilich dürfte es kaum möglich sein, gegenüber einem so ungefügen Kollegialgericht ein arbeitsfähiges Berufungsgericht zu bilden, ohne gegen die vorhin aufgestellten Grundsätze für die Bildung von Berufungsgerichten zu verstoßen.

So ergibt sich für mich als das Ideal einer Strafgerichtsorganisation in erster und Berufungsinstanz folgendes Bild:

I. Instanz (beim Amtsgericht):

1. Einzelrichter (Übertretungen, Bagatellvergehen).
2. Kl. Schöffengericht (1 Richter und 2 Schöffen). (Bisherige Schöffengerichtssachen und größerer Teil der früheren Strafkammersachen.)
3. Gr. Schöffengericht (3 Richter und 2 Schöffen). (Kleinerer Rest der Strafkammersachen, bisherige Schwurgerichtssachen.)

II. Instanz (beim Landgericht):

1. Kleine Strafkammer (3 Richter und 2 Schöffen). Berufung gegen I 1. und 2.
2. Große Strafkammer (5 Richter und 3 Schöffen). Berufung gegen I 3.

Die Frage der erstinstanzlichen Zuständigkeit des Reichsgerichts und der Oberlandesgerichte sowie die Frage der Revisionsgerichte habe ich hier nicht zu erörtern, da sie abseits vom Thema der Laienbeteiligung in der Strafrechtspflege liegen.

Ich stehe demgemäß am Schluß meiner Betrachtungen. Sie haben ergeben, daß der prinzipielle Standpunkt der Januarverordnung zum Problem der Laienbeteiligung an der Strafrechtspflege zu billigen ist, daß auch die Durchführung in verschiedenen Einzelheiten Anerkennung verdient. Ich möchte das um so mehr betonen, als die Kritisierung der Januarverordnung im allgemeinen mit ungewöhnlicher Schärfe erfolgt ist. Wer wollte bezweifeln, daß in vieler Hinsicht ihre Rechtssätze, namentlich in prozeßrechtlicher Beziehung, durchgreifender Remedur bedürfen? Aber jeder Kritiker sollte sich bewußt bleiben, daß Kritisieren leichter ist als Bessermachen und daß, wie Friedrich der Große einmal gesagt hat, les choses parfaites ne sont pas du ressort de l'humanité.

Der dritte Berichterstatter, Landgerichtspräsident Schlimm-Mannheim, legte seinen Ausführungen die nachstehenden, von ihm aufgestellten Leitsätze zu Grunde:

1. Die Beteiligung der Laien an der Strafrechtspflege ist — von minder wichtigen und einfach gelagerten Fällen abgesehen — für alle Tatsachen-Instanzen anzustreben.

2. Die Ausnahmen von diesem Grundsatz nach der VO. vom 4. Januar 1924 sind im Hinblick auf die gegenwärtigen wirtschaftlichen Verhältnisse geboten und nach den bisherigen Erfahrungen auch erträglich. Immerhin wäre eine Einschränkung der Zuständigkeit des Einzelrichters wünschenswert. Gleichzeitig wäre die Berufung gegen die Urteile des Einzelrichters dem Schöffengericht zu übertragen. Diese Regelung liegt in der Richtung einer Vereinfachung und Verbilligung der Gerichtsorganisation (Wegfall der kleinen Strafkammer) und hat auch sachliche Vorzüge.

3. Die Umgestaltung des Schwurgerichts im Sinne der Schöffengerichtsverfassung hat sich bewährt.

4. Die erweiterte Aufgabe des neuen Schöffengerichts verlangt größere Sorgfalt in der Auswahl der Schöffen und ihre häufigere Heranziehung zu den Sitzungen. Für die Laienrichter der Berufungsinstanz und des Schwurgerichts ist vorherige längere Tätigkeit im Schöffengericht zu verlangen. Die Mitwirkung der Frau beim Schöffen- und Schwurgericht liegt im Interesse der Rechtspflege.

5. Die Zahl von zwei Schöffen ist genügend, um den Laienrichtern auch beim erweiterten Schöffengericht und bei der großen Strafkammer den ausschlaggebenden Einfluß zu sichern.

Zur Begründung dieser Leitsätze führte Landgerichtspräsident Schlimm folgendes aus:

I. Die Ständige Deputation des Deutschen Juristentags hat es für geboten gehalten, daß zu dem Thema über die zweckmäßige Beteiligung der Laien an der Strafrechtspflege neben zwei Rechtslehrern auch ein Praktiker als Referent das Wort nimmt, und hat mich für diese ehrenvolle Aufgabe ausersehen. Mein ernstlicher Hinweis darauf, daß für den Praktiker die Zeit zu einer irgendwie maßgeblichen Äußerung über die mit der Verordnung vom 4. Januar 1924 gemachten Erfahrungen noch nicht gekommen sei, daß meine Darlegungen nur ein Stückwerk sein könnten, zumal sie auch örtlich sich auf das Land Baden beschränken müssen, und daß sie nur auf Erfahrungen der Berufsjuristen und nicht auch der als Richter zugezogenen Laien beruhen könnten, wurde nicht für durchschlagend erachtet. Wenn ich mich nun trotz meiner erheblichen Bedenken der gestellten Aufgabe unterzogen habe, so geschah dies aus dem Gedanken heraus, daß meine aus badischen Verhältnissen geschöpften Erfahrungen Praktiker aus anderen Teilen des Reiches auf den Plan rufen werden und daß sich so aus Zustimmung und Widerspruch heraus vielleicht eine mittlere Linie der Verständigung finden lassen wird, die auch für die künftige gesetzgeberische Behandlung der Frage von Bedeutung sein kann.

II. Die zweckmäßige Regelung der Beteiligung der Laien an der Strafrechtspflege soll erörtert werden, nicht das Problem der Laienbeteiligung selbst, das offensichtlich von vornherein in bejahendem Sinne gelöst erscheint. Trotzdem kann der Referent an diesem Problem nicht vorbeigehen, weil die Ansicht über die zweckmäßige Regelung der Beteiligung in entscheidender Weise von der Einstellung zu der grundlegenden Frage selbst beeinflußt wird. Wer die Laienbeteiligung nicht für nötig oder wünschenswert hält, wird die gegenwärtigen wirtschaftlichen Verhältnisse ohne weiteres zum Anlaß nehmen, sie ganz auszuschließen oder aufs äußerste Maß zu beschränken. Ich habe deshalb um der gebotenen Klärung willen mich von vornherein als Anhänger der Beteiligung von Laien an der Strafrechtspflege bekannt; ich halte sie mit dem früheren Reichsjustizminister Schiffer geradezu für unentbehrlich, wenn nicht zwischen Volk und Recht eine gefährliche Kluft entstehen soll. Die Mitwirkung der Laien an der Strafrechtspflege gibt dem Volke Fühlung mit dem Strafrecht und Verständnis für Notwendigkeit und Wirkung der Strafe. Andererseits wird auch der Laienrichter, der die Tat und die Wirkung der Strafe unter dem Gesichtswinkel des täglichen Lebens betrachtet, auf den Richter befruchtend einwirken können und ihn davor behüten, das Strafrecht allzu formalistisch anzuwenden. Es darf auch nicht übersehen werden, daß schon die Mitwirkung der Laien bei der Aburteilung allein geeignet ist, den Vorwurf der Weltfremdheit, der dem Richter so leicht gemacht wird, wenn ein Urteil nicht befriedigt, hinfällig zu machen.

III. Aber das Prinzip darf nicht übertrieben werden. Art und Besetzung des Gerichts muß in einem gewissen Verhältnis zur Schwere der Straftat und zu dem öffentlichen Interesse stehen, das an der Bestrafung der Tat besteht. Bei minder wichtigen und einfach gelagerten Straffällen halte ich daher die Aburteilung durch den Einzelrichter für angezeigt, wenn nur die Möglichkeit gegeben ist, daß der Verurteilte die Sache im Wege der Berufung zur Entscheidung eines Gerichts bringen kann, das auch mit Laien besetzt ist. Die Aburteilung durch den Einzelrichter ermöglicht vor allem eine raschere und damit wirksamere Strafjustiz und bürgt in höherem Maße für die Gleichmäßigkeit der Bestrafung, als das Schöffengericht.

Die Ansichten der Einzelrichter selbst über die neue Einrichtung sind auffällig verschieden. Während die einen sich rasch mit ihr befreundet haben und eine Ausdehnung der Zuständigkeit auf weitere, jetzt dem Schöffengericht zugehörige Fälle für wünschenswert halten, gibt es eine nicht unerhebliche Zahl von früheren Schöffengerichtsvorsitzenden, die je eher je lieber wieder zu dem alten Schöffengericht zurückkehren möchten. Sie betonen, daß das frühere Schöffengericht in seiner Besetzung mit 3 Richtern einen nachhaltigeren und feierlicheren Eindruck gemacht habe, und befürchten, die Vereinfachung in der Besetzung könne bewirken, daß im Volke saloppere Begriffe von Recht und Sittlichkeit Platz greifen. Eingelebte Vorsitzende des Schöffengerichts alten Stils empfinden zudem die alleinige Verantwortung für das Urteil unangenehm, sie fühlen sich, wie ein alter Richter sich etwas boshaft geäußert hat, „ohne die gewohnte doppelte Flankendeckung als Einzelrichter matt und bloß und kalt." Man wird diesen Einwendungen keine ausschlaggebende Bedeutung beimessen dürfen. Die äußere Wirkung der Verhandlung hängt von der Persönlichkeit des Richters und nicht von der Anwesenheit der beiden Laienbeisitzer ab; die alleinige Verantwortung für ein Urteil werden starke Persönlichkeiten gern übernehmen, sie ist regelmäßig zugleich — ich brauche diesen scheinbaren Widerspruch dem Juristen nicht zu erklären — auch der beste Schutz für den Angeklagten selbst.

Was die Erfahrungen anlangt, die man bisher mit den Urteilen der Einzelrichter gemacht hat, so ist hier schwer ein sicherer Maßstab zu finden. Immerhin wird man doch einen gewissen Schluß ziehen können aus der Häufigkeit der Berufungen, die gegen die Urteile der Einzelrichter eingelegt worden sind, und aus dem Erfolg dieser Berufungen. Eine genaue Statistik in dieser Hinsicht steht mir leider für Baden nicht zur Verfügung. Im allgemeinen kann gesagt werden, daß die Zahl der Berufungen viel kleiner ist, als man zunächst glaubte annehmen zu müssen. In dem in der Hauptsache aus Stadtbevölkerung bestehenden Bezirk des Landgerichts Mannheim sind bis 15. August von Einzelrichtern 653 Angeklagte abgeurteilt worden. Von diesen haben 63 — also etwa 10 v. H. — Berufung eingelegt. Die Berufungen haben, soweit sie erledigt sind, nur in 2 Fällen zur Freisprechung und in 9 Fällen zu Änderungen in Strafart und Strafmaß geführt. In dem überwiegend aus Landbevölkerung zusammengesetzten Landgerichtsbezirk Waldshut kommen auf 241 Abgeurteilte 31 Berufungen, also etwa 13 v. H. Wenn die Statistik richtig ist — sie ist mir erst gestern nachmittag zugegangen und ich habe sie deshalb nicht prüfen können —, so wären hier in 15 Fällen (also etwa der Hälfte der Berufungen) Änderungen in Strafart oder Strafmaß erfolgt. Zur Vergleichung mag die Zahl der Berufungen gegen die Urteile der Schöffengerichte beigesetzt werden. In Mannheim kamen auf 380 Abgeurteilte 25 Berufungen, also $6^1/_2$ v. H.; in Waldshut betrug das Verhältnis 27:2, also etwa 7 v. H.

Von Bedeutung für die Beurteilung des Einzelrichters ist auch eine Beobachtung, die mir von verschiedenen Seiten mitgeteilt worden ist, daß nämlich nur in seltenen Fällen trotz schriftlicher und mündlicher Belehrung ein Widerspruch der Angeklagten im Sinne des § 26 Abs. 2 GVG. erfolgt ist. Die Einrichtung des Einzelrichters, die zunächst aus der Not unserer Zeit geboren ist, hat daher zweifellos einen guten Kern, der — wie ich annehme — auch zu erhalten ist, wenn unsere wirtschaftlichen Verhältnisse sich bessern. Man wird aber aus allgemeinen Erwägungen heraus, sobald dies immer möglich ist, eine Einengung der Befugnisse des Einzelrichters herbeizuführen haben. Mir scheint es wünschenswert, den § 25 Absatz 2 GVG. dahin zu ändern, daß die Staatsanwaltschaft den Antrag auf Aburteilung durch den Amtsrichter nur stellen soll, wenn keine höhere Strafe als 6 Monate Gefängnis — statt 1 Jahr — zu erwarten ist, und es sollte ferner dem Angeschuldigten auch hier das Recht des Widerspruchs im Sinne des § 26 Absatz 2 GVG. gegeben werden. Wenn sich auch die durch eine solche Ausdehnung der Zuständigkeit des Schöffengerichts erwachsenden Mehrkosten nicht genau berechnen lassen, so sind sie doch nach meiner Schätzung nicht allzu erheblich und daher auch unter den derzeitigen wirtschaftlichen Verhältnissen tragbar.

Mißlich ist, daß die Verhandlung über den Einspruch gegen einen Strafbefehl vor dem gleichen Richter stattfindet, der den Strafbefehl erlassen hat. Dem Publikum und vor allem dem Angeklagten wird hier durchweg das Vertrauen fehlen, daß der Richter, der durch Strafbefehl eine Strafe festgesetzt hat, unbefangen genug sei, um auf Grund der mündlichen Verhandlung freizusprechen oder auf eine mildere Strafe zu erkennen. Der Bestrafte wird also in vielen Fällen von der Einlegung des Einspruchs absehen; es wird ihm aber das Gefühl einer Verkümmerung seiner Rechte bleiben. Das ist besonders bedenklich, weil das Strafbefehlsverfahren erheblich ausgedehnt worden ist und weil der Richter nach § 408 StrPO. an die von der Staatsanwaltschaft beantragte Strafe gebunden ist. Wünscht man nicht die Beseitigung der Bindung des Richters, der ich nicht das Wort reden möchte, so wird es nötig fallen, den Einspruch an einen anderen Einzelrichter gehen zu lassen.

IV. Das Schöffengericht, das sich nunmehr mit all den Sachen zu befassen hat, die bisher von der Strafkammer zu erledigen waren, das — von einzelnen Ausnahmen abgesehen — nur am Sitz des Landgerichts errichtet und mit erprobten und für diesen Zweck besonders ausgewählten Richtern im Range eines Direktors besetzt ist, sollte aber gleichzeitig das gegebene Gericht für die Berufung gegen die Urteile des Einzelrichters sein. Eine solche Regelung läge in der Richtung einer Vereinfachung und Verbilligung der Gerichtsorganisation. Die Vereinfachung ergibt sich ohne weiteres aus dem Wegfall der kleinen Strafkammer, die als solche in die Organisation des Landgerichts überhaupt nicht hineinpaßt. Die verhältnismäßig geringe Zahl der Berufungen gegen die Urteile der Einzelrichter wird aber von den bestehenden Schöffengerichten wohl durchweg neben den erstinstanzlichen Strafsachen erledigt werden können, ohne daß die Errichtung von weiteren Schöffengerichten erforderlich ist. Als sachliche Vorzüge der vorgeschlagenen Einrichtung möchte ich hervorheben, daß die Richter — Vorsitzender und Schöffen —, denen die Aburteilung der wichtigeren Sachen erster Instanz aus dem ganzen Landgerichtsbezirk oder aus einem großen Teile des Bezirks obliegt, eine sehr erheblich größere Kenntnis der Persönlichkeiten und örtlichen Verhältnisse besitzen und daher in der Lage sind, ein besseres Urteil zu finden, als der Vorsitzende und die Beisitzer der kleinen Strafkammer, zu deren Kenntnis nur die — wenigen — Berufungssachen gelangen. Dann könnte man aber auch die nach § 313 StrPO. ausgeschlossene Berufung, soweit nicht lediglich Übertretungen in Frage kommen, ganz oder in beschränktem Umfange wieder zulassen.

V. Die Verordnung hat außer der Einführung des Einzelrichters noch einen weiteren kühnen Schritt gewagt: die Abschaffung des Schwurgerichts und seine Ersetzung durch ein großes Schöffengericht unter Beibehaltung des hergebrachten Namens.

Diese Neueinrichtung, die anfänglich von vielen Seiten leidenschaftlich bekämpft und von einem besonders temperamentvollen Gegner sogar als „Abbau des Rechtsstaats“ bezeichnet wurde, hat in der Zwischenzeit bei Berufsjuristen und im Volke vielfache Anerkennung gefunden. Sie ist insbesondere auch von den Geschworenen dankbar begrüßt worden. Unter den Praktikern in unserem Lande herrscht nur eine Stimme, die dahin geht, daß das neue Schwurgericht vor dem alten in jeder Richtung den Vorzug verdient. Nur ein Oberstaatsanwalt weint dem glücklicherweise verschwundenen peremtorischen Ablehnungsrecht eine Träne nach. Wieviel Leerlauf wird ausgeschaltet durch den Wegfall der Rechtsbelehrung, des Fragebogens, der doppelten Beratung! Wer in der Praxis steht, weiß, daß das frühere Schwurgericht vielfach ein Würfelspiel war, das für den Angeklagten günstig ausfallen konnte, wenn er schuldig war, aber keineswegs genügend Garantie bot gegen die Verurteilung eines Unschuldigen oder nicht genügend Überführten, wenn Gefühlsmomente mitsprachen. Ein unter den älteren badischen Juristen rühmlich bekannter Verteidiger hat das Schwurgericht alten Stils treffend dahin charakterisiert: „Einen Schuldigen verteidige ich lieber vor dem Schwurgericht, einen Unschuldigen lieber vor der Strafkammer!“ Das ist zum Glück jetzt anders geworden, und man wird meines Erachtens die Neueinrichtung beibehalten müssen. Auch Mittermaier, der überzeugte Verteidiger des Schwurgerichts alter Art, gibt bei Besprechung des Themas in der letzten Nummer der Juristenzeitung zu, daß das Schwurgericht nicht in der alten Form weiterbestehen könne, sondern „gründlich verbessert“ werden müsse. Wenn man aber Zahl und Art der von ihm angeführten Reformvorschläge überblickt, so frägt man sich, was denn eigentlich vom alten Schwurgericht noch übrig bleibt, wenn sogar die Beeinflussung der Beratung der Geschworenen durch die Juristen vorgesehen wird. Zudem scheint mir immerhin ein Widerspruch darin zu liegen, wenn Mittermaier in dem gleichen Aufsatz im allgemeinen ausführt, der Laie sei nie der „bessere“ Richter, aber das Zusammenwirken von Berufs- und Nichtberufsrichtern ergebe den besseren Spruch. Gewiß richtig! Aber warum soll diese Auffassung nur für das Schöffengericht und das Berufungsgericht gelten, nicht aber auch für das Schwurgericht, das doch die schwersten Straftaten abzuwandeln hat?

VI. Die Verordnung kennt die Mischung von Berufs- und Laienrichtern in vier verschiedenen Formen: 1:2 (Schöffengericht und kleine Strafkammer); 2 : 2 (erweitertes Schöffengericht); 3 : 2 (große Strafkammer); 3 : 6 (Schwurgericht). Auch soweit die Laienrichter in der Minderzahl sind, hat § 263 StrPO. ihnen die Entscheidung über Schuld- und Straffrage in die Hand gegeben. Wenn man bei der verschiedenartigen Zusammensetzung der einzelnen Gerichtskörper ein System erkennen will, so kann es nur das sein, daß die schwierigeren Sachen und die Berufungssachen durch ein Gericht entschieden werden, das je mit einer Mehrheit von Juristen und von Laien besetzt ist. Aus diesem System fällt jedoch die kleine Strafkammer heraus. Es besteht also auch nach dieser Richtung kein Hindernis, die kleine Strafkammer abzuschaffen und mit ihrer Aufgabe das in gleicher Weise besetzte Schöffengericht zu befassen. In der Praxis sind von keiner Seite gegen die Art der Zusammensetzung der verschiedenen Gerichte Beanstandungen erhoben worden.

VII. Viel wichtiger als die Frage der zahlenmäßigen Verteilung der Berufs- und Laienrichter ist die Auswahl der Laienrichter. Dem mit ihrer Wahl betrauten Ausschuß erwächst aus der Zuziehung von Laien zur Aburteilung der bisher von den Strafkammern behandelten schwierigsten Strafprozesse eine wichtige und verantwortungsvolle Aufgabe, für deren Lösung ihm die Gerichtsverfassung keine Regeln gibt. Aber die Vorschrift des § 30, daß die Schöffen während der Hauptverhandlung das Richteramt in vollem Umfang und mit gleichem Stimmrecht wie der Berufsrichter auszuüben haben, zwingt dazu, Leute zu wählen, die einer Verhandlung folgen und sich aus ihr ein selbständiges Urteil zu bilden in der Lage sind. Konnten bei dem früheren Schöffengericht auch Schöffen mit mangelhafter Qualifikation ertragen werden, so ist das jetzt nicht mehr möglich, wenn die Zuziehung von Volksrichtern überhaupt einen Zweck haben soll. Den Schöffen, der in der Beratung auf die Frage nach seiner Beurteilung des Falles nicht anderes zu sagen weiß, als: „Wie Sie meinen, Herr Richter; Sie müssen es am besten wissen!“, kann man im neuen Schöffengericht ebensowenig brauchen, wie den anderen, der die Entscheidung über die Schuldfrage dem Amtsrichter überläßt und seine einzige Aufgabe darin findet, das Strafmaß zu drücken! Man hat in der Praxis mit der Frau als Laienrichterin überwiegend gute Erfahrungen gemacht. Im Jugendgericht wird die Frau einstimmig für unentbehrlich gehalten; aber auch viele andere Gerichtsvorsitzende anerkennen bei der Frau lebhaftes Interesse an der Verhandlung, Gewissenhaftigkeit und peinliche Objektivität; einzelne schätzen die Schöffin sogar höher ein als den Schöffen. Dieses für manchen männlichen Schöffen beschämende Urteil findet seine Erklärung darin, daß man bei der Auswahl der Frau zum Laienrichteramt besonders sorgfältig vorgegangen ist und nur solche Frauen ausgewählt hat, die sich schon in irgend einer Weise im Dienste der Wohltätigkeit oder sonst in einem öffentlichen Dienste betätigt und bewährt haben. Diese Erfahrung muß auch für die künftige Auswahl der männlichen Laienrichter die Richtschnur bilden. Nicht darauf hat es meines Erachtens anzukommen, daß man die Auswahl der Schöffen nach politischen Gesichtspunkten zu vermeiden sucht, sondern, daß man Leute zu finden weiß, die trotz ihrer Parteizugehörigkeit unabhängig denken können und wollen.

Noch ein anderes ist aber nötig, wenn die Zuziehung von Volksrichtern den „besseren Spruch" herbeiführen soll. Der Schöffe ist nicht Sachverständiger, sondern Richter. Die Tätigkeit des Richters aber ist eine Kunst, die bis zu einem gewissen Grade erlernt werden kann. Deshalb verlangt die neue Regelung mit ihren schwierig gewordenen Aufgaben die häufigere Zuziehung der Schöffen zu Sitzungen, damit sie allmählich lernen, auch einer längeren und verwickelten Verhandlung mit Verständnis zu folgen und die Ergebnisse richtig zu verarbeiten. Zu diesem Verständnis nach Kräften beizutragen, ist die neue bedeutsame Aufgabe des Vorsitzenden in der Verhandlung und in der Beratung. Kurze Verhandlungen wie vor der früheren Strafkammer, wo vieles unausgesprochen blieb und sich für die Berufsrichter aus der Art des Falles stillschweigend ergänzte, stehen mit der Laienjustiz im Widerspruch. Auch der gut veranlagte Schöffe vermag als ungeübter Neuling einen umfangreichen Tatbestand, wie er die Regel bildet, nicht zu überschauen, zu durchdenken und innerlich zu verarbeiten. Der Vorsitzende muß also breit verhandeln, die Zusammenhänge betonen und unterstreichen und darf vor Wiederholungen nicht zurückschrecken. Auch die Art der Beratung muß darauf eingestellt werden, die unbeeinflußte Meinung der Laienrichter zu erfahren. Sie soll, auch soweit die Laienrichter nicht zahlenmäßig in der Überzahl sind, dem unverfälschten Rechtsempfinden des Volkes Geltung verschaffen. Diese Tatsache hat der Verhandlungsleiter zu beachten, und er darf nicht seine fachmännische Überlegenheit dazu benützen, um seine Auffassung unter allen Umständen durchzusetzen. Darum schreibt § 197 GVG. allgemein vor:

„Die Schöffen und Geschworenen stimmen vor den Richtern." Der weitere Satz: „Wenn ein Berichterstatter ernannt ist, so stimmt er zuerst" will meines Erachtens nicht — wie er vielfach aufgefaßt wird — besagen, daß der Berichterstatter auch vor den Schöffen zu stimmen hat, sondern, daß er als erster unter den Richtern sein Votum abgibt, auch wenn er nicht der jüngste ist. Es wäre sonst gerade bei allen Berufsverhandlungen eine der Absicht des Gesetzes widersprechende Beeinflussung der Laienrichter gegeben, wenn der Berichterstatter an erster Stelle sein wohlbegründetes Votum abgeben würde, da alsdann der weniger selbständige und noch unerfahrene Laienrichter seine eigene Meinung aus dem Gefühl einer gewissen Unsicherheit heraus unterdrücken und sich ohne Widerspruch von dem Richter leiten ließe.

Ein von mir sehr geschätzter Vorsitzender, der im Schöffengericht, in der kleinen Strafkammer und im Schwurgericht tätig geworden ist, empfiehlt aus seiner Erfahrung heraus, die Beratung im Interesse eines gänzlich unbeeinflußten Laienurteils nicht mit einem Referat zu beginnen, sondern regelmäßig den jüngsten Laienrichter ohne jede Einleitung sein Urteil fällen und begründen zu lassen; bei größeren Fällen lasse es sich allerdings nicht vermeiden, daß der Vorsitzende den Beratungsgegenstand zerlegt und in eine Reihe einzelner Fragen auflöst, er müsse aber seine Aufgabe nach § 194 GVG. erfüllen, ohne zu den Fragen irgendwie selbst Stellung zu nehmen. Mein Gewährsmann hebt die geradezu frappanten Erfolge dieses Systems hervor: jeder Beisitzer werde dadurch förmlich gezwungen, mit seinen Gedanken herauszurücken und — wenn auch manchmal unbeholfen — Stellung zu den Vorträgen der Angeklagten und der Verteidigung sowie zu den Aussagen der Zeugen zu nehmen. Das natürliche Rechtsgefühl, der gesunde Menschenverstand, frei von juristischen Erwägungen, komme dadurch zur Erscheinung. Es scheint mir, als ob diese Gedanken durchaus richtig seien und daß sie wert seien, Gemeingut aller Berufsrichter zu werden. Ihrer Anwendung steht auch dann nichts entgegen, wenn man in Abweichung von meiner Ansicht glaubt, den Berichterstatter vor den Laienrichtern abstimmen lassen zu müssen; denn das Abstimmen kommt doch erst am Schluß der Beratung. Handelt der Vorsitzende nach diesen Gesichtspunkten, so wird auch der Einwand, daß das Schwurgericht in seiner guten Seite abgeschafft sei, nicht mehr mit Recht erhoben werden können.

VIII. Ich komme damit zum Schluß. Meine Ausführungen können

wegen der zeitlichen und örtlichen Beschränkung ihrer Unterlagen nur ein bedingtes Ergebnis haben; aber soviel scheint mir trotz der nur kurzen Erprobung der Verordnung vom 4. Januar 1924 festzustehen: die Praxis kann mit der durch die Verordnung geschaffenen Regelung der Laienbeteiligung arbeiten; vor grundlegenden Änderungen müssen weitere Erfahrungen abgewartet werden; die teilweise Einschränkung der Zuständigkeit des Einzelrichters und die Übertragung der Berufung gegen seine Urteile an das Schöffengericht unter Wegfall der kleinen Strafkammer dagegen erscheint mir schon jetzt wünschenswert. Von ausschlaggebender Bedeutung für die Beteiligung der Laienrichter an der Strafrechtspflege ist neben ihrer sorgfältigen und zielbewußten Auswahl die Einstellung der Verhandlung und Beratung auf Eigenart und Bedürfnisse der juristisch nicht geschulten Laien und die willige Verwertung der aus den Ansichten tüchtiger Laienrichter zu entnehmenden Rechtsauffassung des Volks durch die Berufsjuristen. In dieser Art und in diesem Geist geübte Strafrechtspflege wird in wahrem Sinne volkstümlich werden.

Nachdem Geh. Justizrat Dr. Kronecker einige Bemerkungen zu den Leitsätzen der Berichterstatter gemacht hatte, wurde wegen vorgerückter Zeit die weitere Verhandlung auf den 13. Sept., vormittags 9 Uhr, vertagt.

---

## Dritte Sitzung der ersten Abteilung

am

Sonnabend, den 13. September 1924.

Herr Staatssekretär i. R. Dr. Mügel eröffnete die Sitzung.

Die Berichterstatter hatten sich über folgende Leitsätze verständigt:

1. Die Beteiligung der Laien an der Strafrechtspflege ist — von minderwichtigen und einfach gelagerten Fällen abgesehen — für alle Tatsacheninstanzen anzustreben.
2. Die Ausnahmen von diesem Grundsatz nach VO. vom 4. Jan. 1924 sind im Hinblick auf die gegenwärtigen wirtschaftlichen Verhältnisse geboten und nach den bisherigen Erfahrungen auch erträglich. Immerhin wäre eine Einschränkung der Zuständigkeit des Einzelrichters wünschenswert.
3. Die Zahl von zwei Schöffen ist genügend, um den Laienrichtern auch beim erweiterten Schöffengericht und bei der großen Strafkammer den ausschlaggebenden Einfluß zu sichern; jedoch ist die Verhandlung und Beratung der Eigenart und den Bedürfnissen der Laienrichter anzupassen.
4. Der Ersatz des Schwurgerichts durch ein großes Schöffengericht ist zu billigen.
5. Die erweiterte Aufgabe des neuen Schöffengerichts verlangt größere Sorgfalt in der Auswahl der Schöffen und ihre häufigere oder ständige Heranziehung zu den Sitzungen. Für die Laienrichter der Berufungsinstanz und des neuen Schwurgerichts ist vorherige längere Tätigkeit im Schöffengericht zu verlangen. Die Mitwirkung der Frau beim Schöffen- und neuen Schwurgericht liegt im Interesse der Rechtspflege.

Nach einer Geschäftsordnungsdebatte beschloß die Abteilung, da es im Hinblick auf die demnächst beginnende zweite Plenarversammlung an der ausreichenden Zeit zu sachgemäßer Diskussion, für die sich zahlreiche Redner zum Worte gemeldet hatten, fehlte, von der weiteren Behandlung des Themas abzusehen; der erste Berichterstatter, Prof. Dr. Gleispach, wurde ersucht, den Bericht für die Plenarversammlung zu übernehmen.

---

# Erste Sitzung der zweiten Abteilung

(für bürgerliches Recht)

am

Donnerstag, dem 11. September 1924.

Zum Vorsitzenden der Abteilung wurde Oberlandesgerichtspräsident Dr. Mittelstein-Hamburg, zum ersten Stellvertreter des Vorsitzenden Hofrat Privatdozent Dr. Klang-Wien, zum zweiten Stellvertreter Rechtsanwalt Dr. Fürst-Heidelberg durch Zuruf gewählt.

Oberlandesgerichtspräsident Dr. Mittelstein übernahm den Vorsitz und berief zu Schriftführern die Referendare Überle-Heidelberg, Marschall-Heidelberg und Dr. Hagmaier-Sinsheim.

Zu dem Thema:

Welche Richtlinien sind für die zukünftige Gestaltung des Wohnungsmietrechts aufzustellen?

wurden von den Berichterstattern, Amtsgerichtsrat Prof. Dr. Ruth-Offenbach-Frankfurt und Hofrat Privatdozent Dr. Klang-Wien, die nachfolgenden Leitsätze vorgelegt:

## I. Leitsätze Ruth.

1. Die völlige Beseitigung der Wohnungszwangswirtschaft ist erst möglich, nachdem durch genügenden Neubau ein Ausgleich zwischen Angebot und Nachfrage auf dem Wohnungsmarkt herbeigeführt ist.

2. Der Neubau ist gleichzeitig durch wirtschaftliche Maßnahmen und durch Änderung des geltenden Wohnungsrechts unter Aufstellung eines einheitlichen Bauprogramms so energisch zu fördern, daß nach Ablauf einer bestimmten Frist die freie Wirtschaft wieder hergestellt werden kann.

A. Als wirtschaftliche Maßnahmen empfehlen sich namentlich:

a) Tatkräftigste Unterstützung der gemeinnützigen Siedlungsgenossenschaften durch ausreichende Gewährung billigen

Leihkapitals und weitgehende Beteiligung von Staat und Gemeinden an ihrer Finanzierung, Zurverfügungstellung verbilligten Baumaterials und geeigneter technischer Leiter aus den Beamten der staatlichen und kommunalen Hochbauämter. Ihre Organisation ist nach einheitlichen Richtlinien für das gesamte Reich zu regeln;

b) Einstellung staatlicher und kommunaler Eigenbauten für private Wohnungszwecke als unwirtschaftlich. Die für die Förderung des Neubaues zur Verfügung stehenden Gelder sind dem Baumarkt als hypothekarisch gesichertes Leihkapital zu mäßigem Zinsfuß zur Verfügung zu stellen;

c) billige Gewährung von Baugelände an alle Baulustigen durch Staat und Gemeinden, namentlich auf dem Wege des Erbbaurechts;

d) weitgehende Befreiung der Neubauten von allen diese verteuernden Steuern und Abgaben.

B. Als rechtliche Maßnahmen sind geeignet:

a) Wiedereinführung des Stockwerkseigentums,

b) Umgestaltung des dinglichen Wohnungsrechts (§ 1093 BGB.) zu einem vererblichen und veräußerlichen Recht.

c) Die bisherige Befreiung der Neubauten von der Zwangswirtschaft ist beizubehalten. Bis zur Schaffung ausreichenden neuen Wohnraums ist jedoch der Mieter in Neubauten gegen Obdachlosigkeit bei Beendigung des Vertragsverhältnisses zu schützen durch Gewährung eines gerichtlichen Räumungsaufschubs in geeigneten Fällen. Die Miete kann im Streitfall durch das Gericht auf die angemessene und ortsübliche Miete herabgesetzt werden. Nach Bezug einer Wohnung in einem Neubau darf der Mieter hinsichtlich eines Tauschs mit einer Altwohnung oder der späteren Zuweisung einer Altwohnung nicht schlechter gestellt sein als die Mieter in Altwohnungen.

d) Der Mieterschutz für Altwohnungen ist Ausländern, die erst nach dem Kriege ihren Wohnsitz oder ständigen Aufenthalt in Deutschland genommen haben, sowie denjenigen Mietern, deren Einkommen und Vermögen eine bestimmte Höhe überschreitet, nach Ablauf einer zur Erstellung eigener Wohnungen ausreichenden Frist zu entziehen.

Die gleichen Personenkategorien sind bei Zuweisung von Altwohnungen nicht mehr zu berücksichtigen.

e) Die Umwandlung von Wohnräumen in Geschäftsräume ist wie bisher (§ 2 Abs. 2 WMG.) zu verbieten.

3. Für die Übergangszeit bis zur Wiederherstellung der freien Wirtschaft werden weiterhin folgende Maßnahmen für Altwohnungen vorgeschlagen:

a) Für Geschäftsräume und möblierte Räume sind die bestehenden Beschränkungen zu beseitigen.

b) Die Höhe der Miete darf nicht über einen reichsrechtlich festzusetzenden und von Zeit zu Zeit nachzuprüfenden Höchstsatz hinausgehen. Dieser ist aber zur Zeit mit mindestens 125 % der Friedensgoldmiete zu bemessen. Mietern, deren Einkommen unterhalb einer gewissen Grenze liegt, ist zur Zahlung der Miete Beihilfe aus öffentlichen Mitteln zu gewähren.

c) Grundsätzlich ist die bisherige Regelung der Auflösung des Mietverhältnisses gegen den Willen des Mieters beizubehalten. Jedoch erscheint eine Aufhebungsklage überflüssig, wenn ihre Voraussetzungen nach §§ 2, 3 MSchG. schon durch Straf- oder Zivilurteil rechtskräftig festgestellt sind. Für diese Fälle genügt die Kündigung des Vermieters, wenn sie binnen einer Frist von drei Monaten nach Rechtskraft des Urteils erklärt wird.

d) Die Beschaffung der Ersatzräume ist grundsätzlich Sache des zur Räumung verpflichteten Mieters, wenn das Mietverhältnis lediglich aus einem in der Person des Mieters liegenden Grunde (§§ 2, 3 MSchG.) beendigt wurde. Daher ist in solchen Fällen die Zwangsvollstreckung lediglich insoweit zu beschränken, daß dem Verpflichteten ein Räumungsaufschub von bestimmter Dauer, der evtl. verlängert werden kann, von den Gerichten nach freiem Ermessen zugebilligt wird. Die Gewährung eines Räumungsaufschubs ist auch ohne vorausgegangenes Räumungsurteil dann zulässig, wenn die Verpflichtung zur Räumung von dem Betroffenen nicht bestritten wird.

Kommt bei begründeter Aufhebungs- oder Räumungsklage die sofortige Zwangsvollstreckung nicht in Frage, so ist zunächst nur durch Zwischenurteil der Klageanspruch dem

Grunde nach für gerechtfertigt zu erklären und das Endurteil nach Beseitigung der Hindernisse für die Zwangsvollstreckung zu erlassen.

e) Die Eingriffe der öffentlichen Behörden zum Zwecke der Erfassung und Verwertung von Wohnräumen sind auf den Zwang zur Vermietung unbenutzter Wohnungen und die Zuteilung freiwerdender Wohnungen an die Wohnungsuchenden zu beschränken.

4. Alle erforderlichen wirtschaftlichen und rechtlichen Maßnahmen sind durch ein einheitliches Reichswohnungsgesetz zu treffen. Zu ihrer Durchführung ist eine Reichszentralstelle zu schaffen, der die einzelstaatlichen und kommunalen Ausführungsbehörden zu unterstellen sind. Die Organisation der Behörden ist weitgehend zu vereinfachen, insbesondere können die Mieteinigungsämter als entbehrlich beseitigt werden.

5. Das Mietrecht des BGB. ist schon jetzt dahin abzuändern, daß Ansprüche des Mieters wegen Instandhaltung der Mieträume einer kurz bemessenen Ausschlußfrist für ihre Anmeldung bei dem Vermieter und ihre gerichtliche Geltendmachung unterworfen werden; die Zurückbehaltung der Miete wegen der Gegenansprüche des Mieters ist nur soweit zuzulassen, als die rückständige Miete die Höhe der Gegenansprüche nicht übersteigt.

6. Nach Ablauf der Übergangszeit bildet unter Wegfall aller bestehenden Beschränkungen das Mietrecht des BGB. wieder die alleinige Grundlage der vertraglichen Beziehungen zwischen den Beteiligten.

## II. Leitsätze Klang.

1. Die völlige Beseitigung der Wohnungszwangswirtschaft ist erst möglich, wenn durch genügenden Neubau ein Ausgleich zwischen Angebot und Nachfrage auf dem Wohnungsmarkte herbeigeführt ist.

2. Die Bestimmungen des Übergangsrechts sind so zu gestalten, daß sie die Herbeiführung dieses Ausgleichs nicht hindern, sondern fördern. Es werden zu diesem Zwecke die in den Leitsätzen des Berichterstatters Prof. Dr. Ruth vorgeschlagenen Maßnahmen empfohlen.

3. Die in Leitsatz 5 des Berichterstatters Prof. Dr. Ruth empfohlene Änderung des BGB. wird befürwortet.

4. Für die endgültige Gestaltung des künftigen Wohnungsmietrechts werden folgende Leitsätze vorgeschlagen, nach denen die Bestimmungen des BGB. und des aBGB. abzuändern sind:

A. Die Beschlagnahme von Wohnungen und die Zwangsvermietung durch Organe der öffentlichen Verwaltung ist zu beseitigen und die Freiheit des Eigentümers in der Verfügung über den ihm gehörigen Wohnraum und der Auswahl der Mieter ohne Einschränkung wieder herzustellen.

B. Die Auflösung der Miete ist nach folgenden Grundsätzen zu regeln: regeln:

a) Der Abschluß von Mietverträgen auf bestimmte Zeit ist mit voller Wirksamkeit der Vertragsabrede zu gestatten.

b) Bei Mieten von unbestimmter Dauer steht dem Vermieter das Recht der Kündigung ohne Angabe von Gründen zu; verstößt die Kündigung gegen Treu und Glauben oder gegen die guten Sitten, so ist sie auf Einspruch des Mieters für unwirksam zu erklären. Der Einspruch des Mieters wird hinfällig, wenn sich der Vermieter zum Ersatze der Übersiedlungskosten bereit erklärt und für die Erfüllung dieser Verpflichtung angemessene Sicherheit leistet.

c) Das Recht zur Kündigung von Untermieten unterliegt keiner Beschränkung.

C. Die Vertragsfreiheit ist in Ansehung der Mietzinse dahin zu beschränken, daß kein höherer als der angemessene oder ortsübliche Mietzins vereinbart werden kann.

Für den Anspruch auf Rückzahlung des aus gesetzwidriger Vereinbarung geleisteten Übermaßes ist eine kurze Verjährungsfrist festzusetzen.

D. Die Exekutionsbeschränkungen des Notmietrechts sind nicht zu übernehmen.

Dagegen ist für dringende Ausnahmefälle die einstweilige Einstellung (Aufschiebung) der Exekution nach Ermessen des Vollstreckungsgerichts zu gestatten, soweit nicht überwiegende Interessen des Vermieters entgegenstehen und hierdurch nicht Obdachlosigkeit des Nachfolgers in der Miete herbeigeführt wird.

Der Vollzug der zwangsweisen Räumung soll erst nach vorheriger Verständigung des Mieters und Ablauf einer angemessenen Frist seit dieser Verständigungsfrist beginnen dürfen.

E. § 1120 aBGB. ist dahin abzuändern, daß darin der Rechtssatz „Kauf bricht nicht Miete" Ausdruck findet.

F. Die Untervermietung ist grundsätzlich zuzulassen und nur auszuschließen, wenn sie im Vertrage ausdrücklich untersagt worden ist oder ein wesentliches Interesse des Vermieters verletzen würde.

G. Es empfiehlt sich, neben der Reform der schuldrechtlichen Wohnungsmiete durch Wiedereinführung des Stockwerkseigentums oder einer ähnlichen Rechtsform Einrichtungen zu schaffen, durch welche die reale Teilung von Wohngebäuden und der Erwerb voller Sachherrschaft durch den Inhaber einer nicht das ganze Gebäude erfüllenden Wohnung ermöglicht wird.

Professor Dr. Ruth erstattete folgenden Bericht:

Der Deutsche Juristentag, der schon früher seine Aufmerksamkeit der Verbesserung der Wohnungsverhältnisse zugewandt hat — ich erinnere an die 1913 erstatteten Referate von Prof. Erman und Dr. Karlik —, hätte in diesem Jahre kaum ein zeitgemäßeres Thema als das vorliegende zur Besprechung wählen können. Wir sind auf einem Tiefstand unseres Wohnungswesens angelangt, wie ihn kein anderes Volk in gleichem Ausmaß aufzuweisen hat. Die Erfahrung dürfte Allgemeingut sein, daß nach 5 Jahren erfolglosen Experimentierens auf diesem Gebiet etwas Entscheidendes geschehen muß, wenn wir nicht noch unabsehbare Zeit unser heutiges Wohnungselend in unverminderter oder noch erhöhter Stärke zu ertragen gezwungen sein wollen. Es ist an der Zeit, daß die Erörterung der notwendigen Maßnahmen endlich einmal dem Stadium des Parteigezänkes und der Interessenpolitik entrückt wird und vor einem objektiven Forum zur Verhandlung kommt. Freilich — mit Mitteln der juristischen Technik, durch eine Veränderung der bestehenden Rechtsordnung wird das Problem allein nicht zu lösen sein. Jede Rechtsordnung baut sich auf einer bestimmten Gestaltung der wirtschaftlichen Verhältnisse auf. Und wir können daher an den mit dem Thema im Zusammenhang stehenden wirtschaftlichen Fragen nicht vorübergehen, wenn wir die Gestaltung des künftigen Wohnungsmietrechts ins Auge fassen.

I. Hier betreten wir allerdings heißestes Gebiet, auf dem der Kampf der gegensätzlichen Interessenvertretungen tobt, das erfüllt ist von demagogischen Schlagworten und Gründen. Freie Wirtschaft — Sozialisierung des Hauseigentums sind die äußersten Pole, zwischen denen eine Unzahl von vermittelnden Reformideen sich bewegt. Zum großen Teil hat bereits die Entwicklung des Wirtschaftslebens diese Reformideen von selbst ad absurdum geführt, so daß sich ein Eingehen darauf nicht mehr lohnt. Namentlich ist durch die eingetretene Stabilität unserer Währung, durch das entschleierte Bild unserer Verarmung, eine ganz neue Lage geschaffen, die andere Ausgangspunkte erheischt. Wir wollen versuchen, unabhängig von unserer wirtschaftlichen und politischen Grundeinstellung nüchtern und unvoreingenommen die Wege zu betrachten, die uns aus unseren jetzigen Zuständen des Wohnungswesens herauszuführen vermögen. Dabei möchte ich von vornherein betonen: wir können uns viele Experimente nicht mehr leisten. Ich bin ein grundsätzlicher Gegner der Reformierungswut, die nach dem Kriege alle Gebiete des wirtschaftlichen Lebens erfaßte und alle früheren Einrichtungen restlos verdammte. Sie hat uns nur unschätzbare Zeit und kostbares Geld gekostet, ohne unser wirtschaftliches Elend bessern zu können. Eine gute Reform soll möglichst an bestehende bewährte Einrichtungen und Organisationen anknüpfen, sich deren Erfahrungen zu Nutzen machen und sie auszubauen suchen, statt durch Umstürzung alles Bestehenden zunächst ein Chaos zu schaffen. Deshalb schalte ich aus dem Kreis der Möglichkeiten alle Reformvorschläge aus, die ihr Ziel nicht mit verhältnismäßig einfachen und billigen Mitteln zu erreichen suchen.

Darin besteht nun grundsätzlich überall Übereinstimmung, daß nur tatkräftige Förderung des Neubaus wieder normale Verhältnisse auf dem Wohnungsmarkt herbeizuführen vermag. Solange noch das Angebot an Wohnungen so erheblich hinter der Nachfrage zurückbleibt — es besteht zurzeit ein Defizit von ca. $1^1/_2$ Millionen Wohnungen nach vorsichtiger Schätzung — wird auch der eifrigste Verfechter der freien Wirtschaft nicht mit gutem Gewissen die restlose sofortige Befreiung des Hausbesitzes von den bestehenden Fesseln befürworten können. Die auf anderen Wirtschaftsgebieten mit der Freigabe von der Zwangswirtschaft gemachten günstigen Erfahrungen dürfen uns nicht verleiten, gleiches von der Aufhebung der Wohnungszwangswirtschaft zu erhoffen. Hat dort nach einer vorübergehenden, durch die Veränderung des Wirtschaftssystems bedingten Erschütterung des Wirtschaftslebens das freie Spiel der wirtschaftlichen Kräfte durch Erhöhung der Produktion wieder normale Marktverhältnisse geschaffen, so fehlt es auf dem Gebiete des Wohnungswesens vollkommen an denselben Grundbedingungen. Hier ist durch die Fesseln, die seit ca. 10 Jahren das Baugewerbe an Betätigung hinderten, die Produktions grundlage zerstört. Darüber vermögen die nicht erheblich ins Gewicht fallenden staatlichen und kommunalen Eigenbauten und die zum eigenen Gebrauch erstellten Privatwohnungen nicht hinwegzutäuschen. Dadurch wurde kaum der Abgang an baufälligen Wohnungen gedeckt. Träger der Produktion, d. h. der Neubautätigkeit war in normalen Zeiten der auf eigenes Risiko, mit eigenem oder geliehenem Kapital arbeitende Bauunternehmer, der in der Hoffnung auf baldigen Absatz und lohnenden Verdienst ganze Straßenzüge erstellte. War auch der Typ der von ihm erbauten Häuser meist der der großstädtischen Mietkaserne mit all ihren so häufig geschilderten Nachteilen, weil sie für den Bauunternehmer wie den Terrainspekulanten die rentabelste Bauform schien: aber es wurden doch wenigstens überhaupt genügend Häuser gebaut und ausreichende Unterkunftsmöglichkeiten geschaffen. Dieser Bauunternehmer existiert nicht mehr, darf man wohl ohne Übertreibung behaupten. Seine Unternehmungslust hat sich lohnenderen Gebieten zugewandt. Sein Geschäftskapital ist entweder der Geldentwertung anheimgefallen oder steckt in anderen gewerblichen Unternehmungen. Ist so der Organismus der Produktion zerstört, so fehlt es andererseits an dem wichtigsten Element seines Neuaufbaues: dem erforderlichen Kapital. Die Quellen, die dem Baumarkt vor dem Kriege in so überreichem Maße zuflossen, sind versiegt und es bedarf vieler Jahre, um wieder eine nennenswerte erneute Kapitalsbildung zu ermöglichen.

So ist bei Freigabe der Wohnungswirtschaft an einen schnellen Ausgleich des vorhandenen ungeheuren Wohnungsmangels nicht zu denken. Staat und Kommunen könnten für sich allein diese Aufgabe nicht bewältigen. Bestenfalls würden mehrere Jahre bis dahin vergehen. Eine solche langdauernde Erschütterung kann unser geschwächtes Volksleben nicht ertragen. Der Wohnungsmangel würde unfehlbar zu einer das objektiv gerechtfertigte Maß um ein vielfaches übersteigenden Erhöhung der Mieten führen und damit zur Ausschaltung aller nicht genügend finanzkräftigen Mieter vom Bezug einer Wohnung. Denn der Preis bestimmt sich nach feststehenden wirtschaftlichen Grundsätzen durch das Verhältnis von Angebot und Nachfrage und daran vermag auch eine behördliche Preisregulierung nichts wesentliches zu ändern. Und daß die durch die Zwangswirtschaft erbitterten Hausbesitzer nach Aufhebung aller Schranken nicht gerade von Gefühlen des Edelmuts gegenüber dem Mieter beseelt sein würden, ist ohne weiteres klar. Ob auch, wie von mancher Seite befürchtet wird, eine Verteuerung der Baumaterialien und der Grundstückspreise die Folge einer Aufhebung sein würde, ist mir zweifelhaft. Denn auch deren Preise bestimmen sich nach dem Verhältnis von Angebot und Nachfrage, und ihre Steigerung findet eine Grenze an der geschwächten Kaufkraft der Bevölkerung. Schon die angeführten Gründe sind aber mehr als ausreichend, um jeden Gedanken an eine sofortige Freigabe der Wohnungswirtschaft auszuschalten.

So muß es denn bis zur Herstellung normaler Verhältnisse auf dem Wohnungsmarkt bei dem System der Zwangswirtschaft vorläufig bleiben. Womit natürlich nicht gesagt ist, daß dieses System in allen Einzelheiten sehr lobenswert und nicht verbesserungsbedürftig wäre. Aber mit Entschiedenheit ist zu betonen, daß die behördliche Zwangswirtschaft nur als vorübergehende Regelung erträglich ist, aber nicht zum Dauerzustand ausarten darf. Sie wirkt produktionshindernd, das ist ihr schwerster Nachteil. Wir müssen versuchen, auch während bestehender Zwangswirtschaft wenigstens die wirtschaftlichen Grundlagen zu schaffen, um die Privatwirtschaft in absehbarer Zeit wieder in Stand zu setzen, ihre Aufgaben zu erfüllen. Dann kann auch daran gedacht werden, die Fesseln völlig zu lösen, unter denen nicht nur der Hausbesitz sich schwer benachteiligt fühlt, sondern auch die Mieterschaft erheblich zu leiden hat. Mit allen Mitteln gilt es daher den Neubau zu organisieren und zu fördern. Wirtschaftliche und rechtliche Maßnahmen müssen hierbei Hand in Hand gehen.

II. 1. Daß der Staat und die Kommunen nicht in der Lage sind, das vorhandene Wohnungsbedürfnis durch eigene Bautätigkeit zu befriedigen, lehrt die Erfahrung der letzten Jahre. Das Versagen dieser Körperschaften ist nicht allein auf die Übelstände der Inflationszeit, die jede Kalkulation und planmäßige Wirtschaft über den Haufen warfen, zurückzuführen. Die zur Verfügung gestellten Mittel waren absolut unzureichend, und man scheute sich aus mancherlei Gründen, die Wohnungsbauabgabe entsprechend zu erhöhen. Die Hauptursache lag aber darin begründet, daß eben die behördliche

Bürokratie in wirtschaftlichen Dingen zu langsam und zu wenig kaufmännisch zu arbeiten vermag. Der durch das bürokratische System an freier Entschließung gehinderte Beamte konnte sich den wechselnden Verhältnissen der Geldentwertung und Preisgestaltung nicht schnell genug anpassen. In dieser Beziehung sind eben stets der Staat und die Gemeinde als Unternehmer der Privatwirtschaft unterlegen. Dazu kommt, daß die Verwaltung und Bewirtschaftung der Neubauten einen kostspieligen Beamtenapparat erfordert. Man scheint ja auch neuerdings mehr und mehr von diesem System abzukommen und wählt vorzugsweise den von mir schon früher befürworteten Weg, die zu Wohnungszwecken verfügbaren Gelder der Privatwirtschaft als billiges Leihgeld zur Verfügung zu stellen. Die öffentliche Bautätigkeit hat aber weiter auch den Nachteil im Gefolge, der allgemein mit Recht den Sozialisierungsbestrebungen entgegengehalten wird: sie schaltet die freie Initiative aus, veranlaßt den einzelnen, statt alle Kräfte zur Erreichung des gewünschten Zustandes anzuspannen, sich auf die Hilfe der Allgemeinheit zu verlassen, und läßt so wichtige Faktoren der Wirtschaft unausgenutzt. Nur das Privatinteresse trägt die Kraft in sich, die Wohnungsnot allmählich zu überwinden. Wer für sein eigenes Bedürfnis und für den eigenen Nutzen baut, arbeitet rationeller, billiger und schneller als ein nur für eine unbestimmte Allgemeinheit sorgendes öffentliches Unternehmen mit schwerfälligem Beamtenkörper. Da nun der Privatunternehmer, der Erzeuger des Zinshauses, vorläufig nicht mehr in Betracht kommt, da andererseits die Mittel des einzelnen bei der allgemeinen Verarmung meist nicht mehr wie früher ausreichen, um einen eigenen Wohnungsbau in Angriff zu nehmen, so sehe ich zurzeit den einzigen Erfolg versprechenden Weg, um den Neubau nennenswert zu fördern, in dem Zusammenschluß der Baulustigen zur Tätigkeit mit vereinten Kräften und Mitteln, wie sie die gemeinnützigen Siedlungs- und Baugenossenschaften verkörpern. Sind diese auch wie jeder bis zu einem gewissen Grade bürokratisch geleiteter vielköpfiger Organismus dem privaten selbständigen Bauunternehmer unterlegen, so vermögen sie doch bei entsprechender Organisation und guter kaufmännischer und technischer Leitung wesentlich rationeller und billiger zu bauen als der Privatmann. Gegenüber dem spekulativ arbeitenden Bauunternehmer weisen sie sogar den nicht zu unterschätzenden Vorteil auf, daß sie in der Lage sind, den Anforderungen der Wohnungskultur und dem Ideal einer möglichst weiträumigen Siedlung in Gestalt des Flachbaues mit ausreichenden

Hausgärten an Stelle der großstädtischen Mietkasernen in höherem Maße Rechnung zu tragen, als dies der in erster Linie auf seinen Gewinn bedachte private Bauunternehmer gewillt sein wird. Sie hatten in der Tat auch schon beachtenswerte Erfolge zu verzeichnen. Ihre Tätigkeit hat freilich die Inflationszeit lahmgelegt, und es fehlt ihnen das erforderliche Kapital. Hier ist die m. E. beste Möglichkeit gegeben für Staat und Gemeinden, die für Bauzwecke verfügbaren öffentlichen Mittel zweckentsprechend einzusetzen und die Genossenschaften in sonstiger Weise weitgehend zu unterstützen. Billige Zuweisung von Baugelände, sei es im Wege des Verkaufs oder des in diesem Zusammenhang wieder erheblich an Bedeutung gewinnenden Erbbaurechts, weitgehende Beteiligung von Staat und Kommunen an ihrer Finanzierung, entgegenkommende Handhabung der Baupolizei, Unterstützung bei Beschaffung des Baumaterials, Zurverfügungstellung technischer Leiter oder wenigstens engstes Zusammenarbeiten der staatlichen und kommunalen Hochbauämter mit diesen Genossenschaften — das sind Forderungen, die unbedingt gestellt werden müssen, wenn auf diesem Wege für die Allgemeinheit bedeutendes geleistet werden soll. Eine gewisse staatliche Kontrolle ihrer Tätigkeit wird sich mit Rücksicht auf die darin investierten öffentlichen Mittel kaum umgehen lassen. Daß daneben auch weitgehende Unterstützung aller sonstigen Baulustigen, die aus eigner Kraft sich eine Wohnung zu erstellen in der Lage sind, durch Leihkapital, Baugelände und Steuerbefreiung nicht vernachlässigt werden darf, ist eine Selbstverständlichkeit, der in der Praxis auch bereits Rechnung getragen wird.

Alle diese Maßnahmen, die ich hier natürlich nur in ihren Grundzügen andeuten kann, müssen gleichzeitig und nach einheitlichen Richtlinien für das gesamte Reich in Angriff genommen werden. Andernfalls würden günstige Erfolge in einzelnen Städten lediglich dort den Andrang der Wohnungsuchenden vermehren und eine einseitige Belastung gerade der tatkräftigsten Gemeinden, eine Prämie für die Nachlässigkeit anderer Gemeinden die Folge sein.

2. Gleichzeitig läßt sich aber auch durch Änderungen der Rechtsordnung ein wirksamer Anreiz zu Neubauten schaffen. Man glaubte bisher diesem Gesichtspunkt genügend Rechnung dadurch getragen zu haben, daß man die Neubauten völlig von der Zwangswirtschaft befreite. Einmal aber kam diese Regelung viel zu spät, um angesichts der Verhältnisse der Inflationszeit noch erhebliche Wirkungen zu äußern. Sie erfolgte durch das Reich definitiv erst durch das WMG. vom

26. Juli 1923, nachdem vorher nur auf Teilgebieten des Wohnungsnotrechts das RMG. vom 24. März 1923 durch Einführung der freien Miete und das MSchG. vom 1. Juni 1923 durch Aufhebung aller Kündigungsbeschränkungen eine gewisse Lockerung der Fesseln gebracht hatten. Andererseits aber war es grundsätzlich verkehrt, die Neubauten vollkommen sich selbst zu überlassen und jede rechtliche Fürsorge in dieser Hinsicht für entbehrlich zu halten. Solange eine genügende Anzahl von Neubauten noch nicht existiert, werden sich sofort erhebliche Mißstände auf diesem Gebiet herausbilden. Sie sind z. T. auch bereits vorhanden. Mietwohnungen darin sind in der Regel nur gegen einen erheblichen Baukostenausschuß zu haben. Die einzige Gegenleistung des Bauunternehmers besteht meist in dem Zugeständnis eines längeren Mietvertrags und einer bescheidenen Mietermäßigung. Seltener wird der Zuschuß als Darlehn betrachtet, angemessen verzinst und sichergestellt. Die Sicherung ist gegenüber den kapitalschwachen Bauunternehmern von höchst zweifelhaftem Werte, zumal wenn sämtliche Mieter des Hauses über die gleichen Hypotheken verfügen und somit der gesamte Grundstückswert verhypotheziert ist. Hier kann nur dadurch abgeholfen werden, daß dem Mieter, der wirtschaftlicher Teilhaber des Hauses ist, auch ein rechtlicher Anteil hieran eingeräumt wird. Das kann dadurch geschehen, daß das Stockwerkeigentum wieder eingeführt und das bereits rechtlich zulässige dingliche Wohnungsrecht (§ 1093 BGB.) zu einem brauchbaren Rechtsinstrument ausgestaltet wird, namentlich indem es zu einem frei veräußerlichen und vererblichen dinglichen Recht umgeschaffen wird. Nur dadurch bleibt der hingegebene Vermögenswert erhalten und jederzeit wieder realisierbar.

Ist somit die dingliche Berechtigung der Wohnungsuchenden die sicherste Form bei geleisteten Baukostenzuschüssen, so muß andererseits auch für reine Mietshäuser entsprechende Vorsorge getroffen werden. Hier fehlt bisher die organische Verbindung der Neubauten mit dem zwangsbewirtschafteten Altraum, die zweckmäßige Einordnung der Neubauten in das Gesamtproblem. Solange die Nachfrage nach Wohnungen das Angebot noch so stark übersteigt, kann auch der Mieter im Neubau nicht völlig seinem Schicksal preisgegeben werden. So rückschrittlich es klingt: auch ihm muß mindestens Vollstreckungsschutz zuteil werden, ausgenommen die Fälle, in denen er mit der Mietzahlung im Rückstand bleibt. Bei der Vergebung von Altwohnungen ist er im gleichen Maße wie andere exmittierte Mieter zu berücksichtigen; er darf nicht, wie das heute der Fall ist, durch Aufgabe seiner Altwohnung jedes Anrecht auf eine spätere Wiederzuweisung einer solchen verlieren. Die Miete mag in der Höhe keiner Beschränkung unterliegen; aber es muß dem Gerichte die Befugnis zustehen, im Streitfall sie auf die angemessene und ortsübliche Höhe herabzusetzen. Kündigungsbeschränkungen für Neuwohnungen sind dagegen zu verwerfen, ebenso sonstige Eingriffe der öffentlichen Behörden im Wege der Zwangserfassung. Das materielle Interesse des Vermieters wirkt hier bereits ausgleichend. Eine Lahmlegung der Neubautätigkeit ist durch solche Maßnahmen nicht zu befürchten, da eine finanzielle Schädigung für den Unternehmer auf diesem Wege nicht eintreten kann. Zeigt die Gesetzgebung durch die Art ihrer Maßnahmen den festen Willen, in naher Zeit wieder normale Wohnungsverhältnisse zu erzielen, so wird das Vertrauen zu ihr zurückkehren und die Wirtschaft sich darauf einstellen, auch eine vorübergehende, leicht erträgliche Beschränkung der gewährten Privilegien gern in Kauf genommen werden.

Man wird allerdings auch durch diese vorgeschlagenen Rechtsänderungen keine erhebliche Zunahme von Mietlustigen für Neubauten erzielen, solange das bisherige System der Zwangswirtschaft für Altwohnungen unverändert beibehalten wird. Dazu sind die finanziellen Vorteile, die die Benutzung einer Altwohnung bietet, neben dem ausgedehnten Mieterschutz, den der Inhaber einer Altwohnung genießt, viel zu groß. Lassen wir die Frage, inwieweit diese Rechtslage überhaupt gebilligt werden kann, zunächst beiseite, so ist ein Vorwurf doch kaum der bisherigen Gesetzgebung zu ersparen: es besteht nicht der geringste Anlaß, die sozialen Vorteile der Mieterschutzgesetzgebung auch den Personen zuzuwenden, die derselben nach ihrer finanziellen Lage nicht bedürfen oder für die der deutsche Staat keine Fürsorgepflicht hat. Ich habe darüber eingehendere Ausführungen in der Prager Juristischen Zeitschrift, Heft 3 und 4 Jahrgang 1924, bereits gemacht, habe hier namentlich auf die beachtenswerte Bestimmung des tschechslow. MSchG. vom 24. April 1923 hingewiesen, das durch Gestattung der freien Kündigung die Mieter mit einem über eine bestimmte Höhe hinausgehenden Einkommen und Vermögen zur Erstellung eigener Wohnungen zu veranlassen sucht. Für Deutschland mit seiner viel größeren Wohnungsnot würde allerdings diese Maßregel allein kaum ausreichen, da eine Verdrängung solcher Mieter aus Altwohnungen jederzeit durch gütliche Verständigung zwischen ihnen und dem Vermieter unter entsprechender Mieterhöhung vereitelt werden könnte. Vielmehr muß hierzu Ausschluß dieser Personen in der Zuweisung und dem Bezug einer Altwohnung, evtl. Beschlagnahme ihrer Wohnung nach Ablauf einer gewissen Schonfrist hinzutreten. Die gleichen Maßnahmen sind bezgl. der Ausländer angebracht. Wir können es uns als verarmtes Volk nicht leisten, auch diesen die gleichen sozialen Vorteile wie den Inländern auf Kosten der Allgemeinheit zu gewähren. Auf diesem Wege werden zahlreiche Inhaber von Altwohnungen als Mieter den Neubauten zugeführt werden können. In gleicher Weise hätte schon vor Jahren ein scharfes Verbot der Umwandlung von Wohn- in Geschäftsräume zu wirken vermocht. Dieser Wunsch ist allerdings jetzt durch § 2 Ab. 2 WMG. erfüllt. Die vorausgehende WMVO. enthielt zwar bereits eine ähnliche Bestimmung. In der Praxis wurde aber das Verbot, da die Gemeindebehörde beliebige Ausnahmen hiervon gestatten konnte, vielfach durch Geldabfindungen umgangen, ohne daß der verfügbare Wohnraum dadurch vermehrt wurde. Inzwischen hat der eingetretene Konjunkturumschwung wesentlich dahin gewirkt, daß die unsoliden zahlreichen Geschäftsgründungen der Inflationszeit — z. T. allerdings auch alte Firmen — allmählich wieder von der Bildfläche verschwinden. Ein Mangel an Geschäftsräumen besteht kaum mehr, zahlreiche Räume stehen sogar leer. Sollte aber wiederum ein Bedürfnis nach Vermehrung der Geschäftsräume auftreten, so kann dieses unbedenklich auf den Weg des Neubaus verwiesen werden.

III. Mit den letzten Ausführungen sind wir bereits z. T. in die Erörterung der künftigen Gestaltung des Mietrechts für Altwohnungen eingetreten. Wir sehen, wie wenig sich die Probleme, die sich für die rechtliche Behandlung von Alt- und Neuwohnungen ergeben, voneinander trennen lassen. Mißgriffe der Gesetzgebung nach der einen oder anderen Richtung werden sich stets wie bisher auch für die andere Wohnungsgruppe auswirken. Um so sorgfältiger ist die Frage, welche Rechtsform die Miete für Altwohnungen in Zukunft erhalten soll, von dem Gesichtspunkte aus zu prüfen, ob dadurch nicht zu sehr die Produktion, d. h. Neubautätigkeit, gehindert und der gegenwärtig allseits als unbefriedigend befundene Zustand in alle Ewigkeit verlängert wird. Gegenüber diesem für mich wichtigsten Maßstab müssen andere Gesichtspunkte zurücktreten. Man darf sich auch vor einer schmerzhaften Operation nicht scheuen, wenn dadurch mit Sicherheit die Gesundung befördert wird. Andererseits ist eine Notwendigkeit für die den Mietern wie Vermietern gleich lästige Zwangswirtschaft in der heutigen Form nur soweit vorhanden, als das bisherige Mißverhältnis zwischen Wohnungsangebot und Nachfrage fortbesteht. Das letztere ist aber für zwei Kategorien von Räumen zurzeit nicht mehr der Fall: für Geschäftsräume und möblierte Zimmer. Hier ist ein Mangel an Räumen kaum mehr vorhanden. Die weitere Steigerung der Mieten wird noch zur Vermehrung des Angebots führen. Das kommt auch darin zum Ausdruck, daß die WA. vielfach kein Interesse mehr an der Zwangsbewirtschaftung dieser Räume zeigen, daß, namentlich bei möblierten Zimmern die Miethöhe nicht mehr gesetzlich bestimmt wird. Für diese Räume können m. E. die Fesseln der Zwangswirtschaft unbedenklich fallen. Es kann hinsichtlich der Geschäftsräume dem erfreulichen Reinigungs- und Gesundungsprozeß, den die Geschäftswelt zurzeit durchmacht, nur förderlich sein. wenn ungenügend fundierte Unternehmungen nicht auch noch durch den Mieterschutz künstlich am Leben erhalten werden.

1. Den Brennpunkt des gesamten Problems bildet die rechtliche Behandlung des Mietzinses. Daß die Höhe des Mietzinses unter den gegenwärtigen Umständen nicht dem Belieben der Vermieter und der freien Preisbildung überlassen werden kann, ist bereits eingangs hervorgehoben. Die künstliche Niedrighaltung des Mietpreises in der vergangenen Zeit war aber der schwerste Fehler, der gemacht werden konnte. Das wird heute kaum mehr verkannt. Man dachte zu ausschließlich an das Interesse der Wohnungsinhaber und vergaß darüber die ungezählten Tausende von Familien, die auf die Zuweisung einer Wohnung vergeblich harren. Es ist nicht richtig, wenn behauptet wird, daß hohe Mietpreise unter den heutigen Verhältnissen die Neubautätigkeit nicht zu fördern vermöchten. Gewiß ist durch die außerordentliche Kreditnot für den Baulustigen, der in den meisten Fällen nicht über das genügende Baukapital verfügt, die Beschaffung der Mittel zum Bau außerordentlich erschwert. Aber die Kreditlage kann sich ändern. Die Heranziehung ausländischen Kapitals zur Förderung des Wohnungsbaus liegt durchaus nicht außerhalb des Bereiches der Möglichkeit, wenn dessen Sicherheit weitgehend garantiert und dafür Sorge getragen wird, daß die Erscheinungen der Inflationszeit für die Zukunft ausgeschlossen bleiben. Die Beleihung des Grund und Bodens ist und bleibt doch stets die sicherste Kapitalanlage, insbesondere nachdem die wertbeständige Hypothek ihre rechtliche Anerkennung gefunden hat. Es ist notwendig, daß Staaten und Gemein-

den die Beschaffung des erforderlichen Kapitals von sich aus in die Hand nehmen und großzügig organisieren. Zunächst freilich wird nur an den Eigenbau zu denken sein; für den Bau von Miethäusern mangelt es angesichts des fehlenden Bauunternehmertums an den erforderlichen Voraussetzungen. Aber solange auch ein finanzkräftiger Mieter nur für einen Bruchteil der in einem Neubau erforderlichen Miete eine Altwohnung benutzen kann, ist für niemand ein Anlaß gegeben, sich selbst um die Erstellung einer Wohnung zu bemühen. Der Schwerpunkt liegt nicht in der Rentierlichmachung der Neubauten insbesondere der Miethausbauten, wie es mitunter hingestellt wird, sondern, wie bereits erwähnt, in der Abdrängung aller Mieter und Wohnungslustigen, die nach ihren finanziellen Verhältnissen der Sozialfürsorge nicht bedürfen, auf Neubauten. Auch für Personen mit beschränkten Mitteln bieten sich, wie früher gezeigt, bei entsprechenden wirtschaftlichen und rechtlichen Maßnahmen Wege genug, um in den Besitz einer eigenen Wohnung zu gelangen. Dazu bedarf es aber einer so weitgehenden Verringerung der heute zwischen alten und neuen Mietwohnungen bestehenden Preisspanne, daß andere den Mieter in Altwohnungen belastende Unzuträglichkeiten — Beengtheit der Räume, Unwohnlichkeit, Beschlagnahmemöglichkeit u. a. — genügend stimulierend wirken können. Dabei ist es grundsätzlich gleichgültig, ob die in Altwohnungen hierdurch zufließenden Mehreinkünfte in die Tasche des Hausbesitzers fließen oder anderen Zwecken zugute kommen. Es ist zweifellos richtiger, diese Summen mindestens zum Teil, wie es durch die Aufwertungsverordnung geschieht, dem Neubau dienstbar zu machen. Der Hausbesitzer hat durch die Hypothekenentwertung und schon allein durch die Tatsache, daß das in dem Hausbesitz steckende Kapital die Geldentwertung weitaus besser überstanden hat als jede andere Kapitalsanlage so bedeutende Vorteile gegenüber anderen durch die Geldentwertung ruinierten Volksschichten gehabt, daß er mehr als andere der Allgemeinheit und insbesondere der Gesundung des Wohnungswesens Opfer bringen kann. Durch die Erhöhung der Miete, soweit sie nicht zu Gunsten der Allgemeinheit weggesteuert wird, steigt ja auch andererseits automatisch der Wert der Althäuser.

Bei Berücksichtigung dieser Umstände ist die Miete in Altwohnungen, auch nach ihrer letzten Erhöhung (in Preußen im August 62 % der Friedensgoldmiete) noch als völlig ungenügend zu bezeichnen. Sie muß einschließlich der auf dem Hausbesitz ruhenden Lasten, die in der Nachkriegszeit eine bedeutende Erhöhung gegenüber dem Jahre 1914 aufzuweisen haben, auf mindestens 125 % der Friedensgoldmiete bemessen werden. Es wird hiergegen in der Regel eingewandt, daß eine allzuweit gehende Mietsteigerung für große Schichten des Volkes bei der allgemeinen Verarmung und den unzureichenden Einkünften sozial untragbar sei. Das mag in gewissem Umfang zutreffen. Deswegen ist es aber nicht gerechtfertigt, nur eine einzige Volksklasse, den Hausbesitz, der längst nicht mehr zu den sogenannten Kapitalisten gehört und meist selbst schwer um seine Existenz zu ringen hat, mit den Kosten dieser öffentlichen Wohlfahrtspflege — um eine solche handelt es sich doch genau genommen — allein zu belasten. Dann empfiehlt es sich eben, die Mietzahlung, so wie es auch jetzt schon in zunehmendem Maße geschieht, für die Mieter, die zur Aufbringung der Mittel nicht imstande sind, aus öffentlichen Mitteln (Erwerbslosenfürsorge, Kleinrentnerunterstützung und Armenpflege) zu bestreiten. Solche Aufwendungen sind Sache der Allgemeinheit. Ganz undiskutierbar ist daher der Vorschlag des Bundes deutscher Mietervereine in seinem anfangs Februar 1924 dem Reichstag zum Volksbegehren eingereichten Gesetzentwurf, wonach in alle Ewigkeit die Miete auf 10 % der Goldmiete begrenzt bleiben soll. Das wäre restlose Enteignung, die jeden Gedanken an Neubau ersticken müßte, wenn solche ungeheuerlichen Eingriffe in das Privateigentum überhaupt möglich würden.

Durch eine solche Mieterhöhung wird auch in einfacher Weise die weitere bedeutungsvolle Frage gelöst, wie dem drohenden und durch alle bisherigen Maßnahmen nicht aufgehaltenen Verfall der Althäuser Einhalt getan werden kann. Auch hier gilt es das Privatinteresse wieder zu wecken, den Hausbesitzer in den Stand zu setzen und — was zurzeit noch wichtiger ist — dazu anzuregen, die seit Jahren unterlassenen Reparaturen an ihren Häusern nachzuholen. Solange der Hausbesitzer durch die Miete nicht einmal volle Deckung für seine Kosten erhielt, war es eine Unbilligkeit, ihm überhaupt die Unterhaltung des Hauses zuzumuten. Aber auch wenn ein kleiner Ertrag ihm, wie neuerdings, gewährleistet ist, lassen sich die früheren Versäumnisse in der Unterhaltung nicht so bald einholen, und es fehlt auch dem Hausbesitzer — psychologisch verständlich — an dem guten Willen, erhebliche Kosten für das Haus aufzuwenden. Der Mieter vermeidet aber meist, hierüber mit dem Hausbesitzer unangenehme Streitigkeiten auszutragen und verzichtet deshalb lieber auf die Vornahme der erforderlichen Reparaturen oder behilft sich mit notdürftiger

Instandhaltung auf eigene Kosten. Aus dem gleichen Grund versagt in der Hauptsache die durch das RMG. dem Hausbesitzer auferlegte öffentliche Instandhaltungspflicht, die mit Verwaltungszwang durchsetzbar ist; zudem wird meist von dieser Befugnis nur vorsichtig und sparsam Gebrauch gemacht. Diese Bestimmungen können unbedenklich nach Festsetzung einer ausreichenden Miete wegfallen.

Der vorgeschlagene Weg erscheint mir empfehlenswerter als die von Kiefersauer seit Jahren befürwortete Wohnungsabnutzungsversicherung mit zwangsgenossenschaftlichem Zusammenschluß der Mieter, Vermieter und Eigenhausbesitzer. Zweifellos hätte die Durchführung dieses Gedankens in den vergangenen Jahren gute Erfolge haben können. Jetzt aber, wo die Miete sich allmählich den Friedensverhältnissen wieder nähert, bedarf es dieser umständlichen, mit erheblichen Verwaltungskosten verknüpften Organisation nicht mehr und es wäre das nur geeignet, das wiederzuerweckende Verantwortungsbewußtsein der einzelnen von neuem zu dämpfen. Möglichste Vereinfachung aller Maßnahmen ist anzustreben. Deshalb empfiehlt es sich, den neuerdings von der Mietzinssteuerverordnung bereits betretenen Weg eines Abbaues der komplizierten bisherigen Mietberechnung und amtlichen Mietfestsetzung konsequent weiter zu verfolgen. Es genügt, sie durch eine einheitliche Höchstpreisfestsetzung der Miete für das gesamte Reich zu ersetzen; der festgesetzte Satz bedarf zeitweiser Nachprüfung. Die Handlungsfreiheit, die Einzelstaaten und Kommunen bisher in dieser Beziehung genossen, halte ich nicht für zweckmäßig. Sie führt unfehlbar zu einer weitgehenden Differenzierung der Mieten, je nach den politischen und wirtschaftlichen Machtverhältnissen in den entscheidenden Körperschaften, schafft die bekannten billigen Inseln, zu denen jeder besonders hindrängt, und kann dadurch den Endzweck, das Wohnungselend zu beseitigen, schwer gefährden. Die festgesetzte Höchstgrenze kann ohne weiteres, d. h. ohne die besondere in § 1 RMG. vorgesehene Erklärung der gesetzlichen Miete, gelten mit der Wirkung, daß alle darüber hinausgehenden Parteivereinbarungen wirkungslos sind. Die von dem Mieter übernommenen Sonderleistungen (Reparaturpflicht, Hausverwaltung, Tragung von Betriebskosten usw.), die nach dem BGB. der Mieter nicht zu tragen hat, müssen in bestimmten Prozentsätzen zur Abrechnung kommen. Und noch eine weitere Tatsache darf nicht vergessen werden, die unbedingt zu Abstrichen von dem Normalsatz der Höchstmiete im Einzelfall führen muß: das ist der Erhaltungszustand der Wohnungen, der bisher fast keinerlei Berücksichtigung bei Festsetzung der gesetzlichen Miete gefunden hat. Der Friedensmiete muß auch eine Friedenswohnung entsprechen. Das ist aber ganz und gar nicht mehr der Fall, wie jeder weiß, der Gelegenheit zu gründlicherem Einblick in den verwahrlosten Zustand unserer Wohnungen hat. Wo eine Wohnung sich noch in gutem Stand befindet, ist es sicher nicht das Verdienst des Vermieters, sondern nur deshalb der Fall, weil der Mieter im eigenen Interesse für die Instandhaltung auf eigene Kosten gesorgt hat. Die Gerechtigkeit erfordert, daß der Vermieter für diese Vernachlässigung seiner Wohnungen, mag sie ihm auch bei der bisherigen Miethöhe kaum zum Vorwurf gemacht werden können, nicht auch noch eine Prämie erhält. Der von Kiefersauer (Grundstücksmiete 2. Teil) in anderem Zusammenhang schon seit Jahren vertretene Gedanke an einen allgemeinen Wohnungskataster unter Zugrundelegung des Nutzungswerts gewinnt in diesem Zusammenhang neue Bedeutung, erfordert jedoch unverhältnismäßig hohe Kosten. Eine gesetzliche Grundlage für die Herabsetzung des Mietpreises bei verminderter Tauglichkeit bietet schon bis zu einem gewissen Grade der § 537 BGB. Aber man würde durch eine Verweisung der Mieter auf diesen Weg eine Unzahl erbitterter Prozesse hervorrufen. Andererseits läßt sich durch Festsetzung einheitlicher Taxen für bestimmte Mängel dem Einzelfall nicht genügend gerecht werden. So bleibt als gangbarster Weg, den Parteien die Möglichkeit zu geben, daß sie im Streitfall durch hierfür ein für allemal vereidigte Sachverständige — etwa Beamte des Wohnungsamts — die Wertminderung taxieren lassen und diese Schätzung bindende Wirkung erhält. Eine Berücksichtigung der von dem Mieter für die Wohnung vorgenommenen Verbesserungen zu Gunsten des Mieters ist nicht nötig, wenn sie eine gewisse, näher zu bestimmende Zeit zurückliegen. Insoweit können diese Aufwendungen durch die billige Miete der letzten Jahre als abgegolten betrachtet werden. Verfährt man in dieser Weise, so wird das zugleich einen sehr wirksamen Anreiz für den Vermieter bilden, die vernachlässigten Instandsetzungen nachzuholen, um in den Genuß der höheren Mieten zu kommen.

2. Den zweiten Eckpfeiler der bisherigen Mieterschutzgesetzgebung bildet seit Beginn derselben die Beschränkung des Vermieters in der freien Auflösung des Mietverhältnisses. Hier kann im Gegensatz zu der Gestaltung des Mietpreises an einen wesentlichen Abbau des Mieterschutzes während des Über-

gangsstadiums bis zur Herstellung normaler Verhältnisse auf dem Wohnungsmarkt nicht gedacht werden, abgesehen von der Eliminierung der des Mieterschutzes nicht bedürftigen Personen. Ein Einfluß auf die Vermehrung des Wohnraums wäre davon nicht zu erwarten. Eine Änderung ist auch nicht in der Richtung angebracht, daß man sich lediglich auf die Zubilligung eines Vollstreckungsschutzes beschränkt, ohne die Regelung des BGB. bezgl. der Beendigung des Mietverhältnisses anzutasten. Die Notwendigkeit, eine Wohnung wechseln zu müssen, selbst wenn sie vorläufig nur bevorsteht und keine völlige Obdachlosigkeit zu befürchten ist, bringt schon an sich eine für den Mieter schwer tragbare seelische Belastung mit sich. In normalen Zeiten war der Vermieter froh, überhaupt einen Mieter zu haben, und wegen der Gefahr eines Mietausfalls mit Kündigungen vorsichtig. Unter den heutigen Verhältnissen auf dem Wohnungsmarkt dagegen würden sich die starke Unzufriedenheit der Hausbesitzer mit der Zwangswirtschaft überhaupt, ihre dadurch verstärkte Reizbarkeit und die häufig so gespannten Beziehungen zwischen den Vertragsparteien in zahllosen Kündigungen auswirken, ohne daß die Gefahr eines Mietausfalls dämpfend wirken könnte. Solche Erschütterungen des Volkslebens müssen in wohlverstandenem allgemeinen Interesse vermieden bleiben. Es kann dem Hausbesitzer in solchen Zeiten nicht das Recht zugestanden werden, sich die Mieter nach dem Grade seiner Sympathie auszusuchen. Dem Mieter, der sich nichts Erhebliches zuschulden kommen läßt, muß ein sicheres Anrecht auf die Wohnungsnutzung gewahrt bleiben, das nur in außerordentlichen Fällen, wenn ein besonders überwiegendes Interesse des Hausherrn vorliegt (namentlich dringender Raumbedarf) eingeschränkt werden darf.

Von diesem Standpunkt aus läßt sich grundsätzlich die Regelung, die die Beendigung des Mietverhältnisses gegen den Willen des Mieters in dem MSchG. vom 1. Juni 1923 gefunden hat, billigen. Weitere Konzessionen an den Vermieter lassen sich kaum machen. Es ist auch nichts dagegen einzuwenden, daß der Vermieter in jedem Fall bei Nichtübereinstimmung des Mieters zu einer gerichtlichen Klage gezwungen ist. Eine Verminderung der Prozesse würde kaum zu gewärtigen sein, wenn man das freie Kündigungsrecht des Vermieters wieder herstellt und dem Mieter anheim gibt, die Kündigung durch Klage rückwirkend zu vernichten. Lediglich die Parteirollen würden sich umkehren. Es ist aber auch besser, von vornherein den Vermieter zur Aufdeckung und zum Nachweis seines berechtigten Kündigungsverlangens zu veranlassen. Schließlich war ja auch früher normaler Weise der Vermieter zur Räumungsklage gegenüber einem nicht freiwillig räumenden Mieter gezwungen. Man sollte schon aus rein praktischen Gründen von dem bisherigen modus procedendi, in den sich Gerichte, Anwälte und Parteien jetzt einigermaßen eingelebt haben, nicht ohne Not wieder abgehen.

Nur einige Schönheitsfehler des Gesetzes sind der Beseitigung zu empfehlen. Es gibt in dem MSchG. eine Reihe einfacher und glatter Tatbestände, für die es nicht notwendig ist, sie nochmals durch ein Gericht konstatieren zu lassen. Sehr häufig, so namentlich bei strafrechtlichen Verfehlungen, aber auch bei den übrigen in den §§ 2 und 3 MSchG. angeführten Auflösungsgründen ist der Tatbestand bereits durch ein vorausgegangenes Straf- oder Zivilurteil festgestellt. Hier kann unbedenklich das freie Kündigungsrecht des Vermieters wieder hergestellt werden. Seine Ausübung ist aber zur Vermeidung von Mißbräuchen an eine kurz bemessene Ausschlußfrist von etwa 3 Monaten nach Rechtskraft des Urteils zu knüpfen.

Unbefriedigend ist auch die Regelung der Zwangsvollstreckung aus dem Räumungsurteil. Es würde zweifellos eine erhebliche Verminderung der Prozesse herbeiführen, wenn die rechtliche Möglichkeit gegeben wäre, auch außerhalb des Rahmens eines Prozesses gerichtlichen Räumungsschutz zu erlangen. Vielfach führt ein Mieter, der sich schuldig fühlt, den Prozeß nur aus diesem Grunde durch und würde, wenn von ihm die Gefahr sofortiger Obdachlosigkeit genommen würde, froh sein, einen Rechtsstreit vermeiden zu können, der noch obendrein mit erheblichen Kosten für ihn verbunden ist. Deshalb empfiehlt sich die Aufnahme einer Bestimmung in das MSchG., daß ein gerichtlicher Räumungsaufschub auch dann gewährt werden kann, wenn die Verpflichtung zur Räumung nicht bestritten ist.

Ein weiteres gewichtiges Bedenken richtet sich dagegen, daß in allen Fällen, in denen das Gericht die Zwangsvollstreckung von der Sicherung eines Ersatzraums abhängig macht, dem Vermieter die ganze Last der Beschaffung des Ersatzraums aufgebürdet ist. Dazu besteht wenigstens bei einer durch den Mieter verschuldeten Auflösung des Mietverhältnisses kein Anlaß. Hier sollte man einen stärkeren Druck auf den Mieter ausüben, sich selbst mit Hilfe des Wohnungsamts nach passenden Ersatzräumen umzusehen. Das kann geschehen durch eine Änderung des Gesetzes im Sinne des tschechoslowakischen MSchG., das dem Mieter nur einen auf beschränkte

Dauer bemessenen gerichtlichen Räumungsaufschub gewährt. Gelingt es dem Mieter innerhalb dieser Frist nicht, Ersatzräume zu erlangen, so könnte die Frist nochmals erstreckt werden, falls er alles getan hat, was in seinen Kräften steht und ihm zuzumuten ist. Im wesentlichen also das frühere System unserer Obdachlosenbescheinigung in veredelter Form, nur daß deren Erteilung, was ich für zweckmäßiger halte, statt in die Hand der Verwaltungsbehörden in die des Gerichtes gelegt wird. Um auch juristisch die Unzuträglichkeiten zu beseitigen, die dadurch entstehen, daß trotz erfolgter Beendigung des Mietverhältnisses dieses de facto, aber nicht rechtlich weiter besteht, empfehle ich die schon früher (Arch. f. zivil. Praxis N. F. Bd. I, H. 3) von mir befürwortete Lösung, die Gerichte, solange die Vollstreckungsmöglichkeit noch nicht gegeben ist, zunächst nur durch Zwischenurteil über den Grund der Aufhebungsklage entscheiden zu lassen und erst nach Eintritt aller Voraussetzungen durch unbedingtes Räumungsurteil die definitive Beendigung des Mietverhältnisses auszusprechen. Bezgl. der Auslegung des § 6 Abs. 3 MSchG., der das Weiterbestehen der Rechte und Pflichten des Mietverhältnisses trotz erfolgter Aufhebung anordnet, eine Bestimmung, deren Erstreckung auf den Fall des Vergleichs leider unterblieben ist, muß ich aus Zeitmangel auf meine vorerwähnte Abhandlung S. 347 ff. verweisen. Es ist ein für den Laien nicht ohne weiteres verständlicher Zustand, daß ein Urteil, das stets die Herausgabe der Mieträume zu einem bestimmten Zeitpunkt aussprechen muß (§ 5), in der praktischen Verwertbarkeit noch monate- oder jahrelang lediglich auf dem Papier steht. In dem Schlußverfahren nach erlassenem Zwischenurteil lassen sich dann alle noch entscheidungsbedürftigen Punkte — Ersatzraum, Zahlung der dem Vermieter aufgebürdeten Umzugskosten, nachträgliche weitere Verfehlungen des Mieters u. a. — am praktischsten erledigen. Damit entfällt das einem zweiten Prozeß gleichkommende zurzeit regelmäßig erforderliche Nachverfahren vor dem MEA. über die Angemessenheit des zugewiesenen Ersatzraums.

Zu erwägen wäre schließlich noch, ob sich nicht entgegen der im MSchG. getroffenen Regelung eine Ausdehnung der Vollstreckungsbeschränkung, namentlich in der vorgeschlagenen Abschwächung, auf Nichtmietverhältnisse empfehlen läßt, in denen nach dem vor Erlaß des MSchG. früher bestandenen Rechtszustand meist eine derartige rechtliche Möglichkeit gegeben war, insbesondere auf den Untermieter bei Räumungsklage des Eigentümers nach Auflösung des Hauptmietverhältnisses, den Veräußerer des Hauses, der in der bisherigen Wohnung verblieben ist, die Inhaber von Dienstwohnungen, soweit sie nicht schon durch die §§ 20 ff. MSchG. geschützt sind, bei Raumbenutzung auf Grund eines Pachtvertrags, eines Einsitzrechts oder eines sonstigen Rechtsverhältnisses nichtmietvertraglicher Art. Ich halte es für ein Gebot der Gerechtigkeit, die Entscheidung über den Vollstreckungsschutz nicht lediglich davon abhängig zu machen, wie das zwischen den Parteien bestehende häufig als Miete gedachte Rechtsverhältnis sich vor dem Auge des scharfsinnigen Juristen präsentiert. Man hat im Volke für solche feinen Unterscheidungen kein Verständnis, wenn sich daran die schwersten Rechtsfolgen knüpfen. Sehr weit entfernt sich diese Ausdehnung des Vollstreckungsschutzes auch nicht von der jetzigen Rechtslage, namentlich bei Berücksichtigung des § 721 CPO.

Andererseits geht wiederum das MSchG. in der Zubilligung eines Vollstreckungsschutzes zu weit, wenn es in der starren Bestimmung des § 6 Abs. 1 in jedem Fall bei einer nur auf eigenen Raumbedarf gestützten Klage des Vermieters dem Mieter einen Ersatzraum und sogar einen „seinen Geschäfts- und Wohnungsbedürfnissen angemessenen" Ersatzraum (also in der Regel ohne Verschlechterung seiner bisherigen Lage) sichert. Wozu ist es notwendig, auch den Mieter im Besitz von Mieträumen zu erhalten, der diese gar nicht mehr benötigt, etwa bei nachgewiesener Auflösung seines Geschäfts oder wenn die ihm vom Gericht gemäß seiner Befugnis zur Teilaufhebung nach § 4 belassenen Räume vollkommen ausreichen? Hier sollte man dem freien Ermessen des Gerichts doch weiteren Spielraum lassen, wie es in § 6 Abs. 2 der Fall ist. Und weiter: Daß die verfügte Vollstreckungsbeschränkung bei nachträglichen Verfehlungen des Mieters, die eine Aufhebungsklage gegen ihn rechtfertigen würden, durch ein erneutes Verfahren beseitigt werden kann (§ 6 Abs. 4), ist durchaus beifallswert. Aber es ist übersehen, die gleiche Möglichkeit auch im Falle des Vergleichs zu schaffen. Das wirkt sehr hinderlich für den Abschluß von Vergleichen und in der Praxis vermag man sich nur sehr unvollkommen durch Gestattung einer erneuten Räumungsklage trotz vollstreckbaren Titels darüber hinwegzuhelfen.

3. Noch vorsichtiger als bei der Beendigung des Mietverhältnisses müssen wir sein, wenn wir der Frage eines Abbaues bei der eigentlichen Zwangsbewirtschaftung des Wohnraums, d. h. der behördlichen Erfassung, Verwertung und Verteilung des vorhandenen Wohnraums, näher treten. Hier ist durch

eine Verringerung der Zwangswirtschaft nicht nur, wie im vorhergehenden Fall, kein Zusammenhang mit der Erhöhung der Neubautätigkeit gegeben. Vielmehr brachte im Gegenteil diese Form der Zwangswirtschaft bisher die einzigen nennenswerten Erfolge bei der Vermehrung des verfügbaren Raumes. Man darf aber annehmen, daß nach 5 Jahren rastloser Jagd der Wohnungsämter nach verwertbaren Wohnräumen so ziemlich die Möglichkeiten, den vorhandenen Raum durch zweckmäßigere Einteilung und Umgestaltung weiter auszunutzen, erschöpft sein werden. Die weitere Ausbeute kann nur noch sehr gering sein. Soweit Räume erst einer Umgestaltung vor dem Bezug bedürfen, ist es schon richtiger, die vorhandenen Mittel zur Förderung des Neubaus zu verwenden, als verhältnismäßig viel unrentablere Umbauten auszuführen, die nach geltendem Recht noch obendrein nach Aufhebung der Zwangswirtschaft auf öffentliche Kosten in den alten Zustand zurückversetzt werden müssen. Zwar werden gerade jetzt wieder mehr Geschäftsräume frei, die zu Wohnungszwecken Verwertung finden könnten. Ihr Leerstehen ist aber kaum zu befürchten, wenn durch genügende Erhöhung der Mieten dem Eigentümer ausreichender Ertrag gewährleistet ist. Das eigene Interesse des Hausbesitzers wird ihn schon veranlassen, sie selbst in die am besten verwertbare Gestalt zu bringen. Aus dem gleichen Grund ist das Verbot des Gebäudeabbruchs entbehrlich. Beschlagnahmungen zum Zwecke der *eigenen* Verwertung durch die öffentlichen Behörden — juristisch nichts anderes als gewöhnliche Enteignung — können unterbleiben. Im übrigen genügt, ist aber andererseits auch in Zukunft während des Übergangsstadiums unbedingt zu fordern, daß ein Vermietungszwang gegenüber dem Verfügungsberechtigten bestehen bleibt und die Verwaltungsbehörde den Bezug freiwerdender Wohnungen von sich aus regelt. Es kann in Zeiten so großer Wohnungsnot weder geduldet werden, daß Wohnräume längere Zeit unbenutzt stehen, noch kann dem Verfügungsberechtigten die freie Auswahl unter den Wohnungsuchenden eingeräumt werden. Jeder Volksgenosse, soweit er nicht finanziell in der Lage ist, sich selbst eine Unterkunft zu erstellen oder erstellen zu lassen, hat Anspruch darauf, nach der Länge seiner Wartezeit und der Dringlichkeit seiner Gründe berücksichtigt zu werden. Das bedingt weiter gewisse Kontrollbefugnisse der Verteilungsbehörden und Anzeigepflichten der Verfügungsberechtigten, wie sie in dem gegenwärtigen WMG. gewahrt sind. Für den Vermietungszwang kann das bisherige System der Zuweisung mit evtl. nachfolgendem Abschluß eines Zwangsmietvertrags als durchaus brauchbar und zweckmäßig bezeichnet werden. Daß der Vermietungszwang auch vor übergroßen benutzten Wohnungen nicht Halt machen kann und eine Möglichkeit zur Einschränkung luxuriöser Wohnungsbedürfnisse gegeben sein muß, ist eine Selbstverständlichkeit, ebenso das Verbot der Vereinigung mehrerer Wohnungen ohne besondere Erlaubnis. In der gleichen Richtung bewegt sich der Ersatz der Erlaubnis des Vermieters zur Untervermietung. Für eine vollständige Befreiung der Untervermietung von der Erlaubnis des Vermieters bin ich dagegen nicht. Das Mietverhältnis ist immerhin bis zu einem gewissen Grade ein Vertrauensverhältnis, also mehr höchstpersönlicher Natur und sollte es bleiben.

Im übrigen aber können die Fesseln der Zwangswirtschaft fallen. Die Notwendigkeit zu Eingriffen wird proportional in zunehmendem Maße abnehmen, je mehr die Miete auf angemessene Höhe gebracht wird, da dann das bisher so ziemlich erloschene Interesse des Eigentümers an der bestmöglichen Verwertung seines Besitzes wieder genügend stimulierend wirken wird. Ganz absurd ist der Vorschlag des Bundes der Mieterschutzvereine in seiner früher erwähnten Eingabe, den Verkauf und die Belastung der Häuser überhaupt zu verbieten, außer zum Zwecke der Grundstückverbesserung, oder wenigstens von behördlicher Genehmigung abhängig zu machen, der Gemeinde und subsidiär den Raumnutzern des Gebäudes ein gesetzliches Vorkaufsrecht und bei allzu hohem Veräußerungspreis ein Enteignungsrecht zu höchstens 25 % des Friedenswertes einzuräumen. Das ist reinste Interessenpolitik, unverblümter Kommunismus und eines Rechtsstaats unwürdig.

4. Ich darf damit die einzelnen Betrachtungen über die Ausgestaltung der notwendigen Übergangszeit bis zur Deckung des großen Ausfalls an verfügbaren Wohnungen abschließen. Es ist natürlich nicht möglich, im Rahmen eines kurzen Vortrags alle Möglichkeiten auf diesem so komplizierten Gebiet unseres Volkslebens zu erschöpfen. Ich muß mich damit begnügen, die nach meiner Überzeugung wichtigsten und wirkungsvollsten Maßnahmen hervorzuheben. Sie können aber nur dann Erfolg haben, wenn sie einheitlich getroffen und einheitlich durchgeführt werden und wenn das Ziel unverrückbar mit eiserner Energie stets festgehalten wird. Deshalb darf die bisherige Zersplitterung der Gesetzgebung, die das Wohnungsmietrecht zu einem fast nur dem Spezialisten vollkommen vertrauten Rechtsgebiet gemacht hat,

nicht bestehen bleiben. Eine Zusammenfassung aller zerstreuten gesetzlichen Bestimmungen unter weitgehender Vereinfachung in einem Reichswohnungsgesetz ist notwendig. In einer einzigen selbständigen Reichsstelle müssen alle Fäden zusammenlaufen und in ihr sind alle bisher die Wohnungsfrage getrennt bearbeitenden Ressorts der Wirtschafts-, Justiz- und Finanzministerien zu vereinigen. Damit verträgt sich nicht mehr die weitgehende Zuständigkeit, die man bisher den Einzelstaaten und Gemeinden auf diesem Gebiet eingeräumt hat. Die Wohnungsnot ist in allen Ländern und Großstädten die gleiche. Demgemäß muß auch die Art ihrer Bekämpfung dieselbe sein. Der zu schaffenden Reichszentralstelle sind alle einzelstaatlichen und kommunalen Ausführungsbehörden zu unterstellen. Deren Organisation kann schon jetzt wesentlich vereinfacht werden und es lassen sich erhebliche Ersparnisse hierdurch erzielen, die dem Neubau zugute kommen können. Insbesondere sind die MEA. m. E. entbehrlich. Ihre Aufgaben sind z. T. schon auf die Gerichte übergegangen, die sich in dieser Hinsicht durchaus bewährt haben. Das MSchG. sieht ja selbst eine Wahrnehmung der Funktionen der MEA. durch die Gerichte vor, wovon bisher kaum Gebrauch gemacht wurde. Ein Teil ihrer Tätigkeit fällt bei Durchführung der vorgeschlagenen Maßnahmen von selbst hinweg. Auch die Aufgaben der Wohnungsämter verringern sich wesentlich nach meinen Ausführungen. Der Wohnungstausch könnte unbedenklich ganz freigegeben werden. Andere, insbesondere bauliche Aufgaben vermögen die staatlichen Hochbauämter zu übernehmen. Der Beschwerdeweg gegen die Maßnahmen der Wohnungsämter ist übermäßig kompliziert gestaltet. Insbesondere ist die Dienstaufsichtsbeschwerde gegen Verfügungen des Wohnungsamts neben der regulären Beschwerde an das MEA. und der weiteren Rechtsbeschwerde (meist an die Landgerichte oder OLG.) eine überflüssige Häufung von Rechtsmitteln. Damit sind nur die wichtigsten der sofort durchführbaren Vereinfachungen angedeutet.

V. Eine letzte Frage bleibt noch offen. *Welche Gestalt soll das Wohnungsmietrecht nach Ablauf dieses Übergangsstadiums erhalten?* Kann insbesondere die bedingungslose Rückkehr zu der Regelung des BGB., die ja bisher ausdrücklich nie außer Kraft gesetzt war, empfohlen werden? Ich halte diese Frage vorläufig nicht für sehr drängend. Viel notwendiger erscheint es mir, wie wir zunächst aus unserem Wohnungselend herauskommen, und bis dahin werden noch Jahre, selbst bei Anspannung aller

Kräfte vergehen. Aber ganz übergehen können wir diese Zukunftsfrage auch in diesem Augenblick nicht. Ich darf ihre nähere Behandlung, um Ihre Aufmerksamkeit nicht unnötig lang in Anspruch zu nehmen, dem Herrn Korreferenten überlassen. Ich möchte mich nur auf einige kurze Bemerkungen hierzu beschränken, weil unsere Auffassungen, so sehr sie im Vorausgegangenen erfreulicherweise übereinstimmen, in diesem Punkt einigermaßen auseinandergehen. Für unbedingt reformbedürftig halte ich schon jetzt — und das kann der Herr Korreferent durch Hinweis auf das österreichische Recht unterstützen — die Regelung, die das BGB. den Instandhaltungsansprüchen des Mieters zuteil werden läßt. Sie hat sich in der Praxis bei den jetzt so häufigen Fällen, in denen der Mieter mit der Mietzahlung in Verzug ist, zu einem erheblichen Mißstand ausgewachsen. Um die Zahlung zu verzögern, werden allerhand Gegenansprüche, die in ihrer Entstehung meist weit zurückliegen, wegen mangelnder Instandsetzung der Wohnung vorgeschützt, und sie zwingen das Gericht zu eingehenden Beweisaufnahmen. Schon um der notwendigen Instandhaltung der Wohnungen willen sollte man den Mieter veranlassen, diese Gegenansprüche binnen kurzer Frist bei Meidung ihres Verlustes dem Vermieter mitzuteilen und im Weigerungsfalle gerichtlich geltend zu machen. Sehr viele Gegenforderungen, die der Mieter vorher nie zu erheben beabsichtigte, werden damit von selbst ausgeschaltet. — Noch viel ungerechtfertigter ist es ferner, daß auch wegen geringfügiger Gegenansprüche die Mietzahlung monatelang von dem Mieter rechtmäßig zurückgehalten werden kann. Hier ist eine Einschränkung unbedingt notwendig in der Richtung, daß die Zurückbehaltung der Miete keinen größeren Betrag als die Höhe der Gegenforderung umfassen darf.

Im übrigen aber bin ich wesentlich konservativ gestimmt. Man soll sich davor hüten, eine rechtliche Regelung nur deshalb für reformbedürftig zu halten, weil sie sich in Zeiten grundstürzender Veränderung der Wirtschafts- und Lebensverhältnisse als unzureichend erwiesen hat. Kriegszeiten — im buchstäblichen und übertragenen Sinne — erfordern außerordentliche Maßnahmen, die stets nur nach Lage des Falles getroffen werden können. Jeder Wechsel der gesetzlichen Bestimmungen vernichtet die wertvolle Arbeit, die Theorie und Praxis in jahrelangen Bemühungen durch die Umsetzung der Gedanken des Gesetzgebers in die Wirklichkeit geleistet haben, und zwingt zu einem mühevollen Wiederaufbau des Rechtslebens, der nie ohne tiefgehende

Erschütterung des Wirtschaftslebens vor sich geht. Ich bin der Ansicht, daß das Mietrecht des BGB. unter normalen Verhältnissen sich durchaus als zweckmäßig erwiesen hat. Sobald es angängig ist, sollte man zu dem System der freien Wirtschaft, auf dem das Mietrecht des BGB. aufgebaut ist, zurückkehren, wobei ich natürlich durchaus nicht der Erhaltung von neugestalteten Rechtsinstituten, wie des Stockwerkseigentums und des dinglichen Wohnungsrechts, abgeneigt bin, wenn sie sich in der Praxis besonders bewähren.

Hierauf begründete der Mitberichterstatter, Hofrat Dr. Klang, seine Leitsätze, wie folgt:

I.

„Die Miete ist das sozial wichtigste Leiheverhältnis obligatorischer Natur, entbehrlich für wenige, unerfreulich für jeden." Mit diesen Worten kennzeichnet Franz Klein die gesellschaftliche Bedeutung der Wohnungsmiete. In der Tat scheint es als ob die Rechtsentwicklung durch all die Wandlungen der Jahrhunderte hindurch gerade bei der Miete zu einem befriedigenden Ausgleich zwischen den an dem Verhältnis beteiligten Parteien nicht habe gelangen können. Das römische Recht zeigt uns einen besonders zerbrechlichen Charakter der Miete, ein Überwiegen der Herrenstellung des Vermieters, bei dem die Interessen des Mieters fast keine oder jedenfalls nur sehr geringe Berücksichtigung fanden. Dieses römische Recht hat nach der Rezeption die Oberhand über das dem Mieter wesentlich günstiger gestaltete Institut der Zeitleihe des mittelalterlichen heimischen Rechtes gewonnen. Und wenn es auch in der Folge so manche Abänderung im Interesse einer Verstärkung der Rechtsstellung des Mieters durch Einführung von Kündigungsfristen und Abschwächung oder Umkehrung des Satzes „Kauf bricht Miete" erfuhr, so hat doch diese Wandlung der Entwicklung der wirtschaftlichen und gesellschaftlichen Verhältnisse nicht Rechnung getragen, die einen immer größeren Teil der Bevölkerung nötigte, auf fremdem Boden Obdach und Unterkunft zu suchen. So finden wir vor den Privatrechtskodifikationen des 18. Jahrhunderts namentlich in den Großstädten recht unerfreuliche Zustände im Mietwesen vor. Eine grelle Beleuchtung erfahren namentlich die Verhältnisse in Berlin und Wien. In einem Hofreskript Friedrichs des Großen vom 15. April 1765 heißt es: „Wir haben mit dem größten Mißfallen wahrgenommen, daß in unserer

Residenzstadt Berlin der bisher eingerissene Wucher mit Häusern und die aufs Höchste getriebene Steigerung der Hausmieten, ungeachtet unserer dieserhalb erlassenen scharfen Verordnungen noch bis dato ständig fortdauern und beydes großen Teils seine Schutzwehr in der gemeinen Rechtsregel „Kauf bricht Miete" finde, als welche bisher den Käufer berechtigt, den Mieter, ungeachtet sein mit dem Käufer eingegangener Kontrakt noch nicht zu Ende, nach Gefallen auszutreiben, oder von ihm ein so hohes Mietsquantum durch die Drohung der Austreibung zu erzwingen, daß der Käufer sich dadurch entschädigt, ja gewinne, wenn er auch das Haus weit über seinem wahren Wert erkauft. Von der Publikation diese rescripti an, soll kein Käufer, Zessionarius, Legatarius oder ein jeglicher anderer Erwerber eines Hauses, der sein Recht daran nur aus dem Willen des Veräußerers herleitet, die Befugnis haben, die Mieter auszutreiben, welche von dem Letzten das Haus ganz oder zum Teile gemietet, und zur Zeit der geschehenen Veräußerung schon im Besitz ihres Miethsrechtes befunden. Der neue Eigentümer, welchem die zur Veräußerungszeit sich im Besitz befindenden Miether allemal bekannt gemacht werden müssen, tritt für die noch übrige Dauer des Miethskontrakts in die Verbindlichkeiten, aber auch in die Rechte seines Veräußerers." Sucht dieses Reskript die Übelstände durch Verstärkung der Rechtsstellung des Mieters vermittelst der Beseitigung des gemeinrechtlichen Satzes „Kauf bricht Miete" beizukommen, so findet das Zirkular der niederösterreichischen Landesregierung vom 4. März 1796 die Wurzel des Übels in einem Mißbrauch des Rechtes der Untervermietung. Der Eingang der Verordnung gleicht aufs Haar dem Friderizianischen Reskript:

„Um der ausgearteten Gewinnsucht, welche bey Vermietung der Wohnungen in der Stadt Wien und den Vorstädten seit einiger Zeit überhand genommen hat, Schranken zu setzen, und den für das Publikum daraus entspringenden nachteiligen Folgen vorzubeugen, haben Seine Majestät durch höchsten Hofbescheid vom 4 ten März dieses Jahrs kund zu machen befohlen." Das Zirkular stellt sodann die Freiheit des Hauseigentümers fest, Wohnungen zum eigenen Gebrauch des Mieters um jeden erreichbaren Zins an wen immer zu vermieten und gestattet im allgemeinen dem Mieter, der eine seinen Wohnbedarf überschreitende Wohnung genommen hat, „falls er einen Teil davon bewohnt", den entbehrlichen Teil weiter zu vermieten. Es fährt dann fort: „Drittens. Hingegen ist es von Michaelis 1796 anzufangen verbothen, Wohnungen, in welchen der Mieter nicht selbst wohnt oder ganze Häuser, bloß in der Absicht zu miethen, um sie ganz oder teilweise wieder im Afterbestande zu verlassen. Derjenige, welcher in dieser Absicht eine Wohnung miethet, und auch der Hauseigenthümer, welcher auf diese Art eine Wohnung vermiethen sollte, werden jeder mit dem Erlag eines halbjährigen Zinsbetrages bestraft." Eine Ausnahme von dem Verbote wird für die bereits vor dem 10. Februar 1796 errichteten Verträge dieser Art gemacht, welche bis zum Ende der Kontraktszeit in Kraft bleiben sollen; überdies wird dem Mieter bei Eintritt unvorhergesehener Verhältnisse die Vermietung der ganzen Wohnung, und im Falle des Todes des Mieters dessen Erben die Vermietung der ganzen Wohnung auf die noch übrige Kontraktszeit oder bei Mieten von unbestimmter Dauer längstens auf ein halbes Jahr gegen Anzeige an den Stadtmagistrat gestattet.

Die Kodifikationen des ausgehenden 18. Jahrhunderts haben an der rechtlichen Struktur des Mietverhältnisses nicht allzu vieles geändert. Wenn auch das preußische Landrecht dem Mieter ein dingliches Recht eingeräumt und das österreichische Gesetzbuch den gemeinrechtlichen Satz, daß Kauf die Miete breche, wenigstens dahin abgeschwächt hat, daß der neue Erwerber bei Entfernung des Mieters die gesetzliche Kündigungsfrist einhalten muß, so blieb doch die Festsetzung des Vertragsinhalts der freien Vereinbarung der Parteien überlassen. Das rasche Wachstum der Bevölkerung und deren immer größer werdende Ansammlung in den Städten im Verlaufe des 19. Jahrhunderts verschob das Verhältnis von Angebot und Nachfrage andauernd zu ungunsten der auf Mietwohnungen angewiesenen Volksteile und schwächte deshalb die Stellung des Mieters gegenüber dem Vermieter bei Festsetzung des Vertragsinhalts fortgesetzt ab. Mag auch das deutsche BGB. die Lage des Mieters durch Einzelbestimmungen, wie insbesondere durch Ausgestaltung der Gewährleistungspflicht des Vermieters und Unverzichtbarkeit einzelner gesetzlicher Vorschriften, gebessert haben, so blieb doch die Bestimmung der Mietzinshöhe der freien Vereinbarung überlassen und erfolgte daher meistens durch einseitiges Diktat des Vermieters, der seinem Willen durch Androhung der in sein Belieben gestellten Kündigung des Vertrages Nachdruck zu verleihen in der Lage war. Die Wohnungsverhältnisse, die sich so, namentlich in den Großstädten bis zum Ende des neunzehnten Jahrhunderts herausgebildet haben, waren recht unerfreulich, zum Teil als trostlos zu bezeichnen. Die in der zweiten Hälfte des Jahrhunderts einsetzende Wohnungsreformbewegung hat auf dem Gebiete der Förderung des gemeinnützigen Bauwesens und auf jenem der Verwaltung Erfolge erzielt, das Recht der Wohnungsmiete aber im ganzen unberührt gelassen, und so zeigen denn auch die letzten privatrechtlichen Reformen vor dem Weltkriege, das Schweizer Zivilgesetzbuch und die dritte Teilnovelle zum österreichischen ABGB., die sich darauf beschränkte, die Neuerungen des deutschen Gesetzes zum Teile zu übernehmen und dem österreichischen Gesetze anzupassen, im Wesen ein unverändertes Bild des Mietrechts.

Dieses Bild aber hat der Weltkrieg völlig geändert und das von altersher überkommene Stärkeverhältnis der an der Miete beteiligten Parteien völlig in sein Gegenteil verkehrt. Die durch den Stillstand der Bautätigkeit herbeigeführte Verschlechterung des Wohnungsmarktes und die Notlage der mittleren und unteren Volksschichten veranlaßten in fast allen kriegführenden und in einer Reihe neutraler Staaten Eingriffe in die Verfügungsfreiheit des Eigentümers und in die Vertragsfreiheit, die der Ausnützung des verringerten Wohnungsangebots durch die Vermieter und einer Ausbeutung der Mieter vorbeugen sollten. Die Mittel, deren sich diese als vorübergehende Notmaßnahmen gedachten, meist im Wege der Notverordnung ergangenen Verfügungen der Staatsgewalt bedienten, waren die auch auf andern Gebieten der Kriegswirtschaft angewendeten: Zwang zum Vertragsabschluß, Zwangsverteilung des zur Verfügung stehenden Wohnraums und Preis-, hier Zinstaxen. Wie auf allen andern Gebieten hat auch hier die Zwangswirtschaft nur gerade äußerste Not zu verhindern vermocht, dafür aber das Angebot dauernd verringert und damit den Notstand verlängert und verschärft und eine Reihe unerfreulicher Nebenerscheinungen — Erschütterung der Wirksamkeit des Gesetzes, Vertragsuntreue, Schleichhandel und Korruption — gezeitigt und dabei das Verhältnis der an der Miete beteiligten Vertragsparteien vergiftet und zur Verhetzung der Bevölkerungsklassen gegeneinander beigetragen. Das Festhalten an der Vorstellung des Geldes als einer unveränderlichen Größe hat die Mietzinse auf eine Stufe herabgedrückt, die schließlich die Erhaltung der Häuser gefährdet und eine schwere Ungerechtigkeit gegen die Vermieter darstellt. Dem mag man als Aktivpost neben der unbedingten Notwendigkeit des ersten Eingriffs zur Vermeidung der Obdachlosigkeit weiter Volkskreise eine wesentliche

Verbesserung der Wohnungsverhältnisse entgegenstellen, da die Niedrighaltung der Mietzinse in den bisher ganz unzulänglich untergebrachten Schichten eine Ausdehnung des Wohnraums ermöglichte, die z. B. in Wien das früher einen argen Übelstand bildende Bettgeher- und Schlafburschenwesen fast gänzlich zum Verschwinden brachte. Freilich ist auch dieser Vorteil wieder auf Kosten jener erzielt, die nicht im Besitze einer Wohnung sind und sich einem durch die Ausbreitung der glücklicheren Wohnungsinhaber weiter verringerten Wohnungsangebote gegenübersehen. Unter dem Eindrucke der wohl weit überwiegenden Nachteile der Zwangswirtschaft auf dem Gebiete des Wohnungswesens ist man denn auch in den meisten Staaten zu einer bald allmählichen, bald rascheren Aufhebung der Beschränkungen übergegangen, und es entsteht deshalb die Frage, wie das durch die Zwangsmaßnahmen in seinem innersten Wesen veränderte Recht der Wohnungsmiete neu aufgebaut werden soll. Die richtige Beantwortung dieser Frage muß auf einer genauen Prüfung der einzelnen dem Notrecht angehörigen Maßregeln und ihrer Wirkungen beruhen, und es erscheint deshalb zweckmäßig, zunächst einen Überblick über den Bestand dieses Notrechtes zu gewinnen.

## II.

## Übersicht über das Mietnotrecht Mitteleuropas

### A.

### Deutschland.

1. Maßregeln zur Ausnützung und Erhaltung des vorhandenen Wohnraumes. Der Abbruch von Gebäuden und Gebäudeteilen ohne Zustimmung der Gemeinde, die Vereinigung mehrerer Wohnungen zu einer und die Benützung von Räumen, die am 1. Oktober 1918 als Wohnung in Verwendung standen, zu andern als Wohnzwecken ist verboten. Ausnahmen können von der Gemeinde gestattet werden. Es kann die Pflicht zur Anzeige leer stehender Wohnungen auferlegt werden. Die Gemeinde kann den Abschluß eines Mietvertrags über eine unbenutzte Wohnung mit einem von ihr namhaft gemachten Mieter verlangen. Kommt der Vertrag innerhalb bestimmter Frist nicht zustande, so wird er durch den Ausspruch des Einigungsamts ersetzt; doch ist der Eigentümer, solange die Beschlagnahme nicht erfolgt ist, berechtigt, unter den bei der Gemeinde vorgemerkten Wohnungsuchenden einen Mieter auszuwählen. Das Miet-

einigungsamt kann auch die Gemeinde als Mieterin bezeichnen, die sodann zur Weitervermietung befugt ist. Unbenützte Wohnungen und Wohnräume können von der Gemeinde gegen ein vom Mieteinigungsamt festzusetzendes Entgelt angesprochen werden. Alle diese Befugnisse setzen eine Ermächtigung der Gemeinde durch die Oberste Landesbehörde voraus, die bei besonderen Mißständen überdies die Befugnis zu Eingriffen in die Freizügigkeit und die Unverletzlichkeit der Wohnung und zu Beschränkungen der Zwangsvollstreckung erteilen kann.

2. Mietzinsbeschränkungen. Die Vertragsfreiheit besteht grundsätzlich auch bezüglich der Höhe des Mietzinses fort; doch treten, wenn ein Teil es verlangt, die Vorschriften über die gesetzliche Miete in Kraft, und eine Überprüfung der Angemessenheit des Mietzinses durch das Mieteinigungsamt kann auch auf Anzeige bei der Gemeindebehörde oder nach Ermächtigung der Obersten Landesbehörde von Amts wegen erfolgen. Die gesetzliche Miete setzt sich zusammen aus der Grundmiete, die aus dem am 1. Juli 1914 festgesetzten Zinse durch Abschlag der darin enthaltenen Beträge für Instandhaltung und Betriebskosten nach festen Hundertsätzen berechnet wird; ferner aus Zuschlägen für die Steigerung der Hypothekarzinsen, Betriebskosten und laufende Instandhaltungsarbeiten; aus Zuschlägen für die im Gesetze aufgezählten großen Instandhaltungsarbeiten, die von den Mietern auf ein Hauskonto einzuzahlen sind, über das der Vermieter nur mit der allenfalls durch behördliche Bewilligung zu ersetzenden Zustimmung der Mieterschaft verfügen darf; endlich aus besonderen Zuschlägen für gewerbliche Betriebe, Sammelheizung, Warmwasserversorgung und andere Nebenleistungen. Durch die dritte Steuernotverordnung ist die Wirksamkeit dieser Bestimmungen stark eingeschränkt worden. Einerseits wurde den Ländern anheim gegeben, die Mietzinsbildung nach andern Grundsätzen zu regeln, wovon namentlich in der Richtung der Beseitigung der Hauskonten Gebrauch gemacht wurde; anderseits ist die allmähliche Angleichung der Mietzinse an die Friedenshöhe mit der Maßgabe vorgeschrieben worden, daß der dem Vermieter zukommende Betrag ab 1. April 1924 mindestens 30 v. H. der Friedensmiete erreichen muß. Eine weitere Erhöhung erfährt die Gegenleistung durch die als Geldentwertungsausgleich eingeführten besonderen Steuern zugunsten der Länder und Gemeinden, deren Ertrag je zur Hälfte für allgemeine Haushaltszwecke dieser Gebietskörperschaften und zur Förderung der Wohnbautätigkeit bestimmt ist. Solange gesetzliche Mieten bestehen, haben

die Bestimmungen des BGB. über die Tragung der Betriebskosten und die Instandhaltung des Mietraums zwingende Kraft; auch dieser Grundsatz hat durch die landesrechtlichen Ausführungsvorschriften zur dritten Steuernotverordnung Einschränkungen und Abänderungen erfahren.

3. Auflösungsbeschränkungen. Das Kündigungsrecht des Vermieters ist gänzlich beseitigt; die Miete von Gebäuden und Gebäudeteilen kann nur auf Klage des Vermieters durch gerichtliches Urteil aufgelöst werden. Als Auflösungsgründe sind zugelassen: Belästigung der Hausbewohner, Gefährdung der Mietsache; unbefugte Überlassung des Gebrauchs an Dritte, wobei aber die mangelnde Zustimmung des Vermieters zur Untervermietung durch den Ausspruch des Mieteinigungsamtes ersetzt werden kann. Die Geltendmachung dieser Auflösungsgründe ist beschränkt auf sechs Monate a tempore scientiae und ein Jahr seit der Entstehung des Auflösungsgrundes. Weitere Gründe für die Auflösung der Miete sind unter gewissen Einschränkungen und Voraussetzungen Mietzinsrückstand und Eigenbedarf des Vermieters. Letzten Falles ist auch Lösung in Ansehung eines Teiles der Wohnung zulässig, und der Vermieter kann nach Ermessen des Gerichtes zum Ersatz der Übersiedlungskosten verpflichtet werden. Gegenüber Mietern, die am 1. Januar 1914 ihren Wohnsitz nicht im Inlande hatten, bestehen Erleichterungen, ebenso für die Lösung von Untermieten. Die Schutzbestimmungen gelten auch für Dienst- und Werkswohnungen, wenn die Auflösung des Dienstverhältnisses nicht vom Angestellten verschuldet ist; als besonderer Auflösungsgrund kommt hier dringender Bedarf für die Unterbringung von Betriebsbediensteten hinzu. Dagegen finden die Auflösungsbeschränkungen keine Anwendung auf Mieten zu bestimmtem Zweck von vorübergehender Dauer. Die Räumung ist bei Lösung der Miete wegen Eigenbedarfs des Vermieters obligatorisch, sonst nach Ermessen des Gerichtes bis zur Beistellung eines Ersatzraums schon im Urteil aufzuschieben. Dazu können weitere Räumungsbeschränkungen nach den Bestimmungen des Wohnungsmangelgesetzes treten.

4. Die zeitliche Geltung des Mietnotrechtes ist mit 1. Juli 1926 befristet; die Bestimmungen der Steuernotverordnung über den Mietzins treten mit 31. März 1926 außer Wirksamkeit, können aber von der Reichsregierung mit Zustimmung des Reichsrats auch schon in einem früheren Zeitpunkte aufgehoben werden.

B.

## Österreich.

1. Maßregeln zur Erhaltung und Ausnützung des vorhandenen Wohnraums. Durch Kundmachung der Landesregierung kann verfügt werden, daß in Gebieten, in denen empfindliche Wohnungsnot besteht, auch solche Räume, die nach den bestehenden Bestimmungen nicht bewohnbar sind, unter bestimmten Voraussetzungen zur Bewohnung zugelassen werden können. In diesen Gebieten dürfen Räume, welche zur Zeit der Kundmachung Wohnzwecken dienten, diesem Zwecke nur aus wichtigen Gründen entzogen, und mehrere Wohnungen dürfen nur aus wichtigem Grunde zu einer vereinigt werden; die Ausnahmen bewilligt die Verwaltungbehörde 1. Instanz. Gemeinden, in denen Wohnungsnot herrscht, haben das Recht, Wohnungen und andere Räume anzufordern. Sie können zu diesem Ende Erhebungen über die Wohnungsverhältnisse vornehmen, Auskünfte verlangen, Wohnungen und andere Räume durch Amtsorgane besichtigen lassen. Es besteht eine Anzeigepflicht des Vermieters für gekündigte und unzulänglich benützte Wohnungen, leerstehende und unbenützte Wohnungen und Geschäftsräume. Was als unzulänglich benutzte Wohnung oder unbenutzter Raum anzusehen ist, wird vom Gesetze bestimmt. Neben dieser sogenannten besonderen Anforderung kann die Genehmigung aller Mietverträge durch die Gemeinde vorgeschrieben oder auch die sogenannte allgemeine Anforderung verfügt werden, welche darin besteht, daß alle Wohnungen mit dem Ende der Miete kraft Gesetzes als angefordert gelten. Durch die Anforderung wird dem Hauseigentümer und dem Inhaber der angeforderten Räume das Recht entzogen, Verfügungen über die Räume zu treffen; bestehende Mietverträge werden durch die Übergabe der angeforderten Räume an die Gemeinde aufgelöst. Die Zuweisung der angeforderten Räume an Wohnungsuchende erfolgt durch Beschluß der Gemeinde; doch steht dem Hauseigentümer ein Vorschlagsrecht zu, welches von der Gemeinde beachtet werden soll. Durch die Zuweisung entsteht kein Mietverhältnis zwischen dem Hauseigentümer und dem zugewiesenen Wohnungsinhaber, aber auch kein privatrechtliches Verhältnis zwischen der Gemeinde und dem Hauseigentümer oder der Gemeinde und dem Eingewiesenen. Die Gemeinde hat für die Benutzung der Räume Vergütung zu leisten, die ihr von dem Wohnungs-

inhaber zu ersetzen ist; sie kann jedoch verfügen, daß die Vergütung von der Wohnpartei unmittelbar dem Hauseigentümer zu leisten ist. Für Beschädigungen haftet die Gemeinde, die auch berechtigt ist, den Ersatz eines unerläßlichen Aufwandes vom Hauseigentümer zu begehren; der Anspruch auf Ersatz eines bloß nützlichen Aufwandes steht ihr zu, wenn der Eigentümer nicht die Wiederherstellung in den vorigen Stand begehrt. Die Beendigung dieser Zwangsnutzung öffentlichen Rechts erfolgt durch Räumungsauftrag der Gemeinde an den Zwangsinsassen, den sie nur aus wichtigen Gründen erlassen soll, aber unter bestimmten Voraussetzungen auf Verlangen des Hauseigentümers zu erlassen verpflichtet ist. Tatsächlich kommt aber häufig zwischen dem Eigentümer und dem Wohnungsinhaber ein Mietvertrag zustande, in welchem Falle durch Verzicht der Gemeinde auf die Anforderung ein reines Privatrechtsverhältnis zwischen den Parteien hergestellt wird. Wo das nicht der Fall ist, ergeben sich infolge der lückenhaften Regelung des öffentlich-rechtlichen Verhältnisses Schwierigkeiten mannigfacher Art, so namentlich bei Notwendigkeit von Herstellungen in der Wohnung, zu denen die Gemeinde vom Gesetze nicht verhalten ist und der Eigentümer mangels einer Rechtsbeziehung zum Wohnungsinhaber nicht verpflichtet werden kann.

2. Vorschriften über die Mietzinsbildung. Das österreichische Gesetz kennt wie das deutsche den Begriff der gesetzlichen Miete, verwendet ihn aber grundsätzlich anders, indem es die freie Parteienvereinbarung über die Höhe des Mietzinses gänzlich ausschließt und jede Abrede, nach welcher der Zins die aus den gesetzlichen Bestimmungen sich ergebende Grenze übersteigt, für ungültig erklärt. Die Bildung der gesetzlichen Miete erfolgt ähnlich wie nach dem deutschen Gesetze. Die Hälfte des im Jahre 1914 gezahlten Mietzinses bildet die Grundmiete, welche dem Vermieter als Rente verbleibt; dazu treten der Instandhaltungszins in der Höhe des 150fachen Zinses vom Jahre 1914 und ein verhältnismäßiger Anteil an den Betriebskosten und den von der Liegenschaft zu entrichtenden öffentlichen Abgaben. Für Gartenbenutzung, Fahrstuhlbetrieb und Sammelheizung können besondere Zuschläge berechnet werden. Der Instandhaltungszins dient zur Bestreitung der Kosten sowohl der laufenden, als auch der vom deutschen Gesetze sogenannten großen Instandhaltungsarbeiten; er kann bei Unzulänglichkeit durch Ausspruch der Mietkommission für den einzelnen Mieter oder den einzelnen Mietgegenstand durch Entscheidung einer für jedes Bundesland einge-

setzten Kommission für das Gebiet eines ganzen Landes erhöht werden. Die Einzelerhöhungen sind häufig, so daß die Zahlung des gesetzlichen Instandhaltungszinses nur mehr in der Minderheit der Fälle erfolgt; dagegen sind allgemeine Erhöhungen für ein ganzes Land bisher überhaupt nicht vorgekommen. Das Mietengesetz hat im Gegensatze zum deutschen Gesetze die dem Vermieter nach dem abGB. obliegende Instandhaltungspflicht stark eingeschränkt, indem es ihn zur Vornahme von Erhaltungsarbeiten in einzelnen Wohnungen und Geschäftsräumen nur dann verpflichtet, wenn es sich um ernste Schäden des Hauses handelt oder der Instandhaltungszins offenbar hinreicht, um nach Bestreitung der allgemeinen Erhaltungsauslagen für das Haus weitere, den einzelnen Mietgegenstand zum ordentlichen Gebrauch untauglich machende Mängel zu beseitigen. Einer besonderen Regelung hat das Gesetz die Überlassung von Wohnungen gegen Dienstleistung unterzogen, indem es den Mieter ermächtigt, zu verlangen, daß der Wert der Dienstleistungen in der Höhe veranschlagt werde, die dem jeweiligen ortsüblichen Entgelte für Dienstleistungen solcher Art entspricht; wenn der so festgestellte Wert der Dienstleistung den gesetzlichen Mietzins erheblich übersteigt, hat der Vermieter dem Mieter ein angemessenes Entgelt zu zahlen, kann jedoch statt der Dienstleistungen die Entrichtung des gesetzlichen Mietzinses in Barem begehren.

3. Auflösungsbeschränkungen. Im Gegensatze zum deutschen Rechte hat das österreichische Gesetz das Kündigungsrecht des Vermieters nicht beseitigt, sondern dahin beschränkt, daß er von ihm nur aus wichtigen Gründen Gebrauch machen darf. Doch darf die Kündigung nur mehr gerichtlich erfolgen und muß alle Gründe anführen, welche der Vermieter zur Begründung der Kündigung vorbringen will; späteres Vorbringen ist ausgeschlossen. Die gerichtliche Überprüfung — und zwar durch das Bezirksgericht in der gewöhnlichen Besetzung durch Einzelrichter — erfolgt nur, wenn der Mieter Einwendungen erhebt. Die Anbringung von Einwendungen verpflichtet den Vermieter, die von ihm angekündigten Kündigungsgründe nachzuweisen. Das Gesetz enthält wieder im Gegensatze zum deutschen keine erschöpfende Aufzählung der Kündigungsgründe, sondern führt nur beispielsweise eine Reihe von Tatbeständen an, in denen es wichtige Kündigungsgründe erblickt. Diese Aufzählung stimmt mit der erschöpfenden des deutschen Gesetzes zum größten Teile überein; die Kündigung von Untermieten ist gegenüber jener der Hauptmieten

erleichtert, dagegen die Geltendmachung eigenen Bedarfes des Vermieters besonderen Beschränkungen unterworfen. Sie steht dem Vermieter nur zu, wenn er das Haus nicht nach dem 1. August 1914 — in kleineren Gemeinden nach dem 1. Jänner 1918 — erworben hat und ist bei Miete von Geschäftsräumen nur gegen Beistellung eines angemessenen Ersatzraums zulässig; das Gericht kann den Vermieter zur Zahlung der Übersiedlungskosten an den Mieter verpflichten und die Kündigung auf einzelne Teile der Wohnung beschränken. Zum Unterschiede vom deutschen Recht kann aber auch der Vermieter, der wegen Eigenbedarfes kündigt, diese Beschränkung schon in der Kündigung vornehmen.

4. Räumungsaufschub. Anders als im deutschen Rechte kann das Gericht nicht schon im Urteile die Wirksamkeit der Kündigung von der Beistellung eines Ersatzraums abhängig machen. Nur bei Kündigung von Geschäftsräumen wegen Eigenbedarfes geht das österreichische Gesetz noch weiter als das deutsche, indem, wie erwähnt, die Kündigung aufgehoben wird, wenn nicht ein Ersatzraum bereit gestellt ist. Sonst wird die Gefahr der Obdachlosigkeit des gekündigten Mieters durch Verlängerung der gesetzlichen Räumungsfrist um feste Zeiträume berücksichtigt. Eine solche Verlängerung um höchstens 6 Monate kann schon in den über die Kündigung ergehenden Urteile erfolgen, wenn der Mieter wichtige Gründe dafür geltend macht, und dem Vermieter aus der Verzögerung kein unverhältnismäßiger Nachteil erwächst. Ohne Rücksicht darauf, ob eine solche urteilsmäßige Verlängerung der Räumungsfrist erfolgt ist oder nicht, kann das Bezirksgericht dem Mieter wegen Gefahr der Obdachlosigkeit nach Rechtskraft der Kündigung einen Räumungsaufschub bis zu höchstens zwei Monaten gewähren; ist wegen Eigenbedarf des Vermieters gekündigt worden, so kann diese Verlängerung zweimal wiederholt werden, so daß sich in diesem Falle mit Rücksicht auf eine etwaige urteilsmäßige Verlängerung die Möglichkeit einer Hinausschiebung der Räumung um ein volles Jahr ergibt. Die Ausnützung der durch das Gesetz gebotenen Aufschubsmöglichkeit ist, soweit die Verlängerung nach dem Urteile in Betracht kommt, fast ausnahmslose Regel; von der urteilsmäßigen Fristverlängerung wird seltener Gebrauch gemacht.

5. Geltungsdauer. Das Gesetz über die Anforderung von Wohnungen und Wohnräumen soll am 31. Dezember 1925 seine Wirksamkeit verlieren. Jene des Mietengesetzes ist nicht befristet.

## C.

## Tschechoslowakei.

1. Mietzinsbeschränkungen. Das tschechoslowakische Gesetz hat das System der alten österreichischen Mieterschutzordnungen beibehalten, nach welchem der Friedenszins der Mietzinsberechnung in der Form zugrunde gelegt wurde, daß seine Erhöhung nur unter ganz bestimmten Voraussetzungen gestattet war. Es hat aber dieses System mehrfach modifiziert. So vor allem dadurch, daß Zuschläge zu dem die Grundmiete darstellenden Zinse vom 1. August 1914 nach bestimmten Hundertsätzen allgemein zulässig sind, ohne daß es dazu besonderer Voraussetzungen im Einzelfalle bedürfte. Diese Zuschläge werden aber überdies nach der Größe der Wohnungen und dem Zeitpunkte des Vertragsabschlusses verschieden abgestuft. Endlich wird bei höherem Einkommen des Mieters ein besonderer Zuschlag gestattet und erst eine Erhöhung über diese Zuschläge hinaus von den bekannten in fast allen Mieterschutzgesetzen wiederkehrenden Voraussetzungen abhängig gemacht. Die allgemein zulässigen Zuschläge betragen bei Wohnungen 20 bis 60 %, bei Geschäftsräumen 30 bis 60 % des Grundmietzinses. Bei neuen Mieten d. h. solchen, welche nach dem 1. Mai 1924 als dem Tage des Inkrafttretens des Gesetzes abgeschlossen werden, betragen die Zuschläge für Wohnungen 40 bis 60 %; bei Geschäftsräumen wird zwischen alten und neuen Mieten kein Unterschied gemacht. Einem Mieter, dem nach der letzten Steuervorschreibung eine Einkommensteuer von über 60.000 c. K. oder eine Körperschaftssteuer von einem steuerpflichtigen Ertrage über 250.000 c. K. vorgeschrieben wurde, kann der Zins auf einen die Grundmiete um 120 % nicht übersteigenden Betrag erhöht werden. Über die durch alle diese Zuschläge bestimmte Grenze hinaus kann im Einzelfalle eine Erhöhung des Zinses vom ordentlichen Gericht um jenes Ausmaß bewilligt werden, um welches die öffentlichen Abgaben, Betriebs- und Instandhaltungskosten und Hypothekarzinsen gestiegen sind. Besondere Zuschläge sind zulässig für Fahrstuhlbetrieb und Sammelheizung, ferner zur Deckung der Aufwendungen, welche auf Verlangen des Mieters in der Wohnung gemacht worden sind, auf die zur Amortisierung erforderliche Dauer, es sei denn, daß sie zur Erhaltung der Wohnung in benützbarem Zustande notwendig waren. Zeigen schon diese Bestimmungen im Vergleiche mit den früher in Geltung gestandenen Anordnungen das deutliche Bestreben des tschechoslowakischen Gesetzgebers nach allmählichem Abbau der Miet-

zinsbeschränkungen, so wird dies noch deutlicher durch die Vorschrift, daß Mieten von Wohnungen mit vier oder mehr bewohnbaren Räumen und von selbständigen Betriebsstätten, die nach Kundmachung des Gesetzes auf eine bestimmte Zeit von wenigstens drei Jahren abgeschlossen werden, überhaupt keiner Beschränkung in der Zinsfestsetzung unterliegen.

2. Auflösungsbeschränkungen. Das Gesetz hat das österreichische System der Beschränkung des Kündigungsrechtes des Vermieters auf jene Fälle, in denen ein wichtiger Grund zur Kündigung vorliegt, beibehalten und unterscheidet sich vom österreichischen Gesetze hauptsächlich dadurch, daß die gerichtliche Überprüfung nicht von Einwendungen des Mieters abhängig gemacht ist, die Kündigung vielmehr in allen Fällen der gerichtlichen Bewilligung bedarf, die im Verfahren außer Streitsachen (freiwillige Gerichtsbarkeit) zu erteilen ist. Andere als die in der Kündigung geltend gemachten Kündigungsgründe können nicht berücksichtigt werden. Nach dem 9. Mai 1920 auf bestimmte Zeit abgeschlossene Mietverträge gelten als auf unbestimmte Zeit verlängert. Die beispielsweise Aufzählung der Kündigungsgründe stimmt im großen ganzen mit jener des österreichischen Gesetzes überein. Der Eigenbedarf des Vermieters findet aber in viel weiterem Umfange Berücksichtigung. Die Absicht, den Schutz nur dem wirklich schutzbedürftigen Mieter angedeihen zu lassen, kommt in der Bestimmung zum Ausdrucke, daß die Kündigung zulässig ist, wenn der Mieter oder ein Mitglied seines Haushaltes eine andere und genügende Wohnung in der Gemeinde hat und wenn er die Wohnung nicht für oder bei Ausübung seines Berufes benötigt. Der Förderung der Bautätigkeit dient die Vorschrift, daß gekündigt werden kann, wenn der Mieter ein Vermögen von wenigstens 1 Million Kc. — und wenn es sich um eine zur Vermögensabgabe verpflichtete Gesellschaft handelt von wenigstens 15 Millionen Kc. — einbekannt hat oder ihm eine Steuer von diesem Betrage auferlegt ist und er nicht Eigentümer eines Hauses in derselben Gemeinde mit wenigstens einer solchen Anzahl von Räumen ist, als er in Miete hat, wobei noch dazu kommt, daß er das Haus vor dem 1. November 1918 erworben oder nach diesem Tage die Baubewilligung erhalten haben muß. Auflösung ohne Kündigung (fristlose Kündigung) ist nur gestattet, wenn der Mieter einen erheblich nachteiligen Gebrauch von der Wohnung gemacht oder wenn das vermietete Gebäude über Auftrag der Baubehörde neu aufgeführt oder abgetragen werden muß. Das Anwendungsgebiet des Mieterschutzes ist insoferne

ein weiteres als nach dem deutschen und österreichischen Gesetze, als die Kündigungsbeschränkungen auch für Pachtverträge über den Betrieb eines Gewerbes in gemieteten Räumen Geltung haben, was vielleicht dem wirtschaftlichen Zwecke des Mietnotrechtes nicht entspricht, aber die nach deutschem und österreichischem Rechte aus der Unsicherheit der Grenzziehung zwischen Miete und Pacht sich ergebenden Schwierigkeiten vermeidet.

3. Räumungsaufschub. Das Exekutionsgericht kann Aufschub der Räumung auf höchstens 1/4 Jahr bewilligen, wenn der Mieter ohne sein Verschulden keinen seinem Bedürfnis entsprechenden Ersatz hat. Bei Fortdauer des Aufschiebungsgrundes kann die Aufschiebung ein zweites Mal für dieselbe Zeit bewilligt werden. Eine dritte Bewilligung im selben Ausmaße ist dann zulässig, wenn die Verwaltungsbehörde bestätigt, daß in der Gemeinde ein Ersatz nicht zu beschaffen ist. Der bewilligte Aufschub verliert seine Wirksamkeit, wenn der Zins nicht bezahlt wird, auch sind Ausnahmen vorgesehen, in welchen ein Aufschub nicht bewilligt werden darf.

## D.

## Ungarn.

Ende 1923 wurde eine neue Wohnungsverordnung erlassen, die auch die Miete von Wohnungen und Geschäftslokalen regelt.

1. Mietzins. Danach betrug die Wohnungsmiete am 1. November 1923 das 240fache der Grundmiete, d. h. der Miete, die für den Mietgegenstand am 1. November 1917 zu entrichten war, die Miete für Geschäftslokale das 800fache der Grundmiete. Die gesetzlichen Mietzinse werden automatisch erhöht, und zwar hat sich die Wohnungsmiete ab 1. Februar 1924 um ein Sechstel der Novembermiete, dann aber mit Beginn eines jeden Vierteljahres um 1/5 der Miete des Vorquartals zu erhöhen. Bei Geschäftsräumen gilt schon für den Termin vom 1. Februar 1924 die Erhöhung um 1/5 des Vorquartals. Die Verordnung verfügt, daß die Regierung bei einer erheblichen Wertminderung der Ungarkrone im Verordnungswege dafür Vorsorge zu treffen habe, daß die Wertminderung der Krone den Vermieter nicht schädigen könne. Ob eine solche Verfügung ergangen ist, habe ich nicht ermitteln können. Der Vermieter hat sämtliche öffentlichen Betriebsgebühren (Schornsteinfegung, Wasserbezug, Müllabfuhr u. dgl.) zu leisten. Zur Deckung dieser Kosten haben die Mieter einen

von der allmählichen Zinserhöhung nicht berührten, unverändert bleibenden Betrag zu entrichten, welcher für Wohnungen mit dem 120fachen, für Geschäftsräume mit dem 420fachen der Grundmiete bemessen ist. Bei einer erheblichen Änderung der Betriebsgebühren hat die Regierung diesen Betrag im Verordnungswege entsprechend zu erhöhen oder vermindern. Für diese die Mietzinsberechnung regelnden Vorschriften ist kennzeichnend die dem deutschen und österreichischen Gesetze völlig fremde, im tschechoslowakischen Gesetze bloß angedeutete Unterscheidung zwischen Wohnungen und Geschäftsräumen und die große Spannung zwischen den für jede dieser Gruppen zulässigen Mietzinsen.

2. Kündigungsbeschränkungen sind vorläufig noch in Kraft. Es können aber unter Einhaltung der allgemeinen privatrechtlichen Vorschriften Wohnungen für den 1. November 1926, Geschäftsräume für den 1. Mai 1925 frei gekündigt werden. Betriebsstätten von Kleingewerbetreibenden werden den Wohnungen gleichgehalten.

## E.

## Polen.

1. Die Kündigungsbeschränkungen für kleine Wohnungen bis zu vier Zimmern, dann für Geschäftslokale, Werkstätten und dgl. bleiben in vollem Umfange aufrecht. Bei größeren Wohnungen ist die Möglichkeit freien Vertragsabschlusses zwischen Wohnungsgebern und Wohnungsnehmern vorgesehen. Auf Gebäude, welche im Staatseigentum stehen oder Vergnügungszwecken dienen, Hotels, Pensionen, Geschäftsstellen von Banken und Wechselstuben und vom 1. Jänner 1926 an auch auf Fabriksgebäude findet das Mietengesetz keine Anwendung.

2. Mietzins. Mit 1. Juni 1924 setzt eine fortschreitende Mietzinserhöhung ein. Für diesen Zeitpunkt ist der Zins je nach der Größe des Mietraums mit 5 bis 50 % des voll valorisierten Goldwertes des Zinses vom Juni 1924 zu berechnen. Für Handels- und Industrieunternehmungen sind die Hundertsätze höher als für Wohnungen; die unterste Stufe beträgt 10 %. Der so berechnete Zins steigt bis 1. Jänner 1925 vierteljährlich um 4 %, später um 5 %, so daß der voll valorisierte Goldfriedenszins je nach der Gruppe in der Zeit zwischen 1. Oktober 1927 und 1. Juli 1928 erreicht wird.

Neben dem Mietzins darf der Vermieter vom Mieter noch gewisse Betriebskosten einheben, jedoch nur solange, als der Mietzins je nach der Gruppe 50 bis 70 % des Friedenszinses nicht erreicht hat. Während die bisher dargestellten Gesetze bei Berechnung des Untermietzinses für Vermietung ohne Einrichtung nur den auf den untervermieteten Raum verhältnismäßig entfallenden Teil des Hauptmietzinses zugrunde legen lassen, gestattet das polnische Gesetz eine Überschreitung dieser Grenze um 30 vom Hundert. Der Verkauf von Mietrechten ist verboten; dem Verbote zuwider abgeschlossene Verträge sind nichtig. In Orten mit über 2000 Einwohnern bestehen Schlichtungsstellen für Mietstreitigkeiten. Bei Räumungsklagen wegen Mietzinsrückständen Arbeitsloser ist ein Moratorium von sechs Monaten zu bewilligen. Die Hauszinssteuer beträgt 20 % des Bruttozinses.

## F.

## Schweiz.

1. Erhaltung und Ausnutzung des vorhandenen Wohnraums. Die Vereinigung von Wohnungen und die Innehabung mehrerer Wohnungen kann an eine behördliche Bewilligung geknüpft werden. Inanspruchnahme unbenützter Wohnungen ist zulässig, nicht gestattet dagegen jene einzelner Räume, die zu einer bewohnten Wohnung gehören, mag diese auch noch so groß sein. Der Inanspruchnahme unterliegen gänzlich unbenützte Räume ohne Beschränkung; Räume, die ohne triftige Gründe anders als zu Wohnzwecken und auch nicht als Arbeitsräume verwendet werden, nur dann, wenn sie voraussichtlich nicht binnen sechs Monaten wieder frei gegeben werden müßten. Die Inanspruchnahme erfolgt durch die Gemeinde, welche in den angeforderten Räumen Wohnungsuchende unterbringen kann. Gegen die Auswahl der einzuweisenden Personen steht dem Eigentümer ein Einspruchsrecht zu, welches vor der Einweisung geltend zu machen und zu erledigen ist. Zwischen dem Hauseigentümer und dem Eingewiesenen besteht kein Rechtsverhältnis. Dagegen wird durch die Einweisung ein vollkommenes Mietverhältnis zwischen Gemeinde und Eingewiesenen begründet. Dieser hat der Gemeinde den Mietzins zu zahlen und haftet ihr nach den Grundsätzen des Mietrechtes. Die Gemeinde hat die Stellung des Vermieters, weshalb sie fehlende Einrichtungen beizuschaffen hat. Dem Eigentümer hat die Gemeinde eine „Entschädigung“ zu bezahlen, die dem angemessenen Mietzins ent-

sprechen soll; diese haftet für seine Ansprüche auf Gegenleistung und aus allfälligen Beschädigungen. Die Konstruktion ist ähnlich wie die des österreichischen Rechtes, doch ist die Regelung vollständiger. Nach dem Bundesratsbeschluß vom 28. Juli 1922 hat die Anwendbarkeit dieser Bestimmungen am 1. September 1922 aufgehört.

2. Mietzinsbildung. Der angemessene Mietzins setzt sich zusammen aus: dem Kapitalzins, welcher dem Vermieter eine angemessene Verzinsung des in der Liegenschaft angelegten Kapitals gewähren soll; den Steuern und andern öffentlich-rechtlichen Abgaben; Versicherungsprämien verschiedener Art; den Erhaltungskosten, welche von den Kantonen mit verschiedenen Hundertsätzen des Gebäude- und mitunter auch des Bodenwertes festgesetzt sind; endlich den Verwaltungskosten, welche von den Kantonen mit einem angemessenen Betrag festzusetzen sind. Das Schweizer Recht läßt wie das Reichsmietengesetz die Vertragsfreiheit grundsätzlich unangetastet, gestattet also den Parteien auch die Festsetzung eines andern als des im Bundesratsbeschlusse bezeichneten angemessenen Mietzinses. Nur auf Anrufen der Partei, und zwar nur des Mieters, überprüft der Richter den Mietzins und setzt ihn, wenn es sich um eine einseitige Erhöhung durch Erklärung des Vermieters handelt, ohne weiteres auf den angemessenen Zins herab. Wo es sich aber um die Anfechtung eines von beiden Parteien vereinbarten Zinses handelt, kann der Mieter binnen Monatsfrist die Vereinbarung anfechten, wenn er darzutun vermag, daß er sich aus begründeter Furcht, keine andere Wohnung zu finden, zu dem vereinbarten Zinse verstanden habe. Unter der gleichen Voraussetzung kann der Mieter die Befreiung von Nebenleistungen begehren, die er neben dem Mietzinse auf sich genommen hat. Erscheint hierbei die Mietzinsleistung zu niedrig, so ist sie auf den angemessenen Zins zu erhöhen. Der Ausbeutung von Untermietern soll auch dadurch vorgebeugt werden, daß die gewerbsmäßige Untervermietung Räume von den Kantonen unter behördliche Aufsicht gestellt und Beschränkungen unterworfen werden kann. Die Festsetzung des sachlichen Anwendungsgebiets der Mietzinsbeschränkung war ursprünglich den Kantonen überlassen; durch den Bundesratsbeschluß vom 28. Juli 1922 ist aber die Geltung der Ausnahmevorschriften auf Wohnräume beschränkt worden; auf Geschäftsräume darf sie nur dann erstreckt werden, wenn zwischen denselben Parteien auch ein Mietvertrag über eine Wohnung auf demselben Grundstück abgeschlossen ist oder wird. Nach demselben Beschlusse unterliegen auch solche Wohnräume

nicht mehr der Mietzinsbeschränkung, die seit dem 1. Januar 1918 als solche erstellt oder zu solchen umgebaut wurden.

3. Auflösungsbeschränkungen. Die Bestimmungen des Schweizer Rechtes, durch welche einer grundlosen Austreibung des Mieters vorgebeugt werden soll, stimmen im ganzen mit jenen des österreichischen Mietengesetzes überein. Der Mieter kann die Kündigung beim Mietamt anfechten, und dieses hat zu prüfen, ob die Kündigung nach den Umständen des Falles gerechtfertigt erscheint. Beispielsweise werden im Bundesratsbeschlusse von 1920 nur zwei Fälle aufgezählt, nämlich klaghaftes Verhalten des Mieters oder seiner Familie und Eigenbedarf des Vermieters, soferne dieser Bedarf nicht spekulativ verursacht worden ist. Die Kündigung ist auch statthaft, wenn der Vermieter eine Wohnung für nächste Verwandte benötigt; wie weit diese nächste Verwandtschaft reicht, ist nicht gesagt. Nach ausdrücklicher Vorschrift kann der Eigentümer auch dann kündigen, wenn er das Gebäude veräußert und der Käufer einer Wohnung bedarf. Einige Kantone haben als weiteres Beispiel für die Kündigung der vom Arbeitgeber dem Arbeitnehmer auf die Dauer des Arbeitsverhältnisses vermieteten Wohnung Auflösung des Arbeitsverhältnisses hinzugefügt. Befristete Mietverträge gelten als auf unbestimmte Zeit verlängert, wenn der Vermieter es war, der die Befristung veranlaßt hat und kein Grund vorliegt, der die Kündigung eines auf unbestimmte Dauer abgeschlossenen Mietvertrages gerechtfertigt erscheinen ließe. Die Bestimmungen des SchwOblR. über die sofortige Auflösung von Mietverträgen (Verletzung der Sorgfaltspflicht durch den Mieter, Verzug in der Zinszahlung, Konkurs des Mieters, Rücktritt aus wichtigen Gründen und Tod des Mieters bei mindestens auf ein Jahr geschlossenen Mietverträgen) werden durch die Ausnahmevorschriften nicht berührt. Deren sachliches Geltungsgebiet ist durch den Beschluß des Bundesrats vom 28. Juli 1922 in derselben Weise beschränkt worden, wie jenes der Mietzinsbeschränkungen.

4. Räumungsaufschub. Der Bundesratsbeschluß von 1920 hat die Erstreckung der in Art. 265 OblR. normierten Frist zur Ausweisung eines zahlungssäumigen Mieters unter der Voraussetzung gestattet, daß Unmöglichkeit vorliegt, innerhalb der Frist ein anderes Obdach zu finden. Diese Bestimmung ist zufolge BRB. vom 28. Juli 1922 am 1. September 1922 außer Wirksamkeit getreten. Es ist auch die Möglichkeit des Aufschubs der Räumung bei normaler Endigung des Mietvertrags vorgesehen. Die Bewilligung steht der Gemeinde

zu, die aber hierzu einer Ermächtigung der Kantonsregierung für jeden einzelnen Räumungstermin bedarf; sie ist nur dem Mieter zu erteilen, der trotz seiner Bemühungen keine neue Wohnung finden konnte. Auch diese Vorschrift hat bereits, und zwar seit 1. November 1922, ihre Wirksamkeit verloren.

## G.

## Italien.

1. Ausnutzung vorhandenen Wohnraums. Die Präfekten sind berechtigt, leerstehende Wohnungen und Geschäftsräume, deren Besitzer sie auf amtliche Aufforderung hin nicht binnen zwei Monaten vermieten, behördlich zu vergeben. Bäder, Kurorte und Sommerfrischen sind hiervon ausgenommen.

2. Mietzins- und Kündigungsbeschränkungen. Während die Kriegsdekrete sehr stark in die Freiheit des Vermieters eingriffen und jede Mietzinserhöhung und Kündigung bis zwei Monate nach Friedensschluß untersagten, ist gegenwärtig der Mieterschutz stark eingeschränkt, und als Endtermin der noch bestehenden Beschränkungen ist der 30. Juni 1926 festgesetzt. Zur Schlichtung von Streitigkeiten über die Kündigung und Erhöhung des Zinses bestehen Schiedskommissionen, in denen Hauseigentümer und Mieter vertreten sind. Bei der Entscheidung über das Ansuchen eines Mieters um Verlängerung des Mietvertrags hat die Kommission auf die besonderen Bedingungen des Wohnungsmarktes der Gemeinde Bedacht zu nehmen und zu beachten, ob sie es dem Mieter schwierig oder unmöglich machen, sich ohne größere wirtschaftliche Schädigung eine seinen gerechten wirtschaftlichen Bedürfnissen entsprechende Wohnung zu beschaffen. In einer Reihe erschöpfend aufgezählter Fälle, insbesondere bei Eigenbedarf des Hauseigentümers für sich oder nahe Angehörige, ferner wenn das Haus zur Unterbringung von Genossenschaften oder eigenen Angestellten bestimmt ist und der Mieter diese Eigenschaft nicht oder nicht mehr besitzt, darf die Erstreckung der Miete nicht bewilligt werden. Das Ausmaß des Zinses ist im Streitfalle derart festzustellen, daß der Zins nicht zu einer unverhältnismäßigen Belastung des Mieters führt, zumal wenn es sich um öffentliche oder andere Festangestellte, um Arbeiter oder andere Personen mit bescheidenem Einkommen handelt. Für die seit 28. März 1919 vollendeten Neubauten gelten auch diese Beschränkungen nicht.

3. Ein Vorkaufsrecht des Mieters besteht im Falle des Hausverkaufs. Es scheint sich nicht auf das ganze Haus, sondern nur auf die Mieträume zu beziehen, so daß materiell geteiltes Eigentum entstehen kann.

## H.

## Frankreich.

1. Mietzinsbeschränkungen. Die Erhöhung der Miete über den Zins vom 1. August 1914 ist zulässig nach Maßgabe der Erhöhung der Abgaben, der Instandhaltungskosten und des Leihzinses. In Paris ist die gesetzliche Miete mit 75 % über dem Friedenszinse festgesetzt, in andern Orten durch paritätische Kommissionen zu bestimmen. Die Herabsetzung des etwa vereinbarten höheren Zinses ist vom Mieter bei älteren Mieten binnen drei Monaten nach Kundmachung des Gesetzes vom 29. Dezember 1923, bei später abgeschlossenen Verträgen binnen drei Monaten nach Beginn des Mietverhältnisses zu beantragen. Der Vermieter kann dagegen einwenden, daß ihm die Erhaltung des Hauses bei einem niedrigen Zins aus besonderen Gründen unmöglich sei. Die Entscheidung über die Höhe des Zinses berührt die Dauer der Miete nicht. Zinsüberschreitung zieht die Verurteilung des Vermieters zu einer Geldbuße nach sich. Zuständig für die Entscheidung ist bei einem Zinse bis 1000 Fr. der Friedensrichter, bei einem höheren Zinse der Gerichtshof I. Instanz.

2. Kündigungsbeschränkungen. Verlängerungen der Mieten sind unter bestimmten Voraussetzungen für Wohnungen auf 9, für Geschäftslokale auf 15 Jahre vom 24. Oktober 1919 an zulässig; die Verlängerung muß mindestens 6 Monate betragen. Sie ist begünstigten Vermietern (Kriegsbeschädigten, Kriegerwitwen u. dgl.) gegenüber unzulässig. Sonst sind im Seinedepartement und anderen Orten von bestimmter Größe Verlängerungen wegen Wohnungsmangel nicht unter drei Monaten und nicht über den 1. Januar 1926 hinaus zulässig. Bei Eigenbedarf des Vermieters ist die Verlängerung nur zugunsten gewisser begünstigter Mietergruppen zulässig. Miteigentümer, welche ihre Anteile erst nach dem 1. Febrauar 1922 erworben haben, können den Eigenbedarf nicht geltend machen. Wenn der Vermieter nicht binnen drei Monaten nach der Räumung der Wohnung durch den Mieter diese selbst bezieht und wenigstens ein

Jahr darin wohnt, hat er eine Entschädigung in der Mindesthöhe des zweifachen Jahreszinses zu bezahlen.

3. Umwandlung von Wohnungen in Vergnügungsstätten oder Geschäftslokale ist untersagt.

## J.

## Sowjetrußland.

Das Mietrecht des bürgerlichen Gesetzbuchs der Sowjetrepublik beruht zum Teile auf jenen Rechtsgedanken, welche in dem für die Zeit der Wohnungsnot erlassenen Ausnahmevorschriften der mittel- und westeuropäischen Staaten zum Ausdruck gelangt sind. So erneuert sich nach § 156 in jenen Fällen, in denen staatliche Anstalten und Unternehmungen, Lohnarbeiter und Angestellte, Besucher staatlicher Unterrichtsanstalten, Familienangehörige der Mitglieder der roten Armee, die von diesen ernährt werden, Invaliden der Arbeit und des Krieges die Mieter sind, automatisch unter denselben Bedingungen auf unbestimmte Zeit, ohne daß es auf die Zustimmung des Vermieters ankäme. In diesen Fällen besteht auch eine Mietzinsbeschränkung insofern, als nach § 166 kein höherer Mietzins vereinbart werden kann, als von den lokalen Exekutivkomitees innerhalb der durch die Verordnungen des Rats der Volkskommissäre gezogenen Grenzen festgesetzt wird. Die Einschränkung der Vertragsfreiheit erfolgt also nur zugunsten solcher Mieter, die einer vom Gesetzgeber für besonders schutzbedürftig gehaltenen Gruppe angehören; sie geht aber dafür außerordentlich weit, da dem Vermieter die Möglichkeit, den Vertrag zur Lösung zu bringen, nur in jenen Fällen gegeben ist, in denen Mietverträge mit nicht geschützten Mietern vor Ablauf der vereinbarten Dauer gelöst werden können; unter diesen aber beispielsweise eigener Bedarf des Vermieters nicht angeführt wird (§ 171).

## III.

## Die Bedeutung der Ausnahmevorschriften im Verhältnis zum normalen Rechte.

Der Überblick über die Mieterschutznormen der verschiedenen Staaten zeigt uns eine kleine Zahl von tragenden Rechtsgedanken, die von den einzelnen Gesetzgebungen in verschiedenen Abwandlungen und Verbindungen zur Hintanhaltung der aus der Wohnungsnot drohenden Mißstände und gesellschaftlichen Gefahren verwendet werden. Die so gebildeten rechtspolitischen Behelfe lassen sich in folgende Gruppen sondern:

1. Behinderung der Verfügungsfreiheit des Vermieters in bezug auf den Abschluß von Mietverträgen. Diese Vorschriften kehren in den meisten Gesetzen in derselben Form wieder. Verboten sind Verfügungen, welche, wie die Verwendung von Wohnräumen zu anderen Zwecken, die Vereinigung von Wohnungen und dgl., den vorhandenen Gesamtwohnraum schmälern würden. Neben diesen Vorschriften stehen andere, welche die Ausnützung der vorhandenen Wohngelegenheiten auch gegen den Willen des nach den allgemeinen Privatrechtsnormen Verfügungsberechtigten durch behördlichen Zwang zum Gegenstande haben. Hier finden sich verschiedene Formen, bald, so im deutschen Rechte, zwangsweise Herstellung eines privatrechtlichen Mietverhältnisse (diktierter Vertrag), bald ausschließliche Anwendung des Verwaltungszwanges ohne jede privatrechtliche Regelung wie in Österreich, bald ein Mittelweg wie in der Schweiz.

2. Beschränkung der Vertragsfreiheit in bezug auf den Inhalt des Vertrages. Hier steht an erster Stelle die Bindung der Mietzinse. Die dieser Gruppe angehörigen Vorschriften zeigen die größte Mannigfaltigkeit. Unterschiede bestehen zunächst in dem Maße der Beschränkung der Vertragsfreiheit. Auf der einen Seite steht das Schweizer Recht, welches die Vertragsfreiheit grundsätzlich aufrecht erhält, auf der andern jene Rechte, welche wie das österreichische und tschechoslowakische jeder Vereinbarung eines andern als des gesetzlichen Zinses die Gültigkeit versagen. Eine Mittelstellung nimmt das deutsche Mietengesetz ein, welches zwar formell an der gesetzlichen Miete abweichende Vereinbarungen zuläßt, sich aber durch die Gestattung amtswegiger Überprüfung der vereinbarten Zinse stark der österreichischen Regelung nähert. In Ansehung der Höhe des zulässigen Zinses stimmen die meisten Gesetzgebungen darin überein, daß sie den in irgend einem Zeitpunkte des letzten Vorkriegsjahres gezahlten Zins zur Grundlage der Berechnung nehmen. Ausnahme Ungarn, wo vom Zins des Jahres 1917 ausgegangen wird.

Die verschiedensten Grundsätze gelangen zur Anwendung, soweit die Zulässigkeit einer Erhöhung dieser Grundlage in Frage kommt. Die Gegenpole bilden die älteste italienische und französische Gesetzgebung, welche eine Erhöhung überhaupt untersagten, und die neueste italienische Regelung, deren Zinsbeschränkung nur darin besteht, daß eine zuweitgehende wirtschaftliche Belastung des Mieters ausgeschlossen sein soll. Am nächsten steht dieser Ordnung jene der Schweiz, welche zwar auch Richtlinien für die Bemessung des Zinses enthält, der behördlichen Festsetzung im Einzelfalle aber dennoch ziemlich weiten Spielraum läßt. In den übrigen Gesetzgebungen finden wir überall ziffernmäßig bestimmte Erhöhungen der Grundmiete, daneben in Deutschland, Österreich und der Tschechoslowakei die Möglichkeit individueller Erhöhung nach den Bedürfnissen des Einzelfalles. Eine Berücksichtigung der Schutzbedürftigkeit des Mieters zeigt sich — vom Sowjetgesetzbuch abgesehen, dessen Regelung ja anders zu beurteilen ist — nur im tschechoslowakischen Gesetze, welches eine stärkere Belastung der leistungsfähigen Mieter teils unmittelbar zuläßt, teils dadurch herbeiführt, daß es die Zuschläge nach der Größe des Mietgegenstandes abstuft, und in der polnischen Übergangsvorschrift, welche die Steigerungen gleichfalls nach diesem Gesichtspunkte differenziert; im ungarischen Rechte ist diesem Gedanken durch die Unterscheidung zwischen Wohn- und Geschäftsräumen Rechnung getragen.

Neben den die Mietzinsbildung regelnden Vorschriften enthalten die Schutzgesetze noch andere den Vertragsinhalt betreffende Bestimmungen von geringerer Bedeutung. So erhebt das deutsche Gesetz die Vorschriften des BGB. über die Instandhaltungspflicht des Vermieters für die Zeit des Bestandes einer gesetzlichen Miete zum zwingenden Recht, während umgekehrt das österreichische Mietengesetz einen Teil der Erhaltungslast auf den Mieter überwälzt. Das deutsche Gesetz gestattet die Supplierung der nach dem BGB. erforderlichen Zustimmung des Vermieters zur Untervermietung durch Ausspruch des Mieteinigungsamtes, während das österreichische die grundsätzliche Freiheit der Untervermietung dadurch einschränkt, daß mißbräuchliche Ausübung dieses Rechtes durch den Mieter Kündigung oder Anforderung durch die Gemeinde herbeiführt. Endlich sind überall Abmachungen verboten, welche in ihrem wirtschaftlichen Effekt die Vereitelung der von dem Gesetzgeber gewollten Bindung des Mietzinses bewirken mußten.

3. Einschränkung der Vertragsfreiheit in bezug auf die Endigung des Mietverhältnisses. Diese Einschränkung ist überall eine einseitige; nur die Rechtsstellung des Vermieters wird von ihr betroffen, während es dem Mieter unbenommen bleibt, von den ihm nach Gesetz oder Vertrag zustehenden Befug-

nissen zur Beendigung der Miete beliebigen Gebrauch zu machen. Zu unterscheiden sind folgende Maßnahmen:

a) Umwandlung der auf bestimmte Zeit abgeschlossenen Mietverhältnisse in solche von unbestimmter Dauer. Das ist eine notwendige Ergänzung der Beschränkungen des dem Vermieter zustehenden Kündigungsrechtes, da diese sonst durch den Abschluß von befristeten Verträgen leicht umgangen werden könnten. Daher entfällt die Anwendung der bezüglichen Vorschriften, wo die Umgehung nicht zu befürchten ist. So nach österreichischem Recht allgemein bei solchen Verträgen, deren ursprüngliche oder verlängerte Dauer ein halbes Jahr nicht übersteigt, und bei Untermietverhältnissen bezüglich solcher Vereinbarungen, durch die eine bestimmt bezeichnete, für den Untermieter bedeutsame Tatsache von vornherein als Kündigungs- oder Auflösungsgrund festgesetzt wird. Das deutsche und das tschechoslowakische Gesetz kommen den Interessen des Vermieters weniger entgegen; das erste befreit vom Mieterschutz nur Gelegenheitsmieten für besondere Zwecke und vorübergehenden Gebrauch, das zweite Mietverträge, die auf nicht mehr als drei Monate abgeschlossen sind.

b) Beschränkung des Kündigungsrechtes bei Mieten von unbestimmter Dauer, wohl die praktisch wichtigste unter den in diese Gruppe fallenden Maßnahmen. Die Form und prozessuale Gestaltung der Beschränkung weist große Unterschiede auf: in Italien und Frankreich hat der Mieter um Verlängerung anzusuchen; Österreich und die Schweiz halten formell das Recht des Vermieters zur Kündigung aufrecht; ihre Zulässigkeit wird auf Verlangen des Mieters behördlich überprüft. Deutschland und die Tschechoslowakei machen die Wirksamkeit der Kündigung von vornherein und ohne Rücksicht auf einen Widerspruch des Mieters von richterlicher Zulassung abhängig, die nach deutschem Recht durch auf Klage ergehendes Urteil, nach tschechoslowakischem auf Gesuch im Verfahren der freiwilligen Gerichtsbarkeit erteilt wird. Im materiellen Kündigungsrechte nimmt das deutsche Gesetz eine Sonderstellung ein, indem es die Lösungsgründe erschöpfend aufzählt, während alle anderen Gesetze den Bestand eines überwiegenden Interesses des Vermieters an der Lösung des Mietverhältnisses fordern und daneben eine Reihe von Tatbeständen aufzählen, bei denen das Vorhandensein eines solchen Interesses vom Gesetze vorausgesetzt wird, so daß der Richter die Lösung der Miete im Einzelfalle ohne weitere Interessenwägung zu genehmigen hat, wenn er den vom Gesetze umrissenen typischen Tatbestand festgestellt hat. Als den allen Gesetzgebungen gemeinsam zugrundeliegenden Rechtsgedanken kann man den herausstellen, daß der Miete ein von der Willkür des Mieters unabhängiger Bestand verliehen und ihre Beendigung gegen den Willen des Mieters nur dort gestattet sein soll, wo dies durch ein überwiegendes Interesse des Vermieters geboten erscheint.

c) Neben diesen die Verfügungsfreiheit des Vermieters allgemein beschränkenden Bestimmungen enthalten die meisten Gesetzgebungen noch Beschränkungen für Sonderfälle, die zum Teil ausdrücklich ausgesprochen sind, zum andern Teil sich als notwendige Folgerungen aus dem Zusammenhange der gesetzlichen Vorschriften ergeben. Dahin gehören die Bestimmungen des deutschen (§ 19) und österreichischen (§ 19 Z. 11) Gesetzes, durch welche der Vermieter genötigt wird, das Mietverhältnis nach dem Tode des Mieters unter Umständen auch mit Personen fortzusetzen, welche nicht kraft Erbrechts in den Mietvertrag eintreten.

Eine Veränderung hat auch die Wirkung jener Tatbestände erfahren, welche nach dem BGB. (§§ 553, 554) den Vermieter zur fristlosen Kündigung, nach dem abGB. (§ 1118) zur früheren Aufhebung des Vertrages berechtigten. Auch die Gründe der fristlosen Kündigung müssen mit der im MSchG. vorgesehenen Aufhebungsklage geltend gemacht werden; nur ist deren Anstellung zufolge § 5 daselbst jederzeit zulässig. Von den drei im § 1118 abGB. vorgesehenen Aufhebungsgründen hat das tschechoslowakische Mieterschutzgesetz (§ 3) den einen des Zinsrückstandes beseitigt, und den der notwendigen Bauführung dahin eingeschränkt, daß die Aufhebung nur dann zulässig ist, wenn das vermietete Gebäude auf Auftrag der Baubehörde neu aufgeführt oder demoliert werden muß. Das österreichische Mietengesetz hat den Aufhebungsgrund des Zinsrückstandes unberührt gelassen, wiewohl auch nach Vorschrift seines § 19 Z. 1 Kündigung schon wegen eines geringeren als des nach § 1118 abGB. erforderlichen Rückstandes gestattet ist; ob der Aufhebungsgrund der notwendigen Bauführung durch die Fassung des Kündigungsgrundes in § 19 Z. 4 dieselbe Einschränkung erfahren hat, wie durch das tschechoslowakische Gesetz, ist zweifelhaft; die Gerichtsübung steht bisher auf dem Standpunkte seiner unveränderten Gültigkeit. Für die Rechtsgebiete des abGB. und des SchwOblR., welche den Grundsatz „Kauf bricht Miete" in abgeschwächter Form aufrecht erhalten haben, bewirken weiter die Kündigungsbeschränkungen eine Außerkraftsetzung der bezüglichen Bestimmungen, da der Erwerber nicht mehr unter Berufung auf den

Eigentumswechsel, sondern nur bei Vorliegen eines wichtigen Grundes kündigen kann. Endlich hat eine eigenartige Bestimmung des österreichischen Gesetzes (§ 10) die Wirkung des Unterganges der Mietsache als eines Auflösungsgrundes insofern beschränkt, als der Vermieter bei Zerstörung des Gebäudes durch Feuer die Versicherungsentschädigung zur Wiederherstellung zu verwenden verpflichtet ist und dazu durch Verwaltungszwang verhalten werden kann.

d) Die vierte Gruppe der hierher gehörigen Vorschriften bilden jene, welche auch bei wirksamer Auflösung der Miete die tatsächliche Fortbenützung des Mietraums durch den Mieter gestatten, um seiner Obdachlosigkeit vorzubeugen. Am reinsten ist der Gedanke im deutschen Gesetze durchgeführt, welches die zwangsweise Räumung von der Beistellung eines Ersatzraums abhängig macht; das Schweizer Recht stellt die Verlängerung in das Ermessen der Behörde, während das österreichische und tschechoslowakische Gesetz mit Verlängerungen von bestimmter Höchstdauer arbeiten, die, wenn einmal bewilligt, vom Mieter auch dann ausgenützt werden können, wenn er in der Lage wäre, sich früher ein anderes Obdach zu verschaffen, aber auch dort nicht überschritten werden dürfen, wo die Beschaffung eines Ersatzraums innerhalb der bewilligten Frist nicht möglich ist. Die deutsche Regelung hat dafür den Nachteil, daß sie die Sorge für die Auffindung des Ersatzraums vollständig auf den Vermieter überwälzt und so den Mieter der Notwendigkeit überhebt, sich um ein neues Obdach überhaupt umzusehen.

Wenn man alle diese Eingriffe in das Gefüge der allgemeinen Privatrechtsnormen über die Miete überblickt, so muß man zu der Überzeugung gelangen, daß es sich nicht mehr um eine größere oder geringere Reihe von Einzelabänderungen handelt, sondern, daß hier eine gründliche Wandlung in dem rechtlichen Wesen des Mietverhältnisses selbst vor sich gegangen ist. Es liegt mir ferne, dem alten Streit, ob die Miete als ein dingliches oder obligatorisches Recht oder als eine Übergangsform zwischen beiden anzusehen sei, neuen Nährstoff zuführen zu wollen, zumal es in diesem Zusammenhange, in dem es gilt, durch die Gewinnung der in den Mieterschutzvorschriften um Anerkennung ringenden Rechtsgedanken eine Prüfung der Grundlagen für eine Neuordnung des Mietrechtes zu ermöglichen, weniger darauf ankommt, eine unbestreitbare Einordnung in die in ihrer Bestandfestigkeit ohnedies einigermaßen erschütterten gemeinrechtlichen Kategorien vorzunehmen. Die der Konstruktion der Miete als eines persönlichen Schuldverhältnisses zugrunde liegende Vorstellung, daß sie den Vermieter zur fortdauernden Gestattung des Gebrauches der Mietsache an den Mieter verpflichte, diesem aber keine unmittelbare Sachherrschaft gewähre, ist aber doch einigermaßen schwer aufrecht zu erhalten, wenn die Dauer der Nutzung durch den Willen des Vermieters gar nicht mehr bestimmbar ist; sobald durch die Bindung des Kündigungsrechtes an bestimmte vom Gesetz fixierte Tatbestände die Nutzung für den Regelfall vom Willen des Vermieters unabhängig wird, sie also auch gegen ihn fortgesetzt werden kann, läßt sich der Bestand eines unmittelbaren Herrschaftsrechtes über die Sache kaum mehr in Abrede stellen. Es erschöpft sich aber der Einfluß der Mieterschutzgebung auf das Wesen des Mietverhältnisses nicht mit dieser Wirkung der Kündigungsbeschränkungen; vielmehr läßt sich feststellen, daß eine ganze Reihe von Einzelbestimmungen, die vom Gesetzgeber zunächst nur zur Abwehr eines konkreten Mißstandes bestimmt gewesen sein mögen, in den Rahmen der Entwicklung der Wohnungsmiete zu einer beschränkten Sachherrschaft des Mieters sich einfügt. Die Richtigkeit dieser Behauptung ist nur durch die Vergleichung eines bestimmten Mieterschutzgesetzes mit der ihm zugrunde liegenden allgemein privatrechtlichen Regelung der Miete zu erweisen. Wenn ich hierzu die österreichische Gesetzgebung wähle, geschieht es nicht nur, weil sie mir am nächsten liegt, sondern auch deshalb, weil der behauptete Zusammenhang in ihr am deutlichsten zutage tritt. Hinzuweisen ist auf folgende Punkte:

1. Nach § 19 Z. 10 M. G. und § 4 Z. 5 W.Anf. Ges. ist der Mieter, wenn er den Mietgegenstand gänzlich weitergibt oder entgegen dem Zwecke des Bestandvertrages statt zu eigenem Gebrauche als Verkehrsobjekt verwendet, der Kündigung des Vermieters oder der Anforderung der Wohnungsbehörde ausgesetzt. Die Regel des § 1098 ab GB., nach welcher der Bestandnehmer, von der Verletzung eines konkreten Interesses des Bestandgebers und einem vertragsmäßigen Verbote abgesehen, das Recht der freien Untervermietung hat, trifft also heute nicht mehr zu; denn man kann von einem solchen Rechte nicht sprechen, wenn seine Ausübung die Vernichtung des ganzen Rechtsverhältnisses zur Folge hat. Diese Einschränkung der Mieterrechte erinnert an die Rechtsstellung des Inhabers eines dinglichen Gebrauchrechts, der nach § 504 abGB. die fremde Sache bloß zu seinem Bedürfnisse zu benützen berechtigt ist und nach § 507 ebenda sein Recht an einen andern nicht übertragen darf. Gleich ihm ist nunmehr dem

Mieter zumindest die gänzliche Übertragung seines Rechtes an einen Dritten untersagt; die räumlich beschränkte Übertragung ist allerdings noch zulässig; nur darf sie nicht zu übermäßigem Preise erfolgen und damit Zwecken dienen, welche dem Mietvertrage seiner Natur nach fremd sind.

2. Wie schon hervorgehoben, wird durch § 6 MG. die aus den § 1096, 1104 und 1117 abGB. sich ergebende Pflicht des Vermieters, die vermietete Wohnung in brauchbarem Stande zu erhalten, im praktischen Ergebnis auf die Beseitigung ernster Schäden des Hauses eingeschränkt; damit entfällt nicht nur der Anspruch des Mieters, die Leistung weitergehender Instandsetzungsarbeiten vom Vermieter zu verlangen, sondern auch jener auf Zinserlaß und sein Recht auf vorzeitigen Rücktritt vom Vertrage, sowie jenes, den Ersatz für die von ihm besorgten Herstellungen zu begehren. Auch hier ergibt sich eine Parallele zu den persönlichen Dienstbarkeiten, da ja der Fruchtnießer für die Erhaltung der dienstbaren Sache schlechtweg und der Gebrauchsberechtigte wenigstens insoweit aufzukommen hat, als die Instandhaltungskosten den dem Eigentümer verbleibenden Ertrag übersteigen (§§ 513 und 508 abGB.).

3. Ganz das gleiche gilt von den Vorschriften der §§ 2 lit c und b und 4 MG., welche den Mieter in Abänderung des § 1099 abGB. mit der Pflicht zur Entrichtung eines verhältnismäßigen Anteils an den Betriebskosten und öffentlichen Abgaben belasten und ihn damit in diesem Punkte dem Fruchtnießer (§ 512 abGB.) gleichstellen.

4. Die bisher erörterten Vorschriften des Mietengesetzes bewirken, gewissermaßen als Gegenstück zur Verstärkung der rechtlichen Stellung des Mieters der Dauer nach inhaltlich eine Abschwächung der für ihn aus dem Mietvertrag entspringenden Rechte. Dagegen bedeutet die früher erwähnte Bestimmung des § 10 MG., nach welcher der Vermieter in Abweichung von § 1112 abGB. verpflichtet ist, eine Feuerversicherungsentschädigung zur Wiederherstellung des vermieteten Gebäudes zu verwenden, eine inhaltliche Verstärkung der Mieterrechte. Auch hier finden wir eine Erinnerung an die Rechtsstellung des dinglich Berechtigten, wenn wir an die Vorschriften der §§ 79 ff. VersVertr. Ges. denken, über welche § 10 MG. sogar zum Teile noch hinausgeht.

Wenn wir die durch den Mieterschutz verursachten Abänderungen des früheren Rechtszustandes zusammenfassend würdigen wollen, so ergibt sich, daß sie eine erhebliche Verstärkung der unmittelbaren Verfügungsgewalt des Mieters über die Sache herbeigeführt und damit eine wesentliche inhaltliche Annäherung der Miete an das dingliche Wohnungsrecht bewirkt haben. Der Vermittlung des Vermieters zur Ausübung der in der Wohnungsmiete gelegenen unmittelbaren Sachherrschaft bedarf der Mieter nur mehr da, wo es sich um eine Vertretung seines Rechtes gegen Dritte handelt, die über Rahmen der Abwehr von Besitzstörungen hinausgeht.

## IV.

## Notwendigkeit und Ziel der Neugestaltung des Wohnungsmietrechtes.

Das Mieterschutzrecht trägt beinahe überall vom Anfang an schon äußerlich das Aussehen vorübergehenden Notrechtes dadurch an sich, daß die es enthaltenden Verfügungen nicht in der Form ordentlicher Gesetze ergangen und entweder nur auf die Dauer des Bedarfes erlassen oder in ihrer Wirksamkeit mit einem bestimmten kalendermäßigen Zeitpunkte befristet sind. Die ursprünglichen Notverordnungen sind dann in einer Reihe von Staaten, Deutschland, Österreich, Tschechoslowakei und Frankreich, durch im normalen verfassungsmäßigen Wege zustande gekommene Gesetze ersetzt worden, die aber mit Ausnahme des österreichischen Mietengesetzes von ihren Vorgängern die zeitliche Beschränkung übernommen haben. Aber auch ohne Rücksicht auf diese zeitliche Begrenzung der Wirkungsdauer fehlt ihnen ihrem Inhalte nach die Eignung, in ihrer jetzigen Form und Gestalt bleibendes Recht zu werden. Das gilt nicht nur deshalb, weil einzelne ihrer Bestimmungen, wie jene über die Verlängerung der Räumungsfrist, vorübergehende Zustände ganz deutlich voraussetzen, sondern vornehmlich aus dem Grunde, weil die in ihnen enthaltenen neuen Rechtsgedanken nicht organisch in das bürgerliche Recht eingearbeitet sind und so unklare Rechtsbeziehungen geschaffen haben, die zu unaufhörlichen Reibungen und Streitigkeiten führen und deshalb einen dauernden Rechtszustand nicht darstellen können. Es mag hier genügen, auf die durchaus unbefriedigenden Zustände zu verweisen, welche durch die Einwirkung der Zinsbeschränkungen auf die Gestaltung der Instandhaltungspflicht hervorgerufen werden und die Möglichkeit auch der notwendigsten baulichen Herstellungen beinahe in jedem Falle von einer gerichtlichen oder verwaltungsbehördlichen Entscheidung abhängig machen.

Dieser Zwiespalt zwischen dem Mietnotrecht und dem formell nicht aufgehobenen, sondern nur zurückgedrängten allgemeinen Privatrechte muß daher beseitigt werden. Das kann an sich auf dreierlei Weise geschehen: es kann durch einfache Beseitigung der Notgesetzgebung glatt der frühere Rechtszustand wiederhergestellt oder durch Einarbeitung aller dem Mieterschutz wesentlichen Beschränkungen der Vertragsfreiheit und des Eigentums der jetzige Rechtszustand inhaltlich aufrechterhalten oder endlich eine Neugestaltung des Wohnmietrechtes durch Aufnahme einzelner Rechtsgedanken des Notrechtes in das bürgerliche Recht durchgeführt werden. Bei der Wahl zwischen diesen Möglichkeiten ist davon auszugehen, daß die Entscheidung vom Standpunkt der geltenden Rechts- und Wirtschaftsordnung aus getroffen werden muß. Beruht diese auf dem Privateigentum und der Vertragsfreiheit, so geht es nicht an, Einrichtungen dauernd beibehalten zu wollen, welche gerade für ein einzelnes Rechtsverhältnis von diesen Grundlagen absehen, das Privateigentum seines Inhaltes beinahe völlig entleeren und die Willenstätigkeit der Parteien fast durchgehends durch behördliche Entscheidungen ersetzen. Die Ausschaltung der sonst im Wirtschaftsleben wirksamen Faktoren hat ein völliges Brachliegen der Bautätigkeit und damit eine fortgesetzte Verschärfung der Wohnungsnot, eine ständig zunehmende Verschlechterung des Bauzustandes der alten Häuser herbeigeführt; die gänzliche Verkümmerung der Vertragsfreiheit führt zu einer vervielfachten Inanspruchnahme der mit der Handhabung der Wohnungsvorschriften befaßten Gerichte und Verwaltungsbehörden und damit zu einer für die Beteiligten gerade auf diesem Gebiete schwer zu ertragenden Verzögerung aller Entscheidungen, zugleich aber zu einer überaus kostspieligen Vergrößerung des behördlichen Apparates, die sich die durch die Wirtschaftskatastrophen der Kriegs- und Nachkriegszeit am meisten geschwächten Staaten auf die Dauer gewiß am wenigsten leisten können. Die zweite der gegebenen Möglichkeiten, die dauernde Beibehaltung des Mieterschutzes in seinem wesentlichen Inhalte ist daher abzulehnen.

Die Entscheidung zugunsten der entgegengesetzten Möglichkeit, der glatten Beseitigung aller durch das Mietnotrecht geschaffenen Beschränkungen, könnte sich darauf berufen, daß ja die das Mietrecht regelnden Vorschriften des bürgerlichen Rechtes verhältnismäßig neuen Ursprungs sind — ist doch auch das Mietrecht des alten österreichischen Gesetzes durch die Novelle von 1916 ziemlich gründlich und zwar meist im Sinne eines verstärkten Schutzes der Mieterinteressen geändert worden —

und daß deshalb mit ihnen das Auslangen müßte gefunden werden können. Überdies wurde eine solche Wiederherstellung des früheren Rechtszustandes ohne jede Einschränkung nicht nur den Wünschen der durch den Mieterschutz übermäßig bedrückten Schichte der Hauseigentümer, sondern auch aller jener entsprechen, welche in einer möglichst weitgehenden Restauration der rechtlichen und gesellschaftlichen Zustände der Vorkriegszeit das beste Mittel der Wiederaufrichtung von Volk und Wirtschaft erblicken. Es ist aber schon die Frage, ob die Regelung des Mietrechtes in unseren bürgerlichen Gesetzbüchern auch nur der zur Zeit ihrer Entstehung und Neufassung gegebenen Interessenlage voll entsprochen hat. Der Ausbeutung gerade der wirtschaftlich schwächsten Mieter durch Forderung übermäßiger Zinse für schlechte Wohnungen hat sie recht wenig Hindernis bereitet. Die Bedrückung der Mieter durch schikanöse Hausordnungen war in den Großstädten eine alltägliche Erscheinung, der bei völlig freiem Kündigungsrechte des Vermieters kaum beizukommen war. Schon aus diesem Gesichtspunkte wird es sich empfehlen, die Vorschriften der Gesetzbücher über den Mietvertrag anläßlich der Aufhebung des Mieterschutzes einer eingehenden Überprüfung zu unterziehen. Dazu kommt aber noch folgende Erwägung. Wer die Herstellung eines sozialen Gleichgewichtszustandes für eine Voraussetzung des inneren Friedens und der Möglichkeit eines Wiederaufstiegs hält, muß an die unveränderte Wiederanknüpfung an die Rechtszustände von 1914 auf allen jenen Gebieten verzichten, auf denen die Anschauungen der Volksmehrheit eine so tiefgreifende Wandlung erfahren haben, daß der Versuch einer völligen Herstellung des Alten sofort den erbitterten Widerstand weiter Volkskreise auslösen mußte. Die Mietnotgesetzgebung hat die Stellung der Parteien des Mietvertrages zueinander völlig verändert und auch bei sonst einsichtigen Mietern Vorstellungen über die Verteilung der gegenseitigen Rechte und Pflichten hervorgerufen, die oft ganz wunderliche Blüten treiben und vom sozialen Verständnis ungefähr ebensoweit entfernt sind wie die mancher Vermieter der Vorkriegszeit. Es wird genug Mühe kosten, diese Überspannung zu beseitigen und einer die Interessen des Vermieters und des Mieters sorgfältig abwägenden Regelung jene allgemeine Anerkennung zu verschaffen, ohne die Rechtseinrichtungen einen dauernden Bestand nicht haben können. Über die Tatsache, daß die weitaus überwiegende Volksmehrheit nicht in Eigenhäusern, sondern zur Miete wohnt, kann der Gesetzgeber nicht hinweggehen. Die Wiedereinsetzung des Vermieters in sein Eigentumsrecht ist eine durch die Rechtsordung gebotene Notwendigkeit. Die Wiederherstellung des Hauseigentümers ist durchführbar; der Versuch einer Wiederherstellung des Hausherrn aber kann auf die Dauer nicht gelingen und nur zur Verschärfung der sozialen Gegensätze und neuen Erschütterungen führen.

Ich gelange damit zu dem Ergebnisse, daß die Aufhebung der Mieterschutznormen von einer Revision der Bestimmungen des bürgerlichen Rechtes über die Miete begleitet sein muß. Es ist wohl selbstverständlich, daß diese sich zunächst damit zu befassen haben wird, was von den Gedanken und Regeln des Mietnotrechtes geeignet erscheint, dauernd in den Bestand des bürgerlichen Rechtes aufgenommen zu werden; dabei werden aber auch jene sekundären Wirkungen nicht übersehen werden dürfen, die von den Mieterschutzvorschriften hervorgebracht worden sind, ohne daß sie eigentlich in der bewußten Absicht des Gesetzgebers gelegen gewesen wären. Endlich aber möchte ich noch einen Gesichtspunkt der Beachtung empfehlen. Von der Angleichung des deutschen und österreichischen Rechtes ist oft und viel gesprochen worden. Geschehen aber ist dazu noch recht wenig. Auf dem Gebiete des Wohnungsmietrechtes machen sich weder wirtschaftliche Gegensätze noch kulturelle Unterschiede geltend, welche tiefgreifende Verschiedenheiten in der gesetzlichen Regelung notwendig machen oder rechtfertigen könnten. Der Versuch einer Ausgleichung der bestehenden Differenzen wird um so aussichtsreicher sein, als die eben erwähnten Nebenwirkungen der Mieterschutzgesetzgebung, wie sich ergeben wird, in manchen Punkten eine weitgehende Annäherung schon bewirkt haben. Das Hauptziel der Neuordnung aber muß es sein, die Wohnungsmiete gesetzlich so zu regeln, daß der von mir zu Beginn meines Vortrags angeführte Ausspruch Kleins, die Miete sei für wenige entbehrlich, für keinen erfreulich, möglichst viel von seiner Berechtigung verliere.

## V.

## Entwicklung der Reformvorschläge im einzelnen.

Sind wir zu der Überzeugung gelangt, daß eine Änderung der Vorschriften des bürgerlichen Rechtes über die Wohnungsmiete notwendig ist, so wird die Untersuchung, welche Änderungen sich als empfehlenswert erweisen, zweckmäßiger Weise zunächst die Maßnahmen des Notmietrechtes daraufhin zu prüfen haben, ob sie geeignet erscheinen auch nach Beseitigung der Wohnungs- und Wirtschaftsnot in die dauernde neue Regelung der Wohnungsmiete aufgenommen zu werden.

## A.

## Wohnungsforderung und Zwangsmiete.

Die Vorschriften, welche die Gemeinde oder ein anderes Verwaltungsorgan ermächtigen, die Verfügung über unbenutzte oder nicht voll ausgenutzte Räume an sich zu ziehen, ihre Inhaber daraus zu entfernen oder andere an ihre Stelle zu setzen, stellen von allen Maßnahmen des Mieterschutzes den empfindlichsten Eingriff in die Freiheit des Eigentums dar. Die mit ihrer Hilfe geschaffenen Zwangsverhältnisse beruhen auf durchaus unklarer Grundlage und geben zu einer Fülle von Rechtsstreitigkeiten Anlaß, die dadurch nicht erquicklicher werden, daß sich die Stimmung der zwangsweise aneinander geschmiedeten Haus- und Wohnungsgenossen zu einer erbitterten Feindseligkeit steigert, die die Schaffung eines dauernden Hausfriedens zwischen ihnen beinahe ausschließt. In Österreich waren Besitzstörungsstreitigkeiten infolge des raschen Prozeßganges immer seltener geworden und kamen bis zum Einsetzen der Zwangswirtschaft im Wohnungswesen in städtischen Gemeinden fast gar nicht mehr vor. Die Unerquicklichkeit der Zwangsmieten und die Zusammendrängung zahlreicher Menschen oft der verschiedensten Lebenskreise in engem Raum hat sie lawinenartig anschwellen lassen; sie sind zahllos geworden und bedeuten eine schwere Belastung der Gerichte mit fruchtloser Arbeit. Die Zwangsverfügung über den vorhandenen Wohnraum bringt aber auch mancherlei Gefährdung und Verschlechterung der öffentlichen Moral nach sich. Sie bietet Gelegenheit, die Tätigkeit der Wohnungsbehörde durch böswillige Denunziationen hervorzurufen und durch die Drohung mit solchen Erpressungen zu verüben. Sie veranlaßt zu Schleichwegen und Scheingeschäften, um das drohende Eingreifen der Wohnungsbehörde hintanzuhalten. Sie bietet aber auch Gelegenheit zu politischen Gefälligkeiten und Bosheitsakten, eine Gelegenheit, von der bei der Verwilderung der Sitten des politischen Kampfes nicht allzu selten Gebrauch gemacht wird. Das mögen Mißbräuche sein; aber es sind Mißbräuche, die notwendige und unvermeidbare Begleiterscheinungen der Zwangswirtschaft darstellen und die nur mit dieser selbst zu beseitigen sind. Die Zwangsverfügung über Wohnräume ist daher nur solange erträglich, als sie durch die drängende

Wohnungsnot erfordert wird. Ist diese überwunden — und das ist ja wohl wesentliche Voraussetzung einer Neuordnung des Mietrechts —, dann muß die Freiheit des Eigentums soweit wieder hergestellt werden, daß dem Hauseigentümer allein die Entscheidung überlassen ist, ob und wann er vermieten will. Ich gelange daher zu dem ersten Leitsatze:

**Die Beschlagnahme von Wohnungen und die Möglichkeit einer Zwangsvermietung durch Organe der öffentlichen Verwaltung ist zu beseitigen und die Freiheit des Eigentümers in der Verfügung über den ihm gehörigen Wohnraum und der Auswahl eines etwaigen Mieters ohne Einschränkung wieder herzustellen.**

## B.

## Auflösung der Miete.

Auch die Beschränkungen der Lösungsmöglichkeiten der Wohnungsmiete bedeuten einen Eingriff in die Freiheit des Eigentums, soweit die einseitige Lösung durch den Vermieter in Betracht kommt, eine Beschränkung der Vertragsfreiheit, soweit auf bestimmte Zeit abgeschlossene Mietverträge von Gesetzes wegen in solche von unbestimmter Dauer verwandelt werden. Nichtsdestoweniger unterliegen diese Beschränkungen doch einer andern Beurteilung als die Wohnungsbeschlagnahme. Hier handelt es sich nicht darum, den Vermieter zu einer seinen wirtschaftlichen Intentionen zuwiderlaufenden Verwendung seines Eigentums zu zwingen oder ihm einen Vertragsgegner aufzunötigen. Die Mietwohnungen sind vom Anfang an und ihrer natürlichen Zweckbestimmung nach der Vermietung gewidmet; den Mieter hat der Vermieter bei Vertragsabschluß frei gewählt, und die Frage ist nunmehr nicht die, ob man ihm ein Vertragsverhältnis aufnötigen darf, sondern geht nur dahin, ob die willkürliche Lösung eines von beiden Teilen nach freiem Willen abgeschlossenen Verhältnisses gestattet werden soll. Die Beantwortung dieser Frage von einer Abwägung der typischen Interessen der einander gegenüberstehenden Vertragsteile abhängig zu machen, ist mit den Grundsätzen einer Rechtsordnung ganz wohl verträglich, die von dem Willen des Eigentümers in ihrem Bestande unabhängige Verfügungsrechte an fremden Sachen kennt und bei der Wohnungsmiete bisher nur deshalb an dem freien Lösungsrechte des Vermieters festgehalten hat, weil dies der geschichtlichen Entwicklung aus der römischen locatio conductio rei entsprach, welche die Einreihung der Miete in die Schuldverhältnisse mit sich brachte. Prüfen wir nun die Interessenlage, so finden wir, daß der Vermieter in der Regel kein schutzwürdiges Interesse an der Benutzung der Wohnung durch einen bestimmten Mieter hat, solange die Wohnung ordnungsmäßig benutzt wird, der Mieter sich durch sein Benehmen nicht lästig macht und nicht Umstände eintreten, welche es dem Vermieter wünschenswert erscheinen lassen, über die Wohnung zu eigenem Gebrauche oder zugunsten von Personen zu verfügen, denen eine Unterkunft zu verschaffen für ihn ein moralisches, rechtliches oder wirtschaftliches Interesse besteht. Auf der andern Seite bedeutet der Zwang zum Wohnungswechsel für die überwiegende Mehrzahl der Mieter eine schwere Schädigung, die eine unbegründete Kündigung geradezu als Schicksalsschlag empfinden läßt, eine Empfindung, die ja in dem bekannten Sprichwort ihren Ausdruck gefunden hat, daß zweimal Ausziehen soviel bedeute, wie einmal abbrennen. Dazu kommt noch eines. Die Frage der freien Kündigung spielt eine erhebliche Rolle hauptsächlich in den Städten, in welchen nur mehr ein verschwindender Bruchteil der Bewohner in eigenen Häusern Unterkunft finden kann. Häufiger Wohnungswechsel aber erzeugt das Gefühl der Unstetigkeit und Heimatlosigkeit, das für die Mehrheit der Menschen Beunruhigung und Qual bedeutet. Wie stark das Bedürfnis nach Seßhaftigkeit in den Massen ausgeprägt ist, zeigt das Anwachsen der Siedlungsbewegung in der Nachkriegszeit, die ja doch immer nur einem kleinen Teile die Befriedigung des Wunsches nach einer Heimstätte bringen kann. Ist es nun auch wegen Mangels an verfügbarem Boden nicht möglich, jedem Bürger ein Eigenheim zu verschaffen, so kann doch die Rechtsordnung dafür sorgen, daß über ihn nicht grundlos und mutwillig das Übel der Heimatlosigkeit verhängt werde. Die richtige Abgrenzung zu finden ist aber gewiß nicht leicht. Die Beschränkungen der Mieterschutzgesetze können in ihrem jetzigen Umfange nicht beibehalten werden, weil sie selbst in der Gestaltung des österreichischen oder tschechoslowakischen Rechtes, welche den Vermieterinteressen weit mehr entgegenkommen als das deutsche Mieterschutzgesetz, diesen Interessen doch nicht ausreichend Rechnung tragen, in vielen Fällen eine ungerechtfertigte Bevorzugung nicht schutzbedürftiger Mieter bewirken und schließlich auch dort, wo dies nicht, wie im deutschen Rechte, schon durch das Gesetz vorgeschrieben ist, im praktischen Ergebnisse dahin führen, die Lösung jedes einzelnen Mietverhältnisses von einem gerichtlichen Ausspruch abhängig zu machen. Um eine annehmbare Begrenzung zu finden, müssen wir unterscheiden:

1. *Mietverträge auf bestimmte Zeit.* Die in allen Schutzgesetzen wiederkehrende Bestimmung, daß diese von Gesetzes wegen in Verträge von unbestimmter Dauer sich verwandeln und nur aus den vom Gesetze zugelassenen Gründen gelöst werden können, ist nur solange gerechtfertigt, als die bestehende Wohnungsnot solche Zwangsvorschriften erheischt. Wer sich beim Vertragsschlusse darauf einläßt, die Mietzeit von vornherein zu begrenzen, kann sich darüber nicht aufhalten, wenn er bei Ablauf der bedungenen Zeit nach einem anderen Obdach sich umsehen muß, und ist nicht schutzbedürftig, wenn auf dem Wohnungsmarkte Wohnungen genug vorhanden sind, in denen er ein solches finden kann. Zudem vermindert diese Zwangsumwandlung der befristeten Verträge in unbefristete das Wohnungsangebot, da sie Wohnungsinhaber, die aus irgend welchen Gründen ihre Wohnung durch längere Zeit nicht zu benutzen in der Lage sind, davon abhält, sie Wohnungsbedürftigen auf die Dauer der Entbehrlichkeit zu vermieten. *Die Freiheit zum Abschluß von Verträgen auf bestimmte Zeit ist also unbeschränkt wieder herzustellen.*

2. *Hauptmieten auf unbestimmte Zeit.* Hier kommen die früher entwickelten Gründe für die Beschränkung des freien Kündigungsrechtes in vollem Umfange zur Geltung. Die Schwierigkeit, ihnen Rechnung zu tragen, liegt darin, eine Fassung zu finden, welche unbegründete Kündigungen ausschließt, ohne das Verfügungsrecht des Vermieters soweit einzuschränken, daß seine berechtigten Interessen darunter leiden müssen. Eine erschöpfende Aufzählung der Kündigungsgründe kann, selbst wenn sie erheblich weiter ginge als jene des deutschen Gesetzes, nicht genügen, weil sich die in Frage kommenden Interessen von vornherein nicht überblicken lassen, auch die weitestgespannte Aufzählung, die überdies mit den Nachteilen jeder zu weit gehenden Kasuistik verbunden wäre, rücksichtswerte Fälle unberücksichtigt ließe. Vorzuziehen ist daher das System des österreichischen Gesetzes, das sich auch im tschechoslowakischen und schweizerischen Rechte wiederfindet, der Bindung des Kündigungsrechts an einen wichtigen Grund, das auch eine prozessuale Ausgestaltung ermöglicht, bei der nicht in jedem Falle eine gerichtliche Entscheidung eingeholt werden muß, vielmehr das Einschreiten des Gerichtes dem Begehren des Mieters über-

lassen werden kann. Ich halte aber auch diese Regelung noch für eine zu weit gehende Beschränkung. Einmal aus praktischen Gründen: was ein „wichtiger Grund“ ist, unterliegt so sehr subjektiver Beurteilung, daß der Mieter nur in den seltensten Fällen die Wichtigkeit anerkennen wird und man mit Sicherheit darauf rechnen kann, daß, so wie jetzt in Österreich, die überwiegende Mehrzahl aller Kündigungen der gerichtlichen Überprüfung unterzogen werden muß. Sodann aber auch aus einer theoretisch-systematischen Erwägung.

Der grundsätzlich anerkannten Verfügungsfreiheit des Eigentümers entspricht es nicht, einem möglichen Mißbrauch dieser Freiheit dadurch vorzubeugen, daß die Zulässigkeit ihrer Betätigung von der Wirksamkeit eines für den Eigentümer wichtigen Grundes abhängig gemacht und ihm der Nachweis der Beweggründe seines Handelns auferlegt wird. Dieses Ziel wird in einer mit der grundsätzlichen Stellung des Eigentums in unserem Rechtssysteme übereinstimmenden Weise dadurch erreicht, daß der befürchtete Mißbrauch untersagt und die mißbräuchliche Verfügung ihrer Wirksamkeit beraubt wird. Ich würde deshalb glauben, daß zur Begrenzung des Kündigungsrechts des Vermieters auf jenen Rechtsgedanken zurückzugreifen wäre, der in dem Chikaneverbot, in dem Gebote der Erfüllung der Verträge nach Treu und Glauben und in der Schadenersatzpflicht für sittenwidrige Schadenszufügung zum Ausdrucke kommt. Das Kündigungsrecht wäre formell frei, materiell dadurch beschränkt, daß der Vermieter von ihm nicht gegen Treu und Glauben oder in einer gegen die guten Sitten verstoßenden Weise Gebrauch machen darf. Einen solchen Verstoß gegen die guten Sitten wird man jedesmal dann annehmen dürfen, wenn die Kündigung den Mieter aus finanziellen oder anderen Gründen, etwa wegen schwerer Erkrankung eines Familienmitglieds, schwer trifft und auf seiten des Vermieters ein annehmbarer Grund für die Kündigung nicht vorliegt. Die Sittenwidrigkeit wäre vom Mieter im Wege der Einwendung gegen die Kündigung geltend zu machen; ihn träfe die Beweislast für die ihm erwachsenden Nachteile, während der Vermieter die Einwendung durch Darlegung der die Kündigung veranlassenden triftigen Gründe zurückschlagen könnte. Bei ausreichendem Wohnungsangebot wäre ein Übermaß mutwilliger Einwendungen kaum zu befürchten, weil ja die Gefahr der Kostenersatzpflicht eine ausreichende Hemmung begründen würde.

Es ist trotzdem zuzugeben, daß die Notwendigkeit, die Kündigung im Prozeßwege zu rechtfertigen, und die mit der Prozeßführung verbundene Hinausschiebung des Endes der Miete für den Vermieter Nachteile herbeiführen kann, die auch ein ihm günstiges Urteil im Kündigungsprozesse nicht auszugleichen vermag. Diesem Übelstande läßt sich abhelfen, wenn man erwägt, daß bei ausreichendem Wohnungsangebot die wirtschaftlichen Nachteile, welche dem Mieter aus der Kündigung erwachsen, nur aus den Übersiedlungskosten bestehen. Werden ihm diese vergütet, so ist ein berechtigtes Interesse an der Fortsetzung des bisherigen Mietverhältnisses nicht mehr vorhanden und deshalb auch kein Anlaß gegeben, ihm die Erzwingung eines Rechtsstreits zur Überprüfung der Kündigung zu gestatten. Es ergibt sich daraus, daß der Anlaß zur Durchführung des Kündigungsprozesses dahinfällt, wenn der Vermieter sich bereit erklärt, dem gekündigten Mieter die Übersiedlungskosten zu ersetzen und für die Erfüllung dieser Verpflichtung annehmbare Sicherheit leistet. Das Interesse des Mieters, dessen Berücksichtigung allenfalls zur Aufhebung der Kündigung führen könnte, ist damit befriedigt, so daß sein Widerstand gegen die Auflösung der Miete fürderhin eines beachtlichen Grundes entbehrt. Es erscheint daher zweckmäßig, dem Vermieter das Recht einzuräumen, die Einwendung des Mieters, daß die Kündigung gegen die guten Sitten verstoße, durch eine Erklärung des angegebenen Inhalts unwirksam zu machen.

3. Untermieten. Bei diesen ist die Sachlage einigermaßen anders als bei Hauptmieten. Hier spielen der Wohnungsgemeinschaft wegen die persönlichen Beziehungen der Vertragsparteien zueinander eine weit größere Rolle als bei der Hauptmiete; Gewohnheiten des Untermieters, die deshalb noch nicht so weit zu gehen brauchen, daß man sie als vertragswidrige Rücksichtslosigkeiten bezeichnen könnte, mögen vom Untervermieter als unerträgliche Belästigung empfunden werden. Auf der andern Seite hat bei ausreichendem Wohnungsangebote die Notwendigkeit der Übersiedlung für den Untermieter, der zumeist über keine oder doch nicht zahlreiche Einrichtungsstücke verfügt, lange nicht die Bedeutung, wie für den Hauptmieter. Dazu kommt noch, daß die Aussicht, wegen Beendigung der Miete in einen Prozeß verwickelt zu werden, viele Mieter davon abhalten muß, vorübergehend oder dauernd entbehrliche Wohnräume der Vermietung zuzuführen, daß also jede Einschränkung der Auflösung der Untermiete auch eine Einschränkung des Wohnungsangebots zur Folge hat. Diese Erwägungen haben schon die Mieterschutzgesetze dahin geführt, die Lösung der Untermiete unter wesentlich leichteren Bedingungen zuzulassen, als

jene der Hauptmieten. Bei einer auf die Dauer angelegten Neuregelung des Mietrechts wird daher auf eine Beschränkung der Kündigung bei Untermieten zu verzichten sein.

Somit ergibt sich als zweiter Leitsatz.

Der Abschluß von Mietverträgen auf bestimmte Zeit ist mit voller Wirksamkeit der Vertragsabrede zuzulassen.

Bei Mieten von unbestimmter Dauer steht dem Vermieter das Kündigungsrecht ohne Begründung zu; verstößt die Kündigung gegen Treu und Glauben oder gegen die guten Sitten, so ist sie auf Einspruch des Mieters für unwirksam zu erklären. Der Einspruch des Mieters wird hinfällig, wenn der Vermieter sich zum Ersatze der Übersiedlungskosten bereit erklärt und für die Erfüllung dieser Verpflichtung angemessene Sicherheit leistet.

Das Recht der Kündigung von Untermieten unterliegt keiner Beschränkung.

## C.

## Mietzinsbildung.

Schon bei Erörterung der Möglichkeit, den Inhalt der Mieterschutzgesetze im ganzen in das künftige Wohnungsmietrecht zu übernehmen, habe ich auf die schädlichen Folgen hingewiesen, die es haben muß, wenn inmitten eines Systems freier Wirtschaft der Versuch unternommen wird, gerade die Preisbildung für das Wohnungsentgelt der Herrschaft der Wirtschaftsgesetze zu entziehen und auf der Höhe eines mehr oder weniger willkürlich gewählten Zeitpunktes festzuhalten. Man braucht heute darüber nicht viel Worte mehr zu verlieren, daß die künstliche Niedrighaltung der Mietzinse durch Unterbindung der Bautätigkeit und Förderung des Verfalls der Miethäuser die Wohnungsnot verschärft hat. Das ist doch wohl schon die Erkenntnis weiter Schichten geworden, und der Widerstand der Mieterkreise gegen eine Beseitigung oder Lockerung der Mietzinsbeschränkungen rührt nicht so sehr von der Ablehnung dieser Erkenntnis als von der Sorge her, die Mittel zur Bezahlung angemessener Zinse nicht aufbringen zu können. Der Arbeitsverdienst muß aber bei gesunder Wirtschaft groß genug sein, um die Leistung des angemessenen Zinses für eine dem echten Bedarfe entsprechende Wohnung zu ermöglichen. Wird bei solchem Verdienst kein angemessener Zins bezahlt, so ermöglicht das die Verwendung des für die Deckung des Wohnungsbedarfes bestimmten Einkommensteiles für andere Zwecke und bedeutet eine ungerechtfertigte Begünstigung des Mieters auf Kosten des Vermieters. Oder aber — und das ist der häufigere, man kann wohl sagen, regelmäßige Fall, — die Drückung der Zinse ermöglicht eine Herabdrückung des Arbeitseinkommens und bedeutet dann eine Sondersteuer auf den Hausbesitz. Die Erkenntnis dieser Zusammenhänge hat denn auch, wie uns der Überblick über die derzeit geltenden Mieterschutzgesetze gezeigt hat, in allen Staaten, mit alleiniger Ausnahme Österreichs, zu einem Abbau der Zinsbeschränkungen geführt. In Österreich aber ist die Sache ein sogen. Politikum und bildet den Zankapfel der Parteien; die Erhöhung des Wohnungsentgelts erfolgt bei uns vorläufig durch Erhöhung der den Mieter betreffenden Gebäudesteuer; immerhin hat sich auch in Österreich die Überzeugung von der Notwendigkeit der Erhöhung der Geldleistungen des Mieters Bahn gebrochen, und es ist wohl nur eine Frage der Zeit, daß man auch hier dem Beispiel der andern Mieterschutzstaaten folgen wird.

Kann also auch keine Rede davon sein, die in den Mietnotgesetzen enthaltenen Beschränkungen der Mietzinsbildung in das künftige Recht Aufnahme finden zu lassen, so ist doch auch hier, wie bei den Beschränkungen des Kündigungsrechts die Frage aufzuwerfen, ob die Rückkehr zu voller Freiheit der Zinsvereinbarung stattfinden soll, und ich möchte die Frage hier wie dort verneinen. Man darf deshalb, weil die Mieterschutzgesetze die Stellung des Vermieters dem Mieter gegenüber weit über Gebühr geschwächt hat, nicht übersehen, daß bei grundsätzlicher Herstellung der Vertragsfreiheit dieses Verhältnis sich sofort und namentlich für die voraussichtlich lange Zeit wieder umkehrt, in welcher noch nicht mit einem ausgesprochenen Überfluß des Wohnungsangebots über die Nachfrage wird gerechnet werden können. Damit gerät aber der Mieter, namentlich bezüglich der Festsetzung der Zinshöhe sofort wieder in die Hinterhand, und es ist die Möglichkeit der Ausbeutung durch Forderung übermäßiger Zinsen gegeben. Die Schutzbestimmungen des bürgerlichen Rechtes gegen Wucher (§ 138 Abs. 2 BGB. und 879 Z. 4 abGB.) reichen nicht aus, den Mißbrauch der wirtschaftlichen Übermacht des Vermieters zu verhüten, weil sie eine individuelle Notlage des ausgebeuteten Teiles voraussetzen, die Möglichkeit der Ausbeutung durch Mietzinserhöhung aber nicht nur bei solcher Notlage des Mieters, sondern schon durch die Monopolstellung des Vermieters gegeben ist. Übermäßige Mietzinsforderung wird daher nur unter ganz besonderen Umständen durch die Berufung auf das allgemeine Wucherverbot bekämpft werden können, so etwa dann, wenn in einem Orte besondere Wohnungsnot herrscht und es sich um einen Mieter handelt, der unbedingt in einer bestimmten Gegend Unterkunft suchen muß. Überdies genügt aber der Schutz der Wuchervorschrift, die zu ihrer Wirksamkeit ein auffallendes Mißverhältnis erfordert, nicht mehr dem heutigen Rechtsempfinden. Ich brauche nur auf die Bedeutung zu verweisen, welche der Gedanke der Äquivalenz der Leistungen bei der Behandlung des Geldentwertungsproblems erlangt hat, um klarzustellen, in welcher Richtung die Rechtsentwicklung geht. Zwar meine ich, daß sich jene Formulierung dieses Gedankens, in der man ihn zur Bekämpfung der privatrechtlichen Folgen der Geldentwertung verwendete, in den Verhältnissen einer gesunden und stetigen Wirtschaft kaum als haltbar erweisen wird, glaube aber doch, daß ihm für die Regelung solcher Rechtsgebiete, die nicht dem eigentlichen Verkehrsleben angehören, dauernde Bedeutung zuzumessen ist. Eine gesetzliche Fassung für diesen Zweck zu finden, ist nicht allzu schwierig. Wir haben dafür ein Beispiel in den Bestimmungen unserer Gesetze beim Dienstvertrag. Nach § 612 BGB. ist bei Mangel einer Vereinbarung der übliche, nach § 1152 abGB. der angemessene Lohn zu entrichten. Beim Arbeitsvertrage ist durch die sozialen Machtverhältnisse, durch Kollektivverträge und Betriebsvereinbarung dafür gesorgt, daß diese subsidiäre Gesetzesregel nicht durch eine dem wirtschaftlich schwächeren Vertragsteil ungünstigere Parteienvereinbarung verdrängt werden kann. Bei der Miete würde es bei Wiederherstellung voller Vertragsfreiheit an wirksamem Schutz des Mieters fehlen; zudem kommen Mieten ohne Festsetzung eines bestimmten Zinses kaum vor, so daß eine subsidiäre Vorschrift nach Art der §§ 612 bezw. 1152 zur Wirkungslosigkeit verurteilt wäre. Es müßte daher, und zwar zwingend, bestimmt werden, daß nur der angemessene oder ortsübliche Zins vereinbart werden darf. Eine solche die Vertragsfreiheit einschränkende Bestimmung ist aber auch zur Ergänzung der vorgeschlagenen Einschränkung der Kündigungsfreiheit vonnöten. Diese Beschränkungen sind in ihrer Wirksamkeit gegenseitig voneinander abhängig. Bestünde volle Freiheit der Kündigung, so könnte die Begrenzung der Zinshöhe durch die einer Begründung nicht bedürftige und wegen des ihr zugrunde liegenden Beweggrundes nicht anfechtbare Kündigung illusorisch gemacht werden. Ebenso aber könnten die Schranken der Kündigungsfreiheit beiseite geschoben werden, wenn dem Vermieter beliebige Erhöhung des Zinses bis zu jener Grenze gestattet wird, bei welcher das Wucherverbot in Tätigkeit tritt. Es ist daher die Festsetzung einer Grenze der Mietzinshöhe sowohl zum Zwecke der Hintanhaltung übermäßiger Bedrückung des Mieters als auch dazu erforderlich, um die für notwendig erkannte Schranke der Kündigungsfreiheit wirksam zu gestalten.

Zu erörtern wäre noch, ob die dauernde Einführung einer Grenze des zulässigen Mietzinses nicht die Beibehaltung einer besonderen Einrichtung zur Überprüfung der vereinbarten Mietzinse erforderlich machen würde, eine Notwendigkeit, die allerdings geeignet wäre, Bedenken gegen eine solche Gesetzesbestimmung rege zu machen. Ich glaube aber, daß eine solche Notwendigkeit nicht besteht. Vor allem muß vorausgesetzt werden, daß im Zeitpunkte der Aufhebung des Mieterschutzes und der Neugestaltung des dauernden Mietrechts die wirtschaftlichen Verhältnisse sich dergestalt werden geändert haben, daß die Frage der Zinshöhe bei den Vertragsparteien nicht mehr jene Reizbarkeit und Empfindlichkeit auslösen wird, welche jetzt die Anrufung der Schlichtungsstellen, Mietkommissionen, Mieteinigungsämter, und wie die zur Prüfung des Zinses berufenen Stellen sonst noch heißen mögen, zur beinahe ausnahmslosen Regel macht. Sodann wird schon der Bestand einer gesetzlichen Bestimmung, welche die Vereinbarung übertriebener Mietzinse mit Unwirksamkeit bedroht, die Mehrzahl der Vermieter von der Forderung solcher Zinse abhalten. Es dürfte daher möglich sein, zur Sicherung der Wirksamkeit des Gesetzes mit den allgemeinen Behelfen des Privatrechts das Auslangen zu finden. Als solcher stellt sich zunächst die Klage des Mieters auf Unwirksamerklärung einer gesetzwidrigen Vereinbarung dar. Mit ihr kann Klage auf Rückzahlung des etwa auf Grund einer solchen Vereinbarung geleisteten Übermaßes verbunden werden; die Zulässigkeit dieser Rückforderung aber müßte, um die Entstehung unangemessen langer Schwebezustände zu verhindern, kurz befristet werden. Das Verlangen des Vermieters nach einer die gesetzliche Grenze überschreitenden Zinserhöhung könnte der Mieter überdies einfach ablehnen und einer daraufhin erfolgenden Kündigung die Einwendung entgegensetzen, daß sie der Ablehnung einer gesetzwidrigen Zinserhöhung wegen erfolgte und deshalb als gegen die guten Sitten verstoßend unwirksam sei.

Ich gelange daher zum dritten Leitsatze:

Die Vertragsfreiheit ist in Ansehung der Mietzinshöhe dahin zu beschränken, daß kein höherer als der angemessene oder ortsübliche Mietzins vereinbart werden kann.

Für den Anspruch auf Rückzahlung des aus gesetzwidriger Vereinbarung geleisteten Übermaßes ist eine kurze Verjährungsfrist festzusetzen.

D.

## Räumungsaufschub.

Wohl keine Maßnahme der Zwangsvollstreckung trifft den Verpflichteten so hart wie der Vollzug eines Räumungsurteils. Begreiflich daher, daß sie in den Zeiten der Wohnungsnot den äußersten Widerstand des von ihr Betroffenen ausgelöst, ihn zur Erschöpfung aller durch Ausnützung der Prozeßordnung erdenkbaren Winkelzüge zur Hinausschiebung der drohenden Obdachlosigkeit veranlaßt und daß sie in der Periode größter sozialer Erregung nach dem Umsturze auch gewaltsamen Widerstand nicht unmittelbar Beteiligter hervorgerufen hat. Die durch die Mieterschutzgesetzgebung gewährte Möglichkeit, die gesetzlichen Räumungsfristen zu verlängern, entsprach daher einer unbedingten Notwendigkeit und wird vermutlich auch noch längere Zeit nicht entbehrlich sein. Bei Wiederherstellung eines ausreichenden Wohnungsmarktes wird man aber auf solche Maßregeln im allgemeinen verzichten können. Es geht dann, wenn Wohnungen zur Genüge zur Verfügung stehen, nicht mehr an, dem Mieter die Sorge um ein neues Obdach abzunehmen und auf den Vermieter abzuwälzen, wie dies durch die Bestimmung des § 6 RMG. geschieht, und es wird dann auch nicht zweckmäßig sein, Verlängerungen um generell bestimmte Fristen zu bewilligen, wie die §§ 38 bis 40 des österreichischen Gesetzes sie vorsehen. Immerhin wird auch auf diesem Gebiete ein Rückstand der durch den Mieterschutz geschaffenen Rechtseinrichtungen zurückbleiben müssen. Es gibt Fälle, in welchen der zeitgerechte Räumungsvollzug eine schwere Härte für den Mieter bedeutet, die ohne Verletzung wesentlicher Interessen des Vermieters vermieden werden könnte. Diesen Fällen trägt die deutsche ZPO. in § 721 dadurch Rechnung, daß der Richter dem Mieter auf einen vor Schluß der mündlichen Verhandlung gestellten Antrag eine den Umständen angemessene Frist zur Räumung bewilligen kann, während in der österreichischen ZPO. und EO. eine

Vorsorge für solche Fälle überhaupt nicht getroffen ist. Auch die Regelung des deutschen Gesetzes erscheint nicht genügend, weil auch noch im Exekutionsstadium Ereignisse eintreten können, welche, wie plötzliche Erkrankungen, eine Hinausschiebung der Räumung billig erscheinen lassen. Die Berücksichtigung solcher Fälle könnte nach dem Vorbilde des tschechoslowakischen Gesetzes am besten in der Form geschehen, daß dem Vollstreckungsgerichte die Befugnis eingeräumt wird, einen billigen Aufschub der Vollstreckung auf die unumgänglich notwendige Dauer zu verfügen, sofern durch den Aufschub nicht wichtige Interessen des Vermieters verletzt werden. Die Bewilligung müßte unterbleiben, wenn durch den Aufschub der Nachfolger in der Miete in die Gefahr der Obdachlosigkeit gebracht würde. Diese Einschränkung ist notwendig, wenn man nicht durch Übertragung der Verlängerung auf den Nachfolger und etwa weitere Mieter in eine endlose Kette von Aufschüben hineingeraten will.

Nach den Vorschriften der deutschen ZPO. und österreichischen EO. kann die zwangsweise Entfernung des Mieters gleichzeitig mit der Zustellung der Exekutionsbewilligung erfolgen. Eine Verständigung der Gemeinde hat nach österreichischem Rechte bei Gefahr der Obdachlosigkeit erst vor Beginn der zwangsweisen Besitzentsetzung zu geschehen. Der überfallartige Vollzug der Räumung, der dadurch ermöglicht wird, ist eine unnötige Härte; denn die Gefahr der Vereitelung des vollstreckbaren Anspruchs, die bei der Zwangsvollstreckung zugunsten eines auf Erlangung von Vermögenswerten gerichteten Anspruchs allerdings gegeben ist, besteht hier nicht, und auch gegen Verschleppung der, seinem Mietzinspfandrecht verfangenen Gegenstände kann sich der Vermieter nach § 561 BGB. und 1101 abGB. schützen. Es wäre daher zu erwägen, ob nicht die Bestimmung des § 16 Abs. 3 RMG., nach welcher die Vollstreckung erst beginnen darf, wenn die vollstreckbare Ausfertigung — nach österreichischem Rechte die Exekutionsbewilligung — mindestens drei Tage vorher zugestellt ist, in das künftige Mietrecht zu übernehmen wäre. Dagegen halte ich eine allgemeine Verpflichtung zur Verständigung der Gemeinde von bevorstehenden Räumungen nicht für notwendig und auch nicht für empfehlenswert. Nicht für notwendig, weil es bei vorhergehender Verständigung vom Exekutionsvollzuge füglich dem Mieter überlassen werden kann, die Hilfe der Gemeinde in Anspruch zu nehmen, wenn er ihrer zur Abwendung der Obdachlosigkeit benötigt. Empfehlenswert aber ist sie deshalb nicht, weil ja bei Wiederkehr geordneter Wohnungsverhältnisse das Einschreiten der Gemeinde doch nur mehr in Ausnahmefällen nötig sein wird, die Verständigung in jedem Falle also nur eine Belastung der Gerichte und Gemeindebehörden mit zwecklosem Schreibwerk bedeuten würde.

Sonach ergibt sich als vierter Leitsatz:

Die Exekutionsbeschränkungen des Notmietrechtes sind nicht zu übernehmen.

Dagegen ist für dringende Ausnahmefälle die einstweilige Einstellung (Aufschiebung) der Exekution nach Ermessen des Vollstreckungsgerichtes zu gestatten, soweit nicht überwiegende Interessen des Vermieters entgegenstehen und hierdurch nicht die Obdachlosigkeit des Nachfolgers in der Miete herbeigeführt wird.

Der Vollzug der zwangsweisen Räumung soll erst nach vorheriger Verständigung des Mieters und Ablauf einer angemessenen Frist seit dieser Verständigung beginnen dürfen.

## E.

## Kauf bricht Miete.

In den ersten vier Leitsätzen habe ich versucht, Richtlinien für die Neugestaltung jener Teile des Wohnungsmietrechts aufzustellen, welche den unmittelbaren Gegenstand der Mieterschutzgesetzgebung gebildet, durch diese vorübergehend eine tiefgreifende Änderung erfahren haben, bei denen deshalb der Gedanke einer Neugestaltung durch Aufnahme der Elemente des Mieterschutzes, die nicht durch Wohnungs- und Wirtschaftsnot bedingt sind, am nächsten liegt. Daneben gibt es aber auch mietrechtliche Regeln, welche von den zeitweiligen Eingriffen nur nebenher erfaßt worden sind, bei denen durch die Zurückführung des Mieterschutzes auf den in den bisher entwickelten Leitsätzen umrissenen Umfang der alte Zustand wieder in Kraft träte. Von diesen möchte ich zwei von grundlegender Bedeutung für das Wesen der Wohnungsmiete herausgreifen, bei denen das deutsche und das österreichische Recht auf entgegengesetzten Standpunkten stehen und eine Vereinheitlichung nach meiner Meinung gerade bei Beobachtung der sekundären Wirkungen des Mieterschutzes unschwer möglich wäre.

Der eine dieser Fälle betrifft die Wirkung der Veräußerung der Mietsache. Während das BGB. aus dem preußischen Rechte den Satz „Kauf bricht nicht Miete“ übernommen hat, ist im österreichischen Gesetze auch nach der Novellierung der römische Satz, daß der Kauf die Miete bricht, stehen geblieben. Seine Änderung wurde von der Herrnhauskommission ausdrücklich abgelehnt, weil die wirtschaftlich schwachen Schichten der Arbeiter und des bürgerlichen Mittelstandes Mieten von längerer Dauer nicht abzuschließen pflegen, daher durch die Gestaltung des römischen Rechtssatzes im abGB., welche dem Erwerber Kündigung in den gesetzlichen Fristen vorschreibt, nicht benachteiligt werden. Bei Geschäftsräumen wäre die Reform allerdings von größerer Bedeutung. Sie stoße aber auf Schwierigkeiten, weil der gute Glaube des Erwerbers geschützt werden müsse und dies nur durch Einführung der Schriftform für Verträge von längerer Dauer erreicht werden könne, was einen schweren und nicht zu empfehlenden Eingriff in die Formfreiheit der Verträge bedeuten würde. Der Hinweis auf das BGB. wurde damit abgetan, daß die Verfasser des deutschen Gesetzes den Satz „Kauf bricht Miete“ in großen Teilen des Reiches schon in Geltung fanden, während seine Aufnahme in das österreichische Gesetz altgewohntes Recht in sein Gegenteil verwandeln würde. Von diesen drei Gründen muß der erste als zutreffend erkannt werden. Es ist in der Tat richtig, daß Mietverträge von bestimmter Dauer über Wohnungen von Arbeitern und Kleinbürgern nur selten abgeschlossen werden. Dem zweiten Grunde vermag ich dagegen nicht beizupflichten. Vor allem halte ich die Sorge um den gutgläubigen Erwerber für übertrieben; man kauft schließlich ein Haus nicht wie irgend einen Gegenstand geringen Wertes im Laden, und die Zumutung, daß der Erwerber sich durch Umfrage bei den Mietern Kenntnis von den bestehenden Verträgen verschaffe, wenn dies überhaupt für ihn von Bedeutung ist, kann kaum als eine allzu schwere bezeichnet werden. Gänzlich unangebracht aber ist die Scheu vor dem Eingriff in die Formfreiheit der Verträge. Sie beruht auf Nichtbeachtung der Vorgänge im wirklichen Leben; denn Mietverträge von längerer Dauer werden von einigermaßen vorsichtigen Leuten auch in Österreich nicht mündlich, sondern schon um Lebens- und Sterbenswillen fast immer schriftlich abgeschlossen; nur wird der Gebührenersparnis wegen oder, richtiger und offen, zu Zwecken der Gebührenhinterziehung statt der Vertragsform jene eines Briefwechsels gewählt, in dem der Inhalt des mündlich abgeschlossenen Vertrages wiederholt wird. Der dritte

Grund endlich ist durch die Mieterschutzgesetzgebung hinfällig geworden; sie hat das altgewohnte Recht ganz gründlich in sein Gegenteil verwandelt. Durch die Vorschrift, daß alle auf längere Zeit als sechs Monate abgeschlossenen Verträge von bestimmter Dauer als auf unbestimmte Zeit verlängert zu gelten haben, und die Bindung des Erwerbers an die Kündigungsbeschränkungen ist der Satz „Kauf bricht nicht Miete" heute in Österreich geltendes Recht geworden; ja er ist es in schärfster Ausprägung, weil das Gesetz demjenigen, der ein Haus nach dem 1. August 1914, in kleineren Gemeinden nach dem 1. Jänner 1918 erworben hat, die Kündigung aus dem Grunde des Eigenbedarfs versagt, den Erwerber also in bezug auf die Möglichkeit der Vertragslösung schlechter stellt als den alten Besitzer. Die Bevölkerung hat sich daher daran gewöhnt den Wechsel im Eigentum des Mietgegenstandes als bedeutungslos für die Dauer der Miete anzusehen; es liegt kein Grund vor, ihr die Gewöhnung an das alte Recht wiederbeizubringen, und deshalb komme ich zu dem fünften Leitsatze:

§ 1120 des öst. abGB. ist dahin abzuändern, daß der Rechtssatz „Kauf bricht nicht Miete" darin Ausdruck findet.

## F.

### Zulässigkeit der Untermiete.

Auch in der Frage der Zulässigkeit der Untermiete stehen das deutsche und das österreichische Gesetz auf genau entgegengesetztem Standpunkte. § 549 BGB. macht sie von der Bewilligung durch den Vermieter abhängig und gestattet dem Mieter bei grundloser Verweigerung dieser Erlaubnis nur, den Vertrag unter Einhaltung der gesetzlichen Frist zu kündigen, ein Abwehrmittel, dem in der Mehrzahl der Fälle, in welcher der Vertrag doch auf unbestimmte Zeit abgeschlossen wird, überhaupt praktisch keine Bedeutung zukommt, das aber dort, wo es eine solche hat, viel eher das Aussehen einer Strafe für den Mieter als einer für den Vermieter hat. § 1098 abGB. gibt dagegen die Untervermietung dem Mieter grundsätzlich frei und schließt sie nur dort aus, wo der Vertrag ein ausdrückliches Verbot der Untermiete enthält oder wo sie mit einem Nachteil für den Vermieter verbunden ist. Die Mieterschutzgesetzgebung hat, wie schon früher dargestellt, einen Ausgleich herbeigeführt. Nach § 29 RMG. kann die vom Vermieter verweigerte Zustimmung zur Untervermietung durch Bewilligung des Mieteinigungsamtes ersetzt werden, die dann zu versagen ist, wenn der Vermieter sie aus einem wichtigen Grunde verweigert hat. Auf der andern Seite bedrohen §§ 19 Z. 10 MG. und 11 Z. 5 WAnfGes. den Mißbrauch des nach dem abGB. freien Rechtes der Untervermietung mit Kündigung oder Anforderung und entziehen dadurch solchem Mißbrauch die Natur der Rechtsausübung. Bei grundsätzlicher Freiheit der Kündigung bedarf es aber solcher Sanktionen nicht mehr und es erscheint mir darum sehr wohl angängig, auch in diesem Punkte die Übereinstimmung der beiden Rechte dadurch herzustellen, daß die Vorschrift des österreichischen Gesetzes ihrem Wesen nach in das deutsche Recht übernommen wird. Es ergibt sich sonach als sechster Leitsatz:

Die Untervermietung ist grundsätzlich zuzulassen und nur auszuschließen, wenn sie im Vertrage ausdrücklich untersagt worden ist oder ein wichtiges Interesse des Vermieters verletzen würde.

## G.

## Stockwerkseigentum.

Die bisher entwickelten Leitsätze sind das Ergebnis einer Vergleichung der in den Vorschriften der Gesetzbücher des bürgerlichen Rechtes enthaltenen Regelung des Wohnungsmietrechts, des — wie wir sagen könnten — normalen oder Vorkriegsrechtes mit den in der Mietnotgesetzgebung enthaltenen Regeln und stellen einen Versuch dar, aus dem Bestande dieser Regeln jenen Rechtsstoff zu gewinnen, der zur Übernahme in das normale Recht der Miete brauchbar erscheint. Wenn wir aber in der Reform des Mietrechts ganze Arbeit leisten wollen, dann dürfen wir uns nicht auf die Prüfung jener Rechtsgedanken beschränken, welche bereits in einer einem vorübergehenden Notstande angepaßten Gesetzgebung Anerkennung und Ausdruck gefunden haben; es ist vielmehr auch notwendig, Umschau zu halten, ob nicht das praktische Leben selbst noch ungeregelte Rechtsformen erzeugt hat, die dazu bestimmt sind, dem Wohnungsbedürfnisse durch Mittel Befriedigung zu gewähren, die den von Grund auf geänderten Wirtschaftsverhältnissen angepaßt sind. Und darum gestatten Sie mir, Ihnen von einigen Vertragsfiguren Mitteilung zu machen, die Wohnungsnot und Kapitalsmangel in Wien ins Leben gerufen haben und die alle darin übereinkommen, daß sie es versuchen, die Schaffung neuen Wohnraums durch die Verteilung der dem einzelnen unerschwinglich gewordenen Kosten des Wohnungbaues auf mehrere Interessenten zu erleichtern. Die erste Form, in der dieser Versuch unternommen wurde, war die Aufsetzung neuer Stockwerke auf bestehende Häuser, wobei ein Wohnungsbedürftiger die Herstellung des Aufbaues übernahm und dafür von dem Hauseigentümer, dem ja das Eigentum daran zufiel, einen langfristigen Mietvertrag unentgeltlich oder gegen einen niedrigen Mietzins oder gegen die Verpflichtung zur Bestreitung der Instandhaltungskosten des neuen Aufbaues erhielt. Später haben sich dann mehrere Wohnungsbedürftige zur Aufführung von Wohnungsbauten zusammengeschlossen und die Benutzung des gemeinsamen Hauses und die Zuweisung der Wohnungen an die einzelnen Teilhaber durch Vertrag geregelt, ein Vorgang, der bei der geringen Standfestigkeit des Miteigentums und der Gesellschaft des bürgerlichen Rechtes doch nur ein recht prekäres Auskunftsmittel darstellt und infolge Mangels einer gesetzlichen Grundlage für die Regelung des Rechtsverhältnisses den Anlaß zu Streitigkeiten der verschiedensten Art in sich birgt. Das hat in letzter Zeit zu einem meines Wissens noch nicht ins Leben getretenen Plane geführt, nach welchem mehrere Wohnungsbedürftige sich zu einer Aktiengesellschaft vereinigen sollen, deren Zweck die Erbauung und Verwaltung eines Wohnhauses ist, bei welcher der Aktienbesitz an die Innehabung einer Wohnung im Hause geknüpft sein und die Größe der Wohnung nach der Höhe des Aktienbesitzes sich richten soll. Es wird nicht zu bestreiten sein, daß auch dieser Plan wenig befriedigt, weil er die Rechtsform der Aktiengesellschaft zu einem ihr wesensfremden Zwecke verwendet, was natürlich zu mancherlei Unzukömmlichkeiten führen muß.

Bei Betrachtung dieser verschiedenartigen Verträge drängt sich von selbst die Erinnerung an eine alte Einrichtung auf, die erst durch die Gesetzgebung des ausgehenden 19. Jahrhunderts beseitigt worden ist: das Stockwerkseigentum oder, vielleicht allgemeiner und richtiger, das real geteilte Eigentum an Gebäuden. Diese Teilung des Eigentums war in Deutschland und Österreich weit verbreitet. Von den Verfassern des abGB. wurde sie für durchaus zulässig und mit den Grundsätzen des Gesetzbuchs für wohl vereinbar gehalten, und in jenen Teilen des Deutschen Reiches, in welchen französisches Recht galt, war sie durch Art. 664 Cod. civ. geregelt. Die Diskreditierung dieser Form der Eigentumsgemeinschaft an Gebäuden ging von Savigny aus, der sie mit dem Rechtssatze superficidits solo cedit für unvereinbar hielt. Es ist heute mehr als zweifelhaft, ob dieser Satz wirklich zur unbedingten Verneinung des Stockwerkseigentums führen muß und dieses nicht vielmehr schon im alten Rom der rechtlichen Anerkennung und vielfacher Verbreitung sich erfreute. Aber, wie auf vielen andern Gebieten, ist es auch hier der historischen Schule gelungen, um wirklicher oder mißverstandener römischer Rechtsbegriffe willen, den Bestand alter Rechtseinrichtungen zu erschüttern. Es wäre ja, wie Ehrenzweig treffend bemerkt, auch dann, wenn die Unvereinbarkeit realer Teilung des Eigentums an Gebäuden mit jenem Satze des römischen Rechtes wirklich gegeben gewesen wäre, noch immer möglich gewesen, die Befriedigung des in dieser Teilung nach Stockwerken zum Ausdruck gelangten Bedürfnisses durch eine andere juristische Konstruktion zu ermöglichen. Allein das Stockwerkseigentum war und blieb den Romanisten strenger Observanz eine begriffliche Unmöglichkeit und mußte deshalb verschwinden. In Österreich hat man die Neuanlegung der Grundbücher zum Anlaß genommen, es zu beseitigen, und hat durch das Gesetz vom 30. März 1879 (RGBl. 50) zwar die bestehenden Verhältnisse dieser Art aufrecht erhalten, die Teilung nach Stockwerken aber für die Zukunft verboten. Ebenso hat das deutsche Gesetzbuch die Möglichkeit solcher Teilung des Eigentums beseitigt und durch Art. 182 des Einfg. nur das bereits bestehende Stockwerkseigentum in Kraft erhalten. Es ist allerdings nicht ganz so gründlich vorgegangen, wie der österreichische Gesetzgeber und hat durch die Vorschriften des § 1010 BGB. und Art. 131 Einfg. ein Surrogat in der Form des Miteigentums mit dinglichen Benutzungsrechten der einzelnen Miteigentümer zugelassen, denen die Landesgesetzgebung durch Ausschluß der Möglichkeit, die Aufhebung der Gemeinschaft zu verlangen, dauernden Bestand verleihen kann. Für die Beseitigung des Stockwerkseigentums waren, wie die Materialien erkennen lassen in erster Linie juristisch-konstruktive Gründe maßgebend. Was sonst noch dafür angeführt wurde, ist nicht durchschlagend. Die Schwierigkeiten, die sich aus dem Umstande ergeben, daß neben dem Einzeleigentum an den Stockwerken gemeinsames Eigentum an einzelnen Teilen des Gebäudes und am Boden bestehen muß, jene der Regelung der Erhaltungspflicht und dergl. sind, wie das Beispiel des französischen und italienischen Rechtes lehren, nicht unüberbrückbar. Schwierigkeiten aus der Grundbuchgesetzgebung fallen dahin, wenn man sich entschließt, in den verschiedenen Eigentümern gehörigen Gebäudeteilen selbständige Rechtsobjekte anzuerkennen. Daß zwischen den Eigentümern der einzelnen Stockwerke leicht Streitigkeiten entstehen können, ist zuzugeben; aber das ist die Folge des Gemeinschaftsverhältnisses an sich und nicht jene der besonderen Rechtsform des Stockwerkeigentums: communio mater rixarum. Die aus dem Miteigentum entstehenden Streitigkeiten sind um nichts erquicklicher und auch nicht leichter zu schlichten als jene, die aus einem gesetzlich geregelten Stockwerkseigentum entstehen könnten. Und wenn endlich in der Begründung der österreichischen Regierungsvorlage noch die mit der Realteilung von Gebäuden verbundenen Gefahren für die Sittlichkeit hervorgehoben werden, so ist darauf mit dem Abgeordneten Lienbacher zu erwidern, daß diese Gefahren ihre Ursache in dem übermäßigen Belag, nicht aber in der Rechtsform haben und von der juristischen Konstruktion des Verhältnisses der Gemeinschaftsgenossen gewiß nicht berührt werden. Es ist nun zu fragen, ob die Einrichtung der realen Teilung von Wohngebäuden Vorteile bietet, die ihre Wiederzulassung rechtfertigen könnten. Diese Frage ist zu bejahen. Die Bestreitung des Bauaufwandes für städtische Häuser durch Einzelpersonen ist in den meisten Bevölkerungsschichten jetzt und wahrscheinlich noch durch geraume Zeit ein Ding der unbedingten Unmöglichkeit. Die Gemeinschaft in Form des Miteigentums bildet bei der leichten Löslichkeit dem einzelnen Genossen keine Sicherheit der dauernden Nutzung seines Anteils, und die Regelung des Verhältnisses durch Verträge von der Art der früher mitgeteilten Wiener Formularien ist genötigt, zu gezwungenen Konstruktionen zu greifen, ist lückenhaft und sicher eine schwankendere Grundlage als eine gesetzliche Normierung, durch die Streitigkeiten in viel weiterem Umfange ausgeschlossen würden als durch die vertragliche Vereinbarung. Dazu kommt noch, daß bei Bestand eines gesetzlich geregelten Rechtsinstituts von dieser Art der Befriedigung des Wohnbedarfs bestimmt in viel größerem Maße Gebrauch gemacht würde, als dann, wenn man sich ihrer nur auf Grund komplizierter Verträge bedienen kann. Das österreichische Gesetz von 1879 hatte von dem Verbote des Stockwerkseigentums für Südtirol eine Ausnahme gemacht; dort wurde es erst mit Gesetz vom 27. April 1910 (RGBl. 92) eingeführt. In der Regierungsvorlage dieses Gesetzes heißt es unter anderem: „Die physische Häuserteilung kommt in Italienisch-Tirol ungemein häufig vor; in den Städten bildet sie eine — wiewohl nicht seltene — Ausnahme, auf dem Lande die Regel.... jeder der Miterben erhält ein Stück Grund, jedem wird ein Teil am Hause zugewiesen, zumal die Armut der Bauern die Erbauung von Häusern verhindert." Nun wohl: diese den Häuserbau hindernde Armut ist das Los des größten Teiles der Bevölkerung in Deutschland, wie in Österreich; sie ist die Rechtfertigung für den Vorschlag auf Wiedereinführung des Stockwerkseigentums. Dazu kommt aber noch ein weiterer Beweggrund. Die Streitigkeiten, die sich, wie die Gegner der Einrichtung befürchten, zwischen den Miteigentümern der einzelnen Stockwerke abspielen müssen, werden — mögen sie nun an Zahl größer oder kleiner sein als jene zwischen den Hauseigentümern und den Mietern — doch nicht vergiftet sein von der Vorstellung, daß der Besitzende den nicht Besitzenden obdachlos machen kann, von dem Gefühle der Ausbeutung kraft des Monopols des Bodenbesitzes oder seiner durch die Mieterschutzgesetzgebung geschaffenen Umkehrung, der Erbitterung über den Mißbrauch gesetzlicher Schutzbestimmungen. Die Zahl derer, die in Eigenheimen wohnen, würde sich, während sie seit einem Jahrhundert in den Städten in ständiger Abnahme begriffen ist, zumindest verhältnismäßig wieder vermehren; der Wunsch, unabhängig von dem Willen eines anderen im eigenen Heim zu sitzen, der in der Brust so vieler Menschen schlummert, könnte auch für Minderbemittelte Erfüllung finden, und die Vermehrung derer, denen es gelingt, seine Erfüllung zu finden, würde zur Verminderung der sozialen Spannungen beitragen. Und zum Schluß noch eine juristisch-konstruktive Erwägung. Daß das Wohnungsbedürfnis des zum dichten Neben- und Übereinanderhausen genötigten Stadtvolkes nur in schuldrechtlicher Abhängigkeit befriedigt werden kann, ist keine aus dem Rechtssysteme folgende oder durch wirtschaftliche Gesetze gebotene Notwendigkeit, sondern die Folge zufälliger historischer Entwicklung auf der Grundlage der römischen locatio conductio. Wie ich schon einleitend hervorgehoben hatte, zeigt aber die Geschichte der Miete seit der Rezeption eine ständige Tendenz zur Verstärkung der Rechtsstellung des Mieters, zur Umbildung seiner schuldrechtlichen Stellung in Sachherrschaft, und die Tendenz dieser Entwicklung hat gerade in der letzten Zeit durch die Mieterschutzgesetzgebung eine bedeutende Verstärkung und Beschleunigung erfahren. Man kann ohne Verletzung erworbener Rechte diese Entwicklung vollenden durch Schaffung einer Rechtseinrichtung, die dem Inwohner eines Hauses die volle, nur durch das Gemeinschaftsverhältnis beschränkte Sachherrschaft gibt, und daneben doch die schuldrechtliche Miete als Rechtsform zur Befriedigung des Wohnungsbedürfnisses jener gewiß noch auf lange Zeit viel zahlreicheren Kreise fortbestehen lassen, die ein solches Eigenheim aus irgend welchen Gründen nicht erwerben wollen oder es zu erwerben nicht imstande sind.

Die Zulassung realer Gebäudeteilung muß sich vielleicht nicht unbedingt in allen Einzelheiten an die historisch gegebenen Formen anlehnen, die man mit dem Namen Stockwerkseigentum bezeichnet und die im französischen und italienischen Rechte ihre Regelung gefunden haben. Man wird vielleicht nach eingehender Prüfung zu der Überzeugung kommen, daß ein Ausbau der vom BGB. erdachten Ersatzform den Anforderungen besser entspricht. Man muß sich auch nicht gerade darauf versteifen, das Recht des Stockwerksinhabers Eigentum zu nennen, wenn man vor der Änderung langgewohnter Begriffsvorstellungen zurückscheut. Man kann, wenn man vor zuweit gehender Zersplitterung des Hausbesitzes zurückscheut, auch Schranken der Teilbarkeit aufrichten und bestimmen, daß die dem Stockwerkseigentum entsprechende Rechtsstellung nur einem wirklichen Inwohner zukommen darf. All das erscheint mir nebensächlich und von untergeordneter Bedeutung; Hauptsache ist, daß zur Erwerbung voller Sachherrschaft über den benützten Wohnraum die Möglichkeit auch jenen geboten wird, die ein ganzes Haus zu erwerben nicht in der Lage sind. Der Satz „superficies solo cedit" hat das Erbbaurecht vertragen und wird sich auch mit dem Stockwerkseigentum abfinden können. Ich gelange daher zum siebenten und letzten Leitsatze:

Es empfiehlt sich, neben der Reform der schuldrechtlichen Wohnungsmiete durch Wiedereinführung des Stockwerkseigentums oder einer ähnlichen Rechtsform Einrichtungen zu schaffen, durch welche die reale Teilung von Wohngebäuden und der Erwerb voller Sachherrschaft durch den Inhaber einer nicht das ganze Gebäude erfüllenden Wohnung ermöglicht wird.

## VI.

Die bisher entwickelten Leitsätze stellen einen Versuch dar, die Grundlinien des künftigen Wohnungsmietrechts in einer Weise zu zeichnen, welche den Anforderungen der Zeit Rechnung trägt, ohne den organischen Zusammenhang mit der geltenden Rechts- und Wirtschaftsordnung zu zerstören. Es ist durchaus klar, daß dieses Zukunftsrecht eben ein solches der Zukunft ist, seine unmittelbare Einführung als Ding der Unmöglichkeit erscheint. Solange Angebot und

Nachfrage auf dem Wohnungsmarkte nicht ausgeglichen sind, kann niemand ernstlich daran denken wollen, die auf dem Gebiete des Wohnungswesens bestehenden Beschränkungen der Verfügungs- und Vertragsfreiheit zu beseitigen oder auf das von mir vorgeschlagene Mindestmaß zurückzuführen. Die Unerträglichkeit der Folgen eines solchen Versuches ist so einleuchtend, daß ein Nachweis füglich unterlassen werden kann. Deshalb ist den Richtlinien des Zukunftsrechts der Leitsatz voranzustellen:

„Die völlige Beseitigung der Wohnungszwangswirtschaft ist erst möglich, wenn durch genügenden Neubau ein Ausgleich zwischen Angebot und Nachfrage auf dem Wohnungsmarkte herbeigeführt ist."

Dieser Zeitpunkt mag angesichts des augenblicklichen Unterangebots an Wohnungen in ziemlicher Ferne liegen. Dennoch ist die Feststellung der Richtlinien des künftigen Wohnungsrechts keine zwecklose theoretische Arbeit. Nur wenn das Ziel feststeht, läßt sich der Weg bestimmen, der aus den jetzigen unhaltbaren und unerträglichen Zuständen herausführt. Wenn wir zu dem Ergebnis gelangen, daß eine befriedigende Gestaltung des Wohnungsmietrechts den Ausgleich zwischen Wohnungsangebot und Wohnungsnachfrage voraussetzt, dann muß das Übergangsrecht von dem Gedanken getragen sein, diesen Ausgleich nach Tunlichkeit zu befördern und alle jene Vorschriften und Einrichtungen zu beseitigen, welche diesem Ausgleiche hindernd im Wege stehen. Die Leitsätze, welche der Herr Berichterstatter in dieser Hinsicht entwickelt und meines Erachtens überzeugend begründet hat, scheinen mir erschöpfend zu sein. Ich kann mich daher darauf beschränken, sie zur Annahme zu empfehlen, und möchte nur folgendes noch hinzufügen. Der Übergang zu dem künftigen Mietrechte wird nicht mit einem Schlage erfolgen können; es wird mit der allmählichen Besserung der Zustände auf dem Wohnungsmarkte ein allmählicher Abbau der Maßnahmen der Zwangswirtschaft erfolgen müssen. Sicher scheint mir, daß die stufenweise Beseitigung der die Mietzinsbildung beschränkenden Vorschriften vorausgehen muß und daß deshalb die Bestimmungen der dritten Steuernotverordnung in diesem Belange einen entsprechenden Ausgangspunkt für den Übergang zur Neugestaltung des Mietrechts darstellen, wie denn auch ein kürzlich im österreichischen Nationalrate eingebrachter Initiativantrag auf Novellierung des Mietengesetzes das Hauptgewicht auf eine allmähliche Steigerung der Mietzinse legt, welche am 1. Februar 1927 das

6000fache der Friedensmiete erreichen sollen. Den Schlußstein der Entwicklung wird die Einführung der im Sinne meines Leitsatzes VI 3 beschränkten Kündigungsfreiheit bilden müssen, die erst gewagt werden kann, wenn von ihr nicht mehr die Herbeiführung der Obdachlosigkeit weiter Kreise zu befürchten ist. Es dürfte sich empfehlen, auch in diesem Belange den Übergang allmählich zu vollziehen, um nicht Massenkündigungen auf einen Zeitpunkt zu konzentrieren. Es wären etwa bei abnehmender Wohnungsnot die Voraussetzungen der Kündigung für den Eigenbedarf des Vermieters zu erleichtern und sodann die Kündigungsgründe zu vermehren bis ein Zustand erreicht ist, bei dem auch die Beschränkungen des Kündigungsrechts auf das als endgültig anzusehende Mindestmaß zurückgeführt werden können.

Der Deutsche Juristentag hat schon einmal Gelegenheit gehabt, sich mit einer grundlegenden Frage des Wohnungsmietrechts zu befassen. Der auf der 19. Tagung im Jahre 1888 in Stettin einhellig gefaßte Beschluß auf Ablehnung des Satzes „Kauf bricht Miete" ist von maßgebendem Einfluß auf die endgültige Fassung des BGB. gewesen. Wenn es auch wenig wahrscheinlich ist, daß wir heute zu einhelligen Beschlüssen werden gelangen können, so möchte ich doch wünschen, daß die Beschlüsse des Heidelberger Juristentags von gleichem Einfluß auf die Gestaltung eines den Zeitbedürfnissen entsprechenden Mietrechts seien, wie jene des Tages von Stettin.

In der an die Vorträge der Berichterstatter sich anschließenden Diskussion forderte Rechtsanwalt Dr. Bruno Stern-Würzburg vollständige Befreiung der Neubauten von der Zwangswirtschaft und steuerliche Privilegierung der Bauenden auch bei der Einkommensteuer.

Justizrat Dr. Schultze-Delitzsch befürwortete die sofortige Aufhebung der Zwangswirtschaft und Rückkehr zu den Bestimmungen des BGB., besonders zur freien Kündigung, wobei jedoch dem Mieter das Recht gegeben werden könne, bei Räumungsklagen die Aussetzung der Zwangsvollstreckung durch das Gericht zu erwirken. Unzweckmäßig sei es, wie gegenwärtig fast immer geschehe, die Räumungsfrist von der Stellung einer Ersatzwohnung abhängig zu machen; dies sei zum mindesten dann nicht erforderlich, wenn der Mieter die Kündigung selbst verschuldet habe. Der Redner schlug ein Übergangsgesetz vor, das bis Ende 1926 gelten solle; alsdann solle mit

Bezug auf Mietverhältnisse die freie Wirtschaft wieder eingeführt werden.

Landgerichtsrat Dr. Frommherz-Berlin wies darauf hin, daß die große Wohnungsnot ihre Ursache nur in der Zwangswirtschaft habe; denn wenn die Mietpreise wieder auf Friedenshöhe hinaufgingen, würde sich jeder mit seiner Wohnung einschränken und es würde wieder gebaut werden. Redner verlangte daher sofortige Aufhebung der Zwangswirtschaft; das Bauen durch öffentlich-rechtliche Körperschaften, Siedlungsgenossenschaften, Gemeinden usw. habe sich nicht bewährt.

Stadtrat Brumby-Neukölln sprach sich gegen die freie Kündigung aus, weil der Mieter dann allzusehr von der Willkür des Vermieters abhänge. Im Gesetz müßten die Kündigungsgründe genau bestimmt werden. Es genüge, wenn die Mieten auf 40 % des Friedensstandes gehalten würden; denn die Hausbesitzer seien durch die Geldentwertung von ihren Hypothekenschulden befreit worden, die den Hausbesitz durchschnittlich zu etwa 60—70 % belastet hätten. Die Instandhaltung der Wohnungen durch die Vermieter sei staatlich zu überwachen.

Rechtsanwalt Dr. Eyck-Berlin führte aus, daß die Wohnungsnot nur von der Zwangswirtschaft herrühre; denn die Bevölkerung habe kaum zugenommen. Die Zwangswirtschaft müsse daher so schnell wie möglich aufgehoben werden. Für den Mieter bedeute es keinen Vorteil, wenn die Mieten niedrig seien; denn alsdann seien auch die Löhne entsprechend niedriger. Wenn die Mieten stiegen, würden auch die Löhne steigen. Daher habe es auch keinen Sinn, Minderbemittelten staatliche Mietzuschüsse zu geben, wie der Berichterstatter vorgeschlagen habe.

Oberlandesgerichtsrat Brandis-Frankfurt a. M. befürwortete möglichst freie und einfache Gestaltung des Wohnungswesens; jedoch seien bestimmte Kündigungsgründe festzusetzen, und dem Mieter sei ein Einspruchsrecht gegen die Kündigung zu geben, auf Grund dessen in besonderen Fällen die Kündigung aufgehoben werden könne. Eine Ersatzwohnung sei nur dann zu stellen, wenn der Mieter die Kündigung nicht verschuldet habe; sonst sei nur eine Hinausschiebung der Räumung vorzusehen. Höchstmieten festzulegen empfehle sich nicht, da alsdann alle Mieten auf die Höchstgrenze hinaufgehen würden; die Anwendung der Bestimmungen über den Leistungswucher würde genügen, um die Mieten nicht über die angemessene Höhe hinaus steigen zu lassen.

Amtsgerichtsrat Dr. Schubart-Berlin forderte vollständige Befreiung der Neubauten von der Zwangswirtschaft und sprach sich gegen die vom Berichterstatter vorgeschlagene Beschränkung dieses Grundsatzes aus. Redner trat für die Beibehaltung der Mieteinigungsämter ein, weil die Übertragung ihrer besonderen Aufgaben an die ordentlichen Gerichte nicht zweckmäßig sei.

Rechtsanwalt Dr. Engel-Berlin-Schöneberg befürwortete ebenfalls den Abbau der Wohnungsgesetze und der Wohnungsbehörden; die Zwangswirtschaft könne aber nicht auf einmal beseitigt werden, weil es noch zuviel Wohnungsuchende gebe; deshalb sei eine Übergangszeit notwendig. Das Kündigungsrecht sei von bestimmten Voraussetzungen abhängig zu machen und müsse der richterlichen Nachprüfung unterliegen; die Mietervertretung sei im Gesetz zu verankern, da sonst die Mieter schutzlos seien. Zur Zeit könne die Bautätigkeit nur durch Gewährung öffentlicher Mittel gefördert werden, weil infolge der Teuerung des Geldes das freie Bauen nicht rentabel sei.

Rechtsanwalt Dr. Weingart-Mannheim trat für die sofortige Aufhebung der Zwangswirtschaft ein, da sonst die Wohnungsnot nie verschwinden werde. Vollständig freie Wirtschaft sei wieder einzuführen; alle staatlichen Zwangsmaßnahmen würden nur hindernd wirken. Auf allen anderen Wirtschaftsgebieten, auf denen die Zwangswirtschaft aufgehoben sei, hätten sich zwar kurze Übergangskrankheiten gezeigt; aber dann seien wieder normale Zustände eingetreten; so werde es auch hier sein.

Professor Dr. Genzmer-Königsberg befürwortete die baldige Wiedereinführung der Bestimmungen des BGB., Abschaffung der Sondergerichte und Gewährung des ordentlichen Rechtswegs bei Eingriffen der öffentlichen Verwaltung.

Notar Dr. Fernbach-Geras (Österreich) empfahl, die Untervermietung von der Zustimmung des Vermieters abhängig zu machen, da sonst der Vermieter der Chikane des Mieters preisgegeben sei; auch sei die Kündigung möglichst dann zuzulassen, wenn der Vermieter die Wohnung selbst benötige.

Hierauf erhielten die Berichterstatter das Schlußwort.

Professor Dr. Ruth betonte zunächst, daß die in der Diskussion erhobenen Einwendungen gegen die von ihm aufgestellten Richtlinien großenteils bereits durch die von ihm vorgetragenen Gründe widerlegt würden, und bezog sich insoweit auf seine früheren Ausführungen. Im einzelnen führte er noch folgendes aus:

Der Behauptung, daß die Wohnungsnot eine Folge der Zwangswirtschaft sei, steht die Tatsache entgegen, daß die Wohnungsnot schon vor Einführung der Zwangswirtschaft bestand und zu letzterer die Veranlassung gewesen ist. Daß durch falsche Maßnahmen die Wohnungsnot teilweise verschärft wurde, kann nicht unbedingt bestritten werden. Aber die Beantwortung dieser Fragen führt uns nicht weiter. Wir müssen nach Wegen suchen zur Beseitigung der Wohnungsnot, die wir als gegebene Tatsache hinnehmen können. Daß, wie in der Diskussion behauptet, eine Wohnungsnot überhaupt nicht bestehe, daß vielmehr eine genügende Anzahl Wohnungen vorhanden sei, die lediglich infolge der Zwangswirtschaft unnötig festgehalten würden, ist nicht richtig. Wohnungen können nicht wie Lebensmittel vom Markte verschwinden. Auch bei gleichbleibender Bevölkerungszahl vergrößert sich die Nachfrage infolge Vermehrung der Haushaltungen. Gegenüber den Bedenken, die gegen die Sicherung eines Tausch- und Bezugsrechts bezüglich der Wohnungen in Altbauten für Neubaumieter geäußert wurden, ist darauf hinzuweisen, daß Leitsatz II A. 2, c lediglich die Erweiterung der Rechte von Neubaumietern auf Altwohnungen bezwecke, nicht aber eine Verschlechterung der Vermieterstellung in Neubauten, insbesondere nicht einen Zwang zur Tauschgenehmigung für die Eigentümer von Neubauten. Der Einwand, daß unter Berücksichtigung der eingetretenen Hypothekenentlastung der Hausbesitzer bereits jetzt annähernd die Friedensmiete erhalte, kann die Notwendigkeit einer weiteren Mieterhöhung nicht entkräften. Einmal sind die öffentlichen Lasten des Hausbesitzes erheblich gegenüber der Friedenszeit erhöht und die lange aufgeschobenen Reparaturen nachzuholen. Dann aber soll ja die Erhöhung hauptsächlich dem Wohnungsneubau und nicht dem Hausbesitz zugute kommen und den Zustand beseitigen, daß auch finanzkräftige Mieter, die die Miete im Neubau tragen könnten, an ihren bisherigen Wohnungen festhalten. Schließlich ist gegen eine steuerliche Berücksichtigung der Hypothekenentlastung, etwa durch Auferlegung einer entsprechenden staatlichen Goldhypothek, durchaus nichts einzuwenden. — Eine Wiederherstellung des freien Kündigungsrechts, die von verschiedenen Rednern gewünscht wurde, ergibt keine Verminderung der Prozeßlast, wenn man, wie dann unerläßlich, dem Mieter das Recht gibt, gegen sozial ungerechtfertigte Kündigungen gerichtlichen Widerspruch zu erheben. Die Unmöglichkeit, sofort eine andere Wohnung zu erhalten, zwingt auch bei freier Kündigung den Mieter in allen Fällen, sich gegen die Entziehung seiner Wohnung im Prozeßwege zu wehren.

Zum Schluß wandte sich Prof. Dr. Ruth noch gegen den Vorschlag des Mitberichterstatters, auch nach Ausgleich des Wohnungsangebots mit der Nachfrage gewisse Bindungen der Zwangswirtschaft in das endgültige Mietrecht zu übernehmen. Die vorgeschlagenen Änderungen seien an und für sich nicht sehr in die Privatrechte des Vermieters einschneidend und erträglich. Aber es könne dadurch, daß man jetzt eine, wenn auch abgeschwächte, Form zwangsrechtlicher Bindung des Vermieters einführe, das notwendige Vertrauen der Privatwirtschaft zur künftigen Gestaltung des Privatrechts zerstört und eine für die Neubautätigkeit schädliche Wirkung erzielt werden. Vom Standpunkte der möglichsten Förderung des Neubaues aus sei es nicht notwendig, die Frage der künftigen Gestalt des Mietrechts schon jetzt zu regeln, da der Eintritt normaler Wohnungsmarktverhältnisse noch in weiter Ferne liege. Die vorgeschlagenen Maßnahmen seien für sich allein hinreichend geeignet, einen genügenden Anreiz zur Vermehrung der Wohnungen zu bilden.

Der Mitberichterstatter, Hofrat Dr. Klang, besprach die einzelnen, in der Diskussion gegebenen Anregungen, bekämpfte die Ansicht, daß zu irgend einer Zeit das Recht des BGB. ungeändert wieder in Kraft gesetzt werden könne, und empfahl die Annahme der von ihm vorgeschlagenen Leitsätze.

Nunmehr wurde zur Abstimmung über die Leitsätze des Berichterstatters Professor Dr Ruth und die zu diesen Leitsätzen gestellten Anträge geschritten.

Zu Leitsatz 1

lag ein Antrag des Rechtsanwalts Dr Eyck-Berlin vor, inhalts dessen zwischen die Worte „ist“ und „erst möglich“ die Worte „anzustreben, aber“ eingeschaltet werden sollen. Mit dieser Änderung wurde der Leitsatz 1 angenommen.

Zu Leitsatz 2

wurde der Obersatz und von A. die Abschnitte a, b und c angenommen. Zu d lag ein Antrag des Rechtsanwalts Dr Bruno Stern-Würzburg vor, als zweiten Satz hinzuzufügen: „Die

Erbauung von Wohnungen ist auch bei der Einkommensteuer zu privilegieren". Dieser Antrag wurde abgelehnt und Abschnitt d nach dem Vorschlage des Berichterstatters angenommen.

Zu B. wurden die Abschnitte a und b unverändert angenommen; zu c beantragten Rechtsanwalt Dr. Bruno Stern-Würzburg, Amtsgerichtsrat Dr. Schubart-Berlin und Rechtsanwalt Dr. Heinrich Prinz-Berlin, nur den ersten Satz anzunehmen, alle weiteren Sätze dagegen zu streichen. Die Abstimmung ergab die Annahme dieses Antrags.

Zu d wurden Bedenken erhoben, ob der Antrag des Berichterstatters hinsichtlich der Ausländer nicht gegen den Versailler Friedensvertrag verstoße. Bei der Abstimmung wurde der Leitsatz des Berichterstatters, so weit er die Ausländer betrifft, angenommen, dagegen der Zwischensatz „sowie denjenigen Mietern, deren Einkommen und Vermögen eine bestimmte Höhe überschreitet" gestrichen.

Zu e wurde der vom Berichterstatter vorgeschlagene Leitsatz unter Ablehnung eines Antrags des Rechtsanwalts Dr. Bruno Stern-Würzburg, das Wort „Wohnraum" durch „Wohnungen" zu ersetzen, angenommen.

### Zu Leitsatz 3a

beantragten Amtsgerichtsrat Dr. Schubart-Berlin und Rechtsanwalt Dr. Prinz-Berlin, die Worte „Geschäftsräume und" zu streichen. Der Antrag wurde abgelehnt und der vom Berichterstatter vorgeschlagene Leitsatz unverändert angenommen.

Zu b beantragten Amtsgerichtsrat Dr. Schubart-Berlin und Rechtsanwalt Dr. Prinz-Berlin, dem Satz 2 folgende Bestimmung hinzuzufügen: „Diese Zuschüsse unterbleiben, falls der Hauseigentümer oder Nutzungsberechtigte das Grundstück nach dem 1. Januar 1920 zwecks vorteilhafter Kapitalanlage erworben hat." Bei der Abstimmung über die Leitsätze des Berichterstatters wurde Satz 1 angenommen, dagegen Satz 2 und 3 abgelehnt, womit die Beschlußfassung über den Antrag Schubart-Prinz entfiel.

Zu c beantragten Amtsgerichtsrat Dr. Schubart und Rechtsanwalt Dr. Prinz den zweiten und dritten Satz zu streichen. Dieser Antrag wurde angenommen, so daß nur Satz 1 nach dem Vorschlage des Berichterstatters bestehen blieb.

Zu d beantragten Amtsgerichtsrat Dr. Schubart und Rechtsanwalt Dr. Prinz, die Sätze 1, 2 und 4 zu streichen. Die Abstimmung ergab die Annahme des ersten Absatzes nach dem Vorschlage des Berichterstatters, also einschließlich der Sätze 2 und 3, wogegen der zweite Absatz (Satz 4) gestrichen wurde.

Zu e wurde der vom Berichterstatter vorgeschlagene Leitsatz angenommen.

Leitsatz 4

wurde nach dem Antrage des Berichterstatters angenommen, unter Ablehnung eines Antrags Schubart-Prinz, den letzten Halbsatz „insbesondere können die Mieteinigungsämter als entbehrlich beseitigt werden" zu streichen.

Leitsatz 5

wurde angenommen.

Zu Leitsatz 6

beantragte Rechtsanwalt Spitzer-Wien Übergang zur Tagesordnung; der Antrag wurde abgelehnt. Der vom Berichterstatter vorgeschlagene Leitsatz wurde mit der Maßgabe angenommen, daß zwischen „wieder" und „die" das Wort „grundsätzlich" eingeschaltet wurde. Ein Antrag Schubart-Prinz, dem Leitsatz 6 zum Schlusse hinzuzufügen „jedoch sind viele nachgiebige Mietrechtsbestimmungen des BGB. in zwingende zu ändern", wurde abgelehnt.

Bei der Erörterung über die Behandlung der von dem Mitberichterstatter Dr. Klang vorgelegten Leitsätze regte der Vorsitzende an, daß die Abteilung sich darauf beschränke, über diese Leitsätze zur Tagesordnung überzugehen, nachdem die Leitsätze Ruth im wesentlichen angenommen worden seien. Diesem Vorschläge gemäß wurde beschlossen.

Die von der Abteilung gefaßten Beschlüsse lauten somit, wie folgt:

1. Die völlige Beseitigung der Wohnungszwangswirtschaft ist anzustreben, aber erst möglich, nachdem durch genügenden Neubau ein Ausgleich zwischen Angebot und Nachfrage auf dem Wohnungsmarkt herbeigeführt ist.

2. Der Neubau ist gleichzeitig durch wirtschaftliche Maßnahmen und durch Änderung des geltenden Wohnungsnotrechts unter Auf-

stellung eines einheitlichen Bauprogramms so energisch zu fördern, daß nach Ablauf einer bestimmten Frist die freie Wirtschaft wieder hergestellt werden kann.

A. Als wirtschaftliche Maßnahmen empfehlen sich namentlich:

a) tatkräftigste Unterstützung der gemeinnützigen Siedlungsgenossenschaften durch ausreichende Gewährung billigen Leihkapitals und weitgehende Beteiligung von Staat und Gemeinden an ihrer Finanzierung, Zurverfügungstellung verbilligten Baumaterials und geeigneter technischer Leiter aus den Beamten der staatlichen und kommunalen Hochbauämter. Ihre Organisation ist nach einheitlichen Richtlinien für das gesamte Reich zu regeln;

b) Einstellung staatlicher und kommunaler Eigenbauten für private Wohnzwecke als unwirtschaftlich. Die für die Förderung des Neubaus zur Verfügung stehenden Gelder sind dem Baumarkt als hypothekarisch gesichertes Leihkapital zu mäßigem Zinsfuß zur Verfügung zu stellen;

c) billige Gewährung von Baugelände an alle Baulustigen durch Staat und Gemeinden, namentlich auf dem Wege des Erbbaurechts;

d) weitgehende Befreiung der Neubauten von allen diese verteuernden Steuern und Abgaben.

B. Als rechtliche Maßnahmen sind geeignet:

a) Wiedereinführung des Stockwerkseigentums.

b) Umgestaltung des dinglichen Wohnungsrechts (§ 1093 BGB.) zu einem vererblichen und veräußerlichen Rechte.

c) Die bisherige Befreiung der Neubauten von der Zwangswirtschaft ist beizubehalten. Bis zur Schaffung ausreichenden neuen Wohnraums ist jedoch der Mieter in Neubauten gegen Obdachlosigkeit bei Beendigung des Vertragsverhältnisses zu schützen durch Gewährung eines gerichtlichen Räumungsaufschubs in geeigneten Fällen.

d) Der Mieterschutz für Altwohnungen ist Ausländern, die erst nach dem Kriege ihren Wohnsitz oder ständigen Aufenthalt in Deutschland genommen haben, nach Ablauf einer zur Erstellung eigener Wohnungen ausreichenden Frist zu entziehen. Die gleiche Personenkategorie ist bei Zuweisung von Altwohnungen nicht mehr zu berücksichtigen.

e) Die Umwandlung von Wohnräumen in Geschäftsräume ist wie bisher (§ 2 Abs. 2 WMG.) zu verbieten.

3. Für die Übergangszeit bis zur Wiederherstellung der freien Wirtschaft werden weiterhin folgende Maßnahmen für Altwohnungen vorgeschlagen:

a) Für Geschäftsräume und möblierte Räume sind die bestehenden Beschränkungen zu beseitigen.

b) Die Höhe der Miete darf nicht über einen reichsrechtlich festzusetzenden und von Zeit zu Zeit nachzuprüfenden Höchstsatz hinausgehen.

c) Grundsätzlich ist die bisherige Regelung der Auflösung des Mietverhältnisses gegen den Willen des Mieters beizubehalten.

d) Die Beschaffung der Ersatzräume ist grundsätzlich Sache des zur Räumung verpflichteten Mieters, wenn das Mietverhältnis lediglich aus einem in der Person des Mieters liegenden Grunde (§§ 2, 3 MSchG.) beendigt wurde. Daher ist in solchen Fällen die Zwangsvollstreckung lediglich insoweit zu beschränken, daß dem Verpflichteten ein Räumungsaufschub von bestimmter Dauer, der eventuell verlängert werden kann, von den Gerichten nach freiem Ermessen zugebilligt wird. Die Gewährung eines Räumungsaufschubs ist auch ohne vorausgegangenes Räumungsurteil dann zulässig, wenn die Verpflichtung zur Räumung von dem Betroffenen nicht bestritten wird.

e) Die Eingriffe der öffentlichen Behörden zum Zwecke der Erfassung und Verwertung von Wohnräumen sind auf den Zwang zur Vermietung unbenutzter Wohnungen und die Zuteilung freiwerdender Wohnungen an die Wohnungsuchenden zu beschränken.

4. Alle erforderlichen wirtschaftlichen und rechtlichen Maßnahmen sind durch ein einheitliches Reichswohnungsgesetz zu treffen. Zu ihrer Durchführung ist eine Reichszentralstelle zu schaffen, der die einzelstaatlichen und kommunalen Ausführungsbehörden zu unterstellen sind. Die Organisation der Behörden ist weitgehend zu vereinfachen; insbesondere können die Mieteinigungsämter als entbehrlich beseitigt werden.

5. Das Mietrecht des Bürgerlichen Gesetzbuchs ist schon jetzt dahin abzuändern, daß Ansprüche des Mieters wegen Instand-

haltung der Mieträume einer kurz bemessenen Ausschlußfrist für ihre Anmeldung bei dem Vermieter und ihre gerichtliche Geltendmachung unterworfen werden; die Zurückbehaltung der Miete wegen der Gegenansprüche des Mieters ist nur soweit zuzulassen, als die rückständige Miete die Höhe der Gegenansprüche nicht übersteigt.

6. Nach Ablauf der Übergangszeit bildet unter Wegfall aller bestehenden Beschränkungen das Mietrecht des BGB. wieder grundsätzlich die alleinige Grundlage der vertraglichen Beziehungen zwischen den Beteiligten.

## Zweite Sitzung der zweiten Abteilung

am

Freitag, dem 12. September 1924.

Nach Eröffnung der Sitzung durch den Vorsitzenden, Oberlandesgerichtspräsidenten Dr. Mittelstein, wurde in die Erörterung des Themas:

> Welche Stellung soll die künftige Zivilprozeßordnung gegenüber den Fragen der Unmittelbarkeit, der Mündlichkeit und der Eventualmaxime einnehmen?

eingetreten.

Zu diesem Thema wurden von den Berichterstattern folgende Leitsätze vorgelegt:

### I. Leitsätze des Berichterstatters Handelsgerichtspräsident Dr. Friedrich Engel-Wien.

1. Das Verfahren in der ersten Instanz ist mit allen Bürgschaften zu umgeben, die eine erschöpfende Erörterung und gründliche Beurteilung sichern. Diese Bürgschaften sind eine nicht zu übertreibende, aber in allem Wesentlichen festzuhaltende Mündlichkeit und eine möglichst uneingeschränkte Unmittelbarkeit.

2. Dagegen haben die Grundsätze der Mündlichkeit und Unmittelbarkeit im Versäumnisverfahren insoweit zurückzutreten, als der bis zum Eintritt der Säumnis vorgebrachte Tatsachen- und Beweisstoff als Urteilsgrundlage zu verwerten ist.

3. Das Berufungsverfahren ist als ein Überprüfungsverfahren zu gestalten mit grundsätzlicher Gleichheit des Prozeßstoffes in beiden Instanzen und grundsätzlichem Ausschluß von Neuerungen, wobei jedoch gesetzlich festzustellen ist, daß der Richter erster Instanz die Pflicht hat, bei Mängeln des Parteivorbringens diese Mängel durch Anleitung und Fragestellung zu beseitigen.

4. Der Grundsatz, daß die Parteien bis zum Schluß der mündlichen Verhandlung neue tatsächliche Behauptungen und Beweismittel vorbringen können, ist festzuhalten.

Eine Eventualmaxime hat nur einzutreten:

a) im Fall eines in Verschleppungsabsicht erfolgten verspäteten Vorbringens, das vom Gericht auch von Amts wegen als unstatthaft erklärt und zurückgewiesen werden kann;

b) in gewissen Verfahrensarten (in Mietstreitigkeiten, im Wechsel-, Mandats- und Exekutionsverfahren).

II. Leitsätze des Mitberichterstatters Rechtsanwalt Dr. Ernst Wolff-Berlin.

1. Für die streitigen Verhandlungen aller Instanzen ist der Grundsatz der Mündlichkeit, ergänzt durch die Verpflichtung des Gerichts, das Streitverhältnis mit den Parteien in tatsächlicher und rechtlicher Beziehung zu erörtern, festzuhalten. Ausnahmen von diesem Grundsatz sind nicht zuzulassen.

2. Zur Durchführung dieses Grundsatzes ist die mündliche Verhandlung von allem Beiwerk zu entlasten und so weit vorzubereiten, daß der Rechtsstreit möglichst in einer Verhandlung entschieden wird. Hierzu gehören:

a) Abhaltung eines Vortermins vor dem Einzelrichter zur Erledigung aller nicht streitigen Sachen und prozessualer Vorfragen,

b) Schriftsatzwechsel der Parteien in gesetzlich oder richterlich festzusetzenden Fristen,

c) Herbeischaffung der voraussichtlich notwendig werdenden Beweismittel,

d) Benutzung mechanischer Hilfsmittel zur Feststellung des Verhandlungsverlaufs,

e) Verbot von Vertagungen außer in gesetzlich genau festzusetzenden Fällen.

3. Eine Abschwächung des Unmittelbarkeitsgrundsatzes ist nicht zuzulassen. Eine Ausdehnung des Vortermins auf andere als die oben zu 2a angegebenen Zwecke ist abzulehnen; insbesondere hat die Beweisaufnahme vor dem erkennenden Gericht unmittelbar zu erfolgen; die zulässigen Ausnahmen sind gesetzlich genau zu bestimmen, sie dürfen nicht der Rücksicht auf die Geschäftslage des Gerichts entnommen werden, und es ist gegen die Übertragung der Beweisaufnahme an den beauftragten oder ersuchten Richter ein Rechtsmittel zuzulassen.

4. Das persönliche Erscheinen der Partei ist nicht durch Strafen zu erzwingen. Dagegen sind für den Fall der Nichtbefolgung des richter-

lichen Auftrags Rechtsnachteile und Kostenfolgen in Aussicht zu nehmen (Möglichkeit der Verwendung des Ausbleibens der Partei zur Bildung einer richterlichen Überzeugung, Abweisung des Erstreckungsbegehrens des nicht unterrichteten Bevollmächtigten, Vornahme der Verhandlung und Zurückweisung des Versuchs der nicht erschienenen Partei, das Versäumte nachzuholen).

5. Der Grundsatz, daß die Parteien bis zum Schlusse der mündlichen Verhandlungen neue tatsächliche Behauptungen und Beweismittel vorbringen können, ist festzuhalten. Die Zurückweisung eines in Verschleppungsabsicht erfolgten verspäteten Vorbringens, auch von Amts wegen, wird dadurch nicht ausgeschlossen.

Der Vorsitzende erteilte zunächst Herrn Handelsgerichtspräsident Dr. Friedrich Engel-Wien das Wort, der folgenden Bericht erstattete:

Ich hätte eigentlich allen Anlaß, meinen Bericht mit den Worten Ciceros einzuleiten: „credo ego vos, mirari, quid sit, quod." Denn Sie werden sich vielleicht einigermaßen darüber verwundern, daß die Berichterstattung über das zivilprozessuale Thema lediglich praktischen Juristen anvertraut wurde. Ich selbst war es, der den geschäftsführenden Ausschuß der Ständigen Deputation des DJT. auf diesen Umstand aufmerksam gemacht und ihm zu bedenken gegeben hat, ob nicht einer der Berichterstatter den Kreisen unserer verehrten akademischen Lehrer des Zivilprozeßrechts zu entnehmen gewesen wäre. Aber der geschäftsführende Ausschuß glaubte, diesen Gegenstand wenigstens diesmal in die Hand von Praktikern legen zu sollen. Ich brauche wohl nicht erst zu betonen, daß er und wir alle mit ihm von dem hohen Werte der Wissenschaft, der juristischen Theorie und Doktrin auf das Innigste überzeugt und durchdrungen sind. Ihr vor allem wird ja die schöne und große Aufgabe zufallen, bei einer künftigen Prozeßreform in erster Linie mitzuraten und mitzuhandeln und den Grund- und Aufriß für den aufzuführenden Neubau zu entwerfen. Aber um in dem eben gebrauchten Bilde zu bleiben, so kann es vielleicht von Wert sein, wenn der zukünftige Baukünstler schon jetzt, noch bevor er an den Entwurf des Grund- und Aufrisses schreitet, auch die Stimme derjenigen hört und auf sie achtet, die berufen sein werden, in dem Neubau zu wohnen und tätig zu sein. Mit diesem Vorbehalte: vom Standpunkte der Praxis, der im tätigen Rechtsleben Stehenden und Handelnden,

Stellung zu nehmen zu den großen Fragen der Mündlichkeit und Unmittelbarkeit, trete ich an meine Aufgabe heran.

So hoch man auch den Wert des Prozesses, des gerichtlichen Verfahrens veranschlagen mag — und in der Tat ist dieser Wert ein sehr hoher —, eine Einschränkung wird man aber doch machen müssen: seine Funktion, seine Aufgabe, seine Bestimmung ist eine dienende. Es wäre Überschätzung, ihn zum Selbstzweck erheben zu wollen; das könnte unerfreuliche Folgen haben; denn ein solcher zum Selbstzweck erhobener Prozeß könnte leicht in schöner Form fragwürdige Ergebnisse liefern. Es ist und bleibt ein Mittel zur Feststellung von Recht und Wahrheit. Jeder Prozeß, mag er auch noch so durchdacht und von Formgefühl erfüllt sein und mag er sich durch solche Eigenschaften selbst zur Höhe eines Kunstwerks erheben, wird sich doch immer dabei zu bescheiden haben, Werkzeug zu sein in der Hand einer bewußt und entschlossen arbeitenden Rechtsanwendung, die ihre Aufgabe darin erblickt, dem Recht und der Wahrheit möglichst einfach, rasch, billig und sicher zum Siege zu verhelfen. Je genauer, je verläßlicher dieses Werkzeug ist, je sicherer der damit Umgehende zum Ziele kommt, desto besser wird diese dienende Aufgabe des Prozesses erfüllt werden. Andernfalls würde dem Prozesse trotz aller Formvollendung die soziale Rechtfertigung fehlen.

Damit soll einer Geringschätzung des Prozesses nicht das Wort geredet werden. Der berühmt gewordene Ausspruch Friedrich Stein's: „es geht auch so" bedarf denn doch einer Einschränkung. Gewiß, ein rechter Künstler oder Handwerker wird auch mit einem minder tauglichen, ja stumpfen Werkzeug noch etwas Brauchbares zustande bringen; aber etwas wirklich Gutes wird er doch nur dann schaffen können, wenn ihm auch ein entsprechendes Werkzeug zur Verfügung steht.

Wie vor einer Überschätzung des Prozesses selbst wird man sich bei einer künftigen Prozeßreform aber auch vor einer Überschätzung gewisser Prozeßformen hüten müssen, wird sich namentlich davor hüten müssen, ihnen selbständigen Wert beizulegen, den sie nicht besitzen. Denn diese Prozeßformen sind ja auch nur Mittel zur Feststellung des Rechts, zur Erforschung der Wahrheit, und da der Prozeß selbst nur ein Mittel ist, so sind sie Mittel eines Mittels und haben sich dem Zweck, dem sie zu dienen haben, unterzuordnen.

Als eine solche Prozeßreform wird bei einer künftigen Neuordnung die Mündlichkeit selbstverständlich in erster Linie in Betracht kommen. Ihr Nutzen für das gerichtliche Verfahren kann gar nicht hoch genug eingeschätzt werden. Daß sie der Natur der Rechtsprechung weit kongenialer ist als die Schrift, weil sie den Prozeß frei und natürlich gestaltet, das ist nicht nur Überzeugung der Fachkreise, sondern auch allgemeines Volksbewußtsein geworden. Aber auch hier wird übertriebener Kultus der Form zu vermeiden sein. Denn die Mündlichkeit ist noch nicht an und für sich nützlich und wertvoll, kann doch auch ein durchaus mündliches Verfahren wieder gut oder schlecht sein, sondern nur insoweit, als sie die Unmittelbarkeit ermöglicht und verbürgt, u. zw. dadurch, daß sie den Entscheidungsstoff unmittelbar vor dem erkennenden Richter entstehen läßt.

Auf die Unmittelbarkeit also ist der Ton und Nachdruck zu legen; denn die für die Entscheidung wesentlichen Tatsachen können vom Richter am besten dann beurteilt werden, wenn der Prozeß sich vor seinen Augen abspielt, die Parteien vor ihm ihre Behauptungen vorbringen und die Beweise durchführen. Der durch ein Bindeglied (sei es durch Schriftsätze, sei es durch von beauftragten oder ersuchten Richtern verfaßte Protokolle) dem Erkenntnisgericht übermittelte Tatbestand verliert viel an Klarheit und Faßlichkeit. In der förmlich künstlichen Absonderung des erkennenden Richters von den verhandelnden Parteien, von der Stoffsammlung und Beweisaufnahme lag ja eines der Hauptübel des seinerzeitigen schriftlichen Prozesses. Freilich entfaltet die Unmittelbarkeit ihre Vorzüge in der Regel nur in Verbindung mit der Mündlichkeit. Aber die letztere für sich allein vermag die Rechts- und Wahrheitsfindung noch nicht zu gewährleisten; nur vereint kann dieses Ziel erreicht werden, und dieses Ziel hat keinen schlimmeren Feind, als denjenigen, welcher die Mündlichkeit von der Unmittelbarkeit trennen will. Sie (die Mündlichkeit) zu einem Glaubenssatz, zu einem Dogma machen zu wollen, das unter allen Umständen festgehalten werden müsse, kann dem gerichtlichen Betrieb und den Parteien so schwere Opfer auferlegen, daß der Wert der Mündlichkeit darüber zum Teil verloren geht. Denn ihr Wert sinkt in dem Maße, als die durch sie dem Gericht und den Parteien auferlegten Opfer steigen. Sie ist und bleibt eine Nützlichkeitseinrichtung, eine Zweckmäßigkeitsmaßregel; Maß und Grenze ihrer Anwendung werden durch Nützlichkeit und Zweckmäßigkeit bestimmt.

Wird man sich bei einer künftigen Zivilprozeßgesetzgebung also davor hüten müssen, gewisse Grundsätze zu überspannen, so wird man sich andererseits vor Grundsatzlosigkeit in acht nehmen und es vermeiden müssen, bewährte Prozeßformen wie die Mündlichkeit und namentlich die Unmittelbarkeit etwa geringschätzig zu behandeln und bei ihrer Anwendung allzu nachgiebig zu sein. Das könnte nicht nur bedenkliche Einbrüche der Schriftlichkeit in das mündliche Verfahren, sondern auch einen Mischmasch ungleichartiger Verfahrensarten und damit Uneinheitlichkeit und Verworrenheit zur Folge haben und so die Zuverlässigkeit des Verfahrens und damit die Rechtssicherheit schädigen.

Ich möchte da gleich auf einen Satz zurückkommen, der auf dem DJT. zu Wien im Jahre 1912 von Herrn Senatspräsidenten Dr. Degen (Dresden) mit ungewöhnlicher Beredsamkeit vertreten wurde. Der Satz lautete: „Geben Sie Verhandlungs- und Verfahrensfreiheit!" Mit der Forderung der Verhandlungsfreiheit, soweit damit Freiheit der richterlichen Prozeßleitung gemeint ist, erkläre ich mich ganz einverstanden. Die Prozeßleitung soll sich der Beschaffenheit und den Bedürfnissen des einzelnen Streitfalls möglichst anpassen. Sie sollte daher tunlichst Ermessenssache sein. Feste Regeln wären da nur schädlich. Der Richter soll also über prozessuale Einreden zugleich mit der Hauptsache oder abgesondert von ihr verhandeln dürfen; er soll die Verhandlung auf bestimmte Streitpunkte, auf den Grund des Anspruchs beschränken, er soll trennen und verbinden, die Trennung und Verbindung wieder aufheben, die Verhandlung schließen und wieder eröffnen dürfen usw. In dieser Beziehung also möglichste Bewegungsfreiheit! Aber Verfahrensfreiheit? Sofern darunter verstanden wird, daß die Parteien im einzelnen Falle das Recht haben sollen, die Art des Verfahrens selbst zu bestimmen, so könnte ich mich damit nicht einverstanden erklären. Man ist da auf dem Wiener Juristentag ziemlich weit gegangen und hat gesagt (ich glaube, es war Herr Justizrat Dr. Magnus), das Gesetz sollte nur eine subsidiäre Regelung aufstellen, die im Zweifel einzutreten hätte; im übrigen aber seien Ausnahmen zu gestatten, wobei drei Möglichkeiten hervorgehoben wurden: übereinstimmender Parteiwille, richterliches Ermessen, Zusammenwirken beider. Was den übereinstimmenden Parteiwillen anbelangt, so könnte ich ihn als einen Faktor für die Bildung der Art des Verfahrens unmöglich gelten lassen, obwohl ich mir vor Augen halte, daß § 7 der Entl. Vdg. ihn als einen solchen Faktor anerkennt. Noch unannehmbarer erscheint es mir, daß darüber das Gericht allein sollte entscheiden können. Bleibt also nur die dritte Möglichkeit übrig, daß im Einverständnis von Gericht und Parteien die Bestimmung getroffen wird. Aber auch für diese Möglichkeit kann ich mich nicht entscheiden. Ich könnte mich auch nie entschließen, als Richter hierzu meine Einwilligung zu geben. Denn die mündliche Verhandlung muß nach meiner Überzeugung die einzige Erkenntnisquelle für den Richter sein und bleiben, weil nur auf dem Wege gegenseitiger Aussprache zwischen Gericht und Parteien ein wahrhaft verläßliches Urteil zustandekommen kann. Ich würde aber auch als Anwalt zu einem solchen Vorgange nie mein Einverständnis geben. Wenn ich als Anwalt meine Partei auf dem Wege des gesetzlich vorgeschriebenen Verfahrens nach bestem Wissen und Gewissen vertrete und der Prozeß geht verloren, dann kann und muß ich mich, wie ein Moslem, mit einem Kismet zufrieden geben. Wenn ich mir aber sagen müßte: hättest du auf die mündliche Verhandlung nicht verzichtet, dann hätte der Prozeß vielleicht doch einen anderen Ausgang genommen, so wäre das für mich ein Selbstvorwurf, den ich nur schwer zu tragen vermöchte. Hier liegt einer jener Fälle vor, von denen das Wort Wallensteins gilt:

„Da ist es Wohltat, keine Wahl zu haben,
und eine Gunst ist die Notwendigkeit.“

Und was erwartet man denn auch von einem so „elastisch gemachten“ Verfahren, wie man es genannt hat? In wieviel Fällen wird es, kann es zur Anwendung kommen? Sie werden verschwindend gering sein. Doch nur da, wo ein ganz klarer, unbestrittener Sachverhalt und eine einfache Rechtsfrage vorliegt. Denn bei halbwegs schwieriger Rechtslage wird ein gewissenhafter Anwalt seiner Partei den Verzicht auf die mündliche Verhandlung wohl kaum empfehlen können. So einfache Prozesse werden aber wohl auch in einer mündlichen Verhandlung ohne viel Zeitverlust entschieden werden können.

Ich glaube also, dieses Abgehen von bewährten Grundsätzen wird sich gar nicht lohnen; es kann im einzelnen Falle bedenklich sein und es birgt die allgemeine Gefahr in sich, daß auf diesem Vehikel die Schriftlichkeit und ihr ganzer Jammer in unseren Zivilprozeß einziehen und daß unser Prozeß mit der Zeit nach dem Gesetz der Trägheit sehr bald in Schriftlichkeit versinken wird.

Eine feste und dabei ruhige Hand und ein auf das Wesentliche und Wichtige gerichteter Blick werden das Schiff der Prozeßreform durchsteuern müssen zwischen den Gefahren der Szylla und Charybdis, und das ist in unserem Falle: zwischen Prinzipienreiterei auf der einen und Grundsatzlosigkeit auf der anderen Seite, zwischen Übertreibung und Lauheit. Entschlossen und mäßig zugleich, die Mittel immer dem Zweck unterordnend, wird man vorgehen müssen.

Auch ein künftiger Zivilprozeß wird also auf den so zu behandelnden Grundsätzen der Mündlichkeit und Unmittelbarkeit aufgebaut sein müssen. Er wird zudem schlicht, einfach, natürlich und dabei rasch sein müssen.

Was die Schnelligkeit anbelangt, so darf sie selbstverständlich nicht auf Kosten der Gründlichkeit und Richtigkeit der Rechtsprechung gehen. Im übrigen aber kann ein Prozeß überhaupt nie zu schnell sein. „Die unbedingt sichere Gegenwartshilfe", von der Franz Klein gesprochen hat, ist ein Haupterfordernis guter Zivilrechtspflege.

Freilich muß hier auch die Mitwirkung des Richters einsetzen. Das schöne Wort Bülows, „nicht das Gesetz, sondern Gesetz und Richteramt schafft dem Volke sein Recht", es gilt auch hier. Das beste Gesetz wird und muß versagen, wenn die richterliche Prozeßleitung zu wünschen übrig läßt. Denn diese ist in gewissem Sinne das Triebrad des Prozesses. Sie kann gar nicht energisch, absichtlich, zweckbewußt, betont genug sein. Also nicht neurasthenische Unentschlossenheit, sondern Urteilsbereitschaft, nicht Zaghaftigkeit, sondern Beherztheit, nicht Kleinlichkeit, sondern Großzügigkeit müssen ihr eigen sein. Hellwig erwähnt in seinem System des deutschen Zivilprozeßrechts einen Richter, der so ängstlich war, daß er sich nicht einmal getraute, allgemein anerkannte Erfahrungssätze anzuwenden und unter anderem einen Beweisbeschluß darüber erließ, ob es wahr sei, daß Wanzen stinken, stechen und beißen. Und solcher Richter soll es mehrere geben, die jeder Entscheidung in weitem Bogen ausweichen und, wenn sie einmal dazu gezwungen werden, sich in Kleinlichkeiten verlieren. Da muß man doch sagen, tüfteln heißt nicht richten.

Wie kaum ein anderer muß sich der Richter zwar der außerordentlichen Verantwortung seiner Aufgabe bewußt sein, er muß aber auch den Mut, um mit Bismarck zu reden, die „Zivilcourage" haben, die Verantwortung zu tragen.

In dieser Beziehung also wird eine künftige Regelung auch an die Richter und ihre Charaktereigenschaften erhöhte Anforderungen stellen. Denn dadurch, daß die Prozeßleitung des Richters erweitert und bis zu einem gewissen Grade Ermessenssache wird, erhält sie notwendig auch eine stark persönliche Färbung. Und es ist keine Übertreibung, wenn Franz Klein gesagt hat: „Zeige mir, wie deine Prozeßleitung ist, und ich werde dir sagen, wer, was und wie du bist."

Ein gesunder mündlicher und unmittelbarer Prozeß verlangt vor allem Konzentration der Verhandlung, die deshalb auch in einem einheitlichen Zuge vor sich gehen muß. Das zu erstrebende Ideal ist das in dem § 272 b. d. ZPO. und § 180 öst. ZPO. ausgesprochene, daß der Rechtsstreit tunlichst in einer Verhandlung erledigt werde.

Wie jedes Ideal, wird sich freilich auch dieses nicht immer verwirklichen lassen. Aber ihm doch möglichst nahe zu kommen, muß mit allen Mitteln getrachtet werden. Es wird schon viel erreicht sein, wenn ein größerer Rechtsstreit in zwei Terminen erledigt wird, von denen der eine der Stoffsammlung und dem Beweisbeschluß, der andere der Beweisaufnahme und dem Urteil gewidmet ist.

Um ein solches Ergebnis zu erreichen, muß die Verhandlung entsprechend vorbereitet sein; die richtige Vorbereitung der mündlichen Verhandlung ist die Lebensfrage des ganzen Prozesses.

Zu den Konzentrationsmitteln zähle ich nun:

1. das der mündlichen Verhandlung vorhergehende richterliche Prüfungsrecht und die darauf gegründeten richterlichen Anordnungen (Beseitigung des Mangels der Prozeßfähigkeit, der gesetzlichen Vertretung, der Vollmacht; Beseitigung von Formgebrechen in Schriftsätzen; Prüfung der Klage auf die Zuständigkeit hin; Anleitung des Klägers zur Vervollständigung oder Richtigstellung einer ohne Mitwirkung eines Rechtsanwalts angebrachten Klage; Belehrung des Klägers, der eine Klage zu Protokoll gibt, die offenbar unbegründet ist, u. a.).

2. die vom Richter zwecks Vorbereitung der Verhandlung zu treffenden Verfügungen als: Auftrag an die Partei, die Urkunde, auf die sie sich in einem Schriftsatz bezogen und deren Abschrift sie angeschlossen hat, in Urschrift vorzulegen; Herbeischaffung von Urkunden, die sich bei Behörden oder einem Notar befinden; Aufforderung der Parteien zum persönlichen Erscheinen; Vornahme eines Augenscheins; Ladung von Zeugen usw.

3. das Verbot der einverständlichen Verlängerung von Fristen und der einverständlichen Terminserstreckung. Es gibt kein mündliches Verfahren, so lange es eine einverständliche Vertagung gibt. Denn im mündlichen Verfahren gewinnt die Verhandlung den Charakter einer sorgfältig vorbereiteten Veranstaltung. Es werden Zeugen geladen, Akten herbeigeschafft, Urkunden oft unter großen Schwierigkeiten beschafft usw. Wenn so viel Zeit und Arbeit aufgewendet ist,

dann geht es nicht an, daß die Parteien zu Gericht kommen und sagen: „wir wollen nicht, daß verhandelt wird". Man hat freilich eingewendet: was nützen alle Vertagungsverbote, es wird doch vertagt werden müssen, weil die Parteien nicht genügend vorbereitet sein werden. Das kann unter Umständen richtig sein; darum muß man eben dafür sorgen, daß den Parteien Zeit und Gelegenheit zur Vorbereitung gegeben wird. Das ist vielleicht der größte Wert der österreichischen ersten Tagsatzung, daß nicht sofort verhandelt wird. Solange es eine einverständliche Vertagung gibt, solange gibt es keinen richterlichen Verhandlungsplan; dann kann der Richter nicht wissen, wie viele Verhandlungen er an einem Tage haben wird.

Das Verbot einverständlicher Terminserstreckung genügt aber noch nicht. Es muß noch ein Verbot unbegründeter Vertagungen hinzutreten. Die Vertagungsgründe sollten im Gesetze genau und erschöpfend angegeben werden. Sonst könnte unangebrachtes Entgegenkommen des Gerichts den einheitlichen Zug und Verlauf der Verhandlung zum Schaden der Sache doch wieder hemmen und unterbrechen.

4. die einer unnötigen Wiederholung und Verlängerung der Verhandlung vorbeugende Anordnung, daß im Falle einer Terminsverlegung der Richter oder Vorsitzende bei der späteren Verhandlung die wesentlichen Ergebnisse der früheren mündlichen Verhandlung auf Grund des Protokolls und der Akten mündlich vorzuführen und die Fortsetzung der abgebrochenen Verhandlung hieran anzuknüpfen hat. Daß in jedem neuen Termin die ganze Sache von neuem verhandelt werden muß, auch wenn kein Richterwechsel stattgefunden hat, ist eine Überspannung des Mündlichkeitsgrundsatzes, die durch nichts gerechtfertigt ist, außer durch allzu karge Protokollierungsvorschriften.

5. den Vortermin.

6. die schriftliche Vorbereitung.

Über diese beiden letzten Punkte möchte ich mich nun ausführlicher verbreiten, und zwar zunächst über den Vortermin.

Hier wirft sich gleich eine grundsätzliche Frage auf. Soll der Vortermin, wie in Österreich, eine mündliche Verhandlung mit einem gesetzlich beschränkten Ausschnitt aus dem gesamten Verhandlungsstoffe sein, oder soll er, wie das in Deutschland jetzt eingeführte Verfahren vor dem Einzelrichter in Gerichtshofsachen, den gesamten Verhandlungsstoff umfassen?

Bevor zu dieser Grundfrage Stellung genommen werden soll, möchte ich einen Blick werfen auf die Gestaltung des Vortermins in

Deutschland und Österreich. Ich beginne mit Österreich, wo der Vortermin seit mehr als 25 Jahren eingeführt ist und sich sehr bewährt hat.

In Österreich ist der Vortermin (die 1. Tagsatzung) im Gerichtshofverfahren vorgeschrieben, im bezirksgerichtlichen Verfahren gestattet; doch ordnen größere Bezirksgerichte die 1. Tagsatzung regelmäßig an. Die 1. Tagsatzung ist auch bei Gerichtshöfen immer Sache eines Einzelrichters; zumeist wird sie da vom Vorsitzenden abgehalten. Ein Anwaltszwang besteht bei der 1. Tagsatzung im bezirksgerichtlichen Verfahren selbstverständlich nicht; aber auch im Gerichtshofverfahren ist er ein bloß relativer, d. h. die Partei, die bei der 1. Tagsatzung nicht persönlich erscheint, sondern sich eines Bevollmächtigten bedient, muß einen Anwalt hierzu entsenden.

Bei der 1. Tagsatzung kann die Rechtssache:

1. ihre Erledigung finden durch Urteil auf Grund eines Anerkenntnisses, Verzicht oder Versäumnisses, durch Vergleich oder Zurücknahme der Klage;
2. sie ist ferner bestimmt zur Anmeldung der prozeßhindernden Einreden (Unzulässigkeit des Rechtswegs, Unzuständigkeit des Gerichts, Streitanhängigkeit, rechtskräftig entschiedene Streitsache);
3. zur Entgegennahme der Erklärung des benannten Auktors;
4. zur Stellung folgender Anträge:
   a) auf Sicherheitsleistung für die Prozeßkosten,
   b) auf Gestattung der Klagsänderung,
   c) auf Zurückweisung der Klage wegen Prozeßunfähigkeit eines der Streitteile oder wegen mangelnder Vertretungsberechtigung.

Über diese Anträge zu 4. ist sogleich bei der 1. Tagsatzung zu verhandeln und zu entscheiden.

Alles andere Vorbringen ist von der 1. Tagsatzung ausgeschlossen.

Die Einrede der Unzuständigkeit des Gerichts muß bei der 1. Tagsatzung angemeldet werden. Nach Abhaltung der 1. Tagsatzung kann die Unzuständigkeit nur mehr insoweit berücksichtigt werden, als es sich um eine durch ausdrückliche Vereinbarung der Parteien nicht zu beseitigende Unzuständigkeit handelt.

Der Zweck der 1. Tagsatzung ist folgender:

1. Er besteht, wie ich früher sagte, vor allem darin, daß nicht sofort verhandelt wird, sondern daß eine Zäsur eintritt, die es ermöglicht, einen Überblick darüber zu gewinnen, welche Rechtssachen streitig werden und welche nicht, um die nichtstreitigen Sachen auf die einfachste

Weise ohne besondere Vorbereitung des Gerichts, der Parteien und Parteienvertreter und ohne Herbeischaffung von Beweismitteln durch Versäumnis-, Anerkenntnis-, Verzichtsurteil, Vergleich, Zurücknahme der Klage zu erledigen, diese nichtstreitigen Fälle also mit denkbar geringster Belastung des Gerichts, der Parteien und ihrer Vertreter sofort auszuscheiden, und für die Verhandlung der streitigen Sachen desto mehr Raum zu schaffen. Da das bei der 1. Tagsatzung zu bewältigende Verhandlungsmaterial ein gesetzlich eng begrenztes ist, so können ziemlich viele Klagen auf den nämlichen Tag zur 1. Tagsatzung angesetzt werden und gelangen so sehr rasch zu prozessualer Behandlung.

2. Die zweite Funktion der 1. Tagsatzung besteht darin, alle eventuell vorhandenen prozessualen Streitfragen an die Oberfläche zu treiben, um sie in der jeweils zweckmäßigsten Weise zur Erledigung zu bringen, so daß das meritum dadurch möglichst wenig gestört wird.

3. Eine dritte Funktion der 1. Tagsatzung, die sich namentlich im bezirksgerichtlichen Verfahren äußert, besteht darin, daß das Gericht in die Lage versetzt werden soll, sich bei der 1. Tagsatzung durch Fragestellung beiläufig über die Einwendungen des Beklagten zu informieren, um auf Grund dieser Information zweckmäßige vorbereitende Verfügungen zu treffen.

4. Eine vierte Funktion ist jene der Ersparung von Arbeitskräften, indem die der 1. Tagsatzung vorbehaltenen einfachen Aufgaben bei Gerichtshöfen anstatt von einem Senat von einem Einzelrichter versehen werden. Die 1. Tagsatzung vermeidet also eine zwecklose Verschwendung richterlicher Kraft.

Fragt man, welche Erfahrungen man in Österreich mit der 1. Tagsatzung gemacht hat, so läßt sich die Antwort am besten ziffermäßig geben. Eine vor dem Krieg auf Grund der österreichischen Justizstatistik vom Jahre 1914 vorgenommene Schätzung hat folgende Ergebnisse geliefert:

a) Bei den österreichischen Gerichtshöfen wurden durchschnittlich 67 %,
b) bei den österreichischen Bezirksgerichten wurden durchschnittlich 75—90 % aller Rechtssachen

bei der 1. Tagsatzung durch Anerkenntnis-, Versäumnis-, Verzichtsurteil, Zurücknahme der Klage, Vergleich und Ruhen des Verfahrens erledigt.

Streitig wurden also bloß bei den Gerichtshöfen 33 %, bei den Bezirksgerichten 10—25 %.

Dieses Zahlenverhältnis ließ sich vor dem Krieg, also durch etwa 17 Jahre, nachweisen und war in diesen Jahren immer ein annähernd gleiches. Man kann also wohl sagen, daß die angeführten Zahlen für normale Zeiten gültige sind.

Die Nachkriegszeit hat an diesem Zahlenverhältnis allerdings Veränderungen vorgenommen; denn solange der Währungsverfall herrschte (Ende 1918 bis 1922), gab es fast kein Versäumnis- und Anerkenntnisurteil, weil kein Schuldner zahlen wollte in der Hoffnung, er werde bei Zeitgewinn und fortschreitendem Währungsverfall sich seiner Schuld in bedeutend entwertetem Gelde entledigen können. Damals wurden also viel mehr Rechtssachen streitig als vorher.

Seit der Festigung des Geldwertes aber haben derartige Praktiken der Schuldner wieder abgenommen, so daß wir uns langsam wieder jenen Ergebnissen nähern, die für normale Zeiten bestanden haben.

Unter allen Umständen hat sich die 1. Tagsatzung auch in der Nachkriegszeit als ein ganz gewaltiger Wellenbrecher erwiesen, der eine Überflutung des gerichtlichen Betriebs verhindert.

Die Wirkungen, welche die 1. Tagsatzung für die Richter, Anwälte und Parteien gezeitigt hat und zeitigt, lassen sich folgendermaßen zusammenfassen:

1. Für das Gericht besteht der unschätzbare Vorteil darin, daß es ihm ermöglicht wird, seine Zeit zweckmäßig einzuteilen, die nichtstreitigen Rechtssachen ohne besondere Vorbereitung schnell zu erledigen, dafür aber die streitigen Verhandlungen entsprechend vorzubereiten und durchzuführen. Damit klärt sich auch ein Mißverständnis auf, das noch auf dem Wiener Deutschen Juristentage im Jahre 1912 eine Rolle gespielt hat. Damals gaben mehrere Redner aus dem Deutschen Reiche ihrer Verwunderung darüber Ausdruck, daß die österreichischen Gerichtshöfe verhältnismäßig wenig Verhandlungen auf einen Tag ansetzen. Ja, ein Redner ging so weit, zu behaupten, die österreichische ZPO. sei nichts für Deutschland; denn in Österreich habe man Zeit, in Deutschland dagegen nicht. Nun, so einfach steht die Sache nicht. Auch in Österreich hat man wenig Zeit, und die österreichischen Richter sind geplagte Menschen. Aber die österreichische ZPO. gibt ihnen die Möglichkeit, ihre Zeit zweckmäßig einzuteilen und „Ordnung lehrt" nach G o e t h e „Zeit gewinnen". Wenn die österreichischen Gerichtshöfe im Jahre 1912 bloß 4—5 Verhandlungen auf einen Tag ansetzen (es sind seither leider 6—7 und mehr Verhandlungen geworden),

so sind das eben wirkliche Verhandlungen, bei denen etwas vor sich geht, verhandelt, Beweis erhoben wird u. dgl. Und wenn die deutschen Gerichtshöfe bisher 20 und mehr Verhandlungen auf einen Tag angeordnet haben, so befanden sich darunter auch Rechtssachen, die in Österreich bei der 1. Tagsatzung erledigt werden.

2. Für die Anwälte besteht der Vorteil darin, daß sie die 1. Tagsatzung durch Stellvertreter, jetzt sogar durch Kanzleibeamtinnen verrichten lassen können, und dann bei der Streitverhandlung, wenn die Partei ihr persönliches Erscheinen wünscht, persönlich erscheinen können, ohne befürchten zu müssen, daß sie lange werden warten oder daß sie gar das Gericht unverrichteter Dinge werden verlassen müssen.

3. Nicht minder ist die 1. Tagsatzung im Interesse der Parteien selbst. Denn da der größte Teil der Rechtssachen, über welche eine 1. Tagsatzung stattfindet, bei dieser ihren Abschluß findet, so kommen die Parteien auf die einfachste und billigste Weise zu einer Erledigung, ohne daß sie genötigt wären, überflüssige Vorbereitungen zu treffen.

Die Einrichtung der 1. Tagsatzung hat auch eine große Beschleunigung des Verfahrens herbeigeführt. Da nämlich der bei der 1. Tagsatzung zu bewältigende Verhandlungsstoff ein gesetzlich beschränkter ist, so können nicht nur sehr viele 1. Tagsatzungen auf einen Tag anberaumt werden, sie können auch auf kurze Zeit anberaumt werden. Die Anberaumungsfrist schwankt, je nachdem, ob es sich um ein Bezirksgericht oder einen Gerichtshof handelt und ob der Beklagte am selben Orte wohnt oder nicht, zwischen 8 Tagen und 3 Wochen. Es wird daher der weitaus größte Teil der Rechtssachen binnen Monatsfrist erledigt.

Wenn ich vielleicht länger als billig bei der 1. Tagsatzung verweilt habe, so geschah es, weil über ihren Wert noch immer nicht volle Klarheit herrscht, obwohl Wach sie „eine treffliche nachahmenswerte Einrichtung" genannt hat und Stein sie „dem Allerbesten zuzählt, was die österreichische Reform gebracht hat". Aber noch bei den der deutschen Zivilprozeßnovelle vom 1. Juni 1909 vorausgegangenen Kommissionsberatungen wurde die Besorgnis geäußert, daß die Einrichtung des Vortermins zu Verzögerungen des Verfahrens führe. Nichts ist ungerechtfertigter als diese Besorgnis. Wie schon erwähnt, ist bei der Mehrzahl der Fälle, nämlich bei den nicht streitigen Rechtssachen, die bei der 1. Tagsatzung ihren Abschluß finden, das gerade Gegenteil der Fall; das Verfahren wird nicht nur nicht verzögert, sondern beschleunigt. Was aber die streitigen Rechtssachen anbelangt, so spielt die Verlängerung des Verfahrens um die kurze Frist zwischen 1. Tagsatzung und Streitverhandlung keine Rolle; sie wird vielmehr dadurch reichlich aufgewogen, daß die 1. Tagsatzung auf kurze Frist anberaumt wird und daß die Gewähr besteht, daß bei der Streitverhandlung auch wirklich verhandelt wird, bezw. wenn Beweise vor dem erkennenden Gerichte durchzuführen sind, diese auch sogleich durchgeführt werden.

Die 1. Tagsatzung hat sich als ein hervorragendes Mittel zur Klärung, Entlastung und Beschleunigung erwiesen. In ihrer Anerkennung sind denn auch alle Österreicher einig: Richter, Anwälte und rechtsuchende Bevölkerung.

Ich komme nunmehr zur Betrachtung des deutschen Vortermins, und damit zu dem Verfahren vor dem Einzelrichter in Gerichtshofsachen nach der Verordnung vom 13. Februar 1924 (§ 348 ff. d. ZPO.). Ich bespreche dieses Verfahren hier unter dem Schlagwort des Vortermins; denn es ist, wie auch Wach hervorhebt, ein vorterminliches, nämlich insoweit, als es die Funktion der österreichischen 1. Tagsatzung wenigstens zum Teil übernommen hat. Es geht allerdings darüber weit hinaus und wird so aus einem Vor- zu einem Zwischenverfahren, von dem man erwartet, daß es die mündliche Streitverhandlung vorbereiten und entlasten und den ganzen Prozeßgang beschleunigen wird.

Ob diese Erwartungen gerechtfertigt sind, darüber werde ich später sprechen.

Aber schon jetzt wird man vom Standpunkt einer künftigen Prozeßreform die Frage aufwerfen dürfen und müssen, wie sich dieses Verfahren zu den Grundsätzen der Mündlichkeit und Unmittelbarkeit verhält, die wir bisher, zumal in der 1. Instanz, mit vollem Recht und zum Vorteil einer raschen und gründlichen Rechtsprechung festgehalten haben und auch bei einer künftigen Prozeßerneuerung hoffentlich festhalten werden.

Um es nun gleich offen herauszusagen: dieses Verfahren ist kein mündliches mehr und kein unmittelbares.

Kein mündliches: denn das Urteil wird nicht gefällt auf Grund der in der mündlichen Streitverhandlung vorgebrachten Parteibehauptungen und der daselbst durchgeführten Beweise, sondern auf Grund eines von einem Mitglied des Senats erstatteten Berichts [1]), der ent-

[1]) Die Verordnung vom 13. 2. 1924 enthält nichts darüber, wie das Ergebnis des vor dem Einzelrichter vorgenommenen Verfahrens zur Kenntnis des

weder auf den im Verfahren vor dem Einzelrichter aufgenommenen Protokollen beruht oder auf einer schriftlichen Niederlegung der Ergebnisse dieses Verfahrens. Ohne eine solche schriftliche Niederlegung erklärt selbst Geheimrat Wildhagen, der das Verfahren sonst empfiehlt, es für zweifelhaft, ob es eine wesentliche Besserung bringen kann.

Aber auch kein unmittelbares: denn alles das, was Sache des erkennenden Gerichts ist und sein soll, ist hier in die Hand des Instruktionsrichters gelegt.

Dieses Verfahren ist überhaupt kein Zwischenverfahren mehr, sondern das Hauptverfahren; denn es bildet ein selbständiges Prozeßstadium, dem die Feststellung der Ansprüche und Gegenansprüche, die Ermittlung des vollständigen Sachverhalts sowie die Aufnahme der Beweise überwiesen ist. Ob dem Einzelrichter auch die Präklusionsgewalt gemäß der §§ 279, 279 a, 283 der ZPO. zusteht, ist zweifelhaft. Aber eine Autorität wie Wach bejaht sie.

Die folgende mündliche Streitverhandlung ist dann doch nicht viel mehr als eine Art Schlußdekoration, eine Verbeugung vor der Mündlichkeit, eine Apotheose des Mündlichkeitsgrundsatzes, „sit divus, dum non est vivus!"; es ist, wie Wach sagt, ein schriftlicher Prozeß mit mündlicher Schlußverhandlung.

Man könnte mir entgegenhalten: auch wenn dieser Prozeß kein rein mündlicher und unmittelbarer sein sollte, so könnte dieses vorbereitende Verfahren doch so viele Vorteile bieten, daß es sich schon lohnen könnte, mit ihm einen Versuch zu wagen.

Nun verkenne ich die Vorteile dieses Verfahrens nicht. Sie bestehen zunächst darin, daß es sich vor einem Einzelrichter abspielt, der erfahrungsgemäß leichter in der Lage ist, mit den Parteien zu verkehren als der Senat; auch werden die Kräfte der anderen Senatsmitglieder verfügbar. Ein weiterer Nutzen dieses Verfahrens liegt darin, daß alles Wichtige schriftlich niedergelegt wird, wodurch die Unvergänglichkeit und Unverlierbarkeit des gesprochenen Worts gesichert wird.

---

erkennenden Gerichts gebracht werden soll. Der einfachste Vorgang wäre m. E. die Bestellung eines Senatsmitglieds zum Berichterstatter. Sonst müßten sich die Senatsmitglieder vorher aus Mitteilungen des Einzelrichters oder aus seinen Akten informieren oder die Parteien müßten den Sachverhalt noch einmal dem Senate vortragen. Das Erstere wäre erst recht eine Verletzung des Mündlichkeits- und Unmittelbarkeitsgrundsatzes, das Letztere eine zwecklose Zeitvergeudung, die den Wert des vorhergegangenen Verfahrens vollauf in Frage stellen würde.

Wenn ich dagegen die Nachteile in die Wagschale lege, die Verletzung der Mündlichkeit und Unmittelbarkeit, die Erschwerung der freien Beweiswürdigung des Senats, das Vorgreifende des Verfahrens, so bin ich mir nicht im unklaren, wie ich mich diesem Verfahren gegenüber zu verhalten habe.

Und nun zu der Frage, ob dieses Verfahren eine Beschleunigung herbeiführen kann.

Ich sehe da von der Möglichkeit ab, daß der Instruktionsrichter seine Sache schlecht macht, in welchem Falle gewiß nichts gewonnen sein wird, da der Senat den ganzen Rechtsstreit von neuem aufrollen muß; denn mit einer solchen Möglichkeit braucht kein Gesetzgeber zu rechnen.

Ich nehme also an, der Einzelrichter macht seine Sache gut, d. h. er sorgt für erschöpfende Erörterung des gesamten Sach- und Streitverhältnisses, er fördert den Fortgang nach Kräften, er ordnet sachgemäß Beweisaufnahme an und führt sie entsprechend durch. Da muß man doch fragen, welchen Zweck dann noch eine Schlußverhandlung haben soll und warum man dem Einzelrichter nicht gleich auch die Entscheidung überläßt. Einen solchen Richter werden die Parteien gewiß gern an Stelle des Prozeßgerichts entscheiden lassen.

Aber noch eine wichtige Variante ist hier zu beachten. Der Einzelrichter macht seine Sache gut; aber er macht sie gut vom Standpunkte seiner rechtlichen Auffassung, die nicht die des Senats ist. Er erörtert also Dinge, die nach Ansicht des Senats nicht zu erörtern waren, er läßt Dinge unbeachtet, die nach Ansicht des Senats entscheidender Natur sind. Dasselbe gilt von den Beweisen. Was dann? Dann ist hier doch nur unnütz Zeit und Arbeit verloren.

Ein paar Beispiele: es wird eine gelieferte Ware bemängelt; der Instruktionsrichter erörtert und erhebt die vielleicht sehr zahlreichen Mängel, das erkennende Gericht erklärt dann aber alles für überflüssig, weil die Mängelrüge verspätet erfolgt ist. Oder: ein Schadenersatzprozeß mit verwickeltem Tatbestand und umfangreichem Beweisstoff, dessen Erörterung und Erhebung viel Zeit in Anspruch nimmt. Das erkennende Gericht ist dann der Ansicht, daß der Schadenersatzanspruch verjährt ist. Oder: ein Rechtsstreit, der die Folgen der Nichterfüllung eines Vertrages zum Gegenstand hat. Das erkennende Gericht gelangt dann zur Überzeugung, daß die erteilte Nachfrist nicht angemessen war.

Wie einfach gestaltet sich da der Vorgang vor dem erkennenden Gericht, das die Verhandlung von vornherein auf die Einrede der verspäteten Mängelrüge, der Verjährung usw. beschränken wird, wobei die Erörterung des ganzen übrigen Tatbestandes unter Umständen entfallen kann!

Wildhagen meint freilich, daß im vorbereitenden Verfahren bloß der Sachverhalt festgestellt werden sollte, während die rechtliche Beurteilung der Senat zu übernehmen hätte. Aber läßt sich das auch immer durchführen? Gibt es nicht, wie wir eben gesehen haben, so manchen Sachverhalt, der derart mit Rechtsfragen durchsetzt ist, daß sich Sachverhalt und rechtliche Beurteilung gar nicht trennen lassen?

Eine Beschleunigung wird also nur dort eintreten, wo der Einzelrichter seine Sache gut macht und von derselben rechtlichen Beurteilung ausgeht wie der Senat. Dann ist dieser aber überflüssig, und es wäre zweckmäßiger gewesen, den Einzelrichter, wie es die österreichische Novellengesetzgebung getan hat, innerhalb gewisser Wertgrenzen an die Stelle des Senats treten zu lassen. Diese Ersetzung des Senats durch den Einzelrichter in Österreich hat zwar manchen Widerspruch auch von gewichtiger Seite erfahren; das eine aber kann nicht bestritten werden, daß der Einzelrichter außerordentlich beschleunigend gewirkt hat und daß ohne ihn die österreichischen Gerichtshöfe die auf das drei- und vierfache gestiegene Geschäftslast gar nicht hätten bewältigen können. Auch Wach wirft bereits die Frage auf, ob nicht das kollegialgerichtliche Verfahren dem einzelrichterlichen wird Platz machen müssen. Um wieviel rascher der Einzelrichter arbeitet, ergibt sich daraus, daß ein Senat des Handelsgerichts Wien im Jahre 1923 zur Entscheidung eines Rechtsstreits durchschnittlich neun Monate brauchte, ein Einzelrichter dagegen bloß sechs Monate, also um ein volles Drittel weniger. Und das ist auch der Grund, warum große kaufmännische, gewerbliche und industrielle Körperschaften in Österreich immer wieder die Ausdehnung der Grenzen der Einzelgerichtsbarkeit beantragen, so erst kürzlich die Kammer für Handel, Gewerbe und Industrie in Wien, die erste Körperschaft ihrer Art in Österreich.

Wenn ich nun zu der früher aufgeworfenen Grundfrage zurückkehre, so muß ich sagen: der Vortermin sollte eine mündliche Verhandlung mit einem gesetzlich beschränkten Ausschnitt aus dem ganzen Verhandlungsstoff sein; er sollte sich nicht auf das Gerichtshofsverfahren beschränken, sondern auch das bezirksgerichtliche Verfahren umfassen. Den Vortermin stofflich so zu überlasten, wie es die Vdg.

vom 13. Februar 1924 getan hat, halte ich nicht für zweckmäßig. Aus zwei Gründen, um es nochmals kurz zu sagen: 1. weiß der Einzelrichter nicht, von welcher Rechtsansicht der Senat ausgeht, und 2. entweder steht ihm die Präklusionsgewalt der §§ 279, 279 a, 283 ZPO. zu, dann greift er damit der Entscheidung des Senats vor, oder sie steht ihm nicht zu, dann ist der stoffliche Aufbau ganz in die Hand der eventuell schikanösen Parteien gelegt.

Wir haben ja in Österreich Erfahrungen mit dem vorbereitenden Verfahren gemacht, das auch jetzt noch in einem weiteren Umfang zugelassen ist, als es in Deutschland ehemals der Fall war, nämlich nicht nur in Rechtsstreitigkeiten mit einer Mehrheit von Ansprüchen und Gegenansprüchen, sondern auch in Prozessen mit umfangreichem und verwickeltem tatsächlichen Vorbringen (§ 245). Da eine solche Voraussetzung mehr oder minder in jedem Gerichtshofsprozesse vorliegt, so könnten die österreichischen Gerichtshöfe fast in allen Fällen ein vorbereitendes Verfahren anordnen. Sie machen aber davon fast gar keinen Gebrauch. Schon im Jahre 1911 kamen auf 100 neu angefallene Klagen der allgemeinen Gerichtsbarkeit bloß 0,56 % Fälle, in denen ein vorbereitendes Verfahren stattfand, und diese Fälle betrafen fast ausschließlich das Eheverfahren. Seither hat aber diese Zahl noch abgenommen. Und kein Geringerer als der Schöpfer der ZPO., Franz Klein selbst, war es, der in seinen Vorlesungen über die Praxis des Zivilprozesses seiner Befriedigung über die Nichtanwendung des vorbereitenden Verfahrens mit den Worten Ausdruck gegeben hat: „es ist bestimmt zu verschwinden, weil ihm sein Zweck größtenteils genommen ist." Das vorbereitende Verfahren wurde nämlich den an die Schriftlichkeit gewöhnten Richtern als eine Art Krücke in die Hand gegeben, um ihnen den Eintritt in das Land der Mündlichkeit zu erleichtern. Die österreichischen Richter haben aber diese Krücke weggeworfen, weil sie das Selbstvertrauen besitzen, auch einen verwickelten Rechtsstreit in der mündlichen Verhandlung zu klären und zu entwirren.

Ich komme nunmehr zur Schrift als Mittel zur Vorbereitung der mündlichen Verhandlung. Damit die mündliche Verhandlung womöglich in einem Zuge vor sich gehen kann, müssen der Richter und die Parteien vorbereitet zur Verhandlung erscheinen. Hier muß die Schrift zu Hilfe gerufen werden; größere und schwierigere Prozesse, wie namentlich die Gerichtshofsprozesse, bedürfen unbedingt einer schriftlichen Vorbereitung. Diesem Zweck dienen Klage und Klagebeantwortung, welch letztere im Gerichtshofsverfahren vorgeschrieben sein sollte, ferner die vorbereitenden Schriftsätze. Was die letzteren anbelangt, so ist es eine alte Streitfrage, ob sie Rechtsausführungen sollen enthalten können. Es mag sein, daß Rechtsausführungen in vereinzelten Fällen vielleicht nicht ohne Wert sein mögen; wenn wir sie aber allgemein zulassen, so fürchte ich, wir ertränken unsere Mündlichkeit in einer Tintenflut.

Und dieselbe Besorgnis bestimmt mich, dafür einzutreten, daß nach dem Beginn der mündlichen Streitverhandlung vorbereitende Schriftsätze nicht mehr zuzulassen seien, so daß sie nur innerhalb der Zeit zwischen Anberaumung und Beginn der mündlichen Verhandlung eingebracht werden dürften und spätere, insbesondere zwischen zwei Verhandlungsterminen überreichte Schriftsätze den Parteien zurückzustellen wären.

Vielleicht könnte nach deutschem Muster für das Gericht die Ausnahme festgestellt werden, einen Auftrag an die Partei zur Erstattung von ergänzenden oder aufklärenden Schriftsätzen zu erlassen (§ 272 a, 279 a ZPO.). Eine solche Aufforderung könnte unter Umständen zweckmäßig und angemessen sein; doch müßte das Gericht von dieser Befugnis sparsamen Gebrauch machen, sonst könnte auch hier die Mündlichkeit durch die Schrift überwuchert und verderbliches Schriftsatzunwesen heraufbeschworen werden. Keinesfalls aber dürften vorbereitende Schriftsätze Berücksichtigung finden ohne mündlichen Vortrag, und zwar aus dem Grunde, den ich bereits früher angeführt habe, weil die mündliche Verhandlung die ausschließliche Erkenntnisquelle für den Richter zu bilden hat und weil nur der durch die mündliche Verhandlung gewonnene Prozeßstoff als Urteilsgrundlage anzusehen ist.

Wenn auf dem DJT. im Jahre 1912 von Wildhagen dagegen eingewendet wurde, daß dieser Grundsatz unbrauchbar sei und zur Unwahrhaftigkeit verleite, so kann ich ihm darin nicht beipflichten. Natürlich sollte es keinem Gericht einfallen, im Tatbestand zu beurkunden, daß (wie Wildhagen an der Hand eines vorgekommenen Falls mitgeteilt hat) ein ganzer Berg von Akten zum Gegenstand der mündlichen Verhandlung gemacht und ihrem gesamten Inhalte nach vorgetragen wurden: 7 Prozeßakten, 5 Konkurs- und Nachlaßakten, mehrere Genossenschaftsakten, Gutachten usw. Hier genügt es denn doch, wenn der Vorsitzende aus den Akten das Wichtige feststellt, z. B. aus einem Wälzer von Konkursakt das Datum der Eröffnung, der Beendigung des Konkurses, die auf die Forderung entfallende Quote u. dgl. Alles andere ist selbstverständlich übertrieben und unwahr.

Und wenn Magnus auf demselben JT. bei Anführung des heute auch von mir verwendeten Beispiels der Warenbemängelung gesagt hat, hier sollten sich die Parteien doch auf die Schriftsätze berufen dürfen, damit Raum geschaffen werde für die Erörterung der Frage der Rechtzeitigkeit der Bemängelung, so ist eine solche Berufung hier doch ganz unnötig. Denn der Senat kann ja von vornherein die Verhandlung auf die Frage der Rechtzeitigkeit der Bemängelung beschränken.

Die Schrift hat außer der Aufgabe der Vorbereitung freilich auch noch eine andere wichtige Aufgabe, die der Festhaltung des Verhandlungsstoffes. Und damit gelange ich zur Frage der Protokollierung.

Daß die Aufnahme eines Protokolls bei der mündlichen Verhandlung notwendig ist, wird von der Gesetzgebung und dem Schrifttum anerkannt, der Streit dreht sich nur um das Ausmaß der Protokollierung. Die deutsche und die österreichische ZPO. vertreten da bekanntlich verschiedene Standpunkte. In der d. ZPO. möglichst einfache Protokollierung, beschränkt auf Festhaltung der Parteianträge und Parteidispositivhandlungen, Gerichtsentscheidungen und Beweisergebnisse, in der ö. ZPO. außer alledem auch noch gedrängt zusammenfassende Darstellung des Sachverhalts sowie der von den Parteien angebotenen Beweismittel. Jeder der beiden Standpunkte kann mit guten Gründen verfochten werden und ist mit solchen Gründen verfochten worden, der deutsche Standpunkt unter Berufung auf den Mündlichkeitsgrundsatz, wenn man ihn streng auffaßt. Doch ist auch der österreichische Standpunkt mit diesem Grundsatz in Einklang zu bringen. Und da ich in der Mündlichkeit immer nur eine Zweckmäßigkeitsmaßregel sehe, so frage ich auch hier nach der Zweckmäßigkeit. Und da scheint mir der österreichische Standpunkt der zweckmäßigere zu sein. Denn durch die Protokollierung des Sachverhalts wird einmal verhütet, daß das Gericht auf Grund eines ihm nicht mehr ganz gegenwärtigen Sachverhalts sein Urteil fällt; es wird aber auch die Schwerfälligkeit vermieden, daß bei vertagten Verhandlungen immer wieder von neuem begonnen und das bereits einmal Vorgebrachte von den Parteien wiederholt werden muß.

Gegen den österreichischen Standpunkt hat man neben sachlichen Bedenken auch seine angeblich schwierige praktische Durchführbarkeit ins Treffen geführt. Und in der Tat stellt die ö. ZPO. jedenfalls größere Anforderungen an die Verhandlungsleitung des Richters als die deutsche. Doch hat die Erfahrung die geäußerten Bedenken widerlegt. Bei richtiger Anwendung der übrigens sehr elastisch gehaltenen und dem Gericht eine große Bewegungsfreiheit gestattenden Protokollierungsvorschriften (Sukzessiv-, Resumé-Protokoll) wird weder die Verhandlung durch die Beurkundung ungebührlich verlängert noch der unmittelbare lebendige Eindruck der mündlichen Verhandlung verwischt, wobei zur Vermeidung von Mißverständnissen hervorgehoben werden soll, daß bei der Protokollierung auf den Inhalt von Schriftsätzen selbstverständlich Bezug genommen werden kann. In der letzten Zeit hat übrigens die Verwendung der Kurzschrift und der Schreibmaschine die Aufnahme der Verhandlung ganz wesentlich beschleunigt und erleichtert.

Eine ausführlichere Protokollierung, als sie die d. ZPO. vorschreibt, erscheint mir daher als zweckmäßig. Denn angesichts der kargen deutschen Protokollierungsvorschriften frage ich mich vergebens, wie im Falle einer Entscheidung nach Lage der Akten der Inhalt der früheren Verhandlung festgestellt werden kann, da er nicht protokollarisch festgehalten ist. Und woraus entnimmt das Berufungsgericht den Sachverhalt, wie er dem ersten Richter vorlag, da dieser Sachverhalt doch weder protokolliert noch in dem jetzt so summarisch gehaltenen Urteilstatbestand niedergelegt ist?

Eine ausführlichere Protokollierung ist freilich auch dort unbedingt geboten, wo, wie in Österreich, das B e r u f u n g s v e r f a h r e n e i n Ü b e r p r ü f u n g s v e r f a h r e n ist, allerdings eines im weitesten Umfang, sowohl was die Rechtsanwendung als auch den Tatbestand anbelangt.

Damit komme ich zu einer sehr schwierigen, bestrittenen und dornigen Frage, die ich mit der gebotenen Vorsicht, aber auch mit der nötigen Festigkeit angehen zu sollen glaube. Diese Frage lautet: soll der Prozeß in der zweiten Instanz ein solcher mit neuer mündlicher Verhandlung und unbeschränkter Sachverhaltsermittlung sein oder soll er, wie in Österreich, ein Überprüfungsverfahren sein mit grundsätzlicher Gleichheit des Prozeßstoffes und grundsätzlichem Ausschluß von Neuerungen?

Eigentlich spitzt sich die Frage dahin zu: wo soll der Schwerpunkt der Rechtsprechung liegen, in der ersten Instanz oder in der zweiten? Die ö. ZPO. hat ganz bewußt das Schwergewicht der Rechtsprechung in die 1. Instanz verlegt. Und, wie ich glaube, mit vollem Recht. Denn hier fließen die Quellen der Erkenntnis am reichsten und am reinsten. Der Erstrichter steht mitten im Leben drin, den von ihm zu beurteilenden Personen und Verhältnissen unmittelbar gegenüber; er kennt sie, zumal auf dem Land und in den kleinen und mittleren Städten, oft aus eigener Anschauung, er ist mit der Sinnes- und Mundart der auftretenden Personen, ihrem ganzen Gehaben, der Art ihres geschäftlichen und gesellschaftlichen Verkehrs voll vertraut und er ist so in hervorragender Weise dazu berufen, den Prozeßstoff zu sammeln und die Beweise durchzuführen. Und es genügt durchaus, daß diese Stoffsammlung und Beweisdurchführung in der Regel nur einmal erfolge, besonders wenn vom Gesetze dafür Vorsorge getroffen wird, daß alles, was nur irgend zur Sache gehört, bis zum Schluß der Verhandlung vorgebracht werden kann und daß die in der 1. Instanz in Gegenwart der Parteien durchgeführte mündliche Verhandlung den Streitfall nach allen Richtungen vollständig durchleuchtet. Die volle Berufung, ich bitte um Entschuldigung, wenn ich das vor reichsdeutschen Hörern so offen sage, ist m. E. eine praktisch fragwürdige Idee und nicht einmal eine schöne. Denn sie hat eine Neuverhandlung der Streitsache in der II. Instanz zur Folge und pfropft so auf den in der I. Instanz durchgeführten Prozeß einen ganz neuen in der II. Instanz, so daß man zur Frage berechtigt wäre, warum dieses Fortspinnen der Prozesse just bei der II. Instanz Halt machen und nicht noch weiter fortgesetzt werden sollte, bis sich das Witzwort, das seinerzeit über die Prozesse des Reichskammergerichtes in Speyer geprägt wurde, bewahrheiten könnte: „prozessus Spiris spirant, sed non exspirant." Die nachteiligste Folge der vollen Berufung ist aber abgesehen von der Schwierigkeit, Schwerfälligkeit, Langwierigkeit und Kostspieligkeit des Verfahrens die gänzliche Entwertung der Verhandlung und Entscheidung I. Instanz. „Trotz gewissenhaftester Pflichterfüllung des ersten Richters, trotz trefflichster Beurteilung der Streitsache macht ein neues Vorbringen in der II. Instanz die erflossene Entscheidung unwirksam. Wenn aber die Bürgschaften für die Aufrechterhaltung der erstrichterlichen Entscheidung außerhalb des richterlichen Tätigkeitskreises liegen, dann wird nicht zu verwundern sein, wenn schließlich auch der erste Richter auf eine so labile Entscheidung viel weniger Kraft, Fleiß und Aufmerksamkeit wendet. Mit dem Werte des Verfahrens I. Instanz sinkt aber naturgemäß auch seine Güte [1])." Also ein entwertetes

[1]) aus den erläuternden Bemerkungen zur österr. ZPO.

und verschlechtertes Verfahren in I. Instanz und ein ganz neues Verfahren in der II. Instanz, demgegenüber die Frage erlaubt ist, ob denn das Berufungsgericht zur Sammlung des Prozeßstoffes und zur Durchführung der Beweise besser geeignet ist als das Erstgericht. Und das alles deshalb, weil sich einmal das Bedürfnis nach neuem Vorbringen im Berufungsverfahren ergeben könnte, ein Bedürfnis, das in einem Teile des Schrifttums zwar immer als ein sehr dringendes hingestellt wird, das sich aber, wenigstens in der österreichischen Praxis, kaum je fühlbar gemacht hat!

Die Erklärung dafür liegt vielleicht in der zweckmäßigen Gestaltung des österreichischen Berufungsverfahrens. Denn es bildet einen Berufungsgrund, wenn das Verfahren I. Instanz an wesentlichen Mängeln leidet, welche eine erschöpfende Erörterung und gründliche Beurteilung der Streitsache verhinderten, oder wenn nach Inhalt der Akten dem Berufungsgericht erheblich scheinende Tatsachen in der I. Instanz gar nicht erörtert wurden, z. B. weil sie der Richter übersehen und darum sein Fragerecht nicht ausgeübt hat.

Man pflegt namentlich in der deutschen Diskussion zur Begründung der Notwendigkeit des Vorbringens von Neuerungen in der zweiten Instanz vor allem anzuführen, daß die Parteien erst aus dem Urteil der I. Instanz erfahren, worauf es eigentlich ankomme, und nun erst in der Lage seien, das volle Tatsachen- und Beweismaterial vorzulegen. Abgesehen nun davon, daß, wie Herr Senatspräsident Lobe mit Recht gesagt hat, mit einer solchen Behauptung den Anwälten im Gerichtshofprozeß ein gewiß unverdientes Armutszeugnis ausgestellt wird, würde nach österreichischer Auffassung ein Richter, der die Parteien mit seiner Rechtsansicht im Urteil überraschen würde, ohne sie vorher auf die rechtlichen Gesichtspunkte aufmerksam gemacht und zur Anführung der für die Entscheidung erheblichen Tatsachen angeleitet zu haben, ein Versehen begehen, das den Berufungsgrund des Verfahrensmangels abgeben würde. § 182 ZPO. sagt ausdrücklich: „Der Vorsitzende hat bei der mündlichen Verhandlung durch Fragestellung oder in anderer Weise darauf hinzuwirken, daß die für die Entscheidung erheblichen tatsächlichen Angaben gemacht oder ungenügende Angaben vervollständigt, die Beweismittel für diese Angaben bezeichnet oder die angebotenen Beweise ergänzt und überhaupt alle Aufschlüsse gegeben werden, welche zur wahrheitsmäßigen Feststellung des Tatbestandes der von den Parteien behaupteten Rechte und Ansprüche notwendig erscheinen." Unterläßt der Richter diese seine Pflicht, so gewärtigt er

Aufhebung seines Urteils nach § 496 ZPO. wegen Mangelhaftigkeit. Und in diesem Sinne hat erst kürzlich der Oberste Gerichtshof entschieden. Er hat ausgesprochen, daß der Richter bei Mängeln des Parteienvorbringens versuchen muß, diese Mängel zu beseitigen; leistet die Partei der richterlichen Anleitung keine Folge, so geht die Unvollständigkeit des Verfahrens zu ihren Lasten. (Entscheidung vom 13. 3. 1924, Ob I 173/24.) Geht aber das Berufungsgericht von einer anderen Rechtsauffassung aus als das Erstgericht und wurden die bei Festhaltung dieser Auffassung maßgebenden Tatsachen in der ersten Instanz nicht erörtert, so müßte auch hier Aufhebung des Urteils und Zurückweisung an die erste Instanz erfolgen.

Bei solchen Vorsichten verringert sich die Gefahr des Verbots der Neuerungen im Berufungsverfahren so sehr, daß in den fast 30 Jahren des Bestandes der ö. ZPO. eine Klage darüber, daß eine Partei deshalb um ihr Recht gekommen sei, weil es ihr verwehrt worden sei, in der zweiten Instanz neue wichtige Tatsachen und Beweismittel, die sie in der ersten Instanz nicht geltend gemacht hat, vorzubringen, in der Öffentlichkeit fast nie erhoben wurde. Und wenn Sie die Judikatur des Obersten Gerichtshofs seit einem Vierteljahrhundert durchblättern, so werden Sie nur sehr wenige Entscheidungen finden, die sich mit dem Verbot von Neuerungen befassen. Eine so geringe Rolle spielt dieses Verbot in der österreichischen Praxis.

Es hat sich im Rechtsbewußtsein der Bevölkerung der Gedanke eben völlig eingelebt, daß der Schwerpunkt der Rechtsprechung in der ersten Instanz liegt und daß infolgedessen dort alles vorzubringen ist, was wichtig und wesentlich ist. Und Parteien und Anwälte richten sich darnach ein.

Neue Tatsachen und Beweismittel, welche die Partei zur Zeit der Verhandlung erster Instanz nicht kannte und nicht kennen konnte, können im Wege der Wiederaufnahmsklage geltend gemacht werden.

Unterläßt freilich die Partei trotz richterlicher Anleitung die Vorbringung wichtiger Tatsachen, dann muß sie den Schaden tragen; dann geht, wie der Oberste Gerichtshof sagt, die Unvollständigkeit zu ihren Lasten; aber einen solchen Ausschluß muß es schließlich und endlich in jedem Prozeß einmal geben, sonst könnten die Prozesse ja nie ein Ende finden. Die Frage aber, wann und wo die Möglichkeit neuen Vorbringens endet, ist eine reine Zweckmäßigkeitsfrage.

Allerdings, wenn man in der ersten Instanz nur eine Vorinstanz, nur ein Durchzugsstadium, nur ein forum transitorium zur zweiten Instanz erblickt, dann steht die Sache anders. Aber eine solche Auffassung führt mit Notwendigkeit zu einer geringschätzigen Behandlung der ersten Instanz und zu einer außerordentlichen Belastung der zweiten Instanz, der damit zwei Aufgaben aufgebürdet werden, die des Prozeß- und die des Berufungsgerichts, wobei man zu der Eignung der zweiten Instanz als Prozeßgericht ein Fragezeichen zu machen berechtigt ist. Man macht damit die zweite Instanz zur maßgebenden Instanz, befördert so die Streitlust, die Prozeßsucht, verlängert und verteuert die Prozesse, alles Dinge, die auch volkswirtschaftlich nicht zu billigen sind.

Es wird die geehrte Versammlung vielleicht interessieren, in diesem Zusammenhang etwas über die Belastung der österreichischen Berufungsgerichte zu erfahren. Im Jahre 1911 blieben nach der Justizstatistik 68 % der nach durchgeführtem Streitverfahren gefällten bezirksgerichtlichen Urteile unangefochten; bei den Gerichtshöfen betrug die Anzahl der nicht angefochtenen kontradiktorischen Urteile 54 %. Nun sind die Gründe, aus denen die Anfechtung eines Urteils unterbleibt, gewiß sehr verschiedener Natur. Immerhin gibt die Tatsache, daß mehr als $^2/_3$ bezw. mehr als die Hälfte aller Urteile erster Instanz unangefochten bleiben, zu denken. Die Parteien sagen sich eben so manchem Urteil gegenüber: dieses Urteil steht auf festen Füßen, da hilft alle Überprüfung nichts, und unterlassen die Berufung. Und daran hat sich auch seither nichts geändert. Beim Handelsgerichte Wien blieben im Jahre 1922 von 1666 nach durchgeführtem Streitverfahren gefällten Urteilen 966, also sogar 58 % unangefochten, ein Ergebnis, das um so überraschender ist, als der Anreiz, durch Anfechtung des Urteils Zeit zu gewinnen, um dann in entwertetem Geld die Urteilsschuld zu erfüllen, im Jahre 1922 noch sehr groß war.

Ich komme zu dem Ergebnis: der Schwerpunkt der Rechtsprechung ist in die erste Instanz zu verlegen, deren Verfahren mit allen Bürgschaften zu umgeben ist, die eine erschöpfende Erörterung und gründliche Beurteilung gewährleisten. Diese Bürgschaften sind eine nicht zu übertreibende, aber doch in allem Wesentlichen festzuhaltende Mündlichkeit und eine möglichst uneingeschränkte Unmittelbarkeit.

Dadurch erhält man in der ersten Instanz ein mit allen wünschenswerten Garantien einer gründlichen Rechtsprechung umgebenes und umgürtetes Verfahren und in der zweiten Instanz überdies noch die Möglichkeit einer Überprüfung der Urteilstätigkeit des ersten Richters. Das ist nach meiner Meinung die rechte, die goldene Mitte.

Dagegen ist die volle Berufung bereits zu viel. Sie wirkt auf den ersten Blick bestechend, sie scheint noch größere Bürgschaften für eine gründliche Rechtsprechung zu bieten; sie bleibt aber, wie wir gesehen haben, hinter diesen Erwartungen zurück. Es bewahrheitet sich an ihr das deutsche Sprichwort: „Wer alles erreichen will, erreicht nichts, wer alles sehen will, sieht nichts" oder, wie die Franzosen sagen, „Qui trop embrasse, mal étreint."

Zu wenig dagegen wäre es, wenn man bei Festhaltung voller Berufung eine beschränkte Mündlichkeit und Unmittelbarkeit in beiden Instanzen einführen wollte. Dadurch würde in keiner Instanz die Gewähr einer gründlichen und richtigen Rechtsprechung gegeben sein.

Für das Revisionsverfahren sollte noch mehr als für das Berufungsverfahren der Gesichtspunkt in den Vordergrund treten, daß es sich in ihm nur um die Überprüfung des Urteils II. Instanz handelt und daß die Revision sich nicht auf die Behauptung jedes angeblichen Richterfehlers, sondern nur einzelner besonders schwerer, im Gesetz erschöpfend aufgezählter Fehler stützen darf, die eine gründliche Erörterung oder Beurteilung der Streitsache zu hindern geeignet waren, wie Nichtigkeit, grobe Mangelhaftigkeit des Verfahrens, Aktenwidrigkeit des Berufungsurteils und vor allem unrichtige rechtliche Beurteilung der Sache.

Zu erwägen wäre, ob das Revisionsverfahren immer eine mündliche Verhandlung enthalten soll oder ob im Gegensatz zum Berufungsverfahren die Entscheidung ohne mündliche Verhandlung die Regel bilden soll. Denn die höchste Instanz ist nicht nur im Interesse der Parteien tätig; ihre Aufgabe ist im wesentlichen Erhaltung der Einheitlichkeit der Rechtsprechung und Rechtsfortbildung.

Ich gehe nunmehr zum Versäumnisverfahren über. Daß hier gewisse Einschränkungen der Geltung der Grundsätze der Mündlichkeit und Unmittelbarkeit eintreten müssen, liegt in der Natur des Versäumnisverfahrens, auf das aber keine geordnete Rechtspflege verzichten kann, weil es sonst im Belieben der Partei läge, jede Rechtsverfolgung unmöglich zu machen und durch ihre Säumnis den Gang des Verfahrens aufzuhalten. Immerhin wird man aber bei einer künftigen Regelung den erwähnten Grundsätzen auch im Versäumnisverfahren so viel wie möglich Rechnung tragen müssen und der Schriftlichkeit nur insoweit Zugeständnisse machen dürfen, als sie zur Herstellung einer brauchbaren Urteilsgrundlage notwendig ist.

Vor allem wirft sich hier die folgende wichtige Frage auf: soll ein Versäumnisurteil während des ganzen Verfahrens erster Instanz zulässig sein oder soll es nur auf den ersten Verhandlungstermin, event. das Anfangsstadium des Rechtsstreits beschränkt sein? Die österreichische ZPO. kennt ein eigentliches Versäumnisurteil nur in zwei Fällen: wenn eine der beiden Parteien bei der 1. Tagsatzung ausbleibt, und im Gerichtshofverfahren überdies, wenn die Klagebeantwortung nicht rechtzeitig erstattet wird. Das Versäumnisurteil der österreichischen ZPO. ist ein Endurteil, das nur mit Berufung angefochten werden kann. Die Versäumnisfolgen können überdies im Wege der Wiedereinsetzung in den vorigen Stand beseitigt werden, aber nur unter gewissen objektiven, vom Gesetz aufgestellten Voraussetzungen, nämlich wenn die Versäumnis durch ein unvorhergesehenes und unabwendbares Ereignis herbeigeführt und der Wiedereinsetzungsantrag rechtzeitig erstattet wurde. Diese strengen Normen haben in der Praxis sehr wohltätig gewirkt; die Parteien haben sich an die sorgfältige Einhaltung der Fristen und Termine gewöhnt.

Daß in der deutschen ZPO. ein Versäumnisurteil in jedem Prozeßstadium, selbst dann gefällt werden kann, wenn Säumnis eintritt, nachdem bereits kontradiktorisch verhandelt worden ist, beruht auf einer übertriebenen Auffassung des Mündlichkeitsgrundsatzes. Denn das Gericht kann dadurch in die Lage kommen, ein Urteil fällen zu müssen, von dem es weiß, daß es mit der wahren Rechtslage im Widerspruche steht.

Daß bei Versäumung des ersten Termins Versäumnisurteil ergehen kann, läßt sich mit dem Erfahrungssatze rechtfertigen, daß, wer sich am Rechtsstreit überhaupt nicht beteiligt, aller Regel nach nichts zu seinen Gunsten vorzubringen hat. Man kann daher in diesem Falle dem Richter auch zumuten, Umstände, über die sich der Ausgebliebene gar nicht geäußert hat, als wahr anzunehmen.

Aber es ist eine ganz andere Zumutung, einem Richter zur Pflicht zu machen, auch Umstände als wahr zu behandeln, bezüglich deren er aus einem vorhergegangenen Verfahren weiß, daß sie der Ausgebliebene für unwahr erklärt hat, oder Umstände bei der Urteilsfällung außer acht zu lassen, die durch eine vorausgegangene Beweisaufnahme festgestellt worden sind.

Aber auch für die Parteien ist es eine arge Zumutung, dasselbe Vorbringen während der Verhandlung so oft wiederholen zu müssen als Termine sind.

Das sind die der starren Mündlichkeit zuliebe dem Gericht und den Parteien auferlegten Opfer, die den Wert der Mündlichkeit in dem Maß verringern, als sie selbst sich vergrößern.

Für das dem ersten Termin nachfolgende Verfahren sollte doch als Regel gelten, daß das, was einmal Bestandteil der Verhandlung oder des Prozesses geworden ist, aus dem Kreise des Beachtlichen nicht deshalb schwindet, weil nachträglich eine der Parteien säumig wird. Die Partei sollte sich doch darauf verlassen können, daß das, was sie einmal im Prozesse vorgebracht hat, bei der Urteilsfällung auch berücksichtigt wird.

Gegen eine Partei, die einmal erschienen ist und zur Sache verhandelt hat, dann aber bei einer späteren Tagsatzung ausbleibt, ist daher ein eigentliches Kontumazialverfahren nicht zuzulassen. Damit kommt man aber zu einem Urteil unter Berücksichtigung der bisherigen Ergebnisse, wie es die österreichische ZPO. § 399 kennt, oder zu einer Entscheidung nach Lage der Akten im Sinne der jetzigen deutschen ZPO., die mit Wach richtiger Entscheidung auf Grund des bisherigen Verfahrens genannt werden sollte, die freilich neben dem Versäumnisurteil und nur fakultativ eingeführt ist und überdies durch den Ausgebliebenen noch knapp vor ihrer Verkündigung verhindert werden kann.

Nach der österreichischen Regelung ist im Falle des Ausbleibens einer Partei von einem späteren Termine, wenn die erschienene Partei zu verhandeln bereit ist, Urteil zu fällen. Der Richter kann sich der Urteilsfällung nicht entziehen. Bei der Urteilsfällung ist zunächst alles zu beachten, was die erschienene Partei mündlich vorgebracht hat und vorbringt. Von den Äußerungen der säumigen Partei ist alles zu berücksichtigen, was von ihr in Schriftsätzen oder Protokollen vorgebracht wurde. Selbstverständlich sind auch die Ergebnisse stattgefundener Beweisaufnahmen zu würdigen. Nach der österreichischen Regelung muß also, wenn das Gericht die Angaben der erschienenen Partei als beweisdürftig erachtet, trotz Ausbleibens der anderen Partei Beweisbeschluß gefaßt und die Verhandlung nötigenfalls zur Beweisaufnahme vertagt werden.

Wenn dieser Regelung gegenüber davon gesprochen wurde, daß das doch nur ein „halbschüriges“ kontradiktorisches Urteil sei, das zudem sachlich zuweilen unrichtig sein könne, so ist dem entgegenzuhalten, daß die Erforschung der Wahrheit im Falle des Ausbleibens einer Partei eben eine besonders schwierige Aufgabe ist; denn zur vollständigen Ermittlung des Sachverhalts ist die tätige Mitwirkung beider Parteien nötig, die aber zur Teilnahme am Verfahren nicht gezwungen werden können. Andererseits kann es nicht dem Belieben der Partei anheim gestellt werden, den Gang des Prozesses aufzuhalten. Kommt also hier vielleicht einmal wirklich bloß halbe oder relative Wahrheit zustande, so kann sich doch die säumige Partei darüber nicht beschweren, deren Vorbringen bis zur Säumnis in entgegenkommendster Weise berücksichtigt wird und die durch ihr Ausbleiben zu erkennen gegeben hat, daß sie bereits alles gesagt und vorgebracht hat, was sie zu ihren Gunsten zu sagen und vorzubringen hatte, und daß sie sich deshalb am weiteren Verfahren nicht beteilige.

Die Regelung, wonach ein Kontumazialurteil in jedem Stadium des Verfahrens stattfinden kann, hat aber auch noch die Schattenseite, daß wegen der unverkennbaren Härte dieser Vorschrift ein keiner Begründung bedürftiger Einspruch genügt, um das Verfahren in den früheren Stand zurückzuversetzen, sowie, daß das Versäumnisverfahren (abgesehen von der Vorschrift des § 345) beliebig oft wiederholt werden kann. Daß diese Möglichkeiten zu Prozeßverschleppungen und Schikanen mißbraucht werden können, liegt auf der Hand. Je leichter man die Beseitigung der Folgen der Versäumnis macht, desto mehr begünstigt man die Nachlässigkeit und die absichtliche Säumnis.

Es ergeben sich daher für eine künftige Regelung folgende Sätze:

1. Ein Versäumnisurteil ist nur im Falle des Ausbleibens einer Partei vom ersten Termine zulässig. In diesem Falle wären beide Parteien gleich zu behandeln, der Kläger nicht schlechter als der Beklagte, wie dies die deutsche ZPO. tut, d. h. es ist in beiden Fällen das auf den Gegenstand des Rechtsstreits bezügliche tatsächliche Vorbringen der erschienenen Partei, sofern es nicht durch die vorliegenden Beweise widerlegt wird, für wahr zu halten und auf dieser Grundlage auf Antrag der erschienenen Partei über das Klagebegehren durch Urteil zu erkennen.

2. Ein solches Versäumnisurteil kann nur mit Berufung angefochten werden. Nur im Falle unverschuldeter Versäumnis kann Wiedereinsetzung in den vorigen Stand begehrt werden, jedoch bloß unter gewissen vom Gesetze festgesetzten objektiven Voraussetzungen.

3. Bleibt eine Partei von einem späteren Termine aus, so ist ein Versäumnisurteil ausgeschlossen. Es ist dann auf Antrag der erschienenen Partei ein Urteil auf Grund der bisherigen Ergebnisse oder des bisherigen Verfahrens zu fällen, nötigenfalls nach Aufnahme von Beweisen.

Auch ein solches Urteil kann nur mit Berufung angefochten werden; auch hier ist die Wiedereinsetzung in den vorigen Stand unter den früher erwähnten Bedingungen zulässig.

4. Ein Einspruch gegen ein Versäumnisurteil ist in allen Fällen ausgeschlossen.

5. Bleiben beide Parteien aus oder verhandelt die erschienene Partei nicht, so tritt Ruhen des Verfahrens ein. Die Parteien können das ruhende Verfahren vor Ablauf von 3 Monaten nicht aufnehmen, den Fall der Wiedereinsetzung in den vorigen Stand wegen unverschuldeten Ausbleibens ausgenommen. Daß beim Ausbleiben beider Parteien eine schriftliche Entscheidung in der Sache erfolgen kann, wenn beide Parteien darauf antragen, ist eine Anordnung, die mit den Grundsätzen der Mündlichkeit und Unmittelbarkeit nicht in Einklang gebracht werden kann, der Prozeß ist in solchem Falle ein rein schriftlicher.

Ebenso ist nicht einzusehen, warum im Falle des Ausbleibens beider Parteien nicht das Ruhen des Verfahrens eintreten soll, sondern eine Entscheidung nach Lage der Akten erfolgen kann. Die Parteien können doch die triftigsten Gründe haben, das Verfahren eine Zeitlang nicht zu verfolgen, weil sie in ernsten Vergleichsverhandlungen stehen oder weil wichtige Beweismittel ihnen jetzt nicht zur Verfügung sind. Warum das Gericht ihnen in solchem Falle eine Entscheidung förmlich soll aufdrängen können, eine Entscheidung, die hier in der Tat oft nur sehr fragwürdiger Natur sein wird, ist unerfindlich. Denn die Gefahr, daß durch das Ausbleiben beider Parteien der Prozeß verschleppt werden könnte, ist dann keine allzu große, wenn das Verfahren wirklich durch 3 Monate ruhen muß. Steht den Parteien eine solche Folge ihres Ausbleibens in Aussicht, dann ist doch kaum anzunehmen, daß sie es unter Aufnahme immerhin empfindlicher Opfer darauf anlegen werden, den Prozeß zu verschleppen und das Gericht sozusagen an der Nase herumzuführen.

6. Im Rechtsmittelverfahren kann es, vorausgesetzt, daß dieses ein Überprüfungsverfahren ist, ein Versäumnisverfahren selbstverständlich nicht geben. Das Ausbleiben selbst beider Parteien hindert da nicht die meritorische Entscheidung über die Berufung. Ausnahmsweise könnte hier der Satz Geltung haben, daß die Parteien auf eine mündliche Berufungsverhandlung verzichten können, was sie zum Beispiel dann tun werden, wenn es sich bloß um die Entscheidung einer Rechtsfrage handelt. Das Gericht sollte aber nicht an einen solchen einver-

ständlichen Verzicht gebunden sein, sondern die mündliche Verhandlung anordnen dürfen, wenn es sie für nötig hält.

7. Selbstverständlich sollte es auch im Eheverfahren kein eigentliches Versäumnisurteil geben. Hier sollten die Parteien erforderlichenfalls im Interesse der Sache und ihrer allgemeinen Bedeutung, wie sich ein österreichisches Hofdekret vom Jahre 1819 etwas altväterisch ausdrückt, durch „schickliche Zwangsmittel" zum Erscheinen gezwungen werden dürfen. Unter Umständen könnte eine Entscheidung auf Grund der bisherigen Ergebnisse zulässig sein; nur im Verfahren wegen Ungültigkeitserklärung einer Ehe müßte auch eine solche Entscheidung ausgeschlossen sein.

Was die Eventualmaxime anbelangt, so kann der schriftliche Prozeß die Eventualmaxime und eine gesetzlich genau festgestellte Rangordnung für die einzelnen Prozeßhandlungen nicht entbehren. Dagegen sind beide für ein mündliches Verfahren mit richterlicher Prozeßleitung von keiner Bedeutung. Ja, die durch den Wegfall der Eventualmaxime und einer genau festgestellten Rangordnung gewonnene Beweglichkeit macht im Gegenteil sogar einen der größten Vorzüge des mündlichen Verfahrens aus, gestattet die Anpassung des Verfahrens an den einzelnen Rechtsfall und vermindert auch die Gefahr des mündlichen Vortrags, bei dem leichter als bei der Schrift etwas vergessen wird. Es ist daher von der Vorschrift einer bestimmten Reihenfolge der Prozeßhandlungen und einer Eventualmaxime grundsätzlich Umgang zu nehmen. Die Parteien können bis zum Schluß der mündlichen Verhandlung neue tatsächliche Behauptungen und Beweismittel vorbringen, und die Eventualmaxime hätte nur in folgenden Fällen einzusetzen:

1. Bei Einführung eines Vortermins sollte die Einrede der Unzuständigkeit des Prozeßgerichts, die durch Parteivereinbarung behoben werden kann, und der Antrag auf Sicherheitsleistung für die Prozeßkosten vor der Einlassung in die Verhandlung über die Hauptsache bei sonstigem Ausschluß vorgebracht werden müssen.

2. Falls die Verspätung aus Schikane geschieht, nämlich in der offenbaren Absicht, den Prozeß zu verschleppen, kann das Gericht auch von Amts wegen verspätet vorgebrachte tatsächliche Behauptungen, Beweismittel und Beweisanbietungen als unstatthaft erklären und zurückweisen. Die gleiche Gefahr müßte jenem drohen, der in Verschleppungsabsicht Urkunden nicht rechtzeitig bei Gericht erlegt oder

die Namen und Adressen von Zeugen erst bei der zur Beweisaufnahme erstreckten Tagsatzung anstatt vor dieser Tagsatzung angibt.

Liegt eine solche offenbare Verschleppungsabsicht nicht vor, hat aber eine Partei doch aus Verschulden Prozeßmaterial, das sie schon früher vorbringen konnte, verspätet vorgebracht und wird durch diese Verspätung der Prozeß verzögert, so müßte die schuldige Partei unabhängig vom Prozeßausgang Kostenersatzpflicht treffen.

3. In gewissen Verfahrensarten wie in Mietstreitigkeiten, im Wechsel-, Mandats- und Exekutionsverfahren hätten die Einwendungen bei sonstigem Ausschluß alles zu enthalten, was der Belangte gegen die Kündigung, den Wechselzahlungsauftrag usw. vorzubringen hat.

Über die Grundsätze der Mündlichkeit und Unmittelbarkeit habe ich mich bereits ausgesprochen. Da das Gebiet aber ein so weites ist, so wird eine Nach- und Ährenlese vielleicht gestattet sein.

An beiden Grundsätzen, die sich durchaus bewährt haben, wird festzuhalten sein, an der Mündlichkeit freilich mit Maß und Ziel und nur insoweit, als sie die Unmittelbarkeit fördert.

So ist es eine Übertreibung der Mündlichkeit, wenn in jedem Termin, auch ohne daß ein Richterwechsel stattgefunden hätte, immer wieder von neuem verhandelt werden muß, anstatt daß der Richter bei der späteren Verhandlung die wesentlichen Ergebnisse der früheren Verhandlung vorführt, was freilich ausführlichere Protokollierungsvorschriften voraussetzt. Selbstverständlich sind Schriftstücke, auf die in Vorträgen Bezug genommen wird, nur insoweit zu verlesen, als sie dem Gericht und dem Gegner noch nicht bekannt sind oder als es auf ihren wörtlichen Inhalt ankommt. Ebenso sind eingeholte Akten nicht zu verlesen, sondern es ist daraus bloß das Nötige vom Richter festzustellen. Das Ergebnis mittelbarer Beweisaufnahmen ist nicht vorzulesen, sondern vom Richter darzulegen. Das Urteil ist nicht unter allen Umständen mündlich zu verkünden, sondern kann vom Richter vorbehalten und dann schriftlich hinausgegeben werden. Ein Beweisbeschluß kann auch ohne mündliche Verhandlung ergänzt oder berichtigt werden. Ein Versäumnisurteil ist nicht in jedem Prozeßstadium zulässig.

Dagegen sollte selbst bei liberalster Anwendung des Mündlichkeitsgrundsatzes ein Urteil ohne mündliche Verhandlung in erster Instanz (§ 7 EntlVdg.) ausgeschlossen sein. Desgleichen die Berücksichtigung nicht vorgetragener Schriftsätze.

Was die Unmittelbarkeit anbelangt, so wäre sie möglichst uneingeschränkt im Verfahren erster Instanz durchzuführen und einer Lauheit in ihrer Anwendung mit allen Mitteln entgegenzutreten.

Folgende Sätze wären festzuhalten:

1. Die Parteien haben — das ist die erste und natürlichste Forderung der Unmittelbarkeit — vor dem erkennenden Gerichte unmittelbar zu verhandeln. Auch daraus ergibt sich die Unzulässigkeit eines Urteils ohne mündliche Verhandlung und die Berücksichtigung nicht vorgetragener Schriftsätze, freilich auch die Ablehnung eines vorbereitenden Verfahrens.

2. Das Urteil darf nur von den Richtern gefällt werden, die an der dem Urteil zugrundeliegenden mündlichen Verhandlung, wozu der Vortermin aber nicht zu zählen ist, teilgenommen haben. Doch wäre es eine sinnlose Übertreibung des Unmittelbarkeitsgrundsatzes, wenn im Falle eines Richterwechsels das in der früheren Verhandlung Vorgekommene einfach so betrachtet werden würde, als ob es gar nicht vorhanden wäre. Vielmehr darf und wird die spätere Verhandlung von der früheren manches entnehmen und aus ihren Ergebnissen Nutzen ziehen, wodurch sie selbst kürzer, straffer und geschlossener ausfallen wird. So wird das, worüber in der früheren mündlichen Verhandlung ein Einverständnis zwischen den Parteien erzielt wurde, z. B. hinsichtlich der Feststellung der Streitpunkte, auch bei der späteren Verhandlung benützt werden können, ohne daß es nochmals zum Gegenstand der Verhandlung gemacht werden müßte. Hier spielt allerdings die Frage der Protokollierung der Verhandlungsergebnisse eine große Rolle. Denn bei kargen und dürftigen Protokollierungsvorschriften wird ein Hinüberwirken der früheren auf die spätere Verhandlung schwer möglich sein.

3. Im übrigen sollte, was die Aufnahme der Beweise anbelangt, der Grundsatz gelten, daß die Beweise soweit als nur irgend möglich vor dem erkennenden Gerichte aufzunehmen sind. Die Unmittelbarkeit der Beweisaufnahme sollte als die durchgreifende Regel betrachtet werden und die Beweisaufnahme durch einen ersuchten oder beauftragten Richter nur die Ausnahme bilden, ja geradezu als Übel empfunden werden, das nur dort zuzulassen ist, wo dieses Übel eben unvermeidlich ist.

Mit Recht hat der DJT. vom Jahre 1912 beschlossen: „Die Unmittelbarkeit der Beweisaufnahme vor dem Prozeßgerichte als Regel ist durch geeignete gesetzliche Vorschriften sicherzustellen. Die zulässigen

Ausnahmen sind gesetzlich genau zu bestimmen. Sie dürfen nicht der Rücksicht auf die Geschäftslage des Gerichts entnommen werden."

Denn der Richter soll seine Kenntnis aus der Quelle unmittelbarer Wahrnehmung schöpfen und sich nicht mit Surrogaten begnügen.

Das gilt auch für den Sachverständigenbeweis, wenigstens insoweit, als die Sachverständigen, auch wenn der Befund außerhalb des erkennenden Gerichts aufgenommen werden muß und das Gutachten schriftlich erstattet wird, jedenfalls zur Streitverhandlung beizuziehen sind, damit sie ihr Gutachten mündlich darlegen, das schriftliche Gutachten erläutern und aufklären und damit auftauchende Zweifel über einzelne Punkte des Gutachtens durch Befragung der Sachverständigen gelöst werden können.

Die Möglichkeit, daß die Vernehmung von Zeugen und Sachverständigen durch schriftliche Auskunft ersetzt werden kann, halte ich für eine gefährliche Bestimmung. Auf diesem Schleichwege kann die Mittelbarkeit in die Beweisaufnahme eingeschmuggelt werden.

In Österreich hat man sich daran gewöhnt, die Beweise stets unmittelbar aufzunehmen. Daß der erkennende Gerichtshof die Beweisaufnahme einem beauftragten Richter überläßt, kommt überhaupt nur dann vor, wenn ein ortsanwesender Zeuge wegen eines Körpergebrechens nicht zu Gericht erscheinen kann oder wenn ein Sachverständigenbeweis wegen der Beschaffenheit des Untersuchungsobjektes nicht vor dem erkennenden Gericht stattfinden kann, in welch letzterem Fall aber die Sachverständigen zur Erstattung und Erläuterung ihres Gutachtens stets vor das Gericht geladen werden. Diese fast 30 jährige Gewohnheit hat sich so eingewurzelt, daß die Parteien selbst auf die unmittelbare Beweisaufnahme das größte Gewicht legen und für die Stelligmachung oft weit entfernt wohnender Zeugen vor das erkennende Gericht auf ihre Kosten Sorge tragen.

Eine Ausnahme von der Regel der unmittelbaren Beweisaufnahme kann dann gemacht werden, wenn die Verhandlung soweit gediehen ist, daß nur mehr die durch einen ersuchten Richter zu bewirkende Aufnahme einzelner Beweise aussteht und die weitere Mithilfe der Parteien zur richtigen Erkenntnis und Beurteilung des Streitfalls voraussichtlich nichts mehr beiträgt, sondern den Parteien nur Mühe und Kosten verursachen würde. In diesem Falle kann die Verhandlung vor Aufnahme aller zugelassenen Beweise geschlossen und nach Einlangen der Beweisaufnahmeakten ohne neuerliche Anordnung einer mündlichen Verhandlung die Entscheidung vom Gericht gefällt werden. Selbstverständlich aber muß das Gericht die Möglichkeit haben, die Wiedereröffnung einer so geschlossenen Verhandlung anzuordnen, wenn Aufklärungen, Ergänzungen oder Erörterungen über den Beweis einer Tatsache sich als notwendig erweisen sollten.

Im Berufungsverfahren, insoweit es als Überprüfungsverfahren gestaltet ist, tritt die Unmittelbarkeit auch noch insofern hervor, als das Berufungsgericht von den tatsächlichen Feststellungen der ersten Instanz abgehen will. In diesem Falle muß es sich die Grundlage für seine Entscheidung durch Wiederholung oder Ergänzung der Beweisaufnahme oder durch neue Beweisaufnahme ganz nach dem Vorbild des Verfahrens erster Instanz selbst schaffen.

Als eine wertvolle Form der Unmittelbarkeit sollte auch die regelmäßige persönliche Beteiligung der Parteien an der mündlichen Verhandlung betrachtet werden. Abgesehen davon, daß sie oft der Annäherung und Verständigung der Parteien dient und so zu einer Beilegung des Rechtsstreites verhilft, wirkt sie doch meist klärend auf den Sachverhalt ein, stellt unrichtige Informationen der Vertreter richtig, ergänzt unvollständige Informationen und fördert so die Wahrheit. Und welcher Richter hat es nicht schon erlebt, daß, wenn erst einmal die aus der vollen Wirklichkeit des Lebens schöpfenden Parteien zu sprechen beginnen, sich oft auch ein sehr verwickelter Sachverhalt überraschend schnell aufklärt oder daß dadurch wenigstens die Streitpunkte klargestellt werden? Denn den wahren Sachverhalt kann die aus erster Hand unterrichtete Partei in der Regel am besten selbst darlegen.

Damit soll nichts gesagt sein gegen die von mir sehr hoch eingeschätzte Mitwirkung der Anwälte im Zivilprozeß. Ich bin da durchaus der Ansicht des Breslauer Anwaltstags vom Jahre 1913, daß die Mitwirkung der Anwälte neben anderen Vorzügen auch den einer erheblichen Erleichterung der Wahrheitsermittlung bedeutet. Aber die Frage geht ja auch gar nicht dahin, ob neben, sondern ob statt der Parteien ein anderer solle Auskunft geben können und dürfen.

Daß der Richter das Recht haben muß, die Parteien zum persönlichen Erscheinen aufzufordern, das ist wohl unbestritten und überdies in beiden Prozeßordnungen ausdrücklich gesagt. Streit herrscht nur darüber, ob diesem Recht des Richters eine Erscheinungspflicht der Partei entspricht. Man sollte diese Pflicht schon aus dem Grunde bejahen, weil es um die Autorität des Richters schlecht bestellt ist, wenn ein von ihm ergangener Auftrag von der Partei einfach ignoriert werden darf. Mit der Herrschaft der Partei über die Sache kann dieses Ignorieren nicht gerechtfertigt werden, diese Herrschaft hat sie; sie kann daher, wenn sie dem richterlichen Auftrag nicht nachkommen will, den Prozeß nicht weiter führen; aber sie sollte sich dem richterlichen Auftrag nicht geradezu widersetzen dürfen. Die Erscheinungspflicht der Partei läßt sich überdies ganz ungezwungen aus dem Satze der Sittenlehre ableiten, daß jedermann auch persönlich für seine Rechte und Pflichten einzustehen hat, sowie daraus, daß, wenn es auch richtig ist, daß die Partei im Zivilprozeß nicht in gleichem Maße Wahrheitserforschungsmittel für den Richter ist, wie der Beschuldigte im Strafprozeß, so doch die Person der Partei (auch ohne ihre Verwendung als Beweismittel) eine wichtige Erkenntnisquelle für den Richter bedeutet.

Es wirft sich nunmehr die Frage auf, ob das so wünschenswerte persönliche Erscheinen der Partei durch Strafen erzwungen werden kann.

In Deutschland hat man sich bekanntlich dazu jetzt entschlossen (§ 141).

Dagegen kennt die ö. ZPO. Zwangsmittel nicht. Trotzdem hat man in Österreich über dieses Fehlen von Zwangsmitteln keinen Anlaß zu Klagen, da die zum Erscheinen aufgeforderten Parteien sich in der Regel willig dem Gerichte zur Verfügung stellen. Das persönliche Erscheinen hat sich in Österreich so eingebürgert, daß es oft auch ohne richterlichen Auftrag freiwillig erfolgt. Und im Anwaltsprozesse sorgen die Vertreter meist aus eigenem Antrieb für das persönliche Erscheinen ihrer Partei. Es fällt ihnen nicht ein, in dem Auftrag zum persönlichen Erscheinen der Partei ein Mißtrauen gegen sich selbst zu erblicken. Diese Auffassung ist aber auch eine durchaus irrtümliche, wie Hellwig richtig hervorhebt. Denn die sorfältigste Information kann den Anwalt über das ganze Sachverhältnis nicht so vollständig unterrichten, daß er über alle Einzelheiten Bescheid weiß und dem Gegner alsbald gehörig begegnen kann. Auch ersetzt das Wort des Anwalts, der seine Kenntnis durch die Partei erhält, und von ihr unrichtig oder ungenau informiert sein kann, nie den unmittelbaren Eindruck ihrer Aussage. Das Miterscheinen der Partei ist daher, wenn es das Gericht für nötig hält, die notwendige Ergänzung des Anwaltszwanges und das beste Mittel zur Verhütung von Vertagungen und zur sicheren Feststellung der Urteilsgrundlage.

Trotzdem würde ich mich bei einer künftigen Regelung nicht für die Einführung von Zwangsmitteln aussprechen. Man kommt auch ohne sie aus, wie Österreich beweist. Auch haben sie einen strafgerichtlichen Geruch, der dem Zivilprozeß besser fernbleibt. Endlich fürchte ich, daß mit allen Zwangsmitteln nichts erzielt werden wird. Wenn die an den Haaren herbeigezogene Partei endlich bei Gericht erschienen sein wird, wird sie alles daran setzen, um ihr früheres Nichterscheinen als ein gerechtfertigtes hinzustellen, da sie sonst den übeln Eindruck erwecken würde, daß sie sich dem Gerichte nicht habe stellen wollen. Wir werden dann also Glaubhaftmachungen, Bescheinigungen des gerechtfertigten Nichterscheinens erhalten, alles Dinge, die den Prozeß nur verzögern und verschleppen. Aber darüber ließe sich nachdenken, ob das Nichterscheinen zwar nicht Straffolgen, wohl aber Rechtsnachteile in der Sache nach sich ziehen sollte. In der ö. ZPO. § 272 steht der folgende Satz: „Das Gericht hat unter sorgfältiger Berücksichtigung der Ergebnisse der gesamten Verhandlung und Beweisführung nach freier Überzeugung zu entscheiden, welchen Einfluß es auf die Beurteilung des Falles hat, wenn eine Partei die Beantwortung von Fragen verweigert, welche durch den Vorsitzenden oder mit dessen Zustimmung an sie gestellt werden." Man braucht diese Vorschrift nur auf den Fall des Nichterscheinens der Partei, die dadurch ja das Fragerecht ganz unmöglich macht, auszudehnen und man gewänne damit die rechtliche Möglichkeit, das Ausbleiben der Partei zur Bildung einer richterlichen Überzeugung zu verwenden.

Wenn die Partei weiß, daß ihr im Fall der Nichtbefolgung des richterlichen Auftrags Rechtsnachteile in der Sache drohen, so wird sie sich stellen, wie dies in Österreich fast ausnahmslos der Fall ist.

Im Zusammenhang damit soll auch die Wahrheitspflicht der Partei besprochen werden.

Die ö. ZPO. kennt sie (§ 178): „Jede Partei hat in ihren Vorträgen alle zur Begründung ihrer Anträge erforderlichen tatsächlichen Umstände der Wahrheit gemäß vollständig und bestimmt anzugeben."

Ob die Wahrheitspflicht nicht auch aus § 139 d. ZPO., wo von vollständiger Erklärung der Parteien über alle erheblichen Tatsachen gesprochen wird, gefolgert werden könnte, bleibe dahingestellt.

Die Wahrheitspflicht sollte aber bei einer künftigen Regelung ausdrücklich festgelegt werden; ihre Verletzung sollte zwar keine strafrechtlichen Folgen, wohl aber Kostenfolgen nach sich ziehen. (Mutwillensstrafen u. dgl.)

Von den Gegnern der Wahrheitspflicht wird freilich eingewendet, es sei nicht Sache des Gesetzes, die Wahrheitspflicht zu betonen, denn

„das Moralische verstehe sich immer von selbst". Aber man wäre versucht, darauf mit Gretchen im Faust zu antworten:

„Wenn man's so hört, möcht's leidlich scheinen,
steht aber doch immer schief darum."

Denn die Erfahrung lehrt, daß das Moralische sich leider nicht immer von selbst versteht. Ich fühle mich gewiß frei von übertriebener moralisierender Tendenz, von „Moralinsäure", wie Nietzsche sich ausdrückt; aber so „moralinfrei" sollte die Gesetzgebung doch nicht sein, daß sie den Parteien geradezu gestattet, den staatlichen Rechtsschutz mit leichtfertigen, unwahren oder gar lügenhaften Behauptungen anzurufen. Ich halte es daher für eine Anstandspflicht des Staates, die Wahrheitspflicht der Parteien zu betonen und festzusetzen.

Damit bin ich zu Ende. Ich bin mir bewußt, Ihnen in meinem Bericht nichts Neues gesagt zu haben, und Sie werden vielleicht finden, daß das, was ich vorgebracht und empfohlen habe, zum großen Teil in der ö. ZPO. steht. Ich scheue mich auch gar nicht, das offen einzugestehen. Denn wir Österreicher, nicht nur die Juristen unter uns, halten unsere ZPO. für ein ausgezeichnetes Gesetz, das zwar in seinen Einzelheiten selbstverständlich kein noli me tangere darstellt und darstellen kann, das aber auf durchaus guten und gesunden Grundgedanken ruht, die in einem volkstümlichen und zudem in einem deutschen Rechtsempfinden wurzeln.

Wir sind natürlich weit entfernt davon, Ihnen unsere ZPO. aufdrängen zu wollen, schon aus dem einfachen Grunde, weil Sie sich ein ganzes Gesetz nicht werden aufdrängen lassen. Aber um vorurteilslose Beachtung ihrer Grundgedanken möchten wir Sie doch gebeten haben, nicht aus kleinlicher Liebe zu unserer engern Heimat, sondern im Gegenteil aus Liebe zu unserm gemeinsamen großen deutschen Vaterlande, in dem als Voraussetzung eines künftigen innigen An- und Zusammenschlusses, den wir Österreicher herbeisehnen, vorerst Rechtsgleichheit geschaffen werden sollte. Und da verachten Sie die wertvolle Gabe nicht, die Ihnen Österreich mit seiner ZPO. entgegenzubringen vermag! Wir Österreicher sind uns dessen stets dankbar bewußt, was wir der großen deutschen Kultur schulden, zu der wir, wie freilich jeder andere deutsche Volksstamm auch, redlich und nach Kräften unseren Teil beigetragen haben. Gönnen Sie daher auch einer anerkannten österreichischen Rechtsschöpfung jene Beachtung und Aufmerksamkeit, die sie in vollem Maße verdient! Vielleicht kommen wir so zu einer gemeinsamen ZPO. und ergreifen damit eine Gelegenheit ersten Ranges, um auf einem großen und wichtigen Gebiete Rechtseinheit herzustellen.

Wenn die heutige Tagung zu dieser Rechtseinheit einen Baustein liefern sollte, so können Sie versichert sein, daß wir Österreicher den Heidelberger Juristentag stets in dankbarer Erinnerung behalten werden.

Hierauf begründete der Mitberichterstatter, Rechtsanwalt Dr. Ernst Wolff-Berlin, die von ihm vorgelegten Leitsätze, wie folgt:

Seit dem Wiener Juristentag von 1912, der zuletzt ein dem heutigen Thema im wesentlichen gleichartiges erörtert hat, hat das Schrifttum nicht aufgehört, sich mit der Reform des Zivilprozesses zu befassen. Vor allem aber ist seit dem 1. Juni ds. Js. die Novelle zur Deutschen Zivilprozeßordnung mit ihren stark eingreifenden Änderungen in Kraft getreten, und so gilt es, die Ergebnisse des Wiener Juristentags an der Hand der neuen Literatur und an der Hand der praktischen Erfahrungen, die man auf Grund der Novelle gemacht hat, nachzuprüfen. Freilich bieten diese Erfahrungen heute noch keine sehr ausgiebige Erkenntnisquelle. Die Einführung der durch die Novelle geschaffenen Neuerung ist bei den verschiedenen Gerichten in ganz verschiedenem Umfang erfolgt. Beispielsweise haben von dem Verfahren vor dem Einzelrichter viele Gerichte bisher nur zögernd und während der Gerichtsferien nur ganz vereinzelt Gebrauch gemacht. Die Erfahrungen, die über die Neuerungen der Zivilprozeßordnung vorliegen, sind deshalb notwendigerweise lückenhaft und mehr oder minder zufällig, und es wird eine Aufgabe der späteren Diskussion sein, durch den Austausch der in den jeweiligen Bezirken gewonnenen Erfahrungen das Bild über die praktische Brauchbarkeit der Neuerungen zu erweitern. Immerhin ist es nach meiner Empfindung dankenswert, daß die erneute Erörterung der zur Begutachtung vorgelegten Fragen nicht verschoben worden ist, bis längere Erfahrungen über die Zivilprozeß-Novelle vorliegen. Denn mit dieser Novelle ist die Zivilprozeß-Reform nicht etwa abgeschlossen. Es ist von der Reichs-Justiz-Verwaltung ausdrücklich zugesichert worden, daß damit die Reformwünsche nicht abgespeist sein sollen, sondern daß es sich nur um eine Abstellung der dringendsten Mißstände handeln solle, der die Gesamtreform des Zivilprozesses nachfolgen werde. In der Tat ist auch, wie immer man zu den Einzelheiten der Novelle stehen mag, durch sie der Zivilprozeß so unorganisch geworden, daß seine Gesamtreform nicht lange verschoben werden kann. Für diese Gesamtreform aber gilt es, noch einmal zu den grundlegenden Fragen des Zivilprozesses, wie sie in dem Thema aufgeworfen worden sind, Stellung zu nehmen.

Hiernach ist das Gesamtbild seit dem Wiener Juristentag nicht allzu erheblich verändert, und es wird im wesentlichen zutreffen, wenn gesagt worden ist, daß allzuviel Neues zu dem Thema nicht ausgeführt werden kann, und lassen Sie mich mit dem Bekenntnis, daß ich Ihnen nicht viel Neues sagen kann, gleich ein weiteres Bekenntnis verbinden, nämlich ein Bekenntnis dessen, was ich Ihnen nicht sagen will. Gewiß hängt im Zivilprozeß alles zusammen, und auf die Gestaltung der Mündlichkeit und der Unmittelbarkeit ist beispielsweise die Gerichtsorganisation und der Instanzenzug von Einfluß. Dennoch glaube ich mich auf das schon an sich überreiche eigentliche Thema beschränken und von der Erörterung alles dessen, was nicht unmittelbar zum Thema gehört, absehen zu sollen. Aus diesem Grunde werde ich manche Materie, die mein Herr Vorredner in den Kreis seiner Erörterungen gezogen hat, nicht berühren. Dazu gehört neben der Frage der Wahrheitspflicht, der Formulierung des Parteieids und ähnlichem vor allem die Gestaltung der Berufung. Nur nebenbei sei bemerkt, daß ich auch sachlich hinsichtlich der Gestaltung der Berufung mit meinem Herrn Mitberichterstatter nicht übereinstimme. Die Frage der Ausstattung der Instanzen ist vor allem eine Frage der nationalen Gewöhnung, und das deutsche Volk, das vor kurzem die Berufung in Strafsachen wesentlich erweitert hat, würde es nicht ertragen können, die Berufung in Zivilsachen in dem von meinem Herrn Vorredner vorgeschlagenen Umfange zu verengern. In diesem Zusammenhang sei eine Bitte gestattet: Herr Präsident Dr. Engel hat ausgeführt, und das klingt auf den ersten Blick bestechend, daß die Möglichkeit, den Streitstoff in zweiter Instanz erneut aufzurollen, notwendig zu einer Entwertung der ersten Instanz führen muß. Es wäre interessant zu erfahren, ob im Strafprozeß die Einführung der Berufung zu einer solchen Entwertung der ersten Instanz geführt hat, ob dadurch die erste Instanz, wie es für den Zivilprozeß vielfach behauptet wird, zu einer Art von Versuchsinstanz geworden ist. Vielleicht können die Herren, die auf diesem Gebiet praktische Erfahrung haben, hierüber in der anschließenden Diskussion Auskunft geben.

In der Frage der Mündlichkeit stimme ich mit meinem Herrn Mitberichterstatter völlig überein. Ein schriftliches Verfahren wird zwar in der Literatur gelegentlich befürwortet; aber die weit überwiegende Mehrzahl der Theoretiker wie der Praktiker bekennt sich zu dem Grundsatz der Mündlichkeit. Von allen anderen Gesichtspunkten abgesehen, auf die in dem vorangegangenen Referat und im Schrifttum hingewiesen worden ist, ist auch die Öffentlichkeit des Verfahrens, ohne welche nach moderner Auffassung ein Vertrauen des Volkes zur Rechtspflege nicht denkbar ist, nur in einem mündlichen Verfahren voll durchführbar. Auch verdient hervorgehoben zu werden, daß von den Prozeßordnungen, die sich die verschiedenen auf Grund des Versailler Vertrages gebildeten Gemischten Schiedsgerichtshöfe gegeben haben, keine einzige auf den Grundsatz der Mündlichkeit verzichten wollte. Derartige Schiedsgerichtshöfe sind bekanntlich zwischen Deutschland und einer großen Anzahl ausländischer Staaten eingerichtet, und wenn diese Prozeßordnungen, die im einzelnen erheblich voneinander abweichen, in diesem Einen, nämlich dem Grundsatz der Mündlichkeit, miteinander übereinstimmen, so muß sich doch das mündliche Verfahren in allen Ländern als das beste erwiesen haben. Die Mündlichkeit steht auch in dem Verfahren vor den Gemischten Schiedsgerichtshöfen keineswegs auf dem Papier; vielmehr haben wir vor allen Schiedsgerichten eine lebensvolle, durchaus den Mittelpunkt des Prozesses bildende mündliche Verhandlung.

Freilich kann der Grundsatz der Mündlichkeit seine volle Kraft nur entfalten, wenn sich die Mündlichkeit nicht nur auf die Rede und Gegenrede der Parteien beschränkt, sondern wenn sich das Gericht auch an ihr beteiligt, mit anderen Worten, wenn die Unterhaltung zu Zweien zu einer Unterhaltung zu Dreien erweitert wird. Ein Verfahren, wie es besonders bis zum Inkrafttreten der letzten deutschen Prozeßnovelle öfters vorkam, daß das Gericht die Vorträge der Parteien stumm über sich ergehen ließ, ist nicht geeignet, die vollen Vorteile aus dem Grundsatz der Mündlichkeit zu ziehen. Eine wirklich fruchtbare mündliche Verhandlung liegt nur dann vor, wenn das Gericht sich an der Erörterung beteiligt, Fragen stellt und auf Bedenken aufmerksam macht. Nur ein solches Verfahren führt zur Aufdeckung etwaiger Mißverständnisse und verhütet ein Aneinander-Vorbeireden. Dies gilt nicht nur von der tatsächlichen, sondern auch von der rechtlichen Seite. Daß, wie es früher häufiger vorgekommen ist, die Parteien im Urteil mit einem rechtlichen Gesichtspunkt überrascht werden, an den keine von ihnen gedacht hat, führt lediglich zu einer Vervielfältigung der Instanzen und die Sorge, die die Gerichte vielfach davon abhält, ihren Rechtsstandpunkt vorher bekannt zu geben, nämlich die Sorge, befangen zu erscheinen, ist tatsächlich nicht begründet. Der taktvolle Richter wird es stets verstehen, auf rechtliche Bedenken hinzuweisen, ohne sich festzulegen oder sich dem Verdacht der Befangenheit auszusetzen. Nur in diesem Drei-Gespräch zwischen Parteien und Gericht, wie es von verständigen Gerichten schon früher gehandhabt worden und nunmehr in der neuen Fassung des § 139 ZPO. gesetzlich festgelegt ist, kann die Mündlichkeit die volle ihr innewohnende Fruchtbarkeit entfalten. Diese notwendige Ergänzung des Prinzips der Mündlichkeit soll meine These 1 besonders zum Ausdruck bringen.

Bei der Forderung der Mündlichkeit denke ich lediglich an die Gewinnung der Urteilsgrundlagen. Urteilsgrundlage darf nur werden, was dem Gericht in mündlicher Verhandlung vorgetragen worden ist. Außer dem eigentlichen Urteil gibt es aber den Prozeß vorbereitende Entscheidungen, Zwischenentscheidungen oder Nebenentscheidungen. Man denke etwa an die Beschlüsse über Aussetzung des Verfahrens, Verweisungen an das zuständige Gericht oder dergleichen. Es würde meiner Erachtens eine Übertreibung bedeuten, wenn man für derartige Entscheidungen die Forderung der Mündlichkeit gleichfalls aufstellen wollte. Es handelt sich dabei um Entscheidungen, die den Prozeß nicht selbst beenden. Sie sind von minderer Bedeutung und überwiegend an bestimmte formale Voraussetzungen geknüpft, die weder rechtlich noch tatsächlich so verwickelt liegen, daß ihre Aufhellung nur von einer mündlichen Verhandlung erwartet werden könnte.

Dagegen dürfen von dem Grundsatz der Mündlichkeit, soweit es sich um die Gewinnung der eigentlichen Urteilsgrundlage handelt, keinerlei Ausnahmen zugelassen werden, und es ist deshalb die Bestimmung, wie sie in der zurzeit noch geltenden deutschen Entlastungsverordnung enthalten ist, daß im Einverständnis aller Beteiligten die Entscheidung ohne mündliche Verhandlung ergehen kann, m. E. auf das Entschiedenste zu verwerfen. Die Gefahr, daß durch diese Hintertür die Schriftlichkeit wieder in das Verfahren hineinschlüpfen könnte, ist m. E. zu groß, vor allem in denjenigen Gebieten, die früher ein schriftliches Verfahren gehabt haben. Man sage nicht, daß die Notwendigkeit des Einverständnisses aller Beteiligten einen genügenden Schutz biete. Schließlich sind Richter und Anwälte auch nur Menschen, und sowohl der Richter, der angesichts seines übervollen Terminzettels nicht weiß, wie er alle seine Verhandlungen erledigen kann, wie der Anwalt, der nicht weiß, wie er mehrere gleichzeitig angesetzte Termine wahrnehmen soll, werden nur all zu leicht geneigt sein, im

Drange der Geschäfte und um Zeit zu gewinnen, auf die mündliche Verhandlung zu verzichten. Diese Gefahr ist um so größer, als schon der mangelnde gute Wille auch nur eines der Beteiligten imstande ist, die mündliche Verhandlung zu sabotieren. Jeder Richter weiß, wie schwer es manchmal ist, einen Anwalt, der gehofft hatte, sich auf den Akteninhalt beziehen zu können, zu einem wirklichen und verständlichen Vortrag zu bewegen. Jeder Anwalt hat gelegentlich Erfahrungen mit Richtern gemacht, die, weil sie einen mündlichen Vortrag für überflüssig halten, durch mangelnde Aufmerksamkeit den Vortrag der Sache geradezu lähmen. Wenn eine derartige Sabotage der mündlichen Verhandlung schon vorkam zu einer Zeit, wo auf die mündliche Verhandlung von Rechtswegen gar nicht verzichtet werden durfte, so wird sie natürlich häufiger und gefährlicher werden, wenn das Gesetz die Möglichkeit gewährt, von der mündlichen Verhandlung abzusehen.

Im Gegensatz zu meinem Herrn Mitberichterstatter lehne ich eine Abweichung von dem Grundsatz der Mündlichkeit auch für den Fall des Versäumnisverfahrens ab. Ich vermag nicht einzusehen, wem damit gedient werden soll, daß der bis zum Eintritt der Säumnis vorgebrachte Tatsachen- und Beweisstoff als Urteilsgrundlage zu verwerten ist. Es ist doch nur dreierlei möglich: entweder ist die Säumnis entschuldbar, dann gebe man dem Säumigen die Möglichkeit der Wiedereinsetzung in den vorigen Stand, oder sie ist unentschuldbar, dann muß der Säumige eben die Folgen tragen, oder endlich — ein praktisch sehr häufiger Fall — sie ist absichtlich. Der Säumige gibt aus irgend welchen, dem Gericht häufig nicht erkennbaren Gründen das Rennen auf. In solchen Fällen bedeutet es eine unnötige Verschwendung von Zeit und Arbeit, wenn das Gericht auf Grund des Akteninhalts ein sachliches Urteil erläßt, womöglich gar einen weiteren Beweisschluß, während doch der Säumige ganz damit einverstanden ist, daß lediglich auf Grund seiner Säumnis gegen ihn entschieden wird. Nur darin stimme ich meinem Herrn Mitberichterstatter zu, daß ich es nicht für angängig halte, gegen jedes Versäumnisurteil unterschiedslos den Einspruch zuzulassen. Gerichtliche Termine sind dazu da, wahrgenommen zu werden; wer einen Termin versäumt, dem mag, wenn er seine Versäumnis entschuldigen kann, weitherzig die Wiedereinsetzung gewährt werden. Der absichtlich oder fahrlässig Säumige muß die Folgen tragen.

Ich bin darauf gefaßt, daß man mir entgegenhalten wird, die restlose Durchführung des Mündlichkeitsgrundsatzes sei eine praktisch nicht zu verwirklichende Utopie. Franz Klein hat in einem geistvollen Aufsatz einmal ausgeführt, daß bisher noch jede Mündlichkeit sich an dem Übermaß des zu bewältigenden Stoffes verblutet habe. Nach den auf Grund der d. ZPO. gewonnenen Erfahrungen möchte ich dem nicht beitreten. Ich glaube nicht, daß im deutschen Zivilprozeß sich die Mündlichkeit unfähig gezeigt hätte, auch einen umfangreichen Stoff zu bewältigen. Natürlich bedarf sie dazu der Unterstützung durch Schriftsätze. Ich möchte diese Schriftsätze, wenngleich ihr Umfang über das wünschenswerte Maß vielfach hinausgeht, keinesfalls missen, kann auch nicht einsehen, warum es grundsätzlich verboten sein soll, in Schriftsätzen Rechtsausführungen zu machen. Verwickeltere Rechtsfragen bedürfen zu ihrer Vorbereitung m. E. genau so der Erörterung in Schriftsätzen wie verwickelte Tatfragen. Die Schriftsätze dienen zugleich der Fixierung des Parteivorbringens, so daß sich in Deutschland das Bedürfnis nach einer Fixierung im Protokoll kaum gezeigt hat. Für die Festhaltung von Abweichungen des mündlichen Vortrages von den Schriftsätzen gibt die Vorschrift des § 298 ZPO. genügende Möglichkeiten, Möglichkeiten, von denen die Praxis im Gegensatz zu dem, was im Schrifttum gelegentlich behauptet wird, umfangreichen Gebrauch macht. Es ist ja auch nicht einzusehen, warum im Zivilprozesse die Meisterung eines umfangreichen Stoffes nicht möglich sein solle, während im Strafprozeß, der doch gleichfalls auf dem Grundsatz der Mündlichkeit aufgebaut ist, ein umfangreiches Material tagtäglich bewältigt werden muß und bewältigt wird. Den eigentlichen und gefährlichsten Feind der Mündlichkeit sehe ich nach unseren deutschen Erfahrungen in dem Mangel an Zeit. Zweifellos erfordert ein mündliches Verfahren mehr Zeit als ein schriftliches Verfahren, und der Zeitmangel bedroht die Mündlichkeit mit Verkümmerung, wie es auch der Zeitmangel gewesen ist, der dafür verantwortlich ist, daß in manchen Teilen Deutschlands die Mündlichkeit auf dem Papier geblieben ist. Wer mit der Mündlichkeit Ernst machen will, muß deshalb nach Mitteln sinnen, um Zeit zu sparen und die Ausnutzung der zur Verfügung stehenden Zeit in vollem Umfange zu ermöglichen.

Die hierfür nach meiner Meinung geeigneten Mittel sind in meinem Leitsatz 2 vorgeschlagen. Worauf es ankommt, ist, einerseits eine Vervielfältigung der mündlichen Verhandlungen möglichst zu verhüten, also dafür zu sorgen, daß der Prozeß möglichst in einer Verhandlung erledigt wird. Denn es ist klar, daß, wenn eine Verhandlung mit wirklich durchgeführter Mündlichkeit, um beliebige Zahlen zu nennen, etwa die dreifache Zeit kostet, als die bisher vielfach geübte pseudo-mündliche Verhandlung, wenn aber der Prozeß, dessen Durchführung bisher durchschnittlich 6 mündliche Verhandlungen kostete, durchschnittlich in einer bis zwei mündlichen Verhandlungen zu Ende geführt werden kann, im Endergebnis eine Belastung der dem Gericht zur Verfügung stehenden Zeit nicht eintritt. Zum zweiten muß angestrebt werden, daß die zur Verfügung stehende Zeit restlos ausgenutzt und nicht nutzlos vergeudet wird.

Von den hierzu vorgeschlagenen Mitteln soll der Vortermin vor dem Einzelrichter als eine Art Sieb wirken, der alle nicht kontradiktorischen Sachen auffängt und die kontradiktorisch werdenden Sachen zum eigentlichen Spruchtermin durchläßt. Der Vortermin ist also zur Erledigung von Anerkenntnissen, Verzichten, Klagerücknahmen und vor allem von Versäumnisurteilen bestimmt, ferner zur Erledigung prozessualer Vorfragen. Für die Abgrenzung dieser Vorfragen im einzelnen bestimmte Vorschläge zu machen, kann nicht Aufgabe des Deutschen Juristentages und kann nicht meine Aufgabe sein. In Betracht kommen etwa Erledigung der Vollmachtsfrage, der Sicherheitsleistung für die Prozeßkosten und einige, keinesfalls aber alle prozeßhindernde Einreden. Festgehalten werden muß jedenfalls an der Beschränkung auf Fragen des Prozeßverhältnisses, während die eigentliche meritorische Behandlung dem Spruchrichter vorbehalten bleiben muß. In dieser Richtung geht — hierin befinde ich mich mit meinem Mitberichterstatter in völliger Übereinstimmung — die letzte Novelle zur deutschen Zivilprozeßordnung erheblich zu weit. Ich werde darüber im Zusammenhang mit dem Grundsatz der Unmittelbarkeit noch einiges zu sagen haben; für jetzt beschränke ich mich auf die Bemerkung, daß eine zu weite Abgrenzung der im Vortermin zu erledigenden Fragen den Zweck, der mit ihm verfolgt wird, gefährdet. Der Zeitverlust nämlich, der für den Spruchrichter durch die Erledigung der nicht kontradiktorischen Sachen oder prozessualer Vorfragen entsteht, ist bei einiger Geschicklichkeit nur gering und der Zeitgewinn, der durch die Überweisung an den Vortermin bezweckt wird, liegt vor allem darin, daß dem Gericht dadurch eine bessere Zeitdisposition ermöglicht werden soll. Es kann nämlich der Klage, wenn sie eingeht, nicht angesehen werden, ob sie kontradiktorisch wird oder nicht, so daß bei der Terminsanberaumung der Richter damit rechnen muß, daß jede Sache kontradiktorisch wird. Dadurch kommt es, daß die Verhandlungstage bald überlastet, bald nicht voll besetzt sind, je nachdem an den einzelnen

Verhandlungstagen ein größerer oder geringerer Prozentsatz der Sachen nicht kontradiktorisch wird. Dagegen gewährt die Einschaltung der Vortermine die Gewißheit, daß im Haupttermin alle Sachen kontradiktorisch werden, und die Möglichkeit, die Zeiteinteilung dementsprechend zu treffen. Bepackt man aber den Richter im Vortermin mit zu umfangreichen Aufgaben, wie es die Novelle tut, so verlegt man die Schwierigkeit der Zeitausnutzung lediglich vom Haupttermin auf den Vortermin. Nach unseren Vorschlägen, die sich mit der Gestaltung des österreichischen Zivilprozesses decken, wird jeder Vortermin nur ganz kurze Zeit in Anspruch nehmen; denn, selbst wenn keine nichtkontradiktorische Erledigung erfolgt, können die prozessualen Vorfragen immer nur ganz kurze Zeit in Anspruch nehmen. Hat aber der Einzelrichter im Vortermin, wie es der Gestaltung durch die Novelle entspricht, in eine sachliche Verhandlung einzutreten, so kann er bei der Terminsanberaumung nicht wissen, ob die einzelne Sache eine Minute oder eine Stunde in Anspruch nehmen wird, und die Zeitdisposition wird ihm erschwert.

Als zweites und meines Erachtens außerordentlich wichtiges Mittel schlage ich einen Schriftsatzwechsel in bestimmten Fristen vor. In dieser Richtung ist unser Verfahren bisher vollkommen gestaltlos. Auf jede Klage erfolgt mechanisch die Terminsanberaumung. Dadurch kommen die einzelnen Sachen zum Verhandlungstermin in einem ganz verschiedenen Stadium der Vorbereitung. In der einen Sache ist der Schriftsatzwechsel bis zum Termin vielleicht abgeschlossen; in der anderen Sache ist die Klagebeantwortung so spät eingereicht worden, daß dem Kläger eine Erwiderung nicht mehr möglich war; in der dritten Sache wird die Klagebeantwortung vielleicht erst im Termin überreicht oder gar Vertagung erbeten, weil die Zeit zur Anfertigung der Klagebeantwortung nicht gereicht habe. Selbst wenn also, was leider nur vereinzelt geschieht, bei der Terminsanberaumung darauf Rücksicht genommen wird, ob der Prozeßstoff verwickelt ist und deshalb längere Zeit zur Vorbereitung gewährt werden muß, so wird dadurch keine Gewähr dafür geschaffen, daß die gewährte längere Frist wirklich ausgenutzt wird, weil eben keine Zwangsmittel bestehen, durch welche die Parteien zum rechtzeitigen Schriftsatzwechsel angehalten werden. Auch die Einschaltung des Vortermins hilft hierin nicht viel, weil zwar die Sache erst, wenn sie erschöpfend vorbereitet ist, an den Spruchrichter abgegeben wird, dagegen ein Mittel zur rechtzeitigen Vorbereitung der Termine vor dem Einzelrichter nicht besteht.

Eine straffere Gliederung des Verfahrens halte ich deshalb für unerläßlich, und auch hier ist die Analogie des Verfahrens vor den gemischten Schiedsgerichten lehrreich, wo ausnahmslos ein Schriftsatzwechsel innerhalb bestimmter Fristen vorgeschrieben ist. Übrigens pflegt auch das Verfahren vor privaten Schiedsgerichten in der Regel so gestaltet zu werden, daß zunächst ein Schriftsatzwechsel angeordnet und erst nach Beendigung des Schriftsatzwechsels Verhandlungstermin bestimmt wird.

Natürlich sollen mit der Bestimmung von Fristen, innerhalb deren die Schriftsätze eingereicht werden müssen, keine präklusivischen Folgen verbunden werden. Die Parteien können bis zum Schluß der mündlichen Verhandlung neue tatsächliche Behauptungen und Beweise vorbringen. Wir hätten ja sonst die vollkommene Eventualmaxime, in deren Ablehnung ich mit meinem Herrn Vorredner übereinstimme. Die Gefahr aber, daß verspätetes Vorbringen zurückgewiesen werden kann (vergl. These 5 Satz 2), wird genügen, um eine Innehaltung der Fristen zu erreichen.

Erst in Verbindung mit einem derartigen Schriftsatzwechsel wird ein weiteres Mittel, das ich zur Konzentration der mündlichen Verhandlung vorschlage, nämlich die Herbeischaffung der voraussichtlich notwendig werdenden Beweismittel, praktisch brauchbar werden. Schon bisher war den Gerichten im amtsgerichtlichen Verfahren die Möglichkeit hierzu gegeben (§ 501 ZPO.). Von dieser Möglichkeit ist aber praktisch so gut wie nie Gebrauch gemacht worden. Das beruhte nach meiner Überzeugung im wesentlichen darauf, daß bei der bisherigen Gestaltlosigkeit des Verfahrens der Richter vor der Verhandlung nicht übersehen konnte, ob es auf das Beweismittel ankommen würde. Wenn beispielsweise in einer Darlehnsklage der Beklagte eine Forderung zur Aufrechnung stellt und für den Bestand dieser Forderung einen Zeugen benennt, so konnte der Richter bisher diesen Zeugen nicht gut laden; denn er wußte ja nicht, ob nicht der Kläger die Entstehung der zur Aufrechnung gestellten Forderung vielleicht zugeben und sie nur mit einem Gegeneinwand, etwa dem der Verjährung, bekämpfen würde. Muß aber dem Termin ein abschließender Schriftsatzwechsel vorausgehen, so kennt der Richter den Sach- und Streitstand und kann darnach entscheiden, auf welche Beweismittel es wirklich ankommt. Von selbst versteht es sich, daß Anordnungen über die Herbeischaffung von Beweismitteln den Parteien rechtzeitig mitgeteilt werden müssen, damit sie sich darauf einrichten können; denn sonst wird man vielfach den Parteien das Recht einer Vertagung nicht versagen können, und dadurch würde der Zweck, der durch die Herbeischaffung der Beweismittel erreicht werden soll, vereitelt.

Der Vorschlag zu 2d, die Benutzung mechanischer Hilfsmittel zur Feststellung des Verhandlungsverlaufs, bedarf keiner besonderen Begründung, wohl aber der zu e, der auf das Verbot von Vertagungen außer in gesetzlich genau festzusetzenden Fällen abzielt. Ich bin darauf gefaßt, daß dieser Vorschlag besonders unter meinen engeren Berufsgenossen auf lebhaften Widerspruch stoßen wird, und ich habe selbst bei den Beratungen, welche der letzten Prozeßnovelle vorangingen, dieses Vertagungsverbot entschieden bekämpft, muß aber gestehen, daß ich aus einem Saulus ein Paulus geworden bin. Gewiß ist der Prozeß nicht um des Gerichts und nicht um des Staates willen, sondern um der Partei willen da. Das ist grundsätzlich gar nicht zu bestreiten, und es ist deshalb meines Erachtens beispielsweise nicht zu rechtfertigen, daß die Novelle zur Zivilprozeßordnung (§ 251 ZPO.) das Ruhen des Verfahrens von einem Beschluß des Gerichts abhängig macht. Wenn also die Akten von einer auswärtigen Beweisaufnahme zurückkommen, so genügt es nicht, daß die Parteien übereinstimmend beim Gericht beantragen, von der Anberaumung eines Verhandlungstermins abzusehen, sie müssen vielmehr dem Gericht darlegen, daß wegen Schwebens von Vergleichsverhandlungen oder aus sonstigen wichtigen Gründen diese Anordnung zweckmäßig ist. Man fragt sich vergeblich, wer daran interessiert ist, den Parteien einen Fortgang des Verfahrens aufzuzwingen, den sie selbst nicht wünschen, und warum dem Gericht und den Parteien die Arbeit gemacht wird, nachzuweisen beziehungsweise nachzuprüfen, daß wichtige Gründe das Ruhen des Verfahrens zweckmäßig erscheinen lassen. Diese Bestimmung ist ein Schulbeispiel für die auch sonst bei der Verabschiedung der Novelle zutage getretene Einstellung, welche die Parteien nicht als Subjekte, sondern als Objekte des Prozesses ansieht und den Prozeß als eine Journalnummer, der im bürokratischen Interesse, vor allem im Interesse einer günstigen Statistik, möglichst bald abverfügt werden muß.

Wenngleich ich also an der grundsätzlichen Herrschaft der Parteien über den Prozeß festhalte, so liegt doch die Frage der Terminsvertagung besonders. Der Zeitverlust, der den Richtern durch unnötige Terminsvorbereitung erwächst, steht für mich dabei nicht in erster Reihe. Ein solcher Zeitverlust läßt sich durch Vereinbarungen zwischen Gericht und Anwaltschaft, wonach Vertagungen rechtzeitig angezeigt werden müssen, erheblich verringern. Entscheidend ist die Unmöglichkeit für das Gericht, seine Zeit zweckmäßig einzuteilen, wenn es vorher nicht weiß, welche Sache verhandelt und welche vertagt werden soll. An der Zeiteinteilung des Gerichts sind letzten Endes wieder die Parteien interessiert; denn je weniger das Gericht zu einer vernünftigen Zeiteinteilung in der Lage ist, desto mehr Zeit geht unnötig verloren, desto weiter werden die Termine hinausgeschoben und desto schwerer wird es, die für eine wirkliche mündliche Verhandlung erforderliche Zeit zu gewinnen. Deshalb also, weil letzten Endes die Parteien an der Zeitausnutzung des Gerichts interessiert sind, eine vernünftige Zeitausnutzung aber mit dem beliebigen Vertagungsrecht unvereinbar ist, rede ich dem Verbot der Vertagung das Wort.

Das Vertagungsunwesen hat tatsächlich einen ungeheuren Umfang angenommen, und zwar nicht nur in Großstädten, wo es naturgemäß für die Anwälte am schwersten ist, zahlreiche auf denselben Zeitpunkt angesetzte Termine wahrzunehmen, sondern ebenso an kleineren und an kleinsten Gerichten. In einer mehrjährigen Tätigkeit bei dem Preußischen juristischen Landesprüfungsamt, also derjenigen Behörde, vor der alle preußischen Referendare die Assessorenprüfung abzulegen haben, liegt es mir unter anderem ob, Aktenstücke, die zu diesem Zweck aus ganz Preußen übersandt werden, auf ihre Brauchbarkeit für Prüfungszwecke durchzusehen, und ich muß gestehen, daß ich geradezu erschüttert war, wie unendlich oft auch bei kleineren und kleinsten Gerichten die Termine der Vertagung verfallen. Ich gebrauche den Ausdruck „Vertagungsunwesen" nicht im Sinne eines subjektiven Vorwurfs. Wenn das Gesetz der Partei ein Vertagungsrecht gewährt, so wird die Ausübung dieses Rechtes für den Parteivertreter häufig zur Pflicht. Ich verweise etwa auf folgenden in der Rechtsprechung der Gerichte vorgekommenen Fall: eine Partei produziert im Verhandlungstermin einen Brief; der gegnerische Prozeßbevollmächtigte will vertagen, um eine Erklärung seiner Partei über die Echtheit des Briefes einzuholen, entschließt sich aber auf den Hinweis des Gerichts, daß die Handschrift des Briefes mit anderen bei den Gerichtsakten befindlichen, unzweifelhaft echten Schriftstücken übereinstimmt, die Echtheit nicht zu bestreiten. Seine Partei wird auf Grund dieses Briefes verurteilt; später stellt sich heraus, daß der Brief gefälscht war. Der Anwalt ist auf die Regreßklage seiner Partei in erster Instanz verurteilt worden und hat in zweiter Instanz mit Mühe und Not die Klageabweisung durchgesetzt. Ein solches Beispiel zeigt, daß der Anwalt unter der gegenwärtigen Prozeßordnung häufig geradezu pflichtwidrig handelt, wenn er von einem Vertagungsrecht keinen Gebrauch macht. Deshalb wird nach meiner Überzeugung in der großen Mehrzahl der Fälle aus der Vertagung subjektiv keinem Beteiligten ein Vorwurf gemacht werden können; daß es daneben auch Fälle gibt, in denen die Partei oder die Parteivertreter durch Lässigkeit, die Gerichte durch ungeschickte Zeiteinteilung an der Vertagung schuld sind, soll natürlich nicht bestritten werden, und ebenso darf in diesem Zusammenhang nicht verschwiegen werden, daß, was speziell die größten deutschen Gerichte, nämlich die Berliner Gerichte, anlangt, die unglückselige Gerichtsorganisation den größten Teil der Schuld an der Vertagung trägt.

Man wird fragen, wie es angängig sein soll, die Vertagungen zu verbieten, wenn doch niemand ein subjektives Verschulden daran trifft, daß bisher so viel vertagt worden ist; aber einmal wird der hauptsächlichste Grund, der bisher zu Vertagungen Anlaß gab, nämlich die Stellungnahme zu neuen Behauptungen, beseitigt, wenn durch die Ordnung des Schriftsatzwechsels die Parteien angehalten werden, ihre Ausführungen rechtzeitig vor dem Termin zu machen. Im übrigen aber muß die Partei dafür sorgen, daß ihr Vertreter gegenüber neuen Behauptungen, deren Aufstellung sich ja nie ganz wird vermeiden lassen, sei es in Beantwortung von Fragen, die das Gericht stellt, sei es, weil es ja eben gerade das Verdienst und der Zweck der mündlichen Verhandlung ist, Punkte aufzudecken, hinsichtlich deren die Parteien aneinander vorbeigeredet haben und hinsichtlich deren deshalb eine Ergänzung der bisherigen Ausführungen notwendig ist, sogleich im Termin selbst mit Information versehen wird. Das Recht auf Vertagung, das die Praxis bisher, meines Erachtens allerdings weit über das gesetzliche Maß hinaus, gegenüber jeder neuen Behauptung gab, ist meines Erachtens nicht zu rechtfertigen. Gewiß ist die Partei Subjekt des Prozesses, nicht Objekt und mag ihn deshalb führen, wie es ihr beliebt, und weder das Gericht noch die Gegenpartei hat einen Anspruch darauf, daß sie an der Aufklärung des Sachverhalts mitwirkt. Sie verlangt aber etwas vom Gericht, nämlich eine ihr günstige Entscheidung, und muß es sich deshalb gefallen lassen, prozessuale Nachteile zu erleiden, wenn sie an der Beschaffung der Grundlagen für die von ihr erbetene Entscheidung nicht mitwirkt. Auf den konkreten Fall angewandt, bedeutet dies, daß sie zwar zum persönlichen Erscheinen im Termin nicht verpflichtet, ihr Vertreter aber zur Vertagung nicht berechtigt ist, wenn er auf eine neue Behauptung sich nicht erklären kann. Ich komme im Zusammenhang mit Leitsatz 4 auf diese Frage nochmals zurück.

Es kann nicht unsere Aufgabe sein, im einzelnen diejenigen Fälle aufzuzählen, in denen eine Vertagung ausnahmsweise zulässig sein soll. Ich bin durchaus dafür, die Grenzen weitherzig zu ziehen, weitherziger als es die österreichische Zivilprozeßordnung tut, und es ist z. B. zu erwägen, ob nicht die pflichtmäßige Versicherung beider Anwälte, daß die Vertagung aus sachlichen Gründen geboten ist, zur Herbeiführung der Vertagung genügen soll.

Werden Vertagungen außer in gesetzlich vorgesehenen Fällen verboten, so erhebt sich natürlich die Frage, was zu geschehen hat, wenn die Parteien oder ihre Vertreter im Termin gleichwohl ausbleiben und deshalb eine Verhandlung nicht erfolgen kann. Es ist dies der Übelstand, dem die Novelle mit der Einführung des sogenannten Aktenurteils begegnen will. Ich kann mich aber, der ich schon das Aktenurteil im Falle einseitigen Ausbleibens der Parteien verwerfe (vergl. oben S. 300), mit dem Aktenurteil im Falle beiderseitigen Ausbleibens erst recht nicht befreunden. Ich nenne es Aktenurteil, weil sich dieser Ausdruck bereits eingebürgert hat, obwohl, wie mit Recht bemerkt worden ist, der Ausdruck nicht ganz zutrifft, weil nicht nur der Akteninhalt, sondern auch das mündlich Vorgetragene zu berücksichtigen ist. Wenn für Prozeßinstitutionen das gilt, was man von den Frauen gesagt hat, daß nämlich die die besten sind, von denen man am wenigsten spricht, so ist das Aktenurteil eine sehr unglückliche Erfindung; denn es sind schon wahre Tintenströme darüber vergossen worden, ohne daß man damit dem Erkenntnis seines Wesens sehr viel näher gekommen wäre. Es ist eben in unserem auf dem Grundsatz der Mündlichkeit sich aufbauenden Verfahren ein Fremdkörper, der sich in dieses Verfahren nie organisch eingliedert und dem Verständnis wie der Handhabung stets die größten Schwierigkeiten bieten wird. Man sollte es so bald als möglich wieder beseitigen.

Was aber soll dann geschehen, wenn die Parteien ausbleiben? Im Anwaltsprozeß ist die Lösung, die ich vorschlage, einfach, wenngleich ich voraussehe, daß sie auf den ersten Blick befremdend wirken wird. Ist es unzulässig, Termine ohne Genehmigung des Gerichts zu vertagen, so begehen die Anwälte, die in einem Termin nicht erscheinen, eine Pflichtverletzung, und die Sanktion für diese Pflichtverletzung ist die gleiche wie für alle anderen Pflichtverletzungen, nämlich das Einschreiten der Aufsichtsbehörde. Es gibt ja auch im Strafprozeß Verhandlungen, die in Abwesenheit des Anwalts nicht stattfinden können, nämlich in Fällen der notwendigen Verteidigung. Bleibt in solchen Fällen der Anwalt aus, so verfällt der Termin auch der Vertagung. Praktisch geschieht das aber so gut wie nie, weil eben der Anwalt weiß, daß sein Ausbleiben eine Pflichtverletzung darstellen und disziplinare Folgen nach sich ziehen würde. Die Vorstände der Anwaltskammern können für sich in Anspruch nehmen, daß sie gegen Pflichtverletzungen mit dem nötigen Nachdruck einschreiten, und ich bin überzeugt, daß, wenn erst einmal der Gedanke sich durchgesetzt hat, dem man meinetwegen auch im Gesetz Ausdruck geben mag, daß die Vereitelung anberaumter Termine durch die Anwälte eine Pflichtverletzung darstellt, dieser Übelstand aufhören wird. Im Parteiprozesse ist die Gefahr der Terminsvereitelung von vornherein geringer, schon weil die Kollision mehrerer Termine, die der Anwaltschaft die Terminswahrnehmung erschwert, fortfällt. Daß beide Teile im Termin ausbleiben, wird deshalb im Parteiprozeß selten vorkommen, und bleibt nur e i n e Partei aus, so mag die andere Versäumnisurteil beantragen. Glaubt man gleichwohl im Parteiprozesse eine Sanktion für die Vereitelung von Terminen nicht entbehren zu können, so mag man auf ein Mittel zurückgreifen, das bei der Beratung der Novelle aus Anwaltskreisen vorgeschlagen worden ist, nämlich die Festsetzung einer besonderen Gebühr für den Fall unentschuldigter Terminsvereitelung. Dieses Mittel, das auch im Anwaltsprozeß angewandt werden mag, wenn man im Gegensatz zu mir zu dem Pflichtbewußtsein der Anwaltschaft nicht das nötige Vertrauen hat, ist sehr viel wirksamer und sehr viel einfacher als das Aktenurteil, das nach den bisher vorliegenden Erfahrungen auch bei den Gerichten wenig beliebt ist und deshalb als eine wirksame Waffe gegen das Vertagungsunwesen sich nicht erweisen wird.

Ebenso wie die Forderung der Mündlichkeit ist auch die Forderung nach Unmittelbarkeit in der Theorie kaum bestritten.

Mündlichkeit und Unmittelbarkeit bedingen sich gegenseitig, und die eine ist ohne die andere nutzlos. In der Novelle hat aber der Grundsatz der Unmittelbarkeit durch das Verfahren vor dem Einzelrichter eine starke Abschwächung erfahren. Es ist allerdings formell nicht ganz zutreffend, wenn der Herr Vorredner ausgeführt hat, daß der Einzelrichter über die Ergebnisse des vor ihm abgehaltenen Verfahrens im Kollegium Bericht zu erstatten hat. Das ist nirgends vorgeschrieben.

Ob sich das Verfahren in der Praxis so gestalten wird, bleibt abzuwarten. Eine Gefahr liegt jedenfalls darin, daß derselbe Streitstoff, der dem Kollegium vorgetragen werden soll, einem Mitglied dieses Kollegiums, eben dem Einzelrichter, bereits in aller Ausführlichkeit vorgetragen worden ist. Es wird schwer sein, die Aufmerksamkeit des Kollegiums für einen solchen Vortrag zu gewinnen, und die Gefahr, daß der Einzelrichter den Vortrag übernimmt, liegt sehr nahe. Dann aber wird dem Kollegium der Streitstoff nicht unmittelbar vorgeführt, sondern bereits durch die Brille eines Mittelsmanns gesehen, und selbst wenn sich die Parteien das Recht des unmittelbaren Vortrags nicht nehmen lassen, so hat der Prozeß durch das Verfahren vor dem Einzelrichter bereits eine bestimmte Richtung erhalten, während er, wenn er von vornherein vor dem Kollegium verhandelt worden wäre, vielleicht eine ganz andere Richtung genommen hätte. Das gilt ganz besonders, wo, wie beispielsweise in der Geschäftsverteilung des Landgerichts II Berlin vorgeschrieben, Beratungen und Beschlußfassungen des Kollegiums vor Beendigung des Einzelrichter-Verfahrens stattfinden. Der Sache nach läuft es darauf hinaus, wie zutreffend bemerkt worden ist, daß das Kollegium eine Berufungsinstanz gegenüber dem Einzelrichter darstellt, nur daß in dieser Berufungsinstanz der Richter, gegen den sich die Berufung richtet, systemwidrig mitwirkt. Das ist zwar formell nicht zutreffend, sachlich aber kommt es darauf hinaus.

Wichtiger noch ist die Verkümmerung der Unmittelbarkeit der Beweisaufnahme. In dieser Beziehung hat sich seit dem Wiener Juristentag eine gewisse Wandlung der Anschauungen vollzogen. Auf dem Wiener Juristentag waren sämtliche Gutachter und Berichterstatter darin einig, daß die Beweisaufnahme vor dem erkennenden Gericht unmittelbar erfolgen müsse und die zulässigen Ausnahmen der Rücksicht auf die Geschäftslage des Gerichts nicht entnommen werden dürfen. Der Juristentag beschloß dementsprechend mit großer Mehrheit. In der Diskussion waren nur von einer einzigen Seite Bedenken erhoben worden. Inzwischen haben sich die Stimmen gemehrt, die für eine Abschwächung dieses Grundsatzes eintreten. Erste Fachkenner bezweifeln teils die Durchführbarkeit dieses Grundsatzes; teils meinen sie, daß die Beweisaufnahme vor dem erkennenden Gericht nicht immer den Vorzug verdiene gegenüber der vor dem beauftragten Richter. Demgegenüber halten mein Herr Mitberichterstatter und ich nachdrücklich an der uneingeschränkten Unmittelbarkeit der Beweisaufnahme fest. Zunächst wird nicht zu bestreiten sein, daß es ein Gebot der Logik ist, daß derjenige, der die Verantwortung für eine Entscheidung mitträgt, auch die Grundlagen, auf denen sich die Entscheidung aufbaut, kennen muß und diese Grundlagen sind die Aussagen der Zeugen und Sachverständigen. Wenn Levin im Anschluß an eine Bemerkung von Isay auf dem Wiener Juristentag meint, daß es weniger darauf ankommt, daß der Zeuge vor dem Prozeßgericht als daß er gut vernommen wird, so ist damit meines Erachtens das Problem nicht richtig formuliert. Gewiß muß der Zeuge gut vernommen werden; aber auch die beste Vernehmung hilft nichts, wenn es nicht gelingt, ihr Ergebnis dem Prozeßgericht mit photographischer Treue vorzulegen. Das aber ist bei der Vernehmung durch den beauftragten Richter nicht möglich. Degen hat in seinem dem Wiener Juristentag erstatteten außerordentlich gediegenen Gutachten den Gang einer Vernehmung vor dem beauftragten Richter folgendermaßen geschildert:

> Der Richter veranlaßt den Zeugen oder Sachverständigen zu einer zusammenhängenden Auslassung, welche dieser je nach Inhalt und Umfang im ganzen oder punkt- und abschnittweise erstattet; sie wird, soweit unvollständig, nach den vom Richter, den Parteivertretern und Parteien gestellten Fragen ergänzt; hierauf ersucht der Richter den Zeugen ebenso freundlich wie nachdrücklich, ihm sofort ins Wort zu fallen, wenn ein Ausdruck dem, was er bekunden will, nicht entspricht; erst dann sagt der Richter dem Gerichtsschreiber die einzelnen Sätze zur Niederschrift vor, wobei er sich eifrig bemüht, daß alle kennzeichnenden (charakteristischen) Redewendungen des Zeugen wörtlich und genau in der Verbindung, in der sie gefallen sind, in das Protokoll gelangen. Nach dem Abschlusse der Vernehmung wird die ganze Niederschrift noch im Zusammenhange vorgelesen. Auf diese Weise zeichnet die schriftliche Wiedergabe zumeist ein durchaus (insbesondere auch für das Berufungsgericht) brauchbares Bild vom Verlaufe der Vernehmung.

Dies ist ein Idealbild, von dem wir alle wissen, daß es im Drange der Geschäfte praktisch nicht immer verwirklicht wird, zumal bei der Geschäftsverteilung immer noch das Dezernat kommissarischer Beweisaufnahmen als ein minderwertiges angesehen wird, das man dem weniger erfahrenen und weniger befähigten Richter anvertrauen kann. Aber auch Degen gibt zu, daß, selbst wenn so verfahren wird, wie er es schildert, damit die eigene Anschauung, die ganze Persönlichkeit des Vernommenen und alle Einzelheiten des Vernehmungsvorgangs sich nur unvollkommen darstellen lassen. Ganz gefährlich ist es natürlich, wenn etwa der Berichterstatter auf den Gedanken kommt, diese Einzelheiten, die sich der Festhaltung im Protokoll entziehen, im Beratungszimmer wiederzugeben, denn derartige Eindrücke können sehr leicht subjektiv sein und entbehren der Kontrolle durch die Parteivertreter, die hätte ausgeübt werden können, wenn die Eindrücke im Protokoll niedergelegt worden wären. Bleibt es sonach dabei, daß auch das beste Protokoll den persönlichen Eindruck nicht ersetzen kann, so muß notwendigerweise die Wahrheitsermittelung leiden, wenn die unmittelbare Beweisaufnahme durch eine kommissarische ersetzt wird. Ich bin überzeugt, daß die oft beklagte schematische Beweiswürdigung unserer Gerichte mit diesem Übelstand zusammenhängt. Eine Psychologie der Beweisaufnahme kennt man bei uns kaum; der Zeuge hat das beschworen, und deswegen wird ihm geglaubt, und wie könnte das auch anders sein, wenn die erkennenden Gerichte den Zeugen kaum noch zu sehen bekommen?

Aber vielleicht liegt die Sache so, daß die Wahl zwischen zwei Übeln getroffen werden muß, daß man entweder eine sorgfältige, aber mittelbare Beweisaufnahme, oder eine zwar unmittelbare, dafür aber weniger eingehende Beweisaufnahme haben kann? Dies wird allerdings behauptet. Ich bestreite es. Ich bestreite, daß es nicht möglich sein soll, in einer öffentlichen Sitzung ebenso sorgfältig zu vernehmen wie durch den kommissarischen Richter in nichtöffentlicher Sitzung. Zunächst ist nicht einzusehen, warum der Vorzug des Richterkollegiums gegenüber dem Einzelrichter, daß nämlich 3 oder 5 Richter mehr sehen als einer, sich nicht auch bei der Beweisaufnahme geltend machen soll. Wenn ich an meine eigenen Erfahrungen in Hauptverhandlungen vor dem Ehrengericht der Anwaltskammer denke, das bekanntlich mit fünf Richtern besetzt ist, so möchte ich auch für die Beweisaufnahme keinen dieser 5 Richter missen; denn jeder von ihnen trägt bei wichtigen Beweisaufnahmen durch Fragen zur Aufklärung bei. Wenn es ferner wahr wäre, daß die Vernehmung in öffentlicher Sitzung, die größere Feierlichkeit des Kollegiums gegenüber dem Einzelrichter den Zeugen einschüchtere und ihn verhindere, sich frei zu geben, so müßte die Beweisaufnahme im Strafverfahren, wo doch derartige einschüchternde Momente sich viel stärker geltend machen als im Zivilverfahren, erst recht unter diesem Übelstand leiden, was noch nie behauptet worden ist. Dagegen spricht auch, daß die Unmittelbarkeit der Beweisaufnahme heutzutage in Ehesachen noch am stärksten erhalten geblieben ist, wo doch die äußere Aufmachung weit eher ablenkend wirken könnte, als in gewöhnlichen vermögensrechtlichen Streitigkeiten. Wenn die Ehescheidungskammern im allgemeinen auf die unmittelbare Vernehmung der wichtigsten Zeugen nicht verzichten, so geschieht das augenscheinlich, weil sie es nicht für angängig halten, sich ein Urteil über die Glaubwürdigkeit von Zeugen zu bilden, die sie nicht gesehen haben, und man wende nicht etwa ein, daß die Glaubwürdigkeit der Zeugen in Ehescheidungsprozessen eine größere Rolle spiele als in anderen Prozessen. Ganz unbeteiligte Zeugen gibt es bei der Gestaltung unseres Wirtschaftslebens heute nur noch wenig; die Mehrzahl steht in einem Abhängigkeitsverhältnis zu einer Partei, und die Fülle, in denen ein Zeuge so glaubwürdig ist, daß man seiner Aussage ohne weiteres Glauben schenken kann, ohne einen Eindruck von seiner Persönlichkeit empfangen zu haben, sind selten.

Im Interesse der Wahrheitsermittlung halten wir es deshalb für unerläßlich, daß die Beweisaufnahme nur dann nicht vor dem erkennenden Gerichte stattfindet, wenn wirklich zwingende Gründe, etwa Krankheit des Zeugen, weite Entfernung vom Gerichtsort und dergleichen entgegenstehen, daß dagegen die Geschäftslage des Gerichts niemals Anlaß geben darf, von der unmittelbaren Beweisaufnahme Abstand zu nehmen. Ob man so weit gehen soll, wie wir es vorschlagen, gegen die Übertragung der Beweisaufnahmen an den beauftragten oder ersuchten Richter ein Rechtsmittel zuzulassen, mag zweifelhaft sein. Ein solches Rechtsmittel kann zu Verschleppungszwecken mißbraucht werden, und ob der Umstand, daß die Beschwerde keinen suspensiven Effekt zu haben braucht, ein genügendes Gegengewicht dagegen bietet, ist immerhin nicht sicher.

Hinsichtlich der Unmittelbarkeit der Beweisaufnahme hat die Novelle einen empfindlichen Rückschlag gebracht. Während bisher die Aufnahme des Zeugenbeweises durch den ersuchten Richter nur erfolgen durfte, wenn die Beweisaufnahme vor dem Prozeßgericht erheblichen Schwierigkeiten unterliegen würde (§ 375 Ziffer 2 ZPO.), welche Bestimmung, aufrichtig angewandt, eine kommissarische Beweisaufnahme wegen Geschäftsüberlastung nicht gestattet haben würde, so überläßt es jetzt der § 349 Absatz 2 ZPO. lediglich dem Ermessen des Einzelrichters, ob er die Beweise selbst erheben oder dies dem Prozeßgericht vorbehalten will, und die Praxis ist bereits dazu übergegangen, die

Beweisaufnahme vor dem Einzelrichter zur Regel zu machen, von der nur in Ausnahmefällen abgesehen werden soll. Wir halten dies für eine gefährliche Verirrung. Der Mangel an Zeit darf nicht zur Rechtfertigung von Maßnahmen verwandt werden, welche die Ermittelung der materiellen Wahrheit gefährden. Die notwendige Zeit für Maßnahmen, ohne welche die gerechte Entscheidung eines Gerichts nicht möglich ist, muß gefunden werden. Freilich werden Richter sowohl wie Anwälte hierfür Opfer bringen und auf liebgewordene Gewohnheiten verzichten müssen. Vor allem werden die Sitzungen früher beginnen und später enden müssen, als es jetzt der Fall ist. Im übrigen ist es eine wohl aufzuwerfende Frage, ob nicht unser Recht in der Zulässigkeit des Zeugenbeweises zu weit geht. Beschränkungen, wie sie sowohl im französischen, wie im englisch-amerikanischen Recht enthalten sind, dahingehend, daß der Zeugenbeweis nur unter bestimmten Voraussetzungen zulässig ist, haben manches für sich. Die Frage sei hier nur angedeutet; sie würde verdienen, einmal auf die Tagesordnung eines Juristentages gesetzt zu werden.

Zum Leitsatz 4 habe ich zunächst zu bemerken, daß er nicht meiner Feder, sondern der meines Herrn Mitberichterstatters entstammt. Herr Präsident Dr. Engel hatte an Stelle der schließlich von ihm vorgelegten kürzeren Leitsätze ursprünglich längere Leitsätze aufgestellt, von denen der über das persönliche Erscheinen so ganz meiner Auffassung entsprach, daß ich ihn als den nunmehrigen Leitsatz 4 in meine Leitsätze übernommen habe. Ich habe also mit ihm ein Plagiat an Herrn Präsident Engel begangen, für das er mir freundlichst Amnestie gewährt hat. Wie Sie sehen, halten wir einen Zwang zum persönlichen Erscheinen der Parteien nicht für zulässig. Ein solcher Zwang erscheint uns systemwidrig, wenn die Partei, was dem geltenden Recht entspricht und woran unseres Erachtens unbedingt festgehalten werden muß, zu einer Erklärung nicht verpflichtet ist. Ich setze den Fall, der in der Praxis nicht vereinzelt ist, daß das persönliche Erscheinen einer Partei unter Strafandrohung erzwungen wird, daß die Partei die Frage des Richters, ob sie sich vergleichen will, verneint und auf die Frage, was sie anzuführen habe, erklärt, daß sie dies ihrem Anwalt überlassen wolle. Der Richter muß sich einigermaßen blamiert vorkommen, daß er, um dies Ergebnis zu erreichen, staatliche Machtmittel in Bewegung gesetzt hat. Wohl aber ist es, wie schon oben Seite 308 erwähnt, unsere Auffassung, daß die Partei, die etwas von dem Gericht verlangt, nämlich eine ihr günstige Entscheidung, sich prozessuale Nachteile gefallen lassen muß, wenn sie durch ihre Passivität den Gang des Verfahrens aufhält. Die in Betracht kommenden Nachteile sind im Leitsatz 4 aufgezählt und erklären sich selbst. Nur darauf sei zur Vermeidung eines Mißverständnisses hingewiesen, daß die aufgeführten Nachteile lediglich eintreten können, nicht dagegen eintreten müssen, dies vielmehr von dem pflichtmäßigen Ermessen des Gerichts abhängt. Dies gilt vor allem von der Verwendung des Ausbleibens der Parteien zur Bildung einer richterlichen Überzeugung. Selbstverständlich wird nicht in jedem Falle das Ausbleiben der Partei den Richter in diesem Sinne bestimmen. Wenn aber beispielsweise über den Abschluß eines Geschäfts mit einer Partei zwei widersprechende Zeugenaussagen vorliegen und der Richter nunmehr die Partei zur Gegenüberstellung mit den Zeugen vorlädt, so wird er aus ihrem Ausbleiben den Schluß ziehen können, daß sie nicht den Mut hat, der ihr ungünstigen Aussage zu widersprechen, daß diese Aussage also richtig sein muß.

Auf den Leitsatz 5 bin ich schon oben bei Erörterung des im Leitsatz 2b vorgeschlagenen Schriftsatzwechsels kurz eingegangen. Einig mit meinem Herrn Mitberichterstatter in der Verwerfung der Eventualmaxime, bin ich auch darin mit ihm einig, daß die Ablehnung der Eventualmaxime nicht ausschließt, verspätetes Vorbringen unter dem Gesichtspunkt der Verschleppung zurückzuweisen. Ich habe auch nichts dagegen einzuwenden, daß diese Zurückweisungsbefugnis dem Gericht unabhängig von einem Antrag der Partei gewährt wird, wobei es sich empfehlen dürfte, wie das in der Praxis schon jetzt vielfach geschieht, von dieser Zurückweisung nur Gebrauch zu machen, wenn der Partei vorher Gelegenheit zur Äußerung gegeben worden ist. Ich möchte aber in diesem Zusammenhang einer Legende entgegentreten, die immer weitere Verbreitung findet, der nämlich, daß die Zurückweisungsbefugnis des Gerichts deshalb von einem Antrag der Partei nicht abhängig gemacht werden dürfe, weil Anwälte untereinander aus Konnivenz derartige Anträge nicht stellen. Diese Behauptung geht parallel mit der anderen, daß Anwälte aus Konnivenz auch keine Versäumnisanträge gegeneinander stellen. Ich möchte den, der dies behauptet, einladen, einmal einer Sitzung des Vorstandes der Berliner Anwaltskammer beizuwohnen. Der Berliner Vorstand ist wegen des Umfangs der Geschäfte in zwei Abteilungen geteilt, deren jede alle 14 Tage eine mehrstündige Sitzung abhält, also einen erheblichen Stoff bearbeitet. Einen großen Prozentsatz aller zur Bearbeitung kommenden Fälle bilden Beschwerden über Versäumnisurteile, die ein Anwalt gegen den anderen genommen hat. Die Anwaltschaft ist sich ihrer Treupflicht gegenüber ihrem Auftraggeber bewußt und sie läßt sich in der Erfüllung dieser Treupflicht von der Benutzung der ihr vom Gesetz zur Verfügung gestellten Rechtsbehelfe durch Erwägungen kollegialer Konnivenz nicht abhalten.

Zum Schlusse sei kurz zusammengefaßt, worin sich meine Leitsätze von denen meines Herrn Mitberichterstatters und worin sie sich von der Gestaltung des gegenwärtigen deutschen Zivilprozesses unterscheiden. Von Herrn Präsident Dr. Engel unterscheide ich mich, soweit es sich nicht lediglich um Abweichungen der Fassung handelt, hauptsächlich hinsichtlich der Gestaltung der Berufung und der Gestaltung des Versäumnisverfahrens. Da indes das Berufungsverfahren nicht unmittelbar zum Thema gehört, so besteht eine sachliche Verschiedenheit im wesentlichen nur hinsichtlich des Versäumnisverfahrens, und da hierüber eine Einigung bevorsteht, wird es voraussichtlich möglich sein, daß wir uns auf gemeinschaftliche Leitsätze einigen. Was die Struktur des gegenwärtigen deutschen Zivilprozesses anlangt, so halte ich die Tendenz, den Prozeß möglichst in einer mündlichen Verhandlung zu Ende zu bringen, für billigenswert, für abänderungsbedürftig dagegen einerseits die Vorschriften über das Aktenurteil und andererseits die Vorschriften über das Verfahren vor dem Einzelrichter, insofern letzteres weder technisch zweckmäßig noch mit dem Grundsatz der Unmittelbarkeit vereinbar ist.

Auf dem Juristentag in Wien hat Magnus für die widerstreitenden Ansichten die Formel geprägt: „Hie Evolution, dort Revolution". Ich bekenne mich mit Überzeugung zu dem Grundsatz der Evolution. Von einem hochstehenden Richtertum und einer hochstehenden Anwaltschaft gehandhabt, leistet unsere Zivilprozeßordnung noch heute Unübertreffliches, und nur insofern hat sie gefehlt, als sie im schönen Optimismus auf ein Höchstmaß von Leistungen der bei der Prozeßhandhabung beteiligten Organe vertraut hat, das in unserer unvollkommenen Welt nun einmal nicht immer erreicht wird. Aber selbst wenn es anders wäre, wenn unsere Zivilprozeßordnung die Fehler hätte, die ihr viele ihrer Kritiker nachsagen, so würde es immer noch des Beweises bedürfen, daß unsere Zeit imstande wäre, an ihrer Stelle ein besseres Gesetzgebungswerk aufzurichten. Nach meiner festen Überzeugung ist dem nicht so. Noch niemals war eine Zeit so wenig zur Gesetzgebung berufen, wie die unsere. Von inneren

Kämpfen zerrissen, von außen gedemütigt, durch materielle Not bedrückt, kann unsere Staats- und Volksgemeinschaft nicht die geistige Freiheit und Muße aufbringen, in der allein ein großes Gesetzgebungswerk reifen kann. In solchen Zeiten muß man sich bescheiden; in solchen Zeiten kann man es sich nicht leisten, wie es wohl in glücklicheren Zeiten möglich war, ein Haus niederzureißen, auch wenn es noch keineswegs baufällig ist, nur um an seiner Stelle ein neues zu errichten, das noch wohnlicher, noch geräumiger und bequemer ist. Man muß sich begnügen, die nötigsten Ausbesserungen vorzunehmen, um dem Regen hier, der Kälte dort den Eintritt abzuwehren. So verstehe ich die Aufgabe, die dem Juristentag obliegt und an der Erfüllung dieser Aufgabe nach meinen bescheidenen Kräften mitzuwirken, ist der Zweck meiner Ausführungen gewesen.

In der an die Vorträge der Berichterstatter sich anschließenden Diskussion führte Geh. Justizrat Dr. Heilberg-Breslau aus, daß wir zwar ein Prozeßgesetz, aber tatsächlich viele Prozeßordnungen, beispielsweise am Oberlandesgericht Jena eine andere Prozeßordnung als am Landgericht I Berlin, hätten; man dürfe daher die Erfahrungen einzelner Gerichte, auch die der österreichischen, nicht verallgemeinern. Eine Beschränkung der Berufung könne für deutsche Verhältnisse nicht in Betracht kommen; ein Verbot von Vertagungen, außer in gesetzlich genau festzusetzenden Fällen, sei nicht zweckmäßig; wohl aber sei eine Beschränkung des Vertagungsrechts der Parteien angebracht. Redner wies ferner auf die Unwahrhaftigkeit der Protokolle hin; eine mündliche Verhandlung finde tatsächlich oft gar nicht statt.

Schließlich beantragte Geh. Justizrat Dr. Heilberg, in den Leitsätzen des Mitberichterstatters Rechtsanwalt Dr. Wolff zu 2e zu sagen:

„Beschränkung des Vertagungsrechts der Parteien",

und in Ziffer 4 der Leitsätze die Worte

„Abweisung des Erstreckungsbegehrens des nicht unterrichteten Bevollmächtigten" zu streichen.

Einen weiteren von ihm gestellten Antrag auf gesetzliches Verbot der prorogatio fori zog Geh. Justizrat Dr. Heilberg auf den Hinweis des Vorsitzenden, daß dieser Antrag nicht zum Verhandlungsgegenstande gehöre, zurück.

Rechtsanwalt Hans Ladewig-Berlin befürwortete die Zulassung der Vertagung auf Grund von Vereinbarungen der Parteien, lehnte deswegen die Leitsätze des Mitberichterstatters Dr. Wolff zu 2 b und e ab und verlangte die Ausstattung auch des Vortermins mit Anwaltszwang.

Rechtsanwalt Dr. Carl Leo-Hamburg beantragte in Gemeinschaft mit den Rechtsanwälten Dr. O. Horwitz und Dr. Walther Fischer-Hamburg folgende Entschließung:

„Der Deutsche Juristentag spricht sich für die grundsätzliche Beibehaltung der bisherigen Prozeßordnung in der bis zur Novelle von 1924 geltenden Form aus; durch organische Verarbeitung eines Teiles der auf Beschleunigung des Verfahrens und Stärkung der richterlichen Prozeßleitungsbefugnis gerichteten Bestimmungen der Novelle von 1924 ist eine Fortentwicklung in Einzelheiten anzustreben."

Rechtsanwalt Dr. Leo betonte, daß dieser Antrag keine Ablehnung der von den Berichterstattern gestellten Anträge bedeute; die ZPO. habe sich bewährt; grundstürzende Änderungen würden nach den bisher mit der Gesetzgebung gemachten Erfahrungen wahrscheinlich zu Verschlechterungen führen; der Vortermin habe nur eine Verzögerung des Verfahrens zur Folge gehabt.

Geh. Regierungsrat Ministerialrat Dr. Volkmar-Berlin bezeichnete die Leitsätze der Berichterstatter als eine gute Grundlage für die künftige ZPO., machte indes geltend, daß der Vortermin nach österreichischem Muster nicht ohne weiteres übernommen werden könne, da der Beklagte, dessen bloßes Bestreiten zur Fristgewährung genüge, im österreichischen Vortermin eine zu günstige Stellung habe. In unseren Prozessen sei es vor allem erforderlich, das Vertagungsunwesen, das der Tod der Mündlichkeit sei, zu bekämpfen. Wir brauchten eine Konzentrierung der Verhandlungen; die Parteien seien zwar nicht des Gerichts wegen da, aber die Gerichte hätten viele Sachen zu erledigen, und die Umgehung der Verfahrensvorschriften durch Ausbleiben der Parteien müsse durch Sanktionen, z. B. durch das Ruhen des Verfahrens auf die Dauer von 3 Monaten, verhindert werden. Das Urteil nach Lage der Akten sei nichts neues; es entspreche dem österreichischen Urteil beim Ausbleiben einer Partei in einem späteren Termin. Die künftige Gesetzgebung werde lediglich Unebenheiten auszugleichen haben.

Oberlandesgerichtsrat Levis-Karlsruhe trat für die Mündlichkeit und Unmittelbarkeit des Verfahrens ein. Diese Prinzipien seien aber nicht so starr durchzuführen; aus Zweckmäßigkeitsgründen bedürften sie einer Beschränkung, und der Weg der bisherigen Gesetzgebung in dieser Richtung sei noch der brauchbarste. Redner wies ebenfalls auf die Unwahrhaftigkeit der Protokolle hin und beantragte zu den Leitsätzen des Mitberichterstatters Dr. Wolff folgende Änderungen:

a) Ziffer 1 Satz 2 soll lauten:
„Eine Ausnahme von diesem Grundsatz ist zuzulassen, sofern das Gericht dies mit Einverständnis der Parteien anordnet, dies namentlich so lange, als die Not der Zeit strengste Sparsamkeit fordert."

b) Ziffer 2a soll folgenden Zusatz erhalten:
„und zur Klärung des Sachverhalts. Auf beiderseitigen Antrag kann der Einzelrichter auch die sachliche Entscheidung geben."

c) In Ziffer 3 Satz 2 Halbsatz 1 sollen zwischen „Beweisaufnahme" und „vor" die Worte eingefügt werden „soweit irgend möglich".

d) Ziffer 3 Satz 2 Halbsatz 2 ist zu streichen.

e) Ziffer 5 soll folgenden Zusatz erhalten:
„Im zweiten Rechtszuge zum mindestens können auch grob fahrlässig verzögerte und den Prozeß verzögernde Behauptungen und Beweismittel zurückgewiesen werden."

Landgerichtsdirektor Dr. Püschel-Berlin unterstützte die Schlußausführungen des Vorredners und wies darauf hin, daß die mündliche Verhandlung auf dem Papier stehe. Er beantragte

a) der Ziffer 1 der Leitsätze folgenden Zusatz hinzuzufügen:
„Wenn die Parteien übereinstimmend auf eine mündliche Verhandlung verzichten, so kann das Gericht auch ohne mündliche Verhandlung entscheiden";

b) Ziffer 2 der Leitsätze des Berichterstatters Dr. Engel wieder herzustellen.

In seinem Schlußworte führte zunächst der Mitberichterstatter Dr. Wolff folgendes aus:

Der Herr Vorsitzende hat von den gestellten Anträgen denjenigen des Herrn Geheimrat Dr. Heilberg-Breslau hinsichtlich der Prorogationsfreiheit als nicht zum Thema gehörig zurückgewiesen. Etwas ähnliches gilt meines Erachtens hinsichtlich des von den drei Hamburger Herren gestellten Antrags; denn dieser Antrag enthält keine Beantwortung der dem Juristentag und den Berichterstattern zur Begutachtung vorgelegten Fragen. Es ist gefragt, welche Stellung die künftige Zivilprozeßordnung gegenüber den Grundsätzen der Unmittelbarkeit, der Mündlichkeit und der Eventualmaxime einnehmen soll. Ob und wann eine künftige Zivilprozeßordnung kommen soll, ist nicht gefragt, und wir haben deshalb in unseren Leitsätzen zu dieser Frage absichtlich nicht Stellung genommen. Nimmt die Abteilung unsere Leitsätze an, so ist damit weder über das Ob einer künftigen Prozeßreform noch über den Zeitpunkt dieser Reform etwas ausgesagt. Aus diesem Grunde erscheint mir, daß der Hamburger Antrag abseits unseres Themas liegt, und ich bitte ihn deshalb abzulehnen.

Was die übrigen Anträge anlangt, so zielen sowohl die Anträge des Herrn Oberlandesgerichtsrats Dr. Levis-Karlsruhe wie die des Herrn Landgerichtsdirektors Dr. Püschel-Berlin auf eine Abschwächung des Grundsatzes der Unmittelbarkeit und der Mündlichkeit hin, die ich aus den bereits erörterten Gründen für sehr gefährlich halte. Die Widerstände, die sich in der Praxis der konsequenten Durchführung der Mündlichkeit und der Unmittelbarkeit entgegenstellen, sind so groß, daß sie jede Ausnahme, die von diesem Grundsatze zugelassen wird, in kurzer Zeit zur Regel erheben werden, genau so wie die Gerichte beispielsweise schon jetzt dazu übergehen, die Beweisaufnahme vor dem Einzelrichter, die nach dem Gesetze gleichberechtigt neben der vor dem Prozeßgericht steht, zur Regel zu machen. In diesen Fragen kann man meiner Überzeugung nach nicht radikal genug sein. Wir werden entweder eine ausnahmslose Mündlichkeit und eine ausnahmslose Unmittelbarkeit oder wir werden überhaupt keine Mündlichkeit und keine Unmittelbarkeit haben.

Die Herren Antragsteller haben zur Begründung ihrer Anträge im wesentlichen darauf hingewiesen, daß die restlose Verwirklichung von Mündlichkeit und Unmittelbarkeit eine Utopie sei, die sich in der harten Welt der Tatsachen nicht verwirklichen lasse. Zunächst ist aber nicht einmal richtig, daß in dem gegenwärtig geltenden Verfahren eine volle Mündlichkeit und Unmittelbarkeit nirgends bestanden habe. Beispielsweise ist bis zur Abtretung Elsaß-Lothringens an Frankreich dort ein wirklich mündliches und unmittelbares Verfahren in Geltung gewesen und hat sich so bewährt, daß, während Frankreich sich jetzt anschickt, das in Elsaß-Lothringen in Kraft gewesene materielle deutsche Recht durch das französische Recht zu ersetzen, die deutsche Zivilprozeßordnung in Elsaß-Lothringen aufrecht erhalten werden soll, während es doch an sich viel näher liegen würde, das Verfahren als das materielle Recht nach französischem Muster zu gestalten. Sodann berücksichtigen die Herren Antragsteller den Zeitgewinn nicht, der gegenüber dem jetzt geltenden Verfahren durch unsere Leitsätze geschaffen werden und der es ermöglichen soll, die bisher vielfach fehlende Zeit für die volle Mündlichkeit und Unmittelbarkeit zu schaffen. Ich habe die Zuversicht, daß nach Durchführung der in den Leitsätzen vorgeschlagenen Reformen die Durchführung eines Prozesses in voller Mündlichkeit und Unmittelbarkeit nicht mehr Zeit in Anspruch nimmt als gegenwärtig die eines Prozesses mit beschränkter Mündlichkeit und Unmittelbarkeit. Darüber hinaus noch mehr an Zeit zu sparen, lediglich im Interesse der Verminderung der Richterzahl, ist nicht angängig. Sind wir einmal überzeugt, daß ein mündliches und unmittelbares Verfahren eine bessere Rechtsprechung gewährleistet als ein schriftliches und mittelbares, so müssen die zur Durchführung eines solchen Verfahrens notwendigen Richterkräfte gestellt werden. Die Rechtspflege gehört zu den ursprünglichsten und zu den vornehmsten Aufgaben des Staates, viel ursprünglicher und viel wichtiger als beispielsweise die Gesetzgebung; denn es hat schon Gerichte gegeben ohne Gesetze, es hat aber noch nie Gesetze gegeben ohne Gerichte, und deshalb muß der Staat, wenn er sich nicht selbst aufgeben will, die für eine gute Rechtsprechung erforderlichen Mittel und Kräfte zur Verfügung stellen, und vor dieser elementarsten aller Staatsaufgaben müssen Sparsamkeitserwägungen zurücktreten.

Die Anträge des Herrn Geheimrat Dr. Heilberg hinsichtlich des Vertagungsrechts unterscheiden sich von unseren Leitsätzen nur dem Grade und nicht der Art nach. Vielleicht besteht sogar überhaupt kein Gegensatz; denn auch nach unseren Leitsätzen soll eine Vertagung unter gewissen gesetzlich festzulegenden Voraussetzungen gewährt werden. Worauf es ankommt, und darin sind wir mit Herrn Geheimrat Heilberg einig, ist, das beliebige Vertagungsrecht der Parteien aufzuheben und von einer Genehmigung des Gerichts abhängig zu machen. Daß bei der Handhabung dieser Genehmigung weitherzig verfahren werden soll, entspricht, wie in meinem Referat hervorgehoben, auch unserer Auffassung.

Auch hinsichtlich des Antrags des Herrn Geheimrat Heilberg zu meinem Leitsatz 4 besteht, wie mir scheint, ein sachlicher Gegensatz nicht. Denn auch wir sind nicht der Ansicht, daß der Vertagungsantrag des infolge des Ausbleibens der Partei nicht unterrichteten Bevollmächtigten unter allen Umständen zurückgewiesen werden soll. Es soll dies lediglich eine Befugnis des Gerichts sein, die natürlich nach verständigem Ermessen ausgeübt werden muß. Beseitigt werden soll nur das unbedingte Recht des Bevollmächtigten, auf eine neue Behauptung zu vertagen.

Endlich noch einige Worte zu den Ausführungen des Herrn Geheimen Regierungsrats Dr. Volkmar-Berlin. Er hat sich gegen unsere Vorschläge über den Wechsel von Schriftsätzen ausgesprochen und gemeint, daß eine derartige Einrichtung häufig zu einer Verzögerung statt zu einer Beschleunigung der Prozesse führen würde. Wir denken uns jedoch den Schriftsatzwechsel nicht so, daß unter allen Umständen Klage, Klagebeantwortung, Replik und Duplik eingereicht werden müssen; vielmehr steht der Schriftsatzwechsel unter der Leitung des Gerichts, und nichts hindert das Gericht, wenn es nach der Einreichung etwa der Klagebeantwortung die Sache für genügend geklärt hält, sogleich Verhandlungstermin anzuberaumen. Daß die Anberaumung des Verhandlungstermins später erfolge als im bisherigen Verfahren, scheint mir nicht richtig; denn auch im jetzigen Verfahren erfolgt die Anberaumung des Termins vor dem Prozeßgericht in der Regel erst, nachdem ein Termin vor dem Einzelrichter vorangegangen ist. Im übrigen aber erhoffen wir von der Anordnung eines Schriftwechsels ja gerade eine Entlastung des Gerichts, so daß die Termine mit kürzerer Frist anberaumt werden können. Es kommt aber nicht so sehr auf den Zeitpunkt, zu dem die Terminsanberaumung erfolgt, als vielmehr auf den Zeitpunkt, auf welchen der Termin anberaumt wird, an.

Dies ist in kurzem meine Stellungnahme zu dem, was in der Diskussion ausgeführt worden ist. Nicht minder wichtig scheint mir aber die Feststellung dessen, was in der Diskussion nicht ausgeführt worden ist. Keiner der Redner hat sich im Prinzip gegen die Mündlichkeit und die Unmittelbarkeit ausgesprochen, keiner der Redner hat sich als Freund der Eventualmaxime bekannt. Auch dies ist ein Ergebnis unserer Verhandlungen, das verdient, festgehalten und unterstrichen zu werden.

Hierauf erteilte der Vorsitzende dem Berichterstatter Dr. Engel das Wort, der folgendes ausführte:

Da die Zeit vorgeschritten ist und der Herr Vorsitzende mit Recht auf die Abstimmung drängt, so muß ich auf ein eigentliches Schlußwort verzichten und mich auf einige ganz kurze Erwiderungen und Aufklärungen beschränken.

Den Antrag, daß über Verzicht der Parteien ein Urteil auch ohne mündliche Verhandlung soll ergehen können, halte ich für sehr bedenklich und berufe mich auf das, was ich darüber in meinem Berichte gesagt habe, daß wir auf diesem Wege unfehlbar in Schriftlichkeit versinken werden.

Die geäußerten Zweifel, daß ein Vortermin in dem von den beiden Berichterstattern vorgeschlagenen Sinne keine Beschleunigung des Verfahrens herbeiführen wird, halte ich für unbegründet. Es ist richtig, daß die österreichische erste Tagsatzung in der Nachkriegszeit nicht ganz so nachdrücklich gewirkt hat und wirken konnte wie in normalen Zeiten. Dabei ist eben zu bedenken, daß keine menschliche Einrichtung Katastrophen, die wie Sturzwellen wirken, voll standzuhalten vermag. Trotz alledem hat sich die erste Tagsatzung auch in der Nachkriegszeit als ein hervorragendes Mittel zur Klärung und Sichtung der Rechtssachen und damit zur Beschleunigung erwiesen. Es mag sein, daß bei der ersten Tagsatzung auch Bestreitungen vorkommen, die nicht ernster Natur sind und nur zu dem Zweck erfolgen, um Zeit zu gewinnen. Dann wird aber zumeist die Klagebeantwortung nicht erstattet oder im bezirksgerichtlichen Verfahren die mündliche Streitverhandlung nicht verrichtet, so daß in einem noch nicht vorgeschrittenen Prozeßstadium die nötige Klärung eintritt. Im großen ganzen wirkt die erste Tagsatzung auch in der Nachkriegszeit wie ein Sieb, das die Spreu vom Weizen scheidet; was auf dem Siebe zurückbleibt, ist in der Regel streitig.

Einen der mündlichen Verhandlung im Gerichtshofverfahren vorhergehenden Schriftsatzwechsel der Parteien halte ich zum Zwecke einer gründlichen Vorbereitung der mündlichen Verhandlung für durchaus notwendig.

Wenn Herr Geheimrat Heilberg sich gegen das von den Berichterstattern beantragte Verbot von Vertagungen ausgesprochen und nur eine Beschränkung des Vertagungsrechts der Parteien befürwortet hat, so ist demgegenüber bereits mit Recht darauf hingewiesen worden, daß die Vertagungsfreiheit der Parteien den Tod der Mündlichkeit bedeutet. Aber auch der Richter muß in der Vertagungsfreiheit durch das

Gesetz beschränkt werden; sonst könnten Bequemlichkeit oder übel angebrachtes Entgegenkommen den Parteien gegenüber den einheitlichen Zug der Verhandlung zum Schaden der Sache doch wieder hemmen und unterbrechen.

Zur Unmittelbarkeit der Beweisaufnahme erwähne ich nur, daß die von den beiden Berichterstattern vorgeschlagene Fassung sich fast wörtlich an einen Beschluß des Wiener Deutschen Juristentags vom Jahre 1912 anschließt. Die Abschwächung dieser Fassung durch den beantragten Zusatz: „soweit irgend möglich" würde sich daher auch in Widerspruch zu diesem Beschlusse setzen.

Was die von den Berichterstattern für den Fall des Ausbleibens der Parteien in Aussicht genommenen Rechtsnachteile anbelangt, so ist unser Antrag nicht so zu verstehen, daß der Richter das Erstreckungsbegehren des nicht unterrichteten Bevollmächtigten ablehnen und die Verhandlung vornehmen m u ß; vielmehr soll ihm damit nur die M ö g l i c h k e i t gegeben werden, einen solchen Rechtsnachteil gegebenenfalls eintreten zu lassen.

Ich hatte mich, um einen übereinstimmenden Antrag beider Berichterstatter zu ermöglichen, und im Interesse der Entlastung der Debatte, allerdings nicht leichten Herzens, entschlossen, meine die Gestaltung des Berufungs- und Säumnisverfahrens betreffenden Leitsätze zurückzuziehen. Wenn Herr Landgerichtsdirektor P ü s c h e l nunmehr den von mir zurückgezogenen Leitsatz über das Säumnisverfahren aufgenommen hat, so würde ich mich natürlich nur freuen, wenn sein Antrag angenommen würde. Denn daß in jedem Prozeßstadium ein Versäumungsurteil soll ergehen können, halte ich nicht nur für eine Härte der ausgebliebenen Partei gegenüber, sondern auch für eine arge Zumutung an den Richter, der dadurch unter Umständen in die Lage kommen kann, ein Urteil fällen zu müssen, von dem er weiß, daß es mit der Rechts- und Sachlage im Widerspruch steht.

Wenn endlich gesagt wurde, daß das gegenwärtige Verfahren unwahr sei, weil die Gerichte gar nicht die Zeit haben, wirklich mündlich und unmittelbar zu verhandeln, so antworte ich: wenn durch den Vortermin eine Sichtung der streitigen und nicht streitigen Rechtssachen vorgenommen wird, wenn die mündliche Verhandlung richtig vorbereitet, wenn durch das Verbot einverständlicher Terminserstreckungen und unbegründeter Vertagungen die Zeit voll ausgenützt, wenn die richterliche Prozeßleitung entsprechend gehandhabt wird, wenn die Beweise möglichst unmittelbar aufgenommen werden und Verschleppungsmanövern von Amts wegen entgegengetreten werden kann, dann ist die Möglichkeit eines mündlichen und unmittelbaren Verfahrens gegeben; dann wird gegen ein solches Verfahren niemand den Vorwurf erheben können, daß es nicht wahrhaft mündlich und unmittelbar ist.

Die nunmehr erfolgende Abstimmung ergab folgende Beschlußfassung:

1. Das Verfahren ist mit allen Bürgschaften zu umgeben, die eine erschöpfende Erörterung und gründliche Beurteilung sichern. Diese Bürgschaften sind eine nicht zu übertreibende, aber in allem wesentlichen festzuhaltende Mündlichkeit und eine möglichst uneingeschränkte Unmittelbarkeit. Wenn die Parteien übereinstimmend auf eine mündliche Verhandlung verzichten, so kann das Gericht auch ohne mündliche Verhandlung entscheiden.

2. Die mündliche Verhandlung ist von allem Beiwerk zu entlasten und soweit vorzubereiten, daß der Rechtsstreit möglichst in einer Verhandlung entschieden wird. Hierzu gehören:

a) Abhaltung eines Vortermins vor dem Einzelrichter zur Erledigung aller nicht streitigen Sachen und prozessualer Vorfragen,

b) Schriftwechsel der Parteien in gesetzlich oder richterlich festzusetzenden Fristen,

c) Herbeischaffung der voraussichtlich notwendig werdenden Beweismittel,

d) Benutzung mechanischer Hilfsmittel zur Feststellung des Verhandlungsverlaufs,

e) Verbot von Vertagungen außer in gesetzlich genau festzusetzenden Fällen.

3. Eine Abschwächung des Unmittelbarkeitsgrundsatzes ist nicht zuzulassen. Eine Ausdehnung des Vortermins auf andere als die oben zu 2 a angegebenen Zwecke ist abzulehnen; insbesondere hat die Beweisaufnahme, soweit irgend möglich, vor dem erkennenden Gericht unmittelbar zu erfolgen; die zulässigen Ausnahmen sind gesetzlich genau zu bestimmen. Sie dürfen nicht der Rücksicht auf die Geschäftslage des Gerichts entnommen werden.

4. Das persönliche Erscheinen der Parteien ist nicht durch Strafen zu erzwingen. Dagegen sind für den Fall der Nichtbefolgung des richterlichen Auftrags Rechtsnachteile und Kostenfolgen in Aussicht zu nehmen (Möglichkeit der Verwendung des Ausbleibens der Parteien

zur Bildung einer richterlichen Überzeugung, Abweisung des Erstreckungsbegehrens des nicht unterrichteten Bevollmächtigten, Vornahme der Verhandlung und Zurückweisung des Versuchs der nicht erschienenen Partei, das Versäumte nachzuholen).

5. Der Grundsatz, daß die Parteien bis zum Schlusse der mündlichen Verhandlung neue tatsächliche Behauptungen und Beweismittel vorbringen können, ist festzuhalten.

Eine Eventualmaxime hat nur einzutreten:

a) im Falle eines in Verschleppungsabsicht erfolgten verspäteten Vorbringens, das vom Gericht auch von Amtswegen als unstatthaft erklärt und zurückgewiesen werden kann;
b) in gewissen Verfahrensarten (in Mietstreitigkeiten, im Wechsel-, Mandats- und Exekutionsverfahren).

Im zweiten Rechtszuge zum mindesten können auch grob fahrlässig verzögerte und den Prozeß verzögernde Behauptungen und Beweismittel zurückgewiesen werden.

Nachdem zu Vertrauensmännern für die Vorbereitung der Wahl der zukünftigen Ständigen Deputation die Herren Oberlandesgerichtspräsident Dr. Dronke-Frankfurt a. M., Geh. Justizrat Dr. Heinitz-Berlin, Geh. Hofrat Prof. Dr. Heinsheimer-Heidelberg, Hofrat Privatdozent Dr. Klang-Wien, Rechtsanwalt Fürst-Heidelberg, Rechtsanwalt Dr. Ernst Wolff-Berlin, Oberlandesgerichtsrat Levis-Karlsruhe, Landgerichtsdirektor Löwe-Bremen, Justizrat Dr. Drucker-Leipzig, Rechtsanwalt Dr. Fischer-Hamburg gewählt waren, wurde zur Erörterung des dritten Themas:

> Welche Richtlinien sind für die zukünftige Gestaltung des ehelichen Güterrechts aufzustellen?

übergegangen.

Hierzu lagen folgende Vorschläge der Berichterstatter vor:

## I. Vorschläge des Berichterstatters Geh. Justizrat Professor Dr. Kipp-Berlin.

### A. Hauptthese.

Als künftiges gesetzliches eheliches Güterrecht empfiehlt sich die Gütertrennung in Verbindung mit einer Zugewinstgemeinschaft. Eheverträge sind wie bisher zuzulassen.

## B. Ausführung in Grundzügen.

### I. Gütertrennung.

1. Der gesetzliche Güterstand der Ehegatten ist die Gütertrennung.

2. Die Kosten des ehelichen Lebens einschließlich des Unterhalts der Kinder tragen die Gatten grundsätzlich jeder zur Hälfte; jedoch trifft die Last jeden nur so weit, als er nach seinem Vermögen und seiner Erwerbsfähigkeit imstande ist, sie zu tragen.

Dementsprechend hat jeder Gatte nach Maßgabe seines Vermögens und seiner Erwerbsfähigkeit dem anderen Unterhalt zu gewähren, soweit der andere nach Vermögen und Erwerbsfähigkeit nicht imstande ist, sich selbst zu unterhalten.

3. Die Frau leitet das gemeinsame Hauswesen und ist verpflichtet, selbst darin zu arbeiten, soweit es den Lebensverhältnissen der Gatten angemessen ist. Die Leistungen der Frau im Hauswesen werden ihr in angemessenem Werte als Beitrag zu den Kosten des ehelichen Lebens und zum Unterhalt des Mannes angerechnet. Soweit sie durch ihre Tätigkeit im Hauswesen am Erwerb behindert ist, kann von ihr nicht verlangt werden, daß sie Erwerbstätigkeit ausübt.

4. In einem Erwerbsgeschäft des Mannes ist die Frau zur Hilfe nur verpflichtet;

a) wenn das Geschäft von der Hauswirtschaft nicht trennbar ist, z. B. bei kleiner Landwirtschaft,

b) wenn zur Zeit der Eheschließung das Geschäft bestand und den Umständen nach anzunehmen ist, daß die Ehe mit beiderseitiger Rücksicht auf die zu erwartende Hilfe der Frau geschlossen wurde,

c) wenn das Erwerbsgeschäft später begonnen wurde und den Umständen nach der Beginn des Geschäfts unter Mithilfe der Frau als der sachgemäße Weg zur Ernährung der Familie sich darstellt.

Der Mann ist verpflichtet, in dem Erwerbsgeschäfte der Frau zu helfen, wenn mit Bezug auf ein Geschäft der Frau die Voraussetzungen des vorigen Absatzes unter b oder c vorliegen.

Für pflichtmäßige Leistungen eines Gatten im Erwerbsgeschäft des anderen ist eine angemessene Vergütung zu berechnen. Der Inhaber des Geschäfts kann die Vergütung bar zahlen. Zahlt er sie nicht, so ist, soweit der Ertrag des Geschäfts zu den Kosten des ehelichen Lebens oder des Unterhalts des Geschäftsinhabers verwandt wird, der Betrag der Vergütung als Beitrag des vergütungsberechtigten Gatten zu diesen

Kosten anzusehen. Im übrigen gilt die Vergütung als durch den Zugewinstanspruch des Vergütungsberechtigten gedeckt.

5. Die Frau hat die Schlüsselgewalt. Sie kann ihr von dem Manne nur mit Genehmigung des Vormundschaftsgerichts entzogen werden. Die Frau haftet als Gesamtschuldnerin neben dem Manne für Schulden, die sie in Ausübung der Schlüsselgewalt eingeht.

Für Schulden, die der Mann in Angelegenheiten des gemeinschaftlichen Bedarfs der Familie eingeht, haftet die Frau wie eine Bürgin mit Einrede der Vorausklage.

6. Im übrigen haftet jeder Gatte für seine Schulden allein. Die Gläubiger des Mannes können aber Zugriff nehmen auf alles, was die Gatten gemeinschaftlich besitzen oder was die Frau besitzt, soweit nicht bewiesen wird, daß es der Frau gehört. Das Entsprechende gilt für die Gläubiger der Frau in Ansehung dessen, was die Gatten gemeinschaftlich besitzen oder was der Mann besitzt.

7. Überläßt ein Gatte sein Vermögen oder Bestandteile desselben dem anderen Gatten zur Verwaltung, so darf der Verwaltende, wenn der Eigentümer nicht anders bestimmt, die Einkünfte zur Deckung der Kosten des ehelichen Haushalts verwenden. Das so Verwandte ist als Beitrag des Eigentümers zu diesen Kosten anzusehen. Im übrigen gebühren die Einkünfte dem Eigentümer. Die Überlassung ist jederzeit widerruflich. Auf den Widerruf kann nicht verzichtet werden.

### II. Zugewinstgemeinschaft.

1. Zugewinst ist der Wert, um den das Vermögen eines Gatten bei Auflösung der Ehe den Wert seines Sondervermögens übersteigt.

Sondervermögen jedes Gatten ist:

a) was er zur Zeit der Eheschließung hatte,

b) was er durch Erbfolge oder unentgeltliche Zuwendung während der Ehe erwirbt,

c) was durch Ehevertrag für Sondervermögen erklärt ist,

d) was auf Grund eines zum Sondervermögen gehörigen Rechtes erworben ist und was als Ersatzstück für einen Gegenstand des Sondervermögens angeschafft ist.

Die Nutzungen des Sondervermögens sind nicht Sondervermögen.

2. Bei Auflösung der Ehe gebührt jedem Gatten die Hälfte von dem Zugewinst des anderen.

Soweit die Zugewinstbeträge einander gleich sind, gelten sie als gegeneinander aufgehoben. Die in den Ziffern 3 ff. vorgeschlagenen Bestimmungen sollen insoweit keine Anwendung finden.

Ist der Zugewinst eines Gatten höher als der des anderen, so ist die Hälfte des Überschusses dem anderen Gatten zu leisten (Zugewinstschuld, Zugewinstforderung).

Die Zugewinstschuld ist Geldschuld. Der Schuldner kann aber statt der Geldzahlung dem Gläubiger Vermögensgegenstände überlassen, die nach dem Werte zur Zeit der Überlassung anzurechnen sind. Der Schuldner oder dessen Erbe hat diese Gegenstände nach billigem Ermessen zu bestimmen. Entspricht seine Bestimmung der Billigkeit nicht, so wird die Bestimmung durch das Gericht getroffen. Ein Spitzenbetrag ist in Geld zu zahlen. Übernahme von Gegenständen gegen Zuzahlung des Gläubigers kann der Schuldner nicht verlangen.

3. Ist die Ehe durch Tod des Gatten aufgelöst, dem ein Zugewinstüberschuß gebührt, so steht die Zugewinstforderung den Abkömmlingen des Verstorbenen und dem überlebenden Gatten selbst nach Verhältnis ihrer Erbteile zu. Andere Erben haben auf den Zugewinst keinen Anspruch.

4. Jeder Gatte kann durch Verfügung von Todes wegen bestimmen, daß im Falle der Auflösung der Ehe durch seinen Tod dem überlebenden dasjenige, was er über den Pflichtteil hinaus aus dem Vermögen des Erblassers erhält, auf die Zugewinstforderung anzurechnen ist.

Hat ein Gatte das Recht, dem anderen den Pflichtteil zu entziehen, so kann er ihm auch die Zugewinstforderung entziehen.

5. Ist im Falle der Auflösung der Ehe durch den Tod eines Gatten der überlebende Zugewinstschuldner, so ist die Schuld zu stunden, jedoch nicht über den Tod des Schuldners hinaus. Sind gemeinschaftliche Abkömmlinge vorhanden, so ist die Schuld, soweit anzunehmen ist, daß ihr Betrag zum Unterhalt, zur Aussteuer oder angemessenen Ausstattung der Abkömmlinge heranzuziehen ist, zu stunden. Der Betrag der Schuld mindert sich um dasjenige, was der überlebende bei angemessener Berücksichtigung seines sonstigen Vermögens und Erwerbs für die genannten Zwecke aufwenden mußte.

Die Stundung kann von einer Sicherheitsleistung abhängig gemacht werden.

Die Stundung endet mit der Wiederverheiratung des überlebenden Gatten.

6. Bei Auflösung der Ehe durch den Tod hat der überlebende Gatte keine Zugewinstforderung:

a) wenn er den Verstorbenen vorsätzlich und widerrechtlich getötet oder zu töten versucht hat,

b) wenn der Verstorbene zur Zeit seines Todes auf Scheidung wegen Verschuldens des Überlebenden zu klagen berechtigt war und die Klage auf Scheidung oder auf Aufhebung der ehelichen Gemeinschaft erhoben hatte, es sei denn, daß der Überlebende wegen Verschuldens des Verstorbenen rechtmäßig Widerklage erhoben hatte.

7. Ist die Ehe geschieden oder die eheliche Gemeinschaft aufgehoben und ein Gatte für den alleinschuldigen Teil erklärt, so steht diesem Gatten eine Zugewinstforderung nicht zu. Ist die Ehe bei Unschuld beider Gatten auf Verlangen nur eines unter ihnen geschieden, so hat der, der die Scheidung verlangt hat, keine Zugewinstforderung.

8. Haben die Ehegatten bis zur Auflösung der Ehe getrennt gelebt, so ist der Zeitpunkt, auf welchen der Zugewinst zu berechnen ist, der des Beginnes des Getrenntlebens. Hat jedoch ein Gatte den anderen böslich verlassen, so kann der andere verlangen, daß der Zugewinst auf den Zeitpunkt der Auflösung der Ehe berechnet wird.

9. Der Zugewinstschuldner oder sein Erbe kann die Erfüllung seiner Verbindlichkeit verweigern, wenn der Gläubiger erweislich während eines erheblichen Teiles der Ehedauer seinen Verpflichtungen in wirtschaftlicher Hinsicht nicht nachgekommen ist. Das Gericht kann die Wirkung der Einrede auf einen Teil der Zugewinstforderung beschränken.

10. Gefährdet ein Ehegatte die Zugewinstforderung des anderen durch Verschwendung, unentgeltliche Zuwendungen oder durch Handlungen, die in der Absicht geschehen, den anderen Gatten zu benachteiligen, so hat das Gericht im Wege der einstweiligen Verfügung die erforderlichen Anordnungen zu treffen. Es kann insbesondere Veräußerungsverbote erlassen und nötigenfalls dem gefährdenden Gatten die Verwaltung seines Vermögens oder einzelner Bestandteile desselben entziehen und dem anderen Gatten übertragen.

### C. Grundsätze über die Berechnung des Zugewinstes.

1. Der Wert der Gegenstände des Sondervermögens wird berechnet bei den zur Zeit der Eheschließung vorhandenen Gegenständen

nach dem Zeitpunkt der Eheschließung, bei den später erworbenen nach der Zeit des Erwerbs, bei den durch Ehevertrag für Sondervermögen erklärten nach der Zeit des Vertragschlusses. Soweit aber erweislich Wertsteigerungen oder -minderungen durch Preiskonjunktur eingetreten sind, ist der Wert des Gegenstandes zur Zeit der Auflösung der Ehe maßgebend.

2. Ist ein Gegenstand des Sondervermögens durch Verwendungen wertvoller geworden, so ist:

a) wenn die Verwendungen aus Mitteln des Sondervermögens bestritten sind, der erzielte Mehrwert zum Sondervermögen zu rechnen, die verbrauchten Mittel dagegen in Absatz zu bringen;

b) wenn die Verwendungen aus Nutzungen des Sondervermögens oder aus anderen Mitteln, z. B. Arbeitserwerb, bestritten sind, so gilt dasselbe, soweit die Verwendung dieser Mittel zu diesem Zweck ordnungsmäßiger Wirtschaft entspricht. Im anderen Falle ist der Wert des Gegenstandes nur nach dem Stande vor der Verwendung in Ansatz zu bringen.

3. Ist ein Gegenstand des Sondervermögens verschlechtert, so ist er mit dem Minderwert in Ansatz zu bringen, es sei denn, daß die Verschlechterung auf ordnungsmäßiger Abnutzung beruht.

4. Ist ein Gegenstand des Sondervermögens in Abgang gekommen, so ist er bei Berechnung des Sondervermögens nicht in Ansatz zu bringen, vorbehaltlich der Bestimmung, daß das etwa angeschaffte Ersatzstück zum Sondervermögen gehört.

5. Schulden eines Gatten, die zur Zeit der Eheschließung bestanden, sind vom Werte seines Sondervermögens in Absatz zu bringen, gleichviel, ob und aus welchen Mitteln sie im Laufe der Ehe bezahlt sind oder ob sie noch bestehen.

6. Lasten des Sonderguts sind von dessen Wert in Absatz zu bringen:

a) soweit sie auf die Zeit vor der Ehe fallen,

b) soweit sie auf die Zeit der Ehe fallen und der Stamm des Sondervermögens oder des sonstigen Vermögens angegriffen ist oder angegriffen werden muß, um sie zu entrichten.

7. Schulden eines Gatten, die während der Ehe entstehen, sind von dem Werte seines Sondervermögens abzusetzen, gleichviel, ob sie noch bestehen oder ob und aus welchen Mitteln sie berichtigt sind:

a) wenn sie auf einer von ihm während der Ehe erworbenen Erbschaft oder unentgeltlichen Zuwendung beruhen,

b) wenn sie auf einer von ihm vorgenommenen unentgeltlichen Zuwendung beruhen,

c) wenn sie auf einer von ihm begangenen unerlaubten Handlung beruhen.

8. Von dem Werte des Sondervermögens sind nicht abzuziehen die Verbindlichkeiten eines Gatten, welche für nachstehende Zwecke eingegangen sind, und die für die gleichen Zwecke aus dessen Sondervermögen verbrauchten Werte:

a) laufende Lasten des Sondervermögens für die Zeit der Ehe, die aus den Einkünften getragen zu werden pflegen,

b) Kosten des ehelichen Lebens,

c) eigener Unterhalt oder Unterhalt des anderen Gatten auch im Falle des Getrenntlebens,

d) Unterhalt gemeinschaftlicher Abkömmlinge,

e) Aussteuer oder angemessene Ausstattung eines gemeinschaftlichen Abkömmlings.

9. Was ein Gatte von seinem Sondervermögen oder von seinem sonstigen Vermögen verschwendet oder unentgeltlich vergabt oder worum er es absichtlich vermindert, ist von dem Wert des Sondervermögens abzusetzen. Auf übliche Gelegenheitsgeschenke findet dies keine Anwendung.

10. Gegenstände, von denen feststeht, daß sie zum Vermögen eines Gatten gehören, aber nicht nachgewiesen werden kann, daß sie zum Sondervermögen gehören, gelten als nicht zum Sondervermögen gehörig. Vermögensgegenstände, von denen nicht erwiesen werden kann, daß sie zum Vermögen eines Gatten gehören, während sie sich im gemeinschaftlichen Besitz befinden, gelten als jedem Gatten zur Hälfte gehörig.

11. Jeder Gatte kann jederzeit verlangen, daß Bestand und Wert der beiderseitigen Sondervermögen festgestellt werde.

## II. Vorschläge des Mitberichterstatters Senatspräsident Professor Dr. Wieruszowski-Köln.

I. Nach dem Rechte des Bürgerlichen Gesetzbuchs ist die äußere Lebensordnung der Ehegemeinschaft herrschaftlich unter dem Manne als leitendem und vertretendem Gemeinschaftshaupte bestimmt. Nach der Verheißung der Weimarer Verfassung soll die herrschaftliche Ordnung der genossenschaftlichen, auf Gleichberechtigung der Ehegatten beruhenden weichen. Diese Forderung, von den personenrechtlichen auf die vermögensrechtlichen Wirkungen der Ehe übertragen, drängt zur Einführung der Gütertrennung als gesetzlichen Güterstandes. Alle Güterverbindungen bedingen Einheitlichkeit der Verwaltung, Vertretung und Nutzung der verbundenen Vermögensmassen und führen deshalb zur Vorherrschaft eines Eheteils, die nach geschichtlicher Entwicklung sowohl wie nach dem Übergewichte der wirtschaftlichen Betätigung dem Manne zufallen muß. Diese Vorherrschaft aber unterwirft die Frau erheblichen Beschränkungen in der Verfügung über ihr Vermögen und hindert sie auch in Ansehung des von der ehemännlichen Gerechtsame ergriffenen Frauenguts an der freien Entfaltung ihrer Verpflichtungsfähigkeit. Die Gütertrennung dagegen bedeutet volle Selbständigkeit jedes Ehegatten in der Verwaltung und Nutzung seines Vermögens.

II. Allein die Gütertrennung darf nicht zu einer völligen Absonderung der beiden Vermögensrechtskreise mit der Wirkung führen, daß sich die Ehegatten in vermögensrechtlicher Beziehung wie Fremde gegenüberstehen. Die „individualistische" Ausgestaltung des Güterrechts soll eben nur Selbständigkeit und Unabhängigkeit der Ehegatten sichern. Allein das Band, das die Personen der Ehegatten zur Lebensgemeinschaft verknüpft, muß sich in genossenschaftlich bestimmten Rechten und Pflichten vereinend auch auf die Vermögensrechtskreise der Ehegatten auswirken. Das Verkehrsgüterrecht mit seinen selbstisch bestimmten Belangen darf die vermögensrechtlichen Beziehungen der Ehegatten nicht ohne weiteres beherrschen. Auch die Gütertrennung muß personengüterrechtliche Grundzüge in sich aufnehmen und so zu einem wirklichen „Güterstande" ausgestaltet werden.

III. In der äußern Lebensordnung der Ehe tritt die genossenschaftliche Verbindung der Gatten in der Fürsorge für Unterhalt und Wohlfahrt für die Ehe- und Familiengemeinschaft, wirtschaftlich ausgedrückt: in der Fürsorge für die Beschaffung des ehelichen Aufwandes, in Erscheinung. Der Begriff des Eheaufwandes wird vom Gesetze dahin festzulegen sein, daß er

> neben der Unterhaltsfürsorge für die Gemeinschaft alle Bedürfnisse umfaßt, die der nach Stand und Vermögen der Ehegatten gerechtfertigten Lebenshaltung entsprechen, eingeschlossen die Befriedigung der besonderen persönlichen Bedürfnisse jedes Ehegatten, soweit sie nicht im Rahmen besonderer Berufsausübung begründet sind.

Für die Erreichung dieser Lebenszwecke der Gemeinschaft zusammenzuwirken, ist als Aufgabe beider Ehegatten zu kennzeichnen.

IV. Dieses Zusammenwirken erfordert zunächst eine Arbeitsteilung. Sie muß den natürlichen Bedingungen angepaßt werden. Danach wird dem Manne grundsätzlich die Aufgabe zufallen, nach Maßgabe seiner Vermögens- und Erwerbskräfte für die Beschaffung der Mittel zur Bestreitung des Eheaufwandes zu sorgen. Der Frau aber wird ihrem natürlichen Berufe gemäß Recht und Pflicht zur Fürsorge für Haushalt und Hauswirtschaft zu übertragen sein. Diesem ihrem natürlichen Berufe soll die Frau erhalten und grundsätzlich einer Erwerbspflicht nicht unterworfen werden.

V. Wenn der Frau als Gemeinschaftsaufgabe die Besorgung des gemeinschaftlichen Haushalts zufällt, so muß ihr innerhalb dieses Wirkungskreises Geschäftsführungs- und Vertretungsmacht der Schlüsselgewalt zustehen. Sie ist aber anders als im bisherigen Rechte zu regeln:

1. In der Ausübung der Schlüsselgewalt handelt die Frau nicht nur für Rechnung und mit Rechtswirkung für den Mann, sondern als Vertreterin und Geschäftsführerin der Gemeinschaft. Das ist auch der Standpunkt des Schweizerischen Zivilgesetzbuchs (Artikel 163). Deshalb muß sie mit dem Manne für die im Haushaltsbereich entstandenen Schulden haften. Ihre Haftung aber ist als Hilfshaftung für den Fall der Leistungsunfähigkeit des Mannes auszugestalten. Die gleiche Hilfshaftung der Frau ist für solche Verbindlichkeiten zu bestimmen, die aus den vom Manne vorgenommenen Haushaltsgeschäften entstanden sind.
2. Der Mann bedarf, um der Frau die Schlüsselgewalt zu entziehen oder zu beschränken, vorgängiger Genehmigung des Vormundschaftsgerichts. Die gegenteilige Regelung des Bürgerlichen Gesetzbuchs verträgt sich nicht mehr mit der genossenschaftlichen Gleichstellung der Ehegatten. Sie ist auch unbillig.
3. Wird die Hilfshaftung der Frau für die aus Geschäften des Mannes herrührenden Haushaltsschulden Gesetz, so muß der Frau die Befugnis zustehen, bei mißbräuchlichem Gebaren des Mannes nach vormundschaftsgerichtlicher Genehmigung ihre Mithaft für jene Schulden auszuschließen und diesen Ausschluß Dritten gegenüber durch Eintragung ins Güterrechtsregister wirksam zu machen.

Besondere Bestimmungen über die Gewährung von laufenden Haushaltsgeldern und über die Verabreichung besonderer Mittel zur Befriedigung der über den Haushaltsbereich hinausgehenden besonderen Bedürfnisse der Frau halte ich für überflüssig und bedenklich.

VI. Sind so die Beitragsleistungen jedes Ehegatten zum ehelichen Aufwande durch die Aufgaben bestimmt, die ihm nach der Arbeitsteilung der Gemeinschaft zufallen, so erfordert doch das genossenschaftliche Zusammenwirken, daß sich die Ehegatten in der Erfüllung dieser Aufgaben gegenseitig nach Bedarf und Kräften unterstützen. Daraus ergibt sich:

1. Wenngleich die Haushaltsleistungen der Frau als Beiträge zu den Ehelasten voll gewürdigt werden sollen, so wird doch regelmäßig der in der gesamten Aufwandsbeschaffung bestehende Beitrag des Mannes ein höheres Maß von Arbeitskraft und Verantwortung erfordern, der Erfolg auch in höherem Grade als die hauswirtschaftliche Tätigkeit der Frau der Gemeinschaft zugute kommen. Von diesem Gesichtspunkte materieller Würdigung rechtfertigt es sich, daß die vermögende Frau aus den Einkünften ihres Vermögens dem Manne stets einen angemessenen Beitrag zur Bestreitung der Ehelasten zu leisten hat. Dem Manne, dem grundsätzlich diese Lasten obliegen, ist eben dadurch die Möglichkeit von Ersparnissen beschränkt, während diese Möglichkeit der Frau in viel weiterem Umfange vorbehalten bliebe.
2. Anders steht es mit der Unterstützung durch Einsatz der Arbeits- und Erwerbskraft. Hierzu wird die Frau nur insoweit unterstützend einzugreifen verpflichtet sein, als ihre Arbeitskraft für die Haushaltsführung entbehrlich und der Einsatz ihrer Erwerbskraft für die Beschaffung des ehelichen Aufwandes erforderlich ist. Hier aber soll ihr freie Hand gelassen werden. Sie soll ihre Erwerbskraft verwerten können, wie es ihrer Befähigung und Vorbildung entspricht. Zur Mithilfe im Geschäfte des Mannes ist sie nur in Ausnahmefällen zu verpflichten. Auch das ehemännliche Kündigungsrecht des § 1358, das praktische Bedeutung niemals erlangt hat, muß fallen.
3. Soweit die Frau unterstützende Beiträge zu den Ehelasten leistet, ist ihr das Selbstverwendungsrecht, jedenfalls im Haushaltsbereiche, zuzugestehen (§ 1428 BGB.).
4. Bei der hier vorgeschlagenen Regelung der Beschaffung des Eheaufwandes in Arbeitsteilung mit gegenseitiger Unterstützungspflicht erübrigen sich besondere Vorschriften über die

Gewährung des Unterhalts, solange die Ehegatten in häuslicher Gemeinschaft zusammenleben. Die Vorschriften des § 1360 BGB. können fallen. Der eheliche Aufwand umfaßt eben auch die Unterhaltsbeschaffung. Für sie haben beide Ehegatten, wie für alle anderen Bedürfnisse des Eheaufwandes, auf der Grundlage gleicher Ehepflicht einzustehen. Die ungleiche Behandlung der Unterhaltspflichten im § 1360 BGB. verträgt sich mit dem genossenschaftlichen Aufbau der Ehe nicht mehr. Nur für den Fall des Getrenntlebens der Ehegatten werden Vorschriften über die gegenseitigen Unterhaltspflichten erforderlich sein. Und hier empfehle ich an Stelle der formalistischen, vielfach unklaren und wenig befriedigenden Vorschriften des § 1361 nach dem Vorbilde des Schweizerischen Zivilgesetzbuchs (Artikel 170) eine Regelung dahin,

> daß der Richter — vielleicht das Vormundschaftsgericht — auf Begehren eines Ehegatten, wenn die Voraussetzungen zur Aufhebung des gemeinsamen Haushalts gegeben sind, die Beiträge des einen Ehegatten für den Unterhalt des andern festzusetzen befugt sein soll.

VII. Die Beitragsleistungen der Ehegatten zum Eheaufwande stehen nicht nur unter den Pflichtgeboten des Rechtes, sondern auch unter dem sittlichen Gebote rechter ehelicher Gesinnung. Freiwilligen Beitragsleistungen soll daher keine Grenze gesetzt sein. Was ein Ehegatte über das gesetzliche Pflichtmaß hinaus zum Eheaufwande beisteuert, soll als freiwillig hingegeben anzusehen sein, sofern die Ersatzpflicht nicht ausdrücklich vorbehalten wurde (§ 1429 BGB.).

VIII. Die gegenseitigen Unterstützungspflichtigen aber müssen auch über den Aufwandsbereich hinausgreifen. Bei der Gütertrennung hat jeder Ehegatte die Lasten des eigenen Vermögens zu tragen. Reichen die Einkünfte zur Lastendeckung nicht aus, so empfiehlt sich eine Bestimmung, die dem andern Ehegatten die Verpflichtung auferlegt, aus dem Überschusse seiner Einkünfte dem hilfsbedürftigen Teile die erforderlichen Beträge unter Vorbehalt der Rückerstattung spätestens bei Auflösung der Ehe vorzuschießen.

IX. Besondere Regelung erfordert der Fall, daß ein Ehegatte dem andern sein Vermögen ganz oder teilweise zur Verwaltung überläßt; ein Fall, der in den normalen Ehen der vermögenden Volksschichten die Regel bildet, indem die Frau ihr Vermögen dem erfahrenern Manne anvertrauen wird. Die Regelung der §§ 1430 ff.

BGB. ist unklar und unbillig, weil sie dem Manne die freie Verwendung aller Einkünfte des ihm anvertrauten Gutes anheimgibt. Das läuft auf die Wirkungen des Güterstandes der Verwaltung und Nutznießung hinaus. Zu einer angemessenen Lösung kann auch hier nur der genossenschaftliche Gedanke führen, wie er in der gemeinschaftlichen Fürsorge für die Aufwandslasten sich ausprägt. Ich empfehle daher folgende Vorschriften:

1. Hat ein Ehegatte dem andern sein Vermögen zur Verwaltung überlassen, so darf der andere Ehegatte die Einkünfte dieses Vermögens, soweit sie nicht zur Deckung der Vermögenslasten erforderlich sind, für die Zwecke des ehelichen Aufwandes verwenden. Das so Verwendete gilt als Beitrag zu den Ehelasten. Im übrigen gebühren die Einkünfte dem Eigentümer.
2. Um dem Anspruch auf Herausgabe des zur Verwaltung überlassenen Vermögens dingliche Wirkungskraft zu verleihen und um dies Vermögen dem Zugriffe der Gläubiger des verwaltenden Teiles möglichst zu entziehen, ist der Grundsatz des Ersatzerwerbs dahin etwa anzuerkennen: Macht derjenige Ehegatte, dem vom andern Vermögen zur Verwaltung überlassen ist, mit Mitteln dieses Vermögens Anschaffungen, so werden sie Eigentum des andern Ehegatten, sofern nicht die besonderen Umstände des Erwerbsfalles ergeben, daß der verwaltende Ehegatte für eigene Rechnung erwerben wollte. — Haushaltsgegenstände, die einer der Ehegatten an Stelle von nicht mehr vorhandenen oder wertlos gewordenen Stücken anschafft, werwerden Eigentum desjenigen Ehegatten, der Eigentümer der ersetzten Stücke gewesen ist (§ 1382 BGB.).

X. Die Gütertrennung bietet den Gläubigern der Ehegatten keine Kreditunterlage. Sie bedroht vielmehr das Befriedigungsrecht der Gläubiger durch die Gefahr der Vermögensvermischung, mag diese im normalen Ablaufe des Ehelebens oder durch bewußte Schiebungen eingetreten sein. Zum Schutze der Gläubiger müssen daher die Muzianischen Präsumtionen wirksamer als im geltenden Rechte ausgestaltet werden. Ich schlage folgende Regelung vor:

1. Die Gläubiger beider Ehegatten haben freien Vollstreckungszugriff in alle Sachen, die sich im gemeinschaftlichen Besitze beider Ehegatten oder auch nur eines der Ehegatten befinden. Zugunsten der Gläubiger gilt der ihnen verpflichtete Ehegatte als Eigentümer. Ausgenommen sind:

a) die Sachen, die ausschließlich zum persönlichen Gebrauche eines der Ehegatten bestimmt sind,
b) die Sachen, die zum besonderen Erwerbsgeschäfte eines Ehegatten gehören.

In Ansehung dieser Sachen spricht die Vermutung für das Eigentum des besitzenden Ehegatten.

2. Im Verhältnis unter den Ehegatten selber gilt die Vermutung des § 1362 II BGB. In Ansehung der im gemeinschaftlichen Besitze der Ehegatten befindlichen Sachen spricht die Vermutung für Miteigentum.

XI. Die bei weitem schwierigste Frage der neuen Eherechtsregelung dürfte die der Beteiligung am Ehegewinste sein.

Wenn die Ehegatten im Rahmen der ihnen zufallenden Aufgaben und in Erfüllung der gegenseitigen Unterstützungspflichten für die Wohlfahrt der Ehegemeinschaft eintreten, Vermögens-, Arbeits- und Erwerbskräfte dafür einsetzen, wenn ferner davon ausgegangen werden muß, daß diese Leistungen mittelbar oder unmittelbar zur Mehrung des beiderseitigen Vermögens beitragen, so gebietet unzweifelhaft die Billigkeit, jedem der Ehegatten eine Beteiligung am ehezeitlichen Zugewinste des andern einzuräumen. Diesem Billigkeitserfordernisse wird das geltende Gesetz nicht gerecht. Es gewährt nicht einmal der Frau eine Vergütung für ihre Beihilfe im Geschäfte des Mannes. Zwar erhält jeder Ehegatte in seinem gesetzlichen Erb- und Pflichtteilsrecht einen Anteil an der Vermögensmehrung des andern. Aber diese Rechte versagen im Falle der Ehescheidung. Hier entscheidet lediglich die Schuldfrage. Und auch der schuldlose Ehegatte ist nur auf die zweifelhaften und wenig würdigen Unterhaltsansprüche angewiesen, die ihn in fortwährender Abhängigkeit vom schuldigen Teile erhalten. Die Kritik an der Güterstandsregelung des Bürgerlichen Gesetzbuchs hat gerade hier eingesetzt. Namentlich hat man in Frauenkreisen der Verbindung der Gütertrennung mit einer Zugewinstgemeinschaft das Wort geredet. Dem haben sich die Mitberichterstatter angeschlossen.

Ich dagegen vertrete einen ablehnenden Standpunkt.

Das Vorbild des Schweizerischen Gesetzbuchs (Artikel 214) kann nicht maßgebend sein. Hier ist zwar ein Beteiligungsanspruch am Zugewinste des Ehemanns, dem sogenannten Vorschlage, in Höhe von einem Drittel anerkannt; aber er ist mit der Güterverbindung verknüpft und soll der Frau einen Ausgleich dafür geben, daß die Nutzungen des eingebrachten Gutes dem Manne zufließen. Wie dieser denn auch als Verwalter des Ehevermögens jede Einbuße, den sogenannten Rückschlag, auf sein Vermögen übernehmen muß.

Bei der hier in Frage stehenden Neuregelung aber handelt es sich um das Problem, die Gütertrennung mit einer Zugewinstgemeinschaft zu verbinden. Hier versagen die Gründe, die im Schweizerischen Zivilgesetzbuch zur Gewährung des Vorschlagsanspruchs führten. Hier würde meines Erachtens die Beteiligung jedes Ehegatten am Zugewinste des andern zu unbilligen Ergebnissen führen. Sie würde in das System der Gütertrennung, zu deren Hauptvorzügen Klarheit und Einfachheit gehören, Schwierigkeiten und Verwickelungen schwer lösbarer Art hineintragen und Sicherungen für die Beteiligungsanwartschaften der Ehegatten fordern, die dem Wesen der Gütertrennung zuwiderliefen. Das im einzelnen zu begründen, ist hier nicht der Ort.

Ich schlage folgende Wege zur Abhilfe vor:

1. Bei der Auflösung der Ehe durch den Tod eines Ehegatten ist das gesetzliche Erb- und Pflichtteilsrecht des Überlebenden erheblich zu verstärken. Der Überlebende erhält damit den ihm gebührenden Anteil am Ehegewinne. Diese Lösung ist auch deshalb vorzuziehen, weil sie den ehefremden Gedanken mechanischen Leistungsausgleichs für die Gemeinschaftsleistungen hinter den Gedanken fortwirkender Fürsorge für die Zukunft des Überlebenden zurücktreten läßt. Zugleich ist dem Überlebenden ein pflichtteilsmäßig zu gestaltender Voraus in Ansehung der zum gemeinschaftlichen Haushalte gehörigen Sachen zu gewähren. Dauerndes und zur Zeit des Erbfalles noch bestehendes Getrenntleben würde den schuldlosen Ehegatten zur Entziehung oder Beschränkung des Pflichtteils ermächtigen.
2. Bei der Auflösung der Ehe durch Ehescheidung versagt der Gedanke fortwirkender Fürsorge. Erb- und Pflichtteilsrechte erlöschen. Hier kann und muß, und zwar ohne alle Rücksicht auf die Schuldfrage, der Abgeltungsgedanke zu seiner Auswirkung gelangen. Aber auch hier lehne ich eine formell abzuwickelnde Zugewinstgemeinschaft ab. Die Schwierigkeiten der Auseinandersetzung vermehren sich hier noch, weil sich die Ehegatten mit feindlicher Gesinnung gegenüberstehen. Ich befürworte folgende Regelung:

   Wird die Ehe durch die Scheidung aufgelöst, so steht jedem Ehegatten als Entgelt für seine Leistungen zum Eheaufwand ein Anspruch auf Beteiligung an der

Vermögensmehrung zu, die im Vermögen des andern Ehegatten während der Ehe eingetreten ist. Das Gericht entscheidet nach billigem Ermessen, welcher Ehegatte dem andern gegenüber entgeltspflichtig und in welcher Höhe der Entgelt zu gewähren ist. Dabei sind Dauer der Ehe, Umfang der Beitragsleistungen, Mitwirkung jedes Ehegatten zur Gewinnerzielung und Größe des Zugewinstes in gebührende Rücksicht zu ziehen. Das Gericht entscheidet auch nach billigem Ermessen über die Art und Weise der Entgeltsleistung. Für die Entscheidung über den Entgeltsanspruch ist das Gericht ausschließlich zuständig, das die Ehescheidung ausgesprochen hat.

Mit dieser Regelung würde Hand in Hand zu gehen haben eine Neugestaltung der Vermögensrechte, die dem schuldlosen Ehegatten gegen den schuldigen Teil zustehen. Hierfür dürfte das Vorbild des Schweizerischen Zivilgesetzbuchs (Artikel 151) in Betracht kommen. Besonders befürworten möchte ich, daß dem schuldlosen Ehegatten das Recht gewährt werden soll, ohne Rücksicht auf die Frage des Eigentums diejenigen Gegenstände des Hausrats für sich zu fordern, deren er zur Begründung einer neuen Wirtschaft bedarf, es sei denn, daß sie für den andern Teil unentbehrlich wären.

XII. Ehevertragsfreiheit und Wandelbarkeit des Güterrechts sind aufrechtzuerhalten. Der Ehevertragsfreiheit sollen nur diejenigen Regelungen entzogen sein, die das genossenschaftliche Eintreten beider Ehegatten für die Lasten des Eheaufwands, die Aufgaben der Arbeitsteilung und die Pflichten gegenseitiger Unterstützung in der Erfüllung dieser Aufgaben betreffen. Die gesetzlichen Vorschriften hierüber sind als Mindestforderungen zu zwingendem Rechte auszugestalten.

## III. Vorschläge der Mitberichterstatterin Fräulein Rechtsanwalt Dr. Marie Munk-Berlin.

### Erwägungen.

Der jetzige gesetzliche Güterstand entspricht nicht der politischen und wirtschaftlichen Selbständigkeit der Frau und ihrer Stellung als gleichberechtigter Gefährtin des Mannes.

Die vom Gesetz dem Manne übertragene Verwaltung und Nutznießung des Frauenvermögens enthält eine nicht gerechtfertigte Beschränkung der Verfügungsfreiheit der Frau und in der Hand eines leichtsinnigen Mannes eine Gefährdung ihres Vermögens.

Die Anerkennung beider Ehegatten als selbständige Rechtspersönlichkeiten fordert in vermögensrechtlicher Beziehung die Einführung der Gütertrennung. Hierdurch würde die Frau zwar die Verfügung über ihr eigenes Vermögen behalten, aber an dem wirtschaftlichen Erfolge der Ehe nicht beteiligt werden. In der Mehrzahl der Ehen trägt aber die Tätigkeit der Frau als Hausfrau und Mutter und ihre aufopfernde Sorge für die Familie, die sie oft noch neben einer außerhäuslichen Berufsarbeit ausübt, zu dem während der Ehe erworbenen Wohlstand und den Ersparnissen der Familie mindestens in gleichem Maße bei wie die außerhäusliche Erwerbstätigkeit des Mannes. Es ist daher unbillig, wenn die Frau, wie dies bei der Gütertrennung der Fall wäre, trotz ihrer oft jahrzehntelang ihre ganze Arbeitskraft in Anspruch nehmenden Tätigkeit im Hause bei Auflösung der Ehe keinen Anteil an dem Gewinn haben soll, den der Mann nur dank ihrer Mitarbeit, ihrer Fürsorge und Sparsamkeit durch seine außerhäusliche Erwerbsarbeit errungen hat.

Es ist daher als gesetzlicher Güterstand die Gütertrennung in Verbindung mit einer Beteiligung am Ehegewinn einzuführen nach Maßgabe der folgenden Richtlinien.

I.

1. Während bestehender Ehe gilt Gütertrennung. Bei Auflösung der Ehe oder bei Beendigung des Güterstandes erhält jeder Ehegatte die Hälfte des während der Ehe erworbenen Gewinns des anderen Ehegatten, soweit diese Hälfte seinen eigenen Gewinn übersteigt. Die Ehegatten können eine andere Verteilung des Ehegewinns durch Ehevertrag vereinbaren. Ist kein Ehevertrag geschlossen worden, so kann das Gericht in den Fällen, in denen eine Verteilung des Gewinns je zur Hälfte offenbar unbillig ist, eine andere Verteilung anordnen.

Ehegewinn (Mehrerwerb, Zugewinst, Vermögenszuwachs, Vorschlag) ist das im Zeitpunkt der Auseinandersetzung vorhandene Gesamtvermögen jedes Ehegatten nach Abzug seines Sondervermögens (Sonderguts). Sondergut ist das bei Eingehung der Ehe vorhandene Vermögen jedes Ehegatten. Was außerdem als Sondergut und als Schulden des Sonderguts zu gelten hat, ist entsprechend den Bestimmungen über das Vorbehaltsgut und die Sonderschulden bei der allgemeinen Gütergemeinschaft zu regeln (§§ 1440, 1463 BGB.).

Der Wert des Sonderguts jedes Ehegatten ist durch ein Inventarverzeichnis festzustellen, das die Ehegatten gemeinschaftlich zu errichten und bei Eingehung der Ehe oder innerhalb eines bestimmten Zeitraums nach der Eheschließung bei der im Gesetz zu bestimmenden Behörde (Standesamt oder Vormundschaftsgericht) einzureichen haben. Hochzeitsgeschenke sind dabei im Zweifel als gemeinschaftliches Eigentum beider Ehegatten anzusehen.

2. Die Lasten und Instandhaltungskosten des Sonderguts hat jeder Ehegatte aus seinen laufenden Einnahmen zu bestreiten. Reichen die Einkünfte der Frau hierzu nicht aus und ist sie infolge ihrer Hausfrauen- und Mutterpflichten verhindert, ihre Arbeitskraft zu außerhäuslichem Erwerb voll zu verwerten, so kann sie von dem Mann verlangen, daß er ihr die erforderlichen Mittel zur Verfügung stellt, soweit dies nach den Verhältnissen der Beteiligten der Billigkeit entspricht. In diesem Falle hat der Mann keinen Erstattungsanspruch gegen die Frau. Über die Beitrags- und etwaige Erstattungspflicht können die Ehegatten, wenn sie zu keiner Einigung gelangen, die Entscheidung des Vormundschaftsgerichts anrufen.

3. In gewissen Fällen muß jeder Ehegatte das Recht haben, während bestehender Ehe auf Aufhebung der Gewinnbeteiligung für die Zukunft und auf Auseinandersetzung zu klagen, z. B. wenn der andere Ehegatte sein Vermögen gröblich verschwendet oder in der Absicht vermindert hat, den Kläger zu benachteiligen, oder wenn die Ehegatten dauernd getrennt leben, ohne die Ehe in der durch die eheliche Lebensgemeinschaft gebotenen Weise fortsetzen zu wollen. In letzterem Falle muß kraft Gesetzes vom Zeitpunkt des Auseinandergehens der Ehegatten ab reine Gütertrennung gelten.

Es ist im Gesetz zu bestimmen, daß ein Ehegatte in gewissen Fällen, z. B. wenn er den anderern getötet oder zu töten versucht hat, seinen Anspruch auf Gewinnbeteiligung verliert.

Wird die Ehe durch Scheidung wegen Verschuldens eines Ehegatten aufgelöst, so ist zu erwägen, ob der unschuldige Ehegatte das Recht haben soll, durch eine von ihm im Scheidungsprozeß abzugebende Erklärung die Gewinnbeteiligung des anderen Ehegatten auszuschließen, so daß der schuldige Ehegatte nicht seinen Anteil an dem von dem anderen Ehegatten während der Ehe erworbenen Gewinn fordern kann.

4. Der Gewinnanteil, den ein Ehegatte zu fordern hat, ist grundsätzlich in Geld zu leisten, kann aber auch in der Weise erfüllt werden, daß bestimmte Gegenstände, die sich im Vermögen des verpflichteten

Ehegatten befinden, dem Berechtigten überlassen werden. Wird die Ehe durch Tod oder Todeserklärung eines Ehegatten aufgelöst, so muß der überlebende Ehegatte von den übrigen Erben verlangen können, daß ihm die im Haushalt vorhandenen Gegenstände gegen Bezahlung ihres Wertes belassen werden. An Stelle der vollen Auszahlung des Ehegewinns muß er die Erben mit einer Rente abfinden können. Im Streitfalle muß das Vormundschaftsgericht die Auseinandersetzung regeln, die Höhe der Rente und Fristen für die Auszahlung des Gewinns festsetzen.

5. Jeder Ehegatte oder dessen Erben können bei Auflösung der Ehe oder bei Beendigung des Güterstandes verlangen, daß der verpflichtete Ehegatte den Anspruch auf den Gewinnanteil durch Einräumung des Miteigentums an gewissen Gegenständen oder in anderer Weise sicherstellt.

6. Die Verteilung der Haushaltungsgegenstände ist im Falle des Getrenntlebens und der Scheidung dahin zu regeln, daß jeder Ehegatte dem anderen diejenigen Gegenstände überlassen muß, die für ihn selbst entbehrlich, für den anderen und die bei ihm befindlichen gemeinschaftlichen Kinder aber unentbehrlich sind. Auf Antrag müßte das Vormundschaftsgericht die Auseinandersetzung regeln und auch bestimmen, ob und welche Vergütung für die Überlassung des Gebrauchs oder des Eigentums zu zahlen ist.

7. Jeder Ehegatte muß jederzeit über den Bestand des Sondervermögens des anderen Ehegatten und über dessen während der Ehe gemachten Erwerb Auskunft verlangen können.

8. Hat die Frau dem Mann ihr Vermögen zur Verwaltung überlassen, so ist der Mann berechtigt, die Einkünfte, die er aus der Verwaltung zieht, zur Bestreitung des ehelichen Haushalts insoweit zu verwenden, als er von der Frau einen Beitrag zu den Haushaltungskosten verlangen könnte. Die Frau kann eine abweichende Bestimmung treffen. Sie kann auch anordnen, daß die gesamten Einkünfte ihres Vermögens für die Haushaltungskosten zu verwenden sind oder daß die Überschüsse ganz oder zum Teil dem Mann zustehen sollen. Jede auf die Überlassung der Vermögensverwaltung bezügliche Vereinbarung muß jederzeit widerruflich und ein Verzicht auf diese Rechte nichtig sein.

9. Es ist im Gesetz zu bestimmen, daß bei allen Gegenständen, die nicht nachweislich Eigentum eines Ehegatten sind, im Verhältnis der

Ehegatten zueinander vermutet wird, daß sie gemeinschaftliches Eigentum beider Ehegatten und während der Ehe erworben sind.

Die Eigentumsvermutung des § 1362 Absatz 1 BGB. (praesumtio Muciana) ist dahin abzuändern, daß nur bei denjenigen Gegenständen, die sich im Besitz des Mannes oder beider Ehegatten befinden, vermutet wird, daß sie dem Mann gehören.

10. Die Vertragsfreiheit der Ehegatten ist in weitestem Umfang aufrechtzuerhalten. Der bisherige gesetzliche Güterstand ist als vertraglicher neben den übrigen vertraglichen Güterständen beizubehalten.

II.

In dem Abschnitt „Wirkungen der Ehe im allgemeinen“ sind folgende mit dem ehelichen Güterrecht zusammenhängende Änderungen erforderlich:

1. Es ist zu bestimmen, daß jeder Ehegatte verpflichtet ist, durch Zuschuß von Geld, Tätigkeit im Hauswesen oder auf sonstige Weise zu den Lasten des ehelichen Haushalts beizutragen.

2. Es muß eine Bestimmung dahin aufgenommen werden, daß der Mann verpflichtet ist, der Frau die für den gemeinschaftlichen Haushalt erforderlichen Mittel, soweit sie nicht selbst zu den Haushaltungskosten beizutragen hat, laufend in bar zur Verfügung zu stellen, und daß er ihr ferner zur Bestreitung ihrer persönlichen Bedürfnisse (z. B. für Kleidung, für Befriedigung geistiger oder künstlerischer Interessen), falls sie diese nicht aus dem Haushaltungsgeld oder aus ihren eigenen Einkünften bestreiten kann, die erforderlichen Geldbeträge laufend gewähren muß. Die Höhe des Beitrags muß den Verhältnissen entsprechen, in denen die Ehegatten leben, und ist auf Antrag der Frau vom Gericht festzusetzen.

3. Es ist zu bestimmen, daß der Mann das Recht der Frau auf Ausübung der häuslichen Schlüsselgewalt nur mit vorheriger Genehmigung des Vormundschaftsgerichts beschränken oder ausschließen kann.

Die jetzige Regelung, nach der aus Rechtsgeschäften, die die Frau innerhalb ihres häuslichen Wirkungskreises vornimmt, nur der Mann verpflichtet wird, ist dahin abzuändern, daß für Verpflichtungen, die vom Mann oder von der Frau für den gemeinschaftlichen Haushalt eingegangen werden, beide Ehegatten als Gesamtschuldner haften, die Zwangsvollstreckung gegen die Frau aber nur im Falle der Zahlungsunfähigkeit des Mannes zulässig ist.

4. Das Kündigungsrecht des Mannes bei Verträgen, durch die sich die Frau zu einer von ihr in Person zu bewirkenden Leistung verpflichtet, ist aufzuheben.

III.

Erbrechtliche Bestimmungen.

1. Es ist zu prüfen, ob Bestimmungen über eine fortgesetzte Gewinngemeinschaft mit den Erben nach Art der fortgesetzten allgemeinen Gütergemeinschaft in das Gesetz aufgenommen werden sollen oder ob, ähnlich dem Güterrecht des Märkischen Provinzialrechts, dem überlebenden Ehegatten ein Wahlrecht dahin eingeräumt werden soll, daß er an Stelle des gesetzlichen Erbrechts am Nachlaß des Erstverstorbenen sein gesamtes Vermögen herausnehmen kann und dafür den übrigen Nachlaß den Erben überlassen muß. In diesem Falle würden die Erben des Erstverstorbenen den Anspruch auf Ausfolgung des Gewinnanteils gegen den überlebenden Ehegatten verlieren.

2. Es ist ferner zu erwägen, ob nicht unabhängig von den Nachwirkungen des Güterstandes, in dem die Ehegatten lebten, und von der ihnen zustehenden Befugnis, über den Tod hinaus durch Testament oder Erbvertrag für den Überlebenden zu sorgen, das gesetzliche Erb- und Pflichtteilsrecht des überlebenden Ehegatten zu erweitern ist und ob nicht der überlebende Ehegatte auch gegenüber den Erben erster Ordnung das Recht auf den Voraus haben soll (§ 1932 BGB.).

3. Steht dem überlebenden Ehegatten die Nutznießung an dem sonst den Erben gebührenden Gewinnanteil zu oder ist durch letztwillige Verfügung die Auseinandersetzung mit den Erben bis zum Tode des Letztlebenden hinausgeschoben worden, so müßte eine Bestimmung dahin getroffen werden, daß er bei seiner Wiederverheiratung oder bei Gefährdung des Nachlasses den Erben Sicherheit zu leisten hat.

Der Vorsitzende erteilte zunächst Herrn Geh. Justizrat Prof. Dr. Kipp-Berlin das Wort, der folgenden Bericht erstattete:

Ich glaube versichern zu können, daß ich Ihre Zeit nicht länger in Anspruch nehmen werde, als unbedingt notwendig ist. Die Thesen, die ich aufgestellt habe, liegen Ihnen gedruckt vor. Sie sind nicht in der Absicht geschrieben, eine Beschlußfassung über alle ihre Einzelheiten herbeizuführen; es war aber notwendig, die Hauptthese durch Einzelaufstellungen zu erläutern. In dem mündlichen Vortrag werde ich auf die Einzelheiten nur soweit eingehen, als es zum Verständnis und zur Begründung der Hauptthese erforderlich erscheint.

Die Frage des künftigen ehelichen Güterrechts ist seit langer Zeit Gegenstand der öffentlichen Erörterung, die namentlich unter zwei Gesichtspunkten geführt wird: Befreiung der Frau von der Vorherrschaft des Mannes und Beteiligung der Frau an dem während der Ehe erworbenen Vermögenszuwachs. Die Emanzipation des weiblichen Geschlechts ist eine Kulturentwicklung, die in die Jahrtausende zurückreicht, und bekanntlich haben gerade in unseren Tagen die Frauen einen grundsätzlichen Sieg auf allen Gebieten erfochten. Nur eine Einzelerscheinung in diesem Kampfe ist auch der Streit um das eheliche Güterrecht.

Die Reichsverfassung verlangt in Art. 119 die Ausgestaltung der Ehe auf der Grundlage der Gleichberechtigung beider Geschlechter. Dieses Prinzip ist nicht notwendig dahin zu verstehen, daß beide Ehegatten Rechte identischen Inhalts haben müssen; sondern es ist nur notwendig, daß die Rechte jedes Gatten in Summa denen des anderen gleichwertig sind. Die natürliche Verschiedenheit von Mann und Weib ist nicht austilgbar. Auf die Frage, wie das persönliche Verhältnis der Gatten von dem Prinzip der Gleichberechtigung der Geschlechter aus zu gestalten sei, und auf die in unseren Tagen ebenfalls brennend gewordene Frage der Erleichterung der Ehescheidung, habe ich nur insoweit, als jene Fragen mit denen des ehelichen Güterrechts verknüpft sind, hier und da einzugehen.

Daß das BGB. auf dem Gebiete des ehelichen Güterrechts die beiden Geschlechter nicht gleichstellt, kann keinen Zweifeln unterworfen sein. Das gesetzliche eheliche Güterrecht des BGB., das System der Verwaltung und Nutznießung, gewährt dem Manne auf dem Gebiete der Verwaltung eine zwar nicht unbeschränkte, aber doch sehr starke Macht über das Frauenvermögen. Die Früchte dieses Vermögens erhält er zwar grundsätzlich nur zum Ausgleich der ehelichen Lasten, die ihm auferlegt sind; aber den Überschuß der Nutzungen behält er für sich. Dieses System muß fallen. Das ist nicht bloß ein Akt des formalen Gehorsams gegen Reichsverfassung Art. 119, sondern eine Forderung der Gerechtigkeit. Schon längst vor der Staatsumwälzung haben die Frauen die Beseitigung der ehemännlichen Verwaltung und Nutznießung verlangt. Man muß ihnen diese Forderung zugestehen. Der Satz, daß die Frau zur Verwaltung ihres Vermögens weniger befähigt ist als der Mann, mag auch heute noch in höherem

Grade richtig sein, als in Frauenkreisen gern zugegeben wird. Aber immerhin hat der Satz infolge der weit vorgeschrittenen Ausbildung der Frauen von heute von seiner Richtigkeit vieles verloren, und jedenfalls ist es nicht folgerichtig, die verheiratete Frau anders zu behandeln als die unverheiratete, die seit langer Zeit zur Verwaltung ihres Vermögens rechtlich für vollbefähigt erachtet wird. Und möchte es um die Verwaltung stehen, wie es wolle, so spricht doch nichts dafür, daß der Mann die Überschüsse der Nutzung des Frauenvermögens allein in die Tasche steckt.

Würde man nun die ehemännliche Nutznießung und Verwaltung einfach streichen, so käme man zunächst auf das System der Gütertrennung, das eine weite Verbreitung auf Erden genießt. Es gilt u. a. in Österreich, Italien, England, überwiegend in Amerika. Das kulturhungrige Japan hat es angenommen und Hozumi in einem Buche über das japanische bürgerliche Gesetzbuch erklärt die Gütertrennung für den Gipfel der Zivilisation. Aber ist sie das wirklich? Sie zerreißt die eheliche Genossenschaft auf wirtschaftlichem Gebiete vollständig. Sie gewährt der Frau keine Beteiligung an dem in der Ehe Errungenen. Die Forderung der Frauen nach einer solchen Beteiligung ist aber gerechtfertigt wegen des Wertes der Leistungen der Frau als Hausfrau und Mutter. Die Frau, die dem Manne ein behagliches Heim schafft, das ihm gestattet, in Ruhe seinem Beruf nachzugehen, die Frau, die durch Sparsamkeit den Erwerb des Mannes zusammenhält, erwirbt sich große Verdienste um das wirtschaftliche Gedeihen der Ehe, auch wenn sie ihrerseits von außenher nichts erwirbt. Selbstverständlich muß man auf die Einwendung gefaßt sein, daß nicht alle Frauen diesem Ideal entsprechen. Man kann leicht das Bild einer Frau zeichnen, die gar nichts tut. Im Haushalt leistet sie nichts; Kinder wünscht sie nicht, und wenn sie kommen, so kümmert sie sich nicht um sie; das bleibt bezahlten Kräften überlassen. Allein so extreme Beispiele sind niemals maßgebend; es lassen sich ihnen immer andere, nach der entgegengesetzten Richtung extreme gegenüberstellen: die Frau des Nichtstuers, des Säufers, die die ganze Familie ernährt. Das gesetzliche Güterrecht muß von normalen Verhältnissen ausgehen. Es muß besonders für die Ehen sorgen, die ohne Vermögen anfangen, in denen daher an einen Ehevertrag nicht gedacht wird, für die Millionen Ehen, die auf Arbeit gegründet sind, und in denen schließlich einige Ersparnisse gemacht wurden. Es muß die tüchtige Frau schützen, darf nicht sie benachteiligen, weil es untüchtige gibt.

Dem Anspruch der Frau auf eine Beteiligung an dem ehelichen Erwerbe könnte man zunächst durch eine Gütergemeinschaft, sei es allgemeine oder partikuläre, entgegenkommen wollen. Allein hierbei entsteht vor allem eine Schwierigkeit. Im Bürgerlichen Gesetzbuch sind bei den Gütergemeinschaften, trotz der Halbteilung des Gesamtguts, die Geschlechter nicht gleichgestellt. Der Mann nimmt vielmehr in der Verwaltung eine völlig überragende Stellung ein. Das Gesamtgut haftet für Schulden des Mannes allgemein, für Schulden der Frau nur, wenn sie mit Zustimmung des Mannes eingegangen sind. Es würde große Schwierigkeiten darbieten, die Gütergemeinschaften des Bürgerlichen Gesetzbuches im Sinne einer Gleichstellung beider Geschlechter umzuarbeiten. Sollen beide Gatten zusammen verwalten?, soll eine Geschäftsteilung eintreten, so daß gewisse Zweige der Verwaltung vom Manne, gewisse andere von der Frau geführt werden?, soll jeder verwalten mit Einspruchsrecht des anderen? Könnten die hier angedeuteten Schwierigkeiten beseitigt werden, so würde die allgemeine Gütergemeinschaft von einem sehr idealen Standpunkte aus zu empfehlen sein, wie sie in der Tat von Gierke in erster Linie als gesetzliches eheliches Güterrecht empfohlen ist. Sie entspricht einer Idealgestalt der Ehe.

Das schwedische Gesetz vom Jahre 1920 und die Gesetzentwürfe von Dänemark, Norwegen und Finnland haben die Probleme des ehelichen Güterrechts von einem Standpunkte zu lösen gesucht, der als allgemeine Gütergemeinschaft von Todes- und Scheidungswegen bezeichnet werden kann. Jeder Gatte hat bei währender Ehe sein Vermögen für sich; aber es besteht daran ein Anwartschaftsrecht des anderen Gatten, dessen Zustimmung bei gewissen Verfügungen erforderlich ist. In Schweden bei Verfügung über Grundstücke allgemein, nach dem dänischen und norwegischen Entwurf, soweit es sich um Grundstücke handelt, die der Familie als Wohnung dienen oder an die die Erwerbstätigkeit der Gatten geknüpft ist. Ferner bei Verfügungen über bewegliche Sachen, die zum Gerät des gemeinschaftlichen Haushalts gehören oder zu dem für den anderen Gatten erforderlichen Arbeitsgerät oder die zum Gebrauch der Kinder dienen. Jeder Gatte hat eine Verpflichtung zu sorgfältiger Verwaltung. Bei Vernachlässigung der wirtschaftlichen Angelegenheiten, bei Mißbrauch des Verfügungsrechts oder sonstigem ungebührlichen Verhalten, welches das Vermögen wesentlich mindert oder gefährdet, oder bei Eröffnung des Konkursverfahrens kann der andere

Gatte sofortige Auseinandersetzung, wie bei Auflösung der Ehe, verlangen. Bei Auflösung der Ehe findet Halbteilung statt. Besondere Grundsätze für die Scheidung sind nicht aufgestellt; jedoch schuldet nach schwedischem Gesetz vom 12. November 1915 der Schuldige dem Unschuldigen im Falle schwerer Kränkung Schadensersatz. Der finnländische Entwurf will keine Teilung beider Massen, sondern nur Teilung des Betrages, um den die eine Masse die andere übersteigt. Bei Mißverhalten will er nicht vorzeitige Auseinandersetzung, sondern einen Schadensersatzanspruch, der bei Auflösung der Ehe geltend zu machen ist; bei Konkurs eines Gatten soll der andere für die Zukunft Gütertrennung verlangen können.

Die Schwierigkeiten, die die Gütergemeinschaft bei währender Ehe bietet, sind hier vermieden. Die Durchführbarkeit des nordischen Systems ist nicht zu bezweifeln, aber es ist doch fraglich, ob Halbteilung des ganzen Vermögens als gesetzliche Regel wirklich gerecht ist. Sie ist vorhin als Ideal bezeichnet worden; aber es ist zweifelhaft, ob für den Durchschnitt der Ehen das Gesetz dieses Ideal anstreben kann. Bedenklich ist das namentlich bei kurzdauernder Ehe, die mit ungleichem Vermögen begonnen hat. In einer Zeit häufiger Scheidungen, in einer Zeit, die ernstlich damit umgeht, die Ehescheidung noch wesentlich zu erleichtern, kann allgemeine Gütergemeinschaft, sei es auch nur für den Fall der Auflösung der Ehe, als gesetzliches Güterrecht nicht empfohlen werden.

Richtiger ist eine *Teilung der Errungenschaft unter den Gatten*, die von dem Gedanken ausgeht, daß der Erwerb des einen Gatten normalerweise von dem anderen unterstützt wird. Das ist der Grundgedanke der Errungenschaftsgemeinschaft des BGB. Das voreheliche Vermögen, das in der Ehe unentgeltlich erworbene bleibt dem einzelnen; die Nutzungen, das entgeltlich Erworbene, der Arbeitsverdienst werden Gesamtgut. Mit Recht ist die Errungenschaftsgemeinschaft von *Dernburg* für das richtige System für die auf Arbeit gegründeten Ehen befürwortet worden. Die Errungenschaftsgemeinschaft sichert der Frau, die nur als Hausfrau und Mutter tätig ist, was doch unter allen Umständen das wünschenswerteste ist, Anteil an dem Erwerb des Mannes. Sie hat keine Bedenken auch für den Fall einer Ehe von kurzer Dauer.

Wenn gleichwohl die Errungenschaftsgemeinschaft des BGB. nicht als künftiges gesetzliches System empfohlen wird, so geschieht das wegen der Schwierigkeiten der Gestaltung jeder Gütergemeinschaft bei währender Ehe, die vorhin berührt wurden. Diese Schwierigkeiten werden beseitigt, wenn man eine Art Errungenschaftsgemeinschaft von Todes- und Scheidungswegen annimmt, die Zugewinstgemeinschaft, die von Martin Wolff empfohlen, von den Frauenvereinigungen verlangt wird und die auch meine Mitberichterstatterin, Fräulein Dr. Munk, fordert. Herr Präsident Wieruszowski steht der Zugewinstgemeinschaft abgeneigt gegenüber, immerhin aber nicht so sehr, wie es auf den ersten Blick scheinen könnte. Für den Fall des Todes will er auf erbrechtlichem Wege helfen; aber für den Fall der Scheidung will doch auch Herr Präsident Wieruszowski einen Anspruch des Gatten auf einen Anteil an dem Zugewinn anerkennen, den er freilich weitgehend unter richterliches Ermessen gestellt sehen möchte.

Die Zugewinstgemeinschaft ist keine neue Erfindung. Sie ist bekannt aus älteren deutschen Partikularrechten, aus schweizerischem und ungarischem Recht, worüber Margarete Berent in Gierkes Untersuchungen eine gründliche Studie veröffentlicht hat. Die Schweiz kennt die Zugewinstgemeinschaft allerdings nur im Zusammenhang mit der Güterverbindung, dem normalen Güterstand des schweizerischen Gesetzbuchs. Alles Vermögen der Gatten mit gewissen Ausnahmen, nämlich mit Ausnahme des Sonderguts der Frau, ähnlich unserem Vorbehaltsgut, ist in der Hand des Mannes vereinigt, der es verwaltet und nutzt. Wenn das eheliche Vermögen, in dem auch die Nutzungen des Mannesguts und des Frauenguts und der Arbeitsertrag des Mannes enthalten sind, nach Ausscheidung des Mannesguts und des Frauenguts eine Mehrung, einen Vorschlag, zeigt, so gehört dieses zu einem Drittel der Ehefrau oder ihren Nachkommen, im übrigen dem Manne. Eine Minderung, einen Rückschlag trägt der Mann, wenn nicht bewiesen wird, daß die Frau ihn verursacht hat. Bei Scheidung gilt dasselbe, aber modifiziert durch Entschädigungsansprüche des Unschuldigen. Bei Gütertrennung, die vertragsmäßig, unter Umständen auch nach Gesetz oder Richterspruch, eintreten kann, besteht kein Zugewinstanspruch. Der Anteil der Frau an dem Zugewinn erscheint also nach schweizerischem Recht nur als Ausgleich für die ehemännliche Nutzung bei der Güterverbindung. Man kann sich daher auf das schweizerische Recht als Vorbild nicht berufen, wenn man die Zugewinstgemeinschaft in Verbindung mit Gütertrennung fordert. Anders ist es im ungarischen Rechte und in den neuen Entwürfen des ungarischen bürgerlichen Gesetzbuchs. Hier gilt und soll gelten eine Zugewinstgemeinschaft in Verbindung mit Gütertrennung.

Meine Vorschläge lehnen sich an den ungarischen Entwurf eines bürgerlichen Gesetzbuchs vom Jahre 1914 an.

Bevor ich aber auf die Einzelheiten der Zugewinstgemeinschaft eingehen kann, muß ich von den Reformen sprechen, die bei Annahme der Gütertrennung als des gesetzlichen ehelichen Güterrechts das bürgerliche Gesetzbuch fordert.

Ich nehme im Gegensatz zu Herrn Präsident Wieruszowski an, daß vom Standpunkte der Gleichberechtigung beider Geschlechter aus nicht mehr grundsätzlich dem Manne die Kosten des ehelichen Lebens auferlegt werden können. Es muß vielmehr ausgesprochen werden, daß beide Gatten gemeinsam diese Kosten tragen, freilich unter Berücksichtigung der Leistungsfähigkeit eines jeden. Was als Kosten des ehelichen Lebens anzusehen ist, darüber bin ich mit den Vorschlägen des Herrn Wieruszowski der Sache nach einverstanden. Ich habe es nur nicht für erforderlich gehalten, in meinen Vorschlägen im einzelnen darüber etwas zu sagen. Ich bin insbesondere damit einverstanden, daß auch der persönliche Bedarf jedes Gatten, abgesehen von Berufsausgaben, zu den Kosten des ehelichen Lebens zu rechnen ist. Fräulein Dr. Munk wünscht besondere Vorschriften über Haushaltgeld und Nadelgeld. Herr Wieruszowski lehnt solche Vorschriften ab, die auch ich nicht für erforderlich halte.

Vorschriften über die Unterhaltspflicht sind nur von Bedeutung bei Getrenntleben der Gatten. Hierin hat Herr Wieruszowski vollkommen recht. Die Unterhaltspflicht ist ebenso zu regeln wie die Verpflichtung, die Kosten des ehelichen Lebens zu tragen. Jeder Gatte muß dem anderen zum Unterhalt verpflichtet sein für den Fall, daß der andere nicht imstande ist, sich selbst zu unterhalten, und der Inanspruchgenommene nach Vermögen und Erwerbsfähigkeit zur Durchführung des Unterhalts imstande ist. Die im § 1362 BGB. zwischen der Unterhaltspflicht des Mannes und der der Frau aufgestellte Unterscheidung muß beseitigt werden.

Die Stellung der Frau im Hauswesen ist durchaus zu wahren. Die Frau ist berufen zur Leitung des Hauswesens; sie ist verpflichtet, darin zu arbeiten, soweit dies den Verhältnissen entspricht. Ihre Leistungen im Hauswesen sind ihr als Beitrag zu den Kosten des ehelichen Lebens anzurechnen. Es ist besonders zu betonen, daß die Frau zur Erwerbstätigkeit zum Zwecke der Beschaffung von Mitteln zum ehelichen Leben nicht verpflichtet sein darf, soweit das Hauswesen ihre Tätigkeit in Anspruch nimmt. Meine beiden Mitreferenten wünschen die Streichung des § 1358 BGB. Ich habe gegen diesen Vorschlag Bedenken. Es kann vorkommen, daß die Frau das Haus vernachlässigt, weil ihr eine Tätigkeit außerhalb des Hauses lieber ist, während eine solche zur Ernährung der Familie keineswegs notwendig wäre, und auch keineswegs hohe Begabungen der Frau lahmgelegt werden, wenn sie sich ihren häuslichen Pflichten widmet. Es kann sein, daß hierin eine Pflichtverletzung der Frau liegt, und es ist berechtigt, wenn der Mann dagegen einschreiten kann. Gegen Mißbrauch solchen Rechts des Mannes schützt die vorgeschriebene Mitwirkung des Vormundschaftsgerichts.

Anders als die Tätigkeit der Frau im Hauswesen ist die Verpflichtung der Frau zur Hilfe im Erwerbsgeschäft des Mannes zu beurteilen. Eine solche Verpflichtung nehme ich nur für gewisse Fälle an, die Sie meinen Vorschlägen unter B I 4 entnehmen wollen. Ich befinde mich hier in Übereinstimmung mit den beiden Mitreferenten. Ich scheue mich aber auch durchaus nicht, den Spieß zu drehen und für gewisse Fälle den Mann für verpflichtet zu erachten, im Erwerbsgeschäft der Frau Hilfe zu leisten. Ich bin der Ansicht, daß die Hilfeleistung eines Gatten im Erwerbsgeschäft des anderen grundsätzlich als entgeltliche aufzufassen ist. Eine Pflicht zur baren Bezahlung schlage ich nicht vor. Die Last einer solchen würde in den meisten Fällen der Inhaber des Erwerbsgeschäfts nicht tragen können. Es soll aber der Wert der geleisteten Hilfe als Beitrag zu den Kosten des ehelichen Lebens angerechnet werden, soweit der Geschäftsertrag zur Deckung dieser Kosten verwandt wird. Im übrigen erledigt sich das Recht auf Vergütung durch den Anspruch auf einen Anteil am Zugewinn; denn der Geschäftsertrag fällt in den Zugewinn.

Aufrecht zu erhalten ist die Schlüsselgewalt der Hausfrau. Sie bedarf aber einer Reform. Es muß ausgesprochen werden, daß sie nur mit Genehmigung des Vormundschaftsgerichts entzogen oder beschränkt werden kann. Das ist etwas anderes als die jetzt geltende Bestimmung des § 1357 Abs. 2. Es muß aber mit Herrn Wieruszowski auch anerkannt werden, daß die Frau in Ausübung der Schlüsselgewalt nicht im alleinigen Namen des Mannes handelt, sondern zugleich in ihrem eigenen Namen. Sie vertritt die eheliche Genossenschaft. Für die Schulden, die die Frau in Ausübung der Schlüsselgewalt kontrahiert, müssen beide Gatten haften. Ich stimme für volle gesamtschuldnerische Haftung der Frau, weil die Frau die Kontrahentin ist. Solche Haftung wird nicht nur zur Sicherheit des

Gläubigers gefordert, sondern auch zur Sicherheit des Mannes gegen leichtsinniges Schuldenmachen der Frau. Die Frau wird bei Ausübung der Schlüsselgewalt weit vorsichtiger verfahren, wenn sie sich sagen muß, daß der Gläubiger sie ohne weiteres für den vollen Betrag der eingegangenen Schuld selbst in Anspruch nehmen kann. Herr Wieruszowski und Fräulein Dr. Munk wollen sich mit subsidiärer Haftung der Frau begnügen.

Die Sätze über die Schlüsselgewalt der Frau bedürfen eines Korrelats, das man vielleicht etwas bizarr als Schlüsselgewalt des Mannes bezeichnen kann. Für Schulden, die der Mann in Angelegenheiten des ehelichen Lebens, für den ehelichen Bedarf, kontrahiert, soll die Frau mithaften. Die Anerkennung dieses Satzes entspricht im Hinblick auf die Schlüsselgewalt der Frau dem Prinzip der Gleichstellung beider Geschlechter. Es genügt aber hier die subsidiäre Haftung der Frau, da sie nicht die Kontrahentin ist. Herr Wieruszowski schlägt vor, daß unter Umständen die Frau wegen Mißwirtschaft des Mannes sich der Gefahr der Haftung für die von ihm eingegangenen Schulden durch eine mit Genehmigung des Vormundschaftsgerichts zu erlassende Erklärung soll entziehen können. Ich erkläre mich mit diesem Vorschlag, der der Möglichkeit der Entziehung der Schlüsselgewalt mit Genehmigung des Vormundschaftsgerichts entspricht, einverstanden.

Im übrigen wird vorgeschlagen, daß jeder Gatte für seine Schulden allein haftet. Aber im Interesse der Gläubiger ist es dringend erforderlich, die sogenannte praesumtio Muciana weiter auszugestalten. Sie muß doppelseitig gestaltet werden. Die Gläubiger der Frau wie die des Mannes müssen den Zugriff haben auf alles, was im Besitz beider Gatten oder eines unter ihnen ist, wofern nicht bewiesen wird, daß es nicht ihrem Schuldner, sondern dem anderen Gatten gehört. Herr Wieruszowski ist hierin grundsätzlich mit mir gleicher Meinung, will aber Sachen des persönlichen Gebrauchs und eines besonderen Erwerbsgeschäftes eines Gatten von der praesumtio Muciana ausnehmen. Hiermit kann ich mich einverstanden erklären. Fräulein Munk will die Präsumtion nur wesentlich beschränkter gelten lassen und nur in der bisherigen Weise einseitig für die Gläubiger des Mannes anwenden. Anzuerkennen ist, daß im Falle des Getrenntlebens der Gatten eine Einschränkung der Präsumtion wünschenswert wäre.

Einer Umgestaltung bedarf auch der § 1430 BGB. Seine

Vorschriften sind auszudehnen auch auf die Fälle, in denen der Mann der Frau Vermögen zur Verwaltung überläßt. Dringend wünschenswert ist, daß die Verfügungsbefugnisse des Verwalters eingeschränkt werden. Ihm darf in Ermangelung anderer Bestimmung des Eigentümers nur gestattet sein, für die Bedürfnisse des ehelichen Lebens über die Einkünfte des ihm zur Verwaltung überlassenen Vermögens zu verfügen, nicht aber darüber hinaus in eigenem Interesse. Es bedarf der Klarstellung, daß die Überschüsse der Einkünfte, die nicht in gestatteter Weise verwandt worden sind, dem Eigentümer gebühren. Es muß ausgesprochen werden, daß die Überlassung und jede bei ihr getroffene Bestimmung jederzeit widerruflich ist und auf den Widerruf nicht verzichtet werden kann. Ich befinde mich hier im wesentlichen in Übereinstimmung mit Herrn Wieruszowski. Fräulein Munk will die Verfügungsbefugnis des Mannes (eine Übertragung des § 1430 auf Überlassung von Vermögen an die Frau zieht sie nicht in Betracht) noch weiter einschränken. Der Mann soll über die Einkünfte nur verfügen können, soweit eine Verpflichtung der Frau, zu den Kosten des ehelichen Lebens beizutragen, besteht. Dies erachte ich für zu eng.

Nun die Zugewinstgemeinschaft! Ihr Grundsatz ist, wie vorhin dargelegt, daß jedem Gatten ein Anspruch auf einen Anteil an dem zustehen soll, was von dem anderen in der Ehe errungen ist. Es wird also eine Wertrechnung bei Auflösung der Ehe notwendig. Dem Gesamtvermögen eines Gatten ist gegenüberzustellen dasjenige, woran der andere Gatte einen Anteil nicht verlangen kann. Wir nennen es das Sondervermögen. Sondervermögen ist, was der Gatte bei der Eheschließung besitzt, was unentgeltlich erworben wird, entsprechend der Vorschrift des Bürgerlichen Gesetzbuchs § 1521, was durch Ehevertrag für Sondergut erklärt wird, und die Surrogate von Gegenständen des Sonderguts. Nutzungen fallen in das Sondergut nicht. Ich habe in meinem Vorschlage unter C eingehende Aufstellungen über die Berechnung des Sonderguts und des Zugewinnes gegeben, kann aber hier nur auf die wesentlichsten Punkte eingehen. Automatische Wertsteigerungen und -minderungen müssen nach meiner Ansicht für Rechnung des Sonderguts gehen, wozu sich entgegen dem ungarischen Entwurfe von 1914 auch die ungarische Parlamentskommission in Übereinstimmung mit dem jetzt geltenden ungarischen Rechte entschlossen hat. Selbstverständlich müssen von dem Sondergut die Schulden in Abzug gebracht werden, die zur Zeit der Eheschließung bestanden, aber auch gewisse Schulden, die während der Ehe entstehen, insbesondere die, die durch unentgeltliche Zuwendung von seiten des Gatten oder durch eine von ihm begangene unerlaubte Handlung entstanden sind. Die Lasten des Sonderguts trägt das Sondergut. Da aber die Einkünfte desselben in den Zugewinn fallen, muß dieser die Lasten tragen, die aus den Einkünften getragen zu werden pflegen. Fräulein Munk will eine Zuschußpflicht des Mannes für den Fall, daß die Einkünfte der Frau nicht ausreichen, um die Lasten des Vermögens zu tragen, und die Frau wegen häuslicher Pflichten ihre Erwerbstätigkeit nicht ausüben kann. Meines Erachtens ist diese die Frau einseitig begünstigende Vorschrift nicht annehmbar. Eher könnte ich mich befreunden mit dem Vorschlage des Herrn Wieruszowski, der für den Notfall eine beiderseitige Vorschußpflicht des anderen Gatten, und zwar nur Vorschußpflicht, nicht, wie Fräulein Munk, ersatzlose Zuschußpflicht, befürwortet. Alles was verwandt wird auf eheliche Lasten im weitesten Sinne, ist vom Zugewinn abzuschreiben.

Zur Feststellung des Sondervermögens will Fräulein Munk ein obligatorisches Anfangsinventar. Hiermit kann ich mich nicht einverstanden erklären. Es genügt ein Anspruch jedes Gatten auf jederzeitige Feststellung.

Ein Hauptgrund gegen die Zugewinstgemeinschaft ist der, daß sie angeblich zu verwickelt sei. Aber einmal kann es ein einfaches eheliches Güterrecht überhaupt nicht geben, und sodann gereicht es zur wesentlichen Vereinfachung, wenn man den Vorschlag annimmt, den ich unter C 10 gegeben habe und der der Sache nach der Vermutung des § 1527 BGB. entspricht. Von dieser Vermutung aus ergibt sich insbesondere, daß in allen Fällen, in denen die Ehegatten mit nichts angefangen, unbesorgt um ihre gegenseitigen Rechte gewirtschaftet und Ersparnisse erzielt haben, die Auseinandersetzung einfach auf Halbteilung alles Vorhandenen hinausläuft.

Die Halbteilung des Zugewinnes beider Gatten ist das Prinzip. Es kann in der Anwendung, ähnlich einem Gedanken des finnländischen Entwurfs, wesentlich vereinfacht werden, wenn man nur eine Halbteilung desjenigen annimmt, worum der Zugewinn des einen Gatten den des anderen übersteigt. Soweit die beiderseitigen Zugewinne einander gleich sind, sollen sie in jeder Hinsicht außer Ansatz gelassen werden.

Der Zugewinstanspruch ist nur als schuldrechtlicher gedacht. Das dingliche Anwartschaftsrecht Schwedens und der nordischen Entwürfe befürworte ich nicht. Die Zugewinstschuld soll grundsätzlich

Geldschuld sein; aber Abtragung in anderen Gegenständen soll zulässig sein. Über die nähere Ordnung dieses Punktes kann man verschieden denken. Fräulein Munk will, anklingend an Bestimmungen des nordischen Rechtes, Vorschriften wegen Überlassung notwendiger Haushaltsgegenstände aufnehmen, gegen die ich nichts einzuwenden hätte.

Beim Tode eines Gatten ist die Zugewinstforderung des Verstorbenen Nachlaßgegenstand. Sofern der überlebende Gatte selbst zu den Erben gehört, soll er auch an einer Zugewinstforderung gegen sich selbst beteiligt sein. Unter sonstigen Erben sollen nach Schweizer Vorbild nur die Nachkommen die Zugewinstforderung haben. Es entspricht m. E. durchaus nicht der Gerechtigkeit, daß der eine Gatte für entfernte Erben des anderen mit arbeitet und mit erwirbt. Ich befürworte das Recht des Erblassers, die Anrechnung des Zugewinnes auf dasjenige zu bestimmen, was dem anderen Gatten aus der Erbschaft zufällt, soweit es sich nicht um den Pflichtteil handelt. Diese Anrechnung muß der Erblasser bestimmen können, weil er insoweit dem anderen Gatten das Erbrecht ganz entziehen könnte. Ich glaube aber auch, daß in den Fällen, in denen der Gatte dem anderen den Pflichtteil zu entziehen berechtigt ist, ihm auch das Recht zuzusprechen ist, den Zugewinstanspruch zu entziehen. Es gehört zu den Aufgaben des ehelichen Güterrechts, auf pflichtmäßiges Verhalten in der Ehe hinzuwirken.

Bei Scheidung soll der allein Schuldige die Zugewinstforderung verlieren. Dies will unter gewissen Voraussetzungen auch Fräulein Munk anerkennen. Im Gegensatz zu ihr möchte ich analog § 1933 BGB. die Zugewinstforderung schon bei erhobener rechtmäßiger Klage auf Scheidung oder Trennung wegen alleinigen Verschuldens des Beklagten verneinen. Bei Scheidung ohne Verschulden habe ich vorgeschlagen, daß der die Zugewinstforderung verliert, der allein die Scheidung verlangt. Dieser Vorschlag richtet sich gegen Spekulationsscheidungen, die nur angestrebt werden, um den Zugewinstanspruch erheben zu können. Ich verkenne nicht, daß der Vorschlag seine Bedenken hat. Vielleicht kann man den Satz einschränken auf Fälle, in denen offenbar die Spekulation auf den Zugewinn die Triebfeder des Scheidungsverlangens ist.

Für den Fall des Todes müssen Erleichterungen zur Begleichung der Zugewinstschuld vorgesehen werden. Es liegt mir aber daran, zu betonen, daß die Vorschläge unter B II 5 auch darauf abzielen, daß die Zugewinstschuld sich mindert um dasjenige, was der überlebende Gatte auf nachträgliche eheliche Lasten verwandt hat.

Die Berechnung des Zugewinnes muß im allgemeinen auf den Moment der Auflösung der Ehe geschehen, welcher natürlich die Aufhebung der ehelichen Gemeinschaft gleichzustellen ist. Bei dauerndem Getrenntleben soll die Berechnung auf den Augenblick des Beginnes der Trennung gestellt werden; hiervon aber ist im Falle böswilligen Verlassens zugunsten des Verlassenen wiederum eine Ausnahme zu machen. Für den Fall erheblicher Pflichtverletzung in wirtschaftlicher Hinsicht muß eine Einrede gegen den Zugewinstanspruch zugelassen werden.

Für den Fall von Gefährdungen des anderen Gatten durch Mißverhalten des einen befürworte ich nicht, wie das schwedische Recht und der dänisch-norwegische Entwurf, eine vorzeitige Auseinandersetzung, und zwar namentlich deshalb nicht, weil das Verlangen einer solchen für den Gefährdeten sich als unvorteilhaft herausstellen kann, wenn in späterer Zeit der, von dem die Gefährdung ausgegangen war, in seinem Vermögen vorwärtskommt. Ich befürworte vielmehr die Zulassung selbst einschneidender einstweiliger Maßregeln, die in B II 10 meiner Vorschläge ersichtlich sind.

Ehemals war in der Frauenbewegung der Gedanke vertreten, daß der Ehegewinn periodisch, vielleicht alle 4 Jahre zur Ausschüttung kommen sollte. Das war ein höchst unglücklicher Gedanke, weil man nach Ablauf einer Periode niemals weiß, ob die folgende Periode weiteren Gewinn oder vielmehr erhebliche Rückschläge bringen werde. Gegenwärtige scheint dieser Gedanke auch nicht mehr verfolgt zu werden; Fräulein Dr. Munk hat ihn in ihren Vorschlägen mit Stillschweigen übergangen.

Fräulein Munk will bei offenbarer Unbilligkeit eine anderweite Teilung durch das Gericht statt der Halbteilung des Zugewinnes. Ich möchte statt dessen bei der vorhin berührten Einrede wegen Pflichtverletzung es bewenden lassen. Einem Gatten, der unschuldig an der Mitarbeit verhindert ist, muß m. E. die Zugewinstforderung unbeschränkt gewährt werden.

Herr Wieruszowski will, wie vorhin bereits bemerkt, für den Todesfall verstärktes Erbrecht, für den Fall der Scheidung aber eine Beteiligung des anderen Gatten an dem Zugewinn, die nach richterlichem Ermessen bestimmt werden soll. Das Nähere liegt Ihnen vor in den Vorschlägen des Herrn Wieruszowski unter XI Ziff. 2. Ich vermag nicht abzusehen, warum, wenn der Gedanke der Zugewinstgemeinschaft bei Auflösung der Ehe unter Lebenden durchführbar ist, er nicht auch bei Auflösung der Ehe durch den Tod durchführbar sein sollte. Den Schwierigkeiten der Auseinandersetzung entgeht Herr Wieruszowski auch bei dem Erbrecht des Gatten nicht. Das richterliche Ermessen, das Herr Wieruszowski im Falle der Scheidung an sehr viele Punkte weist: Dauer der Ehe, Umfang der Beitragsleistungen, Mitwirkung jedes Gatten zur Gewinnerzielung, Größe des Zugewinstes, dürfte sehr schwer zu handhaben sein. Einfacher und ein durchschnittlich gerechtes Ergebnis erzielend erscheint mir die Halbteilung als gesetzliche Regel für alle die Fälle, in denen nicht eine Pflichtverletzung eines Gatten Anlaß gibt, ihm im Wege der Einrede seinen Anspruch ganz oder zum Teil abzuschneiden.

Berührt ist in den Vorschlägen der Herren Mitreferenten auch die Frage eines Wahlrechts des Berechtigten zwischen dem Zugewinstanspruch und erbrechtlichen Begünstigungen, das mir bedenklich sein würde.

Ich will aber auf dies und andere Einzelheiten nicht weiter eingehen. Ich bin mir sehr wohl bewußt, daß man in der unendlich schwierigen Frage der Gestaltung des ehelichen Güterrechts im ganzen und einzelnen sehr verschiedener Meinung sein kann. Ich habe mich bemüht, meine Hauptthese zu begründen und durch Verfolgung in die Einzelheiten zu zeigen, daß sie eine Durchprüfung in den Einzelheiten verträgt, daß das befürwortete System einer, wie ich hoffe, klaren und, wie ich glaube, gerechten Ausgestaltung fähig ist. Ich stelle, wie anfangs bereits hervorgehoben, keine Anträge auf Annahme meiner einzelnen Vorschläge und muß mir nur vorbehalten, falls von anderer Seite Einzelvorschläge zur Abstimmung gebracht werden, auch meinerseits ins einzelne gehende Anträge zu stellen.

Einstweilen bitte ich nur um Annahme meiner Hauptthese:

> Als künftiges gesetzliches eheliches Güterrecht empfiehlt sich die Gütertrennung in Verbindung mit einer Zugewinstgemeinschaft. Eheverträge sind wie bisher zuzulassen.

Der Mitberichterstatter, Senatspräsident Professor Dr. Wieruszowski-Köln, der sodann das Wort erhielt, begründete die von ihm unterbreiteten Vorschläge, wie folgt:

Gestatten Sie mir, meine Berichterstattung auf das Problem der sog. Zugewinstgemeinschaft zu beschränken und im übrigen auf die von mir aufgestellten Richtlinien zu verweisen. Ich habe da ausgeführt, daß nach der Verheißung der Weimarer Verfassung die bisherige herrschaftliche Organisation der Ehe der genossenschaftlichen, auf Gleichberechtigung der Gatten beruhenden weichen soll, und daß diese Forderung, von den personenrechtlichen auf die vermögensrechtlichen Wirkungen der Ehe übertragen, zur Einführung der Gütertrennung drängt. Darüber sind wir Berichterstatter einig. Wir sind auch darüber einig, daß die Gütertrennung nur die vermögensrechtliche Selbständigkeit und Unabhängigkeit beider Ehegatten sichern, nicht aber dazu führen soll, daß sich die Ehegatten in vermögensrechtlicher Beziehung wie Fremde gegenüberstehen. Das Band, das die Ehegatten zur Lebensgeeinschaft verknüpft, muß sich in genossenschaftlich bestimmten Rechten und Pflichten verbindend auch auf die Vermögensrechtskreise der Ehegatten auswirken. Wie ich mir das im einzelnen vorstelle, ergeben meine Richtlinien. Weiche ich da auch in Einzelheiten von meinen Mitberichterstattern ab, so sind doch diese Abweichungen nicht so bedeutungsvoll, daß ich sie hier zum Gegenstande einer Erörterung machen oder gar Ihrer Beschlußfassung unterbreiten möchte. Handelt es sich ja doch lediglich um Richtlinien, die als Wegweiser dienen, nicht aber das Ziel in allen seinen Einzelheiten festlegen sollen. Aber unsere Richtlinien gehen da auseinander, wo sich die Gedanken der Gütertrennung und Zugewinstgemeinschaft kreuzen und die Frage der Verbindung dieser beiden Systeme auftaucht. Nun bin ich mit meinen Mitberichterstattern insoweit durchaus einig, als auch ich diese Verbindung als ein Ziel aufs innigste zu wünschen ansehe und in ihr das Heil der Zukunft für das eheliche Güterrecht erblicke. Auch ich halte die derzeitige Güterrechtsregelung, die jedem Ehegatten, namentlich dem Manne, den gesamten ehezeitlichen Erwerb überantwortet und den andern Teil leer ausgehen läßt, für durchaus unbillig. Gerade wer wie ich das Schwergewicht der Regelung auf die Forderung genossenschaftlicher Ausgestaltung der Ehegemeinschaft legt, muß von dem Bestreben geleitet werden, auch hier Wandel zu schaffen und namentlich der Frau zur Mitbeteiligung am Ehegewinnste des Mannes zu verhelfen. Ist sie es doch, die nach der ihr in der Ehegemeinschaft obliegenden Aufgabe der Haushaltungsfürsorge regelmäßig gehindert sein wird, selbst auf Erwerb auszugehen und so ihre wirtschaftliche Zukunft sicherzustellen. Aber ich möchte andere Wege als den einer unmittelbaren

Zugewinstbeteiligung einschlagen, um den berechtigten Forderungen der Frauenwelt Genüge zu tun.

Gestatten Sie mir, die uns beschäftigende Frage in zwei Unterfragen zu zerlegen. Wie gestaltet sich die Zugewinstbeteiligung bei der Auflösung der Ehe durch den Tod eines Ehegatten? Und wie liegen die Dinge bei der Auflösung der Ehe durch Scheidung? Diese beiden Unterfragen müssen getrennt voneinander gelöst werden. Ich hoffe Ihnen darlegen zu können, daß da ganz verschiedene grundsätzliche Gesichtspunkte die rechtliche Ausgestaltung beherrschen müssen, wie ja doch auch meine Mitberichterstatter besondere Bestimmungen für den Scheidungsfall vorgesehen haben.

Betrachten wir also zunächst den Zugewinstanspruch, wie er nach den Vorschlägen meiner Mitberichterstatter bei der Auflösung der Ehe durch den Tod verwirklicht werden soll.

Der Grundgedanke ist ja der, daß der Zugewinstanspruch einen Ausgleich herbeiführen soll, einen Ausgleich, der dem zugewinstberechtigten Teile als Entgelt für seine genossenschaftliche Mitwirkung zur Erreichung der Ehezwecke, besonders aber für seine Leistungen im Bereiche des Eheaufwandes zustehen soll. Man betont — und gewiß mit Recht —, daß gerade diese Mitwirkung der Frau zum Erfolge der Vermögensmehrung wesentlich beitrage; sei es unmittelbar durch Hilfeleistungen der Frau im Geschäfte des Mannes, sei es mittelbar durch die den Mann entlastende und seine Tätigkeit befreiende Haushaltsfürsorge. Nun aber frage ich: ist dieser Gedanke eines Ausgleichs in einer von rechter ehelicher Gesinnung beherrschten Ehe nicht eigentlich ehewidrig? Ist die Ehe nicht in erster Linie ein Verhältnis sittlicher Pflichtbeziehungen, die in der Gegenseitigkeit der Fürsorge ihren Ausgleich finden und finden sollen? Ist es nicht bedenklich, in dies Verhältnis den Gedanken — nun ja — eines gegenseitigen Vertrags mit Austauschleistungen hineinzutragen? M a r g a r e t e B e r e n t führt in ihrem verdienstvollen Buche über die Zugewinstgemeinschaft in der Tat einige Partikularrechte an, in denen zur Begründung des Zugewinstanspruchs die Rechtsform der locatio conductio operis verwertet wird. Gerade diese Stellen haben mir zu denken gegeben. Sie haben mich von der Ehefremdheit des Ausgleichsgedankens überzeugt. Deshalb widerstrebe ich auch der von K i p p empfohlenen besonderen Festsetzung einer Vergütung für die Hilfeleistungen der Frau im ehemännlichen Geschäfte, soweit diese Leistungen in den Rahmen der gegenseitigen Unterstützungspflichten fallen. Der Ausgleichsgedanke verliert von seiner Ehefremdheit auch nichts, wenn er erst bei der Auflösung der Ehe durch den Tod eines Gatten Leben gewinnen soll. Ist er da wirklich im Bewußtsein der Ehegatten oder im Volksbewußtsein lebendig? Was hier lebendig ist und als sittliche Pflicht empfunden wird, das ist die nachwirkende Fürsorge der ehelichen Gemeinschaft, rechtlich in die Erscheinung tretend in den gesetzlichen Erb- und Pflichtteilsrechten, tatsächlich aber darüber hinaus sich verwirklichend in dem Bestreben der Ehegatten, dem Überlebenden freie Verfügung über den Nachlaß des Vorverstorbenen zu ermöglichen. Dieser natürliche Fürsorgegedanke aber wird durch den Zugewinstanspruch geradezu gefährdet. Der Fall wird regelmäßig so liegen, daß der Zugewinstanspruch der Frau zusteht. Stirbt sie, so soll nun der Mann ihren Erben die Hälfte seines Zugewinstes herausgeben, sich also eines Teiles seiner Habe entäußern. Unerträglich ist dieser Gedanke, wenn als Erben der Frau andere als gemeinschaftliche Abkömmlinge in Betracht kommen. Daher denn auch Kipp nach dem Vorbilde der Schweiz andern Erben als den Abkömmlingen des Verstorbenen den Anspruch auf den Zugewinst versagt. Aber auch der Zugewinstanspruch der Abkömmlinge tritt in Widerspruch zu der Forderung fortwirkender Fürsorge für den überlebenden Gatten. Er soll den Zugewinst zur Hälfte herausgeben müssen; und doch hat er nach wie vor einen wesentlichen Teil der aus der ehelichen Gemeinschaft stammenden Pflichten, die Fürsorge für die Abkömmlinge — Unterhalt, Aussteuer, Ausstattung — auf sich zu nehmen. Auch das hat Kipp nicht verkannt und will mit Minderung oder Stundung des Zugewinstanspruchs helfen. Ob diese Mittel zureichen, lasse ich dahingestellt. Mir liegt hier nur an der Aufzeigung der die nachwirkende Gattenfürsorge durchkreuzenden Einflüsse des Ausgleichsgedankens. Im umgekehrten Falle, beim Tode also des zugewinstpflichtigen Ehemannes, würde die überlebende Frau neben ihren gesetzlichen Erb- und Pflichtteilsrechten am gesamten Nachlasse den Anspruch auf ihre Beteiligung am Zugewinste erheben können. Hier also erscheint der Ausgleichsgedanke in einer Überspannung, die auf die Erbrechte der Kinder mit erheblichen Schmälerungen namentlich da einwirken muß, wo das Vermögen des Verstorbenen im wesentlichen aus ehezeitlichem Erwerbe besteht. Stellt doch die Zugewinstschuld eine Nachlaßverbindlichkeit dar, und soll doch nach dem Vorschlage der Mitberichterstatter die Vermutung für die Zugewinsteigenschaft aller Vermögenswerte sprechen. Schon aus diesen Gründen lehne ich den ehefremden und ehefremde Wirkungen erzeugenden Ausgleichsgedanken ab. Auch die Berufung auf das Schweizer Vorbild versagt. Der hier der Frau, und bezeichnender Weise nur der Frau zustehende Anspruch auf den sog. Vorschlag soll allerdings einen Ausgleich herbeiführen. Allein hier handelt es sich um ein Entgelt für die dem Manne überlassene Nutznießung am eingebrachten Gute der Frau. Es gibt doch zu denken, daß das die Belange der Frau tatkräftig wahrende Schweizer Gesetzbuch bei der Gütertrennung einen Vorschlagsanspruch der Frau ablehnt.

Aber wenn ich mich nun auch auf den Standpunkt eines materiellen Ausgleichs der Eheleistungen durch den Zugewinstanspruch stelle, so drängt sich mir die weitere Frage auf: sind, wenn man den Durchschnitt der Fälle ins Auge faßt, die Eheleistungen der Frau wirklich materiell so hoch zu bewerten, daß sie den Anspruch auf die Hälfte des ehemännlichen Zugewinstes rechtfertigen? Ich möchte nicht mißverstanden werden. Vom sittlichen Standpunkte rechter ehelicher Pflichterfüllung aus betrachtet, sind die Leistungen beider Ehegatten im genossenschaftlichen Zusammenwirken für die Ehezwecke gewiß durchaus gleichwertig. Aber hier handelt es sich eben um einen materiellen Ausgleich; und da muß es gestattet sein, einen materiellen Wertmaßstab anzulegen. Frl. Dr. Munk behauptet, daß die Tätigkeit der Frau als Hausfrau und Mutter zu dem während der Ehe erworbenen Wohlstande des Mannes mindestens in gleichem Maße beitrage, wie die außerhäusliche Erwerbstätigkeit des Mannes. Aber das steht mit der Tatsächlichkeit der Dinge nicht im Einklange. Ihr muß man klar ins Auge schauen und den Blick abblenden gegen die von der Wirklichkeit ablenkenden Strahlen, die aus der trügerischen Lichtquelle der Voreingenommenheit für bestimmte Zeitströmungen störend einwirken können. Der Vermögenserwerb des Mannes beruht doch zum allerwesentlichsten Teile auf der Entfaltung seiner Erwerbskraft. Wie auf ihm die Verantwortung für das Gelingen lastet, so darf er sich auch den Hauptanteil am Erfolge zuschreiben. Das gilt jedenfalls von den Ehen des Kaufmann- und Industriestandes, der freien Berufsstände, der höheren Beamtenschaft. In Handwerker- und Arbeiterkreisen mag die Haushaltsführung der Frau in höherem Maße zur Erzielung von Ersparnissen mitwirken; aber auch hier reicht diese Mitwirkung nicht an den Anteil, den die Arbeit des Mannes am Erfolge hat. Zudem wird hier das Vorhandensein eines beachtlichen Zugewinstes gewiß nicht die Regel bilden. In den Ehen des Bauernstandes mögen sich die Beteiligungen beider Gatten an der Vermögensmehrung die Wage halten. Aber weil hier der Zugewinst vornehmlich in der Abrundung des Gutes und in der Verbesserung der Wirtschaft besteht und der Bauer das Gut in einer Hand zusammenzuhalten bestrebt ist, wird in diesen Kreisen der Zugewinstgedanke kaum auf Gegenliebe rechnen dürfen. So wird man bei der Verschiedenheit der Lebensbedingungen die Beteiligung der Ehegatten am ehezeitlichen Zugewinne mit einem Durchschnittsmaßstabe überhaupt kaum bemessen und daher auch nicht zu dem Ergebnisse gelangen können, daß der Frau als Ausgleich für ihre Eheleistungen die Hälfte des Zuwachses gebühre. Es handelt sich eben um Verhältnisse persönlichster Prägung. Das haben auch die Mitberichterstatter durchgefühlt. Kipp will dem Zugewinstanspruche gegenüber eine Verweigerungseinrede zulassen, falls der andere Teil während eines erheblichen Teiles der Ehedauer erweislich seine wirtschaftlichen Pflichten verabsäumt habe. Fräulein Dr. Munk will in Fällen, in denen eine Halbteilung des Zugewinstes offenbar unbillig sei, dem freien Ermessen des Gerichts eine andere Verteilung anheimgeben. Mit diesen Vorschlägen kann ich mich nicht befreunden. Soll man wirklich nach dem Tode des zugewinstpflichtigen Ehemannes zwischen seinen Erben und der überlebenden Frau eine gerichtliche Erörterung darüber zulassen, ob die Frau während der Ehe ihre wirtschaftlichen Verpflichtungen vernachlässigt hatte? Das kann — ganz gegen den Willen des Verstorbenen — zu einer Aufrollung des gesamten Ehelebens, wie im Ehescheidungsprozesse, führen. Der Gedanke ist für mich unerträglich. Ähnliche Mißstände würde aber auch die Prüfung der „offenbaren Unbilligkeit" im Sinne des Munkschen Vorschlags nach sich ziehen können.

Wenn ich also behaupte, der Gedanke des materiellen Ausgleichs der Eheleistungen durch den Zugewinstanspruch werde sehr häufig zu höchst unbilligen Ergebnissen führen, so verkenne ich durchaus nicht das Gewicht der Tatsache, daß gerade in den letzten Jahrzehnten die Fälle sich unendlich gemehrt haben, in denen die Frau ihre Arbeits- und Erwerbskraft in den Dienst des Eheaufwandes stellt und stellen muß. Dann wird in aller Regel auf Seiten des Mannes ein Ehegewinst nicht vorhanden sein. Die Gütertrennung aber gibt der Frau alle Erträge ihres Vermögens- und Arbeitserwerbes in die Hand. Was rechtfertigt es dann, dem Manne oder seinen Erben einen Zugewinstanspruch gegen die Frau oder ihre Erben zu gewähren? Es bleiben noch die Fälle, in denen die Ehegatten über den Rahmen der gegenseitigen Hilfspflichten hinaus geschäftlich oder beruflich zusammenwirken. Dann mag es ihnen überlassen bleiben, sich über die Höhe der Gewinnbeteiligung zu einigen. Verlangt die Frau Selbständigkeit der Vermögensgebahrung, so mag sie diese Selbständigkeit auch hier bewähren.

Zu den von mir gegen den Zugewinstanspruch erhobenen Bedenken der Ehefremdheit und materiellen Unbilligkeit gesellt sich nun aber noch die Schwierigkeit der praktischen Durchführung. Nicht einer der geringsten Vorzüge der Gütertrennung ist die Einfachheit und Klarheit dieser Güterstandsregelung. Ihre Verbindung mit einer irgendwie gestalteten Zugewinstgemeinschaft beseitigt diesen Vorzug. Das wird Ihnen ein Blick auf die Richtlinien Kipps ohne weiteres offenbaren. Ich erkenne an: diese Vorschläge sind bis ins einzelne aufs schärfste durchdacht und durchgearbeitet. Aber mein praktisches Gewissen hat fast bei jeder Bestimmung geschlagen. Aus meiner richterlichen Erfahrung kenne ich die kaum löslichen Verwicklungen, die sich bei der Errungenschaftsgemeinschaft durch das Ineinandergreifen der verschiedenen Vermögensmassen ergeben. Das ist gerade einer der Gründe, aus denen ich die Errungenschaftsgemeinschaft, sonst die ververständigste der geltenden Güterstandsregelungen, ablehne. Auch meine Mitberichterstatter haben sich die Schwierigkeit, zu einer Feststellung des Zugewinstanspruches zu gelangen, klar vor Augen geführt. Sie wollen helfen. Fräulein Dr. Munk mit der Auferlegung einer Inventarpflicht bei Eingehung der Ehe, um Bestand und Wert des derzeitig vorhandenen Vermögens festzulegen. An den Erfolg glaube ich nicht, muß mir aber versagen, das hier näher zu begründen. Die von Kipp befürworteten Auskunftspflichten werden wohl nur ein papierenes Dasein fristen. Wirksame Hilfe kann, wie ich zugebe, die von den Mitberichterstattern empfohlene Vermutung für die Zugewinsteigenschaft aller Vermögenswerte bringen, die nicht nachweislich zum Sondervermögen gehören. Ob diese Vermutung, insbesondere bei kürzerer Ehedauer innerlich begründet ist, will ich dahingestellt sein lassen. Aber damit sind die Schwierigkeiten keineswegs behoben. Sie beginnen erst. Ich will nur einige besonders hervorragende Punkte herausgreifen:

Wie spielt sich die Feststellung des Zugewinstes ab? Das bei der Auflösung der Ehe vorhandene Vermögen beider Ehegatten wird inventarmäßig aufgenommen und sein derzeitiger Wert bestimmt. Das begegnet keinen besonderen Schwierigkeiten, keinen größeren wenigstens als bei jeder Erbteilung. Aber dann: der Wert der Sondergüter muß in Abzug gebracht werden, um die Höhe des Zugewinstes festzulegen. Welcher Wert der Sondergüter ist da einzusetzen? Fräulein Dr. Munk will den Inventarwert maßgebend sein lassen. Ein unmöglicher Standpunkt: Wertpapiere des Mannes, die im Inventare zu 100 eingestellt waren, sind zur Zeit der Auflösung der Ehe bis auf 200 gestiegen. Soll dieser Mehrwert wirklich dem Zugewinste zugerechnet werden? Hat etwa die Frau durch ihre Eheleistungen auch zu dieser Werterhöhung beigetragen, wie zum Erwerbsverdienste des Mannes? Das lehnt auch Kipp ab. Er will — im Einklange übrigens mit der Schweizerischen Rechtsprechung — bei Wertsteigerungen oder Wertminderungen auf Grund bloßer Preiskonjunktur den Wert zur Zeit der Auflösung der Ehe eingesetzt wissen. Allein auch hier: incidit in Scyllam; denn wie gestalten sich die Dinge nach dem Vorschlage Kipps? Höhere Werte, in Betracht kommend als Abzug vom Gesamtvermögen, vermindern das Zugewinstergebnis. Die Werterhöhung bringt also dem betreffenden Ehegatten auch noch den Vorteil geringerer Zugewinstbelastung, während umgekehrt Wertminderungen des Sonderguts die Zugewinstbelastung steigern. So kann es wirklich kommen, daß Bestand und Höhe des Zugewinstanspruchs davon abhängen können, daß auf der einen Seite Sondergüter sich im Werte erhöht, auf der anderen Seite sich vermindert haben. Das sind Ungereimtheiten, die das Schweizerische Güterrecht vermeidet, weil hier nur der Frau ein einseitiger Anspruch auf den „Vorschlag" zusteht, der „Rückschlag" aber immer zu Lasten des Mannes geht. Ich möchte das hier nicht weiter ausführen. Nur verweisen darf ich noch auf die Richtlinien Kipps (C 2—4), die die Fälle behandeln, daß Gegenstände der Sondergüter durch Verwendungen Werterhöhung erfahren haben, daß sie verschlechtert oder in Abgang gekommen sind. Höchst scharfsinnige und folgerichtige Lösungen, die aber gar nicht anders als kasuistisch ausfallen und doch der Fülle der Möglichkeiten nicht gerecht werden konnten. Auch auf die Frage der Schulden- und Lastenverteilung will ich nicht weiter eingehen, obwohl die Praxis auch hier mit kaum überwindlichen Schwierigkeiten rechnen muß. Ich möchte da nur an die Steuerbelastungen erinnern, die das Vermögen oder das Einkommen der Eheleute in seiner Gesamtheit ergreifen. Wie soll da — vielleicht nach vielen Jahren — die Belastung zwischen Sondervermögen und Zugewinst verteilt werden? Es wiederholt sich hier eine Erscheinung, der wir häufig da begegnen, wo die natürliche Einheit des Vermögens zur Erreichung bestimmter Rechtszwecke künstlich in Sondergüter zerrissen wird. Das ist eben doch Unnatur, die sich durch Verwicklungen und Unstimmigkeiten rächt. Und vielleicht darf ich in diesem Zusammenhange noch eine andere Frage streifen, deren Regelung bei der Gewährung des Zugewinstanspruchs erforderlich sein würde: Gesetzt den Fall, daß bei der Auseinandersetzung Schulden des zugewinstpflichtigen Ehegatten unberücksichtigt oder unbezahlt geblieben sind! Inwieweit haftet für diese Schulden der andere Teil mit dem ihm zugeflossenen Ehegewinstanteile? Und wie soll sich diese Haftung mit der Erbenhaftung verbinden? Fragen über Fragen, Zweifel über Zweifel, die die klaren Linien der Gütertrennung durchkreuzen und verwirren!

Und noch ein letztes Bedenken, das sich aus der Verknüpfung der Gütertrennung mit der Zugewinstbeteiligung ergibt und mir besonders schwerwiegend zu sein scheint: der Zugewinstanspruch soll grundsätzlich erst bei der Auflösung der Ehe entstehen. Bis dahin haben die Ehegatten über ihr Vermögen volle Freiheit der Verfügung und Schuldverstrickung. Damit schwebt die Anwartschaft auf den Zugewinstanteil in der Luft. Unwirtschaftliches Gebahren des andern Gatten kann sie wirkungslos machen. So fordert der Zugewinstanspruch Sicherung der Anwartschaft. Die Richtlinien M u n k suchen sie in der Gewährung des Rechtes, während bestehender Ehe auf Aufhebung der Gewinnbeteiligung für die Zukunft und auf Auseinandersetzung zu klagen. So, wenn ein Ehegatte sein Vermögen gröblich verschwendet oder in der Absicht vermindert, den andern Ehegatten zu benachteiligen. Das lehne ich im Einklange mit K i p p ab. In den Güterständen der Güterverbindung mag die Frau bei Mißwirtschaft des Mannes auf Aufhebung der ehemännlichen Gerechtsame klagen können. Sie bringt damit eben nur Belastungen in Wegfall, die der Güterstand auf ihr Vermögen gelegt hatte. Mit dem Zugewinstanspruche aber erhält die Frau Rechte, die in den Vermögensrechtskreis des Mannes eingreifen. Die Mißwirtschaft eines Ehegatten kann wohl Maßnahmen zum Schutze der Anwartschaft rechtfertigen, nicht aber das Recht, diese Anwartschaft in einem bereits fälligen Anspruche vor der Zeit zu verwirklichen. Ganz abgesehen davon, daß die Aufhebung der Zugewinstbeteiligung auch zum Nachteile der Frau ausschlagen kann. Deshalb greift auch K i p p zur ultima ratio aller Sicherungsmaßnahmen: die einstweilige Verfügung soll helfen, wenn ein Ehegatte die Zugewinstforderung des andern durch Verschwendung, unentgeltliche Zuwendungen oder absichtliche Benachteiligungshandlungen gefährdet. Dann soll das Gericht Veräußerungsverbote erlassen, nötigenfalls sogar dem gefährdenden Ehegatten die Verwaltung seines Vermögens entziehen und dem andern Ehegatten übertragen! Und wohlgemerkt: diese Maßnahmen sollen nicht etwa nur das eigentliche Zugewinstvermögen treffen, sondern auch das Sondergut des Ehegatten; denn auch das Sondergut haftet für die Durchführung des Zugewinstanspruchs, so daß auch schädigender Mißbrauch mit dem Sondergute den Zugewinstanspruch gefährden kann. Und da stehen wir also an dem Punkte, wo die Zugewinstgemeinschaft in die Freiheit und Unabhängigkeit der Vermögensgebahrung eingreift, wie sie für die Gütertrennung kennzeichnend ist. Es ist das Problem, das die nordischen Gesetzentwürfe in der Weise lösen, daß sie zum Schutze der Anwartschaft auf den Anteil am Ehegewinne die Ehegatten in der Verfügung über ihr Vermögen von vornherein beschränken. Es ist eben doch so: leicht beieinander wohnen die Gedanken der Gütertrennung und der Zugewinstgemeinschaft; doch hart im Raume stoßen sich die Gegensätze. Die Gütertrennung mit ihrer Freiheit und Selbständigkeit der Vermögensgebahrung gefährdet den Zugewinstanspruch, die Sicherung dieses Anspruchs wiederum greift mit Bindungen in diese Freiheit ein; mit Bindungen, die sich zu dauernden Verfügungsbeschränkungen, ja sogar zur Entziehung der Verwaltungsbefugnisse überhaupt ausweiten können. Ganz zu schweigen von der ehezerstörenden Gehässigkeit, die sich in der Erwirkung solcher einstweiliger Verfügungen betätigen könnte! Meine Erfahrungen haben mich gelehrt, daß man mit dem harten Eingriffe einer einstweiligen Verfügung in so empfindliche Dauerverhältnisse, wie die Ehe sie begründet, besondere Vorsicht walten lassen muß. „Einstweilig" zwar, aber regelmäßig nicht wieder gutzumachen.

In Verbindung damit steht die Behandlung des Zugewinstanspruchs im Falle tatsächlichen Getrenntlebens der Ehegatten. Auch hier will Fräulein Dr. Munk sofortige Fälligkeit des Zugewinstanspruchs eintreten lassen. Soll das auch für den Ehegatten gelten, der die Gemeinschaft grundlos aufgibt? Das hieße eine Prämie auf die Loslösung setzen! Oder will Fräulein Munk das Recht nur gewähren, wenn die Ehegatten die Gemeinschaft in gegenseitiger Übereinstimmung aufheben? Das ließe sich allenfalls hören, wenn ein solches Trennungsabkommen bindende Wirkung hätte. Auch Kipp will von sofortiger Fälligkeit nichts wissen! Er sucht einen anderen Ausweg. Falls die Ehegatten bis zur Auflösung der Ehe getrennt von einander lebten, so soll der Zeitpunkt, auf den der Zugewinst zu berechnen ist, der Beginn des Getrenntlebens sein. Bösliche Verlassung aber soll dem schuldlosen Ehegatten das Wahlrecht geben, die Berechnung des Zugewinstes nach dem Zeitpunkte der Eheauflösung zu verlangen. Auch hier wieder entstehen praktische Schwierigkeiten, denen ich nicht näher nachgehen will. Jedenfalls würde ich dem Kippschen Vorschlage den Vorzug geben.

So kann ich also einer Verbindung der Gütertrennung mit einer Zugewinstgemeinschaft im Sinne meiner Mitberichterstatter das Wort nicht reden. Ich halte auch die Einführung eines solchen Güterrechtsgebildes deshalb für ein Wagnis, weil praktische Erfahrungen in ausreichendem Umfange nicht vorliegen. Auf das vereinzelte Vorkommen von Formen der Zugewinstgemeinschaft, wie sie Margarete Berent in der Güterrechtsentwicklung nachgewiesen hat, wird man sich kaum berufen können. Die neuen nordischen Rechtsbildungen (Schweden und Finnland) sind noch nicht erprobt. Der in der Schweiz anerkannte Vorschlagsanspruch der Frau wurzelt, wie bereits angedeutet, in einem ganz anderen Rechtsboden. Bleibt nur Ungarn, wo eine Zugewinstgemeinschaft in Verbindung mit Gütertrennung in Übung ist und jetzt zum gesetzlichen Güterrechte erhoben werden soll.

Und doch muß bei Auflösung der Ehe durch den Tod eine angemessene Beteiligung des Überlebenden am Vermögen des Verstorbenen gesichert werden. Die Gütertrennung kann schon während der Ehe nicht zur völligen Auseinanderreißung der Vermögensrechtskreise führen. Sie verbinden sich zu einer Einheit in der auf ihnen ruhenden Belastung mit der Fürsorge für die Bedürfnisse der Ehegemeinschaft. Dafür haben während der Ehe die Ehegatten in persönlicher Verpflichtung einzustehen. Fällt mit dem Tode eines Ehegatten diese persönliche Verpflichtung weg, so fordert der nachwirkende Fürsorgegedanke eine reale Vermögensverbindung in der Hand des überlebenden Ehegatten. Diese Verbindung aber muß sich in den Rechtsformen vollziehen, die das Gesetz als die natürlichere für eine Fürsorge über den Tod hinaus bereitstellt, d. h. im Wege des Erb- und Pflichtteilsrechts. Diese Rechte bedürfen zu Gunsten des überlebenden Gatten einer ganz erheblichen Verstärkung. Welchen Umfang diese Verstärkung dem bisherigen Rechte gegenüber haben und in welchen Maßnahmen sie bestehen soll, ist spätere Sorge. Jedenfalls trete ich für einen pflichtteilsmäßig zu gestaltenden Normus in Ansehung aller zum ehelichen Haushalte gehörenden Gegenstände (§ 1932 BGB.) ein. Dauerndes und zur Zeit des Erbfalls noch bestehendes Getrenntleben würde den schuldlosen Ehegatten zur Entziehung oder Beschränkung des Pflichtteils ermächtigen. Erfahren durch die verstärkten Erb- und Pflichtteilsrechte des Ehegatten die der übrigen Verwandten, namentlich der Kinder, eine empfindliche Schmälerung, so würde ich das getrost hinnehmen. Auch der Zugewinstanspruch würde ja in gleicher Weise wirken. Erhält damit der überlebende Ehegatte eine sehr erhebliche Beteiligung am Gesamtnachlasse des Verstorbenen, so deckt und überschattet sie zugleich das entseelende do ut des, das im Zugewinstausgleiche, das Wesen der Ehe verfälschend, zutage tritt. Den berechtigten Forderungen der Frauenwelt geschieht Genüge.

Ganz anders liegen die Dinge im Falle der Eheauflösung durch Scheidung. Die sittlichen Mächte, die die Gemeinschaft beherrschen sollten, haben Schiffbruch gelitten. Der Gedanke fortwirkender Fürsorge scheidet aus. Die gesetzlichen Erb- und Pflichtteilsrechte erlöschen. Das genossenschaftliche Zusammenwirken der Ehegatten für die Gemeinschaft hat sein Ziel verfehlt. Und hier nun kann — unabhängig von jeder Schuldfrage — der Abgeltungsgedanke zur Auswirkung gelangen. Was durch die Gemeinschaftsleistungen der Ehegatten dem einen oder andern mittelbar oder unmittelbar als Vermögensmehrung zugeflossen ist, muß abgegolten werden. Trotzdem lehne ich auch hier eine formell abzuwickelnde Zugewinstgemeinschaft ab. Die Schwierigkeiten einer Auseinandersetzung mehren sich hier noch, weil sich die Ehegatten feindlich gegenüberstehen. Wie ich mir die Regelung vorstelle, habe ich in meinen Richtlinien dargelegt. Gewiß wird damit dem Richter eine schwierige Aufgabe gestellt, zu deren rechter Lösung es nötig werden kann, die gesamten Lebens-, Vermögens- und Erwerbsverhältnisse der Ehegatten aufzurollen. Allein die Schweiz hat bei der Regelung der vermögensrechtlichen Scheidungsfolgen gleichfalls das richterliche Ermessen in weitgehender Freiheit walten lassen. Und gerade die jüngste Vergangenheit hat gelehrt, daß die deutschen Gerichte sich mit noch viel schwierigeren Problemen abzufinden verstanden haben. Gerade um dem Richter die Bestimmung des Ausgleichsanspruchs zu erleichtern, habe ich die ausschließliche Zuständigkeit des Scheidungsgerichts befürworten zu müssen geglaubt. Und dabei leitete mich noch eine andere Erwägung. Kommt es bei der Ehescheidung zu einer von der Schuldfrage unabhängigen Auseinandersetzung mit dem daraus folgenden Ausgleichsanspruch eines Ehegatten, so bedeutet das die große Gefahr, daß sich ein Ehegatte in der Hoffnung auf diesen Anspruch veranlaßt sieht, die Ehe auf Scheidung zu treiben. Es gibt nach dem zutreffenden Ausspruch Pappenheims nicht nur Geld heiraten, sondern auch Geld scheidungen. Diese Gefahr wird vermieden, wenn das freie richterliche Ermessen über Bestehen und Höhe des Ausgleichsanspruchs entscheidet. Aber nochmals möchte ich betonen, daß die Schuldfrage nach meinem Vorschlage für den Ausgleichsanspruch grundsätzlich keine Rolle spielen darf, der Gedanke an eine Ehescheidungsstrafe also völlig in den Hintergrund tritt. Und darin weiche ich insbesondere von Kipp ab, der dem allein schuldigen Ehegatten eine Zugewinstforderung versagt.

Damit darf ich meine Berichterstattung schließen. Wenn ich meine Aufgabe weniger in der positiven Begründung meiner Richtlinien als in der Bekämpfung des Zugewinstanspruchs erblickte, so wollen Sie erwägen, daß ich meinen ablehnenden Standpunkt nicht nur meinen verehrten Mitberichterstattern, sondern auch einer mit großem Nachdruck gestellten Forderung der Frauenwelt gegenüber zu vertreten hatte.

Die Mitberichterstatterin, Fräulein Rechtsanwalt Dr. Marie Munk-Berlin, führte folgendes aus:

Ich empfinde es als eine besondere Ehre, heute hier zu Ihnen sprechen zu dürfen. Nach den vortrefflichen Ausführungen meiner hochverehrten Herren Vorredner könnte mir der Mut sinken, wenn ich nicht doch glaubte, gerade in meiner Eigenschaft als Frau zu dem Thema des ehelichen Güterrechts etwas sagen zu sollen und etwas besonders zu sagen zu haben.

Herr Präsident Wieruszowski hat den von Herrn Geheimrat Kipp und mir vorgeschlagenen Güterstand der Gütertrennung in Verbindung mit einer Zugewinstgemeinschaft heftig und mit so überzeugenden Worten angegriffen, daß ich Ihnen noch einmal die Gründe, die für diesen Güterstand sprechen, darlegen und ihn, sowie einige meiner eigenen Vorschläge, die von den beiden Herren Vorrednern angegriffen wurden, verteidigen muß.

Gestatten Sie mir zunächst auf die Bezeichnung des Güterstandes mit dem Worte „Zugewinstgemeinschaft" einzugehen. Auch ich hatte dieses Wort, das aus dem alten deutschen Rechte stammt, ursprünglich für meinen Vorschlag gewählt, habe es aber in letzter Stunde in meinen Ihnen gedruckt vorliegenden Richtlinien vermieden und Ihnen statt dessen in meinem Hauptvorschlag als künftigen gesetzlichen Güterstand „die Gütertrennung in Verbindung mit einer Gewinnbeteiligung beider Ehegatten" vorgeschlagen. Ich habe mich zu dieser anderen Benennung deshalb entschlossen, weil mir stets, wenn ich über meinen Vorschlag sprach, entgegnet wurde, daß das Wort „Zugewinstgemeinschaft" altertümlich anmute, sich schlecht spreche und auch nicht recht verständlich sei, und weil außerdem die Bezeichnung „Zugewinstgemeinschaft" nicht ganz zutreffend, sondern eher irreführend ist. Nach der näheren Ausgestaltung, die Herr Geheimrat Kipp und ich dem Güterstand gegeben haben, handelt es sich immer nur um obligatorische Ansprüche und es ist eigentlich niemals eine „Gemeinschaft", wie bei der Gütergemeinschaft oder Errungenschaftsgemeinschaft vorhanden.

Da aber Herr Geheimrat Kipp und ich sachlich dasselbe meinen und es dem künftigen Gesetzgeber überlassen bleiben kann, eine kurze und treffende Bezeichnung für den vorgeschlagenen Güterstand zu finden, so empfehle auch ich Ihnen die Annahme der Hauptthese des Herrn Geheimrat Kipp.

Herr Präsident Wieruszowski hat soeben selbst erklärt, daß er die Verbindung der beiden Systeme der Gütertrennung und der Zugewinstgemeinschaft „als ein Ziel aufs innigste zu wünschen ansehe und in ihr das Heil der Zukunft für das eheliche Güterrecht erblicke". Dann aber müßte auch Herr Präsident Wieruszowski von dem künftigen Gesetzgeber die Verwirklichung dieses Gedankens verlangen. Ich hoffe nun, Ihnen in meinen Ausführungen noch zeigen zu können, daß die Schwierigkeiten, die Herr Präsident Wieruszowski in der Durchführung unseres Vorschlages erblickt, nicht so unübersteiglich und schwerwiegend sind, wie er sie dargestellt hat.

Ich kann mich des Eindrucks nicht erwehren, daß Herr Präsident Wieruszowski trotz aller Wertschätzung der Hausfrauenarbeit sie doch gegenüber der geldverdienenden Tätigkeit des Mannes erheblich geringer bewertet. Deshalb erscheint ihm m. E. die Beteiligung der Frau an der Hälfte des ehemännlichen Zugewinns als nicht gerechtfertigt und auch mit der Tatsächlichkeit der Dinge nicht im Einklang zu stehen. Aus diesem Grunde bekämpft er auch meine Auffassung, die ich in den meinen Richtlinien vorangestellten „Erwägungen" zum Ausdruck gebracht habe, daß die Tätigkeit der Frau als Hausfrau und Mutter zu dem während der Ehe erworbenen Wohlstand „mindestens" in gleichem Maße beitrage wie die außerhäusliche Erwerbstätigkeit des Mannes. Hierzu möchte ich nun zunächst bemerken, daß ich in den Ihnen gedruckt vorliegenden „Erwägungen" die Tätigkeit der Hausfrau und Mutter als der außerhäuslichen Erwerbstätigkeit des Mannes nur dann als „mindestens" gleichwertig bezeichnet habe, wenn sie neben einer außerhäuslichen Berufsarbeit oder neben einer Tätigkeit im Geschäft des Mannes ausgeübt wird.

Im übrigen stehe ich aber allerdings auf dem Standpunkt, daß die Tätigkeit der Frau als Hausfrau und Mutter der Berufsarbeit des Mannes durchaus gleichwertig ist und zu dem materiellen Wohlstand der Familie in gleichem Maße beiträgt. Ich möchte an Sie, meine sehr verehrten Herren, die Frage richten: woher kommt es, daß der unverheiratete Mann der gleichen Gehaltsstufe nicht besser lebt als der verheiratete und dennoch in der Regel keine größeren, sondern eher geringere Ersparnisse macht als dieser, obwohl sie mir alle zugeben werden, daß die Frauen- und Kinderzulage nicht annähernd die Ausgaben deckt, die für Frau und Kinder erforderlich sind.

Ich meine, daß diese Erfahrung sich durch die erhaltende und fürsorgende Tätigkeit der Frau erklärt. Die Frau verpflegt den Mann billiger und besser, als wenn er in Gastwirtschaften essen muß oder sich eine Haushälterin hält; sie hält ihm seine Kleidung und Wäsche so gut in Ordnung, daß er seltener neue Anschaffungen zu machen braucht. Von welchem Einfluß die behagliche Häuslichkeit und die Fürsorge der Frau für die Gesundheit und Arbeitsfähigkeit und damit auch für die Erwerbsmöglichkeit des Mannes ist, will ich bei dieser materiellen Bewertung völlig außer Betracht lassen. Ich will Ihnen, meine sehr verehrten Herren, und Herrn Präsidenten Wieruszowski aber noch einen Gesichtspunkt entgegenhalten, der bei der Bewertung der Hausfrauenarbeit durch den Mann, wie mir scheint, fast niemals genügend berücksichtigt wird. Die Tätigkeit der Hausfrau und Mutter kennt keinen Achtstundentag; sie beginnt morgens um 6 oder 7 Uhr oder auch noch früher, wenn der Mann früh zur Arbeit gehen muß, und endet abends um 11 Uhr oder noch später, je nachdem er abends heimkommt oder seine Sachen oder die der Kinder in Ordnung gehalten werden müssen. Sie kennt auch keine Sonntagsruhe und nimmt die Zeit und Kraft eines gesunden Menschen voll in Anspruch. Ich bin zwar unverheiratet, habe aber öfter einen Haushalt führen müssen und kann Ihnen nur aus eigener Erfahrung sagen, daß die Hausfrauentätigkeit keineswegs geringere Anforderungen stellt als eine Berufsarbeit. Hinzu kommt aber, daß diese Hausfrauentätigkeit, so wie die Dinge sich bei uns in Deutschland gestaltet haben, in den weitaus meisten Fällen neben einer Berufsarbeit ausgeübt wird oder daß die Frau daneben noch im Geschäft des Mannes oder — z. B. bei Ärzten, Rechtsanwälten, Professoren — als seine Assistentin oder Sekretärin tätig ist. In bäuerlichen Kreisen war und ist auch heute noch die Gütergemeinschaft und die Errungenschaftsgemeinschaft in vielen Gegenden durchaus üblich. Gerade dort, ebenso in Arbeiterkreisen, heutzutage aber bis in die höchsten Schichten hinein entspricht die Beteiligung an der ehezeitlichen Errungenschaft durchaus der wirtschaftlichen, nicht nur der sittlichen Bedeutung, die die Leistungen der Frau für die eheliche Gemeinschaft, für den ehelichen Wohlstand haben.

Will man aber die verheiratete Frau dem Hause erhalten, was doch sicherlich wünschenswert ist und den natürlichen Verhältnissen auch allein entspricht, so muß ihre Tätigkeit, jedenfalls bei Auflösung der Ehe, die materielle Bewertung finden, die sie verdient. Ich vermag nicht einzusehen, weshalb dieser Gedanke, wie Herr Präsident Wieruszowski meint, in einer von rechter ehelicher Gesinnung beherrschten Ehe „ehewidrig" sein soll. Es liegt mir fern, die Ehe zu einer Art Erwerbsgesellschaft herabwürdigen oder den Zugewinstanspruch damit begründen zu wollen, daß die Frau bei Auflösung der Ehe wie ein Dienstbote für ihre Tätigkeit während der Ehe entlohnt werden solle. Die Tatsache, daß man früher, zu einer Zeit, in der man sich bemühte, alles unter römisch-rechtliche Begriffe zu bringen, den Anspruch in dieser Weise zu begründen versuchte, wie Herr Präsident Wieruszowski aus dem Buch meiner Kollegin, Fräulein Dr. Berent, entnommen hat, kann m. E. nicht gegen die Berechtigung eines solchen Ausgleichs angeführt werden. Indirekt liegt allerdings in dem Zugewinstanspruch eine Art Entlohnung der Hausfrauentätigkeit. Da der Anspruch aber erst bei Auflösung der Ehe durch Tod oder Scheidung fällig wird, so entfällt damit der Einwand, daß die Tätigkeit der Frau dadurch zu der einer bezahlten Arbeitskraft herabgewürdigt wird.

Herr Präsident Wieruszowski unterscheidet nun, ebenso wie Herr Geheimrat Kipp und ich es getan haben, zwischen dem Falle der Auflösung der Ehe durch Tod und durch Scheidung. Ich kann seine Auffassung nicht teilen, daß der Zugewinstanspruch den natürlichen Gedanken der fortwirkenden Fürsorge für den überlebenden Ehegatten gefährde. Stirbt die Frau zuerst, so würde allerdings der überlebende Ehemann, wenn nur er und nicht die Frau Ersparnisse gemacht hat, die Hälfte an die Erben der Frau herausgeben müssen, soweit er nicht selbst Miterbe ist. Den sich daraus für ihn ergebenden Schwierigkeiten und Nachteilen würde aber dadurch vorgebeugt werden können, daß ihm, wie Herr Geh. Rat Kipp und ich unabhängig voneinander in ähnlicher Weise vorgeschlagen haben, Zahlungsaufschub oder Stundung oder sonstige Zahlungserleichterungen gewährt werden.

Stirbt aber der Mann zuerst, so würde gerade der Gedanke der fortwirkenden Fürsorge zum vollen Durchbruch kommen. Das verstärkte Erb- und Pflichtteilsrecht, das Präsident Wieruszowski an die Stelle des Zugewinstanspruchs setzen will, führt m. E. keineswegs zu dem gleichen Erfolg. Ich nehme an, daß Herr Präsident Wieruszowski das Erb- und Pflichtteilsrecht für beide Ehegatten gleich gestalten will. Dann würde aber der Mann am Vermögen der Frau den gleichen Anteil erhalten wie die Frau an seinem Nachlaß, und der Gedanke, daß die Frau das Vermögen des Mannes durch ihre Tätigkeit im Hause miterworben hat und einen Ausgleich dafür erhalten muß, daß sie dadurch oft gegen ihren Willen einer sonstigen Erwerbsarbeit fernbleiben mußte, würde nicht verwirklicht werden. Hinzukommt, daß man güterrechtliche und erbrechtliche Gesichtspunkte nicht vermischen soll und daß es einen Unterschied macht, ob die überlebende Frau kraft Güterrechts gewisse Vermögensgegenstände aus dem Nachlaß für sich verlangen oder ob sie diesen Anspruch nur als gleichberechtigte Miterbin geltend machen kann. Würde der Anspruch der Frau als ein rein erbrechtlicher gestaltet, so würde das auch besonders dann nachteilig für sie sein, wenn wieder einmal eine verstärkte Erbschaftssteuer für Ehegatten eingeführt würde[1]); denn dann müßte die Ehefrau für das von ihr miterrungene Vermögen des Mannes Erbschaftssteuer zahlen. Wenn Herr Präsident Wieruszowski nicht, was aus seinen Ausführungen nicht klar hervorgeht, die Beschränkung auf den Pflichtteil von dem Vorliegen bestimmter Gründe abhängig machen will, so kann sein Vorschlag der überlebenden Ehefrau gegenüber zu noch größeren Ungerechtigkeiten führen. Hätte z. B. die Frau im Geschäft des Mannes mitgearbeitet und wurden die Ersparnisse, wie üblich, auf den Namen des Mannes angelegt, so würde er sie, wenn die Ehe später durch sein Verschulden zerrüttet war, um die Hälfte ihres Anteils dadurch bringen können, daß er sie auf den Pflichtteil setzt. Im übrigen stimme ich Herrn Präsidenten Wieruszowski durchaus darin zu, daß der Anspruch des überlebenden Ehegatten auf den Voraus erweitert werden und ihm auch gegenüber den Kindern zustehen sollte. In kleinen Verhältnissen, in denen der Nachlaß hauptsächlich im Hausrat besteht, würden dadurch allerdings

[1]) Der jetzt dem Reichstag vorliegende Erbschaftssteuergesetzentwurf will für kinderlose Ehen eine Erbschaftssteuer der Ehegatten einführen.

die Kinder bei Lebzeiten eines Elternteils nichts oder fast nichts vom Nachlaß erhalten. Diesem Übelstand könnte vielleicht dadurch abgeholfen werden, daß ihnen in Fällen, in denen diese Regelung offenbar unbillig wäre, ein Anteil an den Haushaltungsgegenständen vom Gericht zugebilligt werden könnte.

Herr Geheimrat Kipp will den Zugewinstanspruch nur dem überlebenden Ehegatten und den gemeinschaftlichen Abkömmlingen zubilligen. Herr Präsident Wieruszowski hält eine weitere Vererblichkeit ebenfalls für unannehmbar. Ich trete ihren Bedenken insofern bei, als ich im Falle der gesetzlichen Erbfolge die unbeschränkte Vererblichkeit auf fernstehende Personen ebenfalls für nicht wünschenswert halte. Ich will den Anspruch aber nicht nur den gemeinschaftlichen Abkömmlingen, sondern auch den Eltern des Erblassers gewähren. Insoweit müssen die Ziffern 4 und 5 meiner Richtlinien eine Einschränkung erhalten.

Wenn man sich aber, was auch Herr Geheimrat Kipp getan hat, zu der Auffassung bekennt, daß die Frau durch ihre Leistungen im Hause zu dem erlangten Wohlstand mit beigetragen hat und die von dem Manne während der Ehe gemachten Ersparnisse auch auf ihre Tätigkeit zurückzuführen sind, so muß man ihr auch das Recht geben, über den ihr zustehenden Anteil testamentarisch zu verfügen. Sie verfügt damit über einen zur Zeit ihres Todes ihr gehörigen Vermögensgegenstand, mag er auch bei ihren Lebzeiten alleiniges Eigentum des Mannes sein. Eine andere Frage wäre, ob man den Anspruch des Testamentserben erst beim Tode des überlebenden Ehegatten fällig werden lassen soll oder den überlebenden Ehegatten in anderer Weise gegen Nachteile, die ihm durch die Geltendmachung derartiger Ansprüche erwachsen könnten, schützen sollte.

Im Falle der Scheidung will auch Herr Präsident Wieruszowski einen Ausgleich dadurch geben, daß er dem geschiedenen Ehegatten einen Anteil an der während der Ehe entstandenen Vermögensmehrung zugesteht. Im Gegensatz zu Herrn Geheimrat Kipp und mir will er aber die Höhe des Anteils nicht gesetzlich festlegen, sondern sie durch das völlig freie Ermessen des Richters im Einzelfalle bestimmen lassen. Wenn das Gericht, wie Herr Präsident Wieruszowski es wünscht, seine Entscheidung unter Berücksichtigung der „Dauer der Ehe, des Umfangs der Beitragsleistungen, der Mitwirkung jedes Ehegatten zur Gewinnerzielung und der Größe des Zugewinns" seine Entscheidung fällen soll, so werden sich derartige Prozesse jahrelang hinziehen und die Parteien werden oftmals wegen dieses Anspruchs einen noch erbitterteren Kampf miteinander führen als im Scheidungsprozeß. Schon jetzt gehören die Auseinandersetzungsprozesse, die sich an die Ehescheidung schließen, zu den langwierigsten und unangenehmsten. Sie würden durch den Vorschlag des Herrn Präsidenten Wieruszowski in Zukunft eher noch schlimmer werden. Zum Schluß würde das Gericht in den meisten Fällen den Streitstoff doch irgendwie durchhauen müssen und nur selten zu einer wirklich befriedigenden Lösung gelangen, bei der sich die Parteien auch beruhigen würden. Es ist mit Sicherheit anzunehmen, daß derjenige Ehegatte, dem nur ein kleiner Anteil an der Errungenschaft zugesprochen wurde, den Prozeß durch die ihm zur Verfügung stehenden Instanzen treiben würde, weil er — nicht mit Unrecht — damit rechnen kann, daß das völlig freie Ermessen des nächsthöheren Gerichtshofs für ihn günstiger sein könnte. Mag sich das freie richterliche Ermessen bei der Regelung der vermögensrechtlichen Scheidungsfolgen in der Schweiz bewährt haben, so halte ich es doch bei uns für im höchsten Grade unzweckmäßig.

Herr Präsident Wieruszowski meint nun, daß Herr Geheimrat Kipp und ich offenbar durchgefühlt hätten, daß die Halbteilung des Zugewinns zu schematisch sei und für so persönlich geartete Verhältnisse wie die Ehe nicht passe. Auch ich hätte daher dem Gericht in Fällen offenbarer Unbilligkeit die Befugnis gegeben, eine andere Verteilung anzuordnen. Ich meine, daß diese von mir vorgeschlagene Einschränkung doch etwas ganz anderes ist als das, was Herr Präsident Wieruszowski will. Ich stehe auf dem Standpunkt, daß die Halbteilung der Errungenschaft für die Mehrzahl der Fälle, die der Gesetzgeber seiner Regelung zu Grunde zu legen hat, der Bedeutung der Leistungen beider Ehegatten für die Gemeinschaft am meisten entspricht. Ich verkenne aber nicht, daß es Ehen gibt, in denen die Leistungen nicht gleichwertig sind und die Halbteilung daher zu großen Ungerechtigkeiten führen könnte. Ich denke dabei an besonders geniale Leistungen auf künstlerischem, wissenschaftlichem oder industriellem Gebiete, z. B. an einen Mann wie Stinnes, Rathenau, einen berühmten Schauspieler oder eine Sängerin, einen Preisboxer oder einen Filmstar. Ungarn, wo seit Jahrzehnten ein ähnlicher Güterstand gilt, wie Herr Geheimrat Kipp und ich ihn vorgeschlagen haben, hat diese Personenkreise davon ausgenommen; denn für Honoratioren und die ihnen gleichgestellten Personen, wozu insbesondere geistige Arbeiter und Künstler gehören, gilt er kraft Gesetzes nicht. Der Gesetzentwurf von

1914 will den Güterstand auf alle Stände ausdehnen, gibt dafür aber im § 71 für besondere Fälle eine ähnliche Bestimmung, wie ich sie vorgeschlagen habe. Im übrigen hatte ich bei diesem Vorschlag mehr an den Fall der Scheidung als an den der Auflösung der Ehe durch den Tod gedacht und würde es für ausreichend halten, wenn man dieses richterliche Bestimmungsrecht auf den Scheidungsfall beschränkte. Ich gebe Herrn Präsident Wieruszowski darin durchaus recht, daß ein Rechtsstreit zwischen den Erben des zugewinstpflichtigen Ehemannes und der überlebenden Frau darüber, ob sie während der Ehe ihren wirtschaftlichen Verpflichtungen nachgekommen ist, unbedingt vermieden werden muß. Darum halte ich ebenfalls den Vorschlag von Herrn Geheimrat Kipp unter Ziffer II, 9 für unzweckmäßig.

Die größten Bedenken, die Herr Präsident Wieruszowski gegen den von Herrn Geheimrat Kipp und mir vorgeschlagenen Güterstand erhebt, sind die Schwierigkeiten, die er in der Berechnung des Zugewinns erblickt. Er hält meinen Standpunkt, daß der Wert des Sonderguts, d. h. des von dem Ehegatten in die Ehe gebrachten Vermögens, stets mit dem Werte zur Zeit der Eingehung der Ehe einzusetzen ist, für unmöglich und stimmt der Auffassung von Herrn Geheimrat Kipp zu, daß bei Wertsteigerungen oder Wertminderungen durch bloße Preiskonjunkturen der Wert zur Zeit der Auflösung der Ehe maßgebend sein müsse. Da aber der Kippsche Vorschlag zu unbilligen Ergebnissen führen würde, so lehnt Herr Präsident Wieruszowski die Verbindung des Zugewinstanspruchs mit der Gütertrennung überhaupt ab.

Zweifellos ist die Gütertrennung der für die Auseinandersetzung einfachste Güterstand. Er allein führt aber, wie Herr Präsident Wieruszowski doch schließlich selbst zugibt, nicht zu wirklich gerechten Ergebnissen. Die Einfachheit eines Güterstandes darf nicht der allein ausschlaggebende Gesichtspunkt sein. Im Falle der Scheidung müßte auch nach dem Vorschlag von Herrn Präsident Wieruszowski eine Berechnung des Zugewinns erfolgen. Der Richter soll ja gerade die Größe des Zugewinns bei seiner Entscheidung in Betracht ziehen. Auch Präsident Wieruszowski würde daher einer Bestimmung, wie Sondergut und Zugewinn auseinander zu halten sind und wie die Berechnung erfolgen muß, nicht aus dem Wege gehen können.

Ich halte nun aber gerade den Vorschlag von Herrn Geheimrat Kipp, daß bei Wertsteigerungen oder -minderungen durch Preiskonjunktur der Wert des Gegenstandes zur Zeit der Auflösung der Ehe maßgebend sein soll, für unzweckmäßig; ebenso auch die Bestimmung unter C 3, daß ein Gegenstand des Sondervermögens, der sich verschlechtert hat, mit dem Minderwert in Ansatz zu bringen ist, soweit nicht die Verschlechterung auf ordnungsmäßiger Abnutzung beruht. Sie führen m. E. zu unbilligen Ergebnissen. Hatte z. B. ein Ehegatte bei Eingehung der Ehe ein Grundstück mit einem Haus, das einen Wert von 100 000 Mark darstellt und ist das Haus zur Zeit der Auflösung der Ehe durch eine Feuersbrunst abgebrannt oder beschädigt, so daß es nur noch einen Wert von 50 000 Mark hat, und hätte dieser Ehegatte außerdem während der Ehe 30 000 Mark errungen, so müßte er dem anderen Ehegatten nach dem Vorschlag von Kipp die Hälfte der 30 000 Mark herausgeben, obwohl sich sein Vermögen um 20 000 Mark vermindert hat.

Im übrigen dürfte die Frage, ob etwas Konjunktur- oder Dauergewinn ist und ob die Verschlechterung eines Gegenstandes auf ordnungsmäßiger oder nicht ordnungsmäßiger Abnutzung beruht, zu zahlreichen Zweifeln und Streitigkeiten Anlaß geben. Der höhere Kurs einer Aktie kann Konjunkturgewinn sein, kann aber auch darauf beruhen, daß sich das Unternehmen inzwischen vergrößert und verbessert hat, die Aktie also einen dauernden höheren Wert darstellt. Wenn man den Zugewinstanspruch, wie auch Herr Geheimrat Kipp es getan hat, als einen reinen Geldanspruch gestaltet, so muß man m. E. das Sondergut stets mit dem Werte in Ansatz bringen, den es zur Zeit der Eingehung der Ehe hatte. Zur Erleichterung der Wertberechnung soll das von mir vorgeschlagene Inventarverzeichnis, von dem sich die beiden Herren Vorredner keinen Vorteil versprechen, dienen. Ich möchte aber darauf hinweisen, daß auch bei der heutigen Errungenschaftsgemeinschaft nach § 1528 BGB. jeder Ehegatte die Aufstellung eines Inventars verlangen kann. Der Code civil stellt im § 1499, für den Fall, daß kein Inventarverzeichnis aufgenommen wurde, eine ähnliche Vermutung auf, wie sie von Herrn Geheimrat Kipp und mir vorgeschlagen wird: es soll im Zweifelsfalle alles vorhandene Vermögen als während der Ehe errungen angesehen werden. Die Ehegatten haben daher selbst ein Interesse an der Aufnahme eines solchen Verzeichnisses. Man könnte deshalb vielleicht von einer ausdrücklichen Verpflichtung der Ehegatten, nach der sie dies Verzeichnis bei Eingehung der Ehe oder innerhalb einer bestimmten Frist bei einer Behörde einzureichen haben, absehen.

Ich möchte nun noch auf einige wichtige und m. E. sehr wesentliche Punkte eingehen, in denen meine Vorschläge von denen des Herrn

Geheimrat Kipp abweichen oder in denen meine Auffassung von den beiden Herren Vorredern bekämpft worden ist.

Herr Präsident Wieruszowski meint, daß der Vorschlag Ziff. 3 meiner Richtlinien, nach dem ein Ehegatte in gewissen Fällen berechtigt sein soll, schon während bestehender Ehe die Beendigung der Zugewinstgemeinschaft und die Auseinandersetzung herbeizuführen, dem Wesen der Gütertrennung widerspreche. Der Grund meines Vorschlags liegt nicht darin, daß ich dem fordernden Ehegatten seinen Anteil am Ehegewinn in einem bestimmten Zeitpunkt zukommen lassen und sein Anwartschaftsrecht schützen möchte, sondern vielmehr darin, daß ich ihn für die Zukunft davor schützen will, die Hälfte von dem, was er in Zukunft erringen sollte, an den anderen Ehegatten, der alles gröblich verschwendet oder von dem er dauernd getrennt lebt, herausgeben zu müssen. Das ehewidrige Verhalten eines Ehegatten, insbesondere in wirtschaftlicher Beziehung, soll dem anderen das Recht geben, für die Zukunft reine Gütertrennung herbeizuführen.

Herr Geheimrat Kipp will nach Ziffer B II 6 b seiner Richtlinien dem überlebenden Ehegatten die Zugewinstforderung aberkennen, „wenn der Verstorbene zur Zeit seines Todes auf Scheidung wegen Verschuldens des Überlebenden zu klagen berechtigt war und die Klage auf Scheidung oder auf Aufhebung der ehelichen Gemeinschaft erhoben hatte, es sei denn, daß der Überlebende wegen Verschuldens des Verstorbenen rechtmäßig Widerklage erhoben hatte." Er will ferner nach Ziffer 7 im Falle der Scheidung dem allein schuldigen Teil keinen Zugewinstanspruch gewähren und für den Fall, daß künftig eine Ehe auch ohne Verschulden eines Ehegatten geschieden werden sollte, dem Kläger den Zugewinstanspruch versagen.

Diese Vorschläge erscheinen mir unannehmbar. Der Zugewinstanspruch darf nicht mit der Schuldfrage im Scheidungsprozeß verknüpft werden. Es hängt oft vom Zufall ab, wer im Scheidungsurteil als schuldiger Teil erklärt wird und dieser ist oft nicht der in Wahrheit Schuldige. „Geld- oder Spekulationsscheidungen" müssen allerdings vermieden werden. Das kann aber auch dadurch erreicht werden, daß man dem unschuldigen Teil das Recht gibt, durch eine im Scheidungsprozeß abzugebende Erklärung den Zugewinstanspruch des anderen auszuschließen. Auch bei formeller Gültigkeit dieser Erklärung müßte aber das Gericht über die materielle Wirksamkeit des Ausschlusses entscheiden, wobei es in erster Linie die wirtschaftlichen Leistungen des schuldigen Ehegatten während der Ehe zu berücksichtigen hätte. Es wäre eine große Härte, wollte man einer Frau, die sich in vielleicht zwanzigjähriger Ehe für das Wohl der Familie aufgeopfert, alles zusammengehalten und nach besten Kräften gespart hat, nur deshalb keinen Anteil an den Ersparnissen des Mannes, die auf ihre Tätigkeit mit zurückzuführen sind, zuerkennen, weil sie sich später einer Eheverfehlung schuldig gemacht hat, zu der sie vielleicht durch das Verhalten des Mannes getrieben wurde. Auch in Ungarn ist der Zugewinstanspruch, der dort „Miterwerbsforderung" genannt wird, von der Schuld im Scheidungsprozeß unabhängig.

Völlig unannehmbar erscheint mir aber der Vorschlag, daß, falls künftig die Scheidung bei objektiver Ehezerrüttung ohne Feststellung der Schuld eines Ehegatten zulässig sein sollte, der Kläger den Zugewinstanspruch verlieren soll, obwohl ihm vielleicht schließlich nur die Geduld gerissen ist, das unerträgliche Benehmen des anderen weiter auszuhalten. Eine derartige Strafe wäre im höchsten Maße ungerecht. Sie würde auch dazu führen, daß von dem Scheidungsgrund der objektiven Ehezerrüttung wegen der daran geknüpften wirtschaftlichen Folgen kaum Gebrauch gemacht werden würde. Die Hoffnungen, die auf die Einführung dieses Scheidungsgrundes gesetzt werden, würden daher nicht in Erfüllung gehen.

Gestatten Sie mir zum Schluß noch auf einige Fragen aus dem allgemeinen Eherecht einzugehen, die auch von den beiden Herren Vorrednern in ihre Vorschläge und Erörterungen einbezogen worden sind.

Herr Geheimrat Kipp will die Kosten des ehelichen Lebens beiden Ehegatten gemeinsam auferlegen und der Frau ihre Leistungen im Hauswesen als Beitrag zu den Kosten des ehelichen Lebens anrechnen. Ich halte eine solche geldliche Bewertung der Hausfrauenarbeit für bedenklich. Ich stimme mit den Herren Vorrednern durchaus darin überein, daß die Frau dem Haus erhalten bleiben und nicht zur außerhäuslichen Erwerbsarbeit gedrängt werden soll. Ich halte es deshalb für wünschenswert, im Gesetz zum Ausdruck zu bringen, daß die Tätigkeit der Frau im Hause als ihr Beitrag zu den ehelichen Lasten anzusehen ist und daß sie zu Geldleistungen nur verpflichtet ist, soweit dies den Vermögensverhältnissen der Beteiligten entspricht. Ich möchte aber den natürlichen Verhältnissen noch dadurch Rechnung tragen, daß dem Mann durch das Gesetz die Verpflichtung auferlegt wird, in erster Linie die Kosten des ehelichen Lebens zu tragen. Im Gegensatz zu den beiden Herren Vorrednern halte ich es ferner für notwendig, daß eine ausdrückliche Bestimmung aufgenommen wird, durch die der Mann verpflichtet wird, seiner Frau das Haushaltungs- und Nadelgeld in angemessenen Vorauszahlungen zur Verfügung zu stellen. Wenn auch das Reichsgericht im 97. Bd. und das Oberlandesgericht Braunschweig im 26. Bd. der amtlichen Sammlung diesen Anspruch der Frau bereits anerkannt haben, so sind diese Entscheidungen naturgemäß im Volke nicht bekannt und ich weiß aus der Praxis, wie viele Frauen unter dem unwürdigen Zustand leiden, daß sie die notwendigsten Mittel für den Haushalt fast täglich von ihrem Mann erbetteln müssen. Ich halte eine solche Bestimmung auch deshalb für unbedingt notwendig, weil besonders das Eherecht allgemein verständlich sein muß und jeder, der eine Ehe eingeht oder eingegangen ist, in der Lage sein muß, sich durch das Lesen des Gesetzestextes Klarheit über seine Rechte und Pflichten zu verschaffen. Diese Forderung wird durch das BGB. in seiner jetzigen Fassung, wie Sie mir gewiß zugeben werden, nicht erfüllt.

Das Kündigungsrecht des Mannes aus § 1358 BGB., für dessen Beibehaltung Herr Geheimrat Kipp sich ausgesprochen hat, steht m. E. mit der Selbständigkeit und Gleichberechtigung der Frau nicht im Einklang. Widerspricht eine solche außerhäusliche Tätigkeit im Einzelfalle den ehelichen Interessen, so mag der Mann als äußersten Behelf die Klage auf Herstellung des ehelichen Lebens aus § 1353 BGB. anstrengen.

Auf die übrigen Einzelfragen, die sich aus der Umgestaltung des gesetzlichen Güterstands ergeben, möchte ich heute nicht weiter eingehen. Es wäre unmöglich, sie hier eingehend zu beraten und über sie zu beschließen. Ihre Lösung mag dem künftigen Gesetzgeber überlassen bleiben.

Ich hoffe aber, Ihnen gezeigt zu haben, daß die Beteiligung jedes Ehegatten an dem während der Ehe erworbenen Vermögen des anderen, wie Geheimrat Kipp und ich sie wünschen, innerlich berechtigt und praktisch durchführbar ist. Ich bitte Sie daher, die von Herrn Geheimrat Kipp vorgeschlagene Hauptthese anzunehmen.

In der an die Vorträge der Berichterstatter sich anschließenden Diskussion trat Rechtsanwalt Dr. Heß-Stuttgart für die Aufhebung des gesetzlichen Güterstandes des BGB. ein, will diesen jedoch nicht durch Gütertrennung in Verbindung mit einer Zugewinstgemeinschaft, sondern durch eine verfeinerte Form der Errungenschaftsgemeinschaft ersetzt wissen und befürwortet die Gestaltung dieses Güterstandes in Anlehnung an einen früheren Güterstand des württembergischen Rechtes, welcher der Errungenschaftsgemeinschaft des BGB. verwandt sei. Redner bittet von der Einführung des vom Berichterstatter, Geheimrat Kipp, vorgeschlagenen Güterstandes abzusehen, da es sich hierbei um ein ganz neues Institut handeln würde, durch dessen Einführung weder die Rechtssicherheit erhöht noch die Arbeit der mit diesen Rechtsnormen befaßten Personen vermindert werden würde. Für das neue gesetzliche Güterrecht sollten nicht ins einzelne gehende, kasuistische Normen aufgestellt werden; vielmehr solle das Gesetz den Richtern weitestgehende Freiheiten geben. Redner ist auf Grund der von ihm gemachten Erfahrungen der Ansicht, daß das Volk, besonders in Württemberg, Gütertrennung nicht wolle, die dem Wesen der durch die Ehe begründeten Gemeinschaft nicht entspreche; das Volk betrachte die Gütertrennung nur als ein Hilfsmittel für den Mann, der sich seinen Verpflichtungen gegenüber der Frau entziehen wolle; der Antrag, das jetzige gesetzliche Güterrecht durch die Gütertrennung zu ersetzen, sei daher abzulehnen.

Geh. Hofrat Prof. Dr. Heinsheimer-Heidelberg führte aus, daß die Einführung des Güterstandes der Gütertrennung in Verbindung mit der Zugewinstgemeinschaft keine technische Unmöglichkeit sei; ein immer gleich brauchbares Rechtsgebilde sei nicht zu finden. Bei Einführung eines neuen gesetzlichen Güterstandes sei aber zu prüfen, wie der Güterstand nach außen wirke und ob der Verkehr durch ihn eine gesicherte Grundlage erhalte. Gerade darin sei der Krebsschaden des gegenwärtigen Güterrechts zu finden. Redner hält es für unmöglich und daher nicht für angängig, den Güterstand der Gütertrennung in Verbindung mit einer Zugewinstgemeinschaft einem Volke von 60 Millionen aufzudrängen; vor allem würde die bäuerliche Bevölkerung mit diesem Güterrecht nicht zufrieden sein. Redner hält die Einführung eines Zwangsgüterstandes im Sinne der Hauptthese für einen volksfremden Gedanken. Dagegen tritt er für die Annahme des ersten Satzes der Hauptthese ein, empfiehlt auch die Zugewinstgemeinschaft, wogegen er die Einführung der Gütertrennung mit Zugewinstgemeinschaft als Zwangsgüterstand ablehnt.

Fräulein Dr. Margarete Berent-Berlin erklärte sich mit der Hauptthese des ersten Berichterstatters einverstanden, weil damit eine Beteiligung der Frau an dem begründet werde, was sie miterarbeitet habe, und weil die Zugewinstgemeinschaft eine Fürsorge für die Frau nach dem Tode des Mannes bedeute. Die Gütertrennung mit Zugewinstgemeinschaft stelle auch kein volksfremdes Recht dar, wie man aus der Entwicklung des Güterrechts z. B. im fränkischen Rechtsgebiet, in Hessen, in Württemberg ersehe. Rednerin betont die Bedeutung der Gütertrennung mit Zugewinstgemeinschaft für alle Ehen, in denen die Frauen eigenes Vermögen nicht besitzen. Die Möglichkeit, diesen Güterstand vertraglich einzuführen, genüge nicht, weil die dem Abschluß eines solchen Ehevertrags entgegenstehenden psychologischen Schwierigkeiten viel zu groß seien; die Frau könne ihren Mann schwer dazu bringen, vertraglich auf Rechte zu verzichten, die ihm gesetzlich zustehen, und das Gesetz solle so beschaffen sein, daß möglichst wenig Eheverträge abgeschlossen werden müssen. Den von dem Mitberichterstatter, Prof. Dr. Wieruszowski, in Vorschlag gebrachten Weg hält die Rednerin für nicht gangbar; durch eine Umgestaltung erbrechtlicher Bestimmungen könnten nicht die gleichen Wirkungen, wie sie durch die Zugewinstgemeinschaft erzielt würden, herbeigeführt werden; der Gedanke der Zugewinstgemeinschaft sei, wie sie aus ihrer Erfahrung wisse, dem Volke durchaus verständlich. An der Entwicklung des ehelichen Güterrechts in der Schweiz könne man sehen, daß eine Verteilung des Vermögens auf Grund richterlichen Ermessens nach Auflösung der Ehe durch den Tod nicht zweckmäßig sei.

Rechtsanwalt Dr. Marck-Mannheim bezeichnete das Ergebnis der Referate und der Diskussion als sehr erfreulich. Er schlug vor, daß vorerst nur für Einführung der Gütertrennung gestimmt werden solle und daß man sich im übrigen auf die Leitsätze des Mitberichterstatters, Prof. Dr. Wieruszowski, in denen eine Ausgestaltung des Erbrechts und des Pflichtteilsrechts vorgeschlagen werde, einige.

Notar Dr. Appel-Mannheim trat für Ablehnung der Leitsätze des Mitberichterstatters Prof. Dr. Wieruszowski ein. Die Zugewinstgemeinschaft sei nicht, wie Professor Wieruszowski meine, dem Wesen der Ehe fremd; vielmehr entspreche gerade die von den Berichterstattern, Geheimrat Kipp und Fräulein Dr. Munk, angestrebte Regelung dem Wesen einer richtigen Ehe. Die Annahme, daß die Zugewinstgemeinschaft volksfremd sei, treffe nicht zu. Das stimme nicht einmal für Baden und Württemberg. Der Frau müsse nach dem Tode des Mannes die Hälfte des während der Ehe erworbenen Vermögens zukommen; es bestehe auch kein Mangel an Klarheit bei der Auseinandersetzung.

Landgerichtsdirektor Dr. Püschel-Berlin bemängelte den

Ausdruck „Zugewinstgemeinschaft“ und schlug vor, ihn durch den Ausdruck „Anteil am Ehegewinn“ zu ersetzen. Dr. Püschel stellte folgenden Antrag:

> Als künftiges gesetzliches eheliches Güterrecht empfiehlt sich die Gütertrennung in Verbindung mit einem Anteil am Ehegewinn jedes Ehegatten bei Auflösung der Ehe oder bei Beendigung des Güterstandes. Eheverträge sind, wie bisher, zuzulassen.

Inzwischen war vom Mitberichterstatter, Senatspräsident Prof. Dr. Wieruszowski, folgender Antrag eingegangen:

1. Als künftiges eheliches Güterrecht ist die Gütertrennung zu empfehlen.
2. Den berechtigten Forderungen einer Zugewinstbeteiligung soll dadurch Genüge geschehen, daß:
   a) bei Auflösung der Ehe durch den Tod das gesetzliche Erb- und Pflichtteilsrecht der Ehegatten eine erhebliche Verstärkung erfährt,
   b) bei Auflösung der Ehe durch Scheidung das Gericht ohne Rücksicht auf die Schuldfrage nach billigem Ermessen entscheiden soll, ob und inwieweit ein Ehegatte dem anderen ein Entgelt für seine Leistungen zur Ehegemeinschaft zu gewähren hat.

Nunmehr gab der Berichterstatter, Geheimrat Prof. Dr. Kipp, nachdem ihm das Schlußwort erteilt war, zugleich im Namen der beiden Mitberichterstatter folgende Erklärung ab:

Wir bedauern, daß wegen vorgerückter Zeit es uns nicht mehr möglich ist, auf die verschiedenartigen Einwendungen einzugehen, die gegen unsere Vorschläge gemacht worden sind, wie wir auch den Wunsch hegen würden, uns untereinander in bezug auf die zwischen unseren Vorschlägen bestehenden Abweichungen und Gegensätze noch weiter aussprechen zu können. Die gegen die Zugewinstgemeinschaft gerichteten Angriffe beruhen zum Teil auf einem Mißverständnis. Insbesondere unser Herr Gegner aus Württemberg scheint nicht erkannt zu haben, daß die Zugewinstgemeinschaft nichts ist als eine Modifikation der gerade in Württemberg seit 300 Jahren geltenden und auch unter der Herrschaft des Bürgerlichen Gesetzbuchs sehr beliebt gebliebenen Errungenschaftsgemeinschaft. Das Wort „Zugewinstgemeinschaft“ hat in der Versammlung Bedenken erregt. In dem Schrifttum über die Probleme des ehelichen Güterrechts ist es längst eingeführt. Wir wollen aber das anstößige Wort beseitigen und wollen im Interesse der Erzielung eines positiven Ergebnisses die Gegensätze, die zwischen uns darüber bestehen, wie die Beteiligung der Ehegatten an der während der Ehe errungenen Vermögensmehrung zu gestalten ist, in den Hintergrund stellen. Wir sind einig in dem Prinzip, daß beiden Gatten ein Anteil an der Errungenschaft gesichert werden muß. Wir stellen daher nunmehr gemeinschaftlich folgenden Antrag:

> Als künftiges gesetzliches eheliches Güterrecht empfiehlt sich die Gütertrennung in Verbindung mit einer Beteiligung beider Gatten an der Errungenschaft. Eheverträge sind, wie bisher, zuzulassen.

Es sollen also in meiner Hauptthese die Worte „mit einer Zugewinstgemeinschaft" gestrichen und durch die Worte „mit einer Beteiligung beider Gatten an der Errungenschaft" ersetzt werden.

Nach Verlesung dieses Antrags wurden alle sonst gestellten Anträge zurückgenommen.

Der Vorsitzende brachte den von Herrn Geheimrat Kipp im Schlußworte mitgeteilten Antrag der Berichterstatter zur Abstimmung. Der Antrag wurde mit allen Stimmen gegen eine angenommen. Hierauf schloß der Vorsitzende die Sitzung.

# Erste Sitzung der dritten Abteilung
## (für Steuer- und Wirtschaftsrecht)

am

Donnerstag, den 11. September 1924.

Auf Vorschlag des Geh. Justizrats Prof. Dr. Riesser-Berlin wählte die Versammlung zum Vorsitzenden der III. Abteilung Herrn Geh. Justizrat Dr. Wildhagen-Leipzig, der den Vorsitz übernahm, als Stellvertreter des Vorsitzenden die Herren Geh. Oberfinanzrat Dr. Springer-Berlin und Landgerichtsdirektor Dr. Geißmar-Heidelberg benannte, zu Schriftführern die Referendare Brenner, Helmling und Dr. Bartholomae-Heidelberg berief.

Sodann wurde in die Verhandlung über das Thema:

Empfehlen sich Änderungen der Gesetzgebung zur Erleichterung der Kapitalbeschaffung durch Aktiengesellschaften?

eingetreten, für das die Berichterstatter, die Herren Rechtsanwalt Dr. Hachenburg-Mannheim und Prof. Dr. Flechtheim-Berlin, die nachstehenden gemeinschaftlichen Leitsätze vorlegten:

I. Es ist an den Prinzipien des deutschen Aktienrechts festzuhalten, soweit diese der Erhaltung des Grundkapitals dienen. Daher sind Annäherungen an das ausländische, namentlich das englisch-amerikanische Aktienrecht, die hiervon abweichen, abzulehnen. Die Zahlung fester Zinsen ist nicht zu befürworten. Der Einführung von Freiaktien ist zu widersprechen.

II. Es ist das Prinzip der Zerlegung des Grundkapitals in Aktien von bestimmten Nennbeträgen beizubehalten. Die Einführung von Quotenaktien empfiehlt sich nicht.

Ebenso wird die 20-Mark-Aktie, soweit sie nicht durch die Umstellung bei der Durchführung der Goldbilanzen unvermeidlich ist, nicht anzuraten sein. Die Gesetzgebung hat vorzusehen, daß die Zusammenlegung mehrerer 20-Mark-Aktien zu Aktien zu höheren Beträgen (mindestens 100 Mark) nach einer gewissen Übergangszeit von den Gesellschaften zwangsweise herbeigeführt werden kann.

III. Es sind Erleichterungen der Erhöhung des Grundkapitals als vorübergehende Maßnahmen (zeitlich begrenzt) zu gewähren:

1. Die Unterpariemission ist zuzulassen, falls der Fehlbetrag aus ausgewiesenem Gewinn oder aus vorhandenen offenen Reserven irgendwelcher Art gedeckt wird. In diesem Falle hat jeder Aktionär Anspruch auf Zuteilung eines seinem Aktienbesitz entsprechenden Teiles des neuen Kapitals.
2. Es können Darlehen und Anleihen aufgenommen werden, verbunden mit der bedingten Erhöhung des Grundkapitals derart, daß der Darlehns- oder Anleihegläubiger die Umwandlung seiner Gläubigerrechte in Stammaktien fordern darf.
3. Das Verbot der Ausgabe neuer Aktien vor der Vollzahlung der alten ist zu suspendieren.
4. Die Vorschrift der gesonderten Abstimmung bei der Kapitalerhöhung durch die Inhaber der Aktien verschiedener Gattungen ist zu beseitigen.
5. Die Einräumung von Bezugsrechten auf künftig auszugebende Aktien ist für zulässig zu erklären.

IV. Sonstige Änderungen des deutschen Systems zur Anpassung an fremde Rechte, wie durch die Beseitigung des Aufsichtsrats als eines besonderen Organs neben dem Vorstand, sind in diesem Zusammenhange nicht zu erörtern.

V. Die geltenden Steuersätze des Kapitalverkehrssteuergesetzes sind auf die Friedenshöhe zurückzuführen. Im Falle der umtauschbaren Teilschuldverschreibungen ist die Wertpapiersteuer für die Teilschuldverschreibungen auf die bei der Umwandlung entstehende Gesellschaftssteuer anzurechnen.

Zur Begründung dieser Leitsätze erhielt zunächst Professor Dr. Flechtheim das Wort. Er führte folgendes aus:

Ich glaube nicht nötig zu haben, vor diesem Kreise die Wahl unseres Themas zu rechtfertigen. Die Frage ist aktuell, leider nur zu aktuell. Unsere ganze Wirtschaft, die Landwirtschaft nicht weniger als Handel und Industrie, leiden an einem beängstigenden Mangel liquiden Kapitals. Es fehlen die Betriebsmittel. Daher die Stillegungen und Einschränkungen. Daher wieder Verteuerung der Produktion, hohe Preise und Arbeitslosigkeit. Auch über die Gründe brauche ich nicht viel zu sagen. Sie reichen zum Teil weit zurück.

Der Mangel an Sparkapital und die im Interesse der Stabilisierung unvermeidliche Kredit-Restriktion führen neben dem Mangel an eigenen Betriebsmitteln zur Erschwerung der Beschaffung fremder Mittel, zu der Kreditnot. Und selbst wo Kredite erreichbar sind, müssen sie zu einem Zinsfuß erkauft werden, der die Selbstkosten und damit die Wettbewerbsfähigkeit auf dem Weltmarkt noch weiter verschlechtert, als es die anderen Momente ohnehin tun. Es ist eine Lebensfrage der deutschen Wirtschaft, die für die Aufrechterhaltung und möglichste Steigerung der Produktion erforderlichen Betriebsmittel zu erträglichen Bedingungen zu erhalten. Bei der Knappheit des in Deutschland vorhandenen Sparkapitals, dessen Steigerung durch eine unweise Steuerpolitik auf Jahre hinaus gründlich gestört ist, können die Quellen, die früher ohne Schwierigkeit zur Beschaffung des nötigen Betriebskapitals in ausreichendem Maße herangezogen werden konnten, heute nicht mehr annähernd diese Aufgabe erfüllen. Es ist also notwendig, an weitere Kreise heranzutreten. Das sind Kreise des Inlands, vor allem aber des Auslands.

Wir kehren damit leider zu einer früheren Epoche unserer Wirtschaft zurück. Wir waren einmal ein armes Volk und haben insbesondere unsere Industrie und unsere Eisenbahnen mit Hilfe fremden Kapitals aufbauen müssen. Wir haben durch zähe Arbeit und Sparsamkeit die Schulden abgetragen und konnten unser Kapital ins Ausland tragen. Wir können hieraus die Hoffnung schöpfen, daß auch die jetzige bittere Notwendigkeit, dem ausländischen Kapital die Tür zu öffnen, nicht des Liedes letzter Vers sein wird. Dazu gehört vor allem, daß wir ausländisches Kapital nur mit größter Vorsicht aufnehmen und seine Entwicklung und Ausdehnung mit größter Sorgfalt kontrollieren. Aber ebenso begründet ist die Warnung vor einer mißbräuchlichen Verwendung des Schlagwortes von der Überfremdungsgefahr. Wo ausländisches Kapital in erheblicher Menge in eine Wirtschaft einströmt, findet naturgemäß eine Überfremdung statt. Aber wir wissen aus unserer eigenen Wirtschaftsgeschichte, haben es an Amerika erlebt und sehen es gerade in diesem Zeitpunkt an Italien wieder bestätigt, daß fremdes Kapital sich nicht dauernd da festsetzen kann, wo ein starker Wille zur wirtschaftlichen Selbständigkeit besteht. Dann wird es abgelöst und hinausgetrieben, in welchen wirtschaftlichen und rechtlichen Formen die Anlage auch erfolgt sein mag. Natürlich kann man diesen Vorgang durch geeignete Gegenmaßnahmen erleichtern. Deshalb werden jetzt die Stimmrechts- und Schutzaktien, die sich vielfach gegen eine nur eingebildete oder gar nur vorgespiegelte Überfremdungsgefahr richteten, wirklich als Schutzmittel hiergegen sehr nützliche Dienste leisten. Ist fremdes Kapital hiernach für uns unentbehrlich oder doch willkommen, so ist es doch nicht ohne weiteres leicht erhältlich. Den Boden hierfür zu ebnen, ist zunächst Sache der Politik. In dieser Hinsicht bedeutet die Annahme der Londoner Abmachungen zweifellos einen Schritt voran. Die Heranholung der ausländischen Geldgeber ist natürlich weiterhin Sache der Finanz- und Bankwelt. Aber auch das Recht hat hierbei wichtige Funktionen. Positiv und negativ. Es kann durch seine Gestaltung eine an sich vorhandene Neigung zur Geldanlage inländischer, besonders aber ausländischer Geldgeber durch materielle und formelle Hindernisse abschrecken. Es kann aber auch eine solche Bereitschaft durch Schaffung von wirtschaftlichen oder psychologischen Reizmitteln erwecken oder verstärken. Dazu gehört auch die Berücksichtigung von Gepflogenheiten und Wünschen ausländischer Kapitalisten. Wir haben unter den heutigen Verhältnissen die Pflicht, selbstverständlich ohne Opferung bewährter Sätze unseres Rechtssystems, zu prüfen, ob nicht doch manche Schranke, die die lex lata der Heranziehung in- und ausländischer Kapitalien setzt, dauernd oder doch wenigstens vorübergehend beseitigt werden könnte und ob nicht unserem Reichtum an Rechtsformen doch noch das eine oder andere Erzeugnis ausländischer Rechtsphantasie hinzugefügt werden könnte. Auch hier möchte ich vor Übertreibungen warnen. Man malt vielfach das Gespenst einer juristischen Überfremdungsgefahr an die Wand. Aber ein gesundes und starkes Rechtssystem kann sehr viel ausländischen Rechtsstoff ungefährdet in sich aufnehmen. Selbstverständlich brauchen wir den Gesetzgeber nicht zu bemühen, wenn schon unser geltendes Recht einer rechtsschöpferischen Praxis die Möglichkeit zur Anpassung an ausländische Rechtsformen eröffnet. Im ganzen handelt es sich also für uns um ein Teilproblem von aktueller Bedeutung und nicht um die Vorwegnahme oder Präjudizierung der großen, mit Ruhe und Vorsicht durchzuführenden Reform des Aktienrechts.

Unter diesen grundsätzlichen Gesichtspunkten sind die beiden Berichterstatter zu übereinstimmenden Ergebnissen gekommen, und zwar durchaus unabhängig voneinander und häufig auf Grund ganz verschiedener Erwägungen. Die gemeinsamen Thesen, die wir vorlegen, sind kein Zwangsvergleich, sondern werden in jedem Teile von jedem von uns vertreten. Wir konnten uns daher auch über die heutigen

Referate in der Weise verständigen, daß jeder nur einen Teil der zahlreichen Fragen ausführlicher behandelt.

Unter *Kapitalbeschaffung* verstehe ich einmal die Verstärkung des eigenen Betriebskapitals, andererseits die Aufnahme fremder Gelder auf lange Frist. Also im Gegensatz zum kurzfristigen Kredit. Nicht etwa, als ob jene diesen ersetzen sollen. Auch der kurzfristige Kredit, insbesondere der Bankkredit, ist uns unentbehrlich und wird es bleiben. Aber er muß wieder auf die Aufgaben beschränkt werden, die er auch in Friedenszeiten vom Standpunkt solider Geschäftsführung hatte, d. h. als Ausgleichs- und Ergänzungskapital für kurzfristigen Bedarf, also hauptsächlich für Anschaffung von Waren, Rohstoffen, Lohnzahlungen, nicht aber zur Deckung von Anlagekosten, Angliederungen usw. Auch bei der eigentlichen Kapitalbeschaffung werden wir in erster Reihe auf die alten Methoden zurückgreifen. Also auf die Kapitalerhöhung zur Verstärkung der eigenen Mittel und zur Aufnahme von Darlehen, vor allem auch auf dem öffentlichen Kapitalmarkt in Form von Anleihen, zur Beschaffung fremder Mittel auf lange Frist. Jede dieser Rechtsformen hat für den Geldgeber ihre typischen Vorzüge und Schattenseiten.

Die *Schuldverschreibung* gibt dem Inhaber eine bestimmte Rente und weitgehende Sicherheit für Kapital und Zinsen. Er geht als Gläubiger den Aktionären vor. Überdies kann er durch Hypotheken, Garantien und andere Sicherheiten auch vor den übrigen Gläubigern gesichert sein. Aber er nimmt nicht teil an der steigenden Rentabilität des Unternehmens und vor allem nicht an dem Vermögenszuwachs.

Der *Aktionär* dagegen hat Aussicht auf erhöhte Rente und Kapitalzuwachs bezw. Kursbesserung. Aber er übernimmt dafür auch die Gefahr der Verluste an Rente und Kapital. Der eine will gut schlafen, der andere gut essen.

Für beide Methoden der Kapitalbeschaffung in ihrer reinen Form ist heute der Boden nicht besonders günstig. Für Schuldverschreibungen liegt die Schwierigkeit in der Festsetzung eines für lange Jahre gültigen Zinsfußes. Gewiß ist es denkbar, den Zinsfuß variabel zu gestalten, etwa auf der Grundlage des jeweiligen Reichsbankdiskonts, wie dies *Wertheimer* in der „Frankfurter Zeitung“ vorgeschlagen hat. Aber ein solcher Typus findet keinen Anklang, zum mindesten auf dem internationalen Markt. Dazu kommen die allgemeinen Vorurteile weiterer Kreise gegen festverzinsliche Schuldverschreibungen überhaupt infolge der bei der Inflation gemachten bösen Erfahrungen und schließlich die Konkurrenz der Reparationsanleihe des Deutschen Reiches, der Eisenbahnobligationen und der Reparationsobligationen der Industrie. Ich halte deshalb den Typ der alten normalen, festverzinslichen Schuldverschreibung nicht für eine tragfähige und ergiebige Finanzierungsmethode der jetzigen Zeit. Für Kapitalerhöhungen liegt die Schwierigkeit in dem heutigen Kursniveau und der Unsicherheit der Entwicklung unserer Wirtschaft während der nächsten Jahre. Das drängt alles auf gewisse Kombinationen, also auf Typen, die Elemente beider Wertpapiergattungen in sich vereinigen. Solche Mischformen sind bereits unserer Finanzierungspraxis längst geläufig.

Es gibt Obligationen, die dem Gläubiger neben einer festen Verzinsung einen Zuschlagszins je nach der Höhe der an die Aktionäre verteilten Dividende gewähren. Dieser Typ ist im Auslande beliebter und üblicher (income bonds) als bei uns. Ich nenne nur als bekanntestes Beispiel die Obligationen der Osram-Gesellschaft. Die Aussicht auf Dividendenzuschlag ist an sich etwas fragwürdig; die Gläubiger sind nicht dagegen geschützt, daß die Gesellschaft ihre Gewinne aufspeichert und aus ihnen selbst die Obligationen kündigt oder zurückkauft oder aber das Kapital erhöht und dadurch die Dividenden verwässert.

Auf der anderen Seite stehen die neuerdings so viel erörterten schuldverschreibungsähnlichen Vorzugsaktien. Die Dividende ist beschränkt, in der Regel auf einen festen Betrag, nur ganz ausnahmsweise mit einem Zuschlag bei besonders günstiger Dividendenausschüttung. Auf die beschränkte Dividende steht dem Vorzugsaktionär das Vorrecht vor den Stammaktien zu. In der Regel sind sie kumulativ, d. h. ausgefallene Dividenden sind in späteren Jahren nachzuzahlen. Die Aktien nehmen im Falle der Liquidation an dem Vermögen nur beschränkt teil, in diesem Umfange aber mit Vorrecht vor den Stammaktien. In der Regel können sie zu einem festen Kurse gekündigt und eingezogen werden. Ich zweifle, ob diese Form, die schon bisher als Finanzierungstyp bei uns kein allzu großes Anwendungsgebiet gefunden hat, sich in der bisher üblichen Ausstattung unter den heutigen Verhältnissen zur Heranziehung ausländischen Kapitals besonders eignet. Der Typus ist zwar an sich dem Auslande, besonders dem amerikanischen Aktienwesen, durchaus geläufig. Aber der Ausländer wird, und zwar nicht unberechtigter Weise, Zweifel haben, ob die Dividende, die heute viel höher sein müßte als früher, in den nächsten Jahren auch wirklich verdient werden wird. Das Nachbezugsrecht wird ihn wenig reizen. Es fragt sich aber, ob man diese Form der Vorzugsaktien nicht reizvoller gestalten könnte, zum Teil nach ausländischen Vorbildern.

Es ist in einigen Ländern, insbesondere in Frankreich, üblich und zulässig, daß die Gesellschaft bei solchen Vorzugsaktien die Zahlung der Dividende garantiert. Die Dividende erhält so den Charakter von Zinsen. Auch in Deutschland waren früher Aktien mit fester Zinsgarantie bekannt. Das allgemeine deutsche Handelsgesetzbuch hat dann, jedoch erst nach langen Kämpfen, das grundsätzliche Verbot der Zusicherung von Zinsen an die Aktionäre ausgesprochen, und dieser Satz ist seitdem eiserner Bestand unseres Handelsrechts geblieben. Es liegt auf der Hand, daß die Zusage fester Zinsen die Unversehrtheit des Aktienkapitals gefährdet. An diesem Grundsatz sollte man meiner Ansicht nach nicht ohne Not rütteln. Dies um so weniger, als ich mir von einer Lockerung dieses Grundsatzes auch keinen besonderen Reiz für die Heranziehung fremden Kapitals versprechen kann. Denn wenn der fremde Geldgeber schon Sorge wegen der Aufbringung der Vorrechtsdividende hat, so wird er erst recht für sein Kapital besorgt sein müssen und schon aus diesem Grunde eine solche Anlage vermeiden.

Von sehr beachtlicher Seite ist dagegen empfohlen worden, die Verteilung halbjährlicher Dividende nach dem Vorbilde des Auslands zuzulassen.

Hier sind zwei Fragen zu unterscheiden. Im Ausland ist es üblich und zulässig, halbjährliche Abschlagsdividenden zu geben, also Dividenden à conto des Reingewinnes des laufenden Geschäftsjahrs. Das ist bei uns unzulässig. Es verstößt gegen den Grundsatz, daß Gewinne nicht aus der Substanz verteilt werden dürfen. Ich möchte an diesem Grundsatz nicht gerüttelt wissen. Die Frankfurter Handelskammer dagegen will die Halbjahrszinsen aus dem Gewinnvortrag des vorangegangenen Jahres zahlen und verlangt die Klarstellung der Zulässigkeit einer solchen Methode durch die Gesetzgebung. Das scheint mir unnötig. Es kann selbstverständlich durch die Statuten bestimmt werden, daß die Dividende für das verflossene Jahr in zwei Raten an bestimmten Tagen bezahlt wird. Man empfindet es ferner als Mangel, daß die Generalversammlung auch über die Vorrechtsdividende zu beschließen hat. Man wünscht daher ferner klargestellt, daß erst nach Ausschüttung der Vorrechtsdividende das Verfügungsrecht der Generalversammlung Platz greift. Hierzu braucht aber nur in den Satzungen vorgesehen zu werden, daß das freie Verfügungsrecht der Generalversammlung erst nach Ausschüttung der Vorrechtsdividende einsetzt. Einer Gesetzesänderung bedarf es hierzu nicht. Ein großes Hindernis für die Anwendung schuldverschreibungsähnlicher Vorzugsaktien liegt heute in der Steuerfrage. Die Vorrechtsdividende gilt für die Körperschaftssteuer als ausgeschütteter Gewinn, unterliegt also der gewöhnlichen Körperschaftssteuer und der erhöhten Steuer von der Dividende, während die Zinsen der Schuldverschreibungen abzugsfähig sind. Man (vergl. Koeppel, Wirtschaftl. Nachrichten aus dem Ruhrbezirk, S. 191) verlangt die Gleichstellung von Vorrechtsdividende und Obligationszinsen. Die Frage kann erst mit dem künftigen Körperschaftssteuergesetz geregelt werden. Konkrete Vorschläge lassen sich daher heute noch nicht machen. Bekanntlich enthält schon das Kapitalverkehrssteuergesetz eine Bevorzugung der schuldverschreibungsähnlichen Aktien (§ 12), indem die Gesellschaftssteuer von $7^1/_2$ auf 5 % herabgesetzt ist. So wird man auch unter Umständen einen günstigeren Tarif für die Vorrechtsdividende ins Auge fassen können.

Man hat auch vorgeschlagen, nach ausländischem Vorbild Vorzugsaktien ohne Stimmrecht einzuführen. Vom Standpunkt der Gesellschaft aus kann hierin gewiß ein Vorteil liegen. Denn das Stimmrecht der Vorzugsaktien, die nicht gebunden sind, kann für die Gesellschaft sehr störend sein. Man hat sich ja bekanntlich vereinzelt (AEG.) in der Weise geholfen, daß man den Stammaktien ein höheres Stimmrecht als dieser Art Vorzugsaktien beigelegt hat. Aber vom Standpunkt der erleichterten Kapitalbeschaffung aus dürfte die Frage, die doch einen recht grundsätzlichen Charakter hat, kein Interesse haben. Außerdem verwischen wir sonst ganz einen Unterschied zwischen Vorzugsaktie und Genußschein.

Auch die intensivere Verwendung des Genußscheins als Finanzierungsmittel ist mehrfach angeregt worden. Wir haben im Genußschein auch eine Mischform zwischen Schuldverschreibung und Aktie. Der Genußschein gewährt Gläubigerrechte, aber Rechte vom typischen Inhalt des Aktienrechts. Insbesondere auf Anteile am Reingewinn und Liquidationsvermögen. Aber niemals ein Stimmrecht. Durch diesen Mangel und die Abhängigkeit von den Beschlüssen der Generalversammlung ist die Stellung des Genußscheininhabers außerordentlich prekär und daher für die Heranschaffung neuen Kapitals sehr wenig geeignet. Tatsächlich wird denn auch der Genußschein fast ausschließlich verwendet als Überbleibsel früherer Aktienrechte, als Belohnung von Aktionären für außerordentliche Leistungen oder Verzichte oder endlich lediglich als Absplitz von Aktienrechten zum Zwecke der Verwässerung. Also regelmäßig ohne jede oder jedenfalls ohne gleichwertige Einzahlung, also nicht als Finanzierungsinstitut. Ich glaube auch nicht, daß durch eine gesetzgeberische Ausgestaltung dieser bisher gesetzlich überhaupt nicht geregelten Rechtsform dies erreicht werden könnte.

Man kann Schuldverschreibungen und Aktien nicht nur so kombinieren, daß ein Wertpapier Elemente beider Art in sich vereinigt. Man kann sie auch zeitlich hintereinander schalten. Das ist der Fall bei den sogenannten convertible bonds, die seit langem in der amerikanischen und auch der englischen Finanzierungstechnik bekannt sind und auch in einzelnen Bundesstaaten gesetzlich geregelt sind. Es sind Schuldverschreibungen üblicher Art, bei denen jedoch dem Inhaber das Recht zusteht, innerhalb gewisser Frist ihre Umwandlung in Stammaktien zu verlangen. Der Typ hat sich in Amerika herausgebildet, bei der Finanzierung notleidender oder doch geldbedürftiger Gesellschaften. Der Geldgeber legt zunächst bei der Unsicherheit des Schuldners den Hauptwert auf die Sicherheit von Kapital und Zinsen. Aber er will, falls es der Gesellschaft, wesentlich auch durch die ihr zugeführten neuen Mittel, gelingt, wieder auf die Beine zu kommen, an dieser Besserung der Lage beteiligt sein. Er will also die Chance der wiederhergestellten Rentabilität sich sichern. Vom Standpunkte des wirtschaftlich eingestellten Geldgebers muß man ohne weiteres zugestehen, daß diese Kombination außerordentlich geschickt gewählt ist. Die Einführung dieses Typs in die deutsche Rechtswelt ist neuerdings in der Tages- und Fachpresse und in den verschiedenen Interessenvertretungen lebhaft erörtert worden. Ursprünglich durchweg zustimmend; später mehrten sich die Stimmen der Skepsis und Ablehnung. Gegen die gesetzliche Zulassung dieser Form wird einmal angeführt, daß das amerikanische Kapital uns auch unter Anwendung unserer hergebrachten Formen ausreichend zur Verfügung stehen werde. Darin gehen aber die Meinungen der in erster Reihe zuständigen Kenner sehr auseinander. Vor allem handelt es sich gar nicht darum, ob wir amerikanisches Geld erhalten können, sondern zu welchen Bedingungen. Und wenn wir durch Zulassung einer den Gepflogenheiten und der wirtschaftlichen Einstellung der Geldgeber angepaßten Rechtsform die Bedingungen erleichtern können, so sollten wir dies nicht versäumen. Wichtiger ist schon die Besorgnis vor ernstlicher Überfremdung. Ohne fremdes Kapital kommen wir nicht durch. Ich glaube aber gar nicht, daß ausländisches, besonders amerikanisches Kapital so stark darauf versessen ist, unsere Industrie zu beherrschen. Sonst würde es sich bei dem heutigen Kursniveau viel stärker auf den Kauf von Stammaktien gestürzt haben. Dazu kommt die Möglichkeit, sich durch Stimmrechts-, Vorzugs- und Schutzaktien gegen Überfremdung zu wehren. Endlich ist die Frage ja wesentlich abhängig von dem Umfange der in Option zu gebenden Aktien, also von deren Verhältnis zum bisherigen Kapital. Im übrigen ist dies eine Frage, die in jedem Einzelfall die Leitung des deutschen Unternehmens zu entscheiden hat. Der convertible bond wird auch von seinen Befürwortern nicht als ein Allheilmittel angepriesen, sondern nur als ein geeignetes Instrument für gewisse Fälle. Es will mir als ein Rückfall in ein überwundenes Bevormundungssystem erscheinen, wenn wir einer rechtlichen Form, die in vielen Fällen sicher sehr zweckmäßig sein kann, die die Gläubiger der Gesellschaft nicht gefährdet und die im Ausland in weitem Maße üblich geworden ist, nur deshalb die Tür versperren wollten, weil sie in ungeschickten Händen zu einer Gefahr für das Unternehmen oder gar unsere Wirtschaft werden könnte. Es bestehen also keine triftigen Gründe gegen die Zulassung der Rechtsform. Die Erfahrungen, die ich persönlich in vielfachen Verhandlungen gemacht habe und die mir von sehr maßgebender ausländischer Seite bestätigt werden, gehen doch dahin, daß gerade bei einer Reihe großer bedeutender Konzerne bei Kreditverhandlungen mit amerikanischen Geldgebern die Schaffung von convertible bonds gewünscht worden ist und daß diese Verhandlungen durch die heutige Rechtslage teils vereitelt, teils hinausgeschoben und zum Teil jedenfalls wesentlich erschwert worden sind. Für die Amerikaner bestehen offenbar auch triftige Steuergründe, die ihnen diese Rechtsform angenehm machen. Die deutschen Geldnehmer sind sich wohl bewußt, was es unter den heutigen Verhältnissen bedeutet, eine Option auf Aktien zu einem bestimmten Kurse zu erteilen, wobei ich übrigens bemerken möchte, daß dieser Kurs selbstverständlich nicht der Nennwert zu sein braucht, vielmehr in der Regel nicht unerheblich den heutigen Tageskurs übersteigen wird. Aber man hat diese Chance dem Geldgeber gegeben, um dafür günstigere Bedingungen auf der anderen Seite, insbesondere einen niederen Zinsfuß zu erzielen. Die Optionschance und der Zinsfuß sind eben zwei kommunizierende Röhren. Es wäre selbstverständlich töricht, in der Option lediglich ein Plus zu erblicken. Was mich aber vor allem bestimmt, mich für die Zulassung auszusprechen, ist die Rechtslage. Es ist sehr richtig, daß der convertible bond nach der Lage unseres Aktienrechts auf geradem Wege nicht durchgeführt werden kann. Aber es gibt Umwege und Umgehungen, die mehr oder weniger zum gleichen Ziele führen. Es gehen schon mehr oder weniger gute Rezepte von Hand zu Hand. Eine einwandfreie und legale Durchführung ist dort möglich, wo die Gesellschaft über hinreichende Vorratsaktien verfügt. Was wäre also die Folge einer Ablehnung? Daß die letzteren Gesellschaften sich dieser nun einmal bei den amerikanischen Geldgebern beliebten Form bedienen können, während die anderen entweder darauf verzichten oder zu mehr oder weniger prekären Umgehungsmitteln greifen müssen. Das entspricht weder der Würde unseres Rechtes noch unserem Ansehen im Ausland, erschwert aber vor allem die Verhandlungen und schadet damit der Wirtschaft. Den Gedanken der convertible bonds wird man heute nicht mehr töten können, und deshalb bin ich der Ansicht, man solle eine legale Grundlage schaffen. Ich bemerke hierzu, daß die Frage nicht nur für den eigentlichen convertible bond von Bedeutung ist; vielmehr wird auch vielfach in Verbindung mit Verhandlungen über langfristige Privatdarlehen die Möglichkeit einer Umwandlung in Aktien gewünscht. Auch hier muß man sich mit mehr oder weniger unschönen und mehr oder weniger unvollkommenen Rechtsformen behelfen, soweit nicht Vorratsaktien vorhanden sind. Auch da würde eine gesetzliche Anerkennung des geraden Weges erwünscht sein. Eingehendere Ausführungen über die Schwierigkeiten der jetzigen Rechtslage und Vorschläge für deren Reform behalte ich meinem Herrn Mitberichterstatter vor.

Außer den convertible bonds gibt es in Amerika auch convertible shares. Der Geldgeber erhält Vorzugsaktien mit bevorrechtigter, aber limitierter Dividende und gleichzeitig das Recht, diese in Stammaktien mit vollem, aber nicht bevorrechtigtem Dividendengenuß umzuwechseln. Auch die gesetzliche Zulassung dieser Finanzierungsmethode in Deutschland wird befürwortet. Ich halte eine gesetzliche Regelung für überflüssig. M. E. ist es de lege lata durchaus zulässig, bei Schaffung von Vorzugsaktien zu bestimmen, daß jeder einzelne Aktionär die Umwandlung der Vorzugsaktien in Stammaktien, sei es mit, sei es ohne Zuzahlung, verlangen kann. Jedoch werden convertible shares immerhin Ausnahmeerscheinungen bleiben und die convertible bonds nicht ersetzen können. Der Reiz der letzteren liegt ja gerade darin, daß der Geldgeber zunächst die Stellung des Gläubigers erhält.

In Verbindung mit den convertible bonds wird vielfach eine andere in Amerika übliche Form von Schuldverschreibungen behandelt, die sogenannten equipment bonds. Sie dienen insbesondere der Finanzierung von Eisenbahn-Gesellschaften, denen sie das Kapital zum Ankauf rollenden Materials beschaffen sollen. Dies wird einer Treuhand-Gesellschaft zu Eigentum übertragen, und der Treuhänder empfängt die aus dem neubeschafften Material erzielten Einnahmen. Der Geldgeber hat also eine bevorzugte Sicherheit an dem Wagenpark und an den Revenuen aus diesem Wagenpark. Ich glaube nicht, daß sich diese Finanzierungsform zur Einführung in Deutschland eignet. Zum mindesten ist bisher ein solches Bedürfnis nicht hervorgetreten. Jedenfalls bedarf es keiner Änderung der Gesetzgebung. Ähnliche Sicherheiten ließen sich auch nach deutschem Rechte auf dem Wege der Sicherungsübereignung und Treuhandschaft erreichen.

Ich wende mich nunmehr dem Problem zu, auf welche Weise weitere einheimische Kreise der Kapitalbeschaffung der Aktiengesellschaften dienstbar gemacht werden können. Im Vordergrunde steht hierbei die Frage der 20-Mark-Aktie. Der Streit um diese ist alt und reicht weit in die Friedenszeit zurück. Es waren immer vorzugsweise zwei Gedankenreihen, die zur Befürwortung der Kleinaktie geltend gemacht wurden. Einmal wirtschaftliche Gründe: die Heranziehung der kleinen Sparer. Sodann aber sozial-politische Gründe: die Interessenverknüpfung der Arbeitnehmer mit dem Unternehmen, vermittelt durch die Kleinaktie. Wir haben es im Rahmen unseres Themas nur mit dem ersteren Gesichtspunkt zu tun. Die Frage der Arbeiterbeteiligung ist überdies Gegenstand der Erörterung auf dem letzten Bamberger Juristentag gewesen, wobei die Schaffung der verkehrsfähigen 20-Mark-Aktie als Form der Arbeitsaktie aus sozialpolitischen Gründen keinen Anklang gefunden hat. In der Erörterung der rein wirtschaftlichen Gesichtspunkte muß sehr viel von dem, was früher für und wider vorgebracht wurde, heute ausscheiden. Die Verhältnisse haben sich wirtschaftlich von Grund auf geändert. Die Schwierigkeit, die nötigen Kapitalien im Inlande zu erhalten, hat sich erst neuerdings so verschärft. Man denke nur daran, daß Herr von der Planitz noch auf dem Bankiertag 1920 die Frage mit der damals zweifellos richtigen Feststellung abtun konnte, daß die Bedürfnisse der

Industrie auch ohne Kleinaktie stets schlank befriedigt worden seien. Heute würde an sich jede Quelle der Beschaffung von Betriebsmitteln hoch willkommen sein. Aber man kann auch sehr zweifeln, ob heute noch viel aus den Kreisen herauszuholen ist, die man mit 20-Mark-Aktien locken will. Aber fast wichtiger noch als die Veränderung der wirtschaftlichen Verhältnisse kommt hier die grundsätzliche Veränderung der Rechtslage in Betracht, die durch die Goldbilanzverordnung und die Durchführungsbestimmungen hierzu entstanden ist. Die Bilanzverordnung bestimmt bekanntlich als normalen Mindestbetrag für die Aktien nicht mehr 1000 Mark, sondern 100 Goldmark. Wie erinnerlich, setzte hiergegen eine starke Opposition ein, die eine Herabsetzung des Mindestbetrags auf 20 Mark verlangte. Hauptbeweggrund war hierfür Schutz der Kleinaktionäre, möglichste Vermeidung von Zusammenlegungen. Aber es wurde auch für die 20-Mark-Aktie ins Feld geführt, daß auf diesem Wege auch das verstreute Kleinkapital den Unternehmungen dienstbar gemacht werden könnte. Von diesem Standpunkt aus wurde die Mindestgrenze von 20 Mark nicht nur für die Umstellung der bereits bestehenden Papiermark-Aktie verlangt, sondern auch für Neugründungen und neue Emissionen. Es ist der Erwähnung wert, daß dieser Standpunkt auch vom Hauptausschuß des Verbandes der deutschen Industrie vom 30. Januar 1924 eingenommen wurde. Bekanntlich haben die Durchführungsvorschriften zwar die 20-Mark-Aktie für die umzustellende Papiermark-Aktie weitgehend zugelassen, sind aber für alle Neu-Emissionen bei der 100-Mark-Aktie stehen geblieben. Die Frage spitzt sich also heute dahin zu, ob auch für Neu-Emissionen auf 20 Mark zurückgegangen werden soll. Vielen Gründen, die gegen die alte 1000-Mark-Grenze mit Recht angeführt werden konnten, ist heute schon durch die Herabsetzung auf 100 Mark ausreichend Rechnung getragen worden. Zumal wenn man bedenkt, daß auch die Aktien durchaus nicht unsolider Gesellschaften unter pari zu haben sein werden. Ich halte es gerade bei den jetzigen schwankenden Wirtschaftsverhältnissen auch nicht für notwendig, und nicht für wünschenswert, daß jeder erübrigte 20-Markschein in Aktien angelegt wird, nicht im Interesse eines solchen Sparers, aber auch nicht im Interesse der Gesellschaft. Diese Kleinaktionäre werden in höherem Maße auf die augenblickliche Rente und Kurssteigerung sehen. Sie werden Beschränkungen der Dividende, die Vornahme von Reserven als Raub und Beeinträchtigung ihrer Rechte empfinden. Dazu kommen aber auch Bedenken technischer Art. Sie sind von den Banken bereits stets und vor allem auch bei Gelegenheit der Bilanzverordnung stark unterstrichen worden. Es zeigt sich jetzt das Berechtigte dieser Warnung. Die Gesellschaften merken selbst nunmehr, wie lästig und gefährlich die Vervielfachung der Aktienstücke und Stimmrechte für sie ist. Dennoch muß man zugeben, daß die Bildung der 20-Mark-Aktie als Umstellungsmaßnahme ihre Berechtigung hatte. Aber ihre Zulassung für Neu-Emissionen als Reizmittel für die Heranziehung inländischen Kapitals kann nicht empfohlen werden. Ja, ich gehe weiter. Wenn man sie für Neu-Emissionen nicht zulassen will, so ist es gerade im Interesse der Plazierung neuer Aktien wünschenswert, daß die vorhandenen 20-Mark-Aktien allmählich verschwinden. Das ist nur möglich im Wege der Zusammenlegung mehrerer 20-Mark-Aktien zu größeren Stücken, insbesondere zu 100-Mark-Aktien. Es müßte den Gesellschaften die Möglichkeit gegeben werden, nach einer geraumen Übergangszeit auch zwangsweise eine solche Zusammenlegung herbeizuführen. Die 20-Mark-Aktie hat dann ungefähr die Aufgabe erfüllt, die die Durchführungsverordnung dem Anteilschein zugedacht hat.

Nachdem ich die Frage geprüft habe, wie weit neue Formen der Kapitalanlage die Heranziehung weiterer Kreise erleichtern könnten, komme ich nunmehr zu einem anderen Fragenkomplex.

Unser Gesetz stellt für die Kapitalerhöhungen, zweifellos nur aus wohlerwogener Fürsorge für Gläubiger und Aktionäre, eine Reihe von Bedingungen und Voraussetzungen, die im Einzelfall aber die Durchführung einer solchen Kapitalerhöhung außerordentlich erschweren, ja unmöglich machen können. Es ist zu fragen, inwieweit diese Bestimmungen unter den jetzigen Verhältnissen überhaupt noch Daseinsberechtigung haben oder doch mit Rücksicht auf stärkere wirtschaftliche Gründe beseitigt oder gelockert werden können. Ich erinnere nur an die Vorschrift, daß die vorhandenen Aktien zunächst voll eingezahlt werden müssen und an die erschwerenden Abstimmungsbestimmungen. Ich möchte mich aber in diesem Zusammenhang eingehender nur mit einer Frage beschäftigen, nämlich mit dem Verbot der Unterpari-Emission.

Ich halte diese Frage überhaupt für die praktisch bedeutendste, die wir im Rahmen unseres Themas zu erörtern haben. Es wird nicht ausbleiben, daß auch nach der Umstellung die Aktien zahlreicher Gesellschaften unter pari stehen oder doch wenigstens nicht so weit über pari, daß für den Bezug junger Aktien genügend Reiz gegeben ist. Sehr interessant ist eine Zusammenstellung, die am 20. Juni die Vossische Zeitung gebracht hat. Es wurden hier die Verhältnisse von 24 auf dem Berliner Börsen-Kurszettel vertretenen Gesellschaften untersucht, die entweder ihre Zusammenlegung bereits vorgenommen oder doch wenigstens das Maß ihrer Zusammenlegung bekannt gegeben hatten. Unter Zugrundelegung der damaligen Kurse ergab sich, daß von diesen 24 Gesellschaften 14 einen Kurs unter 50 %, 6 sogar einen Kurs unter 33 1/3 % hatten und daß der Durchschnittskurs der 24 Gesellschaften etwa bei 55 % lag. Es bewahrheitete sich damit der Ausspruch, den einer unserer besten Finanzleute mir gegenüber bereits Anfang des Jahres getan hatte: „Nach der Zusammenlegung wird pari bei 50 liegen!" — Ich glaube ja allerdings, daß die Verhältnisse sich heute schon günstiger darstellen. Nicht nur wegen des inzwischen gehobenen Kursniveaus, sondern auch weil vor allem die jetzt erst zur Umstellung schreitenden, führenden Gesellschaften die Wichtigkeit eines Pari-Kurses erkannt haben. Dennoch ist die Befürchtung nur zu gerechtfertigt, die in einem kürzlich erschienenen Artikel des „Berliner Tageblatts" ausgesprochen wurde, daß die Umstellung der Gesellschaften mit der jetzigen Goldmarkumstellung noch nicht endgültig abgeschlossen sein würde und daß wir in eine Periode weiterer Kapitalherabsetzungen und Sanierungen kommen würden, die doch früher zu den Ausnahmeerscheinungen gehört haben. Wenn früher eine Gesellschaft, deren Aktien unter pari standen, neues Kapital aufnehmen wollte, so blieben nur zwei Wege. Sie mußte entweder das alte Kapital soweit zusammenlegen, daß der Kurs der alten Aktien ein ausreichendes Agio aufwies, oder aber es mußten die neuen Aktien mit wesentlichen Vorzügen, insbesondere hinsichtlich der Dividende, ausgestattet werden. Das waren dann die echten Sanierungs-Vorzugsaktien, die sich natürlich sehr von den schuldverschreibungsähnlichen Vorzugsaktien zu Finanzierungszwecken und den späteren Stimmrechts-Vorzugsaktien unterschieden. Die Schaffung solcher Vorzugsaktien bedeutete für die alten Stammaktionäre eine sehr weitgehende, in der Regel nicht mehr gutzumachende Entrechtung. Der große grundlegende Unterschied zwischen der damaligen und der heutigen Lage ist nun der, daß es sich früher um wirklich notleidende Gesellschaften handelte, die durch falsche Geschäftsführung oder unglückliche Konjunktur ihr Kapital oder doch ihre Rentabilität eingebüßt hatten. Heute dagegen liegen die Dinge wesentlich anders. Der schlechte Kurs unserer Aktien ist nicht eine Einzelerscheinung, sondern ein allgemeines Leid, das nicht durch die

Lage der einzelnen Gesellschaft, sondern der gesamten deutschen Wirtschaft, besonders aber durch die Unsicherheit der politischen und wirtschaftlichen Lage herbeigeführt worden ist. Vor allem aber kann es die Folge einer objektiv unrichtigen Umstellung sein. Darin liegt ja gerade die große Schwierigkeit und Verantwortlichkeit der jetzt zu fassenden Umstellungsbeschlüsse.

Wir alle können nicht auch nur die nächste Zukunft mit einiger Bestimmtheit übersehen und laufen daher Gefahr, daß auch bei sorgfältigster Überlegung sich später, vielleicht auch nur vorübergehend, die Zusammenlegung als nicht ausreichend erweist. Muß dann in solchem Zeitpunkt eine Kapitalerhöhung durchgeführt werden, so stehen wir vor der Sanierungs-Situation. Die große Gefahr, die ich sehe, ist nun nicht nur diese zukünftige Schwierigkeit, sondern vielleicht noch mehr die Gefahr, daß durch die Vorsicht und Befürchtung der zukünftigen Gefahren die Verwaltungen sich jetzt bestimmen lassen, die Zusammenlegung stärker vorzunehmen, als sie es wegen der Lage der Gesellschaft selbst für notwendig erachten. So ist meiner Ansicht nach das Verbot der Unterpari-Emission eine der stärksten Triebfedern für übermäßige Zusammenlegung. Ich bitte, mich wohl zu verstehen. Ich habe stets betont, daß das Maß der Kapitalherabsetzung in erster Reihe bestimmt werden muß von dem Gesichtspunkt der Rentabilität. Hierbei sind selbstverständlich die geminderten Verdienstmöglichkeiten und die verstärkten Belastungen ausreichend zu berücksichtigen. Was ich befürchte und im Interesse der Aktionäre verhindern möchte, ist, daß über dieses berechtigte Maß hinaus Zusammenlegungen erfolgen aus der Sorge heraus, bei künftig notwendig werdenden Kapitalerhöhungen sanieren zu müssen. Deshalb handelt es sich hier gerade um eine Frage von höchster Aktualität, bei der die notwendigen gesetzgeberischen Maßnahmen auch nicht einen Tag länger als nötig verschoben werden dürfen. Die Erkenntnis der Bedeutung dieser Frage breitet sich aus. Man hat bereits die radikale Beseitigung des Verbots der Unterpari-Emission verlangt. Ich habe aber das Gefühl, daß gerade diese Frage nicht zu leicht zu nehmen ist. Das Verbot der Unterpari-Emission gehört zu den wichtigsten Eckpfeilern unseres Aktienrechts. Es ist daran zu erinnern, daſt früher Unterpari-Emissionen zulässig und an der Tagesordnung waren. Hierbei hatten sich schwerwiegende Mißstände ergeben. Erst nach heftigem Für und Wider hat das Gesetz vom Jahre 1884 im Interesse der Solidität das Verbot ausgesprochen. Grundsätzlich stimmt hiermit auch das ausländische Recht überein. Daß in der Praxis, insbesondere durch Gewährung von Provisionen an die ersten Zeichner oder Garanten, Umgehungen möglich oder gar üblich sind, ändert hieran nicht viel. Auch die Tatsache, daß wir in der Inflationszeit doch dem Wesen nach Unterpari-Emissionen zugelassen haben, kann nicht zur Rechtfertigung herangezogen werden. Im Gegenteil: wir sehen ja gerade jetzt, wohin dies geführt hat. Bilanztechnisch lag hier überhaupt keine Unterpari-Emission vor, da ja die Papiermark-Erhöhung des Kapitalkontos durch den alten Papiermark-Nennwert voll ausgeglichen wird.

Das Wesen der Unterpari-Emission besteht darin, daß die Aktiven sich in geringerem Umfange erhöhen als die Passiven. Es entsteht so ein Fehlbetrag. Dieser muß natürlich bilanzmäßig beseitigt werden, denn sonst hätten wir einen Bilanzverlust in dieser Höhe. Man hat also in die Aktiven einen Ausgleichsposten, ein sogenanntes Disagio-Konto, zu stellen, also etwas Ähnliches wie wir es jetzt im Kapitalentwertungskonto haben. Das Disagiokonto ist zu beseitigen. Das kann schneller oder langsamer vor sich gehen. Dazu können die Gewinne der nächsten Jahre herangezogen werden. Gerade hierin hat aber wohl der Reichstag im Jahre 1884 nicht mit Unrecht die Hauptgefahr einer Unterpari-Emission erblickt. Er besorgte, daß die Unterpari-Emission zu laxer Bilanzaufstellung verleite; denn es sei das natürliche Bestreben, möglichst bald wieder zur Verteilung von Dividenden zu kommen und so das bei der Emission aufgenommene Disagio früher als gedeckt erscheinen zu lassen, als es wirklich der Fall sei. Ich glaube, man muß diese Bedenken durchaus auch heute noch als begründet ansehen. Gerade bei den heutigen Verhältnissen und nach den Lehren der Inflationszeit wird für den Geldgeber, den inländischen wie den ausländischen, die Solidität der Bilanzierung eine so wichtige Garantie sein, daß man daran gerade im Interesse der Kapitalbeschaffung nicht rütteln darf.

Unbedenklich und auch nach dem geltenden Recht bereits zulässig, wäre dagegen die Tilgung des Fehlbetrags aus den zukünftigen Gewinnen in folgender Weise. Die neuen Aktien werden zu pari übernommen, aber mit der Bestimmung, daß zunächst nur ein geringerer Betrag eingezahlt wird und der Fehlbetrag aus den Gewinnen der nächsten Jahre gedeckt wird. Dann würde unter die Aktiven der Fehlbetrag nicht als Disagiokonto, sondern als noch nicht eingezahltes Aktienkapital einzusetzen sein. Die neuen Aktien hätten den Charakter von Vorzugsaktien, insofern als der Gewinn vorzugsweise zur Tilgung der noch rückständigen Einlagen der neuen Aktionäre zu benutzen wäre. Also Vorzugsaktien, deren Vorzugsstellung automatisch mit Tilgung des Fehlbetrags verschwinden würde. Hiermit wären zweifellos gewisse Bedenken beseitigt. Wie aber, wenn diese Gewinne ausbleiben? Dann blieben natürlich die neuen Aktionäre für den Fehlbetrag haftbar. Deshalb ist diese Form nur in gewissen seltenen Ausnahmefällen verwendbar, bietet aber keine allgemeine Lösung des Problems. Es geht eben unter den heutigen Umständen am wenigsten an, zukünftige Gewinne schon vorweg zu diskontieren. Es fragt sich also, ob nicht andere, und zwar solidere Wege gangbar sind. Man hat in diesem Zusammenhang auf die Einführung der Quotenaktie aufmerksam gemacht. Diese Frage ist ja neuerdings wiederholt aufgerollt worden. Man hat darauf hingewiesen, daß das Ausland, insbesondere Amerika, Italien, neben der Nennwertaktie auch die Aktie ohne Nennwert kennt. Die einzelne Aktie gibt einen quotenmäßigen Anteil am gesamten Gesellschaftsvermögen, also ähnlich unserem Kux. Die Quotenaktie wäre an sich ein ausgezeichnetes technisches Mittel für die Umstellung gewesen. Es wären dadurch zweifellos viele durch den Nennwert überhaupt erst entstandene Schwierigkeiten beseitigt worden. Dennoch ist deren Einführung überwiegend, übrigens auch von mir, abgelehnt worden. Sie bedeutete doch eine zu radikale Umwälzung unseres Aktienrechts und könnte nur in Verbindung mit einer vollständigen Reform des Handelsgesetzbuchs eingeführt werden. Noch größer aber sind die Bedenken, wenn es sich um die Quotenaktie als Mittel gegen die aus dem Verbot der Unterpari-Emission entstandenen Schwierigkeiten handelt. Denn das würde bedeuten, daß eine Gesellschaft mit einem bestimmten Aktienkapital und mit vorhandenen Nennwerts-Aktien im Wege der Kapitalerhöhung nennwertlose Aktien und damit auch ein nennwertloses Zusatzkapital erhielte. Ich will nicht sagen, daß das unmöglich ist; aber es scheint mir doch so kompliziert und ungewöhnlich, daß die Nachteile die erhofften Vorteile weit zu überwiegen scheinen.

Nach meiner Ansicht muß die Lösung auf einem anderen Wege gesucht werden. Die Eigenart der Lage besteht darin, daß heute auch Gesellschaften, die über starke stille und offene Reserven verfügen, in die Lage des Unterparikurses kommen können. So wirft sich die Frage auf, ob nicht diese Reserven zur Beseitigung des Fehlbetrags herangezogen werden können. Diese Frage ist bereits früher im Zusammenhange mit der Zulässigkeit von sogenannten Gratisaktien erörtert worden. Die Ausgabe echter Gratisaktien würde ja eben gegen das Verbot der Unterpari-Emission verstoßen. Die Technik der Ausgabe sogenannter Gratisaktien besteht nun darin, Gewinne oder Reserven zur Deckung der von den übernehmenden Aktionären leistenden Einzahlungen zu benutzen. Die bisher übliche Ausgabe von Gratisaktien geschah zum Verwässerungszweck, also unter Verzicht auf ein an sich erzielbares Agio. Die Methode läßt sich aber auch da benutzen, wo ein Parikurs nicht zu erzielen ist. Soweit die Gesellschaft also über solche Reserven oder Gewinne verfügt, kann sie auch heute eine Unterpari-Emission durchführen. Die Gesellschaft will etwa eine Million Goldmark neues Kapital ausgeben und kann hierfür nur einen Bezugskurs von 80 % festsetzen. Sie kann diese Transaktion in der Weise durchführen, daß sie ihren Aktionären den Bezug des neuen Kapitals zu 100 % anbietet, gleichzeitig aber eine Dividende in Höhe von 200 000 Mark aus dem zur Verfügung stehenden Jahresgewinn festsetzt und diesen Betrag mit der fehlenden Einlage kompensiert. Es wird allerdings heute in den meisten Fällen schwierig sein, bei einem angemessenen Bezugskurs, also einem Kurs, der kein vorteilhaftes Bezugsrecht in sich schließt, das Kapital bei den alten Aktionären unterzubringen. Aber es würde auch dann noch eine andere bei Gratisaktien durchgeführte und anerkannte Methode möglich sein. Es werden die Aktien von einer Bank oder einem Bankenkonsortium zu 100 % übernommen mit der Verpflichtung, sie den alten Aktionären zu 80 % anzubieten, die nichtbezogenen aber für eigene Rechnung zu behalten oder sonst unterzubringen. Für die Durchführung dieser Transaktion zahlt die Gesellschaft dem Bankenkonsortium aus dem Gewinn oder aus den zur Verfügung stehenden Reserven 200 000 Mark. In beiden Fällen ist der Erfolg der, daß ein Fehlbetrag nicht entsteht. Die Gesellschaft erhält allerdings nur 80 % neues Geld. In Höhe von 20 % wird lediglich Gewinn oder Reserve in Kapital umgewandelt. Das verstößt aber nicht gegen den Zweck des Verbots der Unterpari-Emission. Die Schwierigkeit, die ich sehe, liegt nun darin, daß die Gesellschaften, wenn die Notwendigkeit einer Kapitalserhöhung an sie herantritt, möglicherweise oder sogar wahrscheinlich nicht über diese zur Deckung des Fehlbetrags erforderlichen Reserven verfügen werden. Vom Gewinn will ich überhaupt schon nicht reden. Stille Reserven, solange sie als solche bestehen, können natürlich nicht zum bilanzmäßigen Ausgleich des Fehlbetrags dienen. Wohl allerdings, sobald sie realisiert werden. Wenn also unterbewertete Aktiven, seien es Anlagen, Warenvorräte, Wertpapiere, zu einem höheren Preise verkauft werden, dann entsteht bilanzmäßig ein Gewinn, der zur Deckung des Fehlbetrags benutzt werden kann. Dagegen ist es nicht möglich, diese Gewinne durch bloße Heraufsetzung der Bilanzwerte zu schaffen. Denn nach § 4 Abs. 4 der Bilanzverordnung gelten die in der Eröffnungsbilanz eingesetzten Werte als Anschaffungs- oder Herstellungspreise im Sinne des § 261 HGB. Die Gegenstände dürfen also nicht über diesen in der Eröffnungsbilanz angesetzten Wert hinaus erhöht werden. Es bleiben also die offenen Reserven. Und damit komme ich auf eine in der letzten Zeit viel erörterte Streitfrage: nämlich über *Zulässigkeit und Charakter der offenen Reserven in der Umstellungsbilanz*. Eine Ansicht lehnt die Bildung offener Reserven bei der Umstellung von zwei in den Gesetzen besonders vorgesehenen, für uns hier aber weniger wichtigen Fällen abgesehen überhaupt ab. Über diese Ansicht ist die Praxis längst zur Tagesordnung übergegangen. In fast allen veröffentlichten Bilanzen finden wir reichlich offene Reserven. Eine andere, ursprünglich allgemein, auch von mir vertretene Auffassung wollte offene Reserven in beliebigem Umfange — natürlich nur mit Zustimmung der Aktionäre — auch als freie Reserven zulassen. Das hätte zur Folge gehabt, daß die Gesellschaften ihr Kapital und ihre Substanzen auf dem Wege über die freie offene Reserve nach Belieben unter die Aktionäre hätte verteilen können. Eine solche Auffassung widerspricht den obersten Grundsätzen des Aktienrechts und dem Zwecke der Umstellung. Sie kann daher nicht richtig sein. Sie wäre auch insbesondere unvereinbar mit § 5 der Durchführungsbestimmungen, wonach bei Gesellschaften, deren Goldkapital den Nennbetrag übersteigt, dieser Überschuß zwar in Reserve gestellt werden kann, aber nur in Form der gesetzlichen Reserve. Ich habe deshalb die These vertreten, daß zwar bei der Umstellung die Bildung offener Reserven in beliebiger Höhe gestattet ist, aber nur als gebundenes Vermögen, als gesetzlicher Reservefonds. Diese Ansicht hat weitgehende Zustimmung gefunden, teils tel quel, teils in hier nicht interessierenden Nuancen. Aber wenn man auch die Ausschüttung solcher offener Reserven, die nicht aus Gewinn, sondern aus Kapital gebildet sind, unter keinen Umständen zulassen will, so ist es doch eine andere Frage, ob man ihre Heranziehung zur Deckung des Fehlbetrags bei einer Kapitalerhöhung unter pari zulassen will. Es ist ersichtlich, daß hierdurch weder die Gläubiger der Gesellschaft noch die neuen Aktionäre geschädigt werden. Das haftende Vermögen der Gesellschaft wird ja nicht geringer, sondern größer. Das Reserve-Vermögen wird nicht verteilt; es bleibt der Gesellschaft. Es wird vom Reservekonto in das Kapitalkonto gestellt. Das hätte schon bei der Umstellung erfolgen können. Es wird also jetzt nur die damalige Unterteilung des gesamten Reinvermögens in Kapital und Reserve geändert. Allerdings so, daß dieser Betrag nicht den alten Aktionären zugute kommt, sondern den neu eintretenden. Das ist aber nur scheinbar eine Benachteiligung der alten Aktionäre. Sie genießen ja die Vorteile, die aus dem Zufluß der neuen Mittel sich ergeben, ohne daß ihre Aktien durch Herabsetzung des Nennwertes oder durch Einräumung von Vorzugsrechten an die neuen Aktien beeinträchtigt werden. Hier liegt auch der Unterschied gegenüber dem gewöhnlichen Fall der Gratisaktien. Bei diesen ist es allerdings natürlich, daß die unentgeltlichen oder die billigen Aktien nur den alten Aktionären angeboten werden und daß sogar in der Regel dem Aktionär, der von dem Bezugsrecht keinen Gebrauch macht, eine Barentschädigung aus dem Gewinn oder den Reserven der Gesellschaft gewährt wird. Davon ist hier keine Rede. Denn die Unterpariaktie ist eben nicht billig, sondern ihr Kurs entspricht dem Marktwert. Nichtsdestoweniger würde ich es für richtig halten, vorzuschreiben, daß, wenn zur Deckung eines Fehlbetrags Gewinne oder Reserven der Gesellschaft herangezogen werden, diese Aktien zunächst den alten Aktionären zum Bezug angeboten werden müssen. Ich erinnere an die ähnlichen Bestimmungen in § 9 BV., § 34 Durchführungsbestimmungen. Es handelt sich um eine erst aus der Goldmarkumstellung entstandene Schwierigkeit, um eine Art nachträglicher Korrektur der erfolgten Umstellung. Angenommen, das Goldmarkreinvermögen belief sich bei der Umstellung auf 12 Millionen Goldmark. Man hat damals das Kapital auf 10 Millionen herabgesetzt und 2 Millionen Mark offene Reserven gebildet. Jetzt soll das Kapital auf 20 Millionen Mark durch Ausgabe neuer Aktien zum Kurse von 80 % erhöht werden. Es werden also 8 Millionen Mark eingezahlt und die 2 Millionen Mark Reserve in das Kapitalkonto gebracht. Das gleiche Ergebnis hätte sich bei der Umstellung erzielen lassen, wenn die Aktionäre 8 Millionen Mark zuzahlten und auf die Bildung einer offenen Reserve verzichteten. Man sieht, es handelt sich bei meinem Vorschlage nicht um eine Änderung des HGB., sondern lediglich um eine Korrektur der Goldbilanzverordnung. Man spräche deshalb auch besser nicht von einer Unterpari-Emission. Um eine solche handelt es sich so wenig wie im Falle der Gratisaktie. Die Bestimmung würde daher auch den Charakter einer weiteren Durchführungsvorschrift für die Goldmarkbilanzverordnung haben können. Sie sollte auch nur für eine gewisse Übergangszeit von vielleicht 3 oder 5 Jahren vorgesehen werden. Der Umweg über eine Bank oder einen sonstigen Dritten ist natürlich entbehrlich. Es wäre vielmehr gesetzlich zu gestatten, daß die Gesellschaften unmittelbar den Fehlbetrag, der sich bei der Ausgabe neuer Aktien ergibt, aus verfügbaren Gewinnen oder aus Reserven jeglicher Art, insbesondere auch aus dem gesetzlichen Reservefonds, decken. Wie ohne weiteres erkennbar ist, würde eine solche Bestimmung eine Art Gegenstück zu dem § 262 Ziff. 2 HGB. bilden. Wie dort das Agio in den gesetzlichen Reservefonds verwiesen wird, so darf hier ein Disagio aus vorhandenen gesetzlichen Reserven gedeckt werden. Ich glaube, wenn eine solche Vorschrift mit möglichster Beschleunigung erginge, so würde den Verwaltungen eine große Sorge abgenommen und manche Gesellschaft würde in der Zusammenlegung weniger weit gehen als sie es jetzt, nicht sowohl mit Rücksicht auf das vorhandene Vermögen und die erwartete Rentabilität, sondern in der Befürchtung eines zukünftigen Unterparikurses tun wird.

Weitere gemeinschaftliche Vorschläge in der Richtung, die Durchführung von Kapitalerhöhungen in den nächsten Jahren nach Möglichkeit zu erleichtern, wird mein Mitberichterstatter näher erläutern. Ich kann mich hierzu mit einem Hinweis auf die von mir mitunterzeichneten Thesen begnügen.

Ich komme damit zum Schluß, nämlich zur Steuerfrage. Sie ist für die Praxis außerordentlich wichtig, kann aber sehr kurz behandelt werden. Wir haben heute für neu ausgegebene Aktien eine Gesellschaftssteuer von $7^1/_2$% und bei Schuldverschreibungen eine Wertpapiersteuer von 4%. Die Sätze betrugen früher $4^1/_2$% und 2%. Die Erhöhungen erklären sich teils aus dem Bestreben des Fiskus, an den üppig ins Kraut geschossenen Emissionen mitzuverdienen; besonders aber sind es Blüten der Inflation. Es gilt von ihnen das gleiche wie von allen anderen Steuern. Die Tarife waren maßlos übersetzt. Sie waren dennoch infolge der Entwertung, die allein schon bis zur Entrichtung der Steuern eintrat, leicht zu ertragen. Alles das ist heute nicht mehr der Fall. Die Steuern wirken in ihrer Höhe, wie jeder aus der Praxis weiß, geradezu prohibitiv, und damit vernichten sie sich selbst. Der Fiskus selbst hat heute ein Interesse am Abbau dieser Steuer, und ich glaube nicht unrichtig unterrichtet zu sein, wenn ich annehme, daß wir mit unserem Antrage durchaus der Auffassung des Reichsfinanzministeriums entsprechen. Ich lege dieser Frage gerade für die Heranziehung ausländischen Kapitals große Bedeutung bei. Es widerstrebt der ganzen Mentalität des Ausländers, wenn er hört, daß er einen Betrag von $7^1/_2$ % sofort dem Reichsfiskus opfern soll. Es ist ohnehin gerade heute die Steuerfrage ein großes Hindernis. Das ausländische Kapital, soweit es in Aktienform angelegt wird, nimmt ja an all den schweren Lasten, die der deutschen Wirtschaft auferlegt werden, an den Steuern, auch an den Annuitäten der Reparationsobligationen mit teil. Das ist nun einmal nicht zu ändern, und wir können auch in dieser Hinsicht Begünstigungen des ausländischen Kapitals nicht vorschlagen. Diese Momente sind auch in der Rentabilitätsfrage mit einkalkuliert. Etwas anderes ist aber der Effektenstempel, der gewissermaßen à fond perdu zu zahlen ist. Man hat weiter auch einen sehr erheblichen Abbau der Börsenumsatzsteuer verlangt. Auch das ist eine Frage, die für die Kapitalbeschaffung von größter Bedeutung ist. Denn es ist selbstverständlich für den Geldgeber nicht gleichgültig, ob er bei einem etwaigen Verkauf seiner Aktien oder Schuldverschreibungen durch die Belastung mit hohen Umsatzsteuern von vornherein einen Verlust erleidet. Ich bin am Schlusse meiner Ausführungen. Die Zeit für Entschließungen ist gekommen. Ausländisches Kapital ist nach Annahme des Londoner Abkommens bereit, sich an der deutschen Wirtschaft zu interessieren. Unsere Gesetzgebung darf diesen dringend erwünschten Zufluß nicht ohne zwingende Gründe erschweren. Der Juristentag wird sich meiner Überzeugung nach ein Verdienst um die Wirtschaft erwerben, wenn er dem Gesetzgeber Wege zu einer unserer wirtschaftlichen Lage entsprechenden Umgestaltung unseres Rechtes weist. Nicht um eine grundsätzliche Reform des Aktienrechts handelt es sich jetzt, sondern um Befriedigung aktueller Bedürfnisse. Dies und nichts anderes bezwecken unsere Thesen.

Sodann erstattete Rechtsanwalt Dr. Hachenburg folgenden Bericht:

Die wirtschaftlichen Fragen hat Flechtheim in eingehender und überzeugender Weise behandelt. Mir fällt nach unserer Arbeitsteilung mehr die juristische Seite der Aufgabe zu. Völlig zu trennen von der wirtschaftlichen ist sie nicht und soll sie nicht sein. Wir haben auch, um nicht dasselbe doppelt zu sagen, uns bei den Einzelpunkten darüber verständigt, wer sie als Hauptthema behandelt. Gestreift werden mußten sie aber wenigstens von jedem, schon des Zusammenhanges willen.

Die Notwendigkeit der Heranziehung fremden Kapitals wird nicht bestritten werden können. Ich unterschreibe hier alles, was mein Herr Kollege sagte. Wer daran zweifeln wollte, der braucht nur bei wenigen Vertretern der Industrie anzufragen. Er braucht sich nur eine Mitteilung der inländischen Banken über die Kreditsucher und die Fülle der ablehnenden Bescheide zu beschaffen. Gibt man die Notwendigkeit neuen Kapitalzuflusses zu, weiß man, daß Deutschland allein dies nicht aufbringen kann, so bleibt kein anderer Ausweg als der der Heranziehung des Auslandes. Das ist kein erwünschter Zustand. Wer leiht Geld, wenn er es selbst hätte? Aber er scheint heute bei dem Notstande der Wirtschaft als das kleinere Übel. Man darf sich von dem Schlagwort der Überfremdung nicht beirren lassen. Sie besagt ein Überwiegen fremden Kapitals und daher fremden Einflusses auf die deutsche Wirtschaft. Wird dies eintreten? Das ist schwer vorauszusagen. Denn der Kapitalbesitz allein genügt hierzu nicht. Die schaffende Intelligenz, die Deutschland gegeben ist, steht mindestens als gleichbedeutender Faktor da. Es wird sich aber auch nur um einen vorübergehenden Zustand handeln. Die Zeit wird kommen, in welcher das fremde Kapital wieder aus Deutschland zurückfließt. Wann sie eintritt, kann man nicht wissen. Sie wird dann gekommen sein, wenn durch die deutsche Arbeit das verlorene Kapital sich auch bei uns wieder gebildet hat. Ein dies certus an, incertus quando!

Ist aber die Kapitalbeschaffung heute für diese Zeit bis zur Wiederherstellung der deutschen Wirtschaft notwendig, so muß man auch ihr die Wege ebnen. Die Gesetzgebung und die Rechtspflege sind hierbei nicht führend. Das ist hier ebenso wie bei allen wirtschaftlichen Vorgängen. Notwendig aber erscheint die Rücksicht auf diese wirtschaftlichen Bedürfnisse bei den Faktoren des Rechts. Sie können zwar kein Kapital herbeischaffen. Sie können aber diesen Vorgang erleichtern, teils durch neue Anordnungen, teils durch Beseitigung bestehender Hindernisse. Dies gilt besonders für die Aktiengesellschaften. Sie sind zweifellos in einer Reihe von Punkten nur Kreditsucher gleich allen anderen Unternehmungen. Unsere Aufgabe ist aber darauf beschränkt zu untersuchen, inwieweit die Gesetzgebung gerade den Aktiengesellschaften die Gewinnung fremden Kapitals ermöglichen soll. Das Riesengebiet der ganzen Materie der Kapitalbeschaffung zu durchwandern, erscheint unmöglich. Wir müssen froh sein, wenn es uns gelingt, bei dem begrenzten Stoffe der Kapitalbeschaffung der AG. zu einem brauchbaren Resultate zu kommen. Deshalb sind auch Anregungen allgemeiner Art, auch solche, die als im kreditgebenden Auslande üblich, empfohlen werden aus der folgenden Betrachtung ausgeschieden. Dahin sind z. B. die amerikanischen equipment bonds zu rechnen. Sie sind für die dortigen Eisenbahngesellschaften eingeführt worden. Die ihnen zur Beschaffung der Wagen oder sonstiger Betriebsgegenstände überlassenen Kapitalien sollen gesichert werden. Daher geht das Geld an einen Treuhänder. Dieser erwirbt die Gegenstände und überläßt der Gesellschaft den Gebrauch. Das ist aus der besonderen Rechtsauffassung des anglo-amerikanischen Rechts, das überall mit dem Trustbegriffe arbeitet, erwachsen. Wollte man sich auf solche Fragen einlassen, so käme man auch auf die Sicherung des Kredits für umlaufende Betriebszwecke und weiter auf die Vorzugsrechte an gelieferten Waren, auf die Fortdauer des Eigentums des Verkäufers daran usw. Besser also, es unterbleibt jedes Eingehen auf diese Momente.

Die Erleichterung der Kapitalbeschaffung für die Aktiengesellschaften bedeutet eine Änderung der Aktiengesetzgebung. Gibt man auch ein Entgegenkommen auf diesem Gebiete zu, so muß doch immer daran festgehalten werden, daß bei aller Rücksichtnahme auf den fremder Geldgeber an den Grundprinzipien unseres Aktienrechts nicht gerüttelt werden darf. Jedes Volk prägt seinen Charakter in seinem Rechte aus. Auch da, wo es sich um Erscheinungen handelt, die allen Kulturvölkern mit entwickelter Wirtschaft eigen sind. Die rechtliche Ordnung entspricht nicht nur den wirtschaftlichen Bedürfnissen, sondern auch der wirtschaftlichen Ethik. Auch die gibt es. Sie ist von tiefgreifender Wirkung auf die Rechtsgestaltung. Die Verschiedenheit der Aktiengesetze beruht auf diesen Momenten. Man muß sich das vorweg vor Augen halten, wenn man an die Umgestaltung des Aktienrechts zur Erleichterung der Kapitalbeschaffung herangeht. Zum andern darf nicht vergessen werden, daß es sich nur um ein vorübergehendes Kapitalbedürfnis handelt. Daher wird man die Übernahme ausländischer Rechtsgedanken und Rechtsformen nur als Aushilfe betrachten. Es kann sich nur ein Zwischenrecht gestalten. Möglich, daß manche dieser Neuerungen sich einbürgern und damit einen Teil unseres Rechtssystems werden. Das wird sich erst endgültig nach Ablauf der Probezeit entscheiden. Für diese transitorische Natur des Zwischenrechtes ist es gleichgültig, ob man in solchen Gesetzen ausdrücklich hervorhebt, daß sie nach Ablauf einer bestimmten Zeit erlöschen oder beim Eintritt veränderter Verhältnisse durch Beschluß der Reichsregierung wieder beseitigt werden sollen oder ob man dies der künftigen Gesetzgebung überläßt. Entweder erreicht Deutschland dieses erhoffte Ziel nicht, dann kann es auch die Konzessionen, die es den fremden Gläubigern machte, nicht zurückziehen. Oder es bedarf des fremden Geldes nicht mehr; dann vollzieht sich nach wirtschaftlichen Gesetzen der Rückfluß dieses Kapitals. Dann stößt das deutsche Recht auch ohne besonderen Vorbehalt die fremden Bestandteile wieder aus. Aus praktischen Gründen wird man aber davon absehen, die Neuerungen dieses Zwischenrechts gesetzlich zu befristen. Daß sie nur für die Zwischenzeit gemeint sind, ergibt sich aus ihrem Inhalte von selbst.

Aus dem, was ich eben sagte, ergibt sich auch weiter, daß heute nicht von einer grundlegenden Reform unseres gesamten Aktienrechts die Rede sein kann. Von einigen Handelskammern ist auch dies beantragt worden. Gewiß wird auch einmal eine solche Reform kommen. Jedem Menschen wird einmal sein Kleid zu eng oder zu kurz oder es ist sonst veraltet. Zweifellos macht sich auch für das Aktienrecht die veränderte Wirtschaftslage und die veränderte wirtschaftliche Auffassung in vielen Punkten geltend. Aber, bis eine solche Arbeit durchgeführt wäre, verginge viel zu viel Zeit. Das Kind wäre gestorben, bis das Brot gebacken ist. Gerade, weil Deutschland heute rasch sich das ausländische Kapital sichern muß, kann man keine lex in perpetuum valetura schaffen wollen. Wenn ich das Gleichnis aus der Textilbranche beibehalten darf, so verweise ich auf eine Frau in besonderen Umständen. Diesen paßt sie ihre Kleidung an. Sie legt sie ab, wenn der Körper wieder normal wurde. So kann es sich nur um die Änderung bei den Punkten handeln, durch welche dem Ausländer die Überlassung des Kapitals an deutsche Aktiengesellschaften erleichtert wird. Daher liegt kein Anlaß vor, gerade jetzt in die schon früher viel umstrittene Stellung des Aufsichtsrats einzugreifen. Wieder tauchen Vorschläge auf, die ihn beseitigen und ein einheitliches Direktorium, das Vorstand und Aufsichtsrat in sich vereinigt, bilden wollen. Es ist aber nicht wahrscheinlich, daß auf diese Momente seitens der ausländischen Geldgeber Wert gelegt wird. Für sie ist es gleichgültig, ob die deutschen Aktiengesellschaften ein einheitliches Organ oder deren zwei besitzen. Auf die Vertrauenswürdigkeit der Gesellschaft hat dies keinen Einfluß. Man hüte sich auch davor, bei der Schaffung der Erleichterungen soweit zu gehen, daß man glaubt, in jeder Richtung die gedankliche Einstellung des Auslands berücksichtigen zu müssen. Solche Bequemlichkeitsmomente dürfen nicht zu einer Rezeption fremden Rechtes, nur weil es das Recht des Geldgebers ist, führen. Fragen wie die des Schicksales des Aufsichtsrats, die nur bei einer grundsätzlichen Reform unseres ganzen Systems gelöst werden können, sind nicht im Wege der Hilfsgesetzgebung zu behandeln. Noch mehr gilt dies von der Stellung der Generalversammlung. Man mag darüber streiten, ob das das deutsche Aktienrecht beherrschende demokratische Prinzip heute noch zutrifft. Das Ringen zwischen den Aktionären und der Verwaltung ist noch nicht beendet. Wir wissen nicht, ob wir hier vor einer völligen Neugestaltung der Aktiengesellschaften oder vor nur einer vorübergehenden Erscheinung stehen. Auch hier ist das Interesse des fremden Geldgebers zu gering, um heute schon an die Gesetzgebung heranzutreten. Es ist auch nicht richtig, daß die Übertragung der Rechte der Generalversammlung auf Vorstand und Aufsichtsrat bei der Erhöhung des Grundkapitals nötig ist, um eine Beschleunigung des ganzen Verfahrens herbeizuführen. Bei einer richtigen Einstellung des Registerrichters — davon wird später noch ein Wort zu sagen sein — kann man sehr gut auch auf der heutigen Basis Erhöhungsbeschlüsse rasch erledigen. Die Gründe, die dazu geführt haben, dem Vorstand und Aufsichtsrat das Recht zur Ausgabe neuer Aktien auf Grund allgemeiner Ermächtigung zu versagen, gelten heute noch. Auch hier liegt keinerlei Anlaß vor, aus Gründen der Kapitalbeschaffung einer gründlich arbeitenden und alles für und wider erwägenden Gesamtreform vorzugreifen. Wir müssen uns darauf beschränken, das für jetzt dringend notwendige zu finden.

Nun besteht unzweifelhaft ein Unterschied in der Auffassung der Aufgaben des Gesetzes gerade auf dem Gebiete des Aktienrechts zwischen Deutschland einer- und England und Amerika andrerseits. Vielleicht geht sie auf die ganze Einstellung dieser Völker von der Aufgabe des Staates in der Fürsorge für seine Angehörigen zurück. Der deutsche Rechtsgedanke im Aktienrecht wurzelt in einer weitgehenden Bewahrung der Gläubiger und Aktionäre vor Schaden. Teilweise flossen diese Vorschriften aus üblen Erfahrungen, die man in der Vergangenheit namentlich in der Gründerzeit machte. Teilweise beruhen sie auf der ethischen Veranlagung des deutschen Volkes. In England und Amerika wird dies leicht als Bevormundung betrachtet. Der einzelne soll dort für sich selbst sorgen. Es ist nicht die Aufgabe des Staates, ihn vor Nachteilen, die er selbst verhüten könnte, zu schützen. Das ganze System des deutschen Aktienrechts, bei der Kapitalbildung der Aktiengesellschaften, bei der Gründung wie bei der Erhöhung, ist dem anglo-amerikanischen Rechte fremd und dem Engländer und Amerikaner oft unverständlich. Und doch wird grundsätzlich an dem tief bei uns eingewurzelten Grundgedanken unseres Rechtes nicht gerüttelt werden dürfen. Es ist auch nicht anzunehmen, daß hieran der englisch-amerikanische Geldgeber Anstoß nimmt. Nur darf dieses System nicht als Selbstzweck erscheinen. Es ist durchaus möglich, auf solche Auswirkungen des Prinzips zu verzichten, die wenigstens heute nicht mehr dringend geboten sind, und die dem Fremden, auch wenn er das Prinzip versteht, als Ausflüsse eines Kleinigkeitsgeistes erscheinen. Daher bleibt es bei der Vorschrift, daß eine Aktiengesellschaft nur dann gegründet werden kann, wenn alle Aktien übernommen sind und der Mindestgeldbetrag von 25% einbezahlt ist. Damit ist die viel leichtere Gründung der englisch-amerikanischen Gesellschaften ausgeschlossen. Es ist unmöglich, die Unterbringung der Stammaktien nach Eintragung der Gesellschaft den Gründern zu überlassen. Damit würde sich das deutsche Wirtschaftsleben nie abfinden können. Durch das Festhalten an dem System der vorherigen Deckung ist auch die Ausgabe von Freiaktien unmöglich. Auch diese Idee ist schon aufgetaucht. Nicht selten brachten schon früher Engländer oder Amerikaner diesen Wunsch mit nach Deutschland. Sie haben sich aber bisher immer dem Bescheide gefügt, daß das deutsche Recht keine solchen Aktien kennt. Will der amerikanische Vermittler einen Nutzen haben, so muß er ihn in anderer Form erhalten. Die Vorschriften des deutschen Aktienrechtes über Gründerprovision in § 186 Abs. 3 HGB. werden beibehalten werden müssen. Durch die Offenlegung der Provision bei der Gründung wird freilich manche Freude daran verdorben. Bei einer einfachen Erhöhung des Grundkapitals besteht diese Vorschrift nicht. Hier wird die Vermittlergebühr über Unkostenkonto verbucht. Auch wo sie gilt, sind die Freiaktien abzulehnen.

Aus den gleichen Motiven entspringt auch der Wunsch, die Verteilung des Grundkapitals in Aktien mit bestimmtem Nennbetrage beizubehalten. Die sogenannte Quotenaktie wird in Deutschland keinen Boden finden. Sie fügt sich nicht in das deutsche System der Fürsorge für die Aktiendeckung. Hierüber hat der erste Herr Referent sich deutlich genug ausgesprochen.

Im Zusammenhange damit steht auch die Frage der Kleinaktie. Wir sind durch die Goldmarkbilanzen und die Zusammenlegung der Aktien gezwungen worden, sie anzuerkennen. Aber doch wohl nur als eine vorübergehende Erscheinung. Auch hier darf ich auf Flechtheims Ausführungen verweisen. Die Zwanzigmarkaktie ist ein notwendiges Übel. Sie hilft, die Ausschließung des Kleinbesitzes bei der Aktiengesellschaft zu verhüten. Sie ist aber nur so lange erträglich, als dies Bedürfnis besteht.

Bei dem bisher Besprochenen kann man annehmen, daß der fremde Geldgeber die Gedanken unseres Rechtes begreift und sich nicht dagegen sträubt. In einer Reihe von anderen Momenten wird sich dies nicht abweisen lassen. Dies gilt namentlich, wo die bisherigen Bestimmungen des Aktienrechts hemmend wirken und häufig schon der Deutsche, fast immer aber der Ausländer keinen zwingenden Grund zur Beibehaltung sieht. Bei der Gründung einer Aktiengesellschaft und der Erhöhung des Kapitals verlangt das deutsche Gesetz Barzahlung. Sie mußte vor dem Kriege in deutschem Gelde oder Reichsbanknoten geschehen. Diese mußte der Vorstand im Momente der Einreichung oder der Eintragung zum Handelsregister in Händen haben. Das mußten er und der Aufsichtsrat als wahr versichern. Andernfalls drohte Strafe. Das hat man auch schon in Deutschland schwer verstanden. Man begriff nicht, warum die Gutschrift bei einer soliden Bank nicht denselben Effekt habe. Denn alsbald nach dem Eingang des Antrags beim Registerrichter floß das Geld auf das Konto der Gesellschaft bei ihrer Bank, bei der man es kurz vorher geholt hatte. Man verfuhr auch wohl so, daß wenn eine Bank außerhalb des Sitzes der AG. das Geld erhalten hatte, ein Angestellter der Bank als Vertreter des Vorstandes das Geld in bar erhielt und es dem Vorstande telegraphierte. Dann reichte dieser den Antrag auf Eintragung beim Registergericht ein. Alsbald telegraphierte er dies wieder der Bank. Der Vertreter in der Geldbewahrung gab es wieder zurück. Auch die Telegrammspesen waren zwecklos. Es war die reine Komödie. Dem Ausländer diese Vorschrift verständlich zu machen, war ganz unmöglich. Man denke sich einen Engländer oder Amerikaner, der einen Scheck auf eine gute deutsche Bank mitbringt. Man versteht, daß er sich über die deutsche Manier, die ihn zwingt, das Geld abzuheben und dem Vorstand in die Hand zu legen, damit dieser es sobald wie möglich wieder an die Bank zurücktrage, ärgert. Noch merkwürdiger ist es, daß wenn er einen akzeptierten Dollarscheck mitbringt, dieser in deutsche Mark umgewechselt werden und daß dann die Aktiengesellschaft, die aus dem Auslande Rohmaterialien bezieht, sich die Devisen wieder beschaffen muß. Die Kriegsgesetzgebung hat an Stelle der Barzahlung den akzeptierten Reichsbankscheck gesetzt. Das war ein kleiner Fortschritt. Er genügt aber nicht. Man begreift, daß in den schlimmen Zeiten man alles Geld in der Reichsbank zu konzentrieren suchte. Das läßt sich aber heute nicht mehr rechtfertigen. Es ist unbedingt erforderlich, daß man von der Barzahlung absieht. Selbstverständlich genügt nicht das Zahlungsversprechen des Aktienzeichners. Denn damit würde man ja das Deckungsprinzip wieder aufheben. Es genügt aber die Überweisung an eine einwandfreie Bank. Hier hätte entweder die Landesjustizverwaltung oder der Landgerichtspräsident auf Vorschlag der Handelskammer für seinen Bezirk die Banken zu bezeichnen, deren Gutschrift die Barzahlung ersetzt. In gleicher Weise wäre auszusprechen, daß Zahlung in Währung bestimmter Länder der Zahlung in deutscher Währung gleichsteht. Andernfalls bedeutete die Überweisung von amerikanischen Dollars und englischen Pfund eine Sacheinlage, welche die ganze Umständlichkeit dieses Verfahrens nötig machte. Das ist ein Unding. Es führte auch bisher zu der vorherigen häufigen zwecklosen Umwechslung. Will man dem Ausländer die Beteiligung an deutschen Unternehmungen erleichtern, so muß man sein Geld als gut genug zur Deckung der Aktienübernahme ansehen.

Eine Reihe anderer Vorschriften beschäftigt sich nicht mit der materiellen Einlage, sondern mit den Voraussetzungen der Aktienausgabe. Auch hier erstrebt die Vorschrift des deutschen Rechts die Verhütung unsolider Gründungen. Im Vordergrunde steht das Verbot der Aktienausgabe unter pari. Das besagt, daß man für einen dem Nennwert der Aktien nicht entsprechenden Betrag die gleichen Anteile am Gesellschaftsvermögen gibt wie den Stammaktionären. Das wäre nur deren Nachteil. Darüber hätten sie zu befinden. Es besagt aber auch, daß das Aktienkapital in seinem Nennbetrage größer erscheint, als es den Leistungen der Aktionäre entspricht. Das ist gegen das Prinzip des Schutzes der Gläubiger. Es erschwert, dies aufrecht zu erhalten, solange die auf Goldmark umgestellte Aktie keinen Parikurs hat. Und doch ist dies nötig. Was Flechtheim vortrug und was wir vorschlagen, ist nur eine scheinbare Abweichung von dem Rechtsgrundsatze. Hier wird nur dem Aktionär ein Opfer aus den Reserven zugemutet.

Anders steht es bei der Frage des Verbots der Ausgabe junger Aktien vor der Vollzahlung der alten. Diese ganze Bestimmung hat heute schon einen wesentlichen Teil ihrer Berechtigung verloren. Sie war von Bedeutung zur Zeit, als man noch auf die Einlagepflicht der Aktionäre verzichten konnte. Man hat sie, trotzdem solche Verzichte jetzt ungültig sind, auch bei der Schöpfung des neuen HGB. aufrecht erhalten. Man rechtfertigte dies damit, daß die zwecklose Anhäufung von Kapitalien vermieden werde. Dieser Grund ist zweifellos heute fortgefallen. Man könnte für Deutschland selbst die Vorschrift entbehren. Man wird sie aber auch schon deshalb beseitigen müssen, weil andernfalls jede neue Kapitalaufnahme gehemmt wäre. Denn wir wissen ja nicht, wie die Einlagepflicht der Aktionäre aufzuwerten ist. Sie ist durch die Gold. Bil. V. und die Durchführungsbestimmungen hierzu nicht beseitigt. Es kann zahllose Prozesse darüber geben. Dazu kommt noch, daß ein rigoroses Vorgehen gegen die alten Aktionäre bei mangelnder Vollzahlung unwirtschaftlich wäre. Diese Vorschrift des § 278 Abs. 1 HGB. ist also zu streichen.

Noch eine Hemmvorschrift mag zur Erleichterung beseitigt werden, das Verlangen der besonderen Abstimmung der mehreren Aktiengattungen. Diese Stelle bekam ihre heutige Fassung erst durch das neue HGB. Bis dahin war nur bei einem Eingriff in die Rechte der einzelnen Aktionäre die Sonderabstimmung verlangt. Es war nicht unfraglich, ob dies schon in der Erhöhung des Grundkapitals liegt. Jetzt ist dies ausdrücklich gesagt. Irgend eine Begründung für die in dieser Verdeutlichung liegende materielle Änderung gibt die Denkschrift zum HGB. nicht. Hier liegt doch wohl eine Überspannung des Gedankens der Sonderrechte vor. Die Erhöhung des Grundkapitals greift an sich nicht in die Stellung der einzelnen Aktiengattungen ein. Heute aber mag diese Vorschrift für die neue Kapitalbeschaffung hemmend sein. Sie kann zu einer Ausnützung ihrer Stellung durch die Minderheit führen. Man sperrt sich gegen Erhöhungsbeschlüsse, um einen Sondervorteil zu erreichen. Sehr wahrscheinlich werden wir zur Schaffung von echten Vorzugsaktien gedrängt werden. Ich nehme an, daß Flechtheims Vorschläge der Benutzung der Umstellungsreserve bei neuen Emissionen zur Gewinnung neuen Kapitals trotz der Kurse unter pari Zustimmung finden. Sie reichen nicht immer aus. Dann müssen für den neuen Kapitalgeber andere Lockmittel zur Verfügung sein. Der Begriff der Vorzugsaktien ist etwas in Verruf geraten. Man denkt jetzt meist an die Aktien mit Mehrstimmen oder an die obligationsähnlichen. Jetzt zeigen sich wieder die Vorzüge der echten Vorzüge. Das verlangt ein Opfer aller bisherigen Aktionäre. Wer heute Kapital will, muß leiden. Was aber sollte in einem solchen Falle die Sonderabstimmung?

Die Erwähnung der Vorzugsaktien führt zu anderen naheliegenden Fragen. Auch hier kann ein Eingriff in das bestehende Recht ratsam sein. Ich denke an das Verbot des Bezugsrechts vor dem Beschlusse über die Erhöhung. Heute wird der Ausländer, der ein Risiko läuft, es wünschen oder verlangen. Als Kurs wird meist der gleiche gefordert wie bei der ersten Übernahme. Hier darf man nicht engherzig sein. Sonst wird auf obligatorischem Wege zu erreichen gesucht, was aktienrechtlich versagt wurde. Selbstverständlich muß man diesen Riß in das Prinzip zugleich begrenzen. Ewige Bezugsrechte als Voraus wird auch kein Geldgeber fordern. Es wird aber durchaus begreiflich sein, wenn ein Kapitalist zunächst nur ein kleineres Kapital riskiert, aber sich ausbedingt, daß er bei der nächsten Erhöhung den gleichen Betrag vorweg übernehmen darf.

Ein anderer Punkt, bei dem man Entgegenkommen zeigen darf, zwingt zu keiner Änderung des Gesetzes. Die amerikanischen pref. shares erhalten ihre Dividende halbjährlich. Das ist eine Gewohnheit, die man begreift und der man Rechnung tragen soll. Das deutsche Recht verbietet die Halbjahrsbilanzen nicht. Nur länger als 12 Monate darf ein Geschäftsjahr nicht sein, wohl aber kürzer. Läßt man dies zu, so muß auch die Dividendenverteilung gestattet sein. Freilich kann man keine Sonderbilanz nur für die Vorzugsaktien machen. Sie muß auch für die Stammaktien gelten. Sonst wäre sie überhaupt keine Bilanz. Wir schüfen ein Vorrecht ohne endgiltige Gewinnfeststellung. Das geht aber nicht. Die Bilanz auf Jahresschluß kann anders abschließen. Dann wäre entweder der Vorzugsaktionär nicht gedeckt. Er müßte zurückzahlen, oder aber, wenn man den Anspruch auf Rückzahlung versagt, wird die Ausschüttung von Grundkapital gewährt. Das geht aber nicht. Man muß sich also mit der Halbjahrsbilanz *für alle Aktionäre* abfinden. Eine Genehmigung durch die Generalversammlung ist dann stets geboten. Aber sie wäre es doch auch, sobald man nur für die Vorzugsaktien eine Gewinnverteilungsbilanz vorsähe. Ich betone, daß ich bei den Vorzugsaktien nicht an solche mit beschränkter Dividende, sondern mit wirklichen Vorrechten denke. Hier greifen meist die Ansprüche der Vorzugs- und Stammaktien ineinander. Schon das spricht für die gemeinsame Gemesterbilanz. Möglich wäre, diesen Aktien eine Halbjahrsdividende aus dem Gewinne der Vergangenheit zu gewähren. Auch das verträgt sich mit dem heutigen Rechte. Es bedeutet im Grunde nur eine Zurückhaltung eines Gewinnbetrags zur späteren Ausschüttung.

Der Gedanke der nur für die Vorzugsaktien bestimmten Gewinnausschüttung in kürzerer Zeit führt zu der Gewinngewährung ohne Rücksicht auf das schließliche Jahresergebnis und damit folgerichtig zur Garantie eines bestimmten Ertrags oder zur Verzinsung. Das widerspricht der Regel unseres Aktienrechts. Es geht nicht an, daß der Aktionär als Zins seine Einlage zurückerhält. Schon die Bauzinsen sind nicht unbedenklich. Aber unstatthaft wäre es, schlechthin zur Heranziehung des fremden Kapitals eine feste Summe zu versprechen. Will der Kapitalist Zinsen, so kann er nicht Aktionär werden. Er muß Gläubiger sein. Dann kann er sich neben den Zinsen Gewinnanteil geben lassen. Er kann stiller Gesellschafter werden. Aber Aktiengesellschaftsrechte stehen ihm nicht zu. Daran sollte man festhalten. Einmal Aktionär, immer Aktionär. Ein Zurückholen des eingelegten Kapitals, in welcher Form immer, bleibt grundsätzlich versagt. Dagegen gilt der gleiche Satz nicht für den Gläubiger. Er kann sich in einen Aktionär umwandeln. Der Geldgeber kann zunächst Gläubiger sein und dann Aktionär werden. Dann hat in diesem Momente der Zinsgenuß aufgehört. Daher wird er nur dann dazu greifen, wenn ihm der Gewinnbezug als Aktionär mehr wert ist als der Anspruch auf feste Verzinsung. Dafür hat das amerikanische Recht eine besondere Form gefunden, die convertible bonds. Schon vor dem Kriege (1913) hat Melchior darauf hingewiesen. Aus seiner im Bankarchiv erschienenen Arbeit schöpfen die meisten, die heute dafür eintreten. Der Geldbedarf Deutschlands und die Zurückhaltung des Kapitals führt dazu, auch diese Form ernsthaft ins Auge zu fassen. Aktionär einer deutschen AG. zu werden, entschließt sich heute mancher auch bei uns schwer, erst recht der Ausländer. Andererseits lockt ihn ein hoher Zinsfuß allein noch nicht. Er rechnet mit der Rückzahlung, wenn die AG. seiner nicht mehr bedarf. Daher sein Verlangen, wenn sich ihre Verhältnisse gebessert und gefestigt haben, ihr dauernd anzugehören. Daher wird das Recht der Umwandlung der Darlehen in Aktien begehrt. Diese Prämie bestimmt dann wieder zu einer geringeren Verzinsung. Darin liegt der Vorteil für die AG. selbst. Aus diesem Grunde wird man der Aufnahme dieses wirtschaftlichen Gedankens zustimmen. Man spricht, entsprechend dem amerikanischen Systeme der bonds, bei uns von Schuldverschreibungen. Derselbe Gedanke muß aber auch bei dem Darlehn einzelner gelten. Auch der Großkapitalist, der sich für ein Unternehmen interessiert, mag zuerst zu seiner Sicherheit als Gläubiger auftreten. Dann aber will er Aktionär werden. Auch dieses Darlehen muß umwandelbar sein. Ein Aufnehmen der Idee der amerikanischen convertible bonds heißt nicht, die dortigen Bestimmungen abschreiben. Wir müssen diesen Gedanken dem deutschen Rechte anpassen. Er muß in dasselbe eingearbeitet werden. Die daraus sich ergebenden Abweichungen von seinem Heimatrechte werden den amerikanischen Geldgeber nicht abschrecken. Er wird nicht verlangen, daß das deutsche Recht amerikanisiert wird. Nur die wirtschaftliche Möglichkeit seiner Heimat wieder zu finden, kann er wünschen.

Auch ohne Änderung unserer Gesetzgebung kann dieses wirtschaftliche Resultat auf Umwegen erreicht werden. Sie sind freilich umständlich und unsicher. Die Mitglieder von Vorstand und Aufsichtsrat sichern persönlich dem Gläubiger den Umtausch seines Guthabens in Aktien zu. Solange sie die $^3/_4$ Mehrheit der Stimmen besitzen, können sie erfüllen. Auch dann ist aber die Vollstreckung eines gegen sie ergehenden Urteils schwierig. Wir kommen auf das umstrittene Gebiet der Verpflichtung, in einem gewissen Sinne zu stimmen. Auch wenn sie bejaht wird, erwächst die Frage der Vollstreckungsmöglichkeit. Mit Schadensersatz ist dem Gläubiger nicht gedient. Verstärkt kann die Verpflichtung werden, wenn man den Mitgliedern des Aufsichtsrats persönlich die Pflicht zum Aktienumtausch auferlegt. Sie müssen notfalls alte Aktien beschaffen. Wie aber, wenn sie keine auftreiben? Soweit eine Aktiengesellschaft Vorratsaktien zu ihrer Verfügung hat, kann sie deren Umtausch gegen die Obligationen zusagen. Aber diese Fälle werden bald nicht mehr allzu zahlreich sein. Man darf auf ihnen nicht aufbauen. Auch hat selbst in diesem Falle der Gläubiger keine volle Sicherheit. Die Vorratsaktien können im Momente des Verlangens des Umtauschs verschwunden sein. Der Kapitalist wird daher eine unmittelbare Umwandlung, keine nur obligatorische Verpflichtung wollen. Diese muß das Aktienrecht gewähren. Sehr viel wird auch an diesem nicht zu ändern sein. Man darf sich die Sache nicht vorstellen, als ob die Verwaltung der AG., Vorstand und Aufsichtsrat, allein die Umwandlungseigenschaft der Obligationen zusprechen dürfe. Das will auch das amerikanische Recht nicht. Die Generalversammlung muß zu der Kapitalaufnahme unter der Umwandlungsbedingung ihre Zustimmung geben. Ob man nun darin allein schon die bedingte

Erhöhung des Grundkapitals sieht oder ob eine solche daneben ausdrücklich ausgesprochen werden muß, ist gleich. Jedenfalls muß die Generalversammlung diese bedingte Erhöhung beschließen. Dann wird den Inhabern der Schuldverschreibungen das Recht auf Übernahme von so viel Aktien zugesprochen, als sie Geld zu fordern haben. Die Aufrechnung auf ihre Kapitaleinlage mit diesem Guthaben wird gestattet. Das entspricht dem § 279 HGB. Verzichtet wird nur auf die formelle Übernahme durch den Zeichnungsschein. Das ist alles. Eine weitere Neuerung des Aktienrechts braucht es nicht. Wenn ein Gläubiger seine Obligationen einreicht und dafür Aktien fordert, so ersetzt dies die Aktienzeichnung. Die Leistung besteht in der Verrechnung. Man sieht, der juristische Unterschied ist gar nicht so groß, als man glaubt. Der Einschnitt in das bestehende Recht scheint durchaus erträglich. Trotzdem wird auch hier zunächst nur eine vorübergehende Maßnahme in Frage kommen. Man kann später feststellen, ob ein Bedürfnis zum dauernden Beibehalten vorliegt, ober ob eine Wiederaufhebung dieser Bestimmung geboten erscheint. Freilich ohne Gesetz geht weder das eine noch das andere. Mit dem heutigen Rechte allein kommt man nicht aus.

Man wird auch bei der Ausarbeitung und der praktischen Durchführung nicht viel ungewohntes zu bestimmen haben. Das meiste wird man der Vereinbarung überlassen. So namentlich, zu welchem Kurse die Gläubiger die Aktien erhalten. In Amerika hat man nicht selten ein Agio festgesetzt. Bei steigendem Werte einer aufblühenden Gesellschaft hat man dann die Chance, zu dem vereinbarten Kurse die Aktie zu erhalten und an dem weiteren Kurse zu gewinnen. Warten wir ab, was uns hier die Zukunft bringt. Ich verweise wieder auf das von Flechtheim über die Unterpariemission Gesagte. Ein Teil der Materie greift in den anderen ein. Auch hier muß eine Übernahme der Aktien unter 100% in der Regel verboten bleiben. Es darf nicht für eine Obligation zu 100 GM. die Ausfolgung von 2 Aktien zu 100 GM. verlangt werden. Nur, soweit man durch die Umstellungsreserve eine Überlassung junger Aktien ohne Einzahlung des vollen Nennbetrags ermöglicht, wird sie auch für die Wandelobligation zulässig sein. Notwendigerweise muß aber auch im Momente des Umtauschs diese Sicherung durch die Reserve gegeben sein. Das schwächt vielleicht die Freude an solchen Obligationen etwas ab. Es schadet aber nichts, daß die Umtauschung erst stattfindet, wenn die Aktien 100 % notieren. Ein Ausspruch im Gesetze erscheint hier nötig. Auch das wird anzuordnen sein, daß jede Ausgabe der Wandelobligationen eine Endfrist, bis zu deren Ablauf die Option ausgeübt sein muß, zu enthalten hat. Auch das ist nichts neues. Man sehe sich die Zeichnungsscheine an. Ewig kann man diese Chance nicht erhalten. Dagegen bleibt es lediglich den Beteiligten überlassen, ob sofort der Umtausch möglich ist oder erst nach einiger Zeit. Das letztere empfiehlt sich des ruhigen Überganges wegen.

Im Prinzip wird jeder Inhaber einer Obligation das Recht des Umtauschs haben. Praktisch ist dies nicht durchführbar. Diese Umwandlung verlangt eine Anmeldung und Eintragung zum Handelsregister. Man kann bei 1 000 000 Schuldverschreibungen zu 100 Mk. nicht 10 000 Einzeleinträge brauchen. Es schadet der Verwendbarkeit der Obligation nichts, wenn die Durchführung der Umwandlung erst verlangt werden kann, sobald ein bestimmter Betrag, sagen wir z. B. 10 000 Mk., zusammen kommt. Die Vorteile des Aktientauschs, namentlich den Gewinnanteil, muß der Gläubiger vorher schon erhalten. Vielleicht auch das Stimmrecht. Selbstverständlich darf die einmal entstandene Möglichkeit der Umwandlung nicht wieder genommen werden dürfen. Daher kann auch die Einstimmigkeit eines Beschlusses der Generalversammlung die Erhöhung des Grundkapitals in Verbindung mit der Wandelobligation nicht wieder aufheben. Sie ist durch das wohlerworbene Recht des Dritten gefesselt. Die Schuldverschreibungen selbst werden eine Gesamtheit bilden. Eine Änderung der Bedingungen der Umwandlung oder die Aufhebung dieses Rechtes kann durch deren Mehrheit erfolgen. Mindestens wird man $^3/_4$ derselben fordern. Ein anderes könnte nur durch den Beschluß der Generalversammlung bei der Schaffung der Obligationen und dessen Annahme durch die Geldgeber bedungen werden. Nicht soweit darf man bei der weiteren Erhöhung des Grundkapitals gehen. Durch die Ausgabe der Wandelobligationen kann die AG. nicht an der Aufnahme neuen Kapitals durch junge Aktien gehindert sein. Nur wird man verhüten müssen, daß dadurch dieses Recht der Gläubiger verschlechtert wird. Es dürfen ohne ihre Zustimmung zwar neue Stammaktien herausgegeben werden, nicht aber Vorzugsaktien, die besser gestellt sind als sie. Auch bei der Ausgabe von Stammaktien wird man sie nicht ganz ausschalten. Aber sie können billigerweise nicht mehr fordern, als sie hätten, wenn sie Aktionäre wären. Wenn also auch in diesem Falle unter Zurechnung ihrer Stimmen die Erhöhung beschlossen werden könnte, so müßten sie sich fügen; andernfalls ist ihre Zustimmung mit Mehrheit geboten. Ich unterlasse es, weitere Einzelheiten zu geben. Sie werden sich im praktischen Gebrauche herausstellen. Genug, daß der einfache Weg der Gesetzgebung gezeigt wurde.

Eines aber ist erforderlich. Das Steuergesetz darf auch hier keine Barriere bilden, vor der der Kapitalist Halt macht. Flechtheim hat hierüber alles Grundsätzliche gesagt. Ich teile seine Ansicht. Eine allzuhohe Steuer wirkt notwendigerweise prohibitiv. Die Kapitalverkehrssteuer muß abgebaut werden. Man muß noch einen Schritt weitergehen. Wenn zuerst die Obligationssteuer und dann nochmals die Aktiensteuer erhoben wird, so schreckt diese doppelte Belastung zweifellos wieder ab. Die Finanzbehörde muß auch hier wirtschaftlich denken. Die Kapitalübertragung als solche auf die AG. bleibt steuerpflichtig. Aber gerade weil das Schuldverhältnis nur provisorisch sein soll, weil es nur als Übergang zur Beteiligung gewollt ist, weil durch diese Form die Kapitalbeschaffung erleichtert werden soll, muß die bei der Aktienausgabe entstehende Kapitalverkehrssteuer um den für die Obligationen bereits entrichteten Betrag gemindert, es muß diese auf jene aufgerechnet werden. Der Staat braucht freilich Geld. Er braucht aber vorweg eine wiederauflebende Wirtschaft. Denn erst diese bringt ihm die Steuern. Er ist an den Erträgnissen der Wirtschaft beteiligt. Man erkennt allmählich, daß jeder zu starke Eingriff, jede Schwächung seine Hauptquelle versiegen macht. Das hatte man zu lange vergessen. Auch die Arbeiterpartei sieht jetzt, daß die vielgeforderte Wegsteuerung der Goldwerte allen, auch dem Arbeiter, zum Nachteil gereichen müßte. Man weiß heute allerseits, daß eine zu große steuerliche Belastung den Geldgeber zurückhält. Hier kann man nicht warten, bis eine Reform unserer Steuergesetzgebung erfolgt. Soweit der Zufluß fremden Kapitals durch steuerliche Bestimmungen, die aus der Inflationszeit stammen, gehemmt wird, muß sofort die bessernde Hand angelegt werden. Das wird nicht nur für die Aktiengesellschaften gelten. Man wird auch das zu untersuchen haben, was zugleich alle anderen Geldsucher trifft. Dahin ist das Verbot des Grunderwerbs durch Ausländer in den Einzelstaaten auch bei der Zwangsvollstreckung zu rechnen. Auch die Sätze für die Grunderwerbsteuer werden sich nicht halten lassen. Es muß aber, dem eingangs berichteten Prinzip entsprechend, darauf verzichtet werden, diese Frage hier weiter zu verfolgen.

Ich habe bisher nur von der Gesetzgebung und der Änderung

des Aktienrechts gesprochen. Neben ihr steht ein zweiter, vielleicht kaum minder wichtiger Faktor, die Handhabung des Aktienrechts in der Praxis, namentlich der Registergerichte. Die Erfahrung lehrt, daß diese vielfach über das zum Schutze der Gläubiger und der Aktionäre Gebotene hinausgehen. Der Registerrichter ist nicht Prozeßrichter. Es ist nicht seine Aufgabe, jedes Aktienstatut mit minutiöser Sorgfalt durchzuprüfen, ob nicht eine zweifelhafte Bestimmung zu finden und die Eintragung zurückzuweisen ist. Welchen Sinn hat es, wenn er die Einführung des Minoritätswahlrechts zum Aufsichtsrat beanstandet? Oder, wenn er es für unzulässig erklärt, daß bei Stimmengleichheit die Bilanz durch ein Schiedsgericht genehmigt werden kann? Oder wenn er eine Verdeutlichung fordert, ob die Erklärung über die für die Beschlüsse der GV. erforderliche Mehrheit eine Änderung der gesetzlichen Vorschriften enthalten oder nur als Wiederholung des Gesetzesinhalts aufgefaßt werden soll? Jeder praktische Jurist wird ohne Mühe eine Reihe von Erfahrungen mitteilen können, die er in gleicher Weise gemacht hat. Man ist hier genötigt, entweder den Beschwerdeweg zu beschreiten. Dann verliert man wieder zuviel Zeit. Oder man fügt sich. Dann müssen wieder die Beteiligten zusammentreten. Auch wenn sie einem Vollmacht erteilen und wenn diese weit genug gefaßt ist, muß wieder eine notarielle Urkunde errichtet werden. Nun denke man sich aber die Errichtung einer Gesellschaft oder die Erhöhung des Grundkapitals unter Mitwirkung von Engländern und Amerikanern. Was man schon in früheren Zeiten erleben konnte, wird jetzt doppelt und dreifach zutage treten. Der Ausländer sieht in diesem übervorsichtigen Verhalten des Registergerichts eine Schikane. Er wird geneigt sein, sich wieder zurückzuziehen. Ihm ist eine solche obrigkeitliche Reglementierung unbekannt und zuwider. Daraus wird sich dann wieder eine allgemeine Abneigung bilden, sich an deutschen Unternehmungen zu beteiligen. Es ist aber nicht Aufgabe des Registerrichters, dem Prozeßrichter vorzugreifen. Er mag es den Gründern oder der bestehenden Gesellschaft ruhig überlassen, Stellen in ihr Statut aufzunehmen, die er für zweifelhaft hält. Seine Stellungnahme zu einer Kontroverse nützt ja doch den Parteien nichts, wenn die Angelegenheit einmal streitig wird. Die Aufgabe des Registerrichters ist, scharf darüber zu wachen, daß die notwendigen Voraussetzungen der Entstehung einer Gesellschaft oder der Erhöhung des Grundkapitals beachtet sind. Nur dann darf, aber dann soll er auch eintragen. Vielfach gehen solche Einzelnachprüfungen auf ein Gefühl der Ängstlichkeit zurück. Der Registerrichter hält sich für alles, was etwa nach dem Statut sich als nicht zutreffend herausstellt, verantwortlich. Davon ist keine Rede. Niemals kann irgend eine Gesellschaft oder irgend ein Aktionär Regreß gegen ihn nehmen, weil das Prozeßgericht die Rechtsgültigkeit einer speziellen Satzungsbestimmung über Mehrstimmrecht oder Aufsichtsratswahl und dergl. für ungültig erklärt hat. Die Eintragung zum Handelsregister ist keine Garantie für die Wirksamkeit. Man könnte sogar noch einen Schritt weitergehen. Man könnte den Registerrichter gleich dem Prozeßrichter von einer Haftung befreien, wenn er nicht im Wege des gerichtlichen Strafverfahrens wegen Pflichtverletzung mit Strafe bedroht ist. Vielleicht wird man bei einer allgemeinen und weiten Fassung auf Widerstand stoßen. Die Vorschrift des § 839 Abs. 2 BGB. erfreut sich nicht durchweg der Billigung des rechtsuchenden Publikums. Eine Erklärung aber, notfalls der Gesetzgebung, daß der Registerrichter nicht für Versehen bei der Eintragung von Aktiengesellschaften usw. verantwortlich ist, die sich nicht auf die Voraussetzungen der Entstehung dieser beziehen, wird sicherlich weder von den Interessenten noch von den Gerichten beanstandet werden können. Ich bitte die anwesenden Vertreter der Justizministerien, diesem Punkte ihre Aufmerksamkeit zu schenken. Er verdient es.

Die bisherigen Ausführungen haben sich ausschließlich mit den Aktiengesellschaften beschäftigt. Die ihnen sonst vielfach gleichstehenden Gesellschaften mit beschränkter Haftung weisen nicht dasselbe Bedürfnis auf. Hier sind ja schon die gesetzlichen Vorschriften weniger streng. In einer Reihe von Punkten wird eine entsprechende Anwendung auch auf die GmbH. möglich und nötig sein. Auch für die GmbH. gilt ja die Vorschrift der Barzahlung in deutschem Gelde. Auch hier ist eine Unterpariausgabe der neuen Geschäftsanteile nicht möglich. Auch hier ist die Umwandlung von Anleihen in Geschäftsanteile in gleicher Weise wie bei der Aktiengesellschaft denkbar. Auch hier ist die steuerliche Erleichterung notwendig. Dem Ausländer ist die deutsche Form der GmbH. an sich unbekannt. Auch der englische Jurist denkt sich nur mit Mühe in unsere deutsche Unterscheidung der beiden Kategorien hinein. Man wird daher beide auch hier tunlichst gleich zu behandeln haben. Vielfach wird seitens der ausländischen Geldgeber die Umwandlung der GmbH. in Aktiengesellschaften verlangt werden. Das geschieht ja schon jetzt auch seitens deutscher Kapitalisten. Sie scheitert daran, daß die Kapitalverkehrssteuer nochmals voll zu entrichten ist. Es wird zu prüfen sein, ob nicht auch hier eine steuerliche Erleichterung sich empfiehlt. Der Reichsfiskus hat ja bereits die Kapitalverkehrssteuer erhalten. Wenn man auch die GmbH. nicht auf dem vereinfachten Wege in eine AG. umwandeln kann, wie dies umgekehrt möglich ist, wenn man auch zur Wahrung der Schutzmaßnahmen des Aktienrechts im ersteren Falle die Form der Neugründung der AG. bisher wahren zu müssen glaubte, so liegt doch kein zwingender Grund vor, wegen dieser Form die gleiche Steuer zweimal zu verlangen. Ich muß mich aber darauf beschränken, diesen Punkt anzudeuten. Die aktienrechtlichen Vorschriften müssen sofort umgestaltet werden. Für die steuerrechtliche Maßnahme mag man zunächst die Entwicklung der Dinge abwarten. Liegt kein Bedürfnis vor, hier dem Auslande entgegenzukommen, so wird sich die Reichsfinanzbehörde weigern, auf eine Einnahmequelle zwecklos zu verzichten.

Ich bin zu Ende. Manches ließe sich noch sagen. Ich begnüge mich mit dem, was in der kurzen Zeit zu berichten möglich war. Nur eines zum Schlusse. Wir wollen nicht, das habe ich mehrfach erklärt, unser deutsches Aktienrecht zu Gunsten des ausländischen aufgeben. Aber wir wollen auch nicht allzu ängstlich sein. Einen guten Gedanken, auch wenn er nicht bei uns gewachsen ist, wollen wir deshalb nicht ablehnen. Vor allem aber, was geschehen soll, muß bald geschehen!

An der nunmehr eröffneten Diskussion beteiligten sich die Herren Rechtsanwalt Dr. Kraemer-Berlin, Geh. Oberfinanzrat Dr. Springer-Berlin, Dr. Karl Melchior-Hamburg, Rechtsanwalt Dr. Julius Lehmann-Frankfurt a. M., Rechtsanwalt Dr. Alfred Friedmann-Berlin, Rechtsanwalt Prof. Dr. Wimpfheimer-Berlin, Geh. Regierungsrat Prof. Dr. Schlegelberger-Berlin, Prof. Dr. Waldecker-Königsberg, Rechtsanwalt Dr. Bondi-Dresden, Staatssekretär a. D. Dr. Heinrici-Berlin, Dr. Stein-Karlsruhe, Dr. Moos-Oberursel, Rechtsanwalt Dr. Heilbrunn-Frankfurt a. M. und Dr. Keil-Essen.

Rechtsanwalt Dr. Kraemer stimmte den Leitsätzen und den Ausführungen der Berichterstatter fast durchweg zu, insbesondere hinsichtlich der 20 Mark-Aktien und der Zulassung der Unterpariemission. Im Anschluß an Leitsatz V betont er, daß, was die Berichterstatter hinsichtlich des Kapitalverkehrssteuergesetzes ausgeführt hätten, auch für andere Steuern, z. B. die Grunderwerbsteuer, gelte.

Rechtsanwalt Dr. Alfred Friedmann und Rechtsanwalt

Dr. Julius Lehmann stellten zu den Leitsätzen der Berichterstatter folgende Abänderungsanträge:

Zu I: Es wird beantragt, Satz 3 zu streichen und an seine Stelle folgendes zu setzen:

„Auf einen bestimmten Hundertsatz festgesetzte Gewinnanteile für Vorzugsaktien können halbjährlich an einem bestimmten Termin aus dem Gewinnvortrag des vorangegangenen Jahres oder aus einem für derartige Zahlungen bestimmten offenen Reservefonds geleistet werden."

Zu II Abs. 2 Satz 1 vor dem Worte „unvermeidlich" einzufügen: „oder durch Einräumung gesetzlicher Bezugsrechte".

Zu III Nr. 2: In Satz 1 hinter „Stammaktien" einzufügen: „oder Vorzugsaktien".

Als Satz 2 hinzuzufügen:

„Entsprechendes gilt bei der Ausgabe von Vorzugsaktien."

Ferner einzufügen:

„Ein solcher Beschluß kann nur mit Dreiviertelmehrheit gefaßt werden.

Der Gesamtnennbetrag derartiger Verpflichtungsaktien darf einen bestimmten Prozentsatz des Grundkapitals (etwa 20 vom Hundert) nicht übersteigen."

Zu III Nr. 4 wie folgt zu fassen:

„Die Vorschrift der gesonderten Abstimmung bei der Kapitalerhöhung durch die Inhaber der Aktien verschiedener Gattungen ist aufrecht zu erhalten."

Zu III Nr. 5 zu streichen.

Als 5 einzufügen:

„Für Vorzugsaktien, die nach dem Inkrafttreten der Novelle ausgegeben werden, kann der Gesellschaftsvertrag eine Einziehbarkeit zu einem bestimmten Termine, insbesondere eine Einziehung durch Kündigung, auch unabhängig von den im § 227 Abs. 2 HGB. bestimmten Voraussetzungen festzusetzen.

Die Änderung einer solchen Satzungsvorschrift kann nur mit Dreiviertelmehrheit erfolgen."

Als 6 wird beantragt einzufügen:

„Eine Aktiengesellschaft kann sich verpflichten, während des Bestehens einer bestimmten Begebung keine Aktien, Schuldverschreibungen oder andere Titel mit gleichen oder vorgehenden

Rechten auszugeben. Ein diese Verpflichtung verletzender Generalversammlungsbeschluß ist nichtig."

Hinter V einzufügen:

„Die Gesellschaft ist berechtigt, die Kapitalertragsteuer ohne Erhöhung der Steuer zu übernehmen."

Als VI aufzunehmen:

„Alle reichs- und landesrechtlichen Beschränkungen hinsichtlich des Erwerbs von Grundeigentum durch den grundbuchlich eingetragenen Gläubiger in der Zwangsversteigerung sind aufzuheben."

Geh. Oberfinanzrat Dr. Springer äußerte Bedenken dagegen, daß aus dem Gebäude des Aktienrechts einige Steine herausgenommen werden sollten, und bezeichnete insbesondere die Einführung der Unterpariemission als gefährlich.

Dr. Karl Melchior empfahl die Einführung der convertible bonds, da ihnen eine große wirtschaftliche Schwungkraft innewohne, wenngleich hierbei nicht die Gefahr einer Überfremdung zu verkennen sei, die weniger bei Einlegung englisch-amerikanischen als französisch-belgischen Kapitals für die nationale Wirtschaft bedrohlich werden könne.

Rechtsanwalt Dr. Julius Lehmann bezeichnete die Einführung der convertible bonds als einen glücklichen Gedanken, wies aber darauf hin, daß es wegen der verlangten Sicherungshypotheken für kleinere Gesellschaften oft nicht möglich sein würde, auf diesem Wege Kredit zu erhalten; deshalb sei es erforderlich, daneben Vorzugsaktien mit zweimaliger Zinszahlung im Jahre zuzulassen.

Rechtsanwalt Dr. Alfred Friedmann wandte sich vor allem gegen den Leitsatz III Ziff. 4 und sprach sich dahin aus, daß für kleinere Gesellschaften die Vorzugsaktien nicht zu umgehen seien.

Rechtsanwalt Prof. Dr. Wimpfheimer wies auf den mit dem Begriff „Überfremdung" getriebenen Mißbrauch hin und verlangte gesetzlichen Schutz gegen die mißbräuchliche Ausgestaltung der Vorzugsaktien mit mehrfachem Stimmrecht.

Geh. Regierungsrat Prof. Dr. Schlegelberger betonte, daß das bestehende Recht nur sehr vorsichtig und unter Wahrung der Grundgedanken unserer Rechtsordnung geändert werden dürfe; eine Änderung dürfe nicht unter dem Gesichtspunkt vorübergehender Notwendigkeit oder Zweckmäßigkeit getroffen werden; die Kleinaktie von 20 Mark könne nicht schon wieder in 3 bis 5 Jahren verschwinden.

Prof. Dr. Waldecker erachtete die vorgeschlagene Lösung von Problemen, die an die Grundlagen unseres Aktienrechts greifen, für sehr bedenklich; an die Stelle der Leitsätze III sollte eine elastische Fassung treten; die Gefahr der Überfremdung dürfe nicht unterschätzt werden.

Rechtsanwalt Dr. Bondi führte aus, daß die Ausgabe von Vorzugsaktien mit mehrfachem Stimmrecht beinahe zum Unfug geworden sei, und verlangte eine Bestimmung, wonach solche Aktien nur mit einem begrenzten Mehrstimmrecht ausgestattet werden dürfen.

Staatssekretär Dr. Heinrici betonte die Gefahr einer Wiedereinführung der Gründerrechte und empfahl, zu Leitsatz III Ziff. 5 einen Zusatz zu machen, der dies verhindere.

Dr. Stein wünschte in Leitsatz III Ziff. 1 die Aufnahme einer Bestimmung, die den Kleinaktionären die Teilnahme am Kapital zwingend sichere.

Dr. Moos wies darauf hin, daß durch Einführung der convertible bonds die Kenntlichkeit der effektiven Höhe des Aktienkapitals verschleiert und die Dividendenpolitik der Gesellschaft gehemmt werde.

Rechtsanwalt Dr. Heilbrunn warnte davor, bei der Notwendigkeit einer neuen Rechtsform gleich nach dem Gesetzgeber zu rufen, da bei den Gesetzesberatungen die wirtschaftlichen Fragen zu politischen gestempelt würden; die Leitsätze führten uns nicht wesentlich weiter; bei verständiger Auslegung genüge das gegenwärtige Recht für die Einführung der convertible bonds.

Dr. Keil vertrat demgegenüber die Auffassung, daß convertible bonds ohne Änderung des Gesetzes geschaffen werden könnten.

Nachdem die Berichterstatter in ihren Schlußworten zum Inhalt der Diskussion und zu den Anträgen Stellung genommen hatten, wurde zur Abstimmung über die Leitsätze und die sonstigen Anträge geschritten.

Das Ergebnis der Abstimmung waren die folgenden von der Abteilung gefaßten Beschlüsse:

I. Es ist an den Prinzipien des deutschen Aktienrechts festzuhalten, soweit diese der Erhaltung des Grundkapitals dienen. Daher sind Annäherungen an das ausländische, namentlich das englisch-amerikanische Aktienrecht, die hiervon abweichen, abzulehnen. Die Zahlung fester Zinsen ist nicht zu befürworten. Der Einführung von Freiaktien ist zu widersprechen. Dagegen können auf einen bestimmten Hundertsatz festgesetzte Gewinnanteile für Vorzugsaktien halbjährlich an einem bestimmten Termin aus dem Gewinnvortrag des vorangegangenen Jahres oder aus einem für derartige Zahlungen bestimmten offenen Reservefonds geleistet werden.

II. Es ist das Prinzip der Zerlegung des Grundkapitals in Aktien von bestimmten Nennbeträgen beizubehalten. Die Einführung von Quotenaktien empfiehlt sich nicht.

Ebenso wird die 20 Mark-Aktie, soweit sie nicht durch die Umstellung bei der Durchführung der Goldbilanzen unvermeidlich ist, nicht anzuraten sein. Die Gesetzgebung hat vorzusehen, daß die Zusammenlegung mehrerer 20 Mark-Aktien zu Aktien zu höheren Beträgen (mindestens 100 Mark) nach einer gewissen Übergangszeit von den Gesellschaften herbeigeführt werden kann.

III. Es sind Erleichterungen der Erhöhung des Grundkapitals als vorübergehende Maßnahmen zu gewähren:

1. Die Unterpariemission ist zuzulassen, falls der Fehlbetrag aus ausgewiesenem Gewinn oder aus vorhandenen offenen Reserven irgend welcher Art gedeckt wird. In diesem Fall hat jeder Aktionär einen unentziehbaren Anspruch auf Zuteilung eines seinem Aktienbesitz entsprechenden Teiles des neuen Kapitals.
2. Es können Darlehen und Anleihen aufgenommen werden, verbunden mit der bedingten Erhöhung des Grundkapitals derart, daß der Darlehns- oder Anleihegläubiger die Umwandlung seiner Gläubigerrechte in Stamm- oder Vorzugsaktien fordern darf. Entsprechendes gilt bei der Ausgabe von Vorzugsaktien.
3. Das Verbot der Ausgabe neuer Aktien vor der Vollzahlung der alten ist zu suspendieren.
4. Die Vorschrift der gesonderten Abstimmung bei der Kapitalerhöhung nach § 278 HGB. durch die Inhaber der Aktien verschiedener Gattungen ist zu beseitigen.
5. Die Einräumung von Bezugsrechten auf künftig auszugebende Aktien ist für zulässig zu erklären, soweit sie auf eine bestimmte Ausgabe beschränkt und der Betrag nicht höher ist als die Summe der mit dem Bezugsrecht ausgestatteten Ausgaben.

IV. Sonstige Änderungen des deutschen Systems zur Anpassung an fremde Rechte, wie durch die Beseitigung des Aufsichtsrats als eines besonderen Organs neben dem Vorstand, sind in diesem Zusammenhange nicht zu erörtern.

V. Die geltenden Steuersätze des Kapitalverkehrssteuergesetzes sind auf die Friedenshöhe zurückzuführen. Im Falle der umtauschbaren Teilschuldverschreibungen ist zum mindesten die Wertpapiersteuer für die Teilschuldverschreibungen auf die bei der Umwandlung entstehende Gesellschaftssteuer anzurechnen.

# Zweite Sitzung der dritten Abteilung
## (für Steuer- und Wirtschaftsrecht)

am

Freitag, dem 12. September 1924.

Der stellvertretende Vorsitzende, Landgerichtsdirektor Dr. Geismar, eröffnete die Sitzung und erteilte zunächst dem Berichterstatter, Senatspräsident am Reichsfinanzhof Enno Becker-München, das Wort zu dem Thema:

> Ist es erwünscht, das Einkommen aus Gewerbebetrieb nach gleichmäßigen Grundsätzen zu besteuern, ohne Rücksicht auf die Rechtsform, in der das Gewerbe betrieben wird? Welche Wege rechtlicher Ausgestaltung bieten sich für eine solche Besteuerung?

Zu diesem Thema lagen die nachstehenden gemeinschaftlichen Leitsätze der Berichterstatter, Senatspräsident Becker und Rechtsanwalt Dr. Max Lion-Berlin, vor:

A.

Als Einkommen aus Gewerbe ist bei Gewerbetreibenden, die Bücher nach den Vorschriften des Handelsgesetzbuchs zu führen haben oder deren Buchführung diesen Vorschriften entspricht, der vorsichtig ermittelte, realisierte Geschäftsgewinn zu versteuern, wie ihn § 33 Abs. 2, § 33a Abs. 1 des Einkommensteuergesetzes zu bestimmen sucht.

B.

I.

1. Die Einkommen- und die Körperschaftssteuer ist so zu gestalten, daß die Gewerbetreibenden nicht genötigt werden, der Einkommen- oder Körperschaftssteuer wegen bestimmte Rechtsformen zu wählen oder von einer Rechtsform zur andern überzugehen.

2. Das Hauptmittel zur Durchführung dieser Aufgabe ist, die Einkommen- und die Körperschaftssteuer auf ein vernünftiges Maß zu ermäßigen.

II.

Die Einheitsbesteuerung (gleichmäßige Besteuerung des Einkommens aus Gewerbe ohne Rücksicht auf die Rechtsform) ist abzulehnen.

Es empfiehlt sich weder:

1. bei den Gesellschaften m. b. H. und den Aktiengesellschaften oder auch nur bei den G. m. b. H. allgmein von der Besteuerung der Gesellschaft als solcher abzusehen und die Gesellschafter wie Teilhaber einer offenen Handelsgesellschaft zu besteuern,

noch:

2. bei den Einzelgewerbetreibenden (Teilhabern einer offenen Handelsgesellschaft, Kommanditisten) allgemein wie bei den Gesellschaften m. b. H. und den Aktiengesellschaften zwischen der Besteuerung des im Gewerbe stehenbleibenden und des ausgeschütteten (entnommenen) Gewinnes zu unterscheiden,

noch:

3. die offenen Handelsgesellschaften und die Kommanditgesellschaften allgemein wie die Gesellschaften m. b. H. und die Aktiengesellschaften zu besteuern,

noch auch:

4. die Besteuerung von Einzelgewerbetreibenden (Teilhabern einer offenen Handelsgesellschaft, Kommanditisten) einerseits und von Gesellschaften m. b. H. und Aktiengesellschaften anderseits dadurch zu vereinheitlichen, daß man auf die geringere Besteuerung des nicht ausgeschütteten Geschäftsgewinnes bei den Gesellschaften m. b. H. und den Aktiengesellschaften verzichtet und auch für sie den Geschäftsgewinn im ganzen nach demselben Satze versteuert.

III.

1. Grundsätzlich ist daran festzuhalten, daß die Einzelgewerbetreibenden (Teilhaber der offenen Handelsgesellschaften, Kommanditisten) den Geschäftsgewinn oder ihren Anteil am Geschäftsgewinn im Rahmen ihres Gesamteinkommens versteuern, und daß bei den Gesellschaften m. b. H. und den Aktiengesellschaften die Gesellschaften besteuert und bei ihnen zwischen der Geschäftsgewinn- und der Ausschüttungssteuer unterschieden wird.

2. Es ist zu erwägen, ob zur Milderung der Spannung zwischen der Geschäftsgewinn- und der Ausschüttungssteuer und zur Förderung der Bildung von Reserven die Ausschüttungssteuer nach dem Verhältnis des ausgeschütteten Gewinns zum Gesamtgeschäftsgewinn des betreffenden Jahres abzustufen ist.

3. Zu prüfen ist ferner, ob und wieweit die von den Gesellschaften m. b. H. und den Aktiengesellschaften entrichteten Steuern bei der Versteuerung des ausgeschütteten Gewinns durch die Gesellschafter und Aktionäre angerechnet werden können.

IV.

Nach Beschaffung von Unterlagen ist zu prüfen:

1. ob der Tatsache, daß die Gesellschaften m. b. H. wirtschaftlich oft nichts anderes sind als Einzelbetriebe oder offene Handelsgesellschaften (Kommanditgesellschaften), bei denen die Beteiligten vom Geschäftsgewinn leben müssen, dadurch Rechnung getragen werden kann, daß gewisse Gesellschaften m. b. H. — vielleicht auch gewisse Aktiengesellschaften —, bei denen die Anteile in wenigen festen Händen oder Familien sind oder das Stammvermögen eine gewisse Höhe nicht übersteigt, auf Antrag für die Einkommen- und die Körperschaftssteuer wie offene Handelsgesellschaften zu behandeln sind,
2. ob auch solchen Unternehmen, die nicht als körperschaftssteuerpflichtige Gesellschaften organisiert sind, die Möglichkeit, ihren Betrieb unter steuerlicher Begünstigung aus dem Geschäftsgewinn zu verstärken, dadurch zu geben ist, daß offene Handelsgesellschaften, Kommanditgesellschaften und folgerichtig auch Einzelgewerbetreibende, deren Betrieb gewissen Voraussetzungen entspricht, auf Antrag für die Einkommen- und die Körperschaftssteuer wie Gesellschaften m. b. H. zu behandeln sind, oder ob nicht sonst erreicht werden kann, daß die Einkommensteuer für den nicht ausgeschütteten Gewinn bei den nichtjuristischen Personen ermäßigt wird,
3. ob umgekehrt unter bestimmten Voraussetzungen auch dem Reiche das Recht zuzusprechen ist, die Besteuerung des Einkommens ohne Rücksicht darauf durchzuführen, ob eine Gesellschaft gebildet worden ist.

V.

Ob der offenen Handelsgesellschaft und der Kommanditgesellschaft als solchen für den von ihnen erzielten, von ihren Teilhabern zu versteuernden Geschäftsgewinn eine Steuererklärungspflicht aufzuerlegen ist, ob der Geschäftsgewinn ihnen gegenüber mit Wirkung für die Teilhaber festzustellen und ob der Mindestbetrag der Steuer an der Quelle zu heben ist, ist eine vornehmlich verwaltungstechnische Frage, deren Prüfung geboten erscheint.

C.

I.

Statt des Geschäftsgewinnes oder neben ihm die **Entnahmen** zum Gegenstande der Besteuerung zu machen, ist für die ordentliche Einkommensteuer **nicht** zu empfehlen. Für die ordentliche Einkommensteuer hat dieser Gedanke nur in der Erweiterung Berechtigung, daß der Verbrauch im ganzen, wenn er ermittelt oder doch seinem Mindestbetrag nach geschätzt werden kann, solange als mutmaßliches Einkommen gelten kann, bis nachgewiesen wird, daß und inwieweit nicht Einkommen verbraucht ist.

II.

Sollten sich die Zeitumstände so gestalten, daß Geschäftsgewinn in dem hier dargelegten Sinne bei gewerblichen Betrieben nicht zu erwarten ist, so wird auf die Besteuerung des Verbrauchs als Ersatz oder Ergänzung der Einkommensteuer zur Rettung der Gesamtwirtschaft zurückgegriffen werden müssen, weil und soweit sich im Verbrauch eine gewisse Leistungsfähigkeit zeigt. Dann wird der Begriff des Verbrauchs sorgfältig zu bestimmen sein, so daß z. B. Entnahmen aus dem Geschäft nur solange als Verbrauch gelten können, als nicht nachgewiesen wird, daß die entnommenen Mittel zur Umwandlung von Vermögen einschließlich der Tilgung von Verbindlichkeiten verwandt worden sind. Außerdem werden die Befreiungen und Begünstigungen des durch Not gebotenen oder durch besondere Umstände gerechtfertigten Verbrauchs sorgfältig abzugrenzen und mit dem notwendigen Rechtsschutz auszustatten sein.

**Zusätze:**

Berichterstatter Senatspräsident **Becker** beantragt zu A, daß Entnahmen der Inhaber mit dem gemeinen Werte zur Zeit der Entnahme anzurechnen sind und daß die Veräußerung des ganzen Betriebes als zum Gewerbebetrieb gehörig angesehen wird.

Rechtsanwalt Dr. Lion schließt sich den Leitsätzen zu II 2 und C I nur mit der Maßgabe an, daß er vorschlägt, bei den nichtjuristischen Personen für den nicht entnommenen Gewinn einen geringeren Steuersatz anzuwenden;

ferner den Leitsätzen zu II 4 und III 2 mit der Maßgabe, daß er vorschlägt, die Ausschüttungssteuer ganz fallen zu lassen.

Herr Senatspräsident Enno Becker erstattete folgenden Bericht:

Die Frage, die uns gestellt ist, klingt harmlos, birgt aber mancherlei Schwierigkeiten. Zunächst möchte ich die Tragweite der Frage begrenzen. Da gefragt ist, wie das Einkommen aus Gewerbebetrieb zu besteuern sei, scheint mir die Prüfung, ob etwa die Einkommensteuer durch Steuern ganz anderer Art zu ersetzen sei, außerhalb des Bereichs unserer Aufgabe zu liegen. Ich habe vielmehr angenommen, daß wir von der Einkommensteuer in dem bei uns hergebrachten Sinn, also zurzeit im Sinne des Einkommen- und des Körperschaftssteuergesetzes auszugehen hätten. Daraus folgt, daß die Gewerbesteuer und damit der Kreis der Fragen, die mit der Regelung des Finanzausgleichs zusammenhängen, für uns ausscheidet. Ferner kommt die ganze Inflationszeit mit allem Drum und Dran für uns nicht in Betracht: eine Einkommensteuer ist in Zeiten gleitender Währung unmöglich. Wir müssen von normalen Verhältnissen ausgehen. Freilich können wir nicht wissen, ob normale Verhältnisse eintreten, insbesondere nicht, ob in der nächsten Zeit überhaupt gewerbliches Einkommen erzielt werden wird und ob wir nicht zur Rettung der Gesamtwirtschaft zu anderen Steuern greifen müssen; aber auch das berührt unsere Frage nicht: wir haben nur zu prüfen, wie das Einkommen aus Gewerbe künftig, wenn sich die Verhältnisse wieder erträglich gestalten, zweckmäßig zu besteuern sei.

Auch bei dieser Begrenzung ist es nicht einfach, den Sinn der Frage kurz zu erläutern. Im Grunde genommen handelt es sich wohl um folgendes: wir besteuern jetzt das Einkommen aus Gewerbe teils unmittelbar bei den einzelnen Gewerbetreibenden im Rahmen von deren Gesamteinkommen, teils so, daß wir zunächst gewisse gewerbetreibende Gesellschaften, namentlich die G. m. b. H. und die A.-G., mit der Körperschaftssteuer treffen und den von diesen Gesellschaften ausgeschütteten und von ihnen versteuerten Gewinn, soweit er deutschen

Einkommen- oder Körperschaftssteuerpflichtigen zufällt, wiederum im Rahmen von deren Gesamteinkommen fassen. Das führt, je nachdem ob der oder die Gewerbetreibenden ihr Gewerbe als Einzelkaufmann, offene Handelsgesellschaft, Kommanditgesellschaft oder aber als G. m. b. H. oder A.-G. betreiben, oft zu befremdend verschiedenen Ergebnissen. Diese Verschiedenheit scheint wirtschaftlich nicht gerechtfertigt zu sein. Es fragt sich, ob diese Unstimmigkeit beseitigt oder gemildert werden kann. So betrachtet, scheint mir der Nachdruck der Frage darauf zu liegen, ob das Einkommen aus Gewerbe so besteuert werden kann, daß *wirtschaftlich, trotz Verschiedenheit der Rechtsform*, in der das Gewerbe betrieben wird, ein letzten Endes ziemlich gleichmäßiges und deshalb befriedigendes Ergebnis erzielt wird.

Sieht man näher zu, so sind zwei Fragen zu scheiden, oder richtiger, es ergeben sich eine Vorfrage und eine Hauptfrage;

nämlich die Vorfrage: *was* ist als Einkommen aus Gewerbe zu besteuern?,

und die Hauptfrage: *wer* ist zu besteuern und *wie* ist die Besteuerung im einzelnen durchzuführen?

Ich wende mich zunächst der Frage zu: *was* ist als Einkommen aus Gewerbe zu behandeln? Im Hinblick auf die Rechtsentwicklung, auf die frühere Rechtsprechung und auf Streitfragen, die noch in letzter Zeit entbrannt waren und noch nicht zur Ruhe gekommen sind, halte ich diesen Teil unserer Aufgabe für besonders wichtig. Es sind da einige Dinge, die eigentlich selbstverständlich sein sollten, die aber doch einmal klar ausgesprochen werden müssen; auch glaube ich nur so freie Bahn für die weitere Erörterung schaffen zu können.

Vorher aber noch eine Bemerkung. Muß es nicht verwunderlich erscheinen, daß die Frage: *was* ist als Einkommen aus Gewerbe zu besteuern? überhaupt aufgeworfen werden kann? Man sollte doch denken, daß derartige Fragen, wie die Klärung des Einkommensbegriffs, in allen seinen Verzweigungen zum ABC des Einkommensteuerrechts gehören sollten, d. h. daß dieser Begriff längst geklärt und geläufig sein müßte. Dem ist aber durchaus nicht so. § 4 des EStG., der, ohne der wichtigen zeitlichen Abgrenzung zu gedenken, den *Gesamtbetrag der in Geld oder Geldeswert bestehenden Einkünfte* nach gewissen Abzügen als steuerbares Einkommen bezeichnet, hilft nicht weiter. Ebensowenig § 5, der *Einkünfte aus Gewerbebetrieb* ohne Rücksicht darauf zum steuerbaren Einkommen rechnet, ob sie einmalig sind oder wiederkehren oder aus welchem rechtlichen oder tatsächlichen Grunde sie zufließen; § 7, nach dem die E i n n a h m e n aus gewerblichen oder bergbaulichen Unternehmungen zum Einkommen aus Gewerbebetrieb gehören, fördert die Erkenntnis auch nicht, und bei § 33, auf den ich nachher noch komme, ist es bezweifelt, ob diese Vorschrift den Begriff des Einkommens überhaupt sachlich bestimmen will. Auch die Wissenschaft bringt keine ausreichende Hilfe. Greift man auf den von Fuisting-Strutz entwickelten Einkommensbegriff, so entstehen auch hier die größten Schwierigkeiten und Verlegenheiten, wenn man danach das Einkommen aus Gewerbe bestimmt abgrenzen will. Und ähnlich geht es, wenn man z. B. entscheiden will, ob — was m. E. zu verneinen ist — vom Künstler geschaffene, aber noch nicht veräußerte Werke oder eine patentierte Erfindung Einkommen ist oder ob der Angestellte, der in den Zeitungen eine Anstellung sucht, sich auch persönlich vorstellt, die dadurch entstandenen Kosten von seinem Gehalt abziehen darf. Und wie hier, so überall im Rechte der Einkommensteuer. Wie oft haben sich Mitglieder des Reichsfinanzhofs, die aus anderen Rechtsgebieten herüberkamen, bei mir erkundigt, wo sie etwas über diese oder jene Rechtsfrage finden könnten, und ihr Erstaunen und ihre Überraschung geäußert, wenn ich erwiderte, daß es über so manche Grund- und Kernfrage, für die sich nach ihrer Ansicht längst eine durchaus feststehende Rechtsprechung gebildet haben müsse, noch nichts gebe, sondern daß es unsere Aufgabe sei, die Grundlagen erst zu schaffen. Das ist zwar bei dem unentwickelten Stande des Steuerrechts nichts Ungewöhnliches, gilt aber in besonderem Maße für die Einkommensteuer. Für uns beim Reichsfinanzhof ist diese Aufgabe gewiß lockend. Freilich bringt sie auch eine große Last von Verantwortung mit sich; aber dem kann mit einer gewissen Entschlossenheit und Verantwortungsfreudigkeit begegnet werden. Jedoch so lockend unsere Aufgabe auch ist und soviel Gewicht der Entwicklung des Steuerrechts durch die Rechtsprechung auch beizulegen ist, so ist das alles doch Nebensache: in der Hauptsache muß es doch recht nachdenklich stimmen, daß gerade bei der sogenannten Königin der Steuern, die unserem Gerechtigkeitsgefühl heute am meisten zu entsprechen scheint, so vieles und so wichtiges noch ungewiß und unklar ist, was nach den Bedürfnissen der Wirtschaft und des Verkehrs längst feststehen und sozusagen in Fleisch und Blut übergegangen sein müßte. Das sich alles das aus der Entstehung der Einkommensteuer, ihrer Herkunft aus der Klassensteuer und dem Streben, sie allmählich zu verfeinern, ganz natürlich erklärt, ändert an der Tatsache selber nichts.

Wenn ich nun dazu übergehe, zu prüfen, was Einkommen aus Gewerbe sei, so fragt sich zunächst, ob ich das Einkommen aus Gewerbe überhaupt losgelöst von dem Gesamteinkommen einer bestimmten Person behandeln kann. Von einer Einkommen**steuer** aus Gewerbe kann ich im Sinne des deutschen Rechtes natürlich nicht sprechen. Ich sage vorsichtig: „im Sinne des deutschen Rechtes" und werfe anschließend an meine Bemerkung von vorhin die Frage auf: ist es gerechtfertigt, wenn wir, durchdrungen von der Gewißheit der Vorzüge unserer Königin der Steuern, mit einer gewissen Geringschätzung auf das Schedulensystem des englischen Rechts herabsehen? Wird der Vorzug genauester Anpassung an die Leistungsfähigkeit und die Verhältnisse der einzelnen Pflichtigen nicht überwogen durch Nachteile wie die Unsicherheit und Schwerfälligkeit der Ermittlung? Und folgern wir daraus, daß die Steuer der Leistungsfähigkeit der einzelnen **angepaßt** sei, nicht vorschnell, daß sie auch entsprechend dieser Leistungsfähigkeit **getragen** werde, während hierbei doch die Abwälzbarkeit der Steuer berücksichtigt werden muß? Um Mißverständnissen vorzubeugen: ich will mich hiermit nicht gegen die Einkommensteuer wenden und für das Schedulensystem eintreten; ich verlange nur, daß wir uns von den herkömmlichen Vorurteilen bei Bewertung dieser Arten der Besteuerung befreien und die Vorteile und die Nachteile beider Arten sachlich prüfen. Doch alles dies nebenbei! Ich kehre zurück zu meinem Ausgangspunkt: wenn wir im Sinne unseres bisherigen Rechtes auch nicht von einer Einkommensteuer aus Gewerbe sprechen dürfen, so ist doch auch im Sinne des bisherigen Rechtes das Einkommen aus Gewerbe im Rahmen des Gesamteinkommenes einer Person nicht derart unselbständig, daß es nicht wenigstens als Rechnungsposten gesonderter rechtlicher Behandlung fähig wäre. Für die Quellentheorie ergibt das schon das Bild der Quelle. Für die Meinung, nach der Einkommen der Reinvermögenszuwachs ist, dem noch der Verbrauch hinzuzurechnen ist, gilt das zwar nicht schlechthin, da der Gewerbebetrieb Teil einer umfassenderen wirtschaftlichen Einheit sein kann und mit dieser zusammen zu bewerten wäre; aber ich mache kein Hehl daraus, daß diese Theorie für die Besteuerung des Einkommens aus Gewerbe meiner Überzeugung nach nicht paßt. Folgerichtig durchgeführt, müßte man den gemeinen Wert des ganzen Gewerbebetriebs als wirtschaftlicher Einheit — von dem verwickelten Fall, daß der Gewerbetrieb Teil einer größeren wirtschaftlichen Einheit ist, sehe ich ab — zu Beginn und Ende des Steuerjahrs ermitteln: der

Mehrwert plus Entnahmen wäre Einkommen, der Minderwert minus Entnahmen Verlust. Ob also im Laufe des Jahres Wettbewerbsunternehmen begründet oder weggefallen sind, das würde Gewinn und Verlust bestimmen! So gewiß es für gewisse Fälle geboten sein mag, den Wert eines ganzen Unternehmens als einer wirtschaftlichen Einheit zu bestimmen — das Kapitalverkehrsteuergesetz macht einen bemerkenswerten Ansatz dazu, und auch für die Erbschaftsteuer möchte ich für die Erfassung der immateriellen Werte eintreten —, so ist das doch so schwierig und unsicher, daß mir so vorzugehen schon für die Vermögen- und die Vermögenszuwachssteuer nicht mehr aussichtsreich erscheint; für die Einkommensteuer halte ich es für ausgeschlossen. Auch das Einkommensteuergesetz von 1920 hat hieran nicht gedacht; nach ihm ist nach § 33 Abs. 1 als Einkommen aus Gewerbe der Geschäftsgewinn anzusehen, und dieser Art ist nach Abs. 2 bei Steuerpflichtigen, die Handelsbücher führen müssen, unter Beachtung des § 15 des Gesetzes nach den Grundsätzen zu berechnen, wie sie für Inventar und Bilanz durch das Handelsgesetzbuch vorgeschrieben sind.

Mit diesem Ergebnis, daß das Einkommen aus Gewerbe grundsätzlich der Geschäftsgewinn sei, könnte ich diese Erörterungen schließen, wenn damit die Verwirrung nicht erst recht begänne. Denn kein geringerer als mein verehrter Kollege, Herr Präsident Dr. Strutz, hat noch neuerdings in seinem Handbuch des Reichssteuerrechts, S. 155, ausgeführt, daß durch § 33 Abs. 2 in seiner ursprünglichen Fassung für den Buchkaufmann, aber nur für diesen, ein besonderer Begriff des steuerbaren Einkommens aufgestellt sei, der der Schanzschen Theorie entsprochen habe. Denn die handelsrechtliche Bilanz sei auf die Darstellung des Vermögens gerichtet; der Bilanzgewinn stelle also den Vermögenszuwachs dar, den Schanz als Einkommen betrachte; der Schanzsche Einkommensbegriff stelle sich seinem Wesen nach als erweiterter kaufmännischer Gewinnbegriff dar.

Ich kann dem nicht beitreten. Daß die regelmäßigen kaufmännischen Bilanzen nicht auf Darstellung des Vermögens gerichtet sind, dürften eigentlich die Abschreibungen der Anlagegegenstände auf 1 M. genügend ergeben. Aber die ganze Auffassung hängt eng mit der Stellungnahme des Preußischen Oberverwaltungsgerichts zusammen und erhält dadurch größte Bedeutung. Das Preußische Oberverwaltungsgericht hat zum preußischen Einkommensteuerrecht, obwohl dieses die Gebräuche des ordentlichen Kaufmanns berücksichtigt wissen wollte, ständig daran festgehalten, daß der Kaufmann nach § 40 HGB. gehalten sei, sämtliche Vermögensgegenstände mit dem objektiven Verkaufswert, also mit dem Konjunkturwert einzusetzen; den entgegenstehenden kaufmännischen Brauch hat das Gericht nicht anerkannt. Das führt allerdings, wenn auch in etwas abgeschwächter Form, nämlich beschränkt auf die Wertsteigerungen der bilanzfähigen Gegenstände, zur Schanzschen Theorie. Ich habe diese Auslegung des § 40 des HGB. von jeher bekämpft. Zur Rechtsfrage möchte ich nur bemerken, daß der Mitberichterstatter, Herr Dr. Lion, in seinem bedeutenden Werke „Das Bilanzsteuerrecht" (S. 80) nachgewiesen hat, daß die gesamte Rechtsprechung des OVG. auf ein Urteil des OVG. zurückgeht, das nicht zur Einkommensteuer, sondern zur Ergänzungs-, d. h. zur Vermögensteuer ergangen ist, und daß dieses Urteil wiederum auf ein Urteil des Reichsoberhandelsgerichts zurückgreift, das überraschenderweise nicht zu einer Ertragsbilanz, sondern zu einer Vermögensbilanz gefällt worden ist. Allein ich brauche darauf nicht weiter einzugehen, da wir es hier mit einer Frage de lege ferenda zu tun haben. Es kommt mir aber darauf an, nachzuweisen, daß die Stellungnahme des Pr.OVG., die, wie ich mich überzeugt habe, in weiten Kreisen, d. h. in weiten Kreisen von Juristen, nicht von Kaufleuten, für gewissermaßen natürlich und selbstverständlich angesehen ist, de lege ferenda nicht haltbar ist.

Sie führt zunächst zu einem großen Riß hinsichtlich der Gleichmäßigkeit der Besteuerung. Denn für die Aktiengesellschaft gilt nicht § 40, sondern § 261 des HGB., wonach zwar Wertminderungen zu berücksichtigen sind, die Gegenstände aber nicht über den Anschaffungspreis hinaus und Anlagegegenstände nur unter Beachtung der Abnutzung angesetzt werden dürfen. Die G. m. b. H. stehen für die Gegenstände des Anlagevermögens den Aktiengesellschaften gleich; dagegen haben sie das umlaufende Vermögen — man denke an Waren, Vorräte, eiserne Bestände — wie Einzelkaufleute zu bewerten. Danach kämen wir unter dem Decknamen der Besteuerung des Geschäftsgewinns zu ganz verschiedenen Ergebnissen. Die Aktiengesellschaften hätten nur den realisierten Geschäftsgewinn, die Einzelkaufleute den Konjunkturgewinn und die G. m. b. H. teils den realisierten Gewinn, teils den Konjunkturgewinn zu versteuern. Das geht nicht an.

Dazu kommt folgendes: will man § 40 des HGB. in der gedachten Weise auslegen, so enthält er totes Recht. Das Leben verfährt anders. Der Kaufmann verfährt so, wie die Aktiengesellschaften verfahren müssen. Er setzt in seine Bilanzen den Anschaffungspreis oder die Herstellungskosten ein, schreibt auf diese ab und greift zum gemeinen Werte in der Regel nur dann, wenn der gemeine Wert des Gegenstandes geringer ist als der Buchwert, z. B. wenn Maschinen durch neue Erfindungen entwertet oder die Kurse seiner Effekten unter den Anschaffungspreis gesunken sind. Diese Buchführungsweise, die nur den wirklich erzielten Erfolg des Geschäftsjahrs ermitteln will, muß sich die Einkommenbesteuerung zunutze machen. Sie kann sich gewisse Berichtigungen vorbehalten, wie z. B. § 33 Abs. 2 auf § 15 verweist und ausschließt, daß die Einkommen- oder die Körperschaftssteuer selber als Last oder Ausgabe berücksichtigt wird, aber grundsätzlich geht es nicht anders. Man kann den Kaufmann steuerrechtlich nicht zu etwas zwingen, was gerade der innersten Not des ordentlichen Kaufmanns widerstrebt, nämlich bloße Möglichkeiten für bar Geld zu nehmen. Wollte ein Kaufmann in seiner Bilanz sein Geschäftsgrundstück plötzlich in die Höhe schnellen lassen, weil dessen gemeiner Wert, wie Kaufgebote bewiesen, gestiegen sei, oder wollte er für eine von ihm mit wenig Unkosten gemachte Erfindung gewaltige Summen einsetzen, weil er einen entsprechenden Preis am Stichtag dafür hätte erhalten können, und käme er mit solchen Bilanzen zur Bank, um Kredit zu erhalten, so könnte er eines befremdenden Empfanges gewiß sein, und er könnte sich damit nicht entschuldigen, daß das Finanzamt das so verlange. Man kann den Kaufmann steuerrechtlich nicht zu etwas anhalten, was er Schwindel nennt, und ebenso widersinnig wäre es, wenn etwa das Finanzamt kaufmännisch ordnungsgemäß geführten Bilanzen gegenüber mit dem schweren Geschütz der Steuerhinterziehung anrückte. Will man den Geschäftsgewinn als Einkommen aus Gewerbe besteuern, so kann man das nur, indem man sich die gewaltige Menge von Erfahrung, die in der Buchführung des ordentlichen Kaufmanns aufgespeichert ist, zunutze macht und — Berichtigungen und Ergänzungen vorbehalten — grundsätzlich von ihr ausgeht. Das heißt aber nichts anderes, als den bloßen Konjunkturgewinn ausschalten und die Berücksichtigung von Konjunkturverlusten zulassen, also genau das Gegenteil von dem, was gemeinhin unter Vermögenszugang im Sinne der Schanzschen Theorie verstanden wird. Tatsächlich hat der Reichsfinanzhof der im Leben herrschenden Auffassung bereits Geltung verschafft. Denn er hat in einer Kriegsabgabesache durch Urteil vom 8. Juli 1922, Entscheidungen und Gutachten des Reichsfinanzhofs Bd. 10 S. 114, anerkannt, daß die G. m. b. H. in ihren Bilanzen Warenvorräte wie Aktiengesellschaften bewerten dürfen, und dies damit begründet, daß der vorsichtige Kaufmann freiwillig allgemein so verfahre. Außerdem ist die Reichsgesetzgebung schon zu dieser Auffassung übergegangen, indem sie dem EStG. durch die Novelle von 1921 und durch das Geldentwertungsgesetz den § 33a einfügte und im § 33 Abs. 2 auf § 33a verwies. Den Anstoß hierzu gab freilich die Geldentwertung, aber doch nur den Anstoß: an dem Ergebnis wird de lege ferenda festzuhalten sein. Dabei muß ich freilich noch eines betonen: für den Kaufmann bilden auch die Vorschriften des § 261 des HGB. nur Grenzen, die er nicht überschreiten, hinter denen er aber zurückbleiben darf und, wie die Abschreibungen auf 1 M. beweisen, gern zurückbleibt. Das ist steuerrechtlich natürlich unzulässig. Hier muß, darf aber auch daran festgehalten werden, daß alles, was der Kaufmann unter Beobachtung des § 261 des HGB. und sonstigen anerkannten kaufmännischen Brauches als Geschäftsgewinn herausrechnen darf, auch als Geschäftsgewinn zu versteuern ist, m. a. W., daß die höchsten Grenzen, die § 261 usw. zuläßt, zugleich die niedrigsten sind. Ob man nun gesetzestechnisch an § 33a Abs. 1, 2 i. V. mit § 33 Abs. 2 des EStG. oder an § 261 des HGB. anknüpfen will, ist eine Frage für sich. Der Leitsatz verweist auf § 33a. Ich will nicht verschweigen, daß ich gewisse Bedenken gegen § 33a habe. Diese gründen sich freilich hauptsächlich auf seine Bedeutung für die Ermittlung des Betriebsgewinnes nichtbuchführender Landwirte. Da scheint das Gesetz davon auszugehen, daß jeder Ochse und jedes Schwein einen Zettel am Schwanz hat, auf dem verzeichnet steht: meine Herstellungskosten betragen bis heute soundsoviel. Aber auch für die Ermittlung des Geschäftsgewinnes aus Gewerbe erscheint mir § 33a nicht ganz unbedenklich. Wenn er sagt: „Übersteigt für einen Gegenstand der Anschaffungs- oder Herstellungspreis nach Abzug der zulässigen Absetzungen für Abnutzung und Substanzverringerung den gemeinen Wert, so ist der gemeine Wert dieses Gegenstandes anzusetzen", so legt er das Mißverständnis nahe, daß der gemeine Wert des einzelnen Gegenstandes als besonderer wirtschaftlicher Einheit zu ermitteln sei. Das könnte dazu führen, daß der Gewerbetreibende einen gerade angeschafften, aber schon in Benutzung genommenen Kraftwagen sehr gering bewertet, weil ein solcher Wagen nur für alt verkauft werden könne und nicht mehr dafür zu erzielen sei. Man denke ferner an die Bewertung eingebauter Maschinen, die besonders für den Betrieb berechnet sind. Es kommt aber nicht auf den gemeinen Wert des einzelnen Gegenstandes als solchen, sondern auf seinen Geschäftswert in dem Sinne an, daß zu ermitteln ist, was etwa ein Käufer des ganzen Betriebes, der — vgl. § 139 Abs. 1 AO. — das Unternehmen fortsetzen will, bei Berechnung des Kaufpreises für den ganzen Betrieb für diesen Gegenstand einsetzen würde. Dem wird die kaufmännische Abschreibung, die so vorgeht: „ich kann die Sache sechs bis sieben Jahre nutzen; rechnen wir fünf Jahre und schreiben jährlich 20 v. H. ab", weit mehr gerecht. Da wird die Auslegung helfen müssen. In dieser Ungenauigkeit scheint mir aber ein Fingerzeig dafür zu liegen, wie schwer es ist, das, was man treffen will, nämlich den realisierten Geschäftsgewinn, und zwar so hoch, wie ihn ein vorsichtiger Kaufmann äußersten Falles ansetzen darf, auf eine kurze Formel zu bringen. Aber durch Verweisung auf § 261 und auf kaufmännische Bräuche wird die Sache auch nicht besser, zumal da die Betriebswirtschaftslehre, wenn sie, von ihrem Standpunkt aus gewiß mit Recht, nicht so sehr den Gewinn als das festzustellen sucht, was der Betrieb während einer bestimmten Zeit *geleistet* hat, manche althergebrachte Anschauungen erschüttert hat. Manche Einzelheiten, wie etwa die Unerläßlichkeit der Kontinuität der Bilanzen und die Behandlung von Antizipationen, werden nötigenfalls durch die Rechtsprechung zu entwickeln sein.

In der Forderung, de lege ferenda grundsätzlich den Geschäftsgewinn in dem vorhin erörterten Sinne als steuerpflichtiges Einkommen aus Gewerbe zu behandeln, liegt mehr als auf den ersten Blick scheint; auch mit unserer Frage hängt diese Forderung näher zusammen als man von vornherein annehmen möchte.

Wenn ich die nicht realisierten Gewinne grundsätzlich freilasse, dagegen die Wertminderungen und Entwertungen grundsätzlich berücksichtige, muß ich die Folgerungen ziehen. Wird z. B. ein Gegenstand — einerlei ob er zum Anlagekapital oder zum umlaufenden Vermögen gehört —, sagen wir z. B. das Geschäftsgrundstück, dessen Anschaffungskosten 50 000 M. betrugen und das wegen Abnutzung des Hauses auf 30 000 M. abgeschrieben ist, für 230 000 M. veräußert, so müssen die überschießenden 200 000 M. als Gewinn des Jahres der Veräußerung zur Steuer herangezogen werden. Dem Finanzamt darf nicht entgegengehalten werden, daß der Wert des Geschäftsgrundstücks zu Beginn des letzten Geschäftsjahrs schon 230 000 M. betragen habe, so daß *in diesem Jahre* kein Überschuß erzielt sei: Die Auffassung des Pr. OVG., die daran festhielt, daß nur der Teil des Gewinns steuerpflichtig sei, der im Vergleich zum wahren Werte des Gegenstandes am letzten Bilanzstichtag erzielt sei, ist nicht mehr haltbar, sobald man den nicht realisierten Konjunkturgewinn steuerfrei läßt. Wer den bösen Tropfen genießt, muß auch den guten genießen, d. h. der Fiskus, der jahrelang zusehen mußte, wie der Wert des Grundstücks stieg, aber diese Wertsteigerung nicht fassen konnte, weil sie nicht realisiert wurde, muß im vollen Maße zugreifen dürfen, wenn die Wertsteigerung schließlich durch Veräußerung realisiert wird.

Und das muß trotz den im Schrifttum vertretenen abweichenden Ansichten, wie für die Körperschaft, so auch für den einzelnen Kaufmann gelten. Auch bei ihm beeinflussen Gewinne und Verluste, die sich durch Veräußerung von Gegenständen des Anlagekapitals gegenüber den Buchwerten ergeben, den Geschäftsgewinn, d. h. sie mehren oder mindern ihn. Das hat der Reichsfinanzhof gelegentlich bereits ausgesprochen. Der Einzelkaufmann kann dieser Folgerung auch nicht dadurch entgehen, daß er den Gegenstand, z. B. das entbehrlich gewordene Geschäftsgrundstück zum Buchwert in sein Privatvermögen übernimmt und das Grundstück privatim veräußert. Dem scheint mir zur Zeit bei nicht buchführenden Kaufleuten schon § 33 Abs. 1 Satz 2 in Verbindung mit § 37 des EStG. einen Riegel vorzuschieben, wonach Entnahmen aus dem Betrieb anzurechnen und die entnommenen Gegenstände zum gemeinen Werte zur Zeit der Entnahme anzusetzen sind. Für die buchführenden Einzelkaufleute wird das gleiche gelten müssen, weil § 33 Abs. 2 auf § 15 verweist. Überdies ergibt es sich m. E. schon aus der Buchführung und gilt deshalb auch für Erwerbsgesellschaften, z. B. für G. m. b. H., deren Anteile in einer einzigen Hand vereinigt sind. Auch hier darf der — kurz gesagt — Eigentümer der Gesellschaft Grundstücke oder Effekten nicht zum Buchwert entnehmen, sondern er muß sich mit dem gemeinen Werte der entnommenen Gegenstände belasten. De lege ferenda wird es geboten sein, alles dies klar zu stellen, da Zweifel möglich sind, an dem Ergebnis aber, daß die Realisierung der Gewinne der Steuer nicht entzogen werden darf, unbedingt festgehalten werden muß.

Legt man nur den realisierten Geschäftsgewinn der Besteuerung zugrunde, so muß man noch einen Schritt weitergehen. Erfasse ich den Gewinn erst bei der Realisierung und auch dann nur, soweit er nicht durch Wertminderungen, z. B. der Effekten, aufgeschluckt wird, so komme ich den Gewerbetreibenden weit entgegen. Das ist wirtschaftlich gewiß wünschenswert. Und es läßt sich nicht vermeiden und ist umgekehrt wünschenswert und geboten, daß man ihnen noch weiter entgegenkommt, als es steuerrechtlich vielleicht gerechtfertigt sein mag, indem man bei Zugrundelegung der Bilanzen den kaufmännischen Bräuchen bei Abschreibungen wegen Abnutzung und Entwertung, wegen bloß befürchteter Unsicherheit von Forderungen und nur erwarteter Regreßansprüche, oder auch z. B. darin, daß manche Anlagegegenstände lediglich über Unkostenkonto gehen, weitherzig entgegenkommt. Auch kann man, sofern überhaupt Gewinn herausgerechnet wird, der kaufmännischen Gewohnheit, Ausfälle auf mehrere Jahre zu verteilen, Rechnung tragen. Die Finanzämter sollten in allen diesen Dingen nie kleinlich verfahren. Das Mehr an Steuern, das dabei herauskommt, wird durch die Verärgerung der Beteiligten zu teuer erkauft. Verfährt man aber so, so kann es geschehen, daß ein Betrieb sich entfaltet und gedeiht, ohne daß er steuerlich durch die Einkommensteuer in dem Maße erfaßt wird, wie es eigentlich gerechtfertigt wäre. Alles das läßt sich ertragen, weil es wirtschaftlich erwünscht ist, aber doch nur bis zu einer gewissen Grenze. Diese Grenze wird überschritten, wenn ich es zulasse, daß ein Gewerbetreibender einen solchen steuerlich schonend behandelten Betrieb im ganzen veräußert, ohne mit dem dann auf einmal realisierten Gewinn zur Steuer herangezogen zu werden. Nach hergebrachter Meinung gehört die Veräußerung des ganzen Betriebs nicht mehr zum Betriebe, sondern bildet dessen Abschluß und ist deshalb steuerfrei. Ich halte dieses Dogma für falsch, will aber hier nicht darüber streiten. Ich meine nur, daß es steuerrechtlich nicht angeht, die stillen Reserven bis zu ihrer Realisierung unversteuert zu lassen, wenn nicht Gelegenheit gegeben wird, sie zu fassen, wenn sie durch entgeltliche Veräußerung des ganzen Betriebs realisiert werden. Vielleicht kann ich die Sache anders herum deutlicher machen. Was ist eigentlich Gewinn bei einem gewerblichen Unternehmen? Doch wohl der Überschuß: was mehr herauskommt, als hereingesteckt wird. Genau genommen, kann ich den Gewinn und ob ein Gewinn erzielt wird, erst bei Beendigung des Betriebs, bei der Liquidation feststellen. Erst dann ergibt sich der Totalgewinn. Die jährlich wiederkehrenden Gewinnberechnungen sind nur vorläufig, praktisch natürlich unentbehrlich, und zwar auch für die Steuer. Daraus folgt aber doch, daß ich bei Veräußerung des gesamten Unternehmens den bisher aufgespeicherten latenten Gewinn mit der Einkommensteuer fassen muß, ganz ebenso, wie ich den Buchgewinn fasse, der sich bei der Veräußerung von Filialen, Teilbetrieben ergibt. Ich halte es einfach für folgerichtig und praktisch für geboten, weil es nur auf diese Weise ermöglicht wird, den Gewerbetreibenden laufend in der oben geschilderten Weise entgegenzukommen. Da bei Körperschaften für Erwerbsgesellschaften eine Liquidationssteuer bereits vorgesehen ist, ist es nur folgerichtig, bei der Veräußerung von ganzen Betrieben eines Einzelkaufmanns entsprechend zu verfahren; dadurch wird zwar keine volle Gleichmäßigkeit erzielt, aber doch ein gewisser Ausgleich geschaffen. Ob der Steuersatz, ähnlich wie nach § 25 des EStG., zu mildern ist, ist eine Frage für sich; auch der Umgehung der Steuer durch Umwandlung des Betriebs in eine Gesellschaft m. b. H. und Veräußerung der Geschäftsanteile wird Rechnung getragen werden können.

Den Geschäftsgewinn kann ich nur dann der Besteuerung zugrunde legen, wenn die Buchführung den Anforderungen kaufmännischer Buchführung entspricht. Denn nur dann kann sich die Steuer fortlaufend, dem Verkehrsbedürfnis entsprechend, der Realisierung der Gewinne anschmiegen oder mit anderen Worten, im Gegensatze zur bisherigen Lehre warten, bis die Konjunkturgewinne realisiert werden, wo dann der Gewerbetreibende in der Lage ist, die Steuer zu zahlen. Zu solcher Buchführung ist der Vollkaufmann nach § 163 AO. steuerrechtlich verpflichtet. Er kann sich der Steuer nicht etwa dadurch entziehen, daß er in den Jahren, wo er stille Reserven anhäuft, Buch führt, dann aber, wenn es der Gang seines Gewerbes mit sich bringt, daß er die Wertsteigerung realisiert, mit der Buchführung aufhört. Täte er das, so ist sein Geschäftsgewinn nach § 210 AO. so zu schätzen, wie er bei ordentlicher Buchführung vermutlich ausgefallen wäre. Etwaige Unsicherheiten in der Schätzung müssen gegen den Kaufmann ausfallen; er kann sich darüber nicht beschweren, da er dieser Gefahr ja entgehen kann, wenn er seine steuerliche Pflicht zur Buchführung erfüllt.

Ich halte es für unbedenklich, den Vollkaufleuten alle Gewerbetreibenden gleichzustellen, die tatsächlich nach kaufmännischem Brauche Buch führen; dann muß ich aber die Folgerung ziehen, daß sie, wenn sie einmal zu dieser Buchführung übergegangen sind und deren Vorteile für die Steuer genießen, nicht mehr willkürlich mit ihr aufhören dürfen: die Fortsetzung der Buchführung muß für sie zur steuerrechtlichen Pflicht werden.

Was hat aber für diejenigen Gewerbetreibenden zu gelten, die nicht nach kaufmännischer Art Buch führen und auch nicht dazu verpflichtet sind? Bei vielen von ihnen, z. B. den Lohnhandwerkern, aber auch den Bücherrevisoren, Steuerberatern, d. h. überall da, wo das gewerbliche Betriebsvermögen keine oder doch nur eine untergeordnete Rolle spielt, wird der Geschäftsgewinn zu berechnen sein, wenn sich ihre Einnahmen und Ausgaben feststellen lassen. Im übrigen wird nur Schätzung übrig bleiben. Diese Schätzung wird, weil es eben einfach nicht anders geht, summarisch sein müssen und am besten auf objektive Merkmale abzustellen oder aus dem Umsatz zu ermitteln sein. Man verkenne aber nicht, daß die Einkommensteuer hier einfach versagt. Das kann man sich klar machen, wenn man das Einkommen eines nicht zu Buchführung verpflichteten Gewerbetreibenden, z. B. eines Handwerkers, der sich eine Motoranlage angeschafft hat, dadurch andere Unkosten (Löhne usw.) erspart und nun Abzüge wegen Abnutzung verlangt, nach § 33, 33a Abs. 1 des EStG. wirklich ermitteln will. Diese Frage geht aber über das hier zu erörternde Gebiet hinaus. Ich kann sie unerörtert lassen, da wir es im wesentlichen nur mit buchführenden Gewerbetreibenden zu tun haben.

Haben wir im allgemeinen in dem realisierten Geschäftsgewinn eine Grundlage für eine gleichmäßige Besteuerung des Einkommens aus Gewerbe gefunden, so fällt doch sofort ein Unterschied auf: Geschäftsgewinn des Einzelkaufmanns und Geschäftsgewinn einer G. m. b. H. ist nicht dasselbe. Bei der G. m. b. H. ist Geschäftsgewinn erst, was nach Deckung der Unkosten der Leitung übrig bleibt, während der Einzelgewerbetreibende für seine Tätigkeit nichts absetzen darf. Das wird bedeutsam, wenn bei einer G. m. b. H. die Gesellschafter Geschäftsführer sind und Gehalt beziehen. Dann liegt die Sache oft wirtschaftlich kaum anders, als wenn die Gesellschafter eine offene Handelsgesellschaft bildeten. Die Verschiedenheit der Rechtsform kann aber dazu führen, daß das, was bei der offenen Handelsgesellschaft Geschäftsgewinn wäre, bei der Form der G. m. b. H. Einkommen der Gesellschafter aus Arbeit ist und daß ein Geschäftsgewinn der G. m. b. H. vielleicht gar nicht vorhanden oder doch um so viel geringer ist, als die Gesellschafter als Gehalt beziehen.

Ich möchte diesen Unterschied vorläufig nur andeuten und wende mich jetzt der Hauptfrage zu.

Wenn gefragt wird, ob es erwünscht sei, das Einkommen aus Gewerbe ohne Rücksicht auf die Rechtsform gleichmäßig zu besteuern, so entsteht sofort die Frage:

W e r soll gleichmäßig besteuert werden?

Das Einkommen als solches schwebt in der Luft; es kommt darauf an, wem es zufließt, wer Träger des gewerblichen Einkommens ist. Die Frage, die uns gestellt ist, enthält in dieser Hinsicht eine gewisse Unbestimmtheit, die leicht dazu verführen könnte, die Schwierigkeiten der Lösung zu unterschätzen; die Erörterung dieser Unklarheit wird uns aber, wie ich meine, unmittelbar auf den Kern der ganzen Frage führen. W e r soll gleichmäßig behandelt werden? Die Antwort ist schwer. Sage ich: der Träger des gewerblichen Einkommens, so frage ich weiter: wer ist das? Beim Einzelgewerbetreibenden natürlich der Unternehmer, d. h. eben der Einzelgewerbetreibende. Bei den großen Aktiengesellschaften, deren Aktien sich in ungezählten Händen befinden und täglich umgesetzt werden, sind Unternehmer, Träger des Einkommens, wohl ebenso gewiß die G e s e l l s c h a f t e n s e l b s t und nicht etwa die einzelnen Aktionäre. Nun aber die vielen Zwischenstufen; denken Sie vor allem an die Gesellschaften m. b. H. in allen Erscheinungsformen, d. h. mit all den wirtschaftlich so verschieden liegenden Fällen, in denen diese Rechtsform verwandt wird, weiter aber auch an die offenen Handelsgesellschaften und Kommanditgesellschaften. Wer ist da, wirtschaftlich gedacht, der Träger des gewerblichen Einkommens? Ist es die Gesellschaft oder sind es die Gesellschafter? Läßt sich überhaupt eine alle Fälle deckende Antwort finden? Ich fürchte: nein! Und darin liegt die Unmöglichkeit, die uns gestellte Frage befriedigend zu lösen. Wir können höchstens hoffen, einen mehr oder weniger unzureichenden Ausgleich zu finden.

Versuchen wir, der Antwort näher zu kommen, indem wir prüfen, wen das geltende Recht als Träger des gewerblichen Einkommens behandelt. Da haben wir:

1. d e n E i n z e l g e w e r b e t r e i b e n d e n,

2. bei o f f e n e n H a n d e l s g e s e l l s c h a f t e n, K o m m a n d i t g e s e l l s c h a f t e n u n d ä h n l i c h e n G e b i l d e n, z. B. Reedereien — auch Gesellschaften des bürgerlichen Rechtes können hierher gehören —, sind Träger des gewerblichen Einkommens die einzelnen Teilhaber, Kommanditisten, Gesellschafter. Sie sind Unternehmer, „Mitunternehmer", wie das Gesetz sagt, und werden so behandelt, daß der Geschäftsgewinn der Gesellschaft anteilmäßig auf sie verteilt und ihnen als Einkommen angerechnet wird, ganz einerlei, ob und wieweit der Geschäftsgewinn ausgezahlt wird oder im Geschäft bleibt. Das führte in der Inflationszeit zu größter Unbilligkeit, und ich kann es wohl verstehen, wenn in den letzten Nummern der Juristischen Wochen-

schrift ein Urteil des 6. Senats deshalb angegriffen ist. Ich kann dazu nur bemerken: wir hätten gern nach § 4 AO. geholfen; aber es ging nicht, da der Aufbau des Gesetzes klar den hiermit unvereinbaren Zweck des Gesetzes ergab; die Unbilligkeit liegt im Gesetz.

3. Bei den Gesellschaften m. b. H. und den Aktiengesellschaften ist die Gesellschaft der Unternehmer und der Träger des Einkommens. Was die Gesellschaft und Aktionäre an Gewinn erhalten, ist Kapitaleinkommen, das nur dann einkommensteuerpflichtig ist, wenn es jemandem zufließt, der in Deutschland einkommen- oder körperschaftssteuerpflichtig ist.

4. Bei der Kommanditgesellschaft auf Aktien haben wir zwei oder mehr Träger des Einkommens oder Unternehmer, einmal die Gesamtheit der Aktionäre, dann den oder die persönlich haftenden Gesellschafter. Was bei den persönlich haftenden Gesellschaftern aus dem Gewinn auf ihren etwaigen Aktienbesitz fällt, ist für sie Kapitaleinkommen; was auf ihre sonstige Beteiligung fällt, oder was sie als Vergütung erhalten, gewerbliches Einkommen.

5. Ähnlich wie bei den Kommanditgesellschaften auf Aktien verhält es sich bei den Gesellschaften m. b. H., wenn bei diesen Gesellschafter kraft Gesellschaftsrechts Geschäftsführer sind und dafür Vergütung beziehen. Diese Vergütung bildet für sie, wie aus den Entscheidungen, die der 2. Senat des Reichsfinanzhofs kürzlich zur Rentenbankumlage gefällt hat, zu entnehmen ist, gewerbliches Einkommen. Sind sie kraft Dienstvertrag angestellt, so ist die Vergütung Einkommen aus Arbeit. In beiden Fällen ist sie nicht Einkommen der G. m.b. H.

Das ist ein buntes, etwas verworrenes Bild. Sehen wir näher zu, so ergeben sich als Richtlinien:

1. Im allgemeinen knüpft die Besteuerung ausschließlich an die Rechtsform an und kümmert sich um das, was wirtschaftlich vorliegt, überhaupt nicht. Sehe ich von dem verwickelten Falle der Aktienkommanditgesellschaft ab, so liegt die Sache so: wo eine juristische Person im Sinne des bürgerlichen Rechtes vorliegt, wird sie besteuert; wo das nicht zutrifft, wird die Form der Gesellschaft als nicht vorhanden angenommen und die Sache so behandelt, als ob anteilmäßig soviele Einzelbetriebe vorlägen, als Beteiligte da sind.

2. Soweit juristische Personen als Gewerbetreibende besteuert werden, wird die Steuer nicht etwa, wie insbesondere früher die Einkommensteuer der G. m. b. H. in Preußen, nach dem Betrage des Ge-

schäftsgewinns gestaffelt und gesteigert, sondern es greift ein fester Satz ein, und außerdem wird unterschieden: die Steuer beträgt an sich — ich rechne die Kapitalertragsteuer oder ihren Ersatz ein — 40 v. H. Solange der Geschäftsgewinn nicht ausgeschüttet wird, werden nur 20 v. H. erhoben. Soweit aber Geschäftsgewinn ausgeschüttet wird — sofort, später, bei Liquidation —, werden nochmals 25 v. H. des ausgeschütteten, d. h. 20 v. H. des ursprünglichen, vor Abzug der Geschäftsgewinnsteuer erzielten Betrages erhoben. Das deutet, zumal wenn die ausgeschütteten Gewinne unter Umständen nochmals als Kapitaleinkommen zu versteuern sind, darauf hin, daß das Gesetz davon ausgeht — in der Praxis macht es sich wesentlich anders —, daß es sich bei den so besteuerten Unternehmungen um besonders kapitalkräftige Gebilde handelt, die in der Lage sind und bei denen es volkswirtschaftlich erwünscht ist, daß sie aus ihrem Gewinn Reserven bilden und ihren Betrieb erweitern.

Im übrigen nimmt das geltende Recht auf alles, was sonst etwa *wirtschaftlich* bedeutsam erscheinen könnte, keine Rücksicht. Ob ein Gewerbetreibender allein oder mit seinen Angehörigen arbeitet, oder ob er Dutzende, Hunderte, Tausende von Angestellten und Arbeitern beschäftigt, ist gleichgültig: es kommt nur auf die Rechtsform an. So beruft sich z. B. in Rentenbankumlagesachen jetzt alle Augenblick eine G. m. b. H. darauf, daß ihr gesamtes Personal nur aus einem geschäftsführenden Gesellschafter bestehe. Gleichgültig ist ferner, ob das Unternehmen sozusagen auf zwei Augen steht, ob es der Natur der Sache nach mit der Persönlichkeit des Inhabers verwachsen ist oder ob die Persönlichkeit des Inhabers dem Unternehmen gegenüber zurücktritt, mehr oder minder gleichgültig wird, das Unternehmen als solches selbständige Bedeutung für das Wirtschaftsleben gewinnt. Gleichgültig ist weiter, ob der oder die Inhaber mit ihren Familien von dem Ertrage des Unternehmens leben müssen oder ob sie in der Lage sind, ihr Unternehmen aus dem Geschäftsgewinn zu vergrößern, und ob die wirtschaftlichen Verhältnisse eine solche Vergrößerung fordern oder zulassen. Vor allem läßt aber das geltende Recht, indem es ausschließlich an die Rechtsform anknüpft, die vielen Fälle ganz außer acht, in denen eine Gesellschaft m. b. H. wirtschaftlich, wenn man von der Beschränkung der Haftung und der erleichterten Übertragbarkeit, die beide für die Einkommensteuer ohne Bedeutung sind, absieht, nichts anderes ist als ein Einzelbetrieb, eine offene Handelsgesellschaft oder eine Kommanditgesellschaft. Dem reiht sich als Gegenstück an, daß das

Gesetz bei der offenen Handelsgesellschaft und Kommanditgesellschaft umgekehrt die gesellschaftliche Bindung der einzelnen auch dann unberücksichtigt läßt, wenn das Unternehmen wirtschaftlich darauf angewiesen ist, zu thesaurieren, die einzelnen Kommanditisten usw. also den Gewinn, den sie persönlich versteuern müssen, gar nicht in die Hände bekommen.

Daß dieser formalistische Aufbau des Gesetzes zu Unzuträglichkeiten führen muß, ist klar: es entstehen die größten Ungleichheiten. Das zeigt am besten ein Beispiel: wer ein gutgehendes Geschäft hat, muß den Geschäftsgewinn vielleicht mit 60 v. H. versteuern. Verwandelt er sein Geschäft in eine G. m. b. H. und macht sich zum Geschäftsführer, so kann er von dem Gehalt des Geschäftsführers leben und den übrigen Geschäftsgewinn stehen lassen, so daß er ihn vorläufig, bis zur Liquidation, nur mit 20 v. H. versteuert. Dadurch erreicht er zugleich, daß er sein sonstiges Einkommen, statt wie früher mit 60 v. H., weit geringer, vielleicht nur mit 10, 20 oder 30 v. H., versteuert. Nun ein Gegenbeispiel: der Mann stirbt, er hinterläßt Kinder und Kindeskinder. Vielleicht muß ein Fremder zum Geschäftsführer bestellt werden. Die Erben müssen vom Ertrage des Geschäfts leben, also auf Ausschüttung des Geschäftsgewinns bestehen. Dann wird der Geschäftsgewinn zunächst mit 20 v. H. besteuert, der ausgeschüttete Betrag nochmals mit 15 oder gar 25 v. H. und, vorbehaltlich gewisser Anrechnungen, nochmals als Kapitaleinkommen der Erben. Bildeten die Erben statt der Gesellschaft m. b. H. eine offene Handelsgesellschaft oder Kommanditgesellschaft, so müßten sie die ausgeschütteten Beträge vielleicht nur mit 10 v. H. versteuern, ja, bei Eingreifen des § 26 des EStG. hätten sie vielleicht noch weniger zu zahlen.

Das sind unerträgliche Ergebnisse. Nun können sich die Beteiligten vielleicht dadurch schützen, daß sie je nach ihren Bedrüfnissen von der einen Rechtsform zur andern übergehen. Da taucht natürlich der Einwand auf: denkt an die Kapitalverkehrssteuer, an die Grunderwerbsteuer und die Gebühren! Dieser Einwand greift freilich nicht durch. Die Beteiligten können sich helfen, indem z. B. die Inhaber einer offenen Handelsgesellschaft eine G. m. b. H. gründen, aber ihren Betrieb nicht einbringen, sondern nur an die G. m. b. H. verpachten, und indem umgekehrt die Gesellschafter einer G. m. b. H. eine offene Handelsgesellschaft bilden und den Betrieb von der G. m. b. H. pachten. Ich habe in einem Aufsatz, der im Aprilheft von „Steuer und Wirtschaft" erschienen ist, erörtert, ob in solchen Fällen eine Umgehung der

Einkommen- oder der Körperschaftssteuer im Sinne des § 5 der AO. vorliege, und habe das verneint. Die Gründe sind ganz kurz die: wenn jemand vor 30 Jahren, als die G. m. b. H. noch ein Wickelkind war und man an ihre Besteuerung noch nicht dachte, der Einkommensteuer dadurch hätte entgehen wollen, daß er sein Geschäft zu einer G. m. b. H. machte, den Gewinn dort thesaurierte und ihn später durch Auflösung der G. m. b. H. oder sonst wieder in sein Privatvermögen brachte, so hätte man vielleicht von einem Mißbrauch der Rechtsform der G. m. b. H. zur Steuerumgehung sprechen können. Jetzt ist das anders. Da das Gesetz — es handelt sich um das Einkommen- und Körperschaftssteuergesetz, die doch im gewissen Sinne eine Einheit bilden — beide Fälle, nämlich die Erzielung von Einkommen unmittelbar durch diese Einzelperson oder offene Handelsgesellschaft und mittelbar durch eine Körperschaft nebeneinander zuläßt und gleichwertig behandelt, läßt es dem Pflichtigen die Wahl, ob er die eine oder die andere Form benutzen will, und es kann kein Mißbrauch darin liegen, daß der Pflichtige die Form wählt oder einwechselt, die für ihn günstiger ist, ja, die er wählen muß, wenn er weiter bestehen will. Er ist, wie der RFH. einmal gesagt hat, keineswegs genötigt, sich so einzurichten, daß er die meisten Steuern zahlen muß.

Aber wenn sich die Beteiligten auch helfen können, so ist es doch einfach unerträglich, daß das Steuerrecht sie zu einem solchen Schaukelsystem zwingt. Außerdem können sie sich nur bis zu einem gewissen Grade helfen, nämlich dann nicht mehr, wenn gerade wegen der Besteuerung die Belange der einzelnen Gesellschafter der G. m. b. H. einander widerstreiten. Wenn im letzten Beispiel ein Sohn als Geschäftsführer das Unternehmen weiterführt, wird er sagen: ich kann von meinem Gehalte leben und will keine Gewinnausschüttung, die von der Steuer verschluckt wird. Ein anderer wird vielleicht sagen: ich habe reich geheiratet und danke dafür, daß durch die Ausschüttung mein Steuersatz auf 50 oder 60 v. H. hinaufschnellt. Dann sind aber noch die Töchter und Kindeskinder da, die von dem Ertrage ihres Anteils leben müssen; wenn sie die Ausschüttung oder die Umwandlung der G. m. b. H. in eine Kommanditgesellschaft nicht durchsetzen können, werden sie oft gezwungen sein, ihren Anteil nur deshalb unter Wert wegzugeben, weil das Gesetz die Steuer ausschließlich an die Rechtsform geknüpft hat.

Also kurz und gut: das kann so nicht bleiben! Ich habe deshalb unter I B 1 als ersten Leitsatz den Satz aufgestellt: die Einkommen-

und die Körperschaftssteuer ist so zu gestalten, daß die Gewerbetreibenden nicht genötigt werden, der Einkommen- oder Körperschaftssteuer wegen bestimmte Rechtsformen zu wählen oder von einer Rechtsform zur anderen überzugehen.

Nun muß ich freilich an dieser Stelle davor warnen, das geltende Recht nur von der Seite zu sehen, die wir bisher ausschließlich ins Auge gefaßt haben. Ich kann nicht beurteilen, ob und wieviel die Ausschüttungssteuer gebracht hat; allzuviel Dividenden sind wohl nicht ausgeschüttet. Die praktische Bedeutung der Unterscheidung zwischen Geschäftsgewinnsteuer und Ausschüttungssteuer war nach dem bisherigen Verlauf wohl eine andere: sie ermöglichte es großen Gewerbetreibenden, durch Umwandlung ihrer Betriebe in Gesellschaften m. b. H. und Thesaurierung des Geschäftsgewinns in den G. m. b. H. der wegen ihrer Höhe geradezu vernichtenden Einkommensteuer zu entgehen, wie ich das vorhin an einem Beispiel gezeigt habe. Das war nicht schön, aber volkswirtschaftlich vielleicht unerläßlich. Indessen zeigt dies zugleich den wundesten Punkt des bisherigen Systems und zugleich das beste Mittel, wie auch unserer Frage geholfen werden kann: es ist vor allem die ungesunde Höhe unserer Einkommensteuer und, falls Gewinn ausgeschüttet wird, auch der Körperschaftssteuer, die die Beteiligten zur Wahl von Rechtsformen zwingt, die wirtschaftlich für ihren Betrieb nicht geeignet sind oder doch nur ein Spiel bedeuten. Deshalb muß in allererster Linie verlangt werden, daß sowohl die Einkommen- wie die Körperschaftssteuer wenigstens für kleinere und mittlere Einkommen im Sinne des ausländischen Rechtes — ganz hohe Einkommen, wie sie das Ausland kennt, haben wir ja kaum — auf ein vernünftiges Maß zurückgeführt wird. Dadurch vermindern wir die Gefahr, daß nur der Steuer wegen zu Rechtsformen gegriffen wird, die wirtschaftlich nicht geeignet sind. Zur Unterstützung des hierzu behaltenen Leitsatzes B I 2 beziehe ich mich auf eine Forderung, die die Vereinigung niedersächsischer Handelskammern und Zeitungsnachrichten so formuliert hat: es empfiehlt sich, die Reichsregierung zu bitten, eine neue Staffelung der Einkommensätze vorzunehmen, und zwar eine starke Durchstaffelung mit hohen Sätzen bei ganz großen Einkommen und erträglicheren Sätzen bei den kleinen und mittleren Einkommen, wie es ja auch der Grundsatz der englischen Einkommensteuerpolitik ist, bei der die höchsten Sätze der bisherigen deutschen Einkommensteuer nur für Einkommen in Betracht kommen, wie sie in Deutschland gar nicht existieren. Die Schonung der kleineren und mittleren Einkommen ist geradezu ein Kernpunkt einer guten deutschen Steuerpolitik, weil die Vermögensbildung unbedingt gefördert werden muß, nachdem durch die Inflation die alten, die Wirtschaft früher so stark befruchtenden Kapitalien aufgezehrt worden sind.

Es fragt sich, ob ein weiterer Ausgleich dadurch zu erzielen ist, daß eine Art Einheitsbesteuerung eingeführt wird, indem man die jetzt bestehenden Verschiedenheiten nach Möglichkeit beseitigt. In dieser Hinsicht käme zunächst in Frage:

1. daß man die Gesellschaften m. b. H. und die Aktiengesellschaften wie offene Handelsgesellschaften und, wenn alle Anteile in einer Hand wären, wie Einzelgewerbetreibende behandelt, oder daß man umgekehrt:

2. die offenen Handelsgesellschaften und den Einzelgewerbetreibenden wie die G. m. b. H. und Aktiengesellschaften behandelt, d. h. auch bei ihnen grundsätzlich zwischen der Besteuerung des Geschäftsgewinns im allgemeinen und der Besteuerung des entnommenen Gewinns unterscheidet, oder daß man doch, wenn das nicht geht, wenigstens bei allen Erwerbsgesellschaften so verfährt.

Ich halte beide Wege in der vorhin formulierten Allgemeinheit für ungangbar: man begeht denselben Fehler, daß man die Besteuerung an die äußere Form anknüpft, ohne die wirtschaftlich bestehenden Verschiedenheiten zu beachten. Das muß zu Fehlgriffen führen.

Dem ersten Wege steht zunächst entgegen, daß er bei der Aktiengesellschaft, soweit es sich nicht um Ausnahmen handelt, einfach nicht gangbar ist. Es könnte also keinesfalls eine völlige Ausgleichung stattfinden; die Kluft, die jetzt zwischen der offenen Handelsgesellschaft und der G. m. b. H. gähnt, würde nur verlegt an die Stelle zwischen der G. m. b. H. und der A.-G., und man könnte mit einer Flucht aus der Aktiengesellschaft in die G. m. b. H. oder umgekehrt aus der G. m. b. H. in die A.-G. rechnen; ferner würden bei der G. m. b. H. starke technische Schwierigkeiten eintreten. Im allgemeinen habe ich den Eindruck, daß durchschnittlich die Zahl der Teilhaber bei den G. m. b. H. zwischen 4 oder 5 liegt. Die Verhältnisse scheinen allerdings sehr verschieden zu liegen. So ist mir aus Nürnberg mitgeteilt, daß dort von 882 G. m. b. H. weit über 800 weniger als 5 Gesellschafter haben; dagegen sollen in Groß-Berlin von 22 000 G. m. b. H. 85 % mehr als 5 Gesellschafter haben. Wollte man grundsätzlich bei allen G. m. b. H. erst den Geschäftsgewinn der Gesellschaft ermitteln und festsetzen und diesen anteilmäßig den Gesellschaften anrechnen, so würde die Veranlagung der Gesellschafter dadurch recht erschwert und verzögert.

Aber auch wirtschaftlich scheint mir der Weg nicht gangbar zu sein. Soweit die G. m. b. H. Kapitalgesellschaften sind, würde die besondere Steuerkraft, die in der Erzielung erhöhten Gewinns durch Vereinigung von Kapital liegt, ungenützt bleiben. Weiter aber würde man einen Übelstand, der jetzt bei den Kommanditgesellschaften auftritt, verallgemeinern. Man würde die Tatsache, daß der Geschäftsgewinn wirtschaftlich doch nicht ohne weiteres als Geschäftsgewinn der Gesellschafter angesehen werden kann, weil und soweit er ihnen — oft wohl sehr gegen ihren Willen — nicht zufließt, sondern als Reserve zur Verstärkung des Geschäfts einbehalten wird, einfach wegwischen und die Gesellschafter, die Gewinn versteuern müssen, den sie nicht in die Hände bekommen, dazu nötigen, ihre Anteile, wenn sie die Steuer nicht bezahlen können, unter Wert wegzugeben. Endlich liefe die Sache darauf hinaus, die volkswirtschaftlich so gebotene Verstärkung der wirtschaftlichen Kraft der Betriebe auf dem wichtigen Gebiete der G. m. b. H. ganz zu beseitigen.

Es fragt sich, ob der andere Weg der Ausgleichung gangbar ist, nämlich der, die offenen Handelsgesellschaften und die Einzelgewerbetreibenden wie die G. m. b. H. zu behandeln. Auf den ersten Blick kann der Gedanke locken: Besteuerung des Geschäftsgewinns unmittelbar bei allen Betrieben an der Quelle; davon getrennt Besteuerung der Entnahmen bei den Entnehmenden im Rahmen von deren Einkommen! Ja, man könnte sich in Gedanken ausmalen, daß auf diese Weise eine geeignete Grundlage für die Gewerbesteuer gewonnen und Gewerbe- und Einkommensteuer in einer viel Zeit und Mühe sparenden Weise in Verbindung gebracht werden könnten. Sogleich kommen aber Bedenken. Dabei muß ich bekennen, daß ich die Sache bisher nur unter dem Gesichtspunkt der Beibehaltung der Einkommensteuer in der bisherigen Art betrachtet habe. Das ist vielleicht zu eng. Ob sich andere Möglichkeiten ergeben, wenn ich die große Menge der kleinen und mittleren Betriebe nur mit der an der Quelle zu hebenden Geschäftsgewinnsteuer treffe und die Entnahme nur bei größeren Einkommen besonders besteuere, lasse ich ausdrücklich dahingestellt. Was folgt, gilt nur, wenn man die Frage vom Boden der Einkommensteuer aus angreift. Da ergibt sich zunächst folgendes Bedenken. Ich kann doch nicht bei den offenen Handelsgesellschaften usw. als Geschäftsgewinn den ganzen Gewinn versteuern, sondern muß, um die Gleichstellung mit den G. m. b. H. durchzuführen, einen angemessenen Betrag für die Tätigkeit der Einzelgewerbtreibenden und der geschäftsführenden Teilhaber der offenen Handelsgesellschaft absetzen. Was ist aber angemessen? Ein fester Betrag, etwa was bis zu 10 % versteuert wird, oder ein Teil des Gewinns? Oder das doppelte Gehalt des ersten Angestellten? Und wenn ich einen angemessenen Satz finde, so wird in vielen Fällen kein Geschäftsgewinn mehr bleiben. Wozu der Lärm für die ausscheidenden Fälle, die vielleicht 90 oder 95 v. H. betragen? Immerhin wird man über diese Schwierigkeit hinwegkommen. Dann entsteht aber eine neue noch größere bei dem Begriff Entnahme. Besteuert werden kann doch nur die Entnahme vom Gewinn, sei es jetzt oder früher erzielten vorläufig aufgespeicherten Gewinnes. Wie kann man das festlegen? Es käme doch darauf an, das Gegenstück zu dem zu finden, was bei den Gesellschafften als Ausschüttung besonders gefaßt wird. Wann entnimmt aber besonders der Einzelgewerbetreibende etwas dem Geschäft? Man denke, er verwendet Betriebsvermögen zum Bau eines Landhauses, das er bewohnt, vielleicht auch mit einer Hypothek zugunsten seines Betriebes belastet. Soll für die Besteuerung entscheiden, ob er das Landhaus aus seinem Betriebsvermögen herausnimmt oder es weiter in seinen Bilanzen aufführt? Oder ist zu verlangen, daß Betriebsvermögen nur ist, was unmittelbar dem Betriebe dient? Und ist das — man denke an die Anlegung entbehrlichen oder vorübergehend entbehrlichen Geldes in Wertpapieren — sicher zu begrenzen? Wie soll es gehalten werden, wenn der Geschäftsinhaber vorübergehend Geld in sein Geschäft eingebracht hat und später wieder etwas herausnehmen will, etwa um eine Tochter auszusteuern? Soll er dann das, was er wieder herausnimmt, als aus dem früher aufgespeicherten Gewinne stammend, versteuern? oder soll es so gehalten werden, als ob er sich selber ein Darlehen gegeben habe? Und wenn auf gewinnreiche Jahre Jahre des Verlustes folgen: der Geschäftsinhaber muß Geld entnehmen, um zu leben; soll er die Entnahme wirklich gerade dann versteuern, wenn er das Geld in einem für ihn möglichst ungünstigen Zeitpunkt entnehmen muß? Oder will man ihm erlauben, sich selbst ein Darlehn zu geben und damit die ganze Ausschüttungssteuer zu einem Mummenschanz machen? Und endlich die unglücklichen Kommanditisten, die auf die regelmäßige Entnahme des Gewinns angewiesen sind! Sollen sie den Geschäftsgewinn und die Entnahme versteuern? Also viel zu hohe Steuern zahlen? Mir scheint der Gedanke, zwischen stehenbleibenden und ausgeschütteten Gewinnen zu unterscheiden, nur für große Betriebe zu passen, bei denen sich die Ausschüttung, d. h. die Entnahmen, nicht nach den Bedürfnissen der Inhaber, sondern nach denen des Betriebes richten; eine Verallgemeinerung führt zu Mißgriffen.

Ich halte also auch den zweiten Weg für ausgeschlossen, vor allem auch deshalb, weil die Durchführung dazu führen müßte, daß die Regel zur verschwindenden Ausnahme würde und weil viele technische Schwierigkeiten entständen, denen formell nur umständlich durch Erstattung und Anrechnung usw. und sachlich nicht befriedigend abgeholfen werden könnte. Daß der Gedanke einen berechtigten Kern in sich birgt, verkenne ich nicht; er könnte sich bei grundsätzlicher Änderung der Einkommenbesteuerung unter Annäherung an das englische Recht als fruchtbar erweisen, und auch ich komme in anderem Zusammenhang noch darauf zurück. Ich wende mich hier nur gegen die allgemeine Durchführung. Ich glaube auch, daß nichts dadurch gewonnen würde, wenn man etwa nur die offenen Handelsgesellschaften und Kommanditgesellschaften den G. m. b. H. gleichsetzen wollte. Dann hätte man theoretisch zwar eine wundervolle Gleichmäßigkeit wenigstens für alle Gesellschaften. In Wirklichkeit würde man den Fehler, daß man die G. m. b. H. ohne Rücksicht auf ihre wirtschaftlichen Unterlagen gleichmäßig behandelt, verallgemeinern und den Gesellschaftern der G. m. b. H. die Möglichkeit nehmen, sich durch Verwandlung in eine offene Handelsgesellschaft oder Kommanditgesellschaft zu retten. Ich erinnerte schon an die unglücklichen Kommanditisten, die vom Ertrag ihres Anteils leben müssen und dann so hoch mit der Steuer getroffen würden, daß sie schleunigst stille Gesellschafter werden müßten, wenn man nicht auch da einen Riegel vorschieben will. Weiter ist es aber durchaus ungerechtfertigt, die Einzelgewerbetreibenden und die offenen Handels- und Kommanditgesellschaften so verschieden zu behandeln. Beispiele: der Vater nimmt seinen Sohn bei dessen Volljährigkeit zu 10 v. H. als Teilhaber auf oder er nimmt ihn als Teilhaber auf und übergibt ihm nach einigen Jahren das ganze Geschäft; oder: der Vater stirbt, der Sohn führt das Geschäft fort. Die Mutter wird Kommanditistin, bis sie der Sohn beerbt, oder: der Vater bestimmt im Testament, daß der Sohn die Schwestern, die zunächst Kommanditistinnen werden, nach und nach abfinden soll. Ist es in diesen und hundert anderen Fällen gerechtfertigt, die Teilhaber der offenen Handelsgesellschaft usw. grundlegend anders als die Einzelgewerbetreibenden zu besteuern? Es ist wieder und wiederum der alte Fehler: man glaubt, wenn man sich an die Rechtsform klammert, allen wirtschaftlichen Bedürfnissen gerecht geworden zu sein, während wirtschaftlich ganz verschiedene Fälle vorliegen, die verschiedene Behandlung fordern.

Ich glaube, hiernach den Weg der Einheitsbesteuerung in den bisher betrachten Möglichkeiten ablehnen zu sollen; vgl. dazu die Leitsätze B II 1—3. Anders könnte es sich mit einer anderen Art der Vereinheitlichung der Besteuerung verhalten, wenn man nämlich dazu übergehen wollte, die Besonderheit der Körperschaftssteuer, daß sie zwischen der Besteuerung des ausgeschütteten und des nicht ausgeschütteten Gewinns unterscheidet, einfach zu beseitigen. Dadurch würde freilich ein sehr erheblicher Grund der Ungleichmäßigkeit der derzeitigen Besteuerung entfernt. Dem könnte aber zunächst ein theoretischer Einwand, der als solcher nicht viel auf sich hat, dann aber vor allem ein praktisches Bedenken entgegengehalten werden. Im Schrifttum und in der Rechtsprechung ist die Auffassung verbreitet, die Körperschaftssteuer sei die Einkommen(Personal-)Steuer der Gesellschaften, und gerade die Besonderheit der Ausschüttungssteuer sei das treffende Merkmal, und zwar das einzige, das noch übrig sei und das deutlich darauf hinweise, daß die Körperschaftssteuer der Leistungsfähigkeit angepaßt sei. Dieser Gedankengang scheint mir nicht zuzutreffen. Man wird unterscheiden müssen zwischen der Leistungsfähigkeit der Gesellschaf t e r und der Leistungsfähigkeit der Gesellschaf t e n. Die Gesellschafter, die ihren Gewinn stehen lassen können, sind sicher leistungsfähiger als die, die auf die Ausschüttung des Gewinns angewiesen sind, um davon leben zu können. Sieht man aber auf die Gesellschaften selber, so ist es, zumal wenn man an die vielen G. m. b. H. denkt, die, abgesehen von der Rechtsform, nichts anders sind als offene Handelsgesellschaften und bei denen die Gesellschafter den Geschäftsgewinn als Gehalt oder Gewinnanteil entnehmen müssen, um davon zu leben, doch recht oberflächlich geurteilt, wenn man in der Tatsache der Ausschüttung von Gewinn allgemein ein Zeichen einer besonderen Leistungsfähigkeit dieser Gesellschaften erblicken will; jedenfalls scheint mir dieser Gesichtspunkt in keiner Weise zu rechtfertigen, die Steuer für den ausgeschütteten Betrag zu verdoppeln. Ich halte den ganzen Gedankengang für abwegig und für eine theoretische Spielerei. Desto gewichtiger ist das praktische Bedenken. Die wirtschaftliche Bedeutung der besonderen Ausschüttungssteuer ist eine ganz andere: man will die Bildung von Reserven, die Stärkung der Betriebe und damit die Stärkung der Steuerquellen begünstigen. Das ist volkswirtschaftlich geboten und kann deshalb auch steuerrechtlich, soweit angängig — ich muß diesen Punkt nachher noch würdigen —, anerkannt werden, wenn auch die strenge Durchführung des Aufbaus der Steuer nach der Leistungsfähigkeit der Betroffenen darunter leidet. Soweit der Gewerbetreibende den Geschäftsgewinn nicht zu anderen Zwecken verbraucht, ihn nicht herausnimmt, sondern weiterarbeiten läßt, soll die Körperschaftssteuer vorläufig nur zu einem Teile erhoben werden. Der Rest soll erst bei der Entnahme fällig werden. Bis dahin kann der Besteuerte den nicht entnommenen Teil weiter einkommenschaffend verwenden. Das schlägt in der Regel auch zum Vorteil des Steuergläubigers aus. Es kann natürlich auch vorkommen, daß der vorläufig nicht versteuerte Teil durch Verluste aufgezehrt wird und so die Steuer endgültig verloren geht; das muß wegen der übrigen Vorteile getragen werden. Dieser Gedankengang scheint mir durchaus gesund zu sein und nicht nur gesund, sondern er muß in gewissen noch zu erörternden Grenzen nach unserer Wirtschaftslage auf jede Weise gefördert werden, gerade weil unsere Betriebe so stark zurückgegangen sind. Daraus ergibt sich die Forderung: die Unterscheidung zwischen Geschäftsgewinnsteuer und besonderer Ausschüttungssteuer muß bleiben (vgl. den unter B II 4 aufgestellten Leitsatz).

Nun könnte man ja umgekehrt daran denken, daß man die Ausgleichung dadurch herbeiführt, daß man die Vergünstigung, den nicht entnommenen Gewinn geringer zu versteuern, auch den Einzelgewerbetreibenden gewährte. Daß das sich *nicht* dadurch erreichen läßt, daß man sie einfach den G. m. b. H. gleichstellt, habe ich vorhin nachzuweisen versucht. Aber mein Herr Mitberichterstatter deutete mir vorhin an, daß er noch einen anderen Weg, der in einfacherer Weise einen gewissen Ausgleich biete, gefunden zu haben meine. Ich darf auf seine Ausführungen verweisen und bemerke nur, daß ich mit jedem gangbaren Weg einverstanden bin.

Vorläufig wäre das Ergebnis meiner Ausführungen, daß grundsätzlich an der bisherigen Art der Verschiedenheit der Besteuerung der Einzelgewerbetreibenden und der G. m. b. H. und A.-G. festzuhalten ist (vgl. den Leitsatz B III 1). Dabei könnte jedoch diese Verschiedenheit dadurch verringert werden, daß zur Bildung der Spannung zwischen der Geschäftsgewinn- und der Ausschüttungssteuer und zur Föderung der Bildung von Reserven die Ausschüttungssteuer nach dem Verhältnis des ausgeschütteten Gewinns zum Geschäftsgewinn des betreffenden Jahres abzustufen sei (vgl. den Leitsatz B III 2). Ich greife hier einen Gedanken meines Herrn Mitberichterstatters auf und darf auf dessen Ausführungen verweisen. Außerdem bleibt noch zu prüfen, ob die von G. m. b. H. und A.-G. entrichteten Steuern bei der Versteuerung des ausgeschütteten Gewinns durch die Gesellschafter und Aktionäre in anderer Weise als bisher angerechnet werden kann (vgl. den Leitsatz B III 3). Dadurch würde nicht nur eine bedeutende Milderung der Spannung der Besteuerung zwischen den Einzelgewerbetreibenden und diesen Gesellschaften erzielt, sondern diese Art der Besteuerung hätte auch für die Besteuerung des ausländischen Besitzes an deutschen Aktien und Geschäftsanteilen größte Bedeutung.

Ich begnüge mich damit, die Richtung anzugeben. Einzelheiten könnten erst nach eingehender Prüfung, z. B. gerade auch nach Prüfung der Einwirkung einer solchen Änderung auf die Beteiligung ausländischen Kapitals, festgestellt werden. Dazu fehlen mir die Unterlagen; auch dürfte es des Juristentags nicht würdig sein, ins Blaue hinein ein Urteil zu fällen.

In dem Leitsatz habe ich gesagt: grundsätzlich ist daran festzuhalten usw.; die Ergänzung findet sich in den Leitsätzen unter IV. Das Wort „grundsätzlich" hat in der Rechtsprechung eine besondere juristische Färbung erhalten. Fast geht es damit wie dem Soll im Gegensatz zum Muß. Als ich in der AO. eine Reihe von Vorschriften als Sollvorschriften gestaltet hatte, bemerkte der Referent des Reichsjustizministeriums gelegentlich: „Soll" d. h. soviel als: „Du brauchst es nicht zu tun." Ähnlich wird jetzt in der Rechtsprechung das Wort „grundsätzlich" verwandt, wenn man es dahin deutet: „es geht auch anders", d. h. es soll nur die Regel, den Ausgangspunkt bilden. So bitte ich, den Leitsatz in III 1 dahin zu verstehen, daß zwar gesetzestechnisch an die Rechtsform anzuknüpfen ist, aber nur als Notbehelf, weil wir sonst der Sache nicht gut Herr werden können. Den wirtschaftlich bestehenden Verschiedenheiten muß dadurch Geltung verschafft werden, daß die Regel durch die Ausnahme durchbrochen wird. Das ist, worauf noch neuerdings Herr Professor Dr. Hensel hingewiesen hat, im Steuerrecht etwas Alltägliches: der Rahmen des Steuertatbestandes wird zunächst weit gespannt, um nichts auszulassen; die nähere Abgrenzung wird durch Ausnahmevorschriften erreicht, die wie Befreiungsvorschriften aussehen, aber nichts sind als ein Mittel, den Steuertatbestand genau zu bestimmen.

Welchen wirtschaftlich bedeutsamen Unterschieden müßte nun auch steuerrechtlich Beachtung verschafft werden? Die Antwort wäre gegeben, wenn wir die Frage, die ich schon vorhin stellte, befriedigend lösen könnten: wer ist wirtschaftlich der Träger des Einkommens aus

Gewerbe? Wir sahen schon, daß wir als solchen in der Regel den Einzelgewerbetreibenden, aber in der Regel nicht die Aktionäre, sondern die Aktiengesellschaften anzusehen haben; wir sahen weiter, daß gerade die Zwischengebilde Schwierigkeiten bereiten. Und der Fehler der Gesetzgebung besteht gerade darin, daß sie hier lediglich an die Rechtsform anknüpft — juristische Person oder nicht — und im übrigen alles gleich behandelt. Das führt dazu, daß G. m. b. H., die nichts sind als offene Handelsgesellschaften, aber wirtschaftlich der Beschränkung der Haftung bedürfen, unter der Körperschaftssteuer erliegen, aber auch dazu, daß sich jemand unter Ausnutzung der Form der G. m. b. H. sozusagen in mehrere einkommensteuerpflichtige Rechtssubjekte teilen kann und dadurch den Steuersatz ermäßigt. *Es liegt nun aber doch wohl auf der Hand, daß darüber, ob ein Unternehmen für die Einkommensteuer ausscheiden und für die Körperschaftssteuer selbständige Bedeutung haben soll, nicht lediglich die willkürlich beliebte Rechtsform entscheiden darf, sondern daß dies nur dann bejaht werden darf, wenn das Unternehmen auch wirtschaftlich eine gewisse selbständige Bedeutung hat; es muß insbesondere in gewisser Weise von der Persönlichkeit der jeweiligen Inhaber losgelöst sein und diesen gegenüber eine gewisse Selbständigkeit haben.* Das ist zunächst dann der Fall, wenn der einzelne Beteiligte, wie es meist bei den Aktiengesellschaften, vielfach aber auch bei den G. m. b. H. zutrifft, in der Menge der Beteiligten untergeht, so daß man zutreffend sagen kann, daß das, was ihnen an Gewinn zufließt, für sie kein gewerbliches Einkommen, sondern Kapitaleinkommen ist. Trifft diese Voraussetzung nicht zu, sondern gehört das Unternehmen nur einer oder wenigen Einzelpersonen, so muß die Sache, wenn das Unternehmen für die Einkommensteuer eine selbständige Bedeutung haben und der besonderen Art Körperschaftssteuer (Geschäftsgewinn- und Ausschüttungssteuer) zugewiesen werden soll, doch so liegen, daß das Unternehmen nicht mehr, wie weitaus die meisten Unternehmen, den Zwecken seiner Inhaber dient, indem es vornehmlich dazu bestimmt ist, diesen und ihren Familien Lebensunterhalt, vielleicht auch reichlichen Lebensunterhalt zu gewähren, sondern daß es selber zu einer wirtschaftlichen Macht geworden ist, die nach eigenen Gesetzen leben muß und dadurch ihre Inhaber zwingt, sich — namentlich auch hinsichtlich der Entnahmen — den Bedürfnissen des Unternehmens zu fügen oder ihre Rechte an dem Unternehmen auf andere zu übertragen. Als selbständige körperschaftssteuerpflichtige Unternehmen sollten in diesem Sinne m. E. nur solche behandelt werden, die eine gewisse Selbständigkeit haben, eine gewisse Dauer verbürgen und vielleicht auch mit einem gewissen Mindestmaß von Arbeitskräften und Anlagekapital nach außen in die Erscheinung treten. Nur für Unternehmen solcher Art scheint mir die Unterscheidung zwischen der Geschäftsgewinnsteuer und der besonderen Ausschüttungssteuer berechtigt zu sein, wie ja auch das geltende Recht schon davon ausgeht, daß es sich um sehr leistungsfähige Unternehmungen handelt, da es schon die Geschäftsgewinnsteuer auf 20 v. H. bemißt. Gewiß, auch bei den übrigen Gewerbebetrieben ist es wünschenswert, daß sie Reserven bilden und ihren Betrieb verstärken können. Dem wird aber mein Vorschlag, nur den realisierten Geschäftsgewinn unter Berücksichtigung bloßer Konjunkturverluste und unter Ausschaltung aller bloßen Konjunkturgewinne zu besteuern, schon in hohem Maße gerecht. Was darüber hinaus ginge, ginge zu weit und würde z. B. bei den Gewerbetreibenden, bei denen das Betriebsvermögen keine sonderliche Rolle spielt, zu Unbilligkeiten und zu einer Bevorzugung bei der Besteuerung im Vergleich zu anderen Ständen führen. Anders verhält es sich mit den Betrieben, die in der vorhin angedeuteten Weise eine selbständige und oft sehr wichtige Rolle im Wirtschaftsleben spielen. Hier dürfen insbesondere auch die Beziehungen zum Ausland nicht außer acht gelassen werden. Bei diesen auf die Dauer berechneten Betrieben läßt sich wohl sagen: durch die Geschäftsgewinnsteuer wird das Reich zum Teilhaber am Gewinne und es kann dulden, daß der nicht ausgeschüttete Gewinn, weil er auch zugunsten des Reiches gewinnerzeugend und gewinnverbürgend weiterarbeiten soll, einstweilen unversteuert bleibt. Bei den Betrieben, die mehr oder minder mit der Person ihrer Inhaber verwachsen und auf deren persönliche Bedürfnisse zugeschnitten sind, liegt die Gefahr ganz außerordentlich nahe, daß der unter steuerlicher Begünstigung aufgespeicherte Gewinn doch in der einen oder anderen Weise den Inhabern zugeführt wird, ohne daß er versteuert wird oder dem Reiche sonst zugute kommt.

Ich kann hier nur das Ziel vorzeichnen und die Richtung weisen. Nähere Feststellungen und erst recht die gesetzestechnische Ausführung im einzelnen können erst nach Beschaffung der tatsächlichen Unterlagen und genauester Prüfung des Für und Wider in Frage kommen. Ich sehe deshalb davon ab, einen allgemeinen Leitsatz nach dieser Richtung aufzustellen. Es mag sein, daß sich bei näherer Prüfung nach Beschaffung der Unterlagen manches als verkehrt, unhaltbar, namentlich aber auch als praktisch unausführbar ergibt; aber ich habe das Gefühl, daß der Kern des Gedankenganges richtig ist und vor allem klar beweist, daß das bisherige Vorgehen, wonach lediglich die Rechtsform entscheidet und wodurch einerseits gesunde Kräfte steuerlich erdrückt, anderseits willkürliche Schiebungen ermöglicht werden, unhaltbar ist.

Sollte kein gangbarer Weg gefunden werden, so würde dies meiner Meinung nach das Gewicht der Einwendungen, die gegen die Einkommensteuer als Königin der Steuer sprechen, recht erheblich verstärken. Will oder muß man dennoch bei ihr bleiben, so ist nach Mitteln zu suchen, mit deren Hilfe wenigstens den schreiendsten Übelständen begegnet werden könnte. Zu diesem Zwecke möchte ich aus den allgemeinen Erwägungen, die ich angestellt habe, einige Folgerungen ziehen. Das Ergebnis ist in den Leitsätzen unter B IV 1—3 angegeben, und zwar, wie zu betonen ist und wie auch in den Leitsätzen ausdrücklich hervorgehoben ist, *vorbehaltlich näherer Prüfung nach Beschaffung von Unterlagen*.

Zu diesen Folgerungen gehört zunächst die Forderung, daß die G. m. b. H., die wirtschaftlich nichts anderes sind als offene Handelsgesellschaften, Kommanditgesellschaften oder gewöhnliche Einzelgewerbetreibende, verlangen können, für die Einkommensteuer wie offene Handelsgesellschaften usw. behandelt zu werden. Es sind dies namentlich die Fälle, wo die Beteiligten von den Ergebnissen des Betriebs leben müssen und, wenn sie den Gewinn nicht in der Form von Gehalt vorweg herausnehmen können, die hohe Geschäftsgewinnsteuer und erst recht die Ausschüttungssteuer gar nicht tragen können. Die Fälle wären nach Prüfung der Unterlagen objektiv abzugrenzen: eine gewisse Höchstzahl der beteiligten Gesellschafter oder der beteiligten Familien, wobei vielleicht Abkömmlinge, die einen Großelternteil gemeinsam haben, zusammengerechnet werden könnten, daneben vielleicht auch nicht Überschreitung einer gewissen Höhe des Geschäftsvermögens. Wird der Antrag hierzu erst später gestellt, so bedeutet das, daß die Gesellschaft steuerrechtlich, und zwar nur für die Einkommensteuer, fortab, d. h. zweckmäßig vom Beginn des nächsten Geschäftsjahrs ab — für den Übergang käme vielleicht der 1. Januar 1924 in Betracht —, wie eine offene Handelsgesellschaft zu behandeln wäre. Das würde an sich die Fälligkeit der Liquidationssteuer nach sich ziehen; aber für die Gesellschaften, die jetzt den Antrag stellen, wird hiervon abgesehen werden können, weil bei unserer Wirtschaftslage meist kein nachträglich zu versteuernder Gewinn mehr da sein wird. Im Leitsatz ist im Hinblick auf die Entwicklung, die neuerdings eingetreten ist, vorgesehen, daß nicht nur G. m. b. H., sondern auch gewisse Aktiengesellschaften, bei denen dieselben Voraussetzungen vorliegen, den Antrag stellen dürfen.

Weiter scheint es mir ein Gebot ausgleichender Gerechtigkeit zu sein, daß Unternehmungen, die an sich selbständig und geeignet sind, der Körperschaftssteuer unterworfen zu werden, die aber aus besonderen Gründen, z. B. der Firma wegen, die Form der G. m. b. H. oder Aktiengesellschaft nicht angenommen haben, auf Antrag diesen Gesellschaften für die Körperschaftssteuer gleichgestellt werden. Die Rechtsform kann auch hier nicht entscheiden; ganz ausgeschlossen scheint es mir, darauf Rücksicht zu nehmen, daß hierdurch der Ertrag der Kapitalverkehrssteuer geschmälert werden könnte. Das widerspräche dem unter B I 1 aufgestellten Leitsatz.

Wenn man so den Gewerbetreibenden weitgehend das Recht einräumt, ohne Rücksicht auf die Rechtsform die Art ihrer Besteuerung zu bestimmen, so muß auch anderseits dem Reiche — wohl verstanden, nicht der Reichsregierung, sondern dem Reiche: die Voraussetzungen sind gesetzlich unter Gewährung des ordentlichen Rechtsschutzes festzulegen — in den Fällen, wo die Zwischenschiebung von G. m. b. H. nichts weiter ist als eine Ausbeutung dieser Rechtsform zu wirtschaftlich unberechtigten Steuerbegünstigungen, das Recht beigelegt werden, die Besteuerung ohne Rücksicht auf die Gesellschaftsform durchzuführen. Ich rechne hierher in erster Linie die Fälle, wo G. m. b. H. nicht zu irgendwelchen Gewerbebetrieben, sondern nur zur Verwaltung von Vermögen gebildet werden, z. B. wenn man an normale Zeiten denkt, für jedes Mietshaus eine besondere G. m. b. H. Aber auch G. m. b. H., deren Zweck auf einen Gewerbebetrieb gerichtet ist, gehören hierher, wenn nur erreicht werden soll und erreicht wird, daß das Einkommen der Inhaber durch Thesaurierung eines Teiles dieses Einkommens in der G. m. b. H. vermindert und dadurch Steuern gespart werden sollen. Wenn die Einkommensteuer auf ein vernünftiges Maß ermäßigt wird, darf für solche Schiebungen kein Raum mehr sein. Ich wies schon vorhin darauf hin, daß gerade in diesen Fällen sich leicht Möglichkeiten bieten, die Gewinnausschüttungssteuer einfach zu umgehen, z. B. durch den Unfug der Darlehnsgewährungen oder auch dadurch, daß Effekten unter pari oder nachträglich zu einem lange zurückliegenden besonders niedrigen

Kurs abgegeben werden, und was dergleichen mehr ist. Man wende nicht ein, daß es sich hierbei äußerlich um Ausnahmebestimmungen handle; zugrunde liegt das oben angegebene Ziel, daß die besonderen Vorteile der Körperschaftssteuer nur solchen Gesellschaften zugute kommen sollen, die eben nicht eine Sparbüchse ihrer Inhaber sind, sondern denen eine selbständige Rolle für das Wirtschaftsleben zukommt.

Gewiß leiden diese Vorschläge an großer Unbestimmtheit und Unsicherheit, und im Hintergrunde tauchen neue Zweifel und neue Schwierigkeiten auf. Das liegt aber mit daran, daß alles einzelne erst nach Beschaffung und Prüfung der tatsächlichen Unterlagen erwogen werden kann. Die Hauptsache scheint mir zu sein, daß man erkennt, daß man damit allein, daß man gerade die Einkommensteuer lediglich an die Rechtsform des Gewerbebetriebs anknüpft, nicht durchkommt.

Zu den übrigen Leitsätzen kann ich mich ganz kurz fassen. Ob es sich allgemein empfiehlt, alle Gesellschaften, die ein Gewerbe betreiben, zur Abgabe einer Steuererklärung wegen des Geschäftsgewinns zu verpflichten, ob die Höhe des Geschäftsgewinns ihnen gegenüber mit Wirkung für die Teilhaber festzusetzen ist und ob es sich weiter empfiehlt, ähnlich wie bei der Lohnsteuer, einen Teil der von den Gesellschaftern zu entrichtenden Steuer an der Quelle zu erheben, ist eine vornehmlich verwaltungstechnische Frage. Vornehmlich, nicht allein! Die Bejahung dieser Fragen, zu der ich dem ersten Eindruck nach gelangen möchte, würde es z. B. ermöglichen, daß bei offenen Handelsgesellschaften und Kommanditgesellschaften die Gesellschaften selber wenigstens für einen Teil der von den Gesellschaftern zu entrichtenden Steuern, praktisch sehr oft aber auch für die ganze Steuer, in Anspruch genommen werden könnten. Durch die Besteuerung an der Quelle würde wohl, ähnlich wie bei der Lohnsteuer, ein großer Teil aller Fälle erledigt werden. Auch könnte in Frage kommen, ob man nicht, um die erhöhte Leistungsfähigkeit, die durch Vereinigung von Kapital und Arbeitskräften bei den Gesellschaften erreicht wird, dadurch treffen könnte, daß man bei der an der Quelle zu erhebenden Steuer um ein Geringes über den Mindestsatz der Einkommensteuer hinausgeht. Besondere Bedeutung gewönne die Veranlagung an der Quelle ferner für den Finanzausgleich. Endlich könnte die Festsetzung des Geschäftsgewinns eine geeignete Grundlage für die landesrechtliche Gewerbesteuer bieten oder bei Veranlagung dieser Steuer verwertet werden.

Auf die Leitsätze unter C kann ich im wesentlichen verweisen.

Wenn man den Geschäftsgewinn zugrunde legt, so ist für eine Besteuerung des Verbrauchs als solchen kein Platz. Steht der Verbrauch fest oder läßt er sich seinem Mindestbetrage nach schätzen, so ist höchstens bis zum Nachweise des Gegenteils die Vermutung berechtigt, daß steuerpflichtiges Einkommen zum Verbrauch verwandt wurde. Das braucht aber nicht gerade Einkommen aus Gewerbe zu sein. Selbständige Bedeutung als Gegenstand der Besteuerung könnte der Verbrauch m. E. nur dann gewinnen, wenn wir so ungünstigen Zeiten entgegengehen, daß Handel und Industrie kein Einkommen erzielen. Dann allerdings wird es geboten sein, auf den Verbrauch als Gegenstand der Besteuerung zur Rettung der Gesamtwirtschaft zu greifen, weil sich im Verbrauch immerhin eine gewisse Leistungsfähigkeit zeigt. Dann ist aber zu fordern, daß der Begriff des Verbrauchs, der sich — wie mir scheint — durchaus nicht etwa mit dem Begriffe der Ausgaben deckt, sorgfältig festgelegt wird. Auch werden die Befreiungen und Begünstigungen des durch Not gebotenen oder durch besondere Umstände gerechtfertigten Verbrauchs, wie dies im Leitsatz angedeutet ist, sorgfältig abzugrenzen und mit dem nötigen Rechtsschutz auszustatten sein.

Ich bin am Ende meiner Ausführungen. Ich weiß wohl, daß sie lückenhaft sind und viele Angriffspunkte bieten. Wie manches wäre noch zu sagen über den Begriff des Gewerbes im Sinne der Einkommensteuer, über die Behandlung der Werbungskosten, ihr Verhältnis zu den kaufmännischen Unkosten, über die Notwendigkeit der Kontinuität der Bilanzen, über die Behandlung der Privatvermögen in der Bilanz. Weiter habe ich besondere Formen, wie die Gewerkschaften und Erwerbs- und Wirtschaftsgenossenschaften, überhaupt nicht berührt und habe auch auf das besonders wichtige Thema der Schachtelgesellschaften nicht eingehen können. Zu all dem fehlt die Zeit. Die Hauptsache scheint mir zu sein, daß man erkennt,

1. daß Gegenstand der Besteuerung nur der *realisierte* Geschäftsgewinn sein darf, und

2. daß es bei der Behandlung einer so ganz besonders wirtschaftlichen Angelegenheit, wie der Besteuerung des Einkommens aus Gewerbe, nicht damit ausreicht, *sich ausschließlich an die Rechtsform zu klammern*. Das führt dazu, ich betone es nochmals, den gesunden Verkehr zu schädigen und die Bewegungsfreiheit der Wirtschaft zu unterbinden. Weiter führt es dazu, die gutgemeinten und für ein gewisses Gebiet berechtigten Vorschriften über die steuerliche Begünstigung von Thesaurierungen durch Ausnützung der Rechtsform für

andere Zwecke auszubeuten. Von einer Anwendung durch § 5 AO. kann in diesen Fällen nicht die Rede sein, da das Gesetz selber ja nur an die Rechtsform anknüpft, alles auf die Rechtsform abstellt und deshalb der Gebrauch dieser Rechtsform kein Mißbrauch im Sinne des Gesetzes ist. All dem kann nur abgeholfen werden, wenn die wirtschaftlich bestehenden Verschiedenheiten steuerrechtlich berücksichtigt werden. Ob das allgemein und gründlich, und ohne in ein zurzeit gefährliches Experimentieren zu verfallen, geschehen kann, kann erst nach Prüfung von Unterlagen beurteilt werden, wenn man einigermaßen klar überblicken kann, wie die Verhältnisse wirklich liegen. Aber auch wenn es dabei bewenden muß, daß man, wie bisher, die Besteuerung an die Rechtsform anknüpft, muß dafür gesorgt werden, daß den Beteiligten, und zwar den Pflichtigen und dem Reiche, eine gewisse Bewegungsfreiheit eingeräumt wird, damit sie den schreiendsten Übelständen begegnen können.

Hierauf erhielt Rechtsanwalt Dr. Max Lion das Wort, der folgendes ausführte:

I. Das Thema enthält zwei ganz verschiedene Fragen. Die erste Frage: „Ist es erwünscht" — ist eine Frage der Steuerpolitik. Ihr Ausgangspunkt ist der jetzige gesetzliche Zustand, wie er sich aus dem Einkommen- und Körperschaftssteuergesetz für die Besteuerung des gewerblichen Geschäftsgewinns ergibt. Wir sehen jetzt ein Besteuerungssystem, das die gewerblichen Unternehmungen nach ganz verschiedenen Grundsätzen erfaßt. Es knüpft unmittelbar an die Rechtsformen an, in denen die Unternehmungen betrieben werden und die das Steuerrecht im bürgerlichen und Handelsrecht vorfindet. Diese Rechtsformen fußen auf unserem Eigentumsbegriff und dem darauf aufgebauten Vertragsrecht. Sie blicken also nicht auf „das Unternehmen" als besondere, organisierte Vermögensmasse, die am wirtschaftlichen Leben teilnimmt, sondern auf denjenigen, dem dieses Unternehmen gehört, auf seinen Eigentümer, den „Unternehmer". Wir erkennen zwei Arten von Unternehmungen: bei der einen ist derjenige, der das Unternehmungskapital hergibt, sei es nun ein einzelner oder seien es mehrere Sozien, zugleich juristisch der Eigentümer des Unternehmungsvermögens. Das ist der Einzelkaufmann, die oHG. und die Kommanditgesellschaft, die Reederei. Bei der anderen ist der Geldgeber nicht mehr rechtlich der Eigentümer, sondern er ist nur Mitglied eines Vereins; sein Anteil besteht lediglich in einem Mitgliedsrecht.

Eigentümer der Unternehmung dagegen ist dieser Verein, die „juristische Person". Das ist die A.-G., die G. m. b. H., die Genossenschaft. Die rechtlichen Folgen hieraus sind sehr erheblich. Alles, was an Gewinn in einer Unternehmung entsteht, fließt bei der ersten Gruppe sofort in das Eigentum der Inhaber; bei den juristischen Personen dagegen gehört der Gewinn dem Verein, und das einzelne Mitglied erhält nur das, was die Mehrheit verteilt, als Dividende ausschüttet. Was nicht verteilt wird, bleibt als „Reserve" im Eigentum des Vereins; bei der ersten Gruppe gehören auch diese nicht verteilten Beträge juristisch den Inhabern zur gesamten Hand. Aus diesem fundamentalen Unterschied heraus sind die handelsrechtlichen Vorschriften, besonders auch für die Bilanzen, für beide Gruppen sehr verschieden. Das gegenwärtige Reichssteuerrecht hat diese Verschiedenheit, die es schon in den früheren einzelstaatlichen Einkommensteuergesetzen vorfand, aufgenommen und besteuert die beiden Gruppen von Unternehmungsformen nach verschiedenen Systemen. Die juristischen Personen werden bekanntlich zunächst für den gesamten Geschäftsgewinn mit einer Gewinnsteuer von 20 v. H. belegt, sodann für die verteilten Dividenden mit einer Ausschüttungssteuer von 25 v. H. Hierzu tritt gegenwärtig eine Vorauszahlung auf den Kapitalertrag von 10 v. H., der wohl wieder zu einer festen Kapitalertragssteuer sich ausbilden wird. Nimmt man einmal an, daß der gesamte Gewinn des Unternehmens in einem Jahre ausgeschüttet wird, so beträgt seine Belastung mit diesen drei Abgaben zurzeit 46 v. H. Dazu kommt eine weitere Einkommenbesteuerung der Dividende beim Empfänger mit mindestens 10 v. H., so daß sich die Gesamtbelastung auf mindestens 56 v. H. beläuft.

Die andere Gruppe der Unternehmungen, also der Einzelkaufmann, die oHG. und die Kommanditgesellschaft, wird dagegen so besteuert, daß jedem Teilhaber sein voller Anteil am ganzen Geschäftsgewinn als Einkommen zugerechnet wird, ohne Rücksicht darauf, ob dieser Gewinn ganz oder nur teilweise entnommen ist. Auf den vollen Gewinnanteil wird der allgemeine Einkommensteuertarif angewendet, der in den bisher seit Kriegsende aufgestellten Tarifen von 10—60 v. H. geht.

Die Unterschiede, die sich aus diesen beiden Systemen ergeben, sind bekannt: sie zeigen sich hauptsächlich in der steuerlichen Belastung des nicht verteilten Gewinnes, die wir kurz als Reserven bezeichnen können. Sie werden bei den juristischen Personen nur mit 20 v. H., ursprünglich sogar nur mit 10 v. H. besteuert, während sie bei der anderen Gruppe der vollen Wucht des Tarifs ausgesetzt sind. Die Folge dieses handgreiflichen Unterschieds war eine große Reihe von Gründungen, bei denen die Geschäfte von Einzelkaufleuten, offenen Handels- und Kommanditgesellschaften in Aktiengesellschaften oder G. m. b. H. umgewandelt wurden. Ich möchte schon jetzt hervorheben, daß nach meiner Meinung bei den zahlreichen Umgründungen der letzten Jahre in Familien-Aktiengesellschaften und G. m. b. H. diese Steuergründe nun einmal die ausschlaggebenden waren. Die daneben häufig angeführten erbschaftlichen Gründe kann ich in keiner Weise anerkennen. Alles, was im Erbschaftsinteresse durch eine solche Umwandlung erreicht werden soll, läßt sich auch durch einen gut durchdachten Sozietätsvertrag bei den anderen Gesellschaftsformen erreichen; das zeigt sich schon darin, daß bei den Familien-Aktiengesellschaften und G. m. b. H. zahlreiche individuelle Bestimmungen für den Todesfall sowie für die Möglichkeit eines Ausscheidens einzelner Gesellschafter nötig sind, die durchaus den Bestimmungen der offenen Handelsgesellschaften entsprechen, und die, da sie gewöhnlich in die öffentlich zugängliche Satzung nicht eingearbeitet werden sollen, zu umfangreichen Nebenverträgen führen.

Die steuerlichen Folgen des gegenwärtigen Systems haben nun die Frage aufgeworfen, die in dem ersten Teil unseres Themas gestellt ist und die dahin geht, ob es erwünscht ist, den gewerblichen Gewinn, ohne Rücksicht auf die Unternehmungsform, nach gleichen Grundsätzen zu erfassen. Gemeint ist also eine Besteuerung nach demselben System, und das Motiv ist ein steuerpolitisches. Bei der Erörterung der Frage müssen wir daher auch den beiden großen Leitsätzen der Steuerpolitik folgen: den Grundsätzen der sozialen Gerechtigkeit bei der Verteilung der Steuerlasten, wobei in erster Linie die Leistungsfähigkeit zu berücksichtigen ist, und den Grundsätzen der wirtschaftlichen Vernunft. Beide Grundsätze sehen auf die Sache, den materiellen Kern, unbehindert von den äußeren Formen, zu denen die juristische Technik gezwungen ist. Beide Grundsätze haben zumal im neuen Steuerrecht weitgehenden Einfluß erlangt, der auch das notwendige Gegengewicht gegen die ungeheure Steigerung aller Belastungen und steuerlichen Pflichten bildet.

II. In den Vordergrund stellen wir für unsere Frage die wirtschaftlichen Erwägungen, die dabei den Ausschlag geben. Dabei müssen wir uns vor allem zunächst vergegenwärtigen, ob und wie sich der vorher erwähnte juristische Unterschied der Unternehmungsformen wirtschaftlich auswirkt. Wir müssen fragen: was ist trotz der Verschiedenheit der Unternehmungsformen bei allen wirtschaftlich gleich und was ist verschieden?

1. Zunächst: was ist bei allen Unternehmungen gleich? Um uns dies zu vergegenwärtigen, müssen wir den Standpunkt des Juristen verlassen und einmal auf die Unternehmung selbst blicken, also auf den Betrieb, das Geschäft. Dies ist eine besondere Vermögensmasse, bestehend aus Grundstücken mit Gebäuden, Inventar, Maschinen, Vorräten und einem bestimmten Betriebskapital; sie ist organisiert zum Zwecke der gewerblichen Betätigung, indem sie leitende Personen und Angestellte hat, ferner einer Firma als eigenen Geschäftsnamen. So schließt sie Verträge mit Lieferanten und Kunden, fabriziert, verkauft, macht Reklame, immer unter ihrer Firma und sehr oft, ohne daß man weiß oder sich darum kümmert, wer dahinter steht. Das ist auch, abgesehen allein von der Kreditfrage, für den wirtschaftlichen Konkurrenzkampf, für die Produktion und den Absatz meist gleichgültig. Jedes geschäftliche Unternehmen hat zunächst seine allgemeinen Betriebsausgaben für Angestellte und Arbeiter, für Rohstoffe und Waren. In jedem Unternehmen müssen ferner die leitenden Persönlichkeiten Einnahmen haben, die ihren Lebensunterhalt decken; ob diese Einnahmen nun „Gehälter" für Direktoren sind oder Entnahmen des Einzelkaufmanns oder mehrerer Sozien. Ist der Ertrag der gewerblichen Betätigung eines Unternehmens größer, so bildet er über die erwähnten Posten hinaus wirtschaftlich „Gewinn", also ein günstiges Ergebnis, das von der guten Organisierung des Unternehmens zeugt und wiederum zur Stärkung und Fortführung verwendet werden kann. Wer juristischer Eigentümer ist, kann dabei zunächst gleichgültig bleiben. Vielmehr wird man vom wirtschaftlichen Standpunkt aus sagen können: normalerweise wird über den Gewinn eines Unternehmens nach seinen Bedürfnissen entschieden; soweit er für die Fortführung nötig ist, wird er im Geschäft belassen und arbeitet darin, wobei es wirtschaftlich gleichgültig ist, wie das nun rechtlich oder bilanzmäßig aussieht: ob also damit ausdrückliche „Reserven" geschaffen werden oder ob die Kapitalkonten der Inhaber buchmäßig vergrößert werden. Soweit der Gewinn zur Fortführung nicht nötig ist, wird er herausgezogen und arbeitet dann nicht mehr mit. Wer ihn erhalten hat, ist wiederum ganz gleichgültig: ob es nun der Einzelkaufmann ist, der sich dafür eine Villa kauft, oder ein Aktionär, der sich Devisen oder Effekten dafür anlegt, oder ein fremder Gelddarleiher, der für sein Darlehen eine Gewinnbeteiligung erhalten hat. In allen Fällen verschwindet der ausgeschüttete Betrag als überflüssig aus dem Geschäft. Hierbei müssen wir nun noch daran denken, daß der solide Kaufmann in der Entziehung der Mittel

aus dem Unternehmen äußerst vorsichtig zu sein pflegt. Er nimmt regelmäßig lange nicht das heraus, was er entnehmen könnte. Vielmehr sucht er schon den Gewinn so gering wie möglich zu berechnen, indem er die Bilanz entsprechend aufmacht; und ferner läßt er einen erheblichen Betrag im Geschäft, um es zu stärken und möglichst auszudehnen.

Wer ist nun im wirtschaftlichen Leben das stärkere Unternehmen, das leistungsfähigere? Zunächst das besser organisierte, also das die besseren Waren und Rohstoffe führt, sie besser vertreibt und verarbeitet. Außerdem aber natürlich vor allem das kapitalstärkere. Dabei ist die Rechtsform gleichgültig. Man wird nicht bezweifeln, daß eine Einzelfirma Hugo Stinnes in Mühlheim stärker ist als eine Aktiengesellschaft für Hausbrandversorgung mit 20 000 Mk. Kapital; oder die offene Handelsgesellschaft Mendelssohn oder Bleichröder stärker ist als eine kleine Aktiengesellschaft oder G. m. b. H.-Bank in der Provinz. Das Geschäftskapital hat an sich mit der Rechtsform nichts zu tun, ebensowenig das Geschäftserträgnis als solches. Gewiß bestehen die Unterschiede, auf die ich gleich noch kommen werde. Aber vom Standpunkt des Wettbewerbs untereinander aus gesehen tritt doch die Unternehmungsform weit hinter den übrigen Rentabilitätsfaktoren zurück. Ich glaube daher, daß ihr Einfluß z. B. in den sonst überaus interessanten und dankenswerten Untersuchungen von Professor Findeisen über die „Unternehmungsform als Rentabilitätsfaktor" überschätzt wird, zumal wenn die steuerlichen Unterschiede wegfallen oder gemildert werden.

Die Gleichheit der wirtschaftlichen Verhältnisse, die ich eben geschildert habe, spricht naturgemäß auch dafür, daß die wirtschaftliche Last, als welche die Besteuerung sich darstellt, nach gleichmäßigen Grundsätzen auferlegt wird. Das ist ja auch gar nicht so neu, sondern schon in weitestem Umfang außerhalb der Einkommenbesteuerung der Fall. Die Umsatzsteuer sieht vollkommen von der Unternehmungsform ab, ebenso die Gewerbesteuer, und selbst für die Einkommensteuer besteht schon weitgehende Gleichheit in der Behandlung: das Bilanzsteuerrecht macht grundsätzlich keinen Unterschied in der Rechtsform; die wenigen Sondervorschriften für das Bilanzsteuerrecht der Körperschaften sind größtenteils ohne grundsätzlichen Unterschied, wie z. B. die Rücklagen für Grunderwerbssteuer bei Körperschaften im Gegensatz zu Einzelunternehmungen oder auch die Rücklagen für Wohlfahrtszwecke, ja sogar die Befreiung von der Körperschaftssteuer nach Verlustjahren im Gegensatz zur Einkommensteuer. Endlich erinnere ich an die Vorauszahlungen auf die Einkommen- und Körperschaftssteuer, die in weitestem Umfange von der Verschiedenheit der Formen absehen.

Was ist nun die wirtschaftliche Verschiedenheit der verschiedenen Rechtsformen der Unternehmung? Hier müssen wir zunächst von den typischen Erscheinungen ausgehen, für welche die Rechtsformen ursprünglich geschaffen sind. Dann ergibt sich: die Aktiengesellschaft gewährt die Möglichkeit, sich an den großen allgemeinen Kapitalmarkt zu wenden, ja, an den internationalen Markt. Schon an sich ist sie eigentlich so gedacht, daß das Kapital im Wege öffentlicher Zeichnung von weiten Kreisen aufgebracht wird. Dazu kommen die Möglichkeiten der öffentlichen Kapitalerhöhung, der Unterbringung von Obligationen auf dem Geldmarkt. Diese Möglichkeit der Kapitalbeschaffung ist eine nicht zu unterschätzende wirtschaftliche Stärke, und auf ihr beruht der überragende Einfluß der Aktiengesellschaften im Wirtschaftsleben. Natürlich ist daneben zu bedenken, wie wichtig im Gegensatz dazu der Personalkredit des Einzelkaufmanns oder einer offenen Handelsgesellschaft sein kann, und es gibt immer wieder Zeiten, in denen dieser Personalkredit eher zu erhalten ist als Geld auf dem öffentlichen Kapitalmarkt.

Die G. m. b. H. andererseits gewährt die außerordentliche Bevorzugung der Haftungsbeschränkung, so daß sie manche gewinnreichen, aber riskanten Geschäfte machen kann, die der Einzelkaufmann oder der Teilhaber einer oHG. vorsichtshalber unterläßt, weil er mit seinem ganzen Vermögen dafür einstehen muß, dagegen der Gesellschafter der G. m. b. H. nur mit seinem Anteil. Auch neben diesem großen Vorzug ist aber zu bedenken, daß der Kredit einer G. m. b. H. als solcher erheblich beschränkter ist; wenn daneben im Einzelfalle die Bürgschaft der Gesellschafter tritt, ist der Vorteil der G. m. b. H. wieder aufgehoben.

Immerhin, wir sehen das Vorhandensein großer wirtschaftlicher Unterschiede, die lediglich auf der Rechtsform beruhen, die übrigens im großen und ganzen gesehen den Körperschaften in vieler Hinsicht eine bevorzugtere Stellung gegenüber den anderen Unternehmungen verschaffen. Diese Unterschiede vermindern sich oder verschwinden vielfach bei wirtschaftlichen Mischformen, als welche gerade die schon erwähnten Familiengesellschaften vielfach erscheinen; diese Gesellschaften, in der Form der mit Statuten und organisatorischen Organen gepanzerten juristischen Persönlichkeit, obwohl dahinter schließlich nur ein Einzelkaufmann oder wenige Sozien stecken, bilden ein typisches Beispiel für das vielberufene Gesetz von der Heterogenie der Zwecke.

Ein Umstand der Verschiedenheit sei ferner noch hervorgehoben: der Lebensunterhalt der leitenden Persönlichkeiten erscheint bei den Körperschaften als reine Ausgabe, als Teil der Handlungsunkosten, der verdient sein muß, ehe Gewinn da ist. Bei den anderen Unternehmungen bildet dieser Lebensunterhalt an sich schon das erstrebte Ziel, den Gewinn, mit dessen Erreichnug bei einer überaus großen Zahl mittlerer und kleiner Unternehmungen die Wünsche und Zwecke der Inhaber schon erfüllt sind, während z. B. bei den Aktiengesellschaften erst nach dem Lebensunterhalt der leitenden Personen ein Gewinn an Dritte, Fremde, die Aktionäre, geht.

Es ist durchaus verständlich, wenn alle diese Unterschiede zu verschiedenen Besteuerungssystemen führen.

III. Wenn man nun die eben erörterten gegensätzlichen Betrachtungen dahin abwägt, ob mehr die Gleichheit oder die Verschiedenheit der wirtschaftlichen Verhältnisse für das Besteuerungssystem entscheiden soll, so müssen wir von vornherein daneben weitere, rein steuerrechtliche Erwägungen nicht außer acht lassen.

1. Neben der wirtschaftlichen steht für die Abgaben noch eine speziell steuerliche Vernunft, gegen die nicht gesündigt werden darf. Eine so handgreifliche Verschiedenheit in der Besteuerung der verschiedenen Formen, wie sie gegenwärtig besteht, muß notwendigerweise den Steuerzahler auf den Gedanken bringen, lediglich aus steuerlichen Gründen die Form seines Unternehmens zu ändern, ohne daß innere, betriebswirtschaftliche Gründe dafür sprechen; ja, regelmäßig wünscht der Steuerpflichtige, daß trotz Änderung der äußeren Rechtsform an der inneren wirtschaftlichen Struktur der Unternehmung gar nichts geändert werden soll. Zu solchen Umgründungen wird man sagen müssen, daß sie weder vom Standpunkt des Steuerpflichtigen noch von dem des Fiskus aus allgemein als vernünftige Erscheinung bezeichnet werden können. Was man nur der Steuer wegen tut, ist nicht wohlgetan; das trifft auf Gesellschaftsgründungen nicht weniger zu als auf Testamente oder sonstige Rechtsgeschäfte. In vielen Fällen hat die Umgründung schon an sich infolge der unvorgesehenen Abgaben des Jahres 1923 schwere Doppelbesteuerungen mit sich gebracht und so den vermeintlichen Vorteil ins Gegenteil verkehrt. Dazu kommt, daß der Widerspruch zwischen äußerer Form und innerer wirtschaftlicher Gestaltung, obwohl man in unserem Falle darin gar nicht eine Steuerumgehung in technischem

Sinne erblicken kann, doch für den Steuerpflichtigen die Kehrseite so vieler wirklicher Umgehungen mit sich bringt, daß nämlich dann der Aufbau nicht mehr für die tatsächlichen wirtschaftlichen Verhältnisse paßt. In welche Schwierigkeiten geraten allein schon wegen der Umstellung auf Goldmark jetzt viele solcher Aktiengesellschaften und G. m. b. H.! Wie schlecht wird die schon so schwierige Frage der Ausgleichung der Kapitalkonten in diesen Gründungsfällen gelöst, in denen sich jetzt bei der Verteilung der zusammengelegten Gesellschaftsanteile deutlich zeigt, daß man bei der Gründung noch vom Inflationsnebel getäuscht war und die Substanz nach Grundsätzen verteilt hat, die man heute für keine Handelsgesellschaft anerkennen würde!

Und nun vom Staate aus gesehen: auch er kann durchaus nicht wünschen, daß die Wirtschaft durch seine Steuermaßnahmen in Formen hineingetrieben wird, die ihr gar nicht gemäß sind. Man wird sehr bezweifeln dürfen, ob es unter diesem Gesichtspunkt zweckmäßig war, wenn der Finanzminister E r z b e r g e r bei der Beratung des Notopfergesetzes (nach dem Ausschußbericht Seite 12) geradezu aussprach, es sei erwünscht, wenn die Unternehmer ihre Geschäfte in Aktiengesellschaften oder G. m. b. H. umwandelten und wenn er dafür sogar Stempelvergünstigungen in Aussicht stellte. Gewiß war sein Motiv, daß die Unternehmer auf diese Weise ihre Notopferschuld mit Geschäftsanteilen begleichen sollten; allein ich glaube, daß man auch vom Staate aus nicht künstliche Wirtschaftsformen fördern soll, nur um einer einmaligen Steuer zur Durchführung zu verhelfen. Für die Einkommenbesteuerung weiterhin muß der Staat sich sagen, daß der Anreiz zum Übergang zu einer steuerlich günstigeren Gesellschaftsform doch schließlich den Staat selbst in seinem Steueraufkommen schädigen muß. Das ist überhaupt der Nachteil aller Gesetze, die zu Umgehungen anreizen; sie bringen den Staatsbürger in eine absolut gegensätzliche Stellung zum Steuerfiskus, und bei dem Kampf der beiderseitigen Interessen kommt sehr oft trotz des Umgehungsparagraphen schließlich doch der Staat als zweiter Sieger an. Die steuerliche Logik spricht daher dafür, daß eine Angleichung der Unternehmungsform für die Besteuerung erwünscht ist.

2. Andererseits erheben sich die Fragen: ist es überhaupt m ö g l i c h, alle Unternehmungsformen nach demselben System zu besteuern? ist es n ü t z l i c h, und ist es n ö t i g?

Ob es möglich ist: denn nicht alles, was die Steuerpolitik wünscht, ist auch dem Steuerrecht als dem Mittel zur Durchsetzung der Steuerpolitik möglich; oder es ist häufig doch nicht in einer solchen Weise mit der juristischen Technik zu ermöglichen, daß es für die Durchführung der Besteuerung als praktisch ausführbar erscheint. Diese Erörterungen der rechtlichen Ausgestaltung nun decken sich mit denen, die wir sogleich zu der zweiten vom Thema aufgeworfenen Frage anzustellen haben werden.

Ob es nützlich ist: das ist allerdings eine sehr schwerwiegende Frage. Wir haben seit 1919 eine so vollkommene Umkehrung des gesamten Steuerwesens erlebt, und die ganze Gesetzgebung und Verwaltung, aber auch die steuerlichen Pflichten der Staatsbürger und ihre steuerliche Psychologie haben so sehr unter den durch die äußeren Verhältnisse erzwungenen fortwährenden Änderungen und Komplizierungen der Steuergesetze gelitten, daß es doch sehr fraglich erscheint, ob man nun wieder für einen großen Teil der Gewerbetreibenden alles Bisherige, kaum Gewohnte über den Haufen werfen und etwas ganz Neues für sie einführen soll, was zunächst in seinen Ergebnissen sowohl für den Steuerpflichtigen wie für den Fiskus unübersehbar ist.

Endlich: ob es nötig ist. Vielleicht genügen schon andere einfachere Mittel, um die unerwünschten Folgen des gegenwärtigen Zustandes zu beseitigen. Dabei wäre zu erstreben:

a) daß der Anreiz zu Gesellschaftsgründungen lediglich aus Steuergründen verschwindet, indem die gegenwärtige Verschiedenheit der Steuer auf den nicht ausgeschütteten Gewinn beseitigt oder so vermindert wird, daß eine Umgründung sich nicht mehr lohnt;

b) daß die Reservebildung auch bei nicht juristischen Unternehmungen in einer für den Fiskus erträglichen Weise begünstigt wird;

c) daß endlich den Mischformen, bei denen die äußere juristische Form mit der inneren wirtschaftlichen Struktur nicht übereinstimmt, die Möglichkeit gegeben wird, ihre Besteuerung nach einem anderen System zu erreichen.

IV. Erwägt man die Möglichkeiten einer rechtlichen Änderung des gegenwärtigen zweifachen Besteuerungssystems, so ist zunächst grundsätzlich hervorzuheben: unwillkürlich erhebt sich dabei auch die Frage, wie man sich zu den beiden jetzt geltenden Systemen überhaupt stellt, ob man sie nicht alle beide gänzlich verlassen und eine neue Form suchen soll. Schon aus den bisherigen Erörterungen läßt sich unsere Stellungnahme dazu folgern. Es erscheint weder notwendig no nützlich, jetzt wegen der gewerblichen Besteuerung unsere ganze Einkommensteuer zu zerschlagen und etwa zum englischen Schedulensystem überzugehen.

Was ich eben über die Bedenken gegen große grundsätzliche Änderungen sagte, gilt hier in viel höherem Maße. Wir müßten ja dann die Einkommensteuer vollkommen umbauen, auch für die anderen Steuerpflichtigen, schon wegen der Abstufung der verschiedenen Belastungen untereinander, wegen der Abzüge, wegen zutreffender Erfassung der Leistungsfähigkeit bei den einzelnen Einkommensarten und bei allen zusammen. Statt eines Einkommensteuergesetzes bekämen wir 5 mit 5 verschiedenen Verfahrensvorschriften; jede Streitfrage würde sich verfünffachen, und schließlich kann man gerade in Steuersachen die der Verwaltung zuzumutende Neuarbeit und die Rücksicht auf die Psychologie des Steuerzahlers nicht sorgsam genug beachten. Aus denselben Gründen sind andere, unerprobte und auch wissenschaftlich fehlerhafte Vorschläge abzulehnen, wie etwa der von Rabethge mit seiner Besteuerung der Produktionsmittel oder etwa die Anknüpfung der endgültigen Einkommensteuer an den Umsatz, wobei die Rentabilitätsverhältnisse mit ihren völligen Verschiedenheiten immer zu kurz kommen müßten. Alle solche Vorschläge verlassen den Boden der Wirklichkeit, des täglichen Lebens, also die Grundlage, wo angefangen werden muß. Und diese kann nur sein der wirkliche Ertrag und seine Ermittelung nach der überkommenen Bilanzierungsmethode.

Andererseits erscheint es mir auch nicht zutreffend, als ob eine Vereinheitlichung des Besteuerungssystems für alle Gesellschaftsformen notwendig an die Stelle einer Einkommensteuer eine Realsteuer setzen würde, wie Strutz in der „Juristischen Wochenschrift" vom 1. September ausführt. Vielmehr kann die Erfassung z. B. des Geschäftsgewinns eines Einzelkaufmanns, auch wenn sie etwa in derselben Weise wie bei Körperschaften erfolgen sollte, durchaus immer im Rahmen seines Gesamteinkommens erfolgen. Strutz selbst verläßt ja auch seinen Gegengrund, wenn er für offene Handels- und Kommanditgesellschaften die Gleichstellung mit den Körperschaften innerhalb einer Einkommensbesteuerung für möglich hält. Einen grundsätzlichen steuerrechtlichen Unterschied zwischen dem Kaufmann, der sein Geschäft allein betreibt, und demjenigen, der es mit einem anderen zusammen betreibt, vermag ich nicht einzusehen.

V. Für die Möglichkeiten, die beiden bestehenden Einkommensteuersysteme für Gewerbebetriebe zu vereinheitlichen, gibt es drei Wege: entweder man besteuert alle Unternehmungsformen wie jetzt die Körperschaften, oder man besteuert sie alle wie jetzt die offene Handelsgesellschaft, oder man läßt es bei dem doppelten Besteuerungssystem und beseitigt nur seine Mißstände, insbesondere durch Berücksichtigung der Mischfälle.

Am leichtesten beantwortet sich die Frage, ob auch die Körperschaften nach den Grundsätzen besteuert werden können, die für die offene Handelsgesellschaft oder Kommanditgesellschaft gelten. Es ist klar, daß für den Typus der Aktiengesellschaft und Aktien-Kommanditgesellschaft die Frage rundweg zu verneinen ist. Schon die große Zahl der Aktionäre, ihr nur geringer Zusammenhang mit dem ganzen Unternehmen, soweit sie nicht Großaktionäre sind, ihr schneller und häufiger Wechsel, die Mannigfaltigkeit des Aktienbesitzes bei einer Person, alles dies läßt eine solche Besteuerung als undurchführbar erscheinen, ganz abgesehen von der hier noch viel schwerwiegenderen Frage der Reserven, die sogleich zu erörtern ist. Aber auch für die G. m. b. H. ist im allgemeinen, selbst wenn die Gesellschafter nicht zu zahlreich sind, eine solche Besteuerung abzulehnen. Sie war früher in Geltung z. B. im Preußischen Kommunalabgabenrecht. Dort wurde jeder einzelne Gesellschafter einer G. m. b. H. so behandelt, als ob er Teilhaber einer offenen Handelsgesellschaft wäre. Er wurde daher nicht nur mit dem ausgeschütteten Gewinn besteuert, sondern auch mit dem auf seinen Geschäftsanteil verhältnismäßig entfallenden Anteil an den Reserven, ja sogar an den stillen Reserven, welche die Steuerbehörde nicht gelten ließ, indem sie Abschreibungen oder Rückstellungen bemängelte. Das wollte schon vor dem Kriege in den Kopf des Publikums niemals hinein und führte zu vielen Unzuträglichkeiten; was aber damals bei den niedrigen Steuersätzen noch halbwegs hingenommen werden konnte, ist vollkommen unmöglich bei unsern heutigen Steuerlasten. Wenn ein Gesellschafter z. B. $33^1/_3$ % von beanstandeten Beträgen bezahlen soll, die gelegentlich einer Buchprüfung bei der G. m. b. H. ermittelt worden sind, die aber in keiner Weise ausgeschüttet wurden, so kann ihm das vollkommen ruinieren. Man denke nur etwa an die Erben eines Gesellschafters, die sonst kein oder nur ein geringes Einkommen und Vermögen haben. Als allgemeiner Grundsatz ist daher ein solches System auch bei der G. m. b. H. abzulehnen, schon weil es undurchführbar ist.

Eine andere Frage ist, wie es hier mit den Mischformen gehalten werden soll, also mit den Aktiengesellschaften und G. m. b. H., die wir kurz als Familiengesellschaften bezeichnen wollen: Gesellschaften mit nur wenigen Gesellschaftern, von denen mindestens e i n e r persönlich das Geschäft leitet, bei denen die Gesellschaftsanteile nicht ohne Genehmigung der anderen Gesellschafter oder der Gesellschaft selbst übertragen werden können, die also wirtschaftlich und ihrer inneren Struktur nach nichts anderes darstellen, als das Unternehmen eines Einzelkaufmanns oder eine offene Handels- oder Kommanditgesellschaft. Eine zwangsweise Unterstellung solcher Gesellschaften unter das Besteuerungsrecht der Einzelunternehmungen erscheint mir nicht empfehlenswert; dazu liegen die Verhältnisse viel zu verschieden. Es könnten Mißstände auftreten, besonders durch die eben besprochenen Verhältnisse hinsichtlich der Reserven, die unübersehbar sind. Man könnte derartige Gesellschaften durch solche steuerliche Behandlung sehr leicht veranlassen, sich in Aktiengesellschaften umzuwandeln oder vielleicht auch die G. m. b. H. aufzugeben, also doch aus steuerlichen Gründen Veränderungen vorzunehmen. Alles das muß vermieden werden. Auch grundsätzlich bin ich gegen eine immer weitere Ausdehnung der Macht der Finanzbehörden. Man würde damit, um die Wirtschaft vor den schiefen Folgen einer Anknüpfung an die bloße Form zu bewahren, sie nun dem willkürlichen Eingreifen der Ämter aussetzen und damit viel mehr schädigen. Außerdem ist ja die Körperschaftsbesteuerung nicht an sich ein Vorteil, sondern nur zeitweise, solange die Thesaurierung dauert. Bei Ausschüttung ist sie ein Nachteil, so daß bei Angleichung der Tarife die willkürliche Wahl durch die Steuerpflichtigen sehr zurückgehen wird. Dagegen erscheint es durchaus angebracht, derartigen Gesellschaften auf ihren Antrag zu gestatten, sich unter das Besteuerungsrecht der Einzelunternehmungen zu stellen. Die Abgrenzung der Fälle, in denen ein solcher Antrag zulässig sein soll, und die Frage, ob beim Vorliegen der Voraussetzungen dem Antrag stattzugeben ist oder ob dann noch ein Ermessen des Finanzamts mit finanzgerichtlicher Nachprüfung vorbehalten bleiben soll, erscheint weniger grundsätzlicher Art als vielmehr die Frage der Ausführung. Diese Schwierigkeiten sind jedenfalls durchaus überwindlich.

VI. Als zweite Möglichkeit für eine Änderung des bestehenden Zustandes bietet sich der Gedanke, alle Unternehmungsformen wie Körperschaften zu behandeln. Es ist nicht zu verkennen, daß dieser Gedanke außerordentlich viel Bestechendes für sich hat. Er würde gerade die Nachteile beseitigen, die der gegenwärtige Zustand angesichts der Höhe der direkten Steuern für die nicht juristischen Unternehmungen mit sich bringt. Er würde zur Folge haben, daß auch bei diesen Unternehmungen zunächst der Gesamtgewinn bei der Gesellschaft selbst, also an der Quelle, mit einer Gewinnsteuer erfaßt wird und daß sodann der entnommene Gewinn einer weiteren Steuer unterworfen wird. Es würde also der nicht ausgeschüttete Gewinn bevorzugt. Das erscheint schon an sich volkswirtschaftlich als ein Vorteil, weil die Unternehmung gestärkt und erweitert wird. Es erscheint ferner für den Steuerpflichtigen als ein Gegengewicht gegen die an sich hohen Steuerlasten, die er auch in Zukunft tragen muß. Denn der nicht ausgeschüttete Gewinn hat auch bei diesen Unternehmungen wirtschaftlich eine durchaus reserveartige Stellung; das beruht einmal auf den Vorschriften des HGB., nach denen die offene Handelsgesellschaft gesetzlich eine Thesaurierungsgesellschaft ist. Es beruht aber auch auf der Natur dieses Gewinns. Er liegt ja nicht in barem Gelde auf der Bank, sondern besteht meistens in Waren, Außenständen, neuen geschäftlichen Anlagen, und er verbleibt, wie ich schon vorher erwähnt habe, aus inneren Bedürfnissen des Geschäfts in diesem. Der Gesellschafter einer offenen Handelsgesellschaft muß also wirtschaftlich auch die volle Steuer von einem Betrag entrichten, den er persönlich nicht erhalten hat, sondern den die Unternehmung in ihrem Besitz erhält. Wenn auch hier an sich für die Gesellschafter leichter die Möglichkeit besteht, Gewinnerteilung, Besteuerung und Entnahmen in Übereinstimmung zu bringen, so erfordert doch die nicht bare Natur des nicht verteilten Gewinns einen Schutz vor den überhohen gegenwärtigen Steuersätzen.

So bestechend nun aber auch eine solche Regelung wäre, so glaube ich doch, daß ihre praktische Durchführung in dieser Form nicht möglich ist.

Wir müssen folgendes berücksichtigen: wir haben es mit drei Steuerformen zu tun, nämlich mit der Gewinnsteuer, der Ausschüttungssteuer und der Einkommensteuer; als vierte kommt die Kapitalertragsteuer hinzu, die aber einfach zu behandeln ist, da sie nur als Vorbelastung des Einkommens aus kapitalistischer Beteiligung an Körperschaften in Betracht kommt.

Wir müssen weiter berücksichtigen, daß nach dem gegenwärtigen System die Gewinn- und die Ausschüttungssteuer der Körperschaften nach festbestimmten Sätzen erhoben werden, während die Einkommensteuer tarifiert ist. Nun ist bei den nicht juristischen Personen die Mannigfaltigkeit der Verhältnisse unübersehbar groß. Betrachten wir nur einmal die unterste Einkommensteuerstufe von 10 %. Es gibt Einzelunternehmungen, deren gesamter Gewinn in einem Jahre in der untersten Einkommensteuerstufe bleibt oder deren Gewinn zwar höher ist, aber sich auf mehrere Gesellschafter verteilt, die alle mit ihrem Anteil in der untersten Stufe bleiben, oder wieder solche, bei denen nur einer oder einige Gesellschafter in der untersten Stufe bleiben, andere in höhere kommen, vor allem wenn die Gewinnbeteiligung verschieden hoch ist. Oder wieder: der Anteil, der einem Gesellschafter aus einer Unternehmung zufällt, bleibt in der untersten Stufe; aber es kommt anderes Einkommen hinzu, wodurch sich der tarifmäßige Steuersatz erhöht. Das Bild wird noch viel mannigfaltiger, sobald man über die unterste Stufe hinausgeht. Dann kommen die einzelnen Teilhaber je nach der absoluten Größe des Gewinnes der Unternehmung, nach ihrem quotalen Anteil darauf und nach ihrem sonstigen Einkommen in ganz verschiedene Einkommensteuerstufen. Nun wird man als obersten Grundsatz wohl den aufzustellen haben, daß keine Neuregelung in Betracht kommt, bei welcher diese Gruppe von Unternehmungen schlechter fährt, als sie nach dem jetzigen System und der Besteuerung nach den allgemeinen Einkommentarifen fahren würde, zumal doch gerade ein Weg gesucht werden soll, diese Gruppe sogar günstiger zu stellen, was die Reserven anbelangt. Andererseits wird vom Standpunkt des Fiskus aus jedenfalls kein Weg in Betracht kommen, der nicht mindestens diejenige Steuer bringt, die bei diesen Unternehmungen auf die Entnahmen der Gesellschafter nach dem allgemeinen Tarif entfallen würde. Zwischen diesen beiden Polen müßte die Lösung liegen; sie bilden immer die Vergleichsgrenze. Nun müssen wir wieder unterscheiden:

a) Die drei Steuerformen sind dahin zu charakterisieren: die Gewinnsteuer trifft das Unternehmen unmittelbar als solches; die Ausschüttungs- und die Einkommensteuer dagegen mindern die Bezüge des Gesellschafters, wobei die Ausschüttungssteuer an der Quelle bei der Gesellschaft erhoben wird, die Einkommensteuer dagegen beim Steuerträger. Betrachten wir nun zunächst die Steuer der Unternehmung, die Gewinnsteuer. Es wäre natürlich möglich, den steuerpflichtigen Reingewinn, der nach gleichen Grundsätzen berechnet ist, mit einer gleichmäßig hohen Steuer zu belegen, sagen wir von 20 %. Beim Einzelkaufmann würden nun sofort die beiden vorher besprochenen Gegenpole sich geltend machen. Vielleicht ist schon diese Steuer gegenüber dem allgemeinen Tarif, zumal wenn er herabgesetzt wird, viel zu hoch; es müßte also eine zweite Berechnung aufgemacht und geprüft werden, ob er danach geringer zu versteuern wäre. Wieweit dasselbe Recht auch dem Fiskus zustehen soll, so daß er also die höhere Steuer erheben dürfte, wenn diese nach den allgemeinen Tarifen höher wäre, ist erst bei Betrachtung der Gesamtbelastung zu prüfen. Nun kompliziert sich die Frage, sobald man nicht nur an den Gewerbeertrag denkt, sondern den Aufbau der allgemeinen Einkommensteuer bestehen läßt. Denn dann muß die vergleichsweise Anwendung des allgemeinen Steuertarifs nicht nur für den gewerblichen Gewinn des Einzelkaufmanns erfolgen, sondern für diesen im Rahmen seines ganzen Einkommens, also unter Zuzählung sonstiger Einnahmen und Abzug der allgemeinen zugelassenen Absetzungen.

Komplizierter wird der Fall bei den offenen Handels- und Kommanditgesellschaften. Hier muß die Korrekturberechnung für jeden einzelnen Gesellschafter erfolgen, und zwar nach seinem Gewinnanteil und unter Berücksichtigung seines sonstigen Einkommens und der allgemeinen Abzüge. Die Berechnung wäre schon schwierig, da ja die Gewinnsteuer bei dem Finanzamt der Gesellschaft erhoben würde, während das übrige Einkommenmaterial sich bei den Finanzämtern der einzelnen Gesellschafter befindet. Sie wäre ferner den Gesellschaftern unerwünscht, weil sie der Gesellschaft und den anderen Teilhabern vollen Einblick in die Einkommensverhältnisse jedes einzelnen Gesellschafters verschaffte. Soweit sich nun ergibt, daß für die Gesellschafter die Steuer nach dem allgemeinen Tarif niedriger wäre als die Gewinnsteuer der Gesellschaft, müßte sich diese ermäßigen. Und zwar wäre sie wohl, da sie sich für die Gesellschaft wirtschaftlich als Handlungsunkosten darstellt, also jeden Gesellschafter nach Verhältnis seiner Gewinnquote trifft, für diese Berechnung auch nach diesen Quoten umzulegen, so daß sich der Anteil der einzelnen daran durch die für sie angestellte Berechnung auf Grund des allgemeinen Tarifs modifiziert.

Schon dieses Bild zeigt, daß die Sache verwickelt ist, ferner aber, daß schon auf dieser Stufe doch ein Unterschied gegenüber den Körperschaften besteht. Bei diesen ist die Gewinnsteuer mit einem festen Satz ausgestattet. Nun könnte man zwar daran denken, diesen Satz wieder abzustufen, wie es früher in den Bundesstaaten der Fall war; allein dann liegt der Steuersatz immer noch auf dem *Gesamtgewinn*, also in einer *höheren* Stufe, als er bei offenen Handels- und Kommanditgesellschaften *durch die Gewinnverteilung* liegt.

b) Viel verwickelter wird die Sache, sobald man weitergeht und die Steuern des Gewinnempfängers betrachtet, also die Ausschüttungs- und die Einkommensteuer. Zunächst leuchtet eins ein: daß nämlich bei Einzelunternehmungen die Erhebung auch dieser beiden Abgaben, also aller drei Steuerformen, sofort zu einer Überlastung führen muß; man unterwirft sie damit uneingeschränkt der Doppelbesteuerung, die jetzt bei den Körperschaften herrscht. Damit würde die Belastung grundsätzlich größer, als sie beim jetzigen System nach dem allgemeinen Tarif ist; also das gerade Gegenteil dessen, was man erreichen will. Nur dann träte bestimmt keine Verschlechterung für diese Gruppe von Unternehmungen ein, wenn die drei Steuerformen zusammen nicht mehr als 10 %, also die unterste Stufe des Einkommensteuertarifs, ausmachten. Das aber ist wieder für den Fiskus nicht diskutabel.

Nun kann man zunächst daran denken, die Ausschüttungssteuer fallen zu lassen. Geschieht das nur für die Gruppe der nicht juristischen Unternehmungen, so ist sofort doch wieder ein Unterschied in dem Steuersystem vorhanden; auch beseitigt er nicht die noch zu erörternden Schwierigkeiten der dann noch zu erhebenden Einkommensteuer. Aber vielleicht kann es allgemein geschehen, auch für die Körperschaften. Es wäre sehr wohl denkbar, daß man bei diesen einfach einen bestimmten Teil des Gewinns fortnimmt, sei es nun einen festen Satz oder nach einem Staffeltarif. Dagegen würde der verteilte Gewinn nur bei den Empfängern mit der Einkommensteuer belegt und außerdem als kapitalistische Einnahme mit der Kapitalertragsteuer vorweg belastet. Das hätte außerdem den großen Vorzug der Einfachheit für sich. Das englische Recht verfährt ungefähr so. Hier bleibt nur ein großes Bedenken: dann werden die Bezüge der Ausländer aus Dividenden an deutschen Gesellschaften unvollkommen erfaßt, sämtlich nur mit der Kapitalertragsteuer, während die deutschen Aktionäre und G. m. b. H.-Gesellschafter auch noch die Einkommensteuer zu zahlen haben. Es wird sehr zu erwägen sein, ob dieses Moment zugunsten einer Aufrechterhaltung der Ausschüttungssteuer überhaupt geltend gemacht werden kann. Wir leben nicht mehr in der Inflationszeit, wo das Geld der Ausländer hereinströmte und hier sogenannten billigen Gewinn zog, jedenfalls solange man die Erhöhung der Papiermarkziffern als Gewinn ansah. In einer Zeit, wo wir ausländisches Kapital in großer Menge brauchen und es hier interessieren wollen, erscheint eine Belastung des Gesellschaftsgewinns mit 46 % als viel zu weitgehend und absolut abschreckend. Besonders die großen Aktiengesellschaften dürften damit nach der Rückkehr der Goldwährung eine sehr schwere Dividendenpolitik haben, zumal wenn man die gewaltigen übrigen Steuerlasten berücksichtigt. Meiner Meinung nach müßte die Ausschüttungssteuer jetzt fallen gelassen werden; eine Herabsetzung auf nur wenige Prozente würde voraussichtlich die Mühe der Berechnungen nicht recht lohnen und außerdem gerade für den Ausländer das Bild wieder unklar machen und verwischen. Würde man sie beibehalten, so wäre zu erwägen, ob sie je nach dem Verhältnis des ausgeschütteten zum steuerbaren Gewinn abgestuft werden soll. Dagegen können wichtige Gründe geltend gemacht werden: die eine Gesellschaft muß zur Aufrechterhaltung ihrer Dividendenpolitik den Gewinn eines Jahres ganz oder zum größten Teil ausschütten, vielleicht noch Reserven früherer Jahre dazu angreifen; eine andere glücklichere hat reichlichen Gewinn gemacht und kann schon mit einem Bruchteil davon eine anständige Dividende geben. Obwohl die zweite in viel besserer Lage ist, zahlt sie einen geringeren Steuersatz. Der Sinn einer solchen Abstufung soll ja die Förderung der Reservenbildung sein. Allein berücksichtigt man diese Ungleichheiten und Zufälligkeiten, ferner die Komplizierung der Steuerberechnungen und der von der Steuerzahlung wieder abhängigen Dividendenauszahlung, so wird man eher dazu neigen müssen, von einer Abstufung abzusehen.

Für die nicht juristischen Personen hat eine Ausschüttungssteuer nur einen Sinn, wenn ein Unterschied zwischen den Entnahmen und dem nicht entnommenen Gewinn gemacht wird; das ist ja aber gerade der Punkt, an dem unsere Betrachtungen über die wirtschaftlichen Gründe für einen Systemwechsel eingesetzt haben. Dieser Unterschied läßt sich machen; Umgehungen zu verhindern, erscheint nicht unüberwindlich; darüber soll später noch gesprochen werden. Ich möchte von einem ganz einfachen Beispiel ausgehen: ein Einzelkaufmann hat einen steuerpflichtigen Gewinn von 50 000 Mark. Davon hat er 20 000 Mark teils schon im Laufe des Jahres entnommen, teils nimmt er ihn jetzt heraus oder schreibt ihn auf Separatkonto; der übrige Gewinn wird seinem Kapitalkonto zugeschrieben und verbleibt in Form von Waren und Vorräten im Geschäft. Nicht anders liegen die Verhältnisse, wenn es sich um eine oHG. handelt. Die Ausschüttungssteuer würde dann die entnommenen 20 000 Mark treffen; daneben würde, da ja nach unserer Auffassung alle drei Steuerformen nicht erhoben werden können, eine weitere Einkommensteuer nicht in Betracht kommen.

Zunächst: welcher Steuersatz soll hier erhoben werden? Derselbe wie bei Körperschaften? Nötig wäre das nicht, weil ja hier nicht die Wettbewerbsfähigkeit und Leistungsfähigkeit der Unternehmungen als solcher in Frage steht, sondern die Steuer des Gewinnempfängers. Also müßte der allgemeine Einkommensteuertarif darauf angewendet werden. Und nun melden sich wieder unsere beiden Gegenpole: es wäre möglich, daß der Kaufmann durch die Vorwegerhebung der Gewinnsteuer und die weitere Erhebung der Ausschüttungssteuer zusammen stärker belastet wird, als wenn er nach dem jetzigen System besteuert würde. Es muß also eine weitere Berechnung aufgestellt werden, die verschiedene Möglichkeiten hat: es kann sein, daß die Gewinnsteuer schon ebenso hoch ist wie die Steuer nach dem jetzigen System; höher kann sie nach unseren Ausführungen ja nicht sein, weil sie dann herabgesetzt werden müßte. Ist sie aber ebenso hoch, so kann daneben gar keine Ausschüttungssteuer erhoben werden. Ist sie niedriger, so kann Ausschüttungssteuer erhoben werden, aber nur bis zur Grenze der Steuer nach dem jetzigen System. Es müssen also drei Berechnungen aufgestellt werden.

Würde man übrigens die Ausschüttungssteuer auch bei diesen Unternehmungsformen nicht nach dem allgemeinen Tarif, sondern nach festen Sätzen wie bei Körperschaften erheben, so träte dazu im Interesse des Fiskus noch eine vierte Berechnung; denn dann wäre es ja möglich, daß dieser Satz sogar unter der Steuer läge, die der Fiskus nach dem allgemeinen Tarif schon von der bloßen Entnahme erhalten würde.

Alle diese Berechnungen und Vergleichungen komplizieren sich nun weiter, wenn es sich um mehrere Teilhaber handelt. Dann müssen für sie alle diese Vergleichungen aufgestellt werden, und zwar unter Berücksichtigung ihres gesamten Einkommens. Dazu träte die anteilige Verrechnung der Gewinnsteuer, die ja vom ganzen Gewinn erhoben wird, nach den früher ausgeführten Verteilungsgrundsätzen auf die einzelnen Gesellschafter. Befriedigend erscheint ein solches System hiernach nicht gerade.

c) Die Erhebung der Einkommensteuer bei den nicht juristischen Personen bedarf nach unseren Ausführungen keiner Erörterung mehr. Denn entweder wird sie nur von dem entnommenen Gewinn erhoben, dann ist sie eben eine Ausschüttungssteuer, wie wir sie eben behandelt haben; eine Erhebung neben der Ausschüttungssteuer kommt ja nicht in Frage. Oder sie wird vom ganzen Gewinn oder Gewinnanteil erhoben; das ist das jetzige System, und es ist ausgeschlossen, daneben noch die Gewinnsteuer zu erheben.

Wir kommen also zu dem Ergebnis: ein Systemwechsel dahin allgemein, daß bei den nichtjuristischen Unternehmungen eine Gewinn- und eine Ausschüttungssteuer erhoben wird, ist nicht zu empfehlen, weil sie zu einer außerordentlichen Komplizierung der Veranlagung führen würde, weil sie ferner ziffernmäßig unübersehbar ist und in den verschiedenartig liegenden Fällen der Wirklichkeit zu ungleichen, von Zufälligkeiten abhängigen Ergebnissen führen könnte.

VII. Als Mittel zu einer Beseitigung der zu Anfang gerügten Übelstände bieten sich andere Wege.

1. Der erste ist eine vernünftige Herabsetzung und Annäherung der Tarife. Insbesondere muß der Tarif für die Einzelpersonen erheblich herabgesetzt werden. Ist die Spanne zwischen den beiden Tarifen nicht mehr so groß wie bisher, so entfällt der Anreiz zu Gesellschaftsumwandlungen von allein. Denn solche verursachen doch auch erhebliche Gründungskosten, die schon den Gewinn eines Jahres aufzehren können. Sie führen weiterhin zu einer Doppelbesteuerung, besonders bei Vermögensabgaben. Sie haben ferner mancherlei Beeinträchtigungen der persönlichen Stellung und Herrschaft der Geschäftsinhaber zur Folge, wie die Schaffung eines Aufsichtsrats, überhaupt die Verwandlung des Inhabers in ein Vorstandsmitglied oder einen Geschäftsführer, außerdem bei den Aktiengesellschaften die öffentliche Rechnungslegung; über all das wird man nicht mehr so leicht hinwegsehen, wenn es sich nicht finanziell besonders lohnt. Was nun die Tarifgestaltung angeht, so kann der Satz von 20 v. H. bei Körperschaften im allgemeinen belassen werden; zu erwägen ist, ob nicht bei Gesellschaften mit geringerem Gewinn eine Degression eintreten soll. Bei natürlichen Personen halte ich es nicht für erträglich und auch im Interesse der Steuermoral nicht für zweckmäßig, über $33^1/_3$ v. H. hinauszugehen, zumal in Anbetracht des sonstigen Steuerdrucks. Ich könnte mir folgenden Tarif denken, wobei auf die mittleren Einkommen als vermutlichen Hauptteil der künftigen Steuerträger auch das Hauptgewicht gelegt ist:

| | |
|---|---|
| **bis 8000 Mk.** . . . . . . . . . . . . . | **10%** |
| dann 12 Stufen zu 3000 Mk. mit Steigerung um je 1 %, also: | |
| bis 10 000 . . . . . . . . . . . . . . . . | 11 % |
| bis 12 000 . . . . . . . . . . . . . . . . | 12 % |
| bis 14 000 . . . . . . . . . . . . . . . . | 13 % |
| dann 3 Stufen zu 2000 Mk. mit Steigerung um je 1 %, also: | |
| bei 50 000 Mk. . . . . . . . . . . . . . . | 25 % |
| dann 5 Stufen zu 10 000 Mk., also: | |

bei 100 000 Mk. . . . . . . . . . . . . . . 30 %

sodann 1 Stufe zu 10 000 und 2 Stufen zu je 20 000 Mk., also:

bei 150 000 Mk. . . . . . . . . . . . . . . 33 %

2. Daneben halte ich eine Erleichterung für die nichtjuristischen Personen hinsichtlich ihres nicht verteilten Gewinnes für erforderlich, schon gegenüber den Körperschaften. Sie ließe sich auf einfache Weise dadurch erreichen, daß der nach dem allgemeinen Tarif zu ermittelnde Steuersatz für den Anteil am ganzen Gewinn berechnet, aber für den Teil des Einkommens, der auf den nichtverteilten Gewinn entfällt, ermäßigt wird; den Ermäßigungssatz zu bestimmen, ist keine grundsätzliche Schwierigkeit, sondern eine einfache Tariffrage. Man könnte etwa an folgendes denken: bei Steuerpflichtigen, die nach ihrem Gesamteinkommen in einen Steuersatz kommen, der höher ist als die Gewinnsteuer der Körperschaften, wird die Mitte zwischen diesen beiden Steuersätzen genommen; bei Steuerpflichtigen mit geringerem allgemeinen Steuersatz wird die Mitte zwischen 10 v. H. und ihrem Steuersatz genommen. Aber auch jede andere Festsetzung eines günstigeren Steuersatzes wäre denkbar und durchführbar. Daß das fiskalische Interesse durch eine solche partielle Begünstigung besonders schwer beeinträchtigt werden sollte, ist, zumal wegen der zu erörternden Kautelen, wohl kaum anzunehmen. Die nichterhobene Steuer bleibt im Geschäft als werbendes Kapital; sie erhöht die Vermögenssteuern, und schließlich hört die Herabdrückung der Einkommensteuer auf, indem weitere Umwandlungen aus steuerlichen Motiven nicht erfolgen oder Rückbildungen von Körperschaften in Einzelunternehmungen stattfinden.

Es handelt sich also um eine Tarifvergünstigung, die natürlich Kautelen erforderlich macht für den Fall, daß etwa später das begünstigte Kapital doch entnommen wird, sowie um Schiebungen zu verhüten. Alle technischen Einzelheiten kann ich hier nicht erörtern; nur folgendes will ich hervorheben:

a) Denken wir zunächst an den Einzelkaufmann. Er hat z. B. 50 000 Mk. Gewinn gehabt, davon aber nur 20 000 Mk. entnommen. Er versteuert also 50 000 Mk., davon aber drei Fünftel — wenn er kein anderes Einkommen hat — nach dem begünstigten Tarif. Im folgenden Jahre hat er 10 000 Mk. Gewinn, entnimmt aber 40 000 Mk. Dann muß er die 10 000 Mk. nach dem Tarif für 40 000 Mk. versteuern. Dabei gilt als Entnahme jede geldwerte

Zuwendung an ihn aus dem Geschäft, gleichviel unter welcher Benennung sie erfolgt; denn das Privileg ist ja nur dafür gewährt, daß das Geld eben im Geschäft weiterverbleiben und arbeiten soll; fällt dies wirtschaftlich fort, gleichviel in welcher Rechtsform, so muß das Privileg rückgängig gemacht werden. Nur könnte das in einfacher Weise dadurch erfolgen, daß dann eben im folgenden Jahre ein höherer Tarif Anwendung findet, als Ausgleich für den höheren niedrigeren Tarif. Gewiß stimmt das ziffernmäßig nicht genau; aber es ist einer umständlichen Berechnung vorzuziehen. Die ganze Sicherung braucht nur darin zu bestehen, daß derjenige, der das Privileg in Anspruch nimmt, in seinen Büchern die privilegierten Summen in jedem Jahre besonders kenntlich machen muß. Auch wird bei der Veranlagung die Berechnung genau vermerkt, ebenso die ersparte Steuer, so daß sie aus den Steuerakten hervorgeht. Endlich muß in den Deklarationen nach den Entnahmen gefragt werden.

b) Nun sind aber weitere Einzelheiten zu bedenken. Sollen auch glatte Kapitalrückzahlungen als Entnahmen in diesem Sinne gelten? Die Frage ist nicht schwer. Im ersten Jahre natürlich nicht; denn es werden ja bei meinem Vorschlage nicht die Entnahmen als solche besteuert. In den späteren Jahren dagegen müssen auch die Kapitalentnahmen während des Jahres oder am Jahresschlusse berücksichtigt werden, aber nur, soweit sie den Jahresgewinn übersteigen (sie beeinflussen ihn ja an sich nicht) und soweit aus den Vorjahren privilegierte Kapitalzunahmen vorhanden sind. Wenn daher in einem Jahre z. B. neues Kapital eingeschossen ist und dieses später zurückgezahlt wird, so ist es erst abzurechnen, bevor die Tariferhöhung beginnt.

c) Wenn in einem Jahr gar kein Gewinn vorhanden war, so müssen die Entnahmen dem Gewinn des Vorjahres zugezählt und die Differenz nachgezahlt werden; eine solche Zahlung ist bei der Verbrauchsbesteuerung zu berücksichtigen.

d) Vorübergehende Mehrentnahmen oder kurzfristige Darlehen brauchen nicht berücksichtigt zu werden.

e) Bei offenen Handels- und Kommanditgesellschaften: hier gilt an sich genau das gleiche. Nur muß man sich hier über die Begriffe dahin verständigen: als nicht entnommen gilt hier der Gewinn, über den der einzelne Gesellschafter nicht ohne Zustimmung der anderen verfügen kann, also gleichgültig vor allem, ob er ausdrücklich als Reserve bezeichnet oder den Kapitalkonten zugeschrieben wird. Der übrige

Gewinn gilt als ausgeschüttet, also auch wenn er nur auf Separatkonto gutgebracht, aber noch nicht ausgezahlt ist.

Bei späteren Entnahmen ist dann ebenfalls jede Zuwendung von Kapital über den Gewinn hinaus oder auf Kapitalkonto, solange privilegierte Beträge vorhanden sind, als tarifsteigernd anzusehen. Besonders Darlehen an die Gesellschafter sind hier darauf zu untersuchen, inwieweit Umgehungen vorliegen. Wenn z. B. alle Gesellschafter entsprechend den Gewinnbeteiligungen Darlehen erhalten, oder einer von ihnen ein langfristiges Darlehen, wird man die Zurechnung vornehmen müssen.

f) Zur Vereinfachung ist endlich daran zu denken, immer nach einigen Jahren einen Strich unter die Rechnung zu machen; also etwa zu sagen: in jedem vierten Jahr wird das Privileg nicht gewährt, dafür werden aber die früheren Ersparungen gestrichen.

Man ersieht schon hieraus: selbst eine scheinbar so einfache Frage zeigt doch große Verwicklungen, und ich könnte mir sehr wohl denken, daß sie dem Gesetzgeber zu kompliziert erscheint und nicht leicht auf eine kurze Gesetzesformel gebracht werden kann. Ich würde mir etwa folgende Vorschrift denken:

„§ 33 c:

Steuerpflichtige im Sinne des § 7 EStG. können beantragen, daß derjenige Teil ihres Gesamteinkommens, der dem gewerblichen Unternehmen nicht entnommen ist, nach einem niedrigeren Steuersatz herangezogen wird. Dann ermäßigt sich für diesen Teil des Gewinns der tarifmäßige Steuersatz, der dem Gesamteinkommen entspricht, um die Hälfte des Unterschieds gegenüber einem Satze von 20 v. H. oder, wenn der tarifmäßige Satz hinter 20 v. H. zurückbleibt, gegenüber dem niedrigsten Tarifsatz.

Bleibt in einem späteren Jahre der Geschäftsgewinn hinter den Entnahmen zurück, so wird er nach einem höheren Tarifsatz versteuert. Dieser ergibt sich aus dem Geschäftsgewinn zuzüglich desjenigen Mehrbetrags der Entnahmen, für den in früheren Jahren eine Tarifvergünstigung nach Absatz 1 gewährt worden ist; diese Erhöhung tritt für jeden begünstigten Betrag nur einmal ein. Werden Entnahmen gemacht, obwohl ein Gewinn nicht vorhanden oder geringer ist als der durch Absatz 1 hervorgerufene Steuerunterschied für das unmittelbar vorangegangene Geschäftsjahr, so ist mindestens dieser Steuerunterschied nachzuzahlen.

Entnahmen im Sinne dieser Bestimmungen sind ohne Rücksicht auf Benennung und Rechtsform alle Zuwendungen von Geld oder Geldeswert aus dem Geschäftsvermögen an den Steuerpflichtigen; bei offenen Handels- und Kommanditgesellschaften gilt als nicht entnommen nur der Teil des Gewinnes, über den ein Gesellschafter nicht ohne Zustimmung der anderen Gesellschafter verfügen darf. Kapitaleinzahlungen nach einer Anwendung des Absatz 1 sind vorweg in Abzug zu bringen.

Die aus vorstehenden Bestimmungen sich ergebenden Berechnungen sind in den Geschäftsbüchern und Veranlagungen nach Vorschrift des Finanzministers ersichtlich zu machen."

c) Endlich muß für die Mischformen die Möglichkeit gegeben werden, daß sie nach den Grundsätzen der Gruppe besteuert werden, zu der sie innerlich, ohne Rücksicht auf die äußere Form, gehören. Hier bin ich mit Herrn Senatspräsident Becker einig, bis auf den Zwang zur Unterstellung unter eine andere Gruppe, während ich es beim Antrag bewenden lasse.

VIII. Endlich sind noch einige grundsätzliche Erörterungen zu machen.

1. Das Thema ist nur unter prinzipiellen Gesichtspunkten behandelt worden, die auf eine dauernde Gesetzgebung sehen. Etwas ganz anderes sind Notmaßnahmen, die etwa für 1924 wieder erforderlich werden könnten. Diese bilden allerdings eine schwere Sorge, wenn man glaubt, daß dieses Jahr überwiegend ein gewerblicher Gewinn nicht erzielt werden wird. Allein für die dann zu ergreifenden Notmaßnahmen ist unser Thema eigentlich gleichgültig. Nur darf man die Hoffnung aussprechen, daß eine Neuauflage der Abschlußzahlungen für 1923 vermieden wird, die doch nichts anderes darstellten als etwa den Satz: du bist leistungsfähig, also zahlst du einen mir, dem Finanzbeamten, angemessen erscheinenden Beitrag zu den Staatsunkosten. Das ist natürlich kein Steuerrecht mehr, sondern eine Abgabenerhebung nach Ermessen. Als Notmaßnahme kommt vielleicht eine erträgliche Abgabe vom Betriebsvermögen in Betracht, die aber aus den Einnahmen getragen werden kann. Vielleicht auch nur eine Forterhebung der jetzigen Vorauszahlungen und die Verschiebung der Abrechnung auf das folgende Jahr, wobei natürlich die Vorauszahlungen nach den Erfahrungen des Jahres 1924 zu „veredeln" sind, besonders beim Großhandel. Ferner als Korrektiv daneben eine Einkommensteuer vom Verbrauch mit den

aus den Leitsätzen ersichtlichen Kautelen. Eine Verbrauchsbesteuerung erfaßt übrigens nicht die juristischen Personen. Bei ihnen, übrigens auch bei andersartigen größeren Unternehmungen, könnte man unter Umständen an Korrektive denken, wie sie die Gewerbesteuer kennt: an die Zahl der Arbeiter und Maschinen, die Flächengröße des benutzten Standortes usw. Ich glaube aber, daß diese Maßstäbe, die ja für die Kommunalbesteuerung aus dem Grundsatz der Gegenleistung folgen, für Reichssteuern nicht verwendbar sind. Es fehlt an der Unmittelbarkeit und Spezialität der Gegenleistung; auch muß man bedenken, daß ein solches Unternehmen durch Beschäftigung zahlreicher Angestellter und Arbeiter nicht nur diesen Einkommen, sondern dadurch auch dem Reich Einkommensteuer verschafft, ferner Umsatzsteuer. Über eine erträgliche Abgabe vom Betriebskapital wird man daher nicht hinausgehen können.

2. Es wurde schon erwähnt, daß als Grundlage für unsere Erörterungen die Besteuerung des Geschäftsgewinnes in herkömmlichem Sinne dient. Mit Herrn Senatspräsident Becker bin ich darin einig, daß seine Berechnung nur nach den Grundsätzen des § 33 Abs. 2, § 33a Abs. 1 erfolgen darf. Dagegen kann ich mich nicht der Forderung anschließen, die beiden Ergänzungen der Bestimmungen hinsichtlich der Entnahmen und des Geschäftsverkaufs in das Gesetz aufzunehmen.

a) Zunächst sollen danach Entnahmen mit dem gemeinen Werte zur Zeit der Entnahme angerechnet werden. Allein hier liegt der Fall anders als etwa bei den Entnahmen des Landwirts aus seinem Betriebe. Betrachtet man den Fall zunächst für einen Einzelkaufmann, so bedeutet die Entnahme von Gegenständen aus dem Geschäft nichts anderes als die Verminderung seiner Einlage; sie muß ihm ja auch auf Kapitalkonto belastet werden, wobei es natürlich nichts ausmacht, wenn sie zunächst über ein Separat- oder Privatkonto geht. Nun setze man einmal den Fall: der Kaufmann hat im März eines Jahres Wertpapiere mit einem Kurswert von 100 v. H. in das Geschäft hineingegeben, vielleicht um Kredit aufzunehmen. Im August nimmt er sie bei einem Kursstande von 120 v. H. wieder heraus und legt sie in das Privatsafe, wo sie bei Jahresschluß unverkauft ruhen. Soll tatsächlich die Entnahme mit 120 v. H. belastet werden? Das bedeutet nichts anderes als die Besteuerung eines unrealisierten Kursgewinns, die doch abzulehnen ist. Nicht anders aber liegt es bei der Entnahme jedes sonstigen Gegenstandes, z. B. wenn der Inhaber eines

Konfektionsgeschäfts Stoff aus dem Geschäft nimmt, den er billiger eingekauft hat, als der Preis zur Zeit der Entnahme ausmacht. Dem Geschäft ist dieser höhere Gegenwert nicht zugeführt; und wenn der Kaufmann den Stoff gleich damals von seinem privaten Gelde gekauft hätte, so würde ihm die Wertsteigerung ja auch nicht als Einkommen angerechnet werden. Meines Erachtens kann immer nur der Buchwert für die Entnahme maßgebend sein. Dadurch kommt der Staat in Wirklichkeit um gar keine Steuer; nur daß sie in einem anderen Stadium und aus einem anderen Grunde erhoben wird. Wenn sich z. B. ein Kaufmann in Zeiten steigender Konjunktur 10 Tonnen Kupfer aus dem Geschäft nimmt und sie später verkauft, dann ist er nach § 11 Ziff. 5 EStG. wegen Spekulationsgewinns steuerpflichtig; denn er kann diesen Gegenstand nur zum Zwecke der Weiterveräußerung erworben haben. Nimmt er sich dagegen Stoff zu Kleidern für sich oder seine Familie heraus oder Nahrungsmittel und verbraucht diese Gegenstände, so ist einfach kein Platz für die Berechnung eines Gewinnes. Die Preissteigerung in der Hand desselben Eigentümers bleibt bei verbrauchten oder nichtveräußerten Gegenständen notwendigerweise unberücksichtigt, auch wenn er dabei zwischen seinem Betriebs- und dem Privatvermögen wechselt.

Bei der offenen Handels- und Kommanditgesellschaft gilt genau das entsprechende. Erhalten alle Gesellschafter entsprechend ihren Kapitalkonten Gegenstände in natura, so kommt eine Steuer erst in Betracht, wenn sie diese Gegenstände veräußern. Erhält nur einer einen Gegenstand, so kann nur der Betrag dafür in Ansatz kommen, mit dem er wirklich belastet wird; denn nur dieser Gegenwert fließt als Forderung oder Zahlung in das Vermögen der Gesellschaft.

b) Veräußerung des ganzen Geschäfts: hier würde ich die Hinzurechnung zum Geschäftsgewinn für denselben Fehler halten, der durch die Änderung des § 11 Ziff. 5 EStG. im Jahre 1921 gerade wieder aus dem Gesetz herausgebracht worden ist. Das Entgelt für die Veräußerung wird erzielt auf Grund einer Vermögensbilanz mit ganz anderer Bewertung als sie etwa der letzten Jahresbilanz zugrunde liegt. Die Differenz zwischen diesen beiden Bewertungen als Einkommen zu erfassen, halte ich für einen absoluten Systemfehler. Es wird auch nicht besser, wenn man auf die letzte Vermögenssteuerbilanz zurückgeht; damals ging man in § 35 EStG. auf das Notopfer zurück, jetzt würde man vielleicht an die Vermögenssteuer 1924 anknüpfen. Allein, man bedenke nur, daß bei dieser der Veräußerungswert des Unternehmens als Ganzes ja doch gar nicht erfaßt ist; es sind wieder Bewertungsvorschriften aller Art ergangen: Steuerkurse, eingehende Grundstücksbewertungen, kein Fassonwert usw.; die Vergleichung ergibt also ein ganz schiefes Bild. Das Ergebnis bei der Geschäftsveräußerung könnte nur mit dem Anfangskapital bei Gründung des Geschäfts zuzüglich späterer Einlagen verglichen werden. Aber das ist eine Vermögenszuwachssteuer, und eine solche haben wir schon für die natürlichen Personen. Nun wird zwar bei den Körperschaften nach besonderer Vorschrift eine Steuer bei Auflösung der Gesellschaft erhoben. Aber dies ändert den grundsätzlichen Standpunkt nicht; auch das ist eine besondere Vermögenszuwachssteuer, die auf einer speziellen, positivrechtlichen Vorschrift beruht. Den großen Schwierigkeiten, die sich dabei sofort ergeben, ist man bei den Körperschaften auf verhältnismäßig einfache Weise aus dem Wege gegangen. Erstens hat man ja hier das Vergleichskapital, nämlich das Anfangsvermögen, in dem festbestimmten Grundkapital und seinen Erhöhungen. Sodann hat man als Zeitraum für die Vermögensvergleichung willkürlich eine Periode von fünf Jahren gewählt. Endlich mußte man für den besonders wichtigen Fall der Fusion die Steuer als unerträglich beseitigen, und meiner Ansicht nach müßte der Rest dieser Steuer auch noch nachfolgen. Jedenfalls sollte man nicht daran denken, sie nun noch auf Einzelunternehmungen auszudehnen. Wie sollen hierbei die Beträge der Vermögenssteigerung abgezogen werden, die seit Gründung des Geschäfts versteuert worden sind oder steuerfrei erwachsen sind? Macht man aber in einem späteren Zeitpunkt halt, so ist das reine Willkür. Wie soll man in vielen Fällen das Anfangskapital und spätere Einlagen feststellen? Dabei müßte man doch wohl auf den gemeinen Wert in diesem Falle zurückgehen; denn die Buchbilanz kommt ja nicht in Frage. Will man Beträge abrechnen, die nach den früheren Landessteuern besteuert oder steuerfrei geblieben sind? Wie will man die Inflationsziffern behandeln? Welchen Steuersatz will man anwenden? Doch hoffentlich nicht den vollen Tarifsatz eines Jahres; jede Verteilung über mehrere Jahre ist aber wieder Willkür. Wie will man es bei Gesellschaftsumwandlungen halten? Will man die Steuer auch erheben, wenn ein Sozius eintritt, ein Kommanditist, ein stiller Teilhaber? Das sind doch alles Fälle, in denen ein Teil des Vermögens einem andern gegen Entgelt überlassen wird. Die Fragen ließen sich ins Ungezählte vermehren. Sie zeigen nur die Folgen einer meines Erachtens verkehrten Grundlage. Diese wird nicht dadurch beseitigt, daß man etwa sagt, auf diese Weise erfasse man nachträglich früher nichtversteuerte übermäßige Abschreibungen oder stille Reserven. Das ist Sache einer sorgfältigen Veranlagung, aber nicht Grund zu einer schiefen Besteuerung. Auch entsteht der Verkaufspreis nur teilweise durch Konjunktursteigerungen; zum großen Teile bildet er auch ein Entgelt für Tüchtigkeit und Organisation während vieler Jahre; es erscheint nicht zu billigen, dann die Vergütung dafür einer übermäßig hohen Steuer in einem Jahre zu unterwerfen.

3. Was endlich die Besteuerung der Körperschaften angeht, so habe ich schon hervorgehoben, daß eine Aufhebung der Ausschüttungssteuer empfehlenswert erscheint. Dagegen wird die Kapitalertragssteuer, schon aus allgemeinpolitischen Gründen, als Vorbelastung des rein kapitalistischen Einkommens nicht zu beseitigen sein. Nur auf eins möchte ich hinweisen: man bemühte sich früher, die Doppelbesteuerung des Gewinnes, die bei den Körperschaften immer vorhanden ist, zu mildern, indem man insbesondere eine bestimmte Verzinsung des Kapitals steuerfrei ließ. Die Rücksicht auf die Doppelbesteuerung hat ja auch überhaupt zur Folge gehabt, daß die Körperschaften mit geringeren Steuersätzen belegt wurden als die nichtjuristischen Personen; man wählte eben nach dem Kriege den entgegengesetzten Weg wie früher, indem man bereits bei der ersten Stelle der Gesellschaft die Milderung eintreten ließ, statt erst später bei den Gewinnempfängern. Der Gedanke einer Kapitalertragssteuer wirkt nun gerade entgegengesetzt wie der Gedanke einer Milderung der Doppelbesteuerung. Was diese Milderung beseitigen soll, hebt die Kapitalertragssteuer wieder auf. Um so mehr erscheint es gerechtfertigt, bei der Gewinnsteuer halt zu machen und die Dividenden lediglich der allgemeinen Einkommensteuer des Empfängers und der Kapitalertragssteuer zu unterwerfen.

An der Diskussion beteiligten sich die Herren Prof. Dr. Waldecker, Dr. Schmidt, RA. Dr. Pauly, Regierungsrat Dr. Ball, Prof. Dr. Hensel, RA. Dr. Keil und RA. Dr. Delbrück.

Nach Schluß der Diskussion und nachdem der Berichterstatter Rechtsanwalt Dr. Max Lion zum Inhalt der Diskussion und zu den gegebenen Anregungen in einem Schlußwort Stellung genommen hatte, wurden die Leitsätze der Berichterstatter mit einigen Änderungen in folgender Fassung angenommen:

A.

Als Einkommen aus Gewerbe ist bei Gewerbetreibenden, die Bücher nach den Vorschriften des Handelsgesetzbuchs zu führen haben oder deren Buchführung diesen Vorschriften entspricht, der vorsichtig ermittelte, realisierte Geschäftsgewinn zu versteuern, wie ihn § 33 Abs. 2, § 33a Abs. 1 des Einkommensteuergesetzes zu bestimmen sucht.

B.

I.

1. Die Einkommen- und die Körperschaftssteuer ist so zu gestalten, daß die Gewerbetreibenden nicht genötigt werden, der Einkommen- oder Körperschaftssteuer wegen bestimmte Rechtsformen zu wählen oder von einer Rechtsform zur anderen überzugehen.

2. Das Hauptmittel zur Durchführung dieser Aufgabe ist, die Einkommen- und die Körperschaftssteuer auf ein vernünftiges Maß zu ermäßigen.

II.

Die Einheitsbesteuerung (gleichmäßige Besteuerung des Einkommens aus Gewerbe ohne Rücksicht auf die Rechtsform) ist abzulehnen.

Es empfiehlt sich weder:

1. bei den Gesellschaften m. b. H. und den Aktiengesellschaften oder auch nur bei den G. m. b. H. allgemein von der Besteuerung der Gesellschaft als solcher abzusehen und die Gesellschafter wie Teilhaber einer offenen Handelsgesellschaft zu besteuern,

noch:

2. bei den Einzelgewerbetreibenden (Teilhabern einer offenen Handelsgesellschaft, Kommanditisten) allgemein wie bei den Gesellschaften m. b. H. und den Aktiengesellschaften zwischen der Besteuerung des im Gewerbe stehenbleibenden und des ausgeschütteten (entnommenen) Gewinnes zu unterscheiden,

noch:

3. die offenen Handelsgesellschaften und die Kommanditgesellschaften allgemein wie die Gesellschaften m. b. H. und die Aktiengesellschaften zu besteuern,

n o c h a u c h :

4. die Besteuerung von Einzelgewerbetreibenden (Teilhabern einer offenen Handelsgesellschaft, Kommanditisten) einerseits und von Gesellschaften m. b. H. und Aktiengesellschaften anderseits dadurch zu vereinheitlichen, daß man auf die geringere Besteuerung des nicht ausgeschütteten Geschäftsgewinns bei den Gesellschaften m. b. H. und den Aktiengesellschaften verzichtet und auch für sie den Geschäftsgewinn im ganzen nach demselben Satze versteuert.

## III.

1. G r u n d s ä t z l i c h ist daran festzuhalten, daß die Einzelgewerbetreibenden (Teilhaber der offenen Handelsgesellschaften, Kommanditisten) den Geschäftsgewinn oder ihren Anteil am Geschäftsgewinn im Rahmen ihres Gesamteinkommens versteuern, und daß bei den Gesellschaften m. b. H. und den Aktiengesellschaften die Gesellschaften besteuert und bei ihnen zwischen der Geschäftsgewinn- und der Ausschüttungssteuer unterschieden wird. Es ist aber grundsätzlich zu prüfen, ob nicht die Ausschüttungssteuer bei den Körperschaften völlig fallen gelassen wird, wofür erhebliche Gründe geltend gemacht werden können. Bleibt sie bestehen, so gilt weiter folgendes:

2. Es ist zu erwägen, ob zur Milderung der Spannung zwischen der Geschäftsgewinn- und der Ausschüttungssteuer und zur Förderung der Bildung von Reserven die Ausschüttungssteuer nach dem Verhältnis des ausgeschütteten Gewinns zum Gesamtgeschäftsgewinn des betreffenden Jahres abzustufen ist.

3. Zu prüfen ist ferner, ob und wie weit die von den Gesellschaften m. b. H. und den Aktiengesellschaften entrichteten Steuern bei der Versteuerung des ausgeschütteten Gewinns durch die Gesellschafter und Aktionäre angerechnet werden können.

## IV.

1. Es wird empfohlen, der Tatsache, daß die Gesellschaften m. b. H. wirtschaftlich oft nichts anderes sind als Einzelbetriebe oder offene Handelsgesellschaften (Kommanditgesellschaften), bei denen die Beteiligten vom Geschäftsgewinn leben müssen, dadurch Rechnung zu tragen, daß gewisse Gesellschaften m. b. H. — vielleicht auch gewisse Aktiengesellschaften —, bei denen die Anteile in wenigen festen Händen oder

Familien sind oder das Stammvermögen eine gewisse Höhe nicht übersteigt, auf Antrag für die Einkommen- und die Körperschaftssteuer wie offene Handelsgesellschaften zu behandeln sind.

Ferner ist nach Beschaffung von Unterlagen zu prüfen,

2. ob auch solchen Unternehmen, die nicht als körperschaftssteuerpflichtige Gesellschaften organisiert sind, die Möglichkeit, ihren Betrieb unter steuerlicher Begünstigung aus dem Geschäftsgewinn zu verstärken, dadurch zu geben ist, daß offene Handelsgesellschaften, Kommanditgesellschaften und folgerichtig auch Einzelgewerbetreibende, deren Betrieb gewissen Voraussetzungen entspricht, auf Antrag für die Einkommen- und die Körperschaftssteuer wie Gesellschaften m. b. H. zu behandeln sind, oder ob nicht sonst erreicht werden kann, daß die Einkommensteuer für den nicht ausgeschütteten Gewinn bei den nichtjuristischen Personen ermäßigt wird,

3. und ob umgekehrt unter bestimmten Voraussetzungen auch dem Reiche das Recht zuzusprechen ist, die Besteuerung des Einkommens ohne Rücksicht darauf durchzuführen, ob eine Gesellschaft gebildet worden ist.

V.

Ob der offenen Handelsgesellschaft und der Kommanditgesellschaft als solchen für den von ihnen erzielten, von ihren Teilhabern zu versteuernden Geschäftsgewinn eine Steuererklärungspflicht aufzuerlegen ist, ob der Geschäftsgewinn ihnen gegenüber mit Wirkung für die Teilhaber festzustellen und ob der Mindestbetrag der Steuer an der Quelle zu heben ist, ist eine vornehmlich verwaltungstechnische Frage, deren Prüfung geboten erscheint.

C.

I.

Statt des Geschäftsgewinns oder neben ihm die Entnahmen zum Gegenstande der Besteuerung zu machen, ist für die ordentliche Einkommensteuer nicht zu empfehlen. Für die ordentliche Einkommensteuer hat dieser Gedanke nur in der Erweiterung Berechtigung, daß der Verbrauch im ganzen, wenn er ermittelt oder doch seinem Mindestbetrage nach geschätzt werden kann, solange als mutmaßliches Einkommen gelten kann, bis nachgewiesen wird, daß und inwieweit nicht Einkommen verbraucht ist. Es ist aber zu erwägen, ob bei den nichtjuristischen

Personen der dem Geschäft nicht entnommene Geschäftsgewinn mit einem geringeren Steuersatz erfaßt werden kann, wobei Vorsorge zu treffen ist, daß bei späterer Entnahme dieses begünstigten Teiles die Steuermilderung, soweit tunlich, ausgeglichen wird.

II.

Sollten sich die Zeitumstände so gestalten, daß Geschäftsgewinn in dem hier dargelegten Sinne bei gewerblichen Betrieben nicht zu erwarten ist, so wird auf die Besteuerung des Verbrauchs als Ersatz oder Ergänzung der Einkommensteuer zur Rettung der Gesamtwirtschaft zurückgegriffen werden müssen, weil und soweit sich im Verbrauch eine gewisse Leistungsfähigkeit zeigt. Dann wird der Begriff des Verbrauchs sorgfältig zu bestimmen sein, so daß z. B. Entnahmen aus dem Geschäft nur solange als Verbrauch gelten können, als nicht nachgewiesen wird, daß die entnommenen Mittel zur Umwandlung von Vermögen einschließlich der Tilgung von Verbindlichkeiten verwandt worden sind. Außerdem werden die Befreiungen und Begünstigungen des durch Not gebotenen oder durch besondere Umstände gerechtfertigten Verbrauchs sorgfältig abzugrenzen und mit dem notwendigen Rechtsschutz auszustatten sein.

Nach einer Pause wurde zur Behandlung des dritten Themas übergegangen:

> Welche Grundsätze empfehlen sich für das internationale Vertragsrecht zur Vermeidung internationaler Doppelbesteuerung bei Einzelpersonen und Körperschaften, insbesondere bei gewerblichen Betrieben?

Zu diesem Thema legte der Berichterstatter, Herr Ministerialrat und Abteilungsdirigent im Reichsfinanzministerium Dr. Dorn-Berlin, folgende Leitsätze vor:

**I. Notwendigkeit internationaler Verträge.**

1. Internationale Doppelbesteuerung (Mehrfachbesteuerung) liegt vor, wenn mehrere selbständige Steuerhoheitsträger (Steuerberechtigte), insbesondere mehrere selbständige Staaten, denselben Steuerpflichtigen wegen desselben Gegenstandes gleichzeitig zu einer gleichartigen Steuer heranziehen.

2. Das Völkerrecht setzt der Steuerhoheit keine Grenzen, die nicht der Ausübung der Staatshoheit überhaupt entgegenstehen. Da die Besteuerung sowohl an die Herrschaft über die Person des Steuerpflich-

tigen (Staatsangehörigkeit, Wohnsitz, Aufenthalt, Sitz, Ort der Leitung) als auch an die Herrschaft über das steuerbare Gut, die Gebietshoheit, anknüpfen kann, ist Doppelbesteuerung nach geltendem Völkerrecht nicht unzulässig. Sie ist aber vom Standpunkt des Wiederaufbaus der Weltwirtschaft unerwünscht und namentlich in der Zeit hohen Steuerdrucks, soweit irgend möglich, einzuschränken.

3. Das nationale Recht der einzelnen Staaten, das gewisse Selbstbeschränkungen enthält, vermeidet die Doppelbesteuerung nicht in ausreichendem Maße. Es bleibt daher nur der Weg gegenseitiger Verständigung der Staaten, der Weg des Staatsvertrags.

**II. Allgemeine Grundsätze für die Abgrenzung der Steuergewalten.**

1. Grundsätze für die internationale Verständigung lassen sich nur aus der Vergleichung der aufeinander abzustimmenden Steuersysteme gewinnen. Weder der Gedanke, daß der Staat das Recht auf Besteuerung hat, soweit er dem Steuerpflichtigen oder dem Steuergute Schutz gewährt, noch der Gedanke, daß die Besteuerung ein gerechtes Opfer des Steuerpflichtigen aus seinem Gute bedeuten müsse, führt zu einer brauchbaren Abgrenzung der Steuergewalten im Falle ihres Zusammentreffens.

Die Besteuerung ist Wirtschaftsvorgang. Gesichtspunkte der Volkswirtschaft und der Staatswirtschaft müssen entscheiden. Die Zugehörigkeit eines Gutes zur Wirtschaft kann durch die Person des Verfügungsberechtigten vermittelt, sie kann unmittelbare Einordnung des Sachgutes in die Wirtschaft sein. Ob die unmittelbare oder mittelbare Wirtschaftszugehörigkeit den Vorrang eines Staats begründet, wann und in welchem Umfange eine unmittelbare Zugehörigkeit des Gutes zu einer bestimmten Wirtschaft angenommen werden darf, läßt sich nicht immer zweifelsfrei feststellen.

3. In solchen Zweifelsfällen muß die endgültige Verteilung des Steuerguts unter staatswirtschaftlichen Gesichtspunkten versucht werden. Maßgebend ist, in welchem Grade das Gut an die Steuerwirtschaft eines bestimmten Staates gebunden ist. Die steuerwirtschaftliche Bindung (Steuerlichkeit) eines Gutes hängt ab

a) von der Feststellbarkeit des Steuergutes nach Art, Umfang und Wert,

b) von der Kontrollierbarkeit des Gutes, d. h. der Möglichkeit, der Steuerumgehung und der Entziehung des Steuergutes vorzubeugen,

c) von der Erzwingbarkeit der Steuer einschließlich der Sicherbarkeit.

Für die Bedeutung dieser Merkmale im einzelnen kommt es darauf an, wie vollständig, wie einfach und wie billig die Feststellbarkeit und Kontrollierbarkeit des Steuerguts, die Erzwingbarkeit der Steuer ist.

4. Die Frage, welchem Staate im Kollisionsfalle durch Vertrag das Recht auf die Steuer oder einen Teil der Steuer zugesprochen werden soll, erfordert daher die Beantwortung zweier Vorfragen:

a) Welcher Staat ist wirtschaftlich der nächste zur Besteuerung eines bestimmten Gutes? und

b) bei gleichnaher wirtschaftlicher Beziehung oder bei Zweifeln über den Grad der wirtschaftlichen Beziehungen: Welcher Staat wird durch den Verzicht in seiner Steuerwirtschaft am wenigsten beeinträchtigt?

Die Verwertung dieser beiden Gesichtspunkte gestattet nur die Aufstellung allgemeiner Grundsätze. Diese werden nach den im einzelnen Vertragsfall anzupassenden Steuersystemen Zusätze oder Änderungen erfahren müssen.

5. Die vertragliche Regelung kann im Einzelfall nicht erschöpfend sein; sie muß daher die Möglichkeit vorsehen, daß durch nachträgliche Einigung unter den Finanzbehörden Sonderfälle entschieden und Ergänzungen des Vertrages im Sinne des Vertragsziels herbeigeführt werden können.

6. Zur wirksamen Durchführung der Bestimmungen über die Vermeidung der Doppelbesteuerung bedarf es im Interesse von Staat und Steuerpflichtigen internationaler Rechtshilfe.

7. Die Verwendbarkeit des Schiedsgerichtsgedankens und der Meistbegünstigungsklausel im Gebiet der Doppelbesteuerungsverträge bedarf der Prüfung.

**III. Besondere Grundsätze über die Verteilung des Steuerguts.**

## A. Steuern vom Einkommen und Vermögen einschließlich der Erbschaftssteuer.

### I. Besteuerung des Einkommens.

1. Die Besteuerung des Gesamteinkommens steht bei Einzelpersonen dem Staate des Wohnsitzes, bei Fehlen eines Wohnsitzes dem Staate des Aufenthalts zu. Ist mehrfacher Wohnsitz nach dem Rechte der beteiligten Staaten anzunehmen, so entscheidet die Dauer des Aufenthaltes in jedem Staate über den Anteil an der Gesamteinkommen-

steuer. Begründet nach dem Steuersystem in beiden beteiligten Staaten die Staatsangehörigkeit die Einkommensteuerpflicht oder wird durch die Staatsangehörigkeit bei Aufgabe des Wohnsitzes die Steuerpflicht aufrechterhalten, so kann und wird zweckmäßig aus Gründen der Einfachheit an die Stelle der Teilung der Steuer nach der Dauer des Aufenthalts die Zuweisung der Steuer an den Staat erfolgen, dem der Steuerpflichtige angehört. In diesen Fällen würde nur bei Personen mit doppelter Staatsangehörigkeit und bei Staatenlosen die Teilung der Steuer nach der Dauer des Aufenthalts oder kraft besonderer Vereinbarung nach festem Prozentverhältnis einzutreten haben. In dem Vertrage ist sicherzustellen, daß im Falle eines Wohnsitzwechsels bei Beginn der Steuerpflicht im neuen Staat die Steuerpflicht im Abwanderungsstaate endet.

Bei juristischen Personen soll die Besteuerung des Gesamteinkommens dem Staate zustehen, in dem sich der Sitz des Unternehmens befindet. Fällt der Sitz nicht mit der geschäftlichen Leitung (dem Ort der Leitung) zusammen, so sollen für die Verteilung der Einkünfte die Grundsätze gelten, die unten (zu B) für den einheitlichen Gewerbebetrieb in mehreren Staaten aufgestellt sind.

2. Der Staat, dem nach Nr. 1 die Gesamteinkommensteuer zusteht, soll jedoch ganz oder zum Wesentlichen auf gewisse Einkommensquellen verzichten, die einem andern Staate (dem Belegenheitsstaat) wirtschaftlich und steuerlich zugehören. Dies gilt

a) stets für dort belegenen Grundbesitz und Gewerbebetrieb sowie das ihnen dienende Zubehör, für eine Erwerbstätigkeit mit fester örtlicher Stätte in dem Staat und für Bezüge aus seinen Kassen, für die dem Grundbesitz gleichgestellten Rechte. durch Grundbesitz gesicherte Forderungen und Rechte, insbesondere Hypotheken, sowie für Beteiligungen an einem Gewerbebetrieb,

b) mit den im folgenden vorgesehenen Beschränkungen:
für Patente, Urheber- und Erfinderrechte, Konzessionen und Forderungen gegen den Staat, sofern die Rechte oder Forderungen in einem öffentlichen Buch oder Register des Staats verlautbart sind, in dem sich das Grundstück oder der Gewerbebetrieb befindet oder das Recht begründet ist, schließlich Namensaktien und andere auf den Namen lautende Anteilscheine sowie für öffentlich oder unter öffentlicher Aufsicht ver-

waltete Vermögen (z. B. Fideikommisse, Güter unter vormundschaftlicher Verwaltung).

Solange ein Vertragsstaat die beschränkte Steuerpflicht auf eine der unter b bezeichneten Einkommensquellen nicht erstreckt hat, bleibt es für diese Quelle bei der Besteuerung durch den Wohnsitzstaat.

II. Besteuerung des Ertrags.

Tritt neben die Besteuerung des Gesamteinkommens in dem Belegenheitsstaate eine Ertragsbesteuerung, d. h. die Besteuerung eines Gutes ohne Rücksicht auf die Leistungsfähigkeit des Steuerpflichtigen, so sollen die Güter, die durch eine solche Ertragssteuer getroffen werden, der Gesamteinkommensteuer durch den Wohnsitzstaat überlassen bleiben, soweit es sich nicht um die unter I 2 a aufgeführten Güter handelt. Dies gilt auch für Aktien und Obligationen auf den Inhaber und dinglich nicht gesicherte Forderungen. Dabei soll die Ertragsteuer dem Staate überlassen bleiben, in dem der Schuldner, die Aktiengesellschaft Wohnsitz oder Sitz hat.

Werden von beiden Seiten Ertragssteuern erhoben, so sollen sie für die im vorangehenden Absatz bezeichneten Erträge dem Staat überlassen bleiben, an den sie unmittelbar gebunden sind.

III. Besteuerung des Vermögens.

Die Besteuerung des Grundvermögens wird in entsprechender Anwendung der Grundsätze zu I 2 a und b erfolgen können. Bestehen in beiden Staaten Einkommen- und Vermögensteuern, so wird für die unter 1 b bezeichneten Güter eine Ausgleichung der steuerlichen Interessen dadurch möglich sein, daß in den Fällen, in denen der Wohnsitzstaat auf die Einkommensbesteuerung eines solchen gebundenen Gutes verzichtet, die Vermögensteuer ihm zufällt.

IV. Besteuerung von Erbschaften.

Die Besteuerung der Gesamterbmasse wird dem Staate zustehen, in dem der Erblasser seinen letzten Wohnsitz hatte. Ist bei beiden Vertragsstaaten die Steuerpflicht an die Staatsangehörigkeit geknüpft, so entscheidet diese; ebenso im Falle doppelten Wohnsitzes. Die Verteilung des Steuergutes im übrigen kann ähnlich wie die des Vermögens erfolgen.

B. Besonderes für die Besteuerung von Gewerbebetrieben, die sich über mehrere Staaten erstrecken.

I. Rechtliche Einheit des Gewerbebetriebes.

Erstreckt sich ein einheitlicher Gewerbebetrieb auf mehrere Staaten, so ist das Vermögen, mit dem der Betrieb durch eine selbständige Betriebsstätte in jedem Staate arbeitet, und der Ertrag, der von der im Staate befindlichen Betriebsstätte aus erarbeitet wird, von diesem Staat zur Besteuerung heranzuziehen. Die Art der Verteilung von Vermögen und Gewinn kann nur nach einfachen Merkmalen erfolgen. Leitender Grundsatz muß einheitliche Feststellung von Gesamtgewinn und Gesamtvermögen sein, so daß auf jeden Fall die Heranziehung durch beide Staaten mit nicht mehr als dem Gesamtvermögen oder dem Gesamtgewinn sichergestellt ist. Bestehen in beiden Staaten Vermögensteuern, so kann auch für den Gewinn auf das in beiden Staaten befindliche Vermögen als Merkmal zurückgegriffen werden. Gegen die willkürliche Verschiebung von Vermögenswerten bei Steuern, die nach dem Vermögensstande an einem bestimmten Stichtag erhoben werden, muß Vorsorge getroffen werden. Die Ermittlung von Gewinn und Ertrag aus den Büchern der im Lande befindlichen Betriebsstätte reicht in allen Fällen nicht aus, in denen der Betrieb nur Hilfsbetrieb ist oder in denen aus sonstigen Gründen ein Gewinn von ihm nicht ausgewiesen, wohl aber durch ihn erarbeitet wird. Als Merkmale, an die die Verteilung des Gesamtgewinns oder Ertrages anknüpfen kann, kommen neben dem Vermögen in Betracht: Zahl der Arbeiter und Angestellten, Summe der Löhne und Gehälter, Umsatz. Für gewisse Fälle kann auch Teilung in einem schätzungsweise ermittelten festen Verhältnis nach der Bedeutung der Betriebsstätte für den Gesamtbetrieb vorgesehen werden. Die Merkmale können kombiniert werden. Maßstäbe dieser Art müssen für die Regel gegeben sein; daneben muß aber die Möglichkeit bestehen, durch Vereinbarung zwischen den Finanzministerien für Einzelfälle abweichende angemessene Regelungen zu treffen. In diesem Falle ist Anhörung des Steuerpflichtigen durch die Finanzbehörden beider Staaten vor Entscheidung vorzuschreiben.

II. Wirtschaftliche Einheit rechtlich selbständiger Gewerbebetriebe.

Ob und inwieweit die Grundsätze, die unter I aufgeführt sind, auch auf das Verhältnis von Holding-Gesellschaften zu den Gesellschaften, deren Aktien in ihrem Portefeuille sind, namentlich auf

Mutter- und Tochtergesellschaften Anwendung finden, bei denen die Tochtergesellschaft im wirtschaftlichen Sinne Organ der Muttergesellschaft ist, bedarf der Prüfung.

### C. Verkehrssteuern.

Für das Gebiet der Verkehrssteuern kommt regelmäßig eine echte Doppelbesteuerung nicht in Frage. Soweit ein Bedürfnis nach einem Ausgleich zwischen in- und ausländischer Besteuerung infolge besonderer wirtschaftlicher Zusammenhänge besteht, kann die Art der Regelung nur von Fall zu Fall im Hinblick auf die Eigenart der Verkehrssteuersysteme der beiden Staaten erfolgen.

### D. Technik der Steuerverteilung.

Die Aufteilung der Steuerquellen sollte in der Weise erfolgen, daß dort, wo eine Quelle dem andern Staat zur selbständigen Besteuerung überlassen wird, im übrigen das Besteuerungsrecht des Staates, in dem die Gesamtsteuer erhoben wird, voll gewahrt bleibt. Die der beschränkten Besteuerung durch einen anderen Staat unterworfenen Güter werden zunächst in die Gesamtbesteuerung einbezogen; sie sollen auch den Satz der Besteuerung mitbestimmen. Im Ergebnis wird also die fremde Steuer von der eigenen abgesetzt, jedoch nur bis zur Höhe des Betrages, der der eigenen Steuer für das Gut entspricht. Bei dieser Aufteilung der Steuerquellen kann dem Wohnsitzstaat ein etwa vereinbarter Voraus (Bruchteil des Ertrages oder des Wertes der Quelle) belassen werden. Diese Lösungen setzen aber eine vervollkommnete Rechtshilfe voraus.

Solange es an zureichender Rechtshilfe fehlt, um diese Art der Steuerverteilung durchzuführen, oder soweit nach der Verschiedenheit der Steuersysteme die Beschaffung geeigneter Wertfeststellungen ohne außerordentlichen Aufwand nicht möglich erscheint, muß die Quellenverteilung vollständig durchgeführt und von der Einrechnung der Werte und der Berücksichtigung beim Steuersatz in dem Staate verzichtet werden, dem die Gesamtbesteuerung zukommt.

Herr Ministerialrat Dr. Dorn begründete die Leitsätze, wie folgt[1]:

---

[1]) Inhaltsübersicht zu den folgenden Leitsätzen:

A.

Das Thema ist im Auslande viel behandelt; das Institut de Droit International hat seit dem Jahre 1897 bis zum Jahre 1922 versucht, Grundsätze zur Vermeidung der Doppelbesteuerung auf dem Gebiete des Erbrechts zu finden. Der Völkerbund bemüht sich unter Zuziehung erster Wissenschaftler und Praktiker der Welt um die Lösung der hier auftretenden Fragen. Die Genueser Wirtschaftskonferenz hat diese Arbeit als wesentlich empfohlen. Die internationale Schiffahrtskonferenz und die internationale Handelskammer schließen sich durch Kritik und Mitarbeit diesen Bemühungen an. Das Institut Intermediaire International im Haag hat durch planmäßige Veröffentlichungen über den Stand der Doppelbesteuerungsfrage in den einzelnen Ländern zur Klärung beizutragen gesucht. Aufgabe einer nicht lebensfremden deutschen Wissenschaft, einer Wissenschaft, die bewußt notwendiger Rechtsentwicklung den Weg bereiten will, ist es, hier mitzuarbeiten. Zweierlei ist not: Einmal Kenntnis vom Stande der Dinge, dann Beschaffung von Grundlagen für eine Änderung des bestehenden Zustandes, soweit er vom Standpunkt der Weltwirtschaft oder des Wirtschaftsverkehrs zweier Staaten aus unzureichend ist.

**Internationale Doppelbesteuerung, Grundsätzliches über Begriff und Krisen.**

Was ist „internationale Doppelbesteuerung"?

Der Klang des Wortes ist geläufig, sein Inhalt aber nicht klar.

---

B.

„Internationale Doppelbesteuerung (Mehrfachbesteuerung) liegt vor, wenn mehrere selbständige Steuerhoheitsträger (insb. mehrere selbständige Staaten) denselben Steuerpflichtigen wegen desselben Gegenstandes gleichzeitig zu einer gleichartigen Steuer heranziehen".

Wird innerhalb eines Einheitsstaates dieselbe Person und dasselbe Gut mit mehreren gleichartigen Steuern belegt, so handelt es sich nicht um echte Doppelbesteuerung, sondern um eine mehr oder minder gerechte Verteilung der Lasten auf die Schultern der verschiedenen Steuerpflichtigen. Ebenso ist dann, wenn, wie vielfach im Bundesstaat, eine höchste Gewalt für mehrere Staatswirtschaften die Finanzgebarung bestimmt, die staatsrechtlich zugelassene Heranziehung desselben Steuerguts derselben Person durch die Steuern verschiedener Steuerberechtigter gewollte Art der Lastenverteilung. Anders nur, wenn in einem Staate mehrere Steuerwirtschaften mit selbständiger freier Entschließung über die Nutzung ihrer Steuerquellen bestehen. In diesem Falle kann eine Doppelbesteuerung innerhalb eines Bundesstaats (von Land zu Land, von Kanton zu Kanton) vorliegen; sie kann ebenso vorliegen innerhalb eines Einzelstaats von Provinz zu Provinz, von Gemeinde zu Gemeinde, vom Staat zu seinen Kolonien. Die eigentliche Domäne des Doppelbesteuerungsrechts ist aber das internationale Doppelbesteuerungsrecht im engeren Sinne, d. h. das Recht, das die Steuergewalten zweier vollständig voneinander unabhängiger Staats- und Steuerwirtschaften gegeneinander abgrenzt.

Die Begriffsbestimmung der Doppelbesteuerung, wie ich sie in dem ersten Leitsatz vorangestellt habe, weicht bewußt von den Versuchen ab, die in der Schweiz, auf dem alten Kampfplatz der Theorien vom Recht der Doppelbesteuerung, gemacht worden sind, um sie zu ersetzen. Das schweizerische Bundesgericht hat — durch zahlreiche Erörterungen in dem Schrifttum und in den Vorarbeiten zu einem Doppelbesteuerungsgesetz in früherer Erkenntnis erschüttert — für die interkantonale Doppelbesteuerung eine andere Umschreibung des Begriffes gegeben. Danach liegt eine „unzulässige" Doppelbesteuerung vor,

> wenn ein Kanton einen Bürger mit einer Steuer belegt, deren Erhebung nach den für die Ausscheidung der Steuerhoheit maßgebenden tatsächlichen Beziehungen einem anderen Kanton zusteht. Sie kann ferner, trotzdem jeder der beteiligten Kantone sich an sich in den Grenzen des ihm zustehenden Besteuerungsrechts hält, dann gegeben sein, wenn das Zusammentreffen dieser verschiedenen

Steueransprüche infolge der Verschiedenheit der kantonalen Steuersysteme — dem Umfange der besteuerten Werte nach — zu einer Mehr- und Überbelastung führt, die, falls die Steuerpflicht unter gleichen sachlichen Verhältnissen nur dem einen oder anderen Kanton gegenüber bestände, nach der kantonalen Gesetzgebung ausgeschlossen sein würde" (Entsch. des Schweizer Bundesgerichts. Amtl. Sammlung. Bd. 48. Teil I 8,362).

Das Bundesgericht sucht hier zu klären, was „unzulässige" Doppelbesteuerung ist. Unzulässigkeit wird angenommen, einmal, wenn die Besteuerung durchgeführt wird, obwohl die Erhebung „nach den für die Ausscheidung der Steuerhoheit maßgebenden tatsächlichen Beziehungen" einem anderen Kanton zusteht. In diesem Falle muß also die Zuständigkeitsüberschreitung festgestellt und zu diesem Zwecke bestimmt werden, wie die steuerlichen Zuständigkeiten der einzelnen Kantone sich gegeneinander abgrenzen. Vom Standpunkt der schweizerischen interkantonalen Doppelbesteuerung aus ist dieser Weg gangbar, da der Artikel 46 Abs. 2 der Bundesverfassung dem Gericht die Befugnis verleiht, die Grenzscheidung zwischen den Steuerhoheiten mit bindender Wirkung für die Kantone vorzunehmen. Soweit solche höchstrichterliche Spruchinstanz aber in der Begriffsbestimmung vorausgesetzt wird, ist sie für die internationale Doppelbesteuerung untauglich, einmal, weil es an einer solchen Instanz fehlt, dann aber auch, weil, wie wir sehen werden, es zur Zeit noch an völkerrechtlichen Normen allgemeiner Art fehlt, die es gestatten würden, der Steuerhoheit derartige Grenzen zu setzen. Unzulässigkeit der Doppelbesteuerung wird ferner angenommen, trotz Einhaltens der steuerlichen Zuständigkeit, bei steuerlicher Überlastung dem Umfang der besteuerten Werte nach, wenn auch nur in einem Kanton die Besteuerung durch die innere Gesetzgebung unter gleichen sachlichen Verhältnissen ausgeschlossen wäre. Verlangt wird eine Überlastung oder Mehrbelastung „dem Umfange des besteuerten Wertes nach". Dies kann nicht wohl anders verstanden werden, als daß ein und derselbe Gegenstand in beiden Kantonen zur Steuer herangezogen wird, ohne daß beim Zusammentreffen allen Besteuerungsrechts in dem einen oder dem anderen Kanton ebenso eine mehrfache Heranziehung desselben Gegenstandes stattfände.

Die Formel des Bundesgerichts ist nicht ganz eindeutig [1]). Be-

[1]) Ein Beispiel dafür, wie sie — wohl mit Rücksicht auf die Einschaltung des Wortes „Mehrbelastung" — mißverstanden werden kann, zeigen die Aus-

absichtigt ist wohl eine unzulässige Doppelbesteuerung immer dann zu unterstellen, wenn in jedem der beteiligten Kantone das Steuergut nur einmal besteuert würde, wenn die doppelte Besteuerung also nur deshalb eintritt, weil zwei Kantone mit der Steuer zugreifen. Wird z. B. Einkommensteuer im Kanton A vom Gesamtunternehmen, im Kanton B von einer Zweigniederlassung erhoben, käme aber bei Alleinbesteuerung durch A oder B eine gesonderte Heranziehung des Einkommens aus der Zweigniederlassung neben dem Gesamteinkommen nicht in Frage, so läge hiernach unzulässige Doppelbesteuerung vor. Dies soll selbst dann gelten, wenn in einem der Kantone die Zweigniederlassung außer mit der Gesamteinkommensteuer noch mit einer besonderen Einkommensteuer erfaßt, also vorbelastet wäre. Nur dann, wenn sowohl in A als auch in B eine solche Vorbelastung neben der Gesamteinkommensteuer gegeben wäre, würde eine zulässige Doppelbesteuerung vorliegen. In diesen glatten Fällen ist in der Tat mit der richtig verstandenen Formel des Bundesgerichts auszukommen, obwohl auch hier schon zweifelhaft sein kann, ob es richtig ist, auch dann unter allen Umständen unzulässige Doppelbesteuerung anzunehmen, wenn in einem Lande die Vorbelastung neben der Gesamteinkommensteuer besteht und nur im andern Lande fehlt. Die Schwierigkeit der Anwendung wird aber sofort klar, wenn man fragt, ob für die Beurteilung des Vorliegens der Voraussetzungen alle — Einkommen und Ertrag unmittelbar oder mittelbar treffenden — Steuern zusammengefaßt werden müssen oder nicht. Wie soll im Falle der Bejahung ermittelt werden, ob dem Umfang der Werte nach die Besteuerung eine Überbelastung darstellt, wenn nicht zuvor klargestellt ist, wann ich denselben Wert als besteuert ansehe. Wenn ich aber nicht alle Steuern, gleichviel welcher Art, einbeziehen will, bedarf es dann nicht wieder einer Äußerung darüber, welche Steuern unter dem Gesichtspunkt der Überlastung dem Umfang der Werte nach gegenüber gestellt werden müssen, welche Steuern als gleichartig gelten sollen? Gleichheit des Gegenstandes der Besteuerung und Gleichartigkeit der Steuern müssen also, um die neue Formel wirklich anwendbar zu machen, ermittelt werden. Damit sind wir wieder bei dem richtigen Ausgangspunkt der alten angeblich vom Schweizer

---

führungen von Zschokke in der Zeitschrift für Schweizerisches Recht Bd. XLIII 1924 S. 285. Er glaubt, daß eine Mehrbelastung im Sinne des Bundesgerichts schon dann vorliegt, wenn die Steuer sich durch die Heranziehung im andern Kanton dem Betrage nach erhöht. Dabei sind m. E. die Worte „dem Umfang des Wertes nach" nicht zutreffend gewürdigt. Dieser Vorwurf trifft das Bundesgericht daher nicht.

Bundesgericht verlassenen Begriffsbestimmung. Fassen wir zusammen: Der erste Satz der neuen Begriffsbestimmung ist auf das internationale Doppelbesteuerungsrecht nicht anwendbar, weil „die Grenzen des den Staaten zustehenden Steuerrechts" erst noch gefunden werden sollen. Der zweite Satz aber führt auf gewiß nicht uninteressanten Umwegen zu der früheren Begriffsbestimmung zurück.

Der Streit der Meinungen aber war nicht ohne Gewinn. Er gestattet die Aufstellung eines allgemeinen Grundsatzes. Danach ist Doppelbesteuerung immer dann anzunehmen, wenn derselbe Gegenstand von beiden Staaten besteuert wird und er in keinem der Länder einer weiteren Besteuerung unterliegen würde, sobald die Voraussetzungen, die die besondere Besteuerung in dem einen Staat rechtfertigen, dort fortfallen und in dem anderen Lande begründet werden. Und ferner: Doppelbesteuerung ist dann nicht anzunehmen, wenn bei Fortfall der Voraussetzungen für die Besteuerung in einem Staat und Begründung derselben Voraussetzung in dem zweiten Staat, dem aus anderen Gründen bereits eine Besteuerung zusteht, der Gegenstand wegen des Eintritts dieser Voraussetzung auch in dem zweiten Staat einer weiteren Besteuerung unterworfen wird. Beide Feststellungen aber entheben nicht der Pflicht zur Feststellung, wann ist derselbe Gegenstand besteuert und womit muß er besteuert sein, um die Annahme einer Doppelbesteuerung zu rechtfertigen. Ist derselbe Gegenstand ein solcher in formell rechtlicher oder in wirtschaftlicher Bedeutung? Handelt es sich um einen Rechts- oder einen Wirtschaftsbegriff? Ist es derselbe Gegenstand, wenn das Einkommen in dem einen, der den Schuldenabzug nicht zulassende Ertrag im andern Lande besteuert wird? Ist es derselbe Gegenstand, wenn in dem einen Lande das Gesamtvermögen, in dem andern der Grundbesitz desselben Vermögens herangezogen wird? Die Einzelheiten der Unterscheidung können im Rahmen des Vortrags nicht verfolgt werden. Einige leitende Grundsätze aber dürfen gegeben werden. Dabei helfen die beiden an den Anfang gestellten Formeln, wenn man im Auge behält, daß die Frage nach dem Vorliegen einer Doppelbesteuerung nur zutreffend beantwortet werden kann, wenn man die Steuersysteme, die gegeneinanderstehen, sorgsam vergleicht.

Was ist nun eine gleichartige Steuer? In all den Staaten, in denen die Frage nach der Gleichartigkeit der Steuer aufgeworfen worden ist und namentlich auch in Österreich, das in einzelnen Bestimmungen seiner Gesetze im Falle gleichartiger ausländischer Besteuerung seinerseits auf die Steuer verzichtet, findet man hier die verschiedensten Meinungen. Besondere Beschwerden verursacht hier aber der System-Unterschied zwischen dem angelsächsischen Steuerrecht auf der einen und dem kontinental-europäischen Steuerrecht auf der anderen Seite. So hat der österreichische Verwaltungsgerichtshof es abgelehnt, die englische income tax als gleichartig mit der österreichischen Personaleinkommensteuer zu betrachten und zwar deshalb, weil die Besteuerung nach dem englischen Schedulensystem, die Besteuerung nach Quellen, eine Ertragsbesteuerung, nicht aber eine Gesamteinkommensbesteuerung sei. Genau den entgegengesetzten Standpunkt vertritt und zwar meines Erachtens mit Recht, das dem Völkerbund erstattete Gutachten von Bruins, Einaudi, Seligman und Stamp. Sie halten mit guten Gründen die englische Einkommensteuer für gleichartig mit den Einkommensteuern des kontinentalen Europas. Dieser Widerspruch wirft die Frage aus, welches ist das ausschlaggebende Kennzeichen für die Gleichartigkeit einer Steuer. Die Beantwortung der Frage wäre wesentlich erleichtert, wenn die wissenschaftliche Forschung auf dem Gebiet des Steuerrechts die Begriffe der Personalsteuer (Einkommensteuer[1]), Körperschaftssteuer, Vermögensteuer, Vermögenzuwachssteuer) auf der einen Seite, die Begriffe der Real-(Objektsteuer) (Grundsteuer, Gebäudesteuer, Gewerbesteuer, sonstige Ertragsteuern, Teileinkommensteuer) auf der anderen Seite bereits scharf heraus gearbeitet hätte. Einstweilen müssen wir uns an einer vorläufigen Lösung genügen lassen. Zwei Wege bieten sich. Man kann die Steuern immer dann als gleichartig ansehen, wenn sie, wie auch immer, denselben Gegenstand treffen, der bei Besteuerung allein in einem der beiden Länder nicht doppelt getroffen würde. Dann läge z. B. Doppelbesteuerung vor, wenn in Deutschland Einkommensteuer, in einem anderen Lande, das keine Einkommensteuer kennt, Gewerbesteuer von dem dort belegenen Betriebe erhoben würde. Denn bei Alleinbesteuerung in diesem Lande würde es bei der Gewerbesteuer mangels jeder Einkommensteuer sein Bewenden haben. Eine solche Betrachtung kann richtig sein, dann nämlich, wenn das System dieses Landes auf Realsteuern gestellt ist und die Höhe der Steuern den Mangel der Einkommensteuer ausgleicht. Denkbar wäre aber auch, daß das Land sich aus Verbrauchssteuern erhält, dann wäre der Schluß auf Doppelbesteuerung nicht ebenso ge-

---

[1]) Vgl. hierzu die nach dem Vortrag erschienene grundlegende Arbeit von Popitz im Handwörterbuch der Staatswissenschaften zu dem Stichwort „Einkommensteuer".

rechtfertigt. Es kommt also bei der Gegenüberstellung der Steuern und der Untersuchung ihrer Gleichartigkeit auf die Aufgabe der Steuer im System an. Die formelle Gestaltung der Steuer dient daher nur als Ausgangspunkt der Prüfung bei der Gegenüberstellung der Systeme. Grundsätzliich wird Gleichartigkeit von Personalsteuern angenommen werden können, wenn sie im System ihres Landes die Aufgabe haben, das gesamte Steuergut einer Person an Einkommen, Vermögen, oder Vermögenszuwachs zu treffen. Der Name der Steuer ist dabei ebenso ohne Belang wie ihre technische Ausgestaltung. Ob die Steuer diesem Zwecke dient, hängt von der Anknüpfung der Steuerpflicht an die Person, von der Berücksichtigung der persönlichen Leistungsfähigkeit bei der Besteuerung ab. So ist die Einkommensteuer etwa als Besteuerung der Person wegen des ihr zum Leben verbleibenden Überschusses der Einnahmen über die nicht der Lebensführung oder der Vermögensbildung dienenden Ausgaben anzusehen. Von diesem Standpunkt aus löst sich unschwer die Frage, ob die englische Einkommensteuer für die Beurteilung der Doppelbesteuerung der deutschen Einkommensteuer gleichzustellen sei. Dies ist zu bejahen, da die englische Einkommensteuer, obschon auf anderem Wege über die einzelnen Quellen, im Ergebnis das Gesamteinkommen heranzuziehen sucht. Die Erfassung an der Quelle, stoppage at the source, ändert als lediglich technische Abweichung den Charakter der Steuer nicht. Stehen auf der einen Seite die auf die Person abgestellten Gesamtsteuern, so treten ihnen auf der anderen Seite die nicht an die Person geknüpften, von der Leistungsfähigkeit unabhängigen, unmittelbar auf das Gut gelegten Steuern gegenüber, die sog. Objekt-, meist Ertragssteuern, dem Typus unserer Grund-, Gebäude-, Gewerbesteuern entsprechend.

Hier bleibt eine ungelöste Frage: ist den Objektsteuern auch die Einkommensteuer zuzurechnen, wenn sie unter dem Gesichtspunkt der beschränkten Steuerpflicht die Person mit bestimmtem Gut und nur mit diesem erfaßt. (Teileinkommensteuer.) Rechtssystematisch mag hier der Objektsteuercharakter zu bejahen sein. In der Frage der Doppelbesteuerung ist Gleichartigkeit mit der Teileinkommensteuer in dem einen Lande mit der Gesamteinkommensteuer im anderen Lande anzunehmen, wenn es sich nach den Aufgaben der Steuer im System um einen Teil der Gesamteinkommensteuer handelt, und im anderen Lande nur eine Gesamteinkommensteuer besteht.

Die gleichartige Steuer muß aber auch *denselben Steuerpflichtigen* treffen. Dies liegt nur vor, wenn nach dem Steuersystem beider Staaten die Person in derselben Eigenschaft besteuert wird und die Besteuerung durch den einen Staat sich nicht erweitern würde, wenn die besonderen Voraussetzungen, die die Besteuerung im anderen Staat begründen, bei dem ersten Staat vorlägen. Danach beantwortet sich die Frage, ob die Besteuerung von Aktiengesellschaft und Aktionär Doppelbesteuerung ist oder nicht. Grundsätzlich wird man mit dem Schweizerischen Bundesgericht [1]) und mit dem Supreme Court der Vereinigten Staaten von Nordamerika annehmen müssen, daß rechtliche Selbständigkeit und Unabhängigkeit der Steuerpflichtigen von einander, jedenfalls solange ihr die wirtschaftliche entspricht, auch für die Steuerwirtschaft zu beachten sind.

Die Doppelbesteuerung muß ferner denselben Gegenstand ergreifen. Dieses Merkmal, das in weitem Umfange als das entscheidende angesehen wird, läßt sich im Zusammenhang mit der Frage der Gleichartigkeit der Steuer nach den oben angegebenen Gesichtspunkten lösen. Auch hier wird maßgebend sein, was die Steuer nach ihren Zwecken erfassen soll. Zweifel haben sich hier insbesondere wieder bei Aktionärgewinn und Aktiengesellschaftsgewinn ergeben, dort jedenfalls zu Unrecht, wo auf der einen Seite der Gewinn der Gesellschaft, auf der anderen Seite das Gesamteinkommen des Aktionärs besteuert wird. Der Gesellschaftsgewinn ist als Ganzes weder rechtlich noch wirtschaftlich ein Teil des Gesamteinkommens des Aktionärs, soweit es sich nicht in Wahrheit um vollständige wirtschaftliche Einheit von Aktionär und Gesellschaft handelt.

Die Besteuerung muß schließlich gleichzeitig sein, das bedeutet, daß die Steuer für dieselbe Zeit, nicht innerhalb derselben Zeit erhoben sein muß. Eine solche Doppelbesteuerung in der Zeit liegt z. B. vor, wenn der eine Staat mit Rücksicht auf die Staatsangehörigkeit seine Steuer noch für einen Zeitraum erhebt, für den der Abgewanderte bereits in dem neuen Wohnsitzstaat herangezogen wird.

**I. Doppelbesteuerung und herrschende Rechtsanschauung.**

Das Doppelbesteuerungsrecht ist als internationales Steuerrecht Teil des internationalen Finanzrechts und damit Bestandteil des internationalen öffentlichen Rechts [2]). Anders als grundsätzlich im internationalen Zivilrecht, in dem stets die Anwendung des einen

---

[1]) Amtliche Sammlung Bd. 45 Teil I S. 188.

[2]) Vgl. hierzu Dorn, Internationales Finanzrecht und internationale Doppelbesteuerung. Deutsche Juristen-Zeitung Bd. XXIX, 1924 S. 682.

oder des anderen Rechts zur Erörterung steht, wird die Prüfung nach den Grundsätzen des internationalen Steuerrechts zunächst vielfach ergeben, daß beide oder mehrere Staaten aus verschiedenen Gründen zu steuerlichem Zugriff auf dieselbe Person und dasselbe Gut befugt sind.

In dieser Beziehung ist besonders die Spruchpraxis des obersten Bundesgerichts der Vereinigten Staaten von Nord-Amerika lehrreich, das nicht wie das Schweizer Bundesgericht unter der Suggestivwirkung eines Verfassungsartikels steht, der Bestimmungen gegen die Doppelbesteuerung in Aussicht stellt. Das oberste nordamerikanische Bundesgericht hat lediglich die Frage zu prüfen, ob der Steuerzugriff eines Einzelstaats staatsrechtlich unzulässig ist, ob er dem 14. Amendement der Bundesverfassung v. 28. Juli 1888 widerstrebt, nach dem es untersagt ist, daß ein Einzelstaat Freiheit oder Eigentum without due process of law (ohne gehöriges Rechtsverfahren) entzieht.

Die Ergebnisse der Rechtsprechung zeigen, daß der oberste Gerichtshof solche Unzulässigkeit nur selten anzunehmen in der Lage ist, weil er die Zulässigkeit überall bejahen muß, wo eine hinreichende Verknüpfung der Steuerpflichtigen oder des besteuerten Guts mit dem Territorium vorhanden ist. Diese Praxis warnt vor der Überschätzung der Methode, die theoretisch mit vollem Recht verlangt wird: zunächst die Zuständigkeit des besteuernden Staates an sich festzustellen und dann die Frage zu erörtern, welche Wirkungen einer konkurrierenden Steuergewalt anderer Staaten eingeräumt werden sollen.

Das Steuersystem des einzelnen Staates erwächst als Kompromiß zwischen Privatwirtschaft und Staatswirtschaft. Seine Durchführung ist Staatsnotwendigkeit. Nur Unerreichbarkeit des Steuerpflichtigen oder des Steuerguts oder dringendes Bedürfnis der Volkswirtschaft führen zum Steuerverzicht. Im übrigen greifen die Steueransprüche vielfach über die Gebietsgrenzen hinaus. Dadurch überdecken sie einander zu Lasten des Steuerpflichtigen. Die Wissenschaft des Rechtes, die schon heute der Steuergewalt des Einzelstaats theoretische Grenzen ziehen wollte, sähe sich der geschlossenen Phalanx der Staatspraxis gegenüber. Es ist unfruchtbar, sich darüber hinwegzutäuschen. Doppelbesteuerung besteht; sie besteht heute noch nach positivem Recht.

Die Doppelbesteuerung ist aber nicht nur vom Standpunkt der Einzelwirtschaft oder der einzelnen Volkswirtschaft, sondern auch vom Standpunkt der Weltwirtschaft aus schwerer Schaden. Durch sie wird die normale Wirtschaftsentwicklung gehemmt. An die Stelle des Standorts der günstigsten Arbeitsbedingung tritt der Standort der leichtesten Steuerlast. Das führt zu unsachgemäßer Verteilung der Produktions- und Vertriebsstätten. Auch die Freizügigkeit des Einzelnen wird durch die Möglichkeit mehrfacher Steuer beeinträchtigt. Dennoch ist die Einstellung zu der Erscheinung, die man unter dem Begriff der Doppelbesteuerung zusammenfaßt, verschieden.

Die anglo-amerikanische Auffassung steht oder stand doch bis vor kurzem zu der kontinentalen im Widerspruch. Von Westlake im Jahre 1897 bis Lord Phillimore im Jahre 1922 haben die englischen Vertreter auf den Tagungen des Institut de droit international nicht nur die rechtliche Zulässigkeit, sondern auch die materielle Gerechtigkeit der Doppelbesteuerung vertreten. Der leitende Gedanke dieser Auffassung ist der, daß die Erhebung doppelter Steuer für doppelten Staatsschutz nicht zu beanstanden sei. Dieses Bekenntnis zum Recht auf doppelte Steuern wird gestützt durch politische Erwägungen. So hat Sir Basil Blackett in dem von ihm vorgelegten Memorandum vom 28. Januar 1921 noch folgendes ausgeführt:

„So far as double taxation is due to the joint operation of the Revenue laws of the United Kingdom and of foreign countries, it appears, that an alleviation by way of mutual concessions presents great difficulties. The municipal of independent States are directed in the interests of their nationals to the maintenance of those States as independent units, and international concessions in matters of taxation would require a pooling of interests, which conflicts with national independence."

Er erhofft Überwindung auch einer doppelten Steuer durch die Wirtschaft. Darin zeigt er zu viel Optimismus, während die Bedenken vom Standpunkte der Unabhängigkeit der Staaten meines Erachtens einen nicht zu rechtfertigenden Pessimismus darstellen. Die neueste Entwicklung drängt denn auch in England zu der Erkenntnis, daß Doppelbesteuerungsverträge nottun. Dies erkennt Sir Josiah Stamp nicht nur in seinen Schriften[1]), sondern auch durch seine Mitarbeit bei dem Gutachten für den Völkerbund an. Auch die Royale Commission für die Einkommensteuer in England hat in ihrem Bericht 1920 über Bedenken hinweg den Weg der Einzelverträge mit anderen

[1]) Zu vergleichen The Fundamental Principles of Taxation in the Light of Modern Developments, London 1923, insbes. S. 117, 124 ff; s. a. neustens: Studies in Current Problems in Finance and Government, London 1924, S. 187 ff.

Staaten auf dem Gebiete der Doppelbesteuerung empfohlen. Damit nähert sich die angelsächsische Auffassung der kontinentalen, die grundsätzlich die Doppelbesteuerung als Widerspruch zur materiellen Gerechtigkeit empfindet und die mit besonderer Schärfe Strisower in seinem 1921 auf der Tagung in Rom dem Institut de Droit International vorgelegten Referat vertreten hat. Die Verschiedenheit der Meinungen findet ihre Erklärung darin, daß geltendes Recht und berechtigte rechtspolitische Forderung noch allzusehr auseinander klaffen.

**II. Internationales Vertragsrecht.**
**Ausbau im allgemeinen.**

Große Gesichtspunkte der Weltwirtschaft fordern Milderung oder Beseitigung der Doppelbesteuerung, schließlich das Anerkenntnis ihrer völkerrechtlichen Unzulässigkeit. Zunächst gilt es den Kampf um die Erkenntnis der Staaten von der Richtigkeit des Ziels und der Möglichkeit bereits gewiesener oder noch zu weisender Wege. Grundsätzlich wird daher mit der Genueser Wirtschaftskonferenz und dem Völkerbund nur der Weg internationaler Verständigung, des Staatsvertrags als gegeben angesehen werden können, um die schweren wirtschaftlichen Nachteile der Doppelbesteuerung zu bekämpfen. Der Weg der Staatsverträge muß beschritten werden. Dabei wird im gegenwärtigen Zeitpunkt noch nicht an einen Gesamtvertrag gedacht werden können, der die Gesamtheit der Steuerwirtschaften umfaßt. Ein solcher Vertrag bedarf der Vorbereitung. Die nächste Zeit wird in praktischer Arbeit den Abschluß von Verträgen erbringen müssen, die von Staat zu Staat unter sorgsamer Abgleichung der Steuersysteme zu finden sind. Diese Verträge werden, um voll wirksam zu sein und die notwendigen Erleichterungen für den Wirtschaftsverkehr schaffen zu können, mit Verträgen über Rechtshilfe in Steuersachen verbunden werden müssen, einer Rechtshilfe, die ebenso wohl auf dem Gebiet der Ermittlung und Festsetzung der Steuer als auch auf dem des Rechtsmittelverfahrens und der Beitreibung zu leisten sein wird. Darüber hinaus wird bei den außerordentlichen Schwierigkeiten, die ein Doppelbesteuerungsvertrag der erschöpfenden Regelung entgegenstellt, dafür Sorge zu tragen sein, daß der Vertrag ohne erneute diplomatische Verhandlungen ausbaufähig ist, daß im Sinne des Vertrages liegende Erweiterungen oder Abänderungen im Einvernehmen zwischen den obersten Finanzbehörden der vertragschließenden Länder vereinbart werden können. Der Prüfung wird in Zukunft bedürfen, ob und inwieweit der Gedanke der Schiedsgerichtsbarkeit für die Doppelbesteuerungsverträge nutzbar gemacht werden kann, ob und inwieweit namentlich dann Schiedsverfahren einsetzen dürfen, wenn die notwendige und erstrebte Einigung zwischen den leitenden Finanzbehörden für einen Einzelfall nicht erzielt werden kann. Ausbau und Ergänzung der Doppelbesteuerungsverträge kann dagegen nicht von einer Anwendung des allgemeinen Grundsatzes der Meistbegünstigung erwartet werden. Das Wesen der Doppelbesteuerungsverträge ist ins einzelne gehende Abstimmung zweier Steuersysteme aufeinander. Abweichungen in verschiedenen Verträgen, besondere Verzichte des Staates auf bestimmtes Steuergut, auf das in früheren Verträgen gegenüber einem anderen Staate nicht verzichtet wurde, haben ihren Grund zumeist darin, daß anders geartete Wirtschaftsverhältnisse oder eine andere Art des Ausgleichs der Steuersysteme den Verzicht notwendig oder doch erträglich machen. Rechte aus einem Doppelbesteuerungsvertrage können daher auf Grund der allgemeinen Meistbegünstigungsklausel nicht beansprucht werden. Das Ineinandergreifen der Doppelbesteuerungsbestimmungen schafft eigenartige Gegenseitigkeit strengster Observanz, eine Abhängigkeit der Bestimmungen voneinander, die die Meistbegünstigungsklausel unanwendbar machen.

Wenn überstaatliches Recht gefunden werden soll, so müssen die Linien gesucht werden, die nach rechtspolitisch entscheidenden Grundsätzen die Steuergewalten gegeneinander abgrenzen sollten, die Linien, auf denen sich die Staaten am ehesten treffen können, weil der Verzicht des einen Staates volkswirtschaftlich gerechtfertigt und staatswirtschaftlich tragbar ist, weil er durch Verzichte des anderen Staats, die in dem Gesamtkomplex der getroffenen Regelung liegen, aufgewogen wird.

**III. Die Grundlagen des künftigen Vertragsrechts im einzelnen.**

Das Vertragsrecht der Doppelbesteuerung, für das mögliche Grundlagen gefunden werden sollen, ist Versöhnung von Interessenkonflikten, die sich hier im Konflikt der Rechte ausdrücken. Die Versöhnung ist besonders schwierig, weil Interessen der Einzelwirtschaft mit denen der Volks- und Staatswirtschaft und Interessen von Volks- und Staatswirtschaften verschiedenster Gestaltung zusammenstoßen. Das Interesse des Einzelnen geht entscheidend dahin, nur einmal mit dem gesamten Einkommen, gesamten Vermögen, der gesamten Erbmasse besteuert zu werden, und zwar ohne Rücksicht darauf, in wie viele Staatswirtschaften die Privatwirtschaft hineinwirkt. Damit ist aber auch dem Interesse der Einzelwirtschaft im wesentlichen genügt. Die Art, wie sich die mehreren Staatswirtschaften über dieses Gesamtgut auseinandersetzen, ist zwar nicht ganz ohne Belang; können doch die Vereinbarungen verschieden wirken, je nachdem, ob sie mehr Gut dem Lande der höheren Steuersätze oder dem der geringeren, dem Lande der schärferen oder der matteren Steuerverwaltung, dem Lande der höheren oder geringeren Bewertung zuweist. Aber das Hauptinteresse geht doch dahin, lediglich einmal besteuert zu werden. Dagegen ist die Versöhnung der volkswirtschaftlichen Interessen schwerer. Sir Basil Blackett weist in seinem Memorandum an die vorläufige Wirtschafts- und Finanzkommission des Völkerbundes darauf hin, daß Australien mit seinen reichen Naturschätzen sich leicht darauf beschränken könne, nur von den Gütern, die sich im Lande befinden, Steuern zu erheben, daß aber England als Finanzzentrum darauf angewiesen sei, die Bewohner mit ihrem gesamten Vermögen, also auch soweit es im Auslande belegen, durch Finanz-Transaktionen erworben sei, in die Steuer einzubeziehen. Die Verschiedenheit der Interessen von Schuldner- und Gläubigerland wird auch von anderer Seite hervorgehoben; dabei bleibt aber meistens unbeachtet, daß auch die Art, in der das eine Land dem anderen verschuldet ist, von wesentlicher Bedeutung sein kann. Ein Land, das überwiegend Schuldner kurzfristiger Anlagen, von Kaufpreisforderungen, Wechseln usw. ist, steht in der Frage, welches Steuergut es sich erhalten muß, anders als ein Land, in dem das Ausland sich durch langfristige Anlagen festgesetzt hat, das der Überfremdung unterworfen ist.

**1. Die Möglichkeiten mehrfacher Besteuerung.**

Die Besteuerung kann sowohl an die Herrschaft über die Person des Steuerpflichtigen (Staatsangehörigkeit, Wohnsitz, Aufenthalt einer natürlichen Person, Sitz, Ort der Leitung eines Unternehmens) als auch an die Gebietshoheit, die Herrschaft über das steuerbare Gut, insbesondere über Grundstücke und Gewerbebetriebe anknüpfen. Dabei kann dasselbe Merkmal zu gunsten verschiedener Staaten herangezogen werden, wenn es, wie z. B. der Wohnsitz, von den Rechten der Staaten in verschiedenem Sinne verstanden wird. Es fehlt an einer internationalen Festlegung dieser „Anknüpfungsbegriffe", zu denen außer dem Wohnsitz z. B. auch der „gewöhnliche Aufenthalt", der „Umsatz", der „Gewerbebetrieb" gehören. Um eine einheitliche Begriffsbestimmung wenigstens für den steuerlichen Wohnsitz ist der Völkerbund und die internationale Handelskammer besorgt. Einstweilen wird auch hier Übereinstimmung von Staat zu Staat im Rahmen der einzelnen Doppelbesteuerungsverträge gesucht werden müssen.

Zunächst war die Besteuerung auf die politischen Beziehungen des Staates zur Person, die Staatsangehörigkeit, gegründet. Als Ausläufer dieser Entwicklung seien das deutsche Einkommensteuergesetz[1]), Vermögensteuer- und Erbschaftssteuergesetz, die für die Staatsangehörigen eine nach der Auswanderung andauernde Steuerpflicht vorsehen, sowie das nordamerikanische Einkommensteuergesetz noch des Jahres 1924 genannt, das allerdings die Besteuerung des Bürgers durch weitgehende Anrechnung der fremden Steuer (Revenue Act of 1924, Art 222) selbst mildert. Diese subjektive politische Beziehung ist mit dem Anwachsen der die Staatsgrenzen sprengenden Privatwirtschaften zurückgetreten. In der weitaus überwiegenden Zahl knüpfen die Steuern jetzt an wirtschaftliche Beziehungen der Person zum Gebiete an, indem sie den Wohnsitz oder den Aufenthalt zum Ausgangspunkt der Besteuerung machen. Dies gilt für die Einkommensbesteuerung der meisten Staaten. Auch bei juristischen Personen finden sich ähnliche Anknüpfungen, wenn die Besteuerung abhängig gemacht wird von dem Entstehen nach dem Rechte eines Staates, der Beleihung mit der Rechtspersönlichkeit, von dem Sitz oder dem Ort der Leitung. Die Wirtschaftsentwicklung zwang aber auch immer mehr zum Ausbau der Steuern solcher Personen, denen die persönliche Beziehung zum Staat fehlt, die sich aber der Wirtschaft des Staats durch ihren Besitz objektiv eingeordnet hatten. Insoweit knüpft die Besteuerung unmittelbar an die Gebietshoheit an. Grundbesitz, Gewerbebetrieb und Beteiligungen am Gewerbebetriebe, Erwerbstätigkeit, aber auch Kapitalvermögen, dem eine besondere örtliche Beziehung zu dem Staatsgebiet zukommt, fallen hierunter. Als solche örtliche Beziehung kommt der Wohnsitz des Schuldners bei einer Forderung, die Ausgabe von Wertpapieren durch einen im Inlande ansässigen Schuldner, die Sicherung einer Schuld durch Grundbesitz im Inlande, die Bindung von Vermögen an das Inland durch gesetzlich geforderte Verwaltung in Betracht. Da die Anknüpfung der Steuer an die Person mit der Vorstellung verbunden ist, daß alles Einkommen, alles Vermögen, der gesamte Nachlaß dieser Person dem Staate steuerlich verpflichtet ist, an den ihn die persönliche Beziehung bindet, so ergibt sich eine große Reihe

[1]) Die im Jahre 1925 dem Reichstag vorgelegte Reformgesetzgebung hat diesen Grundsatz aufgegeben.

denkbarer Konflikte, die in der Tat fast alle unter den gegenwärtigen Steuerrechtssystemen verwirklicht werden.

Die Konflikte beruhen in der Ausübung der Steuerhoheit gegenüber derselben Person teils wegen ihrer persönlichen Beziehungen (doppelten Wohnsitz, Wohnsitz und Staatsangehörigkeit, doppelter Staatsangehörigkeit) teils wegen der persönlichen Beziehung zum einen, der sachlichen Beziehung zum andern Staate (Wohnsitz oder Staatsangehörigkeit hier, Eigentum dort), teils auf der Ausübung der Steuerhoheit über verschiedene Personen wegen desselben Guts (Erbschaftsbesteuerung am letzten Wohnsitz des Erblassers, am Wohnsitz des Erben). Eine Reihe von Fragen werfen sich auf. Welche Schwierigkeiten haben sich in der Staatspraxis hauptsächlich gezeigt? Welche Abhilfe ist bisher in der inneren Gesetzgebung der Staaten und den internationalen Verträgen gefunden worden? Welche Anregungen hat die Wissenschaft zur Lösung der Doppelbesteuerungsfragen gegeben und welche Wege lassen sich noch für eine Ausgestaltung des Konfliktenausgleichs zeigen?

**2. Die Doppelbesteuerung im geltenden Recht.**

In den meisten Staaten, die zu einer Einkommensbesteuerung übergegangen sind, ist neben die unbeschränkte Besteuerung der Person die von der Person gelöste Besteuerung von im Inlande belegenen Sachgütern gestellt. Dies gilt für Dänemark[1]), Deutschland[2]), England[3]), von seinen Dominien und Kolonien[4]) (Australien, Canada, Indien, Irland, Neu-Fundland, Neu-Seeland, Südafrika u. a.), ferner Italien[5]), Japan[6]), die Niederlande[7]), Norwegen[8]), Öster-

[1]) Dänemark: Gesetz Nr. 149 vom 10. April 1922 om Indkomst- og Formueskat til Staten, § 2, Ziffer 3.

[2]) Deutschland: § 3 des Einkommensteuergesetzentwurfs.

[3]) England: Income Tax Act, 1918, Schedula D, Ziffer 1(a) (ii) zu Art. 1.

[4]) Britische Dominien und Kolonien: vgl. Income Taxes in the British Dominions. A Digest of the Laws imposing Income Taxes and Cognate Taxes in the British Dominions, Colonies, Protectorates etc. Compiled in the Inland Revenue Department, London 1923. Die Sammlung wird fortlaufend ergänzt. Bisher sind 4 Ergänzungsbände erschienen.

[5]) Italien: Verordnung über die Istituzione della imposta complementare sul reddito vom 30. Dezember 1923 Nr. 3062, Art. 4, Abs. 3 und 4, veröffentlicht in der Gazzetta Ufficiale Nr. 22 vom 26. Januar 1924, S. 455; in Verbindung mit Gesetz vom 24. August 1877 Nr. 4021 über die imposta sui redditi della ricchezza mobile, Art. 2 und 3.

reich [9]), Polen [10]), Schweden [11]), schweizerische Kantone [12]), die tschecho-slowakische Republik [13]) und die Vereinigten Staaten von Nordamerika [14]), sowie zahlreiche nordamerikanische Einzelstaaten [15]). Für

---

[6]) Japan: Darstellung des japanischen Einkommensteuergesetzes von 1920 im Bulletin de Statistique et de Législation Comparée Jahrgang 1922, Teil II, S. 396.

[7]) Niederlande: Gesetz vom 19. Dezember 1914 op de Inkomstenbelasting Art. 2, Staatsblad S. 563.

[8]) Norwegen: Gesetz vom 18. August 1911 om formues- og intekoskatt.

[9]) Österreich: Personalsteuergesetz, BGBl. Nr. 307 vom Jahre 1924, § 153, Ziffer 2.

[10]) Polen: Gesetz vom 16. Juli 1920 Nr. 550 über die Staatseinkommen- und Vermögenssteuer, Art. 1, Ziffer 2 (Dziennik Ustaw Nr. 82 vom 27. August 1920), abgedruckt in „Polnische Gesetze und Verordnungen in deutscher Übersetzung", Jahrgang 1922, S. 35.

[11]) Schweden: Gesetz vom 28. Oktober 1910 om inkomst- och förmögenhetsskatt in der Fassung der königlichen Verordnung Nr. 758 vom 19. November 1920, § 3, Abs. 1 c., Svensk Författningssamling vom 6. Dezember 1920, S. 2039.

[12]) Schweiz:

a) Kanton Appenzell Innerrhoden: Steuergesetz vom 12. Oktober 1919, Art. 11, Abs. b.
b) Kanton Basel Stadt: Gesetz betreffend die direkten Steuern vom 6. April 1922, § 14, Abs. 2 und 3.
c) Kanton Bern: Gesetz über die direkten Staats- und Gemeindesteuern vom 7. Juli 1918, Art. 17.
d) Kanton Freiburg: Loi du 24 novembre 1919 sur l'impôt. Art. 12 b.
e) Kanton Glarus: Gesetz über die Erwerbsteuer vom 2. Mai 1920, § 2 b.
f) Kanton Genf: Loi sur les contributions publiques vom 24. März 1923, Art. 2, Ziffer 3.
g) Kanton Luzern: Steuergesetz vom 22. September 1922, § 2, Ziffer 2 und 3.
h) Kanton Schaffhausen: Gesetz über die direkten Steuern vom 26. August 1919, Art. 15 b.
i) Kanton Solothurn: Gesetz betreffend die direkte Steuer vom 17. März 1893, § 2 C.
k) Kanton Tessin: Legge tributaria vom 11. Dezember 1907, Art. 17 b § 1.
l) Kanton Waadt: Loi d'impôt sur la fortune et le produit du travail du 24 janvier 1923, Art. 2 c und d.
m) Kanton Zürich: Gesetz betreffend die direkten Steuern vom 25. November 1917, § 2, Ziffer 3.

[13]) Tschechoslovakei: Personalsteuergesetz vom 25. Oktober 1896, RG.Bl Nr. 220, in der Fassung der Novellen vom 23. Jänner 1914, RGBl. Nr. 13, und vom 16. März 1917, RGBl. Nr. 124, mit den durch die Gesetze der Tschechoslovakischen Republik vom 9. April 1920 Slg. Nr. 313, und vom 12. August 1921, Slg. Nr. 336, getroffenen Abänderungen, IV. Hauptstück, betreffend die Einkommensteuer, § 153, Ziffer 2.

[14]) Vereinigte Staaten von Amerika: Revenue Act von 1924, Artikel 217.

[15]) Amerikanische Einzelstaaten:

1. Missouri
2. New York
3. North Carolina

} Vergl. „Digest of State Laws relating to Taxation and Revenue, 1922 herausgegeben alle diese Staaten und in gewissem Sinne auch für Frankreich[16]) und Belgien[17]) besteht die Möglichkeit, daß der Steuerpflichtige in dem einen Staate wegen seines Wohnsitzes mit seinem gesamten Einkommen oder Vermögen erfaßt und in anderen Staaten in verschiedenem Umfange mit einzelnen seiner Güter zur Steuer herangezogen wird.

Fast alle Staaten, die überhaupt die Einkommensteuer und ihre Teilung in unbeschränkte und auf bestimmte Güter beschränkte Steuerpflicht kennen, besteuern ohne Rücksicht auf Staatsangehörigkeit, Wohnsitz und Aufenthalt des Steuerpflichtigen das Einkommen aus Grundbesitz und Gewerbebetrieb. So:

Dänemark, Deutschland, England mit seinen soeben genannten Dominien, Niederlande, Italien, Japan, Österreich, Polen, Tschechoslowakische Republik.

Das Einkommen aus anderer inländischer Erwerbstätigkeit wird entweder dadurch zur Steuer herangezogen, daß der Aufenthalt des Erwerbes wegen bereits die unbeschränkte Steuerpflicht begründet oder daß durch Abzug der Steuer an der Quelle oder durch Veranlagung

---

4. Oklahoma
5. South Carolina
6. Virginia
7. Wisconsin

} vom Department of Commerce, Bureau of the Census, Washington 1924, Seite 234, 310, 328, 370, 411, 480, 514.

North Dakota besteuert auch bei Inländern nur das inländische Einkommen. (S. 344).

Die Staaten Delaware (S. 70), Massachusetts (S. 185) und Virginia (S. 480) erheben Einkommensteuern, ohne daß besondere Vorschriften für die Besteuerung des Einkommens von Ausländern angegeben sind.

Die übrigen Staaten erheben keine Einkommensteuer.

[16]) Frankreich: Das Einkommen von Ausländern aus inländischem Gewerbebetrieb unterliegt dem impôt cédulaire sur les bénéfices industriels et commerciaux nach Art. 3 des Gesetzes vom 31. Juli 1917, (Loi portant suppression des contributions personelle-mobilière, des portes et fenêtres et des patentes et établissement d'un impôt sur diverses catégories de revenus.) nicht dagegen dem ergänzenden impôt gènèral, der bei Einkommen über 7 000 Frank zu den verschiedenen impôts cédulaires hinzutritt. (Vergl. Gesetz vom 15. Juli 1914 portant fixation du budget général des dépenses et des recettes de l'exercice 1914, art. 6 — veröffentlicht im Journal Officiel vom 18. Juli 1914 — und Instruction du 30 mars 1918 pour l'établissement des impôts cédulaires sur les revenus et de l'impôt général sur le revenu (Art. 157, Abs. 7) abgedruckt in André Neuburger, Code Financier, S. 415.—)

[17]) Belgien: Die Einkünfte von Ausländern aus inländischem Gewerbebetrieb unterliegen der Taxe professionelle nach Art. 31, § 1 a der Lois coordonnées du 29 octobre 1919, des 3 août et 30 décembre 1920, du 20 août 1921, des 26 juin, 12 et 16 juillet 1922, du 28 mars 1923 et du 28 février 1924 relatives aux impôts sur les revenus, für die ein texte unifié durch königlichen Erlaß vom 7. März veröffentlicht worden ist. (Moniteur Belge Nr. 90/91 vom 30./31. März 1924 Seite 1663.) Ebenso unterliegen Einkünfte von Ausländern aus inländischen Grund- und Kapitalvermögen der Grund- und der Kapitalertragsteuer nach Art. 2. Die ergänzende Supertaxe wird dagegen nach Art. 36 der „Lois coordonnées" von Ausländern nicht erhoben.

(England und Italien) das Erwerbseinkommen im Rahmen beschränkter Steuerpflicht gefaßt wird.

Bei den Kapitaleinkommen und Kapitalvermögen folgen eine Reihe von Staaten dem Grundsatz: mobilia ossibus inhaerent; sie kennen eine Belegenheit des Kapitalvermögens nicht. Fehlt unbeschränkte Steuerpflicht, so bleibt es frei; so: Deutschland[1]) und Dänemark. Dagegen werden in anderen Ländern Kapitaleinkommen unter dem Gesichtspunkt der belegenen Sache herangezogen; so z. B.

1. in Amerika gewisse Zinsen und Dividenden[2]),
2. in England außer Zinsen aus Schuldverschreibungen privater Unternehmungen nach Schedula D[3]), Zinsen aus englischen Staats- und Gemeindeanleihen nach Schedula C[4].
3. Italien: Forderungen, bei denen der Wohnsitz des Schuldners im Inlande belegen ist, grundbücherlich sichergestellte Renten und Forderungen, Beteiligungen an Unternehmungen sowie Bezüge aus öffentlichen und privaten Kassen[5]),
4. in Österreich[6]) und der Tschechoslowakischen Republik[7]): Einkommen aus
   a) Hypothekenforderungen, durch Fideikommiß oder Verwahrungszwang gebundenes Vermögen,
   b) Beteiligung an einem Unternehmen,
   b) Beteiligung an einem Unternehmen, jedoch nicht aus Aktien, Anteilscheinen und anderen Wertpapieren,
   c) Einkünfte aus öffentlichen Kassen,
   d) Einkommen aus Tantiemen,
   e) ruhende Erbschaften auch hinsichtlich des Einkommens aus beweglichen Kapitalvermögen.

---

[1]) Anders nach der jetzt dem Reichstag vorliegende Reform des Einkommensteuergesetzes.

[2]) Revenue Act von 1924 Artikel 217 (a) (1) und (2).

[3]) Income Tax Act. 1918, Schedula D Ziffer 1 (a) (iii).

[4]) Die General rules applicable to Schedula C befreien unter Ziffer 2 (d) nur das Einkommen von Ausländern aus in England zahlbaren Zinsen ausländischer Staats- und britischer Kolonialanleihen; daraus ergibt sich, daß das Einkommen von Ausländern aus britischen öffentlichen Anleihen der Steuer unterliegt (Ausländer = non resident).

[5]) Gesetz vom 24. August 1877 Nr. 4021 über die imposta sui redditi della ricchezza mobile Artikel 2 und 3.

[6]) Personalsteuergesetz, BGBl. Nr. 307 vom Jahre 1924 § 153 Ziffer 2.

[7]) Personalsteuergesetz vom 25. Oktober 1896 RGBl. Nr. 220 § 153 Ziffer 2.

Das Gesamtbild, das aus den Einzelheiten aufzubauen vorbehalten werden muß, ist für das Gebiet der Einkommen-, Vermögens-, und Erbschaftsbesteuerung das folgende:

Der Besteuerung von Gesamteinkommen und Gesamtvermögen durch den eigenen Staat steht in den weitaus überwiegenden Fällen eine Besteuerung des unbeweglichen Guts und des Gewerbebetriebs durch einen anderen Staat zur Seite. Im Gebiet des Kapitalvermögens und des Einkommens daraus sind völlig verschiedene Systemkonflikte gegeben. Soweit z. B. die Aktien von dem einen Staat um deswillen herangezogen werden, weil die Aktiengesellschaft ihren Sitz in seinem Gebiete hat, während im anderen Staate Aktien dem beweglichen ungebundenen Vermögen der Person zugerechnet werden, bedarf es einer Auseinandersetzung zwischen den Staaten im Sinne der Entschließung darüber, ob der Wohnsitzstaat oder der Belegenheitsstaat entscheiden soll. Um die Zielrichtung des internationalen Rechtsbewußtseins in den Fragen der Doppelbesteuerung kennen zu lernen, müssen wir drei verschiedene Gruppen von Vorschriften und Vorschlägen kennen. Einmal die Normen, durch die die Staatspraxis der Bundesstaaten zur Lösung beigetragen hat, ferner die Abhilfe, die bisher durch das nationale Recht der einzelnen Staaten gegenüber anderen selbständigen Staaten gesucht wird, die Ergebnisse förmlicher Staatsverträge und sonstiger internationaler Abmachungen sowie schließlich die Lösungen der Wissenschaft. Dabei muß mit besonderer Vorsicht geprüft werden, ob die Grundsätze, die innerhalb eines Bundesstaats gefunden sind, sich zur Anwendung auf internationale Verhältnisse, d. h. die Beziehungen vollständig unabhängiger Staats- und Steuerwirtschaften zueinander eignen. Diese Frage wird namentlich dann verneint werden müssen, wenn es sich bei der versuchten Lösung um eine offensichtliche Protektionsmaßnahme im Rahmen einer großen Reichspolitik handelt, wie dies etwa der englische Verzicht auf 50 % der Steuer gegenüber den Dominien darstellt. Dagegen sind die Grundsätze der Vergleichung fähig, die England im Irish Free State (Consequential Provisions) Act, 1922 für die Beseitigung der Doppelbesteuerung zwischen England und Irland getroffen hat, die das Deutsche Reich zur Vermeidung von Doppelbesteuerungen zwischen den Ländern durch das Finanzausgleichsgesetz, die das Schweiz. Bundesgericht und das oberste Bundesgericht der Ver. Staaten für die Grenzen des Besteuerungsrechts der Kantone und der Einzelstaaten aufgestellt haben.

**3. Abhilfe im geltenden nationalen und internationalen Recht.**

Die internat. Doppelbesteuerung wird durch die nationalen Rechte auf zwei grundsätzlich verschiedenen Wegen vermieden:

Entweder läßt das Steuersystem gewisses Steuergut von vornherein frei. Dann kann Doppelbesteuerung gar nicht entstehen. Oder die Besteuerung liegt auch für dieses Steuergut in dem System, für den Fall der Besteuerung auch durch einen anderen Staat ist aber Milderung oder Aufhebung der Steuer vorgesehen. Wenn z. B. bei ausländischem Wohnsitz des Eigentümers Einkünfte aus Aktien, Gesellschaftsanteilen, Hypotheken, von der inländischen Einkommensbesteuerung frei bleiben, wie dies zur Zeit in Deutschland der Fall ist, so wird insoweit Doppelbesteuerung im Verhältnis zum Wohnsitzstaat vermieden, dem das Steuergut unbelastet zufällt. Ähnlich liegt es, wenn nach deutschem Rechte bei der Vermögensteuer unbeschränkt steuerpflichtiger Nichtdeutscher ausländisches Grund- und Betriebsvermögen von der Steuer frei bleibt, oder wenn England von der Nachlaßsteuer (estate duty) auch bei Inländern ausländische Grundstücke ausschließt. Ähnliche Regelungen sind bisweilen auch Ergebnis der Rechtsprechung. Für die Schweiz hat beispielsweise das Bundesgericht, das im übrigen die Fragen der Doppelbesteuerung im Verhältnis zu ausländischen Staaten von seiner Zuständigkeit ausschließt, festgestellt, daß Grundstücke im Auslande bei sonst steuerpflichtigen Ausländern von der Erbschaftssteuer nicht getroffen werden. Übereinstimmende Richtersprüche liegen auch in den Vereinigten Staaten von Nordamerika vor. Auf der anderen Seite findet sich bisweilen für den Fall des Zusammentreffens von in- und ausländischer Besteuerung bei Gewährung der Gegenseitigkeit der Verzicht auf die Besteuerung bestimmten Güter bestimmter Personen. So enthält vielfach das nationale Recht die sogenannte Diplomatenklausel, nach der Personen, denen unter Wahrung der Gegenseitigkeit nach allgemeinen völkerrechtlichen Grundsätzen ein Anspruch auf Steuerbefreiung zusteht, von den direkten Personalsteuern frei sind (§ 3 deutsch. EinkStG., § 4 deutsch. Vermögensteuergesetzes). Von größerer praktischer Bedeutung sind die Gegenseitigkeitsklauseln, durch die auf die Heranziehung gewisser sonst nach dem Grundsatze der Belegenheit besteuerten Guts zu gunsten des Wohnsitzstaats oder umgekehrt auf Heranziehung im Wohnsitz- oder Heimatstaat zu gunsten des Belegenheitsstaats verzichtet wird. Bemerkenswert ist in diesem Zusammenhang insbesondere Artikel 222 der Revenue Act 1924 der Vereinigten Staaten, der dadurch notwendig geworden ist, daß die Steuerpflicht für die Bundeseinkommensteuer alle Staatsangehörige trifft. Nach dieser Vorschrift wird die von den Amerikanern gezahlte ausländische Einkommensteuer auf die amerikanische Einkommensteuer angerechnet.

Die Anrechnung der ausländischen Einkommensteuer auf die amerikanische wird darüber hinaus auch dem Ausländer mit Wohnsitz in Amerika gewährt, unter der Voraussetzung, daß der betreffende Staat amerikanischen Staatsbürgern Gegenseitigkeit gewährleistet.

Sachlich übereinstimmende Klauseln, die im Falle der Gegenseitigkeit Doppelsteuererleichterungen vorsieht, kennt auch das deutsche Recht (§ 8, 21 Nr. 20 Abs. 3 des Erbschaftssteuergesetzes). Danach kann die Steuer, soweit sie im Ausland von dort befindlichen Grundstücken, Sachen, Forderungen gegen ausländische Schuldner oder Rechte, deren Übertragung an eine Eintragung in ausländische Bücher geknüpft ist, erhoben worden ist, bei Gewährung der Gegenseitigkeit nach Bestimmung des Reichsministers der Finanzen auf die deutsche Erbschaftssteuer angerechnet werden.

Nach amerikanischem und englischem Rechte [1]) besteht auf dem Gebiete der Einkommensteuer ferner die Möglichkeit, bei Gegenseitigkeit die Einkünfte von Schiffahrtsgesellschaften von den inländischen Steuern freizulassen, wenn sie bereits von der ausländischen Steuer erfaßt werden. Die Reichsabgabenordnung [2]) und das österreichische Personalsteuergesetz [3]) kennen schließlich allgemeine Bestimmungen, die es gestatten, die Doppelbesteuerung ohne formelle Staatsverträge für alle oder einzelne Steuerarten auszuschließen.

Derartige Bestimmungen, die noch aus der jüngsten spanischen Gesetzgebung ergänzt werden können [4]), sind indessen zur Zeit noch Zufälligkeiten der Steuerrechtssysteme, von denen Entscheidendes auf unserem Wege nicht erwartet werden kann. Bei planmäßigem Ausbau unter international gebilligten Gesichtspunkten würden sie aber die Verständigung wesentlich erleichtern, vielfach den Vertragsschluß durch Gegenseitigkeitserklärung in formlosem Notenwechsel ersetzen können. Zur Zeit ist die Zielrichtung des sich bildenden internationalen Rechts-

---

[1]) Amerika Revenue Act von 1924, Artikel 213 Ziffer b 8. England Finance Act, 1923, Artikel 18.

[2]) § 7.

[3]) vgl. § 285 des Personalsteuergesetzes vom Jahre 1924.

[4]) vgl. Art. 3, des Gesetzes über die contribution sobre las utilidades de la riqueza mobiliaria vom 22. 9. 1922.

bewußtseins klarer aus den Staatsverträgen erkennbar, namentlich aus denen der letzten Jahre. Für die Betrachtung stehen zur Verfügung: 1. Die von dem Deutschen Reich mit Österreich[1]) und der Tschechoslawischen Republik[2]) geschlossenen vollständigen Doppelbesteuerungsverträge[3]). Die Teilverträge, die von dem Deutschen Reich mit der schweizerischen Eidgenossenschaft[4]) und mit Griechenland[5]) abgeschlossen worden sind und die Regelungen, die gegenüber der Stadt Danzig[6]), gegenüber dem Saargebiet[7]) und gegenüber Polen[8]) vorliegen.

2. Verträge zwischen fremden Staaten, und zwar ein Vertrag zwischen Österreich und der Tschechoslowakischen Republik[9]), ferner der sog. Romvertrag[10]) v. 6. April 1922 zwischen Österreich-Ungarn, Italien Polen, Rumänien und dem Serbisch-Kroatisch-Slovenischen Königreich, ein Vertrag zwischen Danzig und Polen v. 17. März 1924[11]) und eine Regelung zwischen Frankreich und der Regierungskommission des Saargebiets v. 5. Juli 1923[12]).

---

[1]) Über direkte Steuern: Vertrag vom 28. Mai 1922 (RGBl. II S. 90); über Abgaben von Todes wegen: Vertrag vom 28. Mai 1922 (RGBl. II S. 98).

[2]) Über direkte Steuern: Vertrag vom 31. Dezember 1921 (RGBl. 1922 II S. 71); über Abgaben von Todes wegen: Vertrag vom 18. März 1922 (RG.. Bl. II S. 86).

[3]) Vgl. auch die nachträglich geschlossenen Verträge mit Ungarn; a) über direkte Steuern, Vertrag vom 6. November 1923, b) über Abgaben von Todes wegen, Vertrag vom 26. November 1923 (R. G. Bl. II S. 641).

[4]) Vom 24. März 1923 — Reichsgesetzbl. II S. 453, in Kraft seit 20. Dezember 1923 (Bekanntmachung vom 29. Dezember 1923 — RGBl. 1924 II S. 33).

[5]) Vom 1. Dezember/18. November 1910 — Reichsgesetzbl. 1912 S. 173 — wieder in Kraft gemäß Art. 289 des Versailler Vertrages seit 30. Juni 1920 (Bekanntmachung vom 6. Februar 1921 — Reichsgesetzblatt S. 149), durch Verordnung vom 12. Juni 1923 (Reichsgesetzbl. I S. 634) bis zum 30. Juni 1917 dem Tage des Eintritts Griechenlands in den Krieg zurückdatiert.

[6]) Deutsche Verordnung vom 19. November 1923 (RGBl. II S. 428) Danziger Vertrag vom 22. November 1923 (Sonderausgaben zum Staatsanzeiger der Freien Stadt Danzig I S. 727).

[7]) Deutsche Verordnung vom 11. November 1921 — Reichssteuerblatt 1921 S. 378 — Verordnung der Regierungskommission des Saargebiets vom 13. Juli 1921 (Saarwirtschaftszeitung, amtliche Wochenschrift der Handelskammer Saarbrücken (1921 S. 749 Nr. 46).

[8]) Deutsche Verordnung vom 27. März 1923 – Reichssteuerblatt 1923 S. 143 —.

[9]) Vertrag vom 18. Februar 1922 zwischen der Republik Österreich und der Tschechoslowakischen Republik zur Ausgleichung der in- und ausländischen Besteuerung, insbesondere zur Vermeidung der Doppelbesteuerung auf dem Gebiete der direkten Steuern. RGBl. 1923 Nr. 2 S. 7.

[10]) Deutsches Weißbuch „Material über die Konferenz von Genua“. Reichstagsdrucksache 1. Wahlperiode 1920/22 Nr. 4378 S. 97 Artikel 15 Abs. 5 und S. 104 ff.

[11]) Gesetzbl. f. d. freie Stadt Danzig 1924 Nr. 26 S. 226 ff.

[12]) Verordnung Nr. 449 vom 18. Juli 1923 Amtsbl. der Regierungskommission des Saargebiets Nr. 19 vom 26. Juli 1923 S. 160.

Die Vergleichung dieser neueren Verträge ergibt ein Bild relativer Übereinstimmung trotz starker Verschiedenheit des Aufbaus und der Fassung. Die sachliche Übereinstimmung besteht namentlich in den zwei großen Prinzipien: Aufteilung der Steuerquellen in der Art, daß für Gesamteinkommensbesteuerung der Wohnsitzstaat zuständig ist, daß aber sowohl für das Gebiet der Personalsteuern wie für das Gebiet der Ertragssteuern dem Belegenheitsstaate die Besteuerung des unbeweglichen Gutes und des Gewerbebetriebes vorbehalten wird. Diese Regelung ist gleichermaßen für Einzelpersonen wie für juristische Personen maßgebend. Übereinstimmung besteht auch in gewissem Umfange für die Behandlung anderer Einnahmequellen. So wird für Zahlungen aus öffentlichen Kassen, Pensionen, Wartegeldern, Gehältern, dem Schuldnerstaat zumeist das Vorrecht der Besteuerung eingeräumt, so können ferner Zinsen von Wertpapieren, Spareinlagen usw. nach dem Grundsatz der Belegenheit von dem Schuldnerstaat mit der Objektsteuer erfaßt werden. Dagegen finden sich auch die wesentlichen Abweichungen gerade auf dem Gebiete der Besteuerung des Kapitalvermögens und der aus ihm erwachsenden Einkünfte. Insbesondere fallen sowohl in den österreich-tschechischen Vertrag wie auch in dem Romvertrag hypothekarisch gesicherte Forderungen in jedem Falle unter den Grundsatz des unbeweglichen Guts, während sie nach den deutschen Verträgen für alle laufenden Steuern grundsätzlich als bewegliches Kapitalvermögen behandelt werden; im Danzig-Polen-Vertrag gelten sie für die Einkommensteuer als Kapitalvermögen, für die Vermögensteuer als Grundbesitz. Ferner gelten anders als in dem deutsch-tschechischen Vertrag als gewerbliches Betriebsvermögen nach dem deutsch-österreichischen, dem österreichisch-tschechischen und dem Danzig-polnischen Vertrag alle Beteiligungen an gesellschaftlichen Unternehmungen mit Ausnahme von Kuxen, Aktien, Anteilscheinen und sonstigen Wertpapieren. Während der Arbeitsertrag einschl. des Ertrages der freien Berufe nach dem Romvertrag am Orte der Tätigkeit besteuert wird, wird nach den deutschen Verträgen ebenso wie nach dem österreichisch-tschechischen und dem Danzig-Polen-Vertrage grundsätzlich die Besteuerung des Angehörigen freier Berufe und des Arbeiters an seinem Wohnsitz vorgenommen und nur eine Besteuerung am Orte der Tätigkeit zugelassen, wenn der freie Beruf dort von einer festen Betriebsstätte aus ausgeübt wird. Für die Steuer vom Vermögen hat der Romvertrag überhaupt keine endgültige Lösung finden können. Nur für unbewegliche Güter, Gewerbe- oder Handelsbetriebe und Hypothekenforderungen ist der Grundsatz der belegenen Sache auch bei der Vermögensbesteuerung anerkannt, im übrigen dagegen wird auf ein Spezialabkommen verwiesen, das die Vermögensbesteuerung des beweglichen Kapitals einschließlich der Wertpapiere regeln soll, und bis zu dessen Abschluß die Doppelbesteuerung fortbesteht. Für die Tantiemensteuer ist im Romvertrag die Doppelbesteuerung aufrecht erhalten, während im österreich-tschechischen Vertrag eine Regelung zu Gunsten des Staates vorgesehen ist, in dem das zahlende Unternehmen seinen Sitz hat.

Die für die Abgrenzung der Steuergewalten namentlich bei dem beweglichen Kapital noch bestehenden Schwierigkeiten beruhen auf der Verschiedenheit der Steuersysteme, die noch fühlbarer wird, wenn man den Ausgleich zwischen dem angelsächsischen und einem kontinentalen Einkommensteuersystem versucht. Einen solchen Versuch hat Prof. Suyling, Utrecht, für die International Law Association auf der Tagung 1921 mit dem Ziel gemacht, die englisch-holländische Einkommensbesteuerung zu versöhnen. Er kommt hier zu dem Schluß, daß die Quellenverteilung, deren Tragweite er wohl überschätzt, ausscheide:

„Apart from exceptional cases, Governments do not feel at liberty to show such a spirit of self-denial in regard of their right of taxation. The continental scheme may, therefore, be left out discussion as not belonging to the sphere of measures capable of direct realization."

Er schlägt vor, dem Quellenprinzip Englands Opfer zu bringen und auf die Besteuerung am Wohnsitze jedenfalls bis zur Hälfte zu verzichten. Wie wenig er mit seinem Vorschlag den wirtschaftlichen Leitgedanken Englands getroffen hat, ergeben die Ausführungen Sir Basil Blacketts, nach denen das Wohnsitzprinzip und seine schärfste Durchführung bei der Steuer als für England unerläßlich bezeichnet wird.

Mit dieser Gegenüberstellung haben wir den Boden der Staatspraxis verlassen. Wir stehen in der Betrachtung der wissenschaftlichen Behandlung unserer Fragen und ihrer Ergebnisse.

**4. Die Weiterentwicklung des internationalen Vertragsrechts.**
**a) Grundsätzliches.**

### Verteilung des Steuerguts nach seiner volkswirtschaftlichen Zugehörigkeit.

Den entscheidenden Schritt zu einer modernen Betrachtung des in seinem Wesen wirtschaftlichen Problems der Doppelbesteuerung hat

Schanz in einem Aufsatz des Jahres 1894[1]) getan. Er schlug hier vor, die Auseinandersetzung konkurrierender Steuergewalten in dem Sinne vorzunehmen, daß jedem Staat das Steuergut zugeteilt werden sollte, dessen Wirtschaft es zugehört. Was seit dieser Erkenntnis von der Wirtschaftszugehörigkeit als dem maßgebenden Grunde für die Besteuerung in dieser Frage gedacht und geschrieben worden ist, hat bewußt oder unbewußt darauf aufgebaut.

Damit war die einstmals überragende Stellung der Staatsangehörigkeit des Steuerpflichtigen für das Steuerrecht ausgeschaltet[2]). Damit war in einer Zeit, in der die Rechtswissenschaft noch stark in einer Überschätzung des subjektiven Moments befangen war, auf die Notwendigkeit der Anknüpfung an objektive Merkmale hingewiesen. Noch aber herrschte unter den Gelehrten großer Streit: Bezeichnend ist das Ergebnis des ersten Versuchs, die Abgrenzung der Steuergewalten für die Erbschaftssteuer durch einen Kreis auserlesener Juristen des Institut de Droit International vorzunehmen, zu denen u. a. v. Bar, Lyon-Caen, Weiß, Westlake, Stoerck, Harburger gehörten. Der Berichterstatter Sir Thomas Barclay sieht sich 1897 fünf Meinungsgruppen gegenüber. Die fünf Gruppen waren unversöhnlich, eine Mehrheitsentschließung war nicht zu erzielen. Erst 1922, also 25 Jahre später konnte mit Stimmenmehrheit ein Beschluß zur Doppelbesteuerung auf dem Gebiete der Erbschaftssteuer gefaßt werden. Danach wird die Besteuerung am Wohnsitz des Verstorbenen zum Grundsatz erhoben. Grundbesitz und Gewerbebetrieb, nebst Zubehör, sowie Hypothekenforderungen werden jedoch dem Belegenheitsstaate überlassen. Die Steuer soll nur in einem Staate erhoben und nach näheren Vereinbarungen verteilt werden. Immer deutlicher tritt die Abkehr vom Heimatsprinzip, die Zuneigung zum Vorrang des Wohnsitzes, immer stärker auch der Versuch hervor, eine Stufenfolge in der Zugehörigkeit des Gutes zu den Steueransprüche erhebenden Ländern festzustellen. Der Bericht von Strisower, auf den sich die letzte Entschließung gründet, zeigt dies mit besonderer Deutlichkeit.

Um die Feststellung dieser Stufenfolge der Wirtschaftszugehörigkeit haben sich zuletzt auch die vier Gutachter der Finanz- und Wirtschaftskommission des Völkerbundes Bruins, Einaudi, Seligman und Sir Josiah Stamp bemüht. Grundgedanke des Gutachtens

---

[1]) Die Doppelbesteuerung. Finanz-Archiv Bd. XL S. 353.

[2]) Über die Bedeutung der Staatsangehörigkeit für die Inanspruchnahme der Rechte aus Doppelbesteuerungsverträgen. Vgl. Dorn, „Steuer und Wirtschaft", 1925 S. 1038 ff., 1045.

ist völlige Lösung von dem Anknüpfungsmerkmal, das in der Staatsangehörigkeit (allegeance politique) liegt, und unbeschränkte Anerkennung des Prinzips der Wirtschaftszugehörigkeit (allegeance economique).

Die Wirtschaftszugehörigkeit wird nach dem Gutachten im wesentlichen von zwei Momenten bestimmt. Der Moment der Entstehung oder der Belegenheit eines Gutes auf der einen, dem Wohnsitz einer Person auf der anderen Seite. Die Untersuchungen des Völkerbundes führen zu dem Ergebnis einer Verteilung der gesamten Güter und Einkommenquellen nach den beiden beherrschenden Grundsätzen. Dem Ursprungsland werden für Einkommen-, Vermögen- und Erbschaftssteuer als wirtschaftszugehörig betrachtet: Grundbesitz, Gewerbebetrieb und Handel, landwirtschaftliches Zubehör und Schiffe. Dagegen wird die Wirtschaftszugehörigkeit zum Wohnsitzstaate bejaht für Kostbarkeiten und sonstige bewegliche Sachen, für Aktien, Obligationen, für Staatsanleihen, für Forderungen und für Erwerbstätigkeit. Bei Hypotheken wird die Wirtschaftszugehörigkeit für Vermögenssteuern dem Staate der Belegenheit des Grundstücks, für Einkommensteuern dem Wohnsitzstaate des Gläubigers zugewiesen. Die Kommission fügt hinzu, es wäre absolut unmöglich, innerhalb einer jeden Kategorie den genauen Anteil der Wirtschaftszugehörigkeit zu bestimmen, der auf den Belegenheitsstaat oder auf den Wohnsitzstaat entfalle. Ein solcher Versuch würde einen ausgesprochen willkürlichen Charakter tragen. Die Kommission rechnet daher damit, daß ohne Prüfung dieser Anteile im einzelnen die Quellen ganz dem Wohnsitzstaat oder dem Belegenheitsstaat überlassen würden; dies wird gebilligt, weil, was jedes Land in einem Falle verliere, es im anderen annähernd gewinnen würde, und weil diese Methode den großen Vorteil habe, verhältnismäßig einfach zu sein. Auf der Basis dieser Erwägungen sieht die Kommission vier mögliche Lösungen, die aber auch nach ihr wegen der Verschiedenheit der abzugleichenden Steuersysteme der Abänderung unterliegen müssen:

1. Befreiung der Einkünfte aus dem Ausland (Besteuerung nur nach der Belegenheit).

2. umgekehrt: Befreiung der ins Ausland fließenden Einnahmen (Besteuerung nur nach dem Wohnsitz).

3. Teilung der Steuer, z. B. indem jeder Staat die Hälfte seiner Steuer für sich beansprucht (Teilung der Steuer zwischen Wohnsitz- und Belegenheitsstaat).

4. Teilung der Quellen.

Für die Vermögens- und Erbschaftssteuer empfiehlt sie das Prinzip der Quellenteilung, und zwar der Quellenteilung unter Anrechnung der fremden Steuer, die die Quelle belastet, auf die Steuer, die das Vermögen, die Erbmasse, im ganzen trifft. An dieser Stelle betonen die Sachverständigen, nachdem sie zuvor schon den „manque d'esprit de suite en matière d'administration" beklagt haben, mit Recht die Notwendigkeit der Rechtshilfe und deutet den Gedanken an, daß im Falle eines Kollektivvertrages der Austausch der Mitteilungen unter Umständen über eine zentrale Stelle geleitet werden könne. Für die Einkommensteuer glaubt die Kommission des Völkerbundes die Methode 2 empfehlen zu können, nach der alle Einkünfte, die aus inländischen Quellen fließen und ins Ausland gehen, von der Steuer freigelassen werden sollen. Die Methode wird auch für die Einkünfte aus Quellen empfohlen, die wie Grundbesitz und Gewerbebetrieb aufs engste mit den einzelnen Staaten verbunden sind.

Mit diesem Ergebnis setzen sich die Gutachter in Widerspruch zu fast allen sonst gefundenen Lösungen, allen bisher erzielten Ergebnissen der Staatspraxis. Die Begründung für diesen Widerspruch liegt in dem bereits in einem Gutachten von Sir Basil Blackett eingehend erörterten Gedanken, daß die Vermögensanlagen des Ausländers in Wahrheit durch den Schuldnerstaat niemals besteuert werden könnten, da eine entsprechende Erhöhung des Zinsfußes die Steuer stets auf den Schuldnerstaat zurückwälze. Die bestehende Steuer sei nur Barriere, nicht Last für neues Leihkapital. Die Doppelbesteuerung werde durch das jeu ordinaire des forces économiques aufgehoben. Meines Erachtens bedeutet der Gedanke eine Schematisierung der Wirtschaftsvorgänge, die der Wirklichkeit fremd ist. Auch in normalen Zeiten ist der Zinsertrag keinesfalls allein das für die Anlagen ausschlaggebende Motiv. Unterschätzt wird von den Gutachtern meines Erachtens:

1. die Spekulation und zwar nicht nur soweit sie Ausnutzung von Krisen und Sonderkonjunkturen bedeutet, sondern auch soweit sie auf natürliche Entwicklung des Anlagewertes rechnet, die Ungewißheit des Ertrages also in Kauf nimmt,

2. die Anlage aus Sicherheitsgründen, Verteilung des Geldes auf verschiedene Länder, selbst auf die Gefahr der Ertragsminderung, als Schutz vor wirtschaftlichen Krisen und kriegerischen Verwickelungen.

3. Anlegung zum Ausbau und zur Unterstützung notleidenden

eigenen oder fremden Betriebes, an dessen Fortbestand und Ertrag dem Geldgeber gelegen ist.

4. Anlegung zur Erreichung von außerhalb des Darlehnszwecks selbst liegenden Zwecken, zur Aufrechterhaltung von Geschäftsbeziehungen, zur Abwendung von Verlusten, Annahme von Hypotheken für Forderungen, die zur Zeit nicht einbringlich sind, in Form von Krediten für Warenlieferungen.

Die These ist — wie auch die Gutachter zugeben — jedenfalls nur auf festverzinsliche Werte anwendbar, die nicht in jeder Steuerwirtschaft die entscheidende Rolle spielen. Auch für das enge Gebiet aber ist sie keineswegs unangefochten. Dem hohen Lied der Steuerbefreiung zu Gunsten von Ausländern bei fest verzinslichen Werten stehen ernste ablehnende Worte von Gaston Jèze[1]) gegenüber, der erst jüngst in überzeugender Weise die verhängnisvollen Folgen der Steuerbefreiung auf dem Gebiete der öffentlichen Anleihen dargelegt hat. Auch die Erfahrungen der Verein. Staaten, die allerdings bei ihren Anleihen die Steuerbefreiung auf Inländer erstreckt haben, reizen nicht zur Nachahmung. Hat doch dort die Freistellung der Staatsanleihen zu solcher Schädigung des Fiskus geführt und zu solcher Bevorzugung der Reichsten, daß durch ein Amendement zur Verfassung die Ausgabe steuerfreier Anleihen für die Zukunft ausgeschlossen werden soll[2]). Die Herbeiführung eines Zustandes, dem so schwere grundsätzliche Bedenken entgegenstehen, kann nicht Aufgabe eines Doppelbesteuerungsvertrages sein. Die Überspannung des Wohnsitzprinzips, für das die Gutachter eintreten, wird im übrigen namentlich für Schuldnerländer unerträglich sein, die stark überfremdet sind. Je mehr Häuser von Ausländern aufgekauft oder mit Hypotheken belegt werden, je mehr Unternehmungen in fremde Hände kommen, desto weniger würde dem Staat an materiellem Steuergut bleiben, desto stärker wäre er genötigt, das Restgut und die Arbeitserträge seines Volkes zu belasten. Ein Doppelbesteuerungsvertrag auf solcher Grundlage würde daher immer weitergehende Erschöpfung des überfremdeten Staates bedeuten. Die Befürchtung der Gutachter dagegen, daß der Belegenheitsstaat zu hohe Steuern auf das Gut legen könnte, ist praktisch be-

[1]) Gaston Jèze, L'immunité Fiscale des Titres de la Dette Publique, Revue de Science et de Législation Financières, Band XXI, Nr. 3 und 4, 1923 und Band XXII, Nr. 1, 1924.

[2]) Vgl. Hearings on Internal Revenue Revision before the Committee on Ways and Means, House of Representatives, S. 154 ff., Washington 1921,

deutungslos, da sie die eigenen Staatsangehörigen und Einwohner in erster Linie treffen würden.

Wie ist nun vom Standpunkt der Wirtschaftszugehörigkeit zu entscheiden? Die wirtschaftliche Zugehörigkeit einer Person zu dem Lande seines Wohnsitzes begründet ein wirtschaftliches Band für den Gesamtkreis der an ihn wirtschaftlich gebundenen Güter, für sein gesamtes Vermögen und Einkommen, zu demselben Lande. Die Wirtschaftszugehörigkeit des Gesamtbesitzes ist eine durch die Person vermittelte, ist mittelbare Wirtschaftszugehörigkeit. Unmittelbare Wirtschaftszugehörigkeit, d. h. die örtliche Verbindung des Gutes mit der Volkswirtschaft, innerhalb deren es gelegen ist, wird man dagegen mit der herrschenden Meinung und der Staatspraxis für Grundbesitz, Gewerbebetrieb und deren Zubehör annehmen dürfen. Mit diesem Kreise der gebundenen Güter ist die Übereinstimmung im wesentlichen erschöpft. Darüber, welche Wirtschaftszugehörigkeit die stärkere ist, die unmittelbare Zugehörigkeit der Sache zu einem Gebiet oder die mittelbare, durch die Person des Verfügungsberechtigten vermittelte Zugehörigkeit gestattet im übrigen vielfach Zweifel. Die Schwierigkeit der Entscheidung wird klar, wenn man als Ausgangspunkt die unbestrittene Tatsache nimmt, daß ein Gewerbebetrieb dem Staate zugehört, in dem er belegen ist. Nehmen wir an, daß der Gewerbebetrieb eine Aktiengesellschaft sei und daß sich der Gesamtbesitz der Aktien in einer Hand und zwar in der Hand eines Ausländers befindet. Nicht mit Unrecht wird in einem solchen Falle die Frage aufgeworfen werden können, ob denn der Inhaber aller dieser Aktien der durch diesen Besitz den Gewerbebetrieb in seiner Verfügungsgewalt und ausschließlichen Nutzung hat, dem Lande, in dem sich der Gewerbebetrieb befindet, nicht auch und nahezu in demselben Maße eingeordnet ist, wie der im Auslande wohnende Inhaber eines entsprechenden Betriebs ohne Aktiengesellschaftsform. Man wird auch die Frage vom Standpunkt der Wirtschaft aus verschieden beurteilen können, ob es einen Unterschied mache, wenn diese Aktien auf Namen gestellt oder wenn sie Inhaberaktien sind. Zweifel können ebenso auftreten über die Wirtschaftszugehörigkeit der Obligationen von Industrieunternehmungen und der Schuldverschreibungen von öffentlichen Körperschaften. Hier läßt sich vom Standpunkt der Wirtschaft sehr wohl die Auffassung vertreten, daß der Ort, wo sich der Schuldner befindet, hier ebenso wie bei allen anderen Forderungen im Grunde die engste Wirtschaftszugehörigkeit bedeutet, da ja der Gläubiger zumeist nur dort sein Recht verwirklichen könne, und da er mit der Begründung dieser Forderung und dem Eintritt in die Gläubigerrechte sich selbst in die Wirtschaft des Schuldnerlandes eingeordnet habe. Ähnliche Zweifel sind möglich für die Ausübung irgendeiner Erwerbstätigkeit, insbesondere auch des freien Berufs, wenn Wohnsitz- und Berubsausübung auseinander fallen. Das gleiche gilt, wenn Sitz und Ort der Leitung bei einer juristischen Person in verschiedenen Ländern liegen.

### Staatswirtschaftliche Zugehörigkeit des Steuerguts.

Wenn das Merkmal der Wirtschaftszugehörigkeit keine klare Entscheidung bringt, müssen wir uns darauf besinnen, daß Besteuerung nicht nur ein Vorgang der Volkswirtschaft, sondern nach Ursache und entscheidendem Zweck Vorgang der Staatswirtschaft ist. Wo also nicht schon die volkswirtschaftliche Zugehörigkeit zweifelsfreie Lösung ergibt oder wo sie staatswirtschaftlich unerträglich wäre, muß die *staatswirtschaftliche Zugehörigkeit* des Steuergutes den Ausschlag geben.

Vom Standpunkt der Steuerwirtschaft eines Staates aus ist das Gut am wertvollsten und daher am schwersten verzichtbar, bei dem

1. die besten Möglichkeiten zur Feststellung des Gutes nach Art, Umfang und Wert vorliegen, bei dem
2. die besten Möglichkeiten gegeben sind, das Gut ständig zu kontrollieren und bei dem
3. die Erzwingbarkeit des Steueranspruchs ebenso wie im Falle einer Gefährdung die Sicherung des Anspruchs am leichtesten durchführbar ist.

Die drei staatswirtschaftlichen Momente lassen sich bis zu einem gewissen Grade durch die internationale Rechtshilfe vervollkommnen. Diese Vervollkommnung muß angestrebt, die Anforderungen an sie dürfen aber nicht überspannt werden. Insbesondere darf die Besteuerung in dem einen Lande nicht in allzu weitem Umfange von der Rechtshilfe eines anderen Landes abhängig sein, die ein Tätigwerden der Behörden des fremden Landes aus eigenem Antrieb fordert.

Die Prüfung unter dem Gesichtspunkt der Staatswirtschaft, der Besteuerungsfähigkeit des Guts hat Kontrollfunktion, wenn schon die Wirtschaftszugehörigkeit eine bestimmte Antwort gestattet, Entscheidungsfunktion, soweit das Merkmal der Wirtschaftszugehörigkeit versagt.

Der Weg des Doppelbesteuerungsrechts führt von der Zuerkennung des Besteuerungsrechts an den Staat, dem die besteuerte Person nach staatsrechtlichen Grundsätzen angehört, zu der Zuerkennung an den Staat, dem das Gut staatswirtschaftlich zugehört. In scharfer Antithese: Ausgangspunkt der Entwicklung ist die Staatsangehörigkeit der Person, Endpunkt die Staatszugehörigkeit des Guts.

Die Prüfung unter beiden maßgebenden Gesichtspunkten hat zu den Leitsätzen geführt, die als „besondere Grundsätze über die Verteilung des Steuerguts" vorliegen [1]). Sie sind selbst etwas ausführlicher gehalten, weil ihre Begründung unter allen wesentlichen Gesichtspunkten den Rahmen des Vortrags sprengen würde. Einiges Wesentliche sei aber noch zur Erläuterung hinzugefügt.

**b) Anwendung der gesamten Grundsätze.**

Besteuerung von Einkommen, Ertrag, Vermögen.

Welcher Staat für die Erhebung einer *Gesamteinkommen*- oder *Gesamtvermögenssteuer* nach den Grundsätzen der Wirtschaftszugehörigkeit zuständig ist, unterliegt nach herrschender Auffassung keinem Zweifel. Das Vorrecht des Wohnsitzstaats findet seine Bestätigung unter den Gesichtspunkten der Staatswirtschaft. Die Feststellung von Gesamteinkommen und Gesamtvermögen hängt von der Steuererklärung des Pflichtigen, die Kontrollierbarkeit von der Überwachung seiner Verfügungsmaßnahmen ab, die Erzwingbarkeit der Steuer ist deshalb in vollem Umfange gegeben, weil Maßnahmen auch gegen die Person des Steuerpflichtigen durchgeführt werden können. In der Möglichkeit des unmittelbaren Zwanges gegen die Person liegt das Entscheidende. Durch ihn lassen sich Schwächen der Feststellbarkeit und Kontrollierbarkeit einzelnen Steuerguts zu einem Teil ausgleichen. So kann die Besteuerung an äußeren Merkmalen wie Umsatz oder Verbrauch angeknüpft, kann Widerstand gegen die Feststellung und Kontrolle durch das Mittel der Schätzung überwunden werden. Der hohe Grad der Erzwingbarkeit im Verein mit dem Umstande, daß die Besteuerung am Wohnsitze der Zersplitterung des Steuerguts, dem Steuerverlust bei progressiver Besteuerung, vorbeugt, lassen den Wohnsitzstaat stets als berechtigten Steuergläubiger erscheinen, sofern nicht stärkere Gebundenheit des Guts an die Volks- und Staatswirtschaft eines anderen Landes für dieses den Ausschlag gibt. Eine solche größere Bindung wird

---

[1]) S. oben S. 497 ff.

dann vorliegen, wenn Feststellbarkeit und Kontrollierbarkeit des Steuerguts ebenso wie Erzwingbarkeit der Steuer auch unabhängig von dem Willen des Steuerpflichtigen unmittelbar gewährleistet sind. Dies gilt in erster Linie für Grundbesitz nebst Zubehör. Er ist im Lande der Belegenheit stets nach Umfang und Wert feststellbar, jeder Nachprüfung zugänglich und dem Zugriff des Staats für die Beitreibung der Steuer offen. Die regelmäßig vorhandene Geschlossenheit des Grundbesitzes als Vermögenswert und Einkommensquelle läßt schließlich die besondere Besteuerung nicht als Zersplitterung des Steuerguts erscheinen. Die Merkmale der Besteuerungsfähigkeit sind daher hier stärker gegeben als im Wohnsitzstaat. Nahezu die gleichen Erwägungen weisen auch den Gewerbebetrieb mit Zubehör dem Belegenheitsstaate zu. Nur darf nicht übersehen werden, daß Feststellbarkeit und Kontrollierbarkeit des Gutes in gewissen Fällen z. B. dann, wenn Hauptbetrieb im Ausland, Nebenbetrieb im Inlande liegt, bisweilen auch schon mit Rücksicht auf den Wohnsitz des Inhabers im anderen Staate, für den Staat des Nebenbetriebes erschwert sein kann. Daraus ergeben sich für die Verteilung des Steuerguts unter die beteiligten Staaten später zu berührende Schwierigkeiten. Die Tatsache aber, daß der Gewerbebetrieb dem Vollstreckungszugriffe ausgesetzt ist, gestattet wieder die Anknüpfung der Steuer an äußere Merkmale. Dies zwingt den Steuerpflichtigen, will er nicht die Gefahr der Überlastung laufen, zur Mithilfe bei Feststellung und Kontrolle.

Andere Erwerbstätigkeit mit fester örtlicher Stätte darf dem Gewerbebetrieb gleichgestellt werden; die steuerwirtschaftliche Bedeutung ist aber wesentlich geringer.

Dagegen gilt wieder der Grundsatz staatswirtschaftlicher Bindung in besonderem Maße für die Bezüge aus öffentlichen Kassen eines Staats, da hier Feststellung, Kontrolle und Erfassungsmöglichkeit unmittelbar in dem schuldenden und zahlenden Staate gegeben sind.

Für das übrige Steuergut bedarf es sorgsamere Vergleichung der Steuersysteme und vertraglicher Anpassung. Die Leitsätze sehen hier nicht selten verschiedene Möglichkeiten des Ausgleichs vor. Sie beruhen auf der Erwägung, daß der Verschiedenheit der Wirtschaftsordnungen, die sich in den Steuersystemen widerspiegeln, ebenso wie den Beziehungen der sich vertragenden Staatswirtschaften zueinander und zu der Weltwirtschaft, endlich auch der Eigenart des in den Staaten vorhandenen Steuerguts Rechnung getragen werden muß.

Dies gilt schon für die grundbücherlich gesicherten, grundstücksgleichen Rechte, z. B. Abbaugerechtigkeiten, mehr aber noch für Hypotheken, für Beteiligungen an gewerblichen Unternehmungen ohne Wertpapiercharakter, und für sonstige Rechte und Forderungen, die in einem öffentlichen Buch oder Register des Staats verlautbart sind. Es gilt schließlich für öffentlich und unter öffentlicher Aufsicht verwaltete Vermögen, z. B. Fideikommisse. Steuerwirtschaftlich bieten Hypotheken und Beteiligungen besonderes Interesse. Daß bei diesem Steuergut in weitestem Umfange Feststellbarkeit, Kontrollierbarkeit des Guts und Erzwingbarkeit der Steuer, am Orte der Belegenheit des Grundstücks oder des gewerblichen Unternehmens zusammentreffen, bedarf keiner besonderen Begründung; ebenso ist klar, daß dem Staat des Wohnsitzes Feststellung und Kontrolle ohne Rechtshilfe nahezu vollständig entzogen sind. Diese Gegenüberstellung drängt zur Anerkennung eines Vorranges des Belegenheitsstaates. Die Entscheidung wird dadurch unterstützt, daß in überfremdetem Lande Grundbesitz und Gewerbebetrieb in erheblichem Maße aus der Inlandsbesteuerung ausscheiden würden, wenn die Entscheidung anders fiele, daß damit sicherstes Steuergut verloren wäre.

In allen diesen Fällen erhebt sich weiter die Frage, wie zu verfahren ist, wenn der eine von den Vertragsstaaten, das Gut wegen seiner Belegenheit in die Besteuerung einbezieht, während der andere sie dem Wohnsitzstaat grundsätzlich überläßt. Hier ist z. T. vorgeschlagen, den Vorrang des Wohnsitzstaates anzuerkennen. Es wird jedoch unter den angegebenen leitenden Gesichtspunkten im einzelnen Vertragsfall der Prüfung bedürfen, ob diese Regelung nicht den Besonderheiten der Steuersysteme widerspricht. Die Einzelheiten des Ausgleichs zwischen der Einkommens- und Ertragsbesteuerung einschließlich der Frage, welche Bedeutung dem Schuldenabzug im Gebiete der Doppelbesteuerung zukommt, bedürfen eingehender Erörterung, die vorbehalten bleiben muß. Für zwei Ausschnitte sei noch die Zuweisung des Steuerguts nach Gesichtspunkten der Staatswirtschaft kurz behandelt, für Wertpapiere und dinglich nicht gesicherte Forderungen auf der einen, körperliche Sachen insbes. Geld und Kostbarkeiten auf der anderen Seite.

Für Wertpapiere, mögen sie auf den Namen oder auf den Inhaber gestellt sein, insbesondere also bei Aktien und Obligationen ebenso wie bei Forderungen läßt sich die Wirtschaftszugehörigkeit nur schwer eindeutig bestimmen. Sowohl der Gläubigerstaat als auch der Schuldnerstaat wird für sie gute Gründe beibringen können. Die Beantwortung der Frage nach Feststellbarkeit, Kontrollierbarkeit des Steuerguts und Erzwingbarkeit der Steuer weist auch hier Auswege. Für Gesamteinkommen- und Gesamtvermögenssteuer sind diese Kennzeichen der Besteuerungsfähigkeit dort gering, wo sich der Schuldner befindet, sofern es sich um Inhaberpapiere oder nicht gesicherte Forderungen handelt, der Gläubiger also nicht notwendig feststeht. Die Überlassung an den Wohnsitzstaat ist daher staatswirtschaftlich ohne Bedenken. Dagegen wird für die Objekt- und insbesondere für die Ertragsteuer ebenso wie für die Teileinkommensteuer namentlich bei Erfassung an der Quelle dem Staate des Schuldnerwohnsitzes das Besteuerungsrecht zuzugestehen sein. Schwierigkeiten bereitet hier die Vereinigung von Steuersystemen, deren eines, wie das englische, die Einkommensteuer aus technischen Gründen in eine Quellenbesteuerung auflöst, während das andere nur eine Gesamteinkommensteuer besitzt. Hier wird der Weg des Ausgleichs beschritten werden müssen, und namentlich dann gefunden werden können, wenn neben der Einkommensbesteuerung eine Vermögenssteuer steht, die dem Staate des Gläubigerwohnsitzes verbleiben kann. Bei Namenspapieren, Namensaktien ist das staatswirtschaftliche Interesse des Staates, in dem das schuldende Unternehmen sitzt, erhöht, da hier Feststellbarkeit und Kontrolle mehr gesichert sind. Eine Verschiedenbehandlung von Inhaber- und Namensaktie hat aber unverkennbar Bedenken dann, wenn das eine Land, in dem Inhaberaktien die Regel bilden, mit einem Lande vertragliche Einigung sucht, in dem die Namensaktie vorwiegt.

Bei anderen beweglichen körperlichen Sachen wie Geld, Kostbarkeiten u. a., ist die Feststellbarkeit des im Inlande befindlichen Gutes, falls der Eigentümer seinen Wohnsitz im Auslande hat, aufs äußerste erschwert. Ohne weitgehende Anzeigepflichten des zufälligen, vielleicht nur vorübergehenden Besitzers, die zugleich weitgehende Verwaltungserschwerung bedeuten, ist das Gut unauffindbar, unkontrollierbar und die Steuer leicht zu umgehen. Die Durchführung einer Besteuerung nach der Belegenheit würde überdies zu großer Zersplitterung des Steuerguts führen. Das Interesse der einzelnen so beteiligten Staatswirtschaft tritt weit zurück hinter der Bedeutung, die die Besteuerung des gesamten beweglichen Vermögens für den Wohnsitzstaat des Eigentümers hat. Eine abweichende Entscheidung wird nur bei beweglichem Gut in Frage kommen, das durch Verwaltungszwang an das Inland gebunden ist, auf die also unmittelbares behördliches Einwirkungsrecht des Staates besteht, in dem die Verwaltung geführt wird.

Gegen die Erfassung am Orte der Verwaltung spricht, daß die Besteuerung hier nicht sowohl an echte Wirtschaftsbeziehungen als vielmehr an formelle Rechtsbeziehungen geknüpft wäre. Hier kann es — je nach Lage des Einzelfalls mehr oder weniger — an der Wirtschaftszugehörigkeit fehlen. Dieser Umstand macht dem Wohnsitzstaat den Verzicht nicht leicht. Soweit beide Staaten in ihrem Steuersystem die selbständige Besteuerung verwalteten Guts anerkennen, werden sie sie auch vertraglich aufrechterhalten. Fehlt der Gedanke aber in einem der Rechte, so wird der Wohnsitzstaat das Gut nach allgemeinen Grundsätzen besteuern dürfen.

Nicht selten beansprucht der Wohnsitzstaat, auch soweit er örtlich gebundenes Gut grundsätzlich dem Staate der Belegenheit überläßt, ein Mitbesteuerungsrecht. Dem kann entweder dadurch Rechnung getragen werden, daß für einen Teil des Wertes die Doppelbesteuerung aufrecht erhalten bleibt, oder daß der Staat der Belegenheit einen Teil des Werts (z. B. 10 v. H.) von seiner Besteuerung frei läßt und damit für die Besteuerung durch den Wohnsitzstaat Raum gibt. Ist ein solcher Vorzug des Wohnsitzstaats anzuerkennen? Volkswirtschaftlich wird für ihn angeführt, daß die Energiequelle, persönliche Tätigkeit oder Kapital, dem Wohnsitzstaat entstamme, daß dieser Staat somit die fremde Volkswirtschaft befruchte und daß dies seine angemessene Beteiligung rechtfertige. Dem wird entgegengehalten, daß gerade umgekehrt die werbende Wirtschaft des Belegenheitsstaates alle Lasten der Produktion trage, deren Ergebnisse dem Wohnsitzstaate zufielen, wenn der Berechtigte Gewinn oder Ertrag dorthin ziehe, dort verzehre oder anlege. Die volkswirtschaftlichen Gründe dürften sich die Wage halten, da man wohl davon ausgehen muß, daß regelmäßig — von Inflations- und Krisenzeiten abgesehen — Kapitalzufuhr und Zinsausfuhr als Wirtschaftsvorteil für die beteiligten Länder sich entsprechen. Wohin weist dann die staatswirtschaftliche Betrachtung? Für sie wird es darauf ankommen, welches Steuergut durch Heranziehung im Belegenheitsstaat dem Wohnsitzstaate endgültig entzogen, an welchem er ohnehin beteiligt bleibt. Da Gewinne meist in den Wohnsitzstaat zurückgeführt werden, so bilden sie — sei es als Sparkapital des Einwohners, sei es bei Verzehr als Einkommen inländischer Händler — neues Steuergut des Wohnsitzstaates. Anders ist es mit dem Vermögen selbst. Es bleibt dauernd und in vollem Umfange dem Belegenheitsstaate zu ausschließlicher Besteuerung. Danach würde sich der Voraus bei den Vermögenssteuern mehr als bei Einkommens- und

Ertragssteuern begründen lassen. Im übrigen wird über das Zugeständnis eines solchen Vorzugs des Wohnsitzstaates die Gesamtheit der Wirtschaftsbeziehungen entscheiden müssen, in denen die vertragschließenden Staaten zueinander stehen.

### Gewerbebetrieb.

Besondere Behandlung muß der Besteuerung des Gewerbebetriebs zu teil werden, weil hier sonst kaum vorhandene Schwierigkeiten sich der verwaltungstechnischen Lösung der Doppelbesteuerungsfrage entgegenstellen. Mit der Anerkennung des Satzes, daß der Gewerbebetrieb am Orte seiner Belegenheit besteuert wird, ist keine irgendwie vollkommene Entscheidung getroffen. Mancherlei Fragen bleiben. Wer besteuert das Unternehmen, das — nach dem Rechte eines Staates begründet — dort seinen Sitz, in einem andern Staate aber den Ort seiner geschäftlichen Leitung hat? Wer besteuert es, wenn es mit Zweigniederlassungen in mehreren Staaten arbeitet? Im ersten Falle ließe sich daran denken, die Besteuerung dem einen oder dem anderen Staate ausschließlich zuzusprechen. Mir scheint dies aber schon mit dem Grundsatze der Wirtschaftszugehörigkeit unvereinbar zu sein. Der Sitz des Unternehmens kann formal sein; er kann seinen wahren Grund in den leichten Errichtungsformen des Gründungslandes, den geringen Steuerlasten des Errichtungsaktes haben. Die wirtschaftliche Verbundenheit mit dem Lande kann gering sein. Dagegen ist der Ort der geschäftlichen Leitung für Bestand und Gedeihen des Unternehmens bestimmend. Dort liegen die wirtschaftlichen Wurzeln des Betriebes. Steuerwirtschaftlich ist er allerdings nicht ebenso sicherer Boden. Feststellung und Kontrolle der Geschäftsleitung sind nicht stets leicht. Es ist darum zweckmäßig den Sitz zum Ausgangspunkt für die Besteuerung zu nehmen, bei Auseinanderfall von Sitz und Ort der Leitung aber das Steuergut so aufzuteilen, wie dies dem Umfang der von jeder der beiden Stellen aus geübten Geschäftstätigkeit entspricht, ohne dem Staate des Sitzes dabei einen Voraus zuzugestehen.

Daß die Erstreckung der geschäftlichen Tätigkeit über die Grenzen des Sitzstaates hinaus ohne feste örtliche Anknüpfung in dem andern Staat diesem kein Besteuerungsrecht verleiht, ist unbestritten. Dies hat auch vielfach in den Handelsverträgen ausdrücklich Anerkennung gefunden, die den Verkehr der Handelsreisenden auf fremdem Gebiet noch besonders begünstigen. Übereinstimmend hat die Genueser Wirtschaftskonferenz empfohlen, „die Abgaben und Steuern von wirtschaftlichen Unternehmungen auf die Vermögenswerte der Unternehmungen zu beschränken, die sich tatsächlich in dem Lande befinden, das die Abgaben erhebt".

Dies ist auch das Ziel der meisten bestehenden Verträge und muß das Ziel aller künftigen sein. Es zu erreichen, ist aber nicht leicht. Zwei Fragen sind zu entscheiden. Einmal: Welcher Tatbestand soll die Besteuerung rechtfertigen? Welcher Teil des Einkommens, Ertrags, Vermögens soll in dem einzelnen Staat besteuert werden?

Die Lösung der ersten Frage ist im wesentlichen übereinstimmend gelungen. Die in Deutschland zur Vermeidung der Doppelbesteuerung zwischen den Ländern gefundene Formel ist zum wesentlichen Teil überkommenes Rechtsgut. In der Sache steht sie den geltenden internationalen Vertragsbestimmungen — trotz sprachlicher Abweichungen — nahe. Danach dürfen Steuern vom Gewerbebetriebe nur in dem Lande erhoben werden, in dessen Gebiet eine Betriebsstätte zur Ausübung des stehenden Gewerbes unterhalten wird [1]).

Betriebsstätte ist jede feste örtliche Anlage oder Einrichtung, die der Ausübung des Betriebes eines stehenden Gewerbes dient. Außer dem Hauptsitz eines Unternehmens gelten hiernach als Betriebsstätten: Zweigniederlassungen, Fabrikationsstätten, Ein- und Verkaufsstellen, Kontore und sonstige zur Ausübung des Gewerbes durch den Unternehmer selbst, dessen Geschäftsleiter, Prokuristen oder andere ständige Vertreter unterhaltene Geschäftseinrichtungen. Als Betriebsstätten gelten auch Bauausführungen, die die Dauer von 12 Monaten überschreiten. Wenn darüber hinaus ein neuerer Vertrag den oben angedeuteten Gedankengängen entsprechend „die Geschäftsleitung" auch als Betriebsstätte besonders anführt, so hat dies nur deklaratorischen Charakter.

Sind hier wesentliche Schwierigkeiten für das Vertragsrecht der Zukunft kaum zu erwarten, so gilt dies nicht für die Beantwortung der zweiten Frage nach einer sachgemäßen Aufteilung des Steuerguts. Die Verträge bescheiden sich in der Regel damit, eine ganz allgemeine Richtlinie zu geben. So soll nach den deutschen Verträgen (Art. III) „die Heranziehung zu den direkten Steuern in jedem Gebiet nur nach Maßgabe des von den inländischen Betriebsstätten aus stattfindenden Betriebs erfolgen". Nach dem Romvertrag (Art. IV) wird jeder der Staaten „auf den Teil des Ertrages verwiesen, der auf seinem

---

[1]) vgl. § 10 des Finanzausgleichsgesetzes in der Fassung vom 23. Juni 1923.

eigenen Gebiete erzielt wird". Die Vereinbarung zwischen dem deutschen Saargebiet und Frankreich sieht für die Verteilung der Steuer die Einkünfte als entscheidend an, „die der Steuerpflichtige in dem Lande zieht, wo sich die Betriebsstätte befindet". Die Durchführung dieses Gedankens ist m. E. mit Recht aus den Verträgen heraus verlegt. Die Einzelnormen zu finden ist zumeist den Finanzressorts der Vertragsstaaten im gegenseitigen Benehmen überlassen

Die Schwierigkeiten liegen auf der Hand. Welches Vermögen, welcher Gewinn, welcher Ertrag soll der Steuerberechnung in dem einzelnen Staate zugrunde gelegt werden, wenn doch das Unternehmen als Einheit arbeitet? Daß hier eine genaue rechnerische Abgrenzung sehr häufig nicht möglich sein wird, ist für den Praktiker der Wirtschaft klar. Herrscht doch nicht selten bei den leitenden Direktoren eines Unternehmens selbst ein unschlichtbarer, aber auch tatsächlich unentscheidbarer Streit darüber, wessen Teilbetrieb den größten Anteil am Gewinn hat. Die Zerlegung des Gesamtvermögens läßt sich noch, wenn auf beiden Seiten Vermögenssteuern bestehen, mit einiger Gewißheit durchführen, obwohl niemand übersehen wird, welche Irrtumsmöglichkeiten in der Verschiedenheit der Bewertungsgrundsätze liegen, welche Möglichkeiten der Verschiebung von dem einen zum anderen Betriebe bei Verschiedenheit des Stichtages gegeben sind. Hier sind besondere Vorkehrungen nötig etwa des Inhalts, daß Vermögensabwanderung innerhalb einer bestimmten Frist vor dem Stichtag für die Steuer unbeachtlich ist. Wie aber soll Gewinn und Ertrag gesondert werden. Ist die Trennung der Buchführung notwendig, ist sie ausreichend? Wie kann hier der Verschleierung zu ungunsten des höhere Steueropfer fordernden Staates vorgebeugt werden? Früher schon und auch in neuester Zeit sind hier mannigfache Lösungen versucht. Die Lehren der bisherigen Praxis sind in den Leitsätzen niedergelegt. Sie gelten für den Fall der Besteuerung eines rechtlich einheitlichen Betriebes mit Hauptsitz im einen, fester Betriebsstätte im anderen Lande; sie lassen sich dahin zusammenfassen:

1. Die Besteuerung durch die mehreren beteiligten Staaten soll grundsätzlich nicht mehr als das einheitlich festgestellte Gesamtvermögen oder Gesamteinkommen, den einheitlich festgestellten Ertrag heranziehen. Zu diesem Zwecke sind geeignete Rechtshilfebestimmungen zu schaffen (Mitteilung der beiderseitigen Veranlagungsergebnisse, wobei zur Wahrung des Steuergeheimnisses von der Mitteilung der Einzelheiten, soweit

irgend möglich, abzusehen ist; Einigung über den Gesamtwert oder Gesamtertrag).

2. Die Verteilung des Steuerguts soll nach einfachen Maßstäben erfolgen, die durch Verwaltungsvereinbarung von vornherein festgestellt werden müssen. Ihre Aufstellung darf aber nicht ausschließen, daß im Einzelfall durch Benehmen zwischen den obersten Finanzverwaltungsbehörden eine andere Verteilung Platz greift. Vor einer anderen Verteilung sind die Steuerpflichtigen von den Finanzbehörden beider Staaten zu hören.

3. Die Vereinbarung eines besonderen Anteils für den Staat, in dem das Unternehmen seinen Sitz hat (eines Voraus) ist grundsätzlich zu billigen; sie muß abgelehnt werden, wenn der Sitz der Unternehmung in dem einen, der Ort der geschäftlichen Leitung dagegen in dem anderen Staate liegt.

Was die Frage der wirtschaftlichen Einheit von Unternehmungen angeht, die als rechtlich selbständige Betriebe in den beiden Staaten bestehen, so liegt hier eine noch nicht hinreichend geklärte Frage vor. Es scheint mir kühn, die Tochtergesellschaft als ständigen Vertreter der Muttergesellschaft im Sinne des geltenden Doppelbesteuerungsrechts zu behandeln. Rein privatrechtlich gesehen ist das Verhältnis von Mutter- zu Tochtergesellschaft dasselbe wie das von Aktionär zu Aktiengesellschaft. Die Entscheidung nach der rechtlichen Selbständigkeit ist klar, aber nicht ebenso wirtschaftlich gerecht. Auf der anderen Seite ist die Schwierigkeit, hier dem internationalen Recht die Nachprüfung wirtschaftlich nicht eben durchsichtiger Tatbestände im einzelnen aufzuerlegen, nicht verkennbar. Sie besteht vielleicht weniger dann, wenn ein 100%iger Aktienbesitz bei der Muttergesellschaft gegeben ist. Verschiedene Interessen stoßen bei der Lösung dieser Frage zusammen. Auf der einen Seite kann die Wirtschaftseinheit der Unternehmungen zu beliebiger Verschiebung des Steuerguts führen, auf der anderen Seite hat die Nichtanwendung der Doppelbesteuerungsgrundsätze Härten zur Folge. Die Frage scheint mir noch nicht reif. Auf die Dauer wird es aber wohl kaum bei der Entscheidung bleiben, die der österr. Verwaltungsgerichtshof am 10. Nov. 1922 gefällt hat und die eine Anwendung der im Doppelbesteuerungsvertrage für die juristische Einheit gegebenen Grundsätze auf die wirtschaftliche Einheit ablehnt.

Verkehrsbesteuerung.

Für das Gebiet der Verkehrssteuern scheiden m. E. aus dem Kreis der Doppelbesteuerungsbehandlung die Fälle aus, in denen ein und derselbe wirtschaftliche Verkehrsvorgang um deswillen zweimal mit einer Steuer getroffen wird, weil er sich in verschiedenen Staaten abspielt. Als Doppelbesteuerung sehe ich es z. B. danach nicht an, wenn ein Wechsel mit der Wechselsteuer sowohl im Inlande wie im Auslande getroffen wird. Dabei gehe ich davon aus, daß die Wechselsteuer in einem Lande lediglich den Umlauf in diesem Lande freimachen soll. Der Eintritt in die neue Rechtssphäre eines anderen Staates bedeutet für den Eigner des Wechsels einen selbständigen Rechtsvorgang, der selbständig der Besteuerung unterliegen kann. Das Gleiche wird rechtsgrundsätzlich auch für die Umsatzsteuer und Besteuerung der Kraftfahrzeuge zu gelten haben. Hier wie dort fehlt es an der Gleichheit des besteuerten Gegenstandes. Ist es hiernach auch nicht eine echte Doppelbesteuerung, so wäre naturgemäß auch hier die Behebung der wirtschaftlichen Schwierigkeiten mehrfacher Versteuerung, die Schaffung größerer wirtschaftlicher Freizügigkeit erwünscht. Offenbare Fälle der Doppelbesteuerung werden sich voraussichtlich für das Gebiet der Umsatzsteuer finden lassen, beispielsweise dann, wenn vom Marktverkehr in einem Staate Umsatzsteuer erhoben wird, dieselben Geschäfte aber bei der ständigen Niederlassung des Handeltreibenden im anderen Staate gleichfalls steuerpflichtig sind. Die für das Gebiet der Umsatzsteuer aufzustellenden Doppelbesteuerungsgrundsätze bedürfen selbständiger und eingehender Prüfung.

**c) Technik der Steuerverteilung.**

Für die Technik der Steuerverteilung auf Grund von Doppelbesteuerungsverträgen bestehen verschiedenste Möglichkeiten. Die theoretisch vollkommenste Lösung ist Festsetzung der Steuer durch einen Staat mit Hilfe des anderen für das gesamte Steuergut des Steuerpflichtigen nach einheitlichen Grundsätzen über den Umfang des steuerbaren Guts, seine Bewertung und den Tarif Aufteilung der Steuer nach dem Verhältnis der Werte in dem einen zu den Werten im anderen Lande. Einer solchen Lösung stehen indessen entgegen: Verschiedenheit der Besteuerungsform, der Steuersätze, der Bewertungsnormen und der Verfahren sowie schließlich noch die Enge der Rechtshilfsmöglichkeiten im geltenden internationalen Recht. Notwendig ist daher das Aufsuchen praktisch gangbarer Wege, die einfacher sind. Die Lösungen, die sich bieten, sind verschieden, je nachdem die Doppelbesteuerung an die Person in beiden Staaten oder an die Person in einem Staat, an die Belegenheit von Sachgütern im andern Staat anknüpft. Soweit die Person von beiden Staaten in vollem Umfange besteuert werden würde, kann entweder unter mehreren Beziehungen der Person zum Staat eine bestimmte den Vorrang erhalten, z. B. Vorrang der älteren Staatsangehörigkeit bei doppelter Staatsangehörigkeit, Vorrang der Staatsangehörigkeit vor dem Wohnsitz oder umgekehrt, wenn jedes von beiden die Steuerpflicht begründet, und bei doppeltem Wohnsitz entweder Vorrang der Staatsangehörigkeit oder des längeren Wohnsitzes, Vorrang des Wohnsitzes vor dem Aufenthalt, Vorrang des längeren Aufenthalts vor dem kürzeren. Die Auseinandersetzung zwischen den Staaten ist aber auch so denkbar, daß eine Teilung der Steuer eintritt entweder zu irgend einem willkürlichen Prozentverhältnis, etwa je zur Hälfte oder so, daß die Dauer des Aufenthalts im einen Lande bei doppeltem Wohnsitz über das Verhältnis entscheidet, in dem die Steuer unter die Staaten zu teilen ist. Auch hier hängt die Wahl der Abhilfe wesentlich von der Beantwortung der Frage ab, in welchem Maße die Staaten gewillt sind, einander Rechtshilfe zu leisten. In diesen wie in anderen Fällen der Doppelbesteuerung ist die Rechtshilfe, die leider durch die Kapitalfluchtgesetzgebung dem Steuerpflichtigen unheimlich geworden ist, wesentlicher Behelf für eine sachgemäße Regelung zu seinen Gunsten. Beruht die Besteuerung in einem Staat auf Heranziehung der Person, im andern auf Heranziehung der Sache, so kann die Aufteilung der Steuern dadurch geschehen, daß bestimmte Quellen von dem einen Staat, dem Wohnsitzstaat, zugunsten des anderen, des Belegenheitsstaates, unter allen Umständen freigelassen werden. Dieser Weg ist der bei weitem einfachste. Er kann aber dazu führen, daß ungerechtfertigte Steuerbefreiungen eintreten, dann nämlich, wenn der in einem Staat freigelassene Wert vom anderen nach seinem Steuerrecht nicht besteuert wird. Nicht minder einfach, aber gerechter ist die Freigabe der Steuerquellen zugunsten des Staates der Belegenheit nur für den Fall, daß der Belegenheitsstaat sie besteuert. Hierin liegt zwar bei der außerordentlichen Verschiedenheit der Steuerhöhe unter Umständen noch eine teilweise Steuerbefreiung. Dennoch ist dieser Weg vielfach, z. B. auch in den deutschen Verträgen, zunächst gewählt, um den Ausgleich der Besteuerungen zwischen den Staaten so leicht wie möglich zu machen. Fortschreitende Technik des Vertragsrechts und sachgemäßer Ausbau der Rechtshilfe werden es künftig vielleicht gestatten, den Verzicht auf die

Quellen nur auszusprechen, soweit, d. h. in dem Umfange, in dem der andere Staat sie besteuert. Auch dieser Gedanke ist noch der Durchführung in mehr oder minder verfeinerter Form fähig. Einmal kann die fremde Besteuerung dadurch berücksichtigt werden, daß man zwar das gesamte Gut, einschließlich des im Ausland belegenen, im Wohnsitzstaat feststellt, nach dessen Gesamtwert den Steuersatz bemißt und die Steuer berechnet, dem Steuerpflichtigen aber gestattet, von ihr die ausländische Steuer abzuziehen (vergl. § 8 Abs. 2 des deutschen Erbschaftssteuergesetzes, Art. 222 des amerikanischen Bundeseinkommensteuergesetzes). Man kann aber auch davon absehen, die Steuer vom Gesamtwert des Vermögens festzustellen und sich darauf beschränken, nur den nach dem gesamten Vermögen oder Einkommen festgesetzten Steuer s a t z auf das im Wohnsitzstaate belegene Steuergut anzuwenden. Die ausländische Steuer darf nur zu dem Betrage abzugsfähig sein, der nach dem inländischen Gesetz auf das ausländische Gut entfällt, da sonst eine ungerechtfertigte Steuerentlastung im Auslande eintreten würde. Dieses Verfahren setzt Kenntnis von Umfang und Wert des ausländischen Gutes sowie von der Höhe der ausländischen Steuer voraus. Die Kenntnis wird in weitem Umfange durch den an der Milderung der Doppelsteuer interessierten Pflichtigen vermittelt werden, der die ausländischen amtlichen Urkunden vorzulegen in der Lage ist. Darüber hinaus wird, namentlich bei Auseinanderfall des Veranlagungszeitraums, auf ausländische Rechtshilfe nicht verzichtet werden können.

Minder vollkommene Möglichkeit bietet sich schließlich darin, daß beiden Staaten von demselben Steuergut die Steuer erheben, aber nur zu einem bestimmten Bruchteil. Das bedeutet eine Steuererleichterung für den Steuerpflichtigen, der danach regelmäßig nicht mit der vollen Steuer des höchstbelasteten Landes betroffen wird. Es bedeutet grundsätzlich einen Verzicht für den Belegenheitsstaat, dem auch das ihm zufallende Gut nicht voll belassen wird. Diese Folge kann nur dadurch vermieden werden, daß die Doppelbesteuerung zu einem Teil fortdauert. Wenn z. B. der Wohnsitzstaat von dem Gewerbebetriebe eine geringere Steuer erhebt, der Belegenheitsstaat daneben seinen vollen Steueranspruch geltend macht. Hier wird die Doppelbesteuerung um den Betrag gemildert, um den der Wohnsitzstaat seine Steuer gegenüber den allgemeinen Sätzen mildert.

Von all diesen Möglichkeiten sind in den Leitsätzen die gewählt, die bei fortschreitender Ausgestaltung der Doppelbesteuerungs- und

Rechtshilfeverträge zunächst erreichbar erscheinen und die auf der anderen Seite schon eine wesentliche Entlastung des Steuerpflichtigen bedeuten.

Nur in großen Zügen konnten Anregungen vermittelt werden. Unerschöpflich reiches Material aber steht zur Verfügung. Es fordert vertiefte Einzelarbeit im Zusammenwirken von Wirtschaft und Wissenschaft. Der Erfolg wird nicht nur, wenn auch in erster Linie, ein Nutzen für den Ausbau der weltwirtschaftlichen Beziehungen Deutschlands sein. Der in der Sache belegene Zwang zur Rechtsvergleichung, der Zwang zum Eindringen nicht allein in die Gesetzgebung, sondern auch in die Verwaltungspraxis des Auslandes, wird dem deutschen Juristennachwuchs unentbehrliches Rüstzeug für seine Mitarbeit am Wiederaufbau von Recht und Wirtschaft sein. Mehr denn je gilt es zu verhindern, was Ihering einst befürchtet hat, daß die Rechtswissenschaft zur Landesjurisprudenz degradiert werde.

In der sich an diesen Vortrag anschließenden Diskussion fanden die Leitsätze des Berichterstatters allseitige Zustimmung und gelangten unverändert zur Annahme.

## Zweite Plenarversammlung

am Samstag, den 13. September 1924

im Saale des neuen Kollegienhauses.

Der Vorsitzende, Geh. Justizrat Prof. D. Dr. Kahl, eröffnete die Versammlung, gab die Tagesordnung, wie folgt, bekannt:

> Entgegennahme der Abteilungsberichte, Kassenbericht, Wahl der neuen Ständigen Deputation, Beschlußfassung über Statutenänderung, Schluß des Juristentags

und verlas das folgende, nach Schluß der ersten Plenarversammlung eingegangene Telegramm des Reichskanzlers Marx:

> Gegen Erwarten dienstlich leider am Erscheinen verhindert, begrüße ich herzlich den Deutschen Juristentag. In all dem Wirrwarr der Zeit gibt festen Halt allein das auf ewigen Gesetzen ruhende Recht, dessen Schutz und Förderung der Deutsche Juristentag seit je sich hat angelegen sein lassen. Die Beratungsgegenstände der heurigen Tagung sind besonders zeitgemäß und wertvoll. Die Reichsregierung erhofft segensreiche Klärung der bedeutungsvollen Zeitfragen. Ich wünsche den Verhandlungen besten Erfolg.

Im Namen des Juristentags wurde folgende Erwiderung abgesandt:

> Von vornherein Ihrer warmen Teilnahme an den Verhandlungen des Deutschen Juristentags gewiß, haben wir aufrichtig bedauert, Sie nicht in unserer Mitte sehen zu können, und erwidern mit herzlichem Dank den freundlichen Gruß und die guten Wünsche für unsere Arbeit. Wir hoffen mit Ihnen, daß sie zur Klärung mancher dunklen Frage beitragen und dem Vaterland zum Segen gereichen möge.

Nachdem noch die von den Ehrenmitgliedern der Ständigen Deputation, Staatsminister Schmidlin und Geheimrat Enneccerus, eingegangenen Telegramme bekannt gegeben waren, wurde zum ersten

Punkte der Tagesordnung — Erstattung der Berichte über die Verhandlungen in den Abteilungen — übergegangen.

Bericht des Prof. Dr. Graf zu Dohna-Heidelberg über das Thema:

Zulässigkeit und Form von Verfassungsänderungen ohne Änderung der Verfassungsurkunde.

Die jähe Lücke, die der vom Juristentag so tief beklagte Tod seines allverehrten Mitglieds, Exz. Dr. Düringer, gerissen hat, machte sich am schmerzlichsten in der ersten Abteilung bei Erörterung derjenigen Frage fühlbar, für welche der Verewigte das Korreferat übernommen und seine Thesen bereits vorgelegt hatte. Herr Prof. Dr. Triepel, der mit dankbar anerkannter Bereitwilligkeit fast in letzter Stunde noch in die Bresche gesprungen war, erachtete es in solcher Lage als Ehrenpflicht, soweit seine eigene Überzeugung dazu irgend die Möglichkeit ließ, die von Düringer aufgestellten Leitsätze als eigene zu übernehmen. Unter ihnen ragte das von Düringer mit der ihm eigenen Überzeugungstreue festgehaltene Bekenntnis zum richterlichen Prüfungsrecht hervor. Schon der Beginn der Debatte enthüllte aber den unverminderten Fortbestand des bekannten Widerstreits der Meinungen über diesen Gegenstand. Und so konnte es gerade wieder aus Gründen der Pietät bedenklich erscheinen, eine These zur Beratung und Abstimmung zu bringen, die derjenige, dem sie von Herzen kam, nicht mehr zu verteidigen vermochte. Die Versammlung hielt es daher für geboten, diese Frage aus der Erörterung auszuscheiden, um so mehr, als sie, wie der Referent eingangs betont hatte, mit der Frage nach der Zulässigkeit stillschweigender Verfassungsänderungen zwar auf das engste verwandt, dennoch aber von ihr methodisch zu trennen war, so daß es fraglich erscheinen konnte, ob sie innerhalb der gegebenen Tagesordnung überhaupt diskutiert werden durfte. Hiernach blieb zwischen der Auffassung des Referenten, der im Augenblick zu Ihnen zu sprechen die Ehre hat, und des Korreferenten ein sachlicher Gegensatz nur noch in der freilich prinzipiellen Frage bestehen, ob stillschweigende Verfassungsänderungen überhaupt zulässig sein sollten. Referent hatte unterscheiden wollen zwischen Gesetzen, die eine bloße Durchbrechung verfassungsrechtlicher Grundsätze für einen Einzelfall vorsehen, ohne im übrigen an ihrer Geltung zu rütteln, und solchen, welche Bestimmungen der Verfassung allgemein und dauernd außer Kraft setzen. Jene sollten auch ohne formelle Verfassungsänderungen ergehen dürfen, nicht aber diese. Er hatte dabei zur Illustrierung auf den Unterschied hingewiesen zwischen dem Gesetz vom 21. Juli 1871, das die Legislaturperiode des am 31. August 1867 gewählten Reichstags mit Rücksicht auf den im Gange befindlichen Krieg bis zu dessen Abschluß verlängert hatte, und dem späteren Gesetz vom 19. März 1888, das die Legislaturperiode des Reichstags ganz allgemein von 3 auf 5 Jahre erstreckte. Im Gegensatz hierzu vertrat der Korreferent die Meinung, daß materielle Verfassungsänderungen niemals ohne gleichzeitige Änderung der geschriebenen Verfassung erfolgen sollten. Nicht, daß es in praxi wirklich so gehandhabt würde, war gemeint, und nicht, daß Gesetze, die diesen Grundsatz verletzen, der Nichtigkeit anheimfallen sollten, wohl aber, daß in Zukunft vom Gesetzgeber diese Richtlinie einzuhalten sei. Dem Gesetzgeber eine Anweisung zu geben, wie er sachgemäß zu verfahren habe, war der Sinn, in dem beide Referenten ihre erste These hatten verstanden wissen wollen. Die Mehrheit entschied sich für die Unzulässigkeit stillschweigender Verfassungsänderungen und nahm die These in der Fassung des Vorschlags Triepel an, dahin lautend:

> „Verfassungsändernd im weiteren Sinne ist jedes Gesetz, dessen Inhalt mit dem Inhalt der Verfassungsurkunde in Widerspruch steht. Der Erlaß solcher Gesetze sollte in Zukunft niemals ohne vorherige oder gleichzeitige Änderung der Verfassungsurkunde erfolgen dürfen."

Der Referent hatte gewünscht, daß verfassungsändernde Gesetze, die den Text der Verfassung unberührt lassen, doch wenigstens — sei es im Texte, sei es in der Verkündungsformel — zum Ausdruck bringen, daß der Widerspruch mit der Verfassung dem Gesetzgeber bewußt geworden und dementsprechend das Erfordernis qualifizierter Mehrheit der bejahenden Stimmen beachtet worden ist. Obwohl dieser Fall bei Befolgung der nunmehr zum Beschluß erhobenen strengeren Auffassung Triepels nicht mehr Platz greifen konnte, hatte der Herr Korreferent dennoch sich der zweiten These des Referenten angeschlossen und mit ihm folgenden Wortlaut vereinbart:

> „Es ist zu verlangen, daß verfassungsändernde Gesetze, welche ohne gleichzeitige Abänderung der Verfassungsurkunde ergehen, sei es im Text, sei es in der Verkündungsformel zum Ausdruck bringen, daß die der Verfassung zuwiderlaufenden Gesetze nach Maßgabe des Art. 76 der Verfassung beschlossen worden sind."

Diese gemeinsame These erhielt die Zustimmung der Versammlung. Ihr Sinn ist nunmehr dahin zu verstehen, daß, wenn der in der ersten These aufgestellte Grundsatz vom Gesetzgeber nicht befolgt werden sollte, dann wenigstens auf die Erfüllung dieser geringeren Garantie zu achten sei. Daher denn auch die Steigerung von dem „sollte" im ersten zu dem „es ist zu verlangen" im zweiten Leitsatz. Der Gedanke, die Aufnahme eines entsprechenden Zusatzes in die Verfassung zu empfehlen, wurde zwar erwogen, aber weder von den Berichterstattern noch aus der Mitte der Versammlung ein diesbezüglicher Antrag gestellt. Den Treuhändern unseres Verfassungsrechts den rechten Weg zu weisen, nicht aber die Staatsmaschine mit neuen Gewichten zu beschweren, schien der Versammlung die eigentliche Aufgabe des Juristentags zu sein.

Anders stand es in dieser Hinsicht mit der dritten These. Der Referent hatte vorgeschlagen, die Entscheidung darüber, ob eine Verfassungsänderung vorliege, im Streitfalle dem Staatsgerichtshof zu übertragen. Heute entscheidet darüber das Parlament mit einfacher Mehrheit. Gegen die Beibehaltung dieser oft kritisierten, aber doch auch wieder verteidigten Praxis führte der Referent zwei Gründe ins Feld: den Widerspruch, der darin liege, daß die einfache Mehrheit zwar keine Verfassungsänderung, wohl aber beschließen könne, es liege keine Verfassungsänderung vor, woraus sich die Möglichkeit der Majorisierung der Minderheit ergebe, die gerade verhindert werden sollte; sodann den Gegensatz, der bestehe zwischen einer Entschließung, daß etwas Rechtens sein solle, und der Entscheidung darüber, daß etwas Rechtens sei. Nur zum ersten sei das Parlament, zum zweiten ausschließlich ein Gericht berufen. Deshalb sollte die Möglichkeit geboten werden, eine solche Rechtsfrage, wenn sie angesichts eines Gesetzesvorschlags auftauchen sollte, in der sachlich gebotenen Form zum Austrag zu bringen. Dieses Ziel war nur durch einen Zusatz zur RV. erreichbar.

Der Herr Korreferent erklärte sich bereit, auf diesem Wege prinzipiell zu folgen. Da aber über die Ausgestaltung des Gedankens im einzelnen verschiedenartige Auffassungen sich kreuzten, erschien es zur Vermeidung langer und zeitraubender Auseinandersetzungen angezeigt, sich auf die Formulierung des Prinzips zu beschränken und es dahingestellt sein zu lassen, in welchem Stadium des Gesetzgebungsganges und auf wessen Anregung hin der Streit zu entscheiden sei und wie stark die Minderheit sein müsse, wenn sie auf einer derartigen Entscheidung solle bestehen dürfen. So erhielt die gemeinschaftliche These 3 die folgende Fassung:

> „Artikel 76 RV. sollte einen Zusatz erhalten, welcher die Möglichkeit vorsieht, vor Verkündung eines Gesetzes über seine Vereinbarkeit mit der Verfassung eine Entscheidung des Staatsgerichtshofs herbeizuführen."

Der Vorschlag fand nicht ungeteilten Beifall. Es wurde von mehr als einer Seite das Bedenken erhoben, es werde damit der Minderheit die Handhabe geboten, ein suspensives Veto auszuüben, das im Dienste der Parteitaktik zur Verzögerung und schließlich zur Sabotierung gesetzgeberischer Maßnahmen mißbraucht werden könne. Dennoch entschied sich eine beträchtliche Mehrheit für die Annahme.

Damit waren die Vorschläge der Referenten erschöpft. Aus der Mitte der Versammlung aber waren weitere Anträge gestellt, einige von ihnen, weil zu detailliert, aber wieder zurückgezogen worden. Zwei von den weiteren Anträgen wurden zusätzlich zu Beschlüssen erhoben.

Ein zustimmend aufgenommener Antrag Grau sieht eine Ergänzung des Art. 19 dahin vor, daß grundsätzlich alle Verfassungsstreitigkeiten innerhalb des Reiches zur Zuständigkeit des Staatsgerichtshofs gehören sollen; ein weiterer, gleichfalls akzeptierter Antrag Nawiasky dient der Klärung der Streitfrage, ob und wann es zu erneuter Abänderung verfassungsändernder Gesetze der Erfüllung der erschwerenden Voraussetzungen des Art. 76 bedarf. Er entscheidet sie dahin:

> „Die Abänderung oder Aufhebung eines verfassungsändernden Gesetzes bedarf der Erfüllung der erschwerenden Voraussetzungen einer Verfassungsänderung nur dann, wenn dies im Gesetz ausdrücklich bestimmt ist oder das Gesetz als Verfassungsgesetz bezeichnet ist."

Die Gesundung unseres Rechtsstaats ist an zwei Voraussetzungen gebunden: die Besinnung auf die Richtigkeit des Rechtsinhalts und den Respekt vor den Formen der Rechtssetzung. In dieser zweiten Richtung wollen die hier gegebenen Weisungen dem Gesetzgeber das Gewissen schärfen. Möchten sie nicht ganz ohne Wirkung bleiben!

Bericht des Gerichtsassessors Dr. Richard Grau-Berlin über das Thema:

Wie ist das im Art. 48 Abs. 5 der Reichsverfassung vorgesehene Reichsgesetz über den Ausnahmezustand zu gestalten?

Die Berichterstatter zu diesem Thema waren in der glücklichen Lage, übereinstimmende Leitsätze vorlegen zu können. Übereinstimmend waren auch die Anschauungen, mit denen sie an ihre Aufgabe herangingen. Es waren von vornherein die Fragen einer illegalen Diktatur und des Staatsnotrechts, als nicht dem Rechte angehörend, auszuscheiden. Bewußt wurden ferner zur Begrenzung des weit gesteckten Themas die Reichsexekution und das Verhältnis der Diktatur zur Justiz beiseite gelassen.

Man ging davon aus, daß das Ausführungsgesetz grundsätzlich an die Verfassung und an die von ihr aufgestellten Grundsätze des Diktaturrechts, wie es im Art. 48 RV. zusammengefaßt ist, gebunden ist. Zu prüfen war aber, ob neu hervorgetretene Wünsche und Veränderungen der staatspolitischen Gestaltung seit Erlaß der Weimarer Verfassung es etwa erforderlich machen, von der verfassungsmäßigen Grundlage unserer Diktatur abzuweichen.

Die bayerische Denkschrift bejahte diese Frage und verlangte eine völlige Neugestaltung des Art. 48 RV. im Sinne der Verlegung des Schwerpunktes der Diktatur vom Reichspräsidenten auf die Landesregierungen. Dem glaubten die Berichterstatter nicht folgen zu sollen: vornehmlich mit Rücksicht auf die zu wahrende Rechtseinheit der Diktatur. Immerhin erschien ihnen das lebhafte Bedürfnis der Landesgewalt nach einer Erweiterung ihrer Zuständigkeit bei Herstellung der öffentlichen Sicherheit berechtigt. Hier ist, ohne Berührung unmittelbarer Interessen des Reiches, eine Handhabe für die Länder zu schaffen, die ihrer Polizei gegenüber den reichsrechtlichen Beschränkungen einen weiteren Spielraum gibt. Da das Reichsgesetz zum Schutze der Republik nur auf beschränkte Dauer erlassen ist und begrenzten Zwecken dient, so erscheint ein auf unbeschränkte Dauer zu erlassendes, die Grundrechtsfreiheiten des Einzelnen zugunsten der Landespolizei einschränkendes Reichsgesetz zur inneren Befriedung erforderlich.

An der bisherigen Verordnungspraxis auf Grund des Art. 48 RV. wurde Kritik geübt. Es wurde hervorgehoben, daß diese Verordnungspraxis sich von der Beschränkung auf die öffentliche Sicherheit und Ordnung längst freigemacht und auf das Gebiet des ordentlichen Gesetzgebers übergegriffen hat. Allerdings lag eine gewisse Notlage vor, weil die parlamentarischen Instanzen sich in starkem Umfange der ihnen bei der Gesetzgebung obliegenden Verantwortung zu entziehen suchten. Andererseits ist aber der Mißbrauch des Diktaturrechts nicht länger erträglich. Daher wurde die Schaffung eines Notverordnungsrechts, das in der Hand des Reichspräsidenten liegen und unter Beteiligung des Reichsrats und des ständigen Ausschusses des Reichstags ausgeübt werden soll, empfohlen.

Von den auf die Einzelheiten des Ausführungsgesetzes bezüglichen Vorschlägen kann ich nur weniges hervorheben:

Man wünscht keine Rückkehr zum System des allgemeinen Ausnahmezustandes, aber den Einbau eines beschränkten Ausnahmezustandes in das neue System der Einzelmaßnahmen. Gewisse schärfste Maßnahmen der Diktatur, wie: die Einrichtung außergewöhnlicher Gerichte, die Androhung von Todes- oder Zuchthausstrafe, das Einschreiten mit der bewaffneten Macht sollen von der formellen Erklärung eines Ausnahmezustandes abhängig gemacht werden.

Hinsichtlich des Machtumfangs der Diktatur stehen beide Berichterstatter im Gegensatz zu kürzlich hervorgetretenen abweichenden Meinungen de lege lata auf dem Standpunkt unbedingter Bindung der Diktatur an die Reichsverfassung. Von diesem Grundsatz wird auch de lege ferenda auszugehen sein. Es ist aber nicht zu verkennen, daß die Bindung des Diktators hinsichtlich der in der Verfassung dem formellen Gesetze vorbehaltenen Gebiete zu Schwierigkeiten geführt hat. Ein abschließender Katalog der Vorbehaltsgebiete, also derjenigen Gebiete, auf denen die Diktatur sich nicht betätigen kann, wird durch Verfassungsgesetz festzustellen sein.

Um den provisorischen Charakter der Diktatur festzulegen, wurde vorgeschlagen, durch das Ausführungsgesetz feste Fristen einzuführen, nach deren Ablauf Diktaturmaßnahmen automatisch außer Kraft treten.

Vielfach haben sich die Länder durch die Anwendung der Diktatur in ihrer Selbständigkeit beeinträchtigt gesehen. Das künftige Gesetz wird diese Fragen mit besonderer Sorgfalt behandeln müssen. Die Unabhängigkeit der Landesregierungen und der Landtage soll unbedingt gesichert werden und durch die Reichsdiktatur nicht angetastet werden können. Den Ländern soll in weitem Umfange ein selbständiges Recht auf die Durchführung der Reichsdiktatur durch ihre Landesorgane gewährt werden unter klarer Abgrenzung dieses Rechts auf landeseigene Vollziehung gegenüber der Befugnis des Reiches, Diktaturverwaltungsmaßnahmen durch eigene Organe vornehmen zu lassen. Um Reibungen zwischen der Diktatur des Reichspräsidenten und den Diktaturbefugnissen der Landesregierungen nach Möglichkeit zu vermeiden, wurde vorgeschlagen, die gesetzgeberische Fiktion aufzustellen, daß Maßnahmen des Reichspräsidenten sich den Maßnahmen der Landesregierungen gegenüber verhalten wie Reichsrecht zu Landesrecht.

Schließlich war von den Kontrollen der Diktatur und finanziellen Dingen die Rede. Die politische Kontrolle ist im Art. 48 RV. selbst geregelt. Neben ihr muß eine unmittelbare Rechtskontrolle über Verwaltungsmaßnahmen der Diktatur stattfinden, die einem im Reichsgericht zu bildenden, besonders zusammengesetzten Verwaltungssenat übertragen werden könnte. Die mittelbare Rechtskontrolle durch Nachprüfung der Rechtmäßigkeit von Diktaturverordnungen, die gegenwärtig innerhalb von Strafprozessen und sonstigen gerichtlichen Verfahren ausgeübt wird, wird zentralisiert werden müssen. Man denkt an eine Vereinheitlichung beim Reichsstaatsgerichtshof, der in einem Vorverfahren unter Ausschluß der Gerichte entscheiden soll. Bei den Kosten und der Entschädigungsfrage gilt der Grundsatz: jeder hat zu ersetzen, was er verursacht hat; das Reich hat für die Maßnahmen des Reichspräsidenten nach Art. 48 Abs. 2, die Länder haben für die Maßnahmen der Landesregierungen nach Art. 48 Abs. 4 einzustehen.

Für die Debatte hätte eine große Schwierigkeit bestanden, zu dieser Fülle von Einzelheiten Stellung zu nehmen. Aber uns erschien in dieser Verlegenheit ein sonst unerwünschter Bundesgenosse, nämlich der Zeitmangel. Er enthob uns aller Sorge, da er die Möglichkeit jeder Debatte ausschloß. Ein Ersatz bestand darin, daß Herr Prof. Nawiasky schriftliche Leitsätze zu Protokoll überreichte, von denen ich hervorheben möchte, daß sie von dem Grundsatze der Formalisierung, der Typisierung und der Stufenfolge der Diktatur beherrscht sind. Mit besonderer Befriedigung kann festgestellt werden, daß zwischen diesen Leitsätzen und denen der Berichterstatter kein grundsätzlicher Gegensatz besteht; sogar über technische Schwierigkeiten wird man sich einigen können.

Nun war für die Abteilung die Frage der Beschlußfassung wichtig. Wir befanden uns in der Lage eines Parlaments in erster Lesung. In die Einzelberatung konnte nicht eingetreten werden, sondern es konnte nur gesagt werden, der Entwurf oder das entwurfartige Gebilde, das vorgelegt worden war, bilde für die grundsätzliche Behandlung einen Weg, den man beschreiten könne oder die Vorschläge seien als nicht brauchbar von vornherein abzulehnen.

Den Berichterstattern war es eine Freude, daß die Abteilung der ersten Auffassung war. Sie faßte den Beschluß, daß die Darlegungen der Berichterstatter die Möglichkeit ergäben, das politisch schwierige Problem des Art. 48 RV. in einer rechtlichen Form zu lösen, die einen angemessenen Diktaturausgleich zwischen Reich und Ländern schaffe, der außerordentlichen Gewalt den notwendigen Machtumfang belasse und den rechtsstaatlichen Erfordernissen genüge.

Bericht des Prof. Dr. Gleispach-Wien über das Thema: „Wie ist unter Berücksichtigung der gegenwärtigen wirtschaftlichen Verhältnisse und der Verordnung vom 4. Januar 1924 die Beteiligung der Laien an der Strafrechtspflege zweckmäßig zu gestalten?"

Der dritte Verhandlungsgegenstand der I. Abteilung ist erst gestern nachmittag zur Behandlung gelangt. Es sprachen die drei Herren Berichterstatter, zunächst ich, dann Prof. Dr. Eberhard Schmidt-Breslau, dann Landgerichtspräsident Schlimm-Mannheim. Nachdem die Abteilung die drei Berichterstatter gehört hatte und ein einziger Redner gesprochen hatte, war die Abteilung der Meinung, die Zeit sei zu weit vorgeschritten, um in weitere Erörterungen und ruhige Behandlung der wichtigen und schwierigen, weitreichenden Fragen einzutreten. Es wurde daher beschlossen, den Gegenstand heute vormittag 9 Uhr in Behandlung zu ziehen. Allein auch dazu ist es nicht gekommen. In der heutigen Verhandlung hat zunächst Prof. Mittermaier-Gießen die Leitsätze mitgeteilt, auf die sich die drei Berichterstatter inzwischen geeinigt hatten.

Redner verliest hierauf die oben S. 164 abgedruckten Leitsätze und fährt fort:

Die Abteilung stand nun vor der Tatsache, daß sie eine erschöpfende Erörterung dieser Leitsätze und der Vorträge der drei Berichterstatter mit Rücksicht auf den Beginn unserer Vollversammlung nicht mehr durchführen konnte. Es war $^1/_2$10 Uhr, und 13 Redner waren noch nicht zum Wort gekommen. Die Abteilung hatte zu wählen: unter Verzicht auf Erörterung die Leitsätze anzunehmen oder zu verwerfen oder aber überhaupt auf Erörterung und Beschlußfassung zu verzichten. Die Mehrheit hat sich für das letztere entschieden und den Abbruch der Verhandlungen beschlossen, ohne zu den Leitsätzen überhaupt Stellung zu nehmen.

Dem mir erteilten Auftrag, darüber zu berichten, glaube ich hiermit entsprochen zu haben.

Bericht des Amtsgerichtsrats Prof. Dr. Ruth-Frankfurt a. M. über das Thema:

„Welche Richtlinien sind für die zukünftige Gestaltung des Wohnungsmietrechts aufzustellen?"

Auch in der zweiten Abteilung waren die beiden Berichterstatter in der glücklichen Lage, in der Hauptsache gemeinsame Leitsätze vorschlagen zu können. Der Grundgedanke der Referate ging dahin: die völlige Beseitigung der Wohnungszwangswirtschaft ist zur Zeit nicht möglich, weil ein ungeheures Unterangebot von Wohnungen besteht; es ist aber ein Bedürfnis, diese Wohnungszwangswirtschaft, die sich für Mieter und Vermieter als gleich lästig erwiesen hat, möglichst bald zu beseitigen; den einzigen Weg hierfür bietet die möglichst große Förderung des Neubaus. In diesem Sinne sind die beiden ersten Leitsätze, die gedruckt vorliegen, gehalten. Sie fanden im wesentlichen die allgemeine Zustimmung der Versammlung. Es traten nur einige Vertreter der ganz radikalen Richtung für völlige Beseitigung der Wohnungszwangswirtschaft ein, ohne aber bei der Mehzahl der Versammlung Anklang zu finden. Der erste Leitsatz ist nur stilistisch etwas abgeändert und in folgender Form zum Beschluß erhoben worden:

> Die völlige Beseitigung der Wohnungszwangswirtschaft ist anzustreben, aber erst möglich, nachdem durch genügenden Neubau ein Ausgleich zwischen Angebot und Nachfrage auf dem Wohnungsmarkt herbeigeführt ist.

Die folgenden Leitsätze enthalten eine Reihe von Einzelmaßnahmen, die zur Durchführung des Grundgedankens geeignet sind. Auch hier hat sich die Versammlung zum großen Teil auf den Standpunkt der beiden Herren Referenten gestellt, nämlich die wirtschaftlichen Maßnahmen als geeignet anerkannt. Dann entspann sich eine lebhaftere Debatte über die rechtlichen Maßnahmen. Auch hier wurde dem Grundgedanken im allgemeinen zugestimmt, und zwar war der leitende Gedanke dabei, daß auch rechtliche Maßnahmen grundsätzlich immer daraufhin geprüft werden sollten, ob sie dem Neubau nicht hinderlich sind. Angenommen wurden ferner unter B die Sätze a und b, ferner der Leitsatz c, von dem jedoch die beiden letzten Sätze gestrichen wurden. Hier bestand das Bedenken, daß, wenn man wiederum zur

Zwangsbewirtschaftung der Neubauten zurückgreift, die Lahmlegung der Neubautätigkeit stattfinden würde; eine Beschränkung im Recht wurde deshalb nur soweit zugelassen, daß dem Mieter ein Vollstreckungsschutz gegen sofortige Obdachlosigkeit gewährt werde.

Eine längere Debatte entspann sich über die Frage des Leitsatzes d, inwieweit der Mieterschutz für Altwohnungen schon jetzt bestimmten Personenkategorien zu entziehen sei. Zwei Personenkreise kamen in Betracht, einmal die Ausländer und dann diejenigen Mieter, deren Einkommen und Vermögen eine bestimmte Höhe überschreitet. Der letztere Gesichtspunkt wurde nicht gebilligt; es wurde vielmehr insoweit eine Streichung vorgenommen. Dagegen stellte sich die Versammlung in ihrer Mehrheit auf den Standpunkt, daß der Mieterschutz, der nur eine soziale Fürsorge bedeutet, den Ausländern nicht zu gewähren sei. Dagegen wurde geltend gemacht, daß rechtspolitische Bedenken bestehen könnten, nämlich mit Rücksicht auf den Versailler Friedensvertrag. Ich teile diese Bedenken nicht. Ich habe den Vertrag eingehend geprüft und nichts gefunden, was meiner Auffassung entgegenstehen könnte; ich befinde mich hierbei auch in Übereinstimmung mit maßgebenden Publizisten.

Übereinstimmung wurde erzielt in der Frage der Umwandlung von Wohnräumen in Geschäftsräume. Sie ist wie bisher zu verbieten. Der Leitsatz e wurde gebilligt.

Eine größere Streichung wurde unter Ziffer 3 vorgenommen. Es blieb zunächst der Satz a bestehen, daß für Geschäftsräume und möblierte Räume die bestehenden Beschränkungen zu beseitigen sind. Unter b wurde gegen eine schon jetzt erfolgende Normierung der Höchstmiete Einspruch erhoben, und die Versammlung lehnte es ab, sich zur Zeit auf einen bestimmten Höchstsatz festzulegen; sie ließ nur den Satz stehen: „Die Höhe der Miete darf nicht über einen reichsrechtlich festzusetzenden und von Zeit zu Zeit nachzuprüfenden Höchstsatz hinausgehen." Auch unter c hat die Versammlung nur den ersten leitenden Grundsatz beibehalten; das weitere wurde gestrichen. Der Absatz lautet daher jetzt:

> „Grundsätzlich ist die bisherige Regelung der Auflösung des Mietverhältnisses gegen den Willen des Mieters beizubehalten."

Unter 3 d hat die Versammlung den ersten Absatz voll gebilligt, der sich mit der Beschaffung der Ersatzräume beschäftigt. Die Bestimmung des Absatzes 2 wurde gestrichen., Übereinstimmung bestand aber im wesentlichen darüber, daß die Eingriffe der öffentlichen Behörden zum Zwecke der Erfassung und Verwertung von Wohnräumen auf den Zwang zur Vermietung unbenutzter Wohnungen und die Zuteilung freiwerdender Wohnungen an die Wohnungsuchenden zu beschränken seien. Also eine weitgehende Aufhebung des jetzigen Wohnungsmangelgesetzes mit den Übergangsvorschriften.

Besonders erfreut waren die Berichterstatter, daß der folgende Leitsatz Ziff. 4 Annahme fand, wonach alle erforderlichen wirtschaftlichen und rechtlichen Maßnahmen durch ein einheitliches Reichswohnungsgesetz zu treffen sind, um die Zersplitterung zu beseitigen, die das Gebiet des Wohnungsrechts bisher so außerordentlich unübersichtlich gemacht hat.

Ohne Debatte wurden ferner die Anträge Ziffer 5 angenommen, wonach eine gewisse Abänderung einiger Vorschriften des BGB., die zu Mißbräuchen in der Praxis geführt haben, schon jetzt stattfinden soll.

Am weitesten gingen die Meinungen über Ziff. 6 der Leitsätze auseinander. Hier handelt es sich um das Recht, das eintreten soll, wenn die Übergangszeit vorbei, aber noch nicht wieder ein genügender Ausgleich von Angebot und Nachfrage erfolgt ist. In bezug auf diese Frage gingen auch die Meinungen der Referenten auseinander. Während ich auf dem Standpunkt stehe, daß man nach der Übergangszeit grundsätzlich wieder zur Regelung des BGB. zurückkehren soll, weil diese sich in normalen Zeiten bewährt hat, befürwortet der Mitberichterstatter auch dann noch bis zu einem gewissen Grade die gebundene Wirtschaft. Die Versammlung hat beschlossen, über die Anträge des Herrn Mitberichterstatters, die im einzelnen die Frage regelten, wie das Mietrecht nach Beseitigung des Übergangszustandes beschaffen sein solle, zur Tagesordnung überzugehen. Sie hat damit zum Ausdruck bringen wollen, daß in diesem Augenblick noch nicht an eine definitive Regelung des Mietrechts gedacht werden könne. In Widerspruch hiermit steht, daß die Versammlung trotzdem Ziff. 6 meiner Vorschläge angenommen hat. Nachträglich hat sich hiergegen erheblicher Widerspruch erhoben, der sich zu dem Antrage verdichtete, daß die Frage im Plenum nochmals zur Beratung kommen solle. Ich will bemerken, daß ich grundsätzlich damit einverstanden bin, wenn die Frage des künftigen Mietrechts vorläufig ausgeschaltet bleibt und wenn es der Deputation überlassen wird, diese Frage später von neuem auf die Tagesordnung des Juristentags zu setzen.

Der Vorsitzende, Geheimrat Prof. D. Dr. Kahl, verlas hierauf folgenden, von Herrn Hofrat Privatdozent Dr. Klang mit ausreichender Unterstützung gestellten Antrag:

> Die Unterzeichneten beantragen die neuerliche Beratung des mietsrechtlichen Themas in der Vollversammlung und anstelle des von der Abteilung angenommenen Leitsatzes 6 nachfolgenden Leitsatz:
>
> Ob und welche Änderungen an den mietsrechtlichen Bestimmungen des bürgerlichen Rechtes endgültig vorgenommen werden sollen, läßt sich derzeit nicht voraussehen; die Ständige Deputation wird ersucht, die Frage der endgültigen Gestaltung des Wohnungsmietrechts in dem ihr geeignet erscheinenden Zeitpunkt nochmals auf die Tagesordnung zu stellen.

Hofrat Privatdozent Dr. Klang-Wien begründete den Antrag, wie folgt:

Die Zustimmung des Herrn Hauptberichterstatters zu dem von mir eingebrachten Antrage erleichtert mir die Aufgabe und ermöglicht es mir, mich in der Begründung ganz kurz zu fassen. Die zweite Abteilung hat den Übergang zur Tagesordnung über die von mir als Mitberichterstatter vorgelegten Leitsätze für das künftige Wohnungsmietrecht mit der Begründung beschlossen, daß die Unübersehbarkeit der wirtschaftlichen Entwicklung heute eine Beschlußfassung in dieser Richtung nicht gestatte. Mit logischer Notwendigkeit hätte daher auch der vom Herrn Hauptberichterstatter vorgelegte Leitsatz abgelehnt werden müssen, nach welchem bei Herstellung des Gleichgewichts zwischen Angebot und Nachfrage auf dem Wohnungsmarkte das bürgerliche Recht der Wohnungsmiete grundsätzlich wieder in Kraft zu setzen sei. Nichtsdestoweniger ist dieser Leitsatz von der Abteilung mit allerdings geringer Mehrheit angenommen werden. Nun sind die Unterzeichner des Antrags, den ich hier zu vertreten die Ehre habe, der Meinung, daß die unveränderte Wiederherstellung des Mietrechts der BGB. nicht wünschenswert sei, weil die Bestimmungen dieses Rechtes den Interessen des Mieters nicht genügend Rechnung tragen. Sie glauben aber auch, daß der Versuch, dieses Mietrecht unverändert wieder herzustellen, nicht gelingen kann, einmal deshalb, weil der Gesetzgeber unmöglich dauernd an der Tatsache wird vorübergehen können, daß die weitaus überwiegende Volksmehrheit nicht in Eigenheimen, sondern zur Miete wohnt, sodann aber auch deshalb, weil er den Umstand nicht außer acht lassen darf, daß er die Verschiebung der Begriffe von Recht und Pflicht im Mietverhältnis, die nun einmal eingetreten ist, durch seine Gesetzgebung, wenn schon nicht hervorgerufen, so doch mächtig gefördert hat. Wir glauben daher, daß ein Beschluß des Deutschen Juristentags, der unveränderte Wiederherstellung des alten Mietrechts fordert, mit der voraussehbaren Entwicklung sich in Widerspruch setzen würde. Wir wollen aber diese unsere Meinung dem Juristentage nicht aufdrängen und unterwerfen uns der von der Mehrheit der Abteilung ausgesprochenen Meinung, daß die Frage nach der endgültigen Gestaltung des Wohnungsmietrechts heute zur Entscheidung nicht reif sei. Dann aber muß sie im geeigneten Zeitpunkte nochmals geprüft werden. Und deshalb bitte ich Sie, unseren Antrag anzunehmen, der nicht aus Rechthaberei entspringt, sondern der Sorge, daß, sollte der Abteilungsbeschluß aufrecht bleiben, entweder die Entwicklung des deutschen Rechtes oder das Ansehen des Deutschen Juristentags Schaden nehmen könnte.

Der Vorsitzende stellte durch Befragung der Versammlung fest, daß eine ausdrückliche formale Aufhebung des von der Abteilung beschlossenen Leitsatzes Ziff. 6 nicht erfolgen solle, und brachte den Antrag Klang und Genossen zur Abstimmung; der Antrag wurde nahezu einstimmig angenommen.

Bericht des Geh. Justizrats Prof. Dr. Kipp-Berlin über das Thema:

„Welche Richtlinien sind für die zukünftige Gestaltung des ehelichen Güterrechts aufzustellen?“

Die Fragen des Eherechts gehören gegenwärtig zu den brennendsten, und zwar sowohl nach der Seite der persönlichen Rechte, als auch in Ansehung des ehelichen Güterrechts. Auf unserer Tagesordnung stand nur die Frage des ehelichen Güterrechts.

Die drei Referenten waren von vornherein darüber einig, daß das jetzige System des ehelichen Güterrechts, die Verwaltung und Nutznießung des Mannes am Vermögen der Frau, abgeschafft werden müsse. Man war übereinstimmend der Meinung, daß es unbillig sei, der verheirateten Frau die Verwaltung ihres Vermögens vorzuenthalten, daß nichts dafür spreche, dem Manne noch länger das Recht zu gewähren, den Überschuß des Frauenvermögens in die eigene Tasche zu stecken. Wenn man aber das System der Verwaltung und Nutznießung des Mannes am Frauengute beseitigt, so sieht man sich zunächst vor die Gütertrennung gestellt. Die Gütertrennung in ihrer reinen Gestalt ist jedoch von keinem der drei Referenten befürwortet worden, und zwar aus dem Grunde, weil die reine Gütertrennung nicht geeignet ist, eine Forderung zu befriedigen, die von der Frauenwelt seit langem gestellt wird und durchaus anerkannt werden muß, die Forderung, daß der tüchtigen Frau und Mutter, obwohl sie selbst nichts erworben hat, doch ein Anteil an dem in der Ehe Errungenen gebührt, weil sie durch ihre häusliche Tätigkeit einen wertvollen Beitrag zum Gedeihen der Ehe auch in materieller Hinsicht leistet. Will man dieser Forderung gerecht werden, so kann man verschiedene Wege gehen. Es ist neuestens in den Nordländern teils bereits Gesetz geworden, teils in Gesetzentwürfen vorgesehen ein System, das dem Verlangen der Frauen auf eine sehr weitgehende Weise entgegenkommt. Man hat dies nordländische System als das einer allgemeinen Gütergemeinschaft von Todes wegen bezeichnet: während der Dauer der Ehe besteht zwar Gütertrennung, jeder Gatte hat aber ein Anwartschaftsrecht an dem Vermögen des anderen, in der Weise, daß bei Auflösung der Ehe eine Halbteilung stattfindet, ein System, das den Älteren unter uns noch gut in Erinnerung ist, aus dem ehemaligen märkischen Provinzialrecht.

Die drei Referenten haben eine so weitgehende Regelung nicht befürwortet, weil sie übereinstimmend von dem Gedanken beherrscht waren, daß allerdings die allgemeine Gütergemeinschaft in gewissem Sinne als die idealste Regelung des ehelichen Verhältnisses nach der wirtschaftlichen Seite hin gekennzeichnet werden kann, daß sie aber sehr ideal denkende Menschen als Ehegatten voraussetzt. Diese Regelung unterliegt in einer Zeit, die mit kurzlebigen Ehen zu rechnen hat und die ernstlich damit umgeht, die Scheidungen zu erleichtern, erheblichen Bedenken. Die drei Referenten haben daher einen anderen Grundgedanken angenommen, nämlich den, daß die beiden Ehegatten an der Errungenschaft zu beteiligen sind. Es soll jedem das voreheliche Vermögen verbleiben; dasjenige aber, was durch Arbeit während der Ehe errungen wird, soll Gegenstand einer Beteiligung beider Gatten sein. Wie das zu erreichen sei, darüber waren die Ansichten der Referenten geteilt. Ich habe in Gemeinschaft mit Frl. Dr. Munk das System empfohlen, das man in der Literatur die Zugewinstgemeinschaft nennt. Unter diesem fremdartigen Worte verbirgt sich nichts anderes als das, was man kurz nennen kann: Errungenschaftsgemeinschaft von Todes wegen. Nicht befürwortet wird eine während der Ehe geltende Errungenschaftsgemeinschaft, weil die Konstituierung eines Gesamtguts zu Schwierigkeiten der Verwaltung und der Regelung der Schuldenhaftung führt, die wir vermeiden wollten. Daher ging unser Gedanke dahin, es solle bei Lebzeiten der Ehegatten, bei währender Ehe, Gütertrennung herrschen, es solle aber jedem Gatten ein schuldrechtlicher Anspruch auf die Hälfte des Zugewinstes, der Errungenschaft, gewährt werden. Herr Präsident Wieruszowski hat für den Fall der Auflösung der Ehe durch den Tod dieses System verworfen. Er wollte für den Fall des Todes durch eine Verstärkung des Erbrechts und des Pflichtteilrechts des Ehegatten helfen. Für den Fall der Auflösung der Ehe durch Scheidung aber hat im Grunde genommen Herr Wieruszowski die Zugewinstgemeinschaft nicht verworfen, wenngleich er sie freier gestalten will. Er will nicht, daß die Gatten grundsätzlich zur Hälfte beteiligt werden, sondern er will das Maß der Beteiligung von dem richterlichen Ermessen abhängig machen.

Bei der Erörterung haben zum Teil die Vorschläge, die Herr Wieruszowski gemacht hat, zum Teil die von Frl. Dr. Munk und mir aufgestellten Leitsätze Befürwortung gefunden; zum Teil ist die Gütertrennung befürwortet worden; zum Teil ist gesagt worden, der Juristentag könne nichts weiter tun als ein Verdammungsurteil über das jetzt bestehende gesetzliche Güterrecht fällen, aber nicht positive Vorschläge machen.

Die Referenten haben sich schließlich dahin geeinigt, es solle als Problem belassen werden, auf welche Weise sich am besten das Anrecht der Ehegatten auf einen Anteil an der Errungenschaft verwirklichen lasse, und es ist ein gemeinschaftlicher Antrag der drei Referenten gestellt worden, der eine Abänderung der von mir zuerst vorgeschlagenen Hauptthese darstellt. Diese lautete: „Als künftiges gesetzliches eheliches Güterrecht empfiehlt sich die Gütertrennung in Verbindung mit einer Zugewinstgemeinschaft. Eheverträge sind wie bisher zuzulassen.“ Der gemeinschaftliche Antrag ging dahin, daß statt „Zugewinstgemeinschaft“ gesagt werde: „Beteiligung beider Ehegatten an der Errungenschaft.“ Zugunsten dieses Antrags wurden einige redaktionell abweichende Anträge zurückgezogen, und der gemeinsame Antrag der drei Referenten fand nahezu einstimmige Annahme.

Die Referenten haben über die Gestaltung der Gütertrennung und über die Verwaltung Vorschläge gemacht, die Ihnen in den gedruckten Thesen zugänglich sind. Widerspruch gegen diese im wesentlichen übereinstimmenden Anschauungen der Referenten ist in der Versammlung nicht laut geworden. Zum Gegenstand der Abstimmung sind sie nicht gemacht worden.

Ich möchte schließen dürfen mit dem Ausdrucke der Hoffnung, daß in dem Punkte, der den Gegenstand der Abstimmung gebildet hat, die Stimme des Deutschen Juristentags nicht ungehört verhallen möchte, damit endlich der tüchtigen deutschen Frau ein Recht zuteil werde, das ihr viel zu lange vorenthalten geblieben ist.

Bericht des Rechtsanwalt Dr. Ernst Wolff-Berlin über das Thema:

„Welche Stellung soll die künftige Zivilprozeßordnung gegenüber den Fragen der Unmittelbarkeit, der Mündlichkeit und der Eventualmaxime einnehmen?"

Jeder der zwei Berichterstatter hatte ursprünglich selbständige Leitsätze aufgestellt, die voneinander zwar in der Fassung abwichen, im Ziel aber im wesentlichen übereinstimmten. Beiden Berichterstattern kam es auf eine volle Verwirklichung der Grundsätze der Mündlichkeit und der Unmittelbarkeit an. Beide Berichterstatter waren sich in der Ablehnung der Eventualmaxime einig, vorbehaltlich des Rechts des Gerichts, verspätetes Vorbringen unter dem Gesichtspunkte der Verschleppung zu verwerfen. Die Berichterstatter gingen davon aus, daß es zur Durchführung der vollen Mündlichkeit und Unmittelbarkeit einer Konzentration der Verhandlung bedürfe, und suchten die Hindernisse zu beseitigen, die einer solchen Konzentration der mündlichen Verhandlung zur Zeit entgegenstehen. Als das hauptsächlichste Hindernis wurde der Mangel an Zeit erkannt, und es wurde deshelb nach Mitteln gesucht, durch die eine Zeitersparnis erzielt werden kann, und zwar unter dem doppelten Gesichtspunkt, die mündliche Verhandlung von allem Beiwerk und von allen Wiederholungen zu befreien und dem Gericht eine sichere Einteilung und Ausnutzung seiner Zeit möglich zu machen.

Waren sich hierin die Leitsätze der beiden Berichterstatter einig, so bestand zwischen meinem Herrn Mitberichterstatter und mir eine sachliche Verschiedenheit in bezug auf die Ausgestaltung der Berufung und die Ausgestaltung des Versäumnisverfahrens. Nachdem Herr Präsident Dr. Engel in diesen beiden Punkten seine Vorschläge zurückgezogen hatte, gelang es, gemeinschaftliche Leitsätze aufzustellen, indem aus den Leitsätzen des Herrn Präsidenten Dr. Engel diejenigen zu 1 und 4 und aus den meinigen diejenigen zu 1, 2, 3 und 4 zu gemeinschaftlichen Leitsätzen unter 5 Nummern zusammengefaßt wurden. (Ziffer 1: ursprünglicher Leitsatz 1 Engel, Ziffer 2 bis 4: meine Leitsätze 2 bis 4, Ziffer 5: Leitsatz 4 Engel, alles mit einigen Abänderungen in der Fassung.) Dabei ist indes hervorzuheben, daß Herr Präsident Dr. Engel mit der Zurückziehung seines Leitsatzes über die Ausgestaltung der Berufung eine sachliche Meinungsänderung nicht hat zum Ausdruck bringen wollen. Die Zurückziehung ist vielmehr lediglich erfolgt in der Annahme, daß die Gestaltung der Berufung zwar in einem engen, nicht aber in einem untrennbaren Zusammenhang zu den Fragen der Mündlichkeit, der Unmittelbarkeit und der Eventualmaxime stehe und deshalb eine Stellungnahme zu ihr innerhalb des Rahmens des Themas nicht unbedingt geboten sei.

Mit dem deutschen Zivilprozeß, so, wie er durch die jüngste Novelle gestaltet worden ist, stimmen unsere Leitsätze im Ziele, nämlich in dem Wunsche einer Konzentration der Verhandlung, überein; sie weichen aber in den Mitteln, die zur Erreichung dieses Zieles empfohlen werden, vielfach von der Novelle ab. Dazu gehört vor allem die Abgrenzung des Umfangs des Verfahrens vor dem Einzelrichter, das nach unserer Überzeugung in der Gestaltung der Novelle eine Beeinträchtigung des Unmittelbarkeitsgrundsatzes bedeutet und vielfach nicht zu einer Vereinfachung, sondern zu einer Erschwerung und Verlangsamung des Verfahrens führt. Sie weichen auch ab hinsichtlich des sogenannten Aktenurteils, das wir als mit dem Grundsatze der Mündlichkeit unvereinbar ablehnen.

In der Diskussion bestand Einigkeit in den grundsätzlichen Fragen. Kein Diskussionsredner bekannte sich als Freund der Eventualmaxime oder als Feind der Mündlichkeit und der Unmittelbarkeit. Die Bedenken, die laut wurden, und die Abänderungsanträge, die gestellt wurden, beruhten nur auf der Sorge, ob eine volle Verwirklichung des Mündlichkeits- und des Unmittelbarkeitsgrundsatzes mit Rücksicht auf die Belastung der Gerichte durchführbar sei. Unter diesem Gesichtspunkt wurde ein Antrag angenommen, der die Beweisaufnahme dem erkennenden Gericht zuweist „soweit irgend möglich", ein sachlich nicht allzu erheblicher Zusatz, da auch nach den Leitsätzen Ausnahmen von der unmittelbaren Beweisaufnahme zulässig sein sollen und natürlich dann Platz zu greifen hätten, wenn die Beweisaufnahme vor dem Prozeßgericht nicht möglich ist. Es wurde ferner, obwohl sich beide

Berichterstatter dagegen ausgesprochen hatten, ein Antrag angenommen, wonach im Falle der Übereinstimmung von Gericht und Parteien auch ohne mündliche Verhandlung entschieden werden kann. Der Antrag ist jedoch nur mit sehr knapper Mehrheit angenommen worden, und soweit die Meinung der Abteilung aus der Erörterung ersichtlich war, stimmte sie ihm zu, nicht weil sie ein schriftliches Verfahren dem mündlichen für gleichwertig hielte, sondern weil es würdiger und wahrhaftiger erscheine, ein Verfahren, das wegen der Überlastung der Gerichte tatsächlich geübt wird, zu legalisieren. Angenommen wurde endlich ein Antrag, durch den die Zurückweisung verspäteten Vorbringens zum mindesten in der Berufungsinstanz nicht nur unter dem Gesichtspunkte der Verschleppung, sondern auch dem der groben Fahrlässigkeit zulässig sein soll.

Schließlich hatten drei Hamburger Praktiker einen Antrag gestellt folgenden Wortlauts:

> Der Deutsche Juristentag spricht sich für die grundsätzliche Beibehaltung der bisherigen Prozeßordnung in der bis zur Novelle von 1924 geltenden Fassung aus. Durch organische Verarbeitung eines Teiles der auf Beschleunigung des Verfahrens und Stärkung der richterlichen Prozeßleitungsbefugnis gerichteten Bestimmungen der Novelle von 1924 ist eine Fortentwicklung in Einzelheiten anzustreben.

Der Antrag verfiel der Ablehnung, jedoch, wie aus der Erörterung hervorging, lediglich, weil der Antrag keine Stellungnahme zu der der Abteilung zur Beschlußfassung vorgelegten Fragen enthielt, nicht, weil die Abteilung anderer Ansicht als die Antragsteller gewesen wäre. Im Gegenteil wurde von einem Berichterstatter betont, und dem wurde von der Abteilung nicht widersprochen, daß die geltende Zivilprozeßordnung in ihren Grundzügen gesund sei und daß es sich nur darum handeln könne, einmal technische Vervollkommnungen anzustreben, durch die eine bessere Verwirklichung der Grundgedanken unserer Prozeßordnung möglich wird, und andererseits das seit dem Kriege erlassene Prozeß-Notrecht organisch in die Prozeßordnung einzugliedern.

Im ganzen kann festgestellt werden, daß seit dem Wiener Juristentag eine Klärung und eine Annäherung der Meinungen stattgefunden hat. Wir dürfen hoffen, durch die diesjährigen Arbeiten der kommenden Prozeßreform die Wege geebnet zu haben.

Bericht des Rechtsanwalts Dr. Hachenburg-Mannheim über das Thema:

„Empfehlen sich Änderungen der Gesetzgebung zur Erleichterung der Kapitalbeschaffung durch Aktiengesellschaften?"

Diese Frage ist ein Stück aus Deutschlands Not und Deutschlands Wiederaufstieg. Daß Deutschland heute kapitalarm ist und Kapital braucht, wissen wir, und ich kann es mir sparen, zu berichten, was die Zeitungen über die Kapitalnot brachten und was wir selbst erlebten. Daher erklärt es sich, daß über die Frage, ob Kapital beschafft werden solle, alles einig war und eine Diskussion in keiner Weise stattgefunden hat.

Schon durch die Fragestellung wurde unsere Arbeit nur auf ein Stück aus diesem Gebiete beschränkt. Über die Frage, wie überhaupt Kapital beschafft werden soll, hätte man wochenlange Sitzungen abhalten und Vorschläge machen können. Aus diesem Grunde auch haben die beiden Referenten, die hier geschlossen und einig vorgingen, alles vermieden, was über die gesteckten Grenzen hinausging. In der Abteilungsberatung wurden deshalb viele Anträge, die gestellt waren und die manches für sich hatten, abgelehnt. Zum Beispiel der Antrag, daß alle reichs- und landesrechtlichen Beschränkungen des Eigentumserwerbs durch Ausländer für den Fall der Zwangsversteigerung aufzuheben seien. Dieser Antrag wurde abgelehnt, nicht aus grundsätzlicher Mißbilligung, sondern weil er über den Rahmen des Themas hinausging.

Wir wollen auch heute nicht ein neues Aktienrecht schaffen; das ist eine Aufgabe, die wiederum Monate in Anspruch nehmen würde. Bis das Brot gebacken ist, wäre das Kind verhungert. Es handelt sich um eine rasch zugreifende Gesetzgebung, die dem momentanen Bedürfnis abhelfen soll; es sind vorübergehende Maßnahmen zu schaffen. Doch sollen sie nicht nach kurzer Zeit wieder aufgehoben werden. Daher ist von einer zeitlichen Beschränkung abzusehen. Was sich hierbei bewährt, kann ja später beibehalten werden. Heute aber können wir nicht schon auf die Dauer einen Beschluß fassen, dessen Tragweite wir nicht übersehen können. Aus diesem Grunde haben wir weiter abgelehnt, irgendwelche Neuerungen des Aktienrechts zu empfehlen, die nichts mit der Kapitalbeschaffung zu tun haben, auch nicht, wenn ein mittelbarer Zusammenhang hergestellt werden kann, auch nicht, wenn mancher glaubt, lieber jetzt schon eingreifen zu müssen. So wurde ein Antrag nicht angenommen, der verlangte, daß die Generalversammlung sich verpflichten könne, während des Bestehens der alten Aktien keine Aktien oder andere Titel mit gleichen Vorrechten auszugeben.

Es war unsere Aufgabe, festzustellen, wie weit man mit einem Eingriff in das bestehende Recht gehen dürfe, um die Kapitalbeschaffung zu erleichtern. Es herrschte Einstimmigkeit darüber, daß an den Prinzipien des deutschen Aktienrechts festzuhalten ist, soweit sie der Erhaltung des Grundkapitals dienen. Keine Gesellschaft darf ins Leben treten, die nicht durch ihr eigenes Kapital bereits gesichert ist. Die Gründung einer Aktiengesellschaft kann nicht ohne vorherige Übernahme der Aktien und ohne Deckung von mindestens 25% erfolgen. In andern Ländern, England und Amerika, ist es anders. Wir aber bleiben auf dem bisherigen Boden stehen. Hier treten wirtschaftsethische Momente hervor, an denen wir nicht rütteln wollen, weil sie tief im Volke wurzeln. Daher fand der Leitsatz Zustimmung, daß Annäherungen an das englisch-amerikanische Aktienrecht, die hiervon abweichen, abzulehnen seien. Abzulehnen waren ebenso alle diejenigen Vorschläge, welche aus fremdem Rechte stammen und im Grunde genommen auf den Rückfluß des eingezahlten Kapitals hinauslaufen. Die Zahlung fester Zinsen ist nicht zu befürworten; der Einführung von Freiaktien (ohne Kapitalzahlung) ist zu widersprechen. Gegen einen Zusatzantrag Friedmann-Lehmann hatten die Referenten nichts einzuwenden: „Es können auf einen bestimmten Hundertsatz festgesetzte Gewinnanteile für Vorzugsaktien halbjährlich an einem bestimmten Termin aus dem Gewinnvortrag des vorangegangenen Jahres oder aus einem für derartige Zahlungen bestimmten offenen Reservefond geleistet werden.“ Darüber brauche ich kein Wort zu verlieren; was Gewinn ist, kann ausgeschüttet werden. Die Halbjahresdividende mag manchmal einen gewissen Anreiz für die Aktionäre bedeuten.

Auf der gleichen Erwägung beruht der Gedanke des Leitsatzes 2: das Prinzip der Zerlegung des Grundkapitals ist beizubehalten. Das besagt die Ablehnung der sog. Quotenaktien, weil das einen Eingriff in das bestehende Aktiensystem darstellen würde. In Amerika hat man davon Gebrauch gemacht; aber dort wird das Aktienwesen von ganz anderen Grundgedanken beherrscht. Mit Bezug auf die Kleinaktie hat die Abteilung in Übereinstimmung mit den Anträgen der beiden Referenten sich dahin ausgesprochen: es sei die 20 Mark-Aktie, soweit sie nicht unvermeidlich sei, nicht anzuraten; die Gesetzgebung habe vorzusehen, daß die Zusammenlegung mehrerer 20 Mark-Aktien zu einer Aktie über einen höheren Betrag nach einer gewissen Übergangszeit von den Gesellschaften zwangsweise herbeigeführt werden könne. Die Diskussionsredner waren hierüber nicht vollständig einig. Daher ist ein Majoritätsbeschluß herbeigeführt worden. Die erhebliche Mehrheit aber war der Ansicht, daß wir in Deutschland mindestens an der 100 Mark-Aktie festhalten sollten, weil kleine Aktien als Anlagen von Sparkapital des kleinen Mannes sich nicht empfehlen.

Wir mußten aber fragen: sind nicht auch gewisse Erleichterungen zu schaffen? Unter III der Leitsätze finden Sie die Vorschläge der Referenten, die ebenfalls, teilweise durch Majoritätsbeschluß, gebilligt wurden. Es finden sich im deutschen Aktienrecht Bestimmungen, die heute entbehrt werden könnten oder bei denen man sagt, sie gehen über das Gebot der Fürsorge hinaus und reichen in die Bevormundung hinein. Hier war die erste Frage die der Unterpariemission. Nach deutschem Rechte darf keine Aktie zum Nennbetrag ausgegeben werden, wenn sie nicht voll durch den gleichen Betrag gedeckt ist; es darf niemand eine 1000 Mark-Aktie ausgeben, für die nur 800 Mark gezahlt werden. Nun haben aber die heutigen Zeiten Kursnotierungen herbeigeführt, bei denen die besten Aktien unter pari stehen. Wie sollen wir fremdes Kapital gewinnen können, wenn der Geldgeber die Aktien an der Börse billiger kaufen kann, als er für die neue Aktie bezahlen müßte? Deshalb sollte man die Unterpariemission zwar grundsätzlich ausschließen, sie aber — und zwar nur dann — zulassen, wenn in der Reserve Beträge sich vorfinden, die den bei der Unterpariemission entstehenden Verlust decken. Auf diesem Wege kann die Reserve wieder zu Aktienkapital gemacht werden. Braucht eine Gesellschaft neues Kapital, so müssen die bisherigen Aktionäre Opfer bringen.

Die zweite Frage war die der Einführung der sogenannten convertible bonds. Wir haben noch kein deutsches Wort dafür. Hier hatten die Referenten vorgeschlagen, zu sagen: „Es können Darlehen und Anleihen aufgenommen werden, verbunden mit der bedingten Erhöhung des Grundkapitals derart, daß der Darlehns- oder Anleihegläubiger die Umwandlung seiner Gläubigerrechte in Stammaktien fordern darf.“ Ich bitte, mir zu glauben, daß die Abteilung diese Frage gründlich geprüft hat. Sie ist hierbei zu dem Ergebnis gekommen, diese amerikanische Erfindung sei wieder etwas, wodurch wir Kapitalisten gewinnen können. Zunächst leiht jemand der Gesellschaft das Geld und sichert sich die Rechte des Gläubigers. Dann wartet er ab. Wird die Sache gut, so beteiligt er sich als Aktionär, namentlich wenn der Kurs der Aktien steigt; denn dann will er daran verdienen.

Umsonst ist nichts zu haben. Auch der amerikanische Geldgeber ist ein Egoist; er tut nicht um Gotteswillen, was einem Deutschen nützlich ist. Er will auch etwas für sein Geld haben. Damit müssen wir uns leider abfinden. Die Frage selbst war lebhaft umstritten. Man hat namentlich auf die Gefahr der Überfremdung hingewiesen, diesen Gesichtspunkt aber nicht als ausschlaggebend erachtet.

Weiter wurde vorgeschlagen, daß das Verbot der Ausgabe neuer Aktien vor der Vollzahlung der alten zu suspendieren sei. Gegenwärtig ist es nicht zulässig, daß neue Aktien ausgegeben werden, bevor die alten voll bezahlt sind. Wir können aber, da es oft streitig ist, was noch zu zahlen ist, nicht warten, bis die Kontroversen ausgetragen sind; wir müssen Geld haben. Ein vierter Vorschlag: die Vorschrift der gesonderten Abstimmung bei der Kapitalerhöhung durch die Inhaber der Aktien verschiedener Gattungen soll aufgehoben werden, da sie hemmend wirken kann. Hier waren die Meinungen sehr geteilt; ich konstatiere, daß die Abstimmung wie 4 (Zustimmung): 3 (Ablehnung) gewesen ist.

Dann haben wir vorgeschlagen, die Einräumung von Bezugsrechten auf künftig auszugebende Aktien für zulässig zu erklären. Dies Optionsrecht soll zulässig sein, soweit es sich auf eine bestimmte Ausgabe beschränkt und der Betrag nicht höher ist als die Nennwertsumme. Die Leute, die heute Geld geben, wollen sich auch für die Zukunft nach Möglichkeit sichern, um dann, wenn das Unternehmen gut wird, sich mit mehr zu beteiligen.

Auch eine Reihe von Anträgen und Wünschen wurde vorgebracht, die wir den Vertretern der Justizverwaltung nochmals ans Herz legen, vor allem den Wunsch, daß die Registerrichter nicht zu ängstlich sein sollen und daß man den Ausländer nicht verärgern soll. Der Richter soll prüfen, ob den Gesetzesvorschriften Genüge getan ist, aber nicht juristische Kontroversen zu entscheiden suchen.

Sodann der letzte Leitsatz: die Steuersätze des Kapitalverkehrssteuergesetzes sind zu reduzieren, und zwar höchstens auf die Friedensbeträge. Bei Ausgabe von convertible bonds ist die Anrechnung der erstbezahlten Wertpapiersteuer auf die bei der Umwandlung entstehende Gesellschaftssteuer selbstverständlich. Unser heutiges Steuersystem kann nicht bestehen bleiben; der Fremde wird dadurch zurückgeschreckt.

Zuletzt, was nicht in den Leitsätzen unmittelbar steht, was aber mittelbar daraus zu entnehmen ist, ist dies: man sprach von einer Überfremdungsgefahr; aber wenn wir Geld brauchen, müssen wir auch fremdes Geld nehmen und können nicht gleichzeitig die Fremden draußen lassen. Die Versammlung war der Überzeugung, daß Deutschland wieder aus der Notlage herauskommen werde, daß es sich also nur um eine vorübergehende Hilfe handle. In diesem Sinne haben wir Vorschläge gemacht, die wir nicht machen dürften, wenn wir nicht sicher zu sein glaubten, daß Deutschland wieder werden wird, was es vordem gewesen ist.

Bericht des Rechtsanwalts Dr. Lion-Berlin über das Thema:

> Ist es erwünscht, das Einkommen aus Gewerbebetrieb nach gleichmäßigen Grundsätzen zu besteuern, ohne Rücksicht auf die Rechtsform, in der das Gewerbe betrieben wird? Welche Wege rechtlicher Ausgestaltung bieten sich für eine solche Besteuerung?

Das Steuerrecht, dessen Änderung erwogen wird, lehnt sich gegenwärtig an die Rechtsform an. Diese Rechtsform sieht nicht auf das Vermögen als solches, als wirtschaftliche Einheit und Vermögensmasse, sondern auf den Eigentümer der Vermögensmasse. So entstehen zwei große, gesonderte Gruppen: einmal die Gruppe der Einzelkaufleute, offenen Handelsgesellschaften, Kommanditgesellschaften und Reedereien, bei denen die Gesellschafter die Vermögensmasse innehaben, die Geldgeber und zugleich diejenigen Personen sind, welchen der Vermögenszuwachs als Geschäftsgewinn zufällt, und die andere Gruppe der juristischen Personen, der Aktiengesellschaften, Gesellschaften mit beschränkter Haftung, Gewerkschaften, Genossenschaften, bei denen der Verein Eigentümer des Vermögens ist, bei denen der Gesellschafter nur ein Vereinsmitglied mit Anteilsrecht ist und bei denen der Vermögenszuwachs dem Vereine zufließt, den einzelnen aber nur gebührt, soweit er ausgeschüttet wird. Diesen beiden Gruppen wird gegenwärtig eine verschiedene Besteuerung zuteil; einmal durch die Körperschaftssteuer der juristischen Personen, wo sie den Gewinn im ganzen erfaßt, von dem den Gesellschaftern nur ein Teil in Form einer Ausschüttung zukommt; dann die andere Gruppe, die, wie alle übrigen Steuerpflichtigen, nach dem allgemeinen Einkommensteuertarif behandelt wird.

Die Frage, die uns gestellt war, geht von zwei Erwägungen aus: von der Unternehmungsform, die rechtlich verschieden ist, aber für die wirtschaftliche Bedeutung, die Rentabilität und die Trangfähigkeit der Steuerlast verhältnismäßig weit zurücktritt, so daß eine weitgehende wirtschaftliche Gleichheit besteht und daher eine einheitliche Besteuerung gerechtfertigt sein könnte. Dazu kommt die Erscheinung, die das gegenwärtige System als Folge gezeitigt hat, daß der Verkehr die günstigeren Formen sucht, daß lediglich aus steuerlichen Gründen von einer Rechtsform in die andere übergegangen werden kann, daß Gebilde geschaffen werden, die nach außen hin als juristische Personen erscheinen, die aber innerlich zweifellos der anderen Gruppe von Unternehmen zuzuweisen sind. Wenn auch diese beiden Betrachtungen dafür sprechen, eine Vereinheitlichung herbeizuführen, so sind doch beide Berichterstatter übereinstimmend zu dem Ergebnis gekommen, daß man diesem Scheine nicht nachgeben darf, daß die steuerrechtlichen Schwierigkeiten zu groß und im Augenblick wohl unüberwindlich sind. Hier wirft sich die Frage auf: soll man an beiden Systemen festhalten oder die gegenwärtige Grundlage ganz verlassen und zu einer anderen übergehen? Vor solchen Experimenten muß gewarnt werden. Wir sehen keine andere gute Grundlage zur Erfassung des gewerblichen Gewinns, als daß wir an die Spitze unserer Leitsätze die Vorschriften stellen, die heute schon im Einkommensteuergesetz enthalten sind; insbesondere wollen wir keine Zerschlagung der Einkommensteuer nach englischem System empfehlen, auch keine Vorschläge in einer Zeit machen, die uns dafür nicht geeignet erscheint. Das ist die Grundlage, von der wir ausgegangen sind und von der aus wir geprüft haben, ob es möglich ist, das System der einen Gruppe auf das der anderen Gruppe zu übertragen, was auf den ersten Blick bestechend erscheint. Die Gruppe der Einzelkaufleute und der offenen Handelsgesellschaften könnte man vielleicht ähnlich oder genau so besteuern wie die Körperschaften. Aber wir sind überzeugt, daß gegenwärtig ein solcher Systemwechsel nicht zu empfehlen ist, daß er steuerrechtlich nicht durchführbar erscheint, und wenn die Diskussion versucht hat, vielleicht zu einem anderen Ergebnis zu kommen, so hat sie doch keine Möglichkeit geliefert, anders zu entscheiden, als in den Leitsätzen enthalten ist, nämlich daß grundsätzlich die Systemtrennung beibehalten werden muß.

Wir haben aber in unseren Leitsätzen vier Verbesserungen empfohlen, auch diese freilich nur in der Form, daß nach Beschaffung von Unterlagen erwogen werden soll, ob diese Verbesserungen anzustreben sind. Nur in einem Punkt sind wir positiver gewesen, und das ist der Hauptpunkt, der in B I Ziff. 2 an die Spitze gesetzt ist: die Steuern müssen auf ein vernünftiges Maß herabgesetzt werden, eine Forderung, die nirgends Widerspruch begegnet ist.

Eine zweite Möglichkeit besteht darin, daß bei den Körperschaften die Ausschüttungssteuer ganz fallen gelassen wird, ein Gedanke, der mit der Beschaffung ausländischen Kapitals in Zusammenhang steht. Das hat zu dem Zusatzantrag geführt: es ist grundsätzlich zu prüfen, ob nicht die Ausschüttungssteuer bei den Körperschaften fallen gelassen werden soll, wofür erhebliche Gründe sprechen. Bleibt sie bestehen, dann gelten weitere Empfehlungen, die sich aus den Ihnen vorliegenden Leitsätzen ergeben. Eine dritte Verbesserung, die ganz besonders möglich zu sein scheint, ist die, daß man die Mischformen, die sich gebildet haben, anderen Regeln unterwirft, vornehmlich die Aktiengesellschaften und G. m. b. H., die als Familiengesellschaften anzusehen sind. Hier bestand Einigkeit bei den Berichterstattern und bei der Abteilung darüber, daß das möglich ist; nur der Weg ist noch nicht ganz einheitlich entschieden. Wir hatten uns darauf beschränkt, zu sagen, daß nach Beschaffung von Unterlagen zu prüfen und zu entscheiden sei; die Abteilung hat aber beschlossen, unter IV Ziffer 1 einen Punkt, in dem sich alle einig waren, positiv zu empfehlen, nämlich daß auf Antrag schon jetzt ein Systemwechsel stattfinden kann. Dagegen hat die Abteilung einen anderen Antrag abgelehnt, der allgemein die Steuerverwaltung ermächtigt wissen wollte, Gesellschaften auch ohne ihren Antrag zwangsweise dem anderen Besteuerungsweg zu unterwerfen. Als vierte Ergänzung der Leitsätze ist ein Antrag angenommen worden, der dahin zielt, bei der Gruppe der Einzelkaufleute und offenen Handelsgesellschaften die Reserven zu begünstigen im Gegensatz zu dem Gewinn, den sie dem Geschäft entnehmen.

Mit der These 6 wollten wir besagen: es ist zu erwägen, ob nicht bei den nichtjuristischen Personen der dem Geschäft entnommene Geschäftsgewinn mit einem geringeren Steuersatz erfaßt werden könne, wobei Vorsorge getroffen werden kann, daß die Steuermilderung nicht mißbraucht wird.

Nach lebhafter Diskussion wurde nichts gefunden, was zu einer energischeren Fassung unserer Leitsätze geführt hat. Die Tatsache, daß wir uns auf wenige positive Empfehlungen und Erwägungen beschränkt haben und daß wir im wesentlichen nur gesagt haben, es sei zu prüfen und zu erwägen, entspricht, wie ich glaube, der Schwierigkeit bei dieser außerordentlich komplizierten Frage, bei der ein Steinchen ein ganzes Gebäude umwerfen kann. Es besteht bei dieser Frage ein gewisses Bestreben von Heißspornen, einzugreifen und Systemänderungen oder neue Steuern zu empfehlen. Wir glauben, daß das nicht spruchreif ist und die Wirtschaft vor solchen Experimenten zu schützen ist; wir dienen damit auch dem Rechtsgedanken insofern, als wir nicht Maßnahmen empfehlen wollten, die sich von Notmaßnahmen nicht unterscheiden. Wir haben damit den Weg empfohlen, den nach unserer Überzeugung die Gesetzgebung gehen soll, nämlich erst nach sorgfältiger Beschaffung von Unterlagen zu weiteren Erwägungen und Beschlüssen überzugehen.

Bericht des Ministerialrats Dr. Dorn-Berlin über das Thema:

Welche Grundsätze empfehlen sich für das internationale Vertragsrecht zur Vermeidung internationaler Doppelbesteuerung bei Einzelpersonen und Körperschaften, insbesondere bei gewerblichen Betrieben?

Der Berichterstatter, dem zu seinem aufrichtigen Bedauern infolge schwerer Erkrankung der in Aussicht genommene Mitberichterstatter nicht zur Seite stand, hat die Möglichkeit, sich besonders kurz zu fassen. Abänderungsanträge zu den vorliegenden Leitsätzen sind nicht gestellt worden; die Annahme der Leitsätze ist durch die Abteilung einstimmig erfolgt. Darüber, daß doppelt besteuert zu werden, Einkommensteuer für die gleiche Zeit in zwei Ländern zahlen zu müssen unerwünscht ist, bestand in der Abteilung ebensowenig Zweifel, wie über den Kapitalbedarf Deutschlands jenseits der Grenzen. Ich glaube, mich nach dem über die Ergebnisse der Verhandlung in der Abteilung Gesagten auf die Wiedergabe der Hauptpunkte des dort erstatteten Berichts beschränken zu können.

Ziel der Ausführungen war: durch internationale Vereinbarungen sicherzustellen, daß Gesamteinkommen und Gesamtvermögen der Einzelpersonen und Körperschaften, die verschiedenen Staaten angehören, mit gleichartiger Steuer für gleichen Zeitraum grundsätzlich nur einmal zur Besteuerung herangezogen werden und daß zu diesem Zwecke die Steuerquellen: Grundbesitz, Gewerbebetrieb, Erwerbstätigkeit, Kapitalvermögen, unter die beteiligten Staaten sachgemäß aufgeteilt werden. Weg zum Ziel: nicht aus abstrakten Erwägungen, sondern durch Vergleichung der bestehenden Steuerrechtssysteme, aus den bisher im Steuerrecht des einzelnen Staates enthaltenen, und in dem gegebenen Vertragsrecht versuchten Lösungen die Grundsätze zu gewinnen, denen sich möglichst viele Staaten anschließen können.

Die Vorschläge im einzelnen sind in den gedruckten Thesen niedergelegt. Die Diskussion ergab Übereinstimmung in Ziel und Weg. Besonders hervorgehoben wurde das in den Thesen berührte Problem der Besteuerung eines Unternehmens mit Betrieben im Inland und Ausland, namentlich auch dann, wenn rechtlich die Betriebe verschieden, wirtschaftlich aber einheitlich sind. Hervorgehoben wurde ferner die Notwendigkeit, bei der Verteilung der Steuerquellen die Maßstäbe so einfach wie möglich zu gestalten, um Nebenwirkungen internationaler Vereinbarungen, die unerwünscht seien und zu weitgehendem wechselseitigen Einblick in die Wirtschaft führen könnten, zu vermeiden. Lassen Sie mich noch ein Wort hinzufügen. Unsere Frage ist im Inlande wenig behandelt, obwohl wir vor Handelsverträgen stehen und bei diesen die Frage der Doppelbesteuerung hohe Bedeutung gewinnt. Von dem Votum des Juristentags wird zweierlei Förderung erhofft: einmal und in erster Linie wirksame Hilfe für die deutsche Wirtschaft bei ihrer Wiederaufbauarbeit und Einordnung in die Weltwirtschaft und zweitens Anregung für den juristischen Nachwuchs zur Beschäftigung nicht nur mit dem ausländischen Rechte, sondern auch mit der Auslandspraxis im Sinne der Rechtsvergleichung. Nur so kann verhindert werden, was Ihering einst befürchtet hat, daß unsere Rechtswissenschaft zur Landesjurisprudenz degradiert wird.

Der Vorsitzende sprach sämtlichen Berichterstattern den Dank der Versammlung aus.

Zum zweiten Punkte der Tagesordnung erstattete der Schatzmeister, Rechtsanwalt Dr. Ernst Wolff-Berlin, folgenden Kassenbericht:

Die Vermögenslage des Deutschen Juristentags ist eine sehr ungünstige. Wir besitzen zwar noch den Effektenbestand aus der Zeit vor dem Kriege; es handelt sich aber um Reichsanleihe, Pfandbriefe und ähnliche Papiere, die ihren Wert zum weitaus größten Teile eingebüßt haben. Die Börsenbewegung der letzten Zeit hat hierin keine Besserung gebracht. Infolgedessen waren wir ausschließlich auf die Mitgliederbeiträge angewiesen; damit durchzukommen, war in den Zeiten der Inflation nicht möglich, und nur durch das Entgegenkommen der Berliner Verlagsbuchhandlung Walter de Gruyter & Co., die mit der Kassenführung des Juristentags betraut ist, war es möglich, uns einigermaßen über Wasser zu halten. Die Verlagsbuchhandlung hat einen namhaften Betrag aus Anlaß des in Aussicht genommenen Berliner Juristentags gestiftet und sodann auf einen ihr zustehenden Betrag verzichtet. Es ist mir ein Bedürfnis, hierfür der Firma Walter de Gruyter & Co. unseren Dank auszusprechen. Durch den ungünstigen Vermögensstand wurde die Geschäftsführung ungemein erschwert. Unsere Entschlüsse wurden durch finanzielle Schwierigkeiten sehr behindert, und nur unter großen Schwierigkeiten war es möglich, die Verhandlungen des Bamberger Juristentags herauszugeben. Auch die brennende Frage, ob wir nicht wieder zur Drucklegung von Gutachten übergehen sollen, wird durch die Finanzlage beeinflußt. Bei Beratung der Satzungsänderung wird der Ausschuß beantragen, den Mitgliedsbeitrag auf 6 Mark zu erhöhen; ich werde hierzu einen Gegenantrag auf 10 Mark stellen.

Wir hatten vor dem Kriege einen Mitgliederbestand von 2000; heute haben wir einen solchen von nicht einmal 900. Die Vermehrung der Zahl der Mitglieder würde zu unserer finanziellen Gesundung wesentlich beitragen, und ich darf als Schatzmeister die Bitte aussprechen, jeder von Ihnen möge in seinen Kreisen darauf hinwirken, daß, wer noch nicht als Mitglied angeschlossen ist, möglichst ungesäumt dem Juristentage beitrete.

Vorsitzender, Geh. Justizrat Prof. D. Dr. Kahl:

Geschäftlich haben wir uns mit dem Kassenbericht nicht weiter zu befassen. Eine Entlastung seitens der Versammlung ist nicht zu erteilen, weil dies zur Zuständigkeit der Ständigen Deputation gehört. Bei dieser Gelegenheit möchte aber auch ich den Wunsch aussprechen, daß alle Juristen, die noch draußen sind, sich an dem Juristentage beteiligen mögen. Ich habe die Verhandlungen des Heidelberger Juristentags von 1869 sehr gründlich, nicht nur nach der wissenschaftlichen, sondern auch nach der finanziellen Seite durchgesehen, und kann Ihnen folgendes mitteilen: „Kassenbericht und Abschluß des Deutschen Juristentags 1869." Er balanziert mit 6132 Talern, 19 Sgr.

| | | | |
|---|---|---|---|
| Mitgliedereinnahmen: | 4115 | Taler | — Sgr. |
| Barvermögen: | 5922 | „ | 18 „ |

Der Vorsitzende Bluntschli bemerkt dazu: „Sie sehen, daß unsere Finanzen sehr gut stehen, und ich wünsche, daß die Finanzen der deutschen Staaten sich bald auf derselben Höhe befinden mögen." Ich kann unmöglich wünschen, daß die Finanzen der deutschen Staaten sich auf der Höhe der Finanzen des Deutschen Juristentags bewegen mögen;

wohl aber muß ich wünschen, daß die Finanzen des Juristentags sich heben und in prozentualem Anteil die der Länder nachfolgen mögen. Zu meinem Erstaunen ist mir noch ein Antrag mit 17 Unterschriften zugegangen, und zwar: der Ständigen Deputation nahe zu legen, daß die Beratungen künftiger Juristentage durch schriftliche Gutachten vorbereitet werden möchten. Eines vermisse ich aber bei diesem Antrag, nämlich die Beifügung der erforderlichen 5000 bis 10 000 Mark. Sie wissen, daß es Gepflogenheit des Deutschen Juristentags war, durch schriftliche Gutachten die Verhandlungen vorzubereiten. Es waren bereits zwei starke Bände gedruckt für den durch den Krieg ausgefallenen Juristentag in Düsseldorf von 1914. Wir waren aber durch die Not der Zeit außerstande, diese Arbeit fortzuführen. Selbstverständlich werden wir zu diesem System zurückkehren, sobald es irgend möglich ist, und ich glaube, daß mit dieser Erklärung die Angelegenheit ihre Erledigung gefunden hat.

Ich stelle die Frage, ob zum Kassenbericht vor irgend einer Seite das Wort gewünscht wird. — Es ist dies nicht der Fall. Ich danke dem Berichterstatter und schließe hiermit diesen Punkt ab.

Wir kommen nunmehr zum vierten Gegenstande der Tagesordnung. Auf dem Bamberger Juristentag von 1921 sind zu Mitgliedern der Ständigen Deputation gewählt worden:

1. Ministerialrat Dr. Dorn-Berlin.
2. Justizminister a. D. Düringer-Karlsruhe.
3. Oberreichsanwalt Dr. Ebermayer-Leipzig.
4. Handelsgerichtspräsident Dr. Engel-Wien.
5. Prof. Dr. Flechtheim-Berlin-Grunewald.
6. Prof. Dr. Gleispach-Wien.
7. Rechtsanwalt Dr. Hachenburg-Mannheim.
8. Hofrat Prof. Dr. Hanausek-Graz.
9. Geh. Justizrat Dr. Ernst Heinitz-Berlin, Schriftführer.
10. Geh. Justizrat Prof. Dr. Kipp-Charlottenburg.
11. Senatspräsident am Reichsgericht Dr. Lobe-Leipzig.
12. Justizminister a. D. Dr. Klein-Wien.
13. Staatsrat Oberlandesgerichtspräsident Dr. Karl Meyer-München.
14. Landgerichtspräsident Dr. Neuenfeldt-Berlin.
15. Bankdirektor Dr. Frhr. von Pechmann-München.
16. Oberlandesgerichtspräsident Dr. Mittelstein-Hamburg.
17. Geh. Justizrat Prof. Dr. Pappenheim-Kiel.

18. Oberlandesgerichtspräsident Dr. von Marth-Bamberg.
19. Geh. Justizrat Prof. Dr. Rießer-Berlin.
20. Kammergerichtspräsident i. R. Dr. von Staff-Berlin, stellv. Vorsitzender.
21. Geh. Justizrat Prof. Dr. Triepel-Berlin-Grunewald.
22. Geh. Justizrat Dr. Wildhagen-Leipzig.
23. Rechtsanwalt Dr. Ernst Wolff-Berlin, Schatzmeister.
24. Geh. Justizrat Prof. Dr. Zitelmann-Bonn.

Ich selbst habe als Vorsitzender des Bamberger Juristentags satzungsgemäß der Ständigen Deputation angehört. Von den genannten Mitgliedern sind zwei, die verehrten Freunde Zitelmann und Düringer, verstorben und Geheimrat Pappenheim hat das Amt niedergelegt. Ferner hat Oberlandesgerichtspräsident Dr. von Marth-Bamberg nicht mehr denjenigen Zusammenhang aufrecht erhalten, der uns erkennen läßt, daß er der Ständigen Deputation noch länger anzugehören wünscht. Die Vertrauensmännerversammlung hat sich daher mit der wichtigen Frage des Ersatzes befaßt; sie schlägt anstelle der genannten vier Mitglieder die Herren Wirklicher Geheimer Rat Staatssekretär a. D. Dr. Mügel-Berlin, Präsident des Sächsischen Oberverwaltungsgerichts Dr. von Nostitz-Dresden, Geh. Justizrat Prof. Dr. Anschütz-Heidelberg und Senatspräsident Prof. Dr. Wieruszowski-Köln, im übrigen die Wiederwahl der bisherigen Mitglieder vor.

Da abweichende Anträge aus der Versammlung nicht gestellt wurden, verkündete der Vorsitzende, daß die Wahl der Ständigen Deputation nach den Vorschlägen der Vertrauensmännerkommission vollzogen sei.

Über den folgenden Gegenstand der Tagesordnung (Beschlußfassung über die neue Satzung des Juristentags) berichtete Geh. Justizrat Prof. Dr. Kipp, wie folgt:

Der Bamberger Juristentag hat Veranlassung genommen, eine Revision der Statuten des Juristentags einzuleiten. Der Entwurf, der hier vorliegt, ist inmitten der Ständigen Deputation ausgearbeitet worden, und eine Kommission von 9 Mitgliedern hat den Entwurf nachgeprüft. Ich glaube, keine Veranlassung zu haben, auf den Inhalt der Statuten, die Sie vor sich sehen, näher einzugehen, will mir aber einige wenige Bemerkungen gestatten. Ein Hauptgrund, weshalb eine Änderung unserer Statuten gewünscht wurde, war, daß der Juristentag bisher nur physische Personen als Mitglieder kannte und daß der Wunsch aufgetaucht war, auch Personenvereinigungen, ob sie juristische

Personen seien oder nicht, als Mitglieder des Juristentags zuzulassen. Es bedurfte hierbei auch einer Regelung der Frage, wie es mit dem Stimmrecht und der Beitragspflicht derartiger Körperschaftsmitglieder stehen soll. In den Statuten ist schon lange vorgesehen, daß auch solche Herren und Damen, die nicht Juristen sind, Mitglieder des Juristentags werden können, wenn die Ständige Deputation der Ansicht ist, daß ihre Aufnahme im Interesse des Juristentags wünschenswert sei. Diese Vorschrift soll grundsätzlich erhalten werden und nach dem Entwurf auf juristische Personen und andere Personenvereinigungen Anwendung finden; sie können von der Ständigen Deputation aufgenommen werden, wenn dies dem Interesse des Juristentags förderlich ist. Die juristische Person hat kein Stimmrecht, kann aber Vertreter entsenden, die dann Stimmrecht haben. Es soll aber ausdrücklich in der Satzung bestimmt werden, daß die Vertreter ihre Stimmen nach ihrer freien, an Aufträge nicht gebundenen Überzeugung abzugeben haben.

Ein zweiter Punkt ist die Freiheit der Abteilungsgestaltung, die bisher etwas eingeschränkt war. Die dritte Änderung enthält § 10 Ziff. 4. Die Ständige Deputation soll ermächtigt sein, in Eilfällen, nach ihrem Ermessen unter Zuziehung anderer Sachverständiger, im Namen des Juristentags das Wort zu nehmen, und zwar entweder durch Eingaben oder in öffentlicher Kundgebung. Diese Bestimmung war bereits in Geltung, da sie grundsätzlich auf dem Bamberger Juristentag in Kraft gesetzt worden ist.

Endlich: es besteht seit langem die Übung, daß die laufenden Geschäfte von den jeweils in Berlin anwesenden Mitgliedern der Ständigen Deputation geführt werden. Dieser Zustand hatte bisher keine Stütze in der Satzung, und daher soll die Satzung entsprechend geändert werden.

Die Neuner-Kommission hat eine Änderung des § 2 Satz 1 dahin beschlossen, daß nicht nur, wie bisher, jeder deutsche und deutsch-österreichische Jurist, sondern jeder deutsche Jurist ohne Rücksicht auf Reichsangehörigkeit Mitglied werden kann.

Die Frage des Beitrags war im Entwurf offengelassen. Die Neunerkommission hat einen Beitrag von 6 Mark vorgeschlagen; hierüber haben jedoch keine langen Beratungen stattgefunden; vielmehr hat die Kommission diesen Betrag eingesetzt, weil sie die Zahl von früherher vorfand. Wenn nun der Schatzmeister vorhin dargelegt hat, daß er mehr brauche, so weise ich darauf hin, daß nach § 3 der

Satzung die Ständige Deputation den Beitrag verdoppeln kann. Ich bin aber persönlich mit einer Erhöhung auf 10 Mark, die dann im Notfall auf 20 Mark gesteigert werden können, einverstanden. Ein Beschluß der Neuner-Kommission hierüber läßt sich nicht mehr herbeiführen.

Die Versammlung beschloß, zu § 2 den von der Neunerkommission gestellten Antrag anzunehmen und den Jahresbeitrag (§ 3) auf 10 Mark festzusetzen. Mit diesen Änderungen wurde der vorgelegte Satzungsentwurf en bloc angenommen.

Da auf die vom Vorsitzenden gestellte Anfrage weitere Anträge nicht gestellt wurden, erklärte der Vorsitzende, Geh. Justizrat Prof. D. Dr. Kahl, die Tagesordnung für erledigt und schloß die Verhandlungen mit nachstehenden Ausführungen:

Ich beabsichtige in keiner Weise, Sie noch länger nach der vorangegangenen anstrengenden Arbeit von der Sonne fern zu halten. Es sind nur einige Bemerkungen, die ich auf dem Herzen habe. Zunächst beginne ich mit unserer Arbeit, deren Bild an uns vorübergezogen ist, und da darf ich pflichtgemäß etwas nicht zurückstellen, muß es vielmehr mit aller Offenheit hier berühren, was als ein Mangel in unseren Verhandlungen sich herausgestellt hat und mit Recht als solcher empfunden worden ist: nämlich die knapp bemessene Arbeitszeit hat sich in mancher Beziehung als zu kurz erwiesen. Die Redezeit mußte zu sehr beschränkt werden; wertvolle Beiträge von Diskussionsrednern mußten über Gebühr gekürzt werden, und es konnte manchmal eine erschöpfende Diskussion nicht stattfinden. Wir erkennen diesen Mangel durchaus an; er erklärt sich zum Teil aus dem, was vorhin gesagt worden ist, daß nämlich gedruckte Gutachten noch nicht wieder vorliegen; denn wenn Gutachten vorhanden sind, können sich die Berichterstatter kürzer fassen, und es bleibt ein breiterer Raum für die Diskussion. Während sich früher der Juristentag mehr mit Einzelfragen zu beschäftigen hatte, sind an deren Stelle nunmehr große Probleme getreten. Wir befinden uns dadurch in einer ganz neuen Situation. Man muß versuchen, dem Mangel abzuhelfen, und ich hoffe in Ihrem Sinne zu handeln, wenn ich die Frage, wie das zu geschehen hat, der Ständigen Deputation zur Erwägung vorlege. Ich will nur einen Punkt andeuten. Wenn wir die erste Plenarversammlung auf den Nachmittag des Tages verlegen, an dem später der Begrüßungsabend stattfindet, so gewinnen wir schon am folgenden Tage an Arbeitszeit. Dazu kommen noch andere Gesichtspunkte, auf die ich jedoch in diesem Augenblick nicht eingehen will. Meine Bemerkungen haben lediglich den Zweck, jeden Rest von Verstimmung, die etwa eingetreten sein könnte, von vornherein zu beseitigen, besonders bei den Rednern, die noch sprechen wollten, aber nicht mehr zum Worte kommen konnten.

Ich möchte ferner darauf hinweisen, daß die von Ihnen angenommene neue Satzung wichtige Änderungen enthält. Für die wichtigste Änderung halte ich die Erweiterung unseres Arbeitsgebiets. Der ursprünglich enge Rahmen, der sich nur auf Strafrecht und bürgerliches Recht beschränkte, ist durch Aufnahme des gesamten öffentlichen Rechtes erweitert. Nach der jetzigen Fassung des § 1 soll der Juristentag für eine Fortbildung des Rechtes auf dessen gesamten Gebiete wirken; ihm ist also kein Gebiet mehr verschlossen. Damit hat der Juristentag eine außerordentlich große und starke Verantwortung auf sich genommen.

Abgesehen von dem vorhin erwähnten Mangel war es ein reines Bild der Arbeit, der Treue, das in den außerordentlich schön gestalteten, kurzen Berichten an uns vorübergezogen ist. Es steht uns wahrlich nicht an und würde nicht der Geschichte des Juristentags entsprechen, wenn wir uns selbst ein Lob spenden wollten. Wir haben unsere Arbeit nicht als ein Verdienst, sondern als einen Dienst aufgefaßt. Aber das darf ich wohl sagen, daß in den Verhandlungen der Abteilungen eine Fülle von Treue, Sachkenntnis, Sachlichkeit und Verständigungswillen zu Tage getreten ist, die wir dankbar anerkennen wollen, und deshalb darf ich wohl auch die Hoffnung daran schließen, daß es doch nicht fruchtlose Ergebnisse bleiben mögen, wenngleich oft nur äußerste Richtlinien beschlossen worden sind und die Leitsätze in ihren Einzelheiten nicht erörtert werden konnten. Immerhin ist für jeden, der etwas vom Rechte versteht, doch begreiflich, was eigentlich die communis opinio gewesen ist, und ich bitte den Gesetzgeber, soweit er hier vertreten ist, sehr herzlich, daß diesen unseren Beschlüssen bei künftigen Gesetzen eine entsprechende Beachtung geschenkt werden möge.

Es sind uns auch Anregungen gekommen — das waren Vorgänge im stillen, während der Arbeit der Abteilungen —, daß der Juristentag Stellung nehmen möge zu den großen schwebenden, völkerrechtlichen und politischen Fragen. Ich brauche hier die Frage nicht zu nennen, die brennend heiß in aller Herzen steht. Ich habe heute in aller Frühe der Ständigen Deputation einen kurzen Vortrag darüber gehalten. Sie war mit mir der Ansicht, daß wir in der gegenwärtigen

Lage, ganz abgesehen von der Frage der Zuständigkeit, unter allen Umständen Zurückhaltung zu beobachten und nur Beschlüsse zu fassen haben, mit denen wir wirklich der Gesetzgebung Hilfe und Dienste leisten. Ich denke, daß die Versammlung auch auf diesem Standpunkte steht.

Am 15. September 1921 habe ich den Bamberger Juristentag mit den Worten geschlossen: „Auf Wiedersehen in einer hoffentlich glücklicheren Zeit!" Ist dieser Wunsch erfüllt worden? Keiner von uns gibt sich irgend einem trügerischen Optimismus hin; denn unser ganzer Leidensweg war nichts anderes als ein Weg der Enttäuschung, und daher sind wir notwendig zurückhaltend; aber dennoch verlieren wir in keinem Augenblick das Vertrauen auf unseren Wiederaufstieg. Viele Kulturgüter sind zugrunde gegangen — ein Kulturgut nicht, das uns anvertraute, das Kulturgut des Rechtes! Und das wird auch nicht zugrunde gehen! Recht und Gerechtigkeit sind ewig bleibende Elemente in der weltgeschichtlichen Entwicklung; sie sind die Voraussetzungen jeder menschlichen Gemeinschaftsbildung. Immer noch sind die Worte des griechischen Weltweisen wahr: es hätte keinen Sinn mehr, daß Menschen auf Erden leben, wenn Recht und Gerechtigkeit nicht mehr bestünden. Insoweit wir das Vertrauen auf das uns besonders anbefohlene Gut nicht verlieren, haben wir schon halb gewonnenes Spiel. Wir werden unsere Kraft niemals zersplittern dadurch, daß wir Zweifel mit Bezug auf die Weiterentwicklung des Rechtes hegen.

So lange wir noch nicht den Sieg des Rechtes feiern können, gehen wir unverzagt den Weg der Pflichterfüllung, auch wenn er steinig ist, und wir dürfen die Geduld nicht verlieren. Die Zeitmaße der Geschichte sind ganz andere als die der Ungeduld, die wir im Herzen haben. In diesem unerschütterten Glauben, in dem wir leben und sterben, wollen wir auf dem Weg der stillen Pflichterfüllung weitergehen!

Mein letztes ist, daß ich noch einmal auf den Anfang zurückgreife, nämlich auf das Wort des Dankes, mit dem ich begonnen habe. Ich muß noch einmal zusammenfassend kurz allen danken, die dem Juristentag Gutes, Liebes und Nützliches erwiesen haben, insbesondere der Stadt und den städtischen Behörden. Was für ein unvergeßlicher, ergreifender Augenblick war es doch gestern, als wir aus dem Dunkel der Nacht plötzlich das Licht aufsteigen sahen, und alsdann, nachdem das Licht wieder versunken war in das Dunkel der Nacht, das ewig strahlende Gotteslicht des Mondes heraufstieg. Ich danke nochmals den verehrten Kollegen von der Universität, daß sie uns heute ihren wunderschönen Saal zu dieser würdigen Feier überlassen haben, auch den Berichterstattern, den Schriftführern, den Stenographen, vor allem aber auch der Presse, die in so umsichtiger Weise der Verhandlungen und der wissenschaftlichen Arbeit des Juristentags gedacht hat. Ich danke allen einzelnen, die aus den Gauen des Reiches und aus anderen Ländern zu uns gekommen sind, insbesondere auch unseren deutsch-österreichischen Brüdern, denen ich hier noch einen Abschiedsgruß sagen muß. Ich muß aber noch etwas hinzufügen, was ich unmöglich unausgesprochen lassen kann. Unter denen, die erschienen sind, haben wir Franz Klein schmerzlich vermißt. Jeder von Ihnen weiß, was dieser geistsprühende, hervorragende Gelehrte und Mensch dem Deutschen Juristentag in vielen Jahrzehnten gewesen ist. Klein war einer von denen, die niemals fehlten, und er hat mit unerschütterlicher Treue, mit seinem reichen Können, mit seinem wunderbaren Humor, der Gewalt seiner Sprache, dem Juristentage Dienste geleistet, die kurz zusammenzufassen hier ganz unmöglich ist. Deshalb möchte ich unsere lieben Freunde aus Deutschösterreich herzlich gebeten haben: grüßen Sie unseren Klein auf das Herzlichste! Sagen Sie ihm, daß wir die herzlichsten Wünsche für seine Genesung hegen.

Und noch eines möchte ich aussprechen: welche Freude war es doch für uns, als man lieben alten Freunden wieder einmal die Hand drücken und neue Freunde gewinnen konnte, mit denen man schon in geistiger Beziehung stand. Unser Zusammensein war schlechthin begünstigt durch die Sonne; es war ein ungetrübter Sonnentag, der auch durch die schärfsten sachlichen Gegensätze nicht gefährdet war. Das wollen wir unter allen Umständen dankbar in Erinnerung behalten; diesen Geist der Einheit wollen wir auch für alle Zeiten festhalten und nicht missen. Mit dieser Hoffnung wollte ich zum formellen Schlusse der Versammlung schreiten; ich muß indes auf Wunsch des Herrn Staatssekretärs Dr. Fritze ihm noch das Wort erteilen.

Staatssekretär Fritze-Berlin:

Meine hochverehrten Damen und Herren! Ich bitte Sie, mir nicht gram zu sein, wenn ich Sie mit wenigen Worten noch aufhalte. Wenn ich zu Ende bin, werden Sie mir Recht geben, daß ich etwas getan habe, was nicht unterlassen werden darf. Unser hochverehrter Herr Präsident hat soeben mit zündenden, begeisternden Wort hervorgehoben, daß unser Zusammensein ein Sonnentag war, dank dem herrlichen Wetter, das uns hier beschieden war und das die Reize, die keine andere Stadt in ähnlicher Weise hätte bieten können, uns so ganz ungetrübt hat empfinden lassen. Wir alle haben in diesen Tagen neben der ernsten Arbeit unter einem wunderbaren Stimmungszauber gestanden, und wenn dieser Stimmungszauber über die festlichen Veranstaltungen hinaus sich auf das Ganze unseres Zusammenseins, auf die Arbeit in den Abteilungen und im Plenum erstreckte, so glaube ich, daß wir dies dem Geist verdanken, der über unserem Zusammensein gewaltet hat. Es gilt auch hier das Wort: es ist der Geist, der sich den Körper schafft. Sie alle wissen, welchen Geist ich meine. Wenn ein Mann durch das einmütige Vertrauen seiner Fachgenossen zu dem Ehrenamte eines Präsidenten des deutschen Juristentags berufen wird, so hält man es für selbstverständlich, daß er in unverwüstlicher geistiger Frische, mit schlagfertiger Gewandtheit die Verhandlungen zu leiten, zu einem glücklichen Ende zu führen und alle etwa drohenden Klippen mit glücklicher Hand zu umschiffen weiß. Aber, meine Damen und Herren, nicht selbstverständlich ist es bei einem Juristen, daß er das zu tun weiß in einer Form, die getragen wird von einem Herzen voll warmer Vaterlandsliebe und von dieser — ich möchte sagen — dichterischen Sehergabe für die weitere Zukunft unseres Vaterlandes. Und deswegen glaube ich, daß wir uns ganz dem Eindrucke hingeben und dem Wunsche Ausdruck geben sollen, es möge immer der Geist eines Kahl über den Verhandlungen der Deutschen Juristentage walten. Ich bitte Sie, in diesem Sinne unserem Dank dadurch Ausdruck zu geben, daß Sie sich dem Herrn Präsidenten des Juristentags zu Ehren von Ihren Plätzen erheben (geschieht unter anhaltendem Beifall).

Geheimrat Prof. D. Dr. Kahl:

Gestatten Sie mir, daß ich noch einmal von meinem Recht als Vorsitzender Gebrauch mache, um den Sturm Ihrer freundlichen Begrüßung zur Beruhigung zu bringen, indem ich Ihnen aus tiefstem Herzen danke für die mich tief ergreifende Ehrung und auch dem Herrn Redner meinen innigsten, wärmsten Dank sage. Meine Freunde, Sie haben mir ein Zeugnis ausgestellt, das ich in dem Umfange nicht verdient habe. Ich wäre zufrieden gewesen mit dem Prädikat: „ausreichend“, und ich würde mir kein höheres Zeugnis ausgestellt haben. Das ist keine Phrase, sondern ehrlich gemeint; ich denke außerordentlich bescheiden von meinen Leistungen in meiner

Eigenschaft als Vorsitzender. Sie müssen erwägen, daß ich diesen Dank ja nur zu einem Viertel in Anspruch nehmen kann; die übrigen drei Viertel entfallen auf die anderen Herren Mitvorsitzenden; auch von dem noch übrig bleibenden Viertel ziehe ich das ab, was mein Gewissen mich abzuziehen verpflichtet. Eines aber kann ich Sie versichern: sei es mit den Verdiensten, wie es wolle, mir war es ein wirkliches Glück, ein Stück Lebensglück, in diesem hohen Alter Ihnen noch einmal diese Dienste haben leisten zu können, noch einmal im Dienste des Rechtes gestanden zu haben. Haben Sie Dank auf das Allerherzlichste! —

Und damit schließe ich den 33. Deutschen Juristentag.

Kolibri 360 GmbH
Ferdinand-Jühlke-Straße 7
99095 Erfurt, Deutschland
produktsicherheit@kolibri360.de